西藏问题研究丛书

藏学研究的三维视野

杜永彬 著

中国藏学出版社

目 录

前言　藏学研究的“三维视野” ………………………… （ 1 ）

当代西藏研究

中国藏学现代化之路……………………………………… （ 3 ）
邓小平理论与中国藏学的命运………………………… （21）
中共中央第三代领导核心的治藏方略……………… （37）
关于西藏构建社会主义和谐社会的调查与研究………… （76）
中国学术界“西藏问题”与中美关系研究的进展 ……… （109）

西方人的西藏观研究

事实胜于雄辩
——评“英国是唯一不承认中国对西藏拥有主权的国家” ………………………………………… （133）
西方人眼中的西藏 …………………………………… （153）
《西藏度亡经》在西方的影响 ………………………… （166）
洛桑然巴——西方人神化西藏的一个骗局 …………… （176）

戈尔斯坦——美国的“西藏通” ………………………（189）
西方对西藏的误读及其根源 ………………………（238）

国外藏学研究评论

美国藏学研究现状述评 ………………………（261）
哈佛大学藏学研究述评 ………………………（291）
《香格里拉的囚徒——藏传佛教与西方》评介 ………………………（310）
《虚拟的西藏——从喜马拉雅山到好莱坞寻找“香格里拉”》评介 ………………………（320）
《中央情报局在西藏的秘密战争》评介 ………………………（335）
《西藏哲学文化中的辩经活动》评介 ………………………（342）

当代藏传佛教研究

藏传佛教的世俗化倾向 ………………………（351）
论当代藏传佛教的发展路向 ………………………（386）
藏传佛教对藏区构建和谐社会的影响——以云南藏区为例 ………………………（409）

康藏研究

“康巴学”的提出与藏学界的回响——兼论构建“康巴学”的学术价值和现实意义 ………………………（427）
任乃强对四川藏区开发的贡献 ………………………（451）

德格土司辖区的政教关系及其特点 …………………… (473)
论德格人对藏族文化的贡献 ………………………… (500)
康巴文化在国外的传播和影响
——以国外康巴研究为例 …………………………… (526)
雅鲁藏布大峡谷"水汽通道"对西藏文明的影响 ……… (557)
文坛奇人　书苑奇葩
——端智嘉与《端智嘉全集》 ……………………… (572)

更敦群培研究

更敦群培——西藏的人文主义先驱 …………………… (589)
更敦群培著译作品考辨 ……………………………… (633)
试论更敦群培与喜饶嘉措的关系 …………………… (654)
更敦群培与"西藏革命党" …………………………… (668)
论人际交往对更敦群培的影响 ……………………… (681)
藏族性学初探
——更敦群培《欲经》研究 ………………………… (711)
论更敦群培对中印文化交流的贡献 ………………… (733)
更敦群培学术和思想的当代价值
——纪念藏族学术大师和启蒙思想家更敦群培
诞生100周年 ……………………………………… (757)

后记 ……………………………………………………… (803)

前言　藏学研究的“三维视野”

自1985年我与藏学结缘以来，迄今已20余年。从入藏学研究的门径起，我就将研究领域确定为近代尤其是20世纪以来的藏区和藏族。2000年，在坚持这一研究方向的同时，将研究重点转向国外涉藏问题，尤其是美国的西藏政策、国外藏学、国外藏传佛教和西方人的西藏观。在藏学研究的实践中，将“经世致用”、“参与研究”和繁荣祖国的藏学事业奉为治学的宗旨，以学术研究捍卫国家利益，努力为藏区的经济发展、政治昌明、文化繁荣、社会和谐和生态平衡提供智力支撑。在20多年里，以静制动，潜心学问，“把书当饭吃，视学问为宗教”。经过长期不懈的学习与研究相结合的学术实践，奠定了较为坚实的藏学基础，取得了一些较有影响的藏学研究成果，出版了多部专著和译著，发表了80余篇论文。对藏学理论（学科理论体系和方法论）和藏学实践（学术研究）的理性认识逐渐深化。过了“不惑之年”，在治藏学已超过20年之际，在继续潜心原创性研究的同时，将自己的研究成果编选成集子，一方面，意在“清理家底”，以“批判思维”和“问题意识”，对自己的藏学研究历程进行反思和总结，自觉进行学术积累，以免“猴子掰包谷，掰一包扔一包”；同时也是希望从零开始，站在自己的肩头上轻装前进。另一方面，“丑媳妇总要见公婆”，将论文集分为六个专题：当代西藏研究、西方人的西藏观研究、国外藏学研究评论、当代藏传佛教研究、康藏研究、更敦群培研究，意在将自己的研究成果和治学风格（学风和文风）和盘托出，进行较为全面和多样的展示（专著的研究风格相对单一），这既便于藏学同仁和方家批评指正，也便于同好参考、分享和共同切磋，藏学界同仁和一家出版社也曾提议出版我的《自选集》；同时也是为了“抛砖引玉”，引起学界的回响，期待更好更多的藏学研究成果问世。

在反思和总结自己的藏学研究时，对藏学研究的基本范式的理性认识更加清晰：首先，藏学研究者应当掌握并善于运用基本的科学理论和研究方法，即辩证唯物论、历史唯物论和中国特色的社会主义理论，以及人文社会科学的基本理论和方法，以文献、档案、文物和实地考察的第一手材料为依据，遵守学术规范，以严谨的学风进行深入细致的研究，并取得原创性、高水平的研究成果；其次，藏学研究者至少应当掌握三门语言——藏语文、汉语文和英语文，具备这三门语文的文献解读能力，并具备深入藏区进行实地考察的经历；第三，藏学研究者还应当具有“三维视野”——藏区视野、中国视野和国际视野，即从微观到中观再到宏观，充分了解和认识藏区地理、历史和现实（区情），中国地理、历史和现实（国情），以及世界地理、历史和现实（世界大势）。前两个方面的素养是藏学研究的基本素养和藏学界的共识。这里着重阐述藏学研究的“三维视野”，旨在与藏学同仁和同好共勉。

回过头来看我 20 多年的藏学研究，自觉或不自觉地沿着“三维视野”展开，从不同角度接受了“三维视野”的训练，并基本遵循这一研究范式进行了一些科研尝试，本论文选集既是这一研究范式的体现，也是自己研究风格的一个缩影。

（一）藏区视野

藏学研究具有藏区视野，至少需要具备三方面的素养：第一，了解和认识藏区全貌。青藏高原是藏民族生息繁衍和藏族文化、藏传佛教的生态环境。藏文古籍中的“上部阿里三围，中部卫藏四茹，下部朵康六岗”，就涵盖了整个青藏高原的藏族聚居区；藏文史籍关于“卫藏法区，安多马区，康巴人区”的划分，则形象地指明了三大藏区的社会差异和地域特征；按照藏语方言区分，整个藏区又可分为卫藏方言区、安多方言区和康巴方言区；现代按照行政区划划分，青藏高原藏族聚居区还称为西藏、四川、青海、甘肃、云南五省藏区。不言而喻，从事藏学研究，不仅要了解藏区地理、单个藏区和整个藏区的共性，还应了解藏区内部的地域差异、社会差异和方言差异等个性特征。否则就难以称为完整学术意义上的藏学研究，而只不过是区域意义上的西藏研究、安多研究、康巴研究。第二，了解和认识藏族全体。从事藏学研究，还须了解和认识全体藏族，包括居住在青藏高原的藏族、生活在内地的藏族，以及定居在国外的藏族（流亡藏族）。显然，居住在不同地区的藏族，其语言、风俗习惯、生活方式等，都存在地域差异。只有对藏民族有全面和整体的了解和认识，藏学研究才能避免只见树木，不见森林，才不至于有失偏颇。第三，了解和认识藏族历史和现实。藏学研究者首先应对藏族历史、藏传佛教、西藏历史有全面的了解和深刻的认识；其次，应对藏区区情和当代西藏有全面的了解和认识。这是藏学研究的基础。不言而喻，只有对藏族的历史和现实都有全面而深入的了解和认识，才能奠定坚实的藏学研究根基，培养严谨的学风，更好地将学术研究和应用研究有机地结合起来。

我的藏区视野训练和尝试。训练方面：一是学习。学习藏语文、藏族历史文化和藏传佛教。我进入中国藏学研究中心工作时，将藏语文和藏传佛教视为藏学研究的两大“拦路虎”。从读硕士研究生开始，藏语文由罗润苍老师从字母教起，再学拉萨口语。我到藏研中心之后，又曾随罗秉芬老师学习藏语，后来边工作边学习边运用。在四川社会科学院和四川大学，我师从著名藏学家任乃强先生和张毅先生研究康区；在中国社会科学院研究生院读博士研究生时，师从中国藏学研究中心总干事、藏学家多杰才旦研习西藏近现代史和当代史。藏传佛教的学习，除了阅读有关论著外，还依止中国藏语系高级佛学院藏传佛教研究室主任联波活佛学习半年。我刚到北京工作不久，就与中央民族大学的“藏学三王”（王森、王尧、王辅仁）之一、著名藏学家王尧教授结为忘年交，并受到王先生的指导和提携。二是深入藏区进行实地考察。1987 年以来，我曾十余次深入藏区进行实地考察，覆盖了西藏、四川、青海、甘肃、云南五省藏区，对藏区全貌有了基本的了解和认识。尤其是通过对康区的实地考察和研究，真切地体会到了“治藏必先安康”的古训。从而对居住在青藏高原的藏族、生活在内地大都市如成都和北京等地的藏族，以及国外藏人，都有了基本的了解。尝试方面：一是撰写并发表相关研究成果。我对藏族历史和现实都做过探讨和研究，并取得了一些成果。在任乃强先生指导下撰写的硕士论文《德格土司研究》，分为多篇文章发表；博士论文《西藏人文主义先驱更敦群培大师评传》，涉及安多和西藏；研究当代藏传佛教，发表了 3 篇文章。藏区视野方面的研究成果，见文集中的“康藏研究”、“更敦群培研究”、“当代藏传佛教研究”三个专题。二是承担或设计相关重点课题。迄今参与承担的相关研究课题有：《当代西藏研究》、《藏族的传统文化与现代化研究》、《西藏构建社会主义和谐社会调查与研究》（设计并参与）。

（二）中国视野

藏学研究具有中国视野，至少需要具备两方面的素养：第一，了解和认识中国历史。中国是由 56 个民族构成的统一的多民族国家，从事藏学研究仅把眼光和视野放在藏区和藏族是不够的，只有充分了解和认识了中国历史，以及不同民族的基本发展史，才能了解各民族共同缔造了中华文明和统一的多民族国家的史实，更好地理解团结友好是民族关系的主流。在此基础上，更好地了解和认识藏族与其他民族的关系、藏汉关系、西藏地方与中央政府的历史关系、历代中央王朝和中央政府的治藏方略，更好地理解和回答西藏为什么是中国领土不可分割的一部分，并在比较中更清晰地认识藏区的特点和藏族的特性。第二，了解和认识中国国情。这是藏学研究人员必须具备的基本知识。只有了解了中国国情，并对内地和沿海的基本情况有所了解，才能了解当代中国的基本特点和基本国策，理解中国是一个处于社会主义初级阶段、经济社会发展不平衡、人口众多、民族众多的发展中国家。只有对维吾尔族、回族、蒙古族和壮族聚居区同样实行民族区域自治的新疆、宁夏、内蒙古、广西有较深入的了解，才能更好地理解中国共产党的民族理论和民族政策。在此基础上，才能更好地理解中国共产党的西藏政策和在西藏实行的民族区域自治政策。并且，只有对中国境内的其他宗教——道教、伊斯兰教、基督教、天主教有所了解，才能更好地认识中国共产党的宗教理论和宗教政策，更好地了解和认识藏传佛教（藏语系）与其他宗教的差异，以及与汉传佛教（汉语系）和南传佛教（巴利语系，小乘佛教）的共性和差异。总之，只有对中国国情有充分的了解和认识，才能准确地把握西藏和其他藏区的特殊性与统一多民族国家的普遍性的辩证关系。

我在中国视野方面的训练和尝试。训练方面：一是学习中国历史。我大学毕业于四川大学历史系，具有较好的历史学背景。在攻读硕士和博士学位时，又在导师的指导下研习中国历史专题，对中国历史有较深的了解。我是历史学“出身”，对历史有一种特殊的情感。二是了解中国国情。我大学毕业后任安徽财贸学院（现安徽财经大学）中共党史教师，并对华东地区作过实地调查；由于以社会科学研究为主，以人文科学研究为辅，因而在20多年的学术生涯中，十分重视对中国政治和国情的了解和认识；2007年在中央党校和浦东干部学院学习1年，并到京、沪、浙、苏、辽等省市进行实地考察，对新中国，尤其是改革开放30年来中国的发展历程和国情具有较为丰富的书本知识和感性认识。尝试方面：一是注重将中国共产党的西藏政策和治藏方略置于中国视野中考察和研究。发表了相关论文。见文集中的“当代西藏研究”专题。二是承担相关重点课题：《中国国情调查·拉萨卷》、《藏传佛教与社会主义社会相适应研究》，设计《中国共产党的西藏政策研究》。

（三）国际视野

藏学研究具有国际视野，至少需要具备三方面的素养：第一，学术上的国际视野。藏学是一门独特的国际“显学”。藏学的国际性决定了藏学研究者必须具备国际视野和世界眼光，这包括两方面的技能，一是掌握外语，主要是英语，如能掌握其他外语更好；二是充分了解国外藏学的历史和现状。显然，只有在藏学研究中具备国际视野，才能了解国际藏学的演变、进展、前沿和动态，才能做到“知彼知己”，吸收和借鉴国外藏学的研究成果和研究方法，有效地开展藏学的国际学术交流与合作，进行高水平的学术对话。第二，文化上的国际视野。由于西藏文明、藏族文化和藏传佛教向国外的传播，导致一些外国人尤其是西方人产生了一种“西藏情结”和“香格里拉情结”。因此，藏学研究者不仅要了解西藏文明、藏族文化和中华文明、中国文化的历史和现状，还应当了解世界文化的历史和现状，尤其要了解西方文明的历史和当代西方文化的基本特征。只有这样，其藏学研究才能具有开阔的视野、深厚的底蕴和丰满的人文色彩。第三，政治上的国际视野。“西藏问题”的国际性，确定了藏学研究者尤其是当代西藏和“西藏问题”研究者应当充分了解和认识“西藏问题”的由来、演变和发展；充分了解和认识国际政治形势对“西藏问题”的影响，尤其是中美关系、中欧关系和中印关系中的“西藏问题”及其影响；以问题意识、战略意识、国际意识、政治意识、学术意识和对策意识分析和研究“西藏问题”。只有这样，才能更好地认识和回答西方人为什么要打“西藏牌”、流亡藏族为什么要打“藏独牌”、“西藏问题”为什么会成为一个国际问题、“西藏问题”对中国产生了哪些负面影响、怎样应对和处理“西藏问题”等问题，对“西藏问题”的学术研究和应用研究才能取得高水平学术成果和高质量的对策研究报告。

我的国际视野训练和尝试。我较偏爱国外涉藏研究，可以说学术风格属“外向型”。因此，从涉足藏学起，我就比较重视国际视野的训练和尝试。训练方面：一是学习外语和世界历史。在四川大学读大学本科时，我就非常用功地学习英语，打下了扎实的英文基础。硕士和博士研究生学习期间，继续学习英语，并选修了法语，翻译了法文藏学专著《安多的托钵僧(更敦群培)》。在藏学活动中，我非常重视英语的运用，听说读写译并重，并长期进行英译汉、汉译英实践，翻译了多部英文藏学专著，在学术论著中十分重视利用英文材料。我上大学时偏爱世界史近代史和西方史学史，先后在川大的邓文才教授和著名史学家谭英华先生的指导下学习。二是到国外进行学术交流和实地考察。到中国藏学研究中心工作后，我非常关注国外藏学的进展和动态，后来受中国藏学研究中心选派，先后到澳大利亚学习考察 3 个月，到加拿大学习考察 6 个月；多次到美国等西方国家进行学术交流和实地考察，参与美国“东西方中心”的西藏研究项目，到伯克利加州大学做访问学者，以西方人的西藏观、藏传佛教在西方的传播和影响、布什时代美国的西藏政策为题，做到了“到西方研究西方”。尝试方面：一是翻译国外藏学专著。主要译著有：《西藏现代史——喇嘛王国的覆灭》(英译汉)、《香格里拉的囚徒——藏传佛教与西方》(合译)、《安多的托钵僧更敦群培》(法译汉)、《哈佛大学藏学研究文集》、《一位藏族革命家》(合译)、《西藏现代史(1951—1955)——风暴前的宁静》(合译)、《艾森豪威尔政府与西藏(1953—1961)——美国对外政策的制定与影响》等。二是开辟国外涉藏研究新领域并潜心研究。2000年开辟国外涉藏研究这一新领域，潜心于国外藏学、国外藏族、国外藏传佛教、西方人的西藏观、西方的西藏政策和西方传媒对西藏的反映等问题的研究，已取得一些阶段性成果。三是十分重视相关领域国外研究的进展并评介国外藏学和西方人的西藏观。在藏学论著的撰写中，重视相关研究题目的国外研究动向，如国外德格土司研究、国外更敦群培研究、国外中国西藏政策研究、国外藏传佛教研究、国外西方人的西藏观研究、国外藏人研究、国外“西藏问题”研究等，并发表了多篇述评和书评。相关研究成果见文集中的“西方人的西藏观研究”、“国外藏学研究评论”两个专题。四是设计并独立承担相关重点课题。主要有《美国人的西藏观研究》、《布什时代美国的西藏政策及其对中美关系的影响跟踪研究》（2001－2008年）、《“后达赖时期”研究》、《藏传佛教在国外的传播和影响》、《西方人的西藏观研究》等。五是进行跨学科研究，从其他学科汲取营养。在学术实践中立足于藏学研究，并积极借鉴历史学、民族学、人类学、社会学、宗教学、政治学，以及世界历史、国际政治、国际关系（中美、中印、中欧等）、美国学等人文社会学科的理论和方法，开阔学术视野。“后现代理论”、“后殖民理论”、德国“兰克学派”的语言历史学方法、法国“年鉴学派”大师布罗代尔的“问题史学”、“长时段”和“总体史”概念、马克斯·韦伯和社会学大师涂尔干关于宗教世俗化的理论等，都是我从事藏学研究的源泉和灵感。

总之，具备了藏区视野、中国视野和国际视野这“三维视野”，藏学研究者就能如虎添翼，在加深深度的同时提升高度，取得具有中国特色和中国气派的藏学研究成果。

当代西藏研究

中国藏学现代化之路

一、藏学研究的反思

（一）藏学研究反思的必要性

藏族有关问题的研究源远流长。近代以来，中国学者在继承传统学术的基础上，借鉴和运用民族学、人类学、宗教学、社会学、考古学、地理学等现代人文学科的知识和方法研究藏族历史文化和社会现实，从而使研究西藏和藏族的学问从人文学科中分离出来，形成一门崭新的独立学科——藏学。19 世纪初，匈牙利学者乔玛（Alexander Csoma de Koros）首创“藏学”（Tibetology）一词，研究西藏和藏族的学问从此有了专有名称。随着藏学在国际学术界和文化界的影响因西藏问题的特殊和敏感而日益扩大，这门年轻的学科发展成为国际“显学”。20 世纪 90 年代以来，藏学成为人文学科中的一朵奇葩，鲜艳夺目。

在世纪之交，中国藏学将以怎样的姿态迎接新世纪的到来？这是每一位藏学研究者都必须正视并加以思考的重要问题。认清世纪之交的藏学形势与中国藏学研究者的使命，便是笔者撰写此文的缘起和宗旨。

中国是藏学的故乡，然而，由于藏学作为一门独立学科的历史不长，加上藏学界长期以来对藏学发展史和藏学理论研究未予以足够的重视，没有对藏学发展的历程进行深刻的反思，对藏学的概念、定义、研究对象和范畴等最基本的问题不能达成共识，对藏学的特点、规律和方法论没有加以广泛而深入的探讨，致使藏学的学科理论体系迟迟不能建立，从而严重地影响了藏学研究的深化和整体水平的提高。总之，在人类迈入21世纪之际，对藏学的“家底”进行彻底的清理，对源远流长的藏学研究历程进行系统的总结和认真的反思，加强对藏学理论的探讨，构建现代藏学的学科理论体系，使中国藏学以更成熟的崭新姿态走向新世纪，找寻一条具有中国特色的藏学现代化之路，已成为中国藏学界最紧迫的任务和义不容辞的天职。

（二）藏学的发展阶段及其特点

笔者在1990年就曾提出：“藏学学科本身亦属藏学研究的范畴。”① 随后便沿着这一思路进行了一些探讨。② 笔者认为，受中国历史和文化发展大背景与西藏历史和文化环境的影响，藏学在各个历史时期形成了各自的时代特点和规律。因此，藏学产生、形成和发展的历程可分为三个阶段。

1. 藏学的渊源（远古至18世纪）

这一阶段可称为古代藏学或藏学的萌芽阶段。在这一漫长的历史时期，藏族、汉族和其他民族的学者及外国学者对藏区的考察和对藏族社会历史文化的记载与研究的成果车载斗量，所积累的藏文、汉文和外文藏学文献浩如烟海。藏族高僧大德

---

① 见拙文：《藏学研究概览》，《中国史研究动态》1990年第11期。

② 见拙文：《中国近十年藏学人才培养的反思》，（香港）《法言》，1990年8月号，第2卷第4期。《西藏研究四十年的社会影响》，《民族研究》1991年第5期。《北京的藏学研究》，《历史月刊》（台湾）第83期，1994年12月号。

和学者借鉴印度文化精华并加以弘扬，形成了具有藏族特色的大、小“五明”，即“十明之学”，《苯教大藏经》、佛教藏文大藏经《丹珠尔》和《甘珠尔》以及《贤者喜宴》、《青史》、《红史》、《汉藏史集》、《佛教史大宝藏论》、《土观宗派源流》、《王统世系明鉴》、《西藏王臣记》、《四部医典》、《萨迦世系史》、《朗氏家族史》等等即是其中的代表。汉文藏学文献则有历朝正史中的《吐蕃传》等。外文藏学文献以外国探险家、传教士所撰写的考察记，探险录和游记为主。总之，这一时期藏族学者的成果尤为丰硕，这为藏学研究积累了大量珍贵的文献资料，奠定了传统藏学的坚实基础，标志着藏学的萌芽，使中国成为当之无愧的藏学的故乡。

2. 藏学的形成与发展（19 世纪至 20 世纪中叶）

即近代藏学阶段。这一时期，随着人文学科的各个分支学科的兴起并传入中国，中国学者在继承传统藏学的基础上，借鉴和运用新兴学科和知识及方法研究藏族历史和文化，使藏学从其他人文学科中分离出来，形成一门独立的学科。在这近一个半世纪中，涌现出了一批杰出的藏、汉民族的藏学家和外国藏学家，以更敦群培、喜饶嘉措、才旦夏茸、毛儿盖·桑木旦、多吉杰博、张怡荪、任乃强、法尊、李安宅、王森，以及杜齐、伯戴克、佐藤长、石泰安等为代表；出版了一批高水平的藏学论著，如《白史》、《喜饶嘉措文集》、《藏族史·齐乐明镜》、《藏汉大辞典》、《西康图经》、《西藏民族政教史》、《藏族宗教史之实地研究》、《西藏佛教发展史略》、《藏族简史》、《西藏画卷》、《西藏的文明》、《吐蕃僧诤记》、《敦煌吐蕃历史文书》、《西藏历史地理研究》、《西藏的贵族与政府》等，使藏学的学科地位基本确立。这一时期，藏、汉学者和外国学者的藏学研究各具特色，把藏学研究推进了一步，从而为现代藏学的建立创造了条件。

3. 藏学的兴盛（20世纪50年代至今）

即现代藏学阶段。这一时期，中国在十年“文革”结束后迎来了学术文化的繁荣局面；国外藏学研究自19世纪以来未曾中断过，加上1959年大量藏文文献和一些藏族知识分子的外流，给国外藏学注入了新的活力。在这样的政治和文化背景下，藏学研究出现了兴盛的局面。

这一阶段的藏学研究具有如下特点：（1）中国特色的新藏学（马克思主义藏学）确立。藏学研究者运用辩证唯物主义和历史唯物主义的观点和方法剖析藏族社会、研究藏族历史，使中国的藏学研究独树一帜；（2）藏学研究与政治和社会现实紧密结合。阐明西藏地方与中央政府的关系，维护祖国统一和加强民族团结（分裂和独立与反分裂和反独立），维护西藏的社会稳定，促进藏区经济的发展，研究西藏和其他藏区的世族问题与宗教问题，成为这一时期藏学的主题；（3）藏学的整体水平有所提高，藏学研究逐步走向繁荣。这一时期，由于《西藏研究》、《中国藏学》、《中国西藏》和《西藏佛教》等刊物的创办，西藏社会科学院、中国藏学研究中心、民族出版社、西藏人民出版社、中国藏学出版社、中国藏语系高级佛学院和中国社会科学院民族研究所等机构的建立，中国藏学研究的总体水平得到很大提高，虽然国外藏学也有很大进展，但是藏学研究中心已开始东移；（4）藏学的国际学术交流日趋频繁，加强藏学的国际合作成为藏学界的共同愿望，藏学发展成为一门国际“显学”；（5）中国藏学的国际学术地位基本确立，中国作为国际藏学中心的地位逐渐成为现实。总之，新的藏学研究格局正在形成。

（三）藏学研究中存在的问题

反思藏学发展的历程，在看到已经取得的成就的同时，还应有清醒的认识——世纪之交的藏学形势不容乐观，藏学研究中存在的问题已成为藏学进一步发展乃至飞跃的严重障碍。

1. 藏学“家底”不清

从藏文创制、藏族有信史算起，藏学起源、发展，到形成一门独立的学科，至今已有约1300年。13个世纪以来，藏族、汉族和其他民族以及外国学者的藏学研究结出了累累硕果，留下了极为丰富的藏学文献、论著和宝贵的治学经验，这是一笔珍贵的藏学遗产和取之不竭的藏学资源。然而，国内外藏学界至今仍没有对藏学发展史进行很好的梳理和彻底的清理，因而看不清藏学领域的制高点、薄弱环节和空白点，在研究工作中往往带有盲目性，常常出现选题重复和“撞车”的现象。如清代治藏，1949年前就有数部专著和多篇论文予以阐述，近十余年来，围绕这一领域又发表了数十篇论文和几部专著，可是这些论著之间的“落差”并不明显，有的甚至还没有达到1949年前的水平；吐蕃史研究也有类似情况。藏学的许多领域如思想史、哲学史、科技史、人口史、历史地理等几乎都是亟待开发的处女地，而不少研究者在选题时往往很少从藏学发展的全局着眼，避难就易，不能站在前人的肩上向前迈进，其成果很少创见，白白耗费大量精力、财力和时间，导致藏学研究的整体水平不能得到迅速提高，难以适应飞速发展的国际学术文化发展形势，也不利于中国确立国际藏学中心的地位。

2. 藏学理论亟待建构

藏学这一名称是19世纪由匈牙利藏学家乔玛首创的，后发展为Tibetology，意为研究西藏的学问。中国学术界长期把研究西藏、藏族和藏区称作“西藏研究”或“藏族史”，而把Tibetology译成“西藏学”。改革开放后，中国的藏学研究复兴，但是对“藏学”这一称呼并未达成共识，其间经历了一个由“西藏学”→“藏学”的发展过程，[1] 直到 80 年代末、90 年代初，“藏学”这一名称才为中国学界所普遍接受。

至今，藏学界对什么是藏学、藏学的研究对象和范围，藏学与其他人文学科的关系及藏学学科体系等藏学基本理论问题尚未展开讨论和争鸣，更谈不上达成共识。由于所处的时期不同和学者着眼点的差异，关于藏学的定义众说纷纭，而每个定义对其研究对象又有着不同的认识。有的学者认为，“藏学”近似于“汉学”，其研究对象和范围只能是藏族的历史和传统文化；而有的学者则认为，藏学的研究对象和范围包括与藏族有关的一切领域，现实政治、经济、教育、军事、民俗等当然属于藏学范畴，这些研究也称为藏学。两种看法相去甚远。正如拉巴平措先生所说：“无论在中国还是国外的藏学界，迄今对藏学的研究范围还未统一。有人认为藏学是对藏族传统文化的研究；有人认为是对藏族一般精神文化或狭隘文化的研究；有人则认为是对藏族及其社会和文化现象及特点的研究。”他本人认为：“对于藏族本身形成和发展的研究，对其社会、文化的研究，对其过去、现状和未来的研究，对其精神文化与物质文化的研究等等，综合起来就称为藏学研究。”[2]《中国藏学》创刊号的《发刊词》写道：“藏学是研究藏族社会历史和文化等方面的一门综合性学科。它基本上属于人文科学的范畴，但也包含一部分自然、社会科学的内容。”[3] 多杰才旦先

---

① “西藏学”→“藏学”的发展过程，以藏学家多杰才旦研究员（中国藏学研究中心总干事）和拉巴平措研究员（西藏社会科学院院长、西藏自治区副主席）二人的论述最具代表性。1981 年，多杰才旦先生（时任西藏社会科学院院长）发表《西藏学研究刍议》（《西藏研究》1981 年创刊号）；1983 年，拉巴平措先生发表《西藏学研究的回顾与展望》（《西南民族研究动态》1983 年第 8 期）。1988 年，多杰才旦先生发表《回顾与展望我国的藏学研究》（《中国藏学》1988 年创刊号）；1992 年，拉巴平措先生发表《中国藏学今昔》（《中国西藏》1992 年秋季号）。

② 拉巴平措：《中国藏学今昔》，《中国西藏》1992 年秋季号。

③《中国藏学》（汉文版）1988 年第 1 期。

生给藏学下的定义是："藏学是一门体系庞大的综合性学科，它包括社会历史、哲学宗教、语言文字、音乐戏剧、建筑雕塑、医药历算、风土民俗诸学科以及藏族地区在现代化进程中提出的理论问题和实践问题等广博繁富的内容。"① 还有学者认为藏学是一个"学科群"，这容易使人们把原本独立的学科藏学视为杂乱无序、处于原始的阶段、尚未形成一门独立学科的一大堆知识。笔者给藏学所下的定义为："藏学是研究藏区自然环境、藏族历史文化和社会现实的科学，是用多学科的理论和方法研究藏族的一门综合性学科。藏学的研究对象即藏族，其研究范围包括全藏区，即卫藏、安多、康巴地区以及域外如印度、不丹、锡金、尼泊尔等地的藏族，藏学学科本身（如藏学的学科理论，藏族学者、汉族及其他民族的学者、国外学者的藏学研究等）亦属藏学研究的范畴。"② 总之，藏学界至今在藏学的定义、研究对象和范围这个藏学最基本的问题上尚未达成共识，没有形成能够为藏学界所普遍接受的简明扼要、高度概括、反映藏学的实质的定论，这对藏学的发展与确立其在学术界、文化界的地位非常不利。最现实的难题之一是，学术文化界在编撰人文学科方面的辞典或百科全书时，"藏学"这一词条就很难界定，往往也就不列入辞书，这给宣传藏学和让学术文化界了解藏学、确立藏学在人文学科中的地位带来了困难。当然，"所有的定义都只有有条件的、相对的意义，永远也不能包括充分发展的现象的各方面联系。"③

藏学是一个大系统，是由各个子系统（分支学科）构成的有机整体，其内部各领域（分支）之间存在着密切的内在联系。探索各领域之间的联系和共同规律，是建立藏学体系的前提，至今这一课题的研究几乎还是个空白。阐明藏学与其他

---

① 多杰才旦：《回顾与展望我国的藏学研究》，《中国藏学》1988 年第 1 期。

② 《藏学研究概览》，《中国史研究动态》，1990 年第 11 期。

③ 《列宁选集》第 2 卷，第 808 页。

人文学科的关系，是把握藏学的特点的另一项带有理论性的课题，藏学界尚未就此问题进行探讨。

3. **藏学方法论尚未确立**

有的学者认为，藏学没有自身的研究方法，完全是借用其他学科的方法来进行研究的。现实的藏学研究中，也常借用民族学、人类学、社会学、历史学、宗教学、语言学、考古学等人文学科的方法进行研究，藏学研究方法的特色很不鲜明。同时，传统藏学的研究方法的局限性也日益明显。正如拉巴平措先生所指出的："许多藏族老学者对于藏族的大小'五明'有深厚的根底，但由于缺乏现代科学理论，不懂新的研究手段，使藏学事业的发展受到严重影响……国外学者通过录音、录像制作幻灯片及其他手段研究藏学值得借鉴。"① 次旺俊美先生说："外国学者用文化人类学、社会学等新学科进行藏学研究，所以能搞出相当有分量的成果。"传统的藏学研究"往往是'过去就是这种说法，不用说了'……而不探究问明，从狭小和神学史观的角度来讨论。"② 恰白·次旦平措先生认为，在旧时代，神话传说"充斥于西藏的绝大多数王系史及宗教史中，不管是否符合实际情况，都被当成'真正的历史'，谬种流传数百年。这些离奇的说法，在识字的群众当中，也以父子相传的形式广为流布，造成深远的影响"。有的学者声称，"否定《柱间史》就是否定西藏的历史。""学史的目的就是为了了解以往的规矩，并在今后依照原样将其传续下去。"在旧时代，治史者"仅仅是为了治史而读史，只是见什么说什么，依葫芦画瓢，几乎没有人去辨是非，溯本求源"。"即使松赞干布以来的历史，秉笔直书者亦属罕见。""须知，西藏没有经历'五四'新文化运动，西藏史学也同样如此，在上千年

---

① 《藏学研究通讯》1988 年第 3 期。

② 《藏学研究通讯》1988 年第 3 期。

的时间里，形成的是一片冰雪的荒原。”① 更敦群培大师也曾指出：“一切旧的都被称作神的法规，一切新的都被认为魔的幻化，一切奇特的都被想成不祥之兆。”② 这不仅揭示了传统藏学研究方法的弊端，也指出了传统藏学史观的局限。这表明，藏学的发展迫切需要建立一套具有鲜明藏学特色的方法论体系。

因此，建构藏学理论和方法论，从宏观和整体的角度审视藏学，奠定适应时代发展的现代藏学新格局，已成为藏学界的当务之急，这就突出了藏学现代化的必要性和紧迫性。

二、中国藏学的现代化

藏学的现代化是中国藏学走向繁荣兴旺的必由之路，探讨中国藏学现代化方案是时代赋予藏学研究者的使命。藏学现代化只能是在继承和弘扬传统藏学基础上的现代化，只有认清藏学发展的特点、规律和藏学的格局，藏学现代化才会根深叶茂。藏学现代化应当是学科理论、学科体系、研究方法、文献信息和人才的现代化。

（一）建立现代化的学科理论体系

“体系是内容以范畴形式的逻辑展现，它属于理论内容的形式的方面。相应的内容只能体现于相应的形式之中，所以没有一种发展成熟的学科内容不具有一贯性的和严密的理论体系。”“严密的科学体系便成为理论学科发展成熟的重要标

① 恰白·次旦平措：《藏史研究发展的回顾》，《西藏社科论文选》，西藏人民出版社，1991 年版。

② 《更敦群培文选》（藏文版），四川民族出版社，1989 年版，第 417 页。

志。"① 进入90年代，藏学的发展不但要求建立一套独立而完整的学科理论体系，而且也为建立这一理论体系准备了前提条件。阐明藏学的含义、界定藏学的概念和范畴、探寻藏学的特点和规律、建构藏学理论和学科体系的时机已经成熟。表现在：一方面，国内的藏学专家对藏学的学科特点和藏学基本理论已进行了初步探讨;② 另一方面，随着藏学走向成熟，藏学的分支学科逐渐形成。藏学是一门发展中的学科，适应藏学和藏族社会经济文化发展的需要，在其发展进程中在分化出一些子学科的同时，又不断吸收其他学科的成果，形成新的子学科，如藏族社会学、藏族人类学、藏族心理学、藏族伦理学、藏族美学等，使其研究领域不断扩大，藏学本身也渐趋成熟。作为一门独立的学科，藏学的内涵应有三个层次，即藏、汉、外文文献资料（包括文物考古资料）及对藏学文献的整理、研究和利用；对藏区的实地调查及文献与调查材料相结合的藏学研究；对藏学这门学科的研究及指导该学科研究的理论。藏学的学科理论体系属于藏学内涵的第三个层次。20世纪末，藏学母系统和子系统均基本发育健全，藏学的学科体系已具雏形。在这种情况下，藏学研究应当明确树立一种体系意识，把藏学体系的建构视为藏学学科建设的一个重要环节。当藏学的学科知识积累到一定数量，学科内容发展到一定程度，学科理论达到一定水平时，就应当适应藏学发展的形势，抓住时机，使直观认识上升到理念，把经验知识凝练为范式，使理论思想

---

① 高清海：《时代需要我们去创新学科体系》，《社会科学战线》1995年第6期。

② 近十多年来，所发表的有关论著主要有：《国外西藏研究概况》（冯蒸）、《西藏学研究刍议》（多杰才旦）、《西藏学研究的回顾与展望》（拉巴平措）、《藏族史学史》（王尧、沈卫荣）、《藏史研究发展的回顾》（恰白·次旦平措）、《关于开展西藏学研究的几点意见》（李有义）、《藏学建设四题》（邓锐龄）、《回顾与展望我国的藏学研究》（多杰才旦）、《中国藏学今昔》（拉巴平措）等。

升华到新的更高境界。[①] 藏学研究的现实已经证明：缺乏藏学基本理论和藏学学科体系已成为藏学研究产生飞跃的重大障碍，建构藏学理论和藏学体系必须提上日程。笔者曾提出："藏学研究包括藏学的断代研究、专题研究、通史研究、地方史研究以及藏学发展史研究等。"[②] 现根据这一思路，将藏学体系勾画如下：

- 藏学系统
  - 学科研究系统
    - 人文学科系统
    - 自然科学系统
  - 专题研究系统
  - 断代研究系统
  - 区域研究系统
    - 地方研究系统
    - 地方藏学系统

学科研究系统（举要）包括人文学科和自然科学两个方面，其中人文学科：藏族历史学、藏族经济学、藏族政治学、藏族宗教学、藏族语言学、藏族民俗学、藏族考古学、藏族教育学、藏族伦理学、藏族体育学、藏族人口学、藏族哲学、藏族美学、藏族艺术、藏族文学；自然科学：藏族地理学、藏族天文历算学、藏族医药学。

专题研究系统（举要）包括：族源研究、苯教研究、敦煌藏文写本研究、藏传佛学、藏传因明学、藏文《大藏经》研究、寺院研究、政教合一制度研究、活佛转世研究、藏汉关系研究、西藏地方与中央关系研究、西藏封建农奴制社会形态研究、藏族人物研究、藏族服饰研究、藏族民居研究、《格萨尔》研究、青藏高原研究、拉萨研究、藏学学（藏学理论、藏学史）。

---

① 高清海：《时代需要我们去创新学科体系》，《社会科学战线》1995 年第 6 期。

② 拙文：《北京的藏学研究》，《历史月刊》（台湾）第 83 期，1994 年 12 月号。

断代研究系统包括：远古研究、吐蕃王朝研究、分裂割据时期研究、萨迦王朝研究、帕竹王朝研究、甘丹颇章王朝研究。

区域研究系统包括地方研究系统和地方藏学系统两个方面，其中地方研究系统：卫藏研究、安多研究、康巴研究、域外藏人研究；地方藏学系统：西藏藏学、青海藏学、甘肃藏学、四川藏学、云南藏学、北京藏学、台港藏学、国外藏学。

上述表明，藏学体系（系统）至少可以从学科、专题、断代、区域（地方）四个既密切联系又存在区别的方面勾画和建构。藏学大系统之下的各个子系统都具有相对独立的内涵，因而每个子系统（分支）又可构成单独的一门学科。然而，藏学的大系统（母系统）并不等于其子系统的简单相加，建构藏学理论和学科体系的根本目的，在于使藏学各分支学科的研究（子系统）协调、平衡，使各个分支领域、各个专题的研究深化，使子系统健全、成熟，反过来促进母系统的完善，即使子系统相加之和大于母系统，从而提高藏学的整体水平。把握藏学的脉搏，认清藏学发展的规律，并以马克思主义作为指导思想，结合中国藏学的实际情况，确立一套具有中国特色的藏学理论体系，已成为历史的必然和时代的要求。藏学研究者应当肩负起建立结构严谨、融会贯通的现代藏学体系的使命，以对20世纪的藏学发展史有所交代。

（二）确立现代藏学方法论

科学的研究方法是任何一门学科都不可缺少的组成部分，任何一门学科都有其独特的研究方法，或者需要借助其他学科有益的研究方法。有的学者认为，藏学没有自己的研究方法，完全是借用其他学科的方法来从事研究，这种看法值得商榷。古代，藏族学者和高僧大德吸收、借鉴印度文化与佛学的知识和方法，并加以藏化，将藏族文化划分为大五明、小五明分别研究，称为“十明之学”，形成藏学特有的研究方法。自7世纪吐蕃王朝建立以来，随着青藏高原与中原文化交流的加深，藏族学者又借鉴汉族的史学方法阐释藏族历史，撰写史著。数百年来，藏族高僧和学者正是运用具有印度文化和汉文化色彩而又独具鲜明的藏族特色的校勘、注疏、译注、纪传体（如王统世系和传记）、记事本末体（如教派源流）等研究方法，写下了大量藏文名著，形成了一整套行之有效的传统藏学研究方法的基础上，借鉴现代科学的知识和方法，赋予传统藏学方法以现代色彩。藏族学术大师更敦群培（1903—1951 年）把传统和现代的研究方法有机地结合起来从事研究，写出了《白史》等藏学名著，开藏族学术研究的一代新风，对现代藏学方法论的确立具有划时代的意义。

中国特色的现代藏学方法论体系应当有三个层次，即最根本的方法论原则——唯物辩证法；一般的科学方法论（中间层次）；藏学的具体方法论。今天，中国藏学研究者应当继承传统藏学的优良学风和研究方法，克服其历史局限，积极主动地向其他学科汲取养分。藏学具有民族性、整体性和综合性、现实性及国际性的特点。作为研究与藏族有关的一切历史和现实的一门独立学科，藏学与汉学、蒙古学、满学、壮学、彝学、傣学、朝鲜学、犹太学等研究单一民族的学科有着共同的特点；作为人文学科的一个分支，藏学与民族学、人类学、社会学、宗教学、历史学、语言学、民俗学、地理学等有着交叉与边缘关系，即彼此的研究对象和研究方法交叉；作为因文献和文物被外国文化侵略者侵夺而流失海外、并在国外发展成为一个独特的研究领域和学科，藏学与敦煌学有着相似的学科命运（在旧中国，从事藏学和敦煌学研究的中国学者还要远涉重洋到欧洲去留学，藏学家于道泉和敦煌学家常书鸿即是其中的代表）。近代以来，藏学正是在不断借鉴上述学科的知识和方法的过程中走向成熟的。然而，长期以来，由于藏学界对藏学的学科特色、藏学与其他人文学科的分支的关系缺乏探讨和论证，因而难以界定藏学的研究对象、范围和方法，“学科群”之说由此产生，这就削弱了原本非常独特的藏学的特色。中国藏学唯有继承传统藏学研究方法、借鉴现代人文和自然科学的研究方法，建立一套独具特色的现代藏学研究方法，确立中国特色的藏学学派，才能得到中国学术界和国际学术文化界的认同，使藏学成为21世纪的国际“显学”。

（三）实现藏学文献、信息的现代化

中国的藏学文献非常丰富，包括藏文和汉文文献，其中藏文文献藏量巨大，主要保存于藏区各大寺庙，国内各大图书档案馆，部分大学和研究机构也有收藏。这是藏学取之不尽、用之不竭的资料源泉，也是藏学永葆生机的根本。近年来，我国藏学文献（主要是藏文文献）的收集、保存、整理和出版取得了较大成就，藏文档案部分开放，促进了中国藏学的发展。同时，由于藏文典籍较为分散，受人力、物力、财力和研究工具与手段的限制，藏文文献的整理和利用水平还很低，全国究竟保存着多少藏文文献，心中无数。有“藏族文化宝库”之称的德格印经院、拉卜楞寺、布达拉宫等的藏书编目已取得初步成果，民族出版社出版了《藏文典籍目录·文集类子目》一、二、三卷，藏文大藏经《丹珠尔》部的校勘也初见成效。但是，有“第二敦煌”之誉的萨迦寺的大量珍贵藏文典籍还原封未动，西藏档案馆的藏文档案尚未完全开放，梵文贝叶经的整理和研究进展缓慢，藏文典籍的出版还存在困难，这远远不能适应藏学发展的形势。为了抢救正在散失的藏文典籍，使分散保存于全国各地（主要是藏区）的藏文文献得到更加有效的开发和利用，应当采取以下措施：

（1）由中央和地方有关的行政部门和文化部门组织、协调，选派精通汉、藏文的藏学研究人员对藏、青、甘、川、滇五省区的藏文文献进行全面的调查摸底，并尽可能准确地加以统计和编目，在此基础上编辑出版《中国藏文献·藏文目录》。相应的，收集、整理汉文史籍中的藏学文献，出版《中

国藏学文献目录》。

（2）集中力量，发挥地方优势，有计划、有步骤地整理、出版藏、汉文藏学文献。可以分专题先出版时代急需的文献和档案，如西藏地方历史档案等（已出版了一部分）。

（3）运用照相、缩微、复制、录像等现代研究手段进行藏学文献的收集，并组织力量收集保存于国内的外文藏学文献和国外藏学文献，如伦敦印度事务部档案、英国外交部档案、美国国会图书馆藏藏学文献、日本东洋文库藏藏学文献等。然后将国内外收集的所有藏、汉文和外文藏学文献进行分类、编目，输入计算机，供国内外藏学界使用。

（4）从藏学发展和弘扬祖国文化的大局出发，加大开放藏学文献的力度，打破地区、部门界限，不搞封锁和垄断，使现存藏学文献得到充分有效的利用，从而提高中国藏学的整体水平，繁荣祖国的藏学事业。

要实现中国藏学的现代化，藏学信息的现代化是关键。在信息时代，谁能迅速有效地掌握学术信息，谁就能站在学科的前沿。在90年代，随着世界学术文化的飞速发展，国际学术交流日益频繁，作为“显学”的藏学，其学术交流对促进该学科的发展更具有至关重要的作用。藏学的信息交流主要通过以下渠道进行。国内—地区间的藏学学术交流，包括大陆藏学界与台、港、澳藏学界的学术交流；学科间的学术交流，即国内藏学界同民族学、人类学、社会学、宗教学、历史学、哲学等其他人文学科界的学术交流；藏学界与党政部门的信息交流。国际—中国藏学界与外国藏学界、学术文化界和政界之间的信息交流。传统的学术信息交流方式主要是举办学术研讨会、学术讲座、学术出版物、学术访问与合作研究等。实现藏学信息的现代化，不仅要经常保持上述信息渠道的畅通，充实信息源，而且要在继承传统信息交流方式的基础上，创造新的形式，引进现代化的通讯技术手段，如计算机国际互联网等，充分利用全世界的藏学资源，迅速准确地掌握国际国内藏学信息，实现藏学的现代化。

（四）造就现代化的藏学人才

藏学研究队伍的现代化是中国藏学现代化的根本。新中国成立四十多年来，我国的藏学研究队伍已形成梯队。改革开放以来，国家非常重视藏学人才的培养，已毕业的一百余名硕士和近十名博士逐渐成为藏学骨干，中国藏学后继有人。然而，藏学研究者能否肩负起跨世纪的重任，中国藏学的现代化能否实现，取决于藏学人才的素质，而提高藏学研究者的素质，造就现代化的藏学人才，至少应当实现“三化”——知识结构的现代化、研究方法的现代化和观念的现代化。

1. 掌握现代科学知识

20 世纪，科学的发展经历了从综合到分化、再从分化走向交叉与综合的历程。本世纪末，学科交叉、相互渗透的趋势加强。在这样的时代背景下，藏学研究者只掌握本学科的知识和技能已不能适应世界学术文化发展的要求。不仅要精通藏文、汉文，熟练地运用梵文和英、德、法、日等外文，谙熟藏族史、中国史、世界史和佛学、宗教学，还应当了解和掌握人类学、民族学、社会学、哲学、经济学、民俗学、语言学、考古学、人口学等人文、社会学科知识以及地理学、天文（历算）学、医学（藏医药学）等自然科学知识，只有在精通藏学的知识和技能的基础上，广泛地吸收和借鉴其他人文、社会和自然学科的知识和方法，更新知识结构，运用多学科的知识来考察藏族历史，分析藏区现实，才能开阔视野、拓展新的领域，取得具有真知灼见的研究成果。

2. 运用现代科学方法

现代科学知识和方法二者既密切相关又不能完全等同，掌握了现代科学知识并不等于就掌握了现代科学方法，最重要的是理论与实践相结合，运用掌握的知识和理论从事藏学研究。作为社会主义中国的藏学研究者，首先必须掌握辩证唯物主义和历史唯物主义的思想和方法，并用于指导藏学研究。同时，还应当从现代人文、社会和自然学科的研究方法中汲取营养，使藏学本自身的研究方法得到充实和发展。能否以马克思主义指导思想，把传统藏学研究方法与现代藏学研究方法有机地结合起来，不断地从相邻和交叉学科的研究方法中汲取养料，运用比较研究、微观与宏观相结合、实证等方法从事研究，应当成为衡量中国现代藏学人才的标准。

3. **树立现代观念**

藏学研究者更新观念，树立现代意识，是中国藏学现代化的核心。缺乏现代意识，建构现代藏学理论体系、确立现代藏学方法论、实现藏学文献信息的现代化和造就现代藏学人才皆无从谈起。由于历史和现实的原因，藏学研究中存在迷信、教条、公式化、一言堂、投机取巧等弊端，中国藏学研究的整体水平难以有很大提高，这是重要原因之一。藏学研究者应当辩证、历史地对待传统，像藏族学术大师更敦群培那样反省传统，反对迷信和教条，藐视权威，正确处理传统文化与现代化的关系，才能解放思想；藏学界应当对重大的理论问题、现实问题和其他学术问题开展讨论和争鸣，以活跃学术气氛，使学术研究深化，形成“百花齐放”的局面，并在基本的理论和学术问题上达成共识；只有树立现代观念，才能打破学术禁区，开拓新的研究领域，运用多种研究方法，形成各种学术流派，在各个专题、各个断代和各个领域培养学科带头人，从而使中国藏学走向真正的繁荣，确立国际藏学中心的地位。

总之，在世纪之交，中国藏学研究者有必要对藏学的发展历程（尤其是20世纪的藏学）进行深刻的反思，认清藏学的走势，把握国内外藏学的脉搏，在此基础上建构一套具有中国特色的现代藏学理论队伍，广泛开展藏学研究和学术交流，与国际学术接轨，承担起时代赋予的学术使命，从而实现中国藏学的现代化。

（原载《社会科学战线》1997 年第 4 期，《新华文摘》1997 年第 11 期全文转载）

邓小平理论与中国藏学的命运

马克思主义同当代中国实践和时代特征相结合的邓小平理论，“是当代中国的马克思主义，是毛泽东思想的继承和发展，是马克思主义在中国发展的新阶段。”① “坚持邓小平理论，就是真正坚持马克思列宁主义、毛泽东思想。”② 邓小平理论有一个发展和形成的过程，“这个理论，集中体现在十一届三中全会以来邓小平著作以及党和国家的重要文献中。”③ 中国藏学的发展历程证明，邓小平理论带来了中国藏学的兴盛，中国藏学走向繁荣和实现现代化离不开邓小平理论。

一、邓小平理论是中国藏学兴盛的根本保证

（一）中国藏学的发展历程

中国是藏族的最主要的聚集区，藏族研究源远流长，中国是藏学的故乡。从远古到20世纪末，中国藏学的形成和发展

① 江泽民：《在纪念党的十一届三中全会召开二十周年大会上的讲话》，1998年12月18日，人民出版社，1998年。

② 江泽民：《在中国共产党第十五次全国代表大会上的报告》。

③ 江泽民：《在中国共产党第十五次全国代表大会上的报告》。

经历了三个时期：古代藏学（远古至18世纪），是藏学的萌芽时期；近代藏学（19世纪至20世纪中叶），是藏学的形成和发展时期；现代藏学（20世纪50年代至今），是藏学的兴盛时期。① 古代藏学具有神学史观与人文史观并存的特点；近代藏学本质上可以称为人文主义藏学；现代藏学则以马克思主义为特征，以辩证唯物主义和历史唯物主义为方法论。

20世纪，中国藏学的发展大致经历了三个阶段：（1）民族史阶段（1900—1949年）；（2）藏族史阶段（1949—1977年）；（3）西藏学—藏学阶段（1978年至今）。前一个阶段属近代藏学，后两个阶段属现代藏学。而在现代藏学阶段中，“藏族史阶段”的主要特征是马克思主义藏学的初步建立；“藏学阶段”的主要标志是马克思主义藏学的正式确立，中国特色的现代藏学正式形成。

（二）改革开放与中国藏学的复兴

1. 中国藏学的复兴和辉煌成就

从新中国诞生到1978年党的十一届三中全会前，我国学术事业已经有了29年的实践。在这29年中，我们的学术研究曾有过健康的发展并取得了辉煌的成就。但是，由于后来对社会主义的认识的错误，产生了“左”的倾向，使我国经历了许多坎坷和磨难，“以阶级斗争为纲”的错误指导方针和频繁的政治斗争，打乱了学术研究的正常进程。尤其是十年“文革”动乱，不仅给全党和全国人民带来了深重的灾难，而且在思想理论上搞乱了马克思主义的基本原理，造成了人们认识上的极度混乱。藏学研究同其他人文学科的命运一样，遭到严重的破坏，名存实亡。

1978年党的十一届三中全会的召开，以邓小平为核心的

① 杜永彬：《藏学研究之路》，《中国史研究动态》，1990年第11期。

中央第二代领导确立了解放思想、实事求是、团结一致向前看的思想路线。中国的学术文化事业迎来了万紫千红的春天，随着中国人文社会科学的恢复和发展，中国藏学事业走上了复兴之路。在党和政府的关怀和领导下，中国学术界和藏学界的专家学者以邓小平理论为指导思想，努力开拓进取，辛勤笔耕，使中国藏学得到全面的复兴，迎来了藏学研究的黄金时代。

20 年来，中国藏学界高举邓小平理论的伟大旗帜，取得了藏学研究的辉煌成就，为祖国的学术繁荣、西藏和其他藏区的社会经济发展、国内外政治斗争的胜利作出了自己独特的贡献。

（1）“藏学”的首次提出和确立。

“藏学”这一名称是 19 世纪末由匈牙利藏学家乔玛首创的，后来发展成为国际通用的 Tibetology，意为研究西藏和藏族的学问。但是，直到 80 年代初以前，中国学术界长期把研究西藏、藏族和藏区称作“西藏研究”或“藏族史”。改革开放之初，随着藏族研究的特殊性的凸显，中国学术界开始认识到有必要将藏族研究确立为一门单独的学科，并以邓小平的思想为武器，冲破学术和思想禁区，大胆进行探讨，由此经历了一个从“西藏学”到“藏学”的发展过程。直到 80 年代末、90 年代初，“藏学”这一名称才为中国藏学界所普遍接受。①

（2）藏学机构和刊物的首次创办。

1978 年前，由于学科发展的局限等原因，研究藏族的机构都附设于历史研究或民族研究等机构，中国没有一家专门的藏学研究机构。

改革开放后，随着学术文化的复兴，在邓小平等中央领导的直接关怀下，藏学专门机构开始建立。1978 年，中国最大的藏族聚集区西藏开始筹建专门的藏学研究机构——西藏社会

① 杜永彬：《中国藏学现代化之路》注释（3），《社会科学战线》，1997 年第 4 期。

科学院。随后，中国社会科学院民族研究所得到恢复。1977年8月8日，邓小平在《关于科学和教育工作的几点意见》中指出："学术刊物要办起来。要解决一下科研、教育方面的出版印刷问题，并把它列入国家计划。……有价值的学术论文、刊物一定要保证印刷出版。"① 遵照邓小平的指示，全国各种学术刊物相继创办。适应藏学发展的需要，1980年，中国第一家藏学专业刊物《西藏研究》正式创刊，并以藏汉英3种文本公开发行。1985年，西藏社会科学院正式建立。上述机构和刊物的建立，极大地推动了中国藏学的复兴。

中国是一个拥有56个民族的多民族国家，每个民族都为中华民族的强盛作出了重要贡献，都具有自己独特的历史文化和民族性格。由于西藏问题的特殊、藏学研究的民族性、政治性和国际性十分鲜明。邓小平早在1950年初就明确指出：解决西藏问题，要重视民族和宗教。他说："西藏是少数民族地区，政治、经济、文化等方面均有特殊性，政策性很强。解放西藏有军事问题，需要一定的军事力量，但军事和政治比较，政治是主要的。"② 1950年7月21日，邓小平在《关于西南少数民族问题》的讲话中，阐述了民族地区和民族文化的特殊性，强调要从政治、经济、文化三个方面改善民族地区的面貌。并说："如果我们不在这三方面取得成效，这种历史的隔阂、历史的裂痕就不可能消除"。③ 随着邓小平理论的发展和完善，具有中国多民族国家时代特色的邓小平的民族理论逐渐形成，这一理论的科学内涵为：必须坚定不移地坚持民族平等和民族团结的原则；主张加速民族地区的发展，争取各民族共

① 《邓小平文选》，1975—1982年，第55页。

② 党雨川：《张国华同志在西藏》，《西藏党史资料》1994年第1、2集合刊。

③ 《邓小平文选》，第一卷，第162页。

同繁荣；坚持和不断完善民族区域自治制度。[1] 邓小平和党中央坚持这一民族理论，并从西藏问题和藏学研究的特殊性出发，研究和制定治藏政策。1986 年，批准建立国家级的单一民族研究机构——中国藏学研究中心，这是邓小平实事求是，对藏族和藏学具体问题具体分析、特殊问题特殊处理的一个具体范例。1988 年，中国藏学研究中心的机关刊物《中国藏学》创刊，以藏汉两种文本发行。国家级藏学机构和藏学刊物的创办，带来了中国藏学的全面复兴。随后，《中国西藏》创刊，并以汉、藏、英 3 种文本发行。该刊具有图文并茂、现实性、新闻性、真实性、通俗性、趣味性和知识性等特点。

至 1998 年，西藏、四川、甘肃、青海、云南 5 个主要藏族聚集的省区都建立了省级藏学研究机构（所）。后来，这 5 省区相继成立了藏学研究会。这 5 个省区的民族学院以及中央民族学院都设立了专门的藏学研究机构，这些民族学院的学报和 5 省社会科学院的机关刊物，以及《民族研究》刊物和上述 3 种藏学专业刊物，为藏学研究者提供了发表研究成果的良好园地。从而形成了合理的藏学研究机构和刊物格局。

（3）培养和造就出藏学专门人才。

1977 年 5 月 24 日，邓小平强调指出“一定要在党内造成一种空气：尊重知识，尊重人才。”[2] 遵照这一理论，中国教育界和藏学界积极为祖国的藏学事业培养教学和科研人才。1998 年，西藏大学第一次招收硕士研究生，填补了西藏硕士点的空白。1978—1998 年，20 年中，培养了一大批藏学人才，其中硕士近 200 名、博士 10 余名，藏学研究队伍空前壮大，形成了老、中、青结合，藏汉学者团结协作，以青年科研人员为骨干的藏学研究队伍的新格局，显示出中国藏学的勃勃

① 《邓小平民族理论的科学内涵》，何兴民，《光明日报》，1999 年 1 月 4 日。

② 《邓小平文选》，1975—1982 年，第 38 页。

生机。

（4）藏学研究结出丰硕成果。

20年来，藏学工作者以邓小平理论为指导思想，在藏学领域辛勤耕耘，取得了举世瞩目的丰硕成果。这些成果主要体现在科研、翻译和出版3个方面：

科研方面。专题研究、断代史研究、通史研究和区域研究都逐渐由广度向深度发展，发表了数千篇藏学论文，出版了数百部藏学专著。这些论著的特点是，以唯物辩证法为方法论；几乎涉及藏学的各个领域；微观考证与宏观论述相结合；站在藏学的前沿，把握藏学的动态；某些领域的研究成果代表国际水平。把中国的藏学研究推进了一大步。

翻译方面。主要是藏文典籍汉译，外文藏学论著汉译和汉藏文藏学作品英译。其中，藏文和外文藏学作品的汉译成就显著，所出版的藏学翻译作品近百种。这不仅促进了藏学的发展，而且对于增进世人对藏族历史文化的了解、开展中外藏学交流，都产生了重大影响。

出版方面。20年来，出版了数百种藏学著作，向国际学术界展示了中国藏学研究的丰硕成果。尤为突出的出版成就是，整理出版了近千种藏文典籍，以大小“五明”藏文古籍和具有藏族文化“百科全书”之称的藏文《大藏经》对勘本的出版为代表，为弘扬藏族传统文化和中华文明作出了重大贡献。

（5）藏学理论体系基本形成。

严密的科学体系是学科发展成熟的重要标志。没有一种发展成熟的学科内容不具有一贯性的和严密的理论体系。到20世纪末，藏学的母系统和子系统均基本发育健全，藏学的学科体系已具雏形。藏学研究者运用辩证唯物主义和历史唯物主义的观点和方法剖析藏族社会，研究藏族历史，使中国藏学研究独树一帜。

（6）中国已成为国际藏学研究中心。

随着国家的改革开放，藏学的学术交流日益频繁，这不仅深化了藏学研究，而且扩大了藏学的影响。藏学的学术交流体现在国内国际两个方面：

国内学术交流。主要渠道为：全国性的藏学研讨会和工作会；区域性（省区）的藏学讨论会；与港、台地区的藏学交流；跨学科的学术研讨会；学术界与党政部门的交流等。

国际学术交流。主要方式是：中国主办的国际性藏学研讨会，至1998年，已主办了两届国际性的藏学讨论会，即1991年北京藏学讨论会和1997年北京藏学讨论会，同时还在拉萨召开了首届《格萨尔》国际研讨会；中国藏学家出席第六、七、八届国际藏学讨论会；单位和民间的国际学术交流；中国藏学论著的外译，国外藏学论著的汉译，这通过《国外藏学研究译文集》和《国外藏学动态》两种刊物和出版汉译国外藏学名著体现出来。

中国藏学家通过到国外讲学、出席国际藏学讨论会，并在国外发表和出版藏学论著，第一次走上国际藏学讲坛和论坛。外国学者到中国藏区考察和研究。中外藏学界的合作研究，如西藏社会科学院与美国凯斯西部保留地大学合作研究10年（1988—1998年），取得了显著的成果。该校人类学系主任、著名藏学家戈尔斯坦（Melvyn C. Goldstein）近10年来，几乎每年都深入西藏进行实地调查，对西藏的真实情况和我国在西藏实行的各项政策有较全面的了解，并撰写了一系列有分量论著在国外发表，其中《中国政府在西藏自治区实行的节育政策》一文和《西藏现代史——喇嘛王国的覆灭》一书在国际学术界产生了较大的影响。1997—1999年，西藏社会科学院又与该校合作进行为期3年的《西藏农区家庭、老年人与人口生育状况调查》的项目，试图从社会人类学的角度对西藏农区家庭和人口现状进行调查研究，为提高农村人口素质提供科学依据。以戈尔斯坦为代表的外国藏学家对中国藏区和藏族的较为客观的研究，对西方了解西藏和藏族起到了积极作用。这是国际藏学合作的成功范例。

2. 现代藏学研究的特点

藏学是一门独特的新兴学科，它具有民族性、政治性、国际性和综合性的特点。20 年来的中国藏学研究，呈现出以下特点：

（1）理论——藏学研究以马列主义同中国实际相结合、继承和发展毛泽东思想的邓小平理论为指导思想。（2）方法——第一，藏学研究与现实紧密结合，注重实地调查和“参与”研究，为藏区社会经济发展服务。第二，藏汉学者密切协作，形成推动藏学发展的最大合力；第三，地方研究与中央研究紧密配合，优势互补，五省区突出地方优势，北京展开全方位研究；第四，文献、档案与口碑、实地调查材料结合；第五，藏学研究得到各级党政部门的大力支持，与党政部门结成特殊的关系。第六，藏学研究在坚持自身独特的研究方法的基础上,广泛吸收和借鉴其他人文学科的方法。（3）重点——藏学研究以西藏研究为重心，以历史和政治研究为重点。（4）宗旨——弘扬藏族优秀传统文化，繁荣祖国藏学事业，维护民族团结和祖国统一。

上述特点，是藏学研究者从藏区和藏学的实际出发，以邓小平理论为指导思想，进行藏学实践的具体体现。

3. 藏学研究为现实服务的功能增强

邓小平理论的一个重要特点，是坚持为人民服务和为社会主义的方向，强调经世致用，即学术研究必须为国家的现实政治服务，为中华民族的兴旺发达服务。20 年来，在邓小平理论的指引下，中国藏学界为祖国的政治、经济和学术文化的发展作出了自己的特殊贡献。

政治上，为党中央制订西藏政策提供决策参考依据，为中国的国际政治斗争服务；巩固了民族团结，维护了祖国统一和西藏社会安宁。阐明西藏的社会特点和发展演变的规律，为治理西藏提供历史借鉴；揭示藏汉民族的经济文化交往和友好情谊，增强藏民族的内聚力和向心力；论证西藏地方与历代中央王朝的关系，阐明西藏是中国领土不可分割的一部分。

经济上，“参与”研究，促进藏区社会经济的发展。自然科学工作者通过对青藏高原的大规模科学考察，撰写出一批高水平的科学考察报告和论著，揭开了藏区自然之谜，把握了青藏高原自然环境的特点和规律，为开发藏区、发展藏区经济提供了科学依据；社会科学工作者深入藏区的城镇、乡村和牧场，进行艰苦细致的实地调查，分析藏区社会现状，探讨发展藏区经济的优势和不利因素，规划藏区社会经济发展战略，为开发藏区、振兴藏区献计献策，对藏区经济的发展作出了贡献。

学术文化上，弘扬藏族优秀传统文化，振兴祖国藏学事业，促进国内外学术文化交流。使藏学成为国际“显学”。藏学工作者通过著书立说、翻译介绍和出版发行，极大地推动了中国藏学的发展，其丰硕的成果对揭开西藏神秘的面纱，增进国内外人士对藏区的了解，让国外了解西藏和其他藏区，了解藏族文化，起到了十分重要的作用，促进了中华学术的繁荣，对祖国的社会主义精神文明建设作出了贡献。

20 年藏学发展的历程表明，邓小平理论是中国藏学复兴的根本保证，没有邓小平理论的指导，就没有中国藏学事业的全面复兴。中国藏学辉煌成就的取得，中国特色的现代藏学新格局的形成，是坚持以邓小平理论为指导思想的必然结果。

二、邓小平理论是中国藏学现代化的强大动力

（一）中国藏学研究任重道远

在世纪之交，中国藏学将以怎样的姿态迎接新世纪的到来？这是每一位藏学研究者都必须正视并加以思考的重要问

题，认清世纪之交的藏学形势与藏学研究者的使命，展望藏学的未来，实现藏学的现代化，中国藏学研究任重而道远。

1. “藏学”概念、对象和范围不明

至今，藏学界对什么是藏学？藏学的研究对象和范围，藏学与其他人文科学的关系，以及藏学学科体系等藏学基本理论问题尚未展开讨论和争鸣，更谈不上达成共识。有的学者认为，“藏学”近似与“汉学”，其研究对象和范围只能是藏族的历史和传统文化；有的学者则认为，藏学的研究对象和范围包括与藏族有关的一切领域，现实政治、经济、教育、军事、民俗等，当然属于藏学的范畴；还有的学者认为藏学是一个“学科群”。总之，目前还没有形成能够为藏学界所普遍接受的简明扼要、高度概括、反映藏学实质的定论，这对藏学的发展、宣传藏学和确立藏学在学术文化界的地位非常不利。

2. 藏学“家底”不清

从藏文创制、藏族有信史算起，藏学从起源，发展，到形成一门独立的学科，至今已有近1300年。13个世纪以来，积累的藏汉文藏学文献浩如烟海，藏族、汉族和其他民族以及国外学者对藏区和藏族的研究成果车载斗量，历代高僧、学者和文人留下了宝贵的治学经验。这是一笔珍贵的藏学遗产和取之不竭的藏学源泉。然而,国内外藏学界至今没有对藏学发展史进行彻底的清理和系统的反思,因而看不清藏学领域的制高点、薄弱环节和空白点,在研究中难免带有盲目性,常常出现选题重复和“撞车”的现象。藏学的许多领域,如思想史、哲学史、人口史、科技史、学术史、历史地理等,几乎都是亟待开发的处女地。薄弱环节需要加强,空白领域亟待填补,藏学研究的一切领域都需要进一步深化。

3. 藏学理论体系尚待完善和创新

现代藏学研究方法的特色很不鲜明，传统藏学研究方法的局限性十分明显。藏学的发展，迫切需要建立一套具有鲜明藏学特色的现代方法论体系。藏学研究的现实已经证明：缺乏藏学基本理论和完整的藏学学科体系，已成为藏学研究产生飞跃的重大障碍，建构藏学理论和完善藏学体系必须提上日程。

4. 现代藏学方法论尚未完全确立

科学的研究方法是任何一门学科都不可缺少的组成部分，中国特色的现代藏学方法论体系应当包括三个层次：即最根本的方法论原则——唯物辩证法；一般的科学方法论（中间层次）；藏学的具体方法。长期以来，由于藏学界对于藏学的学科特色、藏学与其他人文科学的分支的关系缺乏探讨和论证，因而难以界定藏学的研究对象、范围和方法，在藏学实践中主要运用唯物辩证法和一般的科学方法，没有确立藏学的具体方法，这就极大地削弱了非常独特的藏学的特色。

5. 藏学人才的素质亟待提高

藏学研究队伍的现代化，是中国藏学现代化的关键。藏学研究者能否肩负起跨世纪的重任，中国藏学能否实现现代化，取决于藏学人才的素质。藏学研究者还不具有完备的现代科学知识，难以熟练地运用现代科学方法，亟待更新传统观念，树立现代观念。藏学人才的培养格局也不平衡，存在重文轻理的倾向，藏族的考古、地理等方面的人才缺乏，藏医研究人员不懂藏医，天文历算人才青黄不接，长此下去，藏族的天文历算将成为绝学。

6. 藏学研究与国家的现实需要还存在差距

改革开放以来，中国藏学工作者在邓小平理论的指导下，坚持“二为”方向，为维护民族团结和祖国统一，促进藏区的两个文明的发展，作出了重要贡献。在世纪之交，“科技进步日新月异，知识经济初见端倪，综合国力竞争日趋激烈。”① 面对新的挑战，藏学工作者“必须在马克思主义的指导下，进一步把理论与实践、继承与发展结合起来，大胆探索，勇于创新，不断开拓我们事业发展的新局面。”② 使藏学研究更好地为祖国的强盛和中华民族的复兴贡献力量。

7. 藏学的国际和国内学术交流需要增强

当今时代是信息化时代，地区界限日益缩小，知识日新月异，藏学已经超越国界，成为国际“显学”。在学术文化突飞猛进的形势下，传统的藏学学术交流已经难以适应时代的要求。

8. 藏学科研出版机构和藏学刊物需要进行改革

藏学机构是在计划经济的环境中建立的，其运作方式和管理模式已经难以适应藏学发展的新形势、藏区社会经济发展的新要求和祖国现代化建设的新需要，改革已成为藏学机构生存和发展的唯一出路。

（二）用邓小平理论指导和推动中国藏学的现代化

上述藏学发展的客观形势表明，在新世纪即将来临之际，中国藏学工作者所肩负的使命更加艰巨——既要对20世纪的藏学研究进行全面系统的反思，又要确立21世纪中国藏学的发展战略和策略（发展规划）。藏学研究的实践证明，只有坚持邓小

① 江泽民：《在纪念党的十一届三中全会召开二十周年大会上的讲话》，23页，1998年12月18日。

② 江泽民：《在纪念党的十一届三中全会召开二十周年大会上的讲话》，23页，1998年12月18日。

平理论,才能更好地迎接新世纪的挑战,圆满完成时代赋予我们的光荣使命。邓小平理论是中国藏学现代化的理论武器和强大动力。

实现中国藏学的现代化,首先必须坚持“实事求是”和“一切从实际出发”的原则。邓小平有两句名言:一是老祖宗不能丢;一是在中国建设社会主义这样的事,马克思的本本上找不出来,列宁的本本上也找不出来,每个国家都有自己的情况,各自的经历也不同,所以要独立思考。即既要坚持马克思主义,又要反对教条主义。邓小平指出:“一切从社会主义初级阶段的实际出发。”① 江泽民说:“一切从实际出发,最根本的就是一切都要从社会主义初级阶段这个最大的实际出发。”② 藏学研究不但要从中国藏学、中国学术文化的实际出发,而且要从藏区实际和中国的国情出发,使邓小平理论与藏学和藏区的实际相结合,“必须坚持以我国改革开放和现代化建设的实际问题、以我们正在做的事情为中心,着眼于马克思主义理论的运用,着眼于对实际问题的理论思考,着眼于新的实践和新的发展,勇于开拓前进……必须不断认识和统一把握社会主义初级阶段的基本国情和经济、政治、文化等方面的基本特点……必须坚持把大胆探索的勇气同科学求实的精神统一起来,遵循实践、认识、再实践、再认识的认识规律,使主观认识符合客观实际,使理论随着实践的进展和时代的前进而发展。”③ 遵循“关键是看怎样对西藏人民有利,怎样才能使西藏很快发展起来,在中国四个现代化建设中走进前列”④ 的方针,坚持藏学研究为藏区和藏族的现实服务的方向。这是实现中国藏学的现代化的根本。

---

① 《邓小平文选》,第3卷,第251页。

② 江泽民:《在纪念党的十一届三中全会召开二十周年大会上的讲话》。

③ 江泽民:《在纪念党的十一届三中全会召开二十周年大会上的讲话》。

④ 《立足民族平等,加快西藏发展》,《邓小平文选》,第3卷,第247页。

实现中国藏学的现代化，藏学人才是关键。邓小平非常重视人才和人才的重要作用，他指出："人才不断涌出，我们的事业才有希望。""要创造一种环境，使拔尖人才能够脱颖而出。""一个人才可以顶很大的事，没有人才什么事情也搞不好。"[①] 只有树立"教育要面向现代化，面向世界，面向未来"[②] 的思想，立足中国，放眼世界，实现藏学人才的"三化"——知识结构的现代化、研究方法的现代化和观念的现代化，掌握现代科学知识，运用现代科学方法，树立现代意识，全面提高自身素质，形成一支高水平的藏学研究队伍，才能肩负起时代赋予的使命。

实现中国藏学的现代化，必须建立藏学创新体系。邓小平理论是具有务实和创新风格的科学理论，这个理论的突出特点是：尊重实践，尊重群众的首创精神，理论与实践相结合。中国藏学工作者应当把邓小平理论运用于藏学实践中，把务实和创新放在首位，着重从以下三方面开展工作：首先，确立科学的方法论。中国藏学唯有以邓小平理论为指导思想，继承传统藏学研究方法，借鉴现代人文和自然学科的研究方法，建立一套独具特色的现代藏学研究方法，确立中国特色的藏学方法论，并运用于藏学实践，形成中国的藏学学派，"拿事实来说话"[③]，才能得到中国学术界和国际学术文化界的认同，使中国藏学走在21世纪国际藏学的前列。其次，建立现代藏学体系。邓小平说："马克思主义理论从来不是教条，而是行动的指南。它要求人们根据它的基本原则和基本方法，不断结合变化着的实际，探索解决新问题的答案，从而也发展马克思主义理论本身。"并且指出："真正的马克思列宁主义者必须根据现在的情况，认识、继承和发展马克思列宁主义。""墨守成

---

① 《邓小平文选》，第3卷，第18页；第109页；第369页。
② 《邓小平文选》，第3卷，第35页。
③ 《邓小平文选》，第3卷，第155页。

规的观点只能导致落后，甚至失败。”① 藏学研究者应当以邓小平理论为指南，根据这一理论的基本原则和方法，结合变化着的藏学和藏区的实际，探索解决新问题的答案。在藏学的学科体系已具雏形的情况下，应当明确树立一种体系意识，把藏学体系的建构视为藏学学科建设的一个重要环节。当藏学的学科知识积累到一定数量，学科内容发展到一定程度，学科理论达到一定水平时，就应当适应藏学发展的形势，抓住时机，使直观认识上升到理念，把经验知识凝练为范式，使理论思想升华到新的更高境界。把握藏学的脉搏，认清藏学发展的规律，并以邓小平理论为指导思想，结合中国藏学的实际，确立一套具有中国特色的藏学理论体系，已成为历史的必然和时代的要求。藏学研究者应当肩负起建立结构严谨、融会贯通的现代藏学体系的使命，以对 20 世纪的藏学发展史有所交代。第三，建立现代藏学管理机制。实现藏学的现代化，在很大程度上取决于藏学的管理机制。为了实现藏学体系的创新，必须对计划经济下建立的藏学机构进行改革，实行科学化和现代化管理，在藏学研究中引入并确立激励机制、竞争机制、创新机制、约束机制和监督机制，制订藏学研究的近期规划和长远发展战略，贯彻“双百方针”，广泛开展学术争鸣，加强学术交流，增强藏学为祖国现实的功能，实现藏学文献和信息的现代化，促进中国藏学走向繁荣。

总之，深化藏学研究领域、完善和创新藏学理论体系、确立现代藏学方法论、造就现代化的藏学人才、加强藏学为现实服务的功能、增强藏学的学术交流、建立现代藏学管理机制、实现藏学文献和信息的现代化等，都离不开邓小平理论的指导。邓小平理论是中国藏学的创新和走向现代化的光辉指南和强大动力。

20 世纪下半叶，中国藏学界在马列主义、毛泽东思想和

---

① 《邓小平文选》，第 3 卷，第 146 页；第 291 页；第 292 页。

邓小平理论的指导下，经过艰苦的探索和研究，取得了丰硕成果，使中国藏学得到复兴，中国特色的现代藏学正式形成，交出了无愧于时代的合格答卷。实践是检验真理的唯一标准，藏学研究的实践证明，继承和发展马列主义、毛泽东思想的邓小平理论是中国藏学复兴的根本保证。在21世纪即将来临之际，我们更加深刻地认识到，以邓小平理论为指导思想，是中国藏学走向繁盛和实现现代化的必由之路。藏学研究者紧密地团结在以江泽民为核心的中共中央周围，高举邓小平理论的伟大旗帜，大胆探索，进行艰苦的开拓和创新，必将迎来21世纪中国藏学的光辉前景！

（原载《学术探索》2001年第1期，中国人民大学复印报刊资料《民族问题研究》2001年第4期）

中共中央第三代领导核心的治藏方略

党中央第三代领导核心的治藏方略是在继承毛泽东、邓小平为核心的中央第一代和第二代领导集体的治藏方略的基础上的发展和创新。这一治藏方略是在运用马列主义、毛泽东思想和邓小平理论调查和研究西藏的历史和现实的过程中形成的。1989 年 10 月，中共中央召开由江泽民同志主持的中央政治局常委会议，听取西藏自治区领导同志汇报工作并作重要指示，形成了《中央政治局常委讨论西藏工作会议纪要》，对西藏社会经济形势和各项工作的大政方针作了明确的、全面的指示。中央强调，西藏工作要紧紧抓住政治局势的稳定和发展经济两件大事，维护社会稳定，巩固和发展安定团结的政治局面，是西藏第一位的政治任务。这是西藏历史的转折点。1990 年 7 月 20 日，江泽民同志到西藏拉萨和日喀则等地考察。8 月 9 日，发表《在西藏自治区干部大会上的讲话》；9 月 1 日，发表《必须树立马克思主义的民族观和宗教观》；12 月 7 日，发表《一定要做好宗教工作》。1992 年 1 月 14 日，发表《加强各民族大团结，为建设有中国特色的社会主义携手前进》。1993 年 11 月 7 日，发表《高度重视民族工作和宗教工作》。1994 年 2 月，中央专门召开第三次西藏工作座谈会筹备会议，江泽民在会上作了明确指示。1994 年 7 月 20 日—23 日，中央第三次西藏工作座谈会在北京召开，确定了“分片负责、对口支援、定期轮换”的援藏方式和62个援藏项目。同年7月20日，发表《在中央第三次西藏工作座谈会上的讲话》和《关于民族和宗教问题》。1995年11月，中央在北京召开班禅转世灵童领导小组第三次会议，12月8日，举行十一世班禅坐床典礼。12月17日，江泽民同志在中央军委扩大会议上发表的讲话中，阐述了关于西藏发展和稳定的战略和策略。1996年5月25日，西藏区党委按照中央的部署，召开在全区寺庙进行爱国主义教育和建立正常秩序工作会议，决定从1996年6月起，用4年时间，对全区寺庙分批开展爱国主义教育，依法整顿寺庙秩序，打击分裂活动，引导宗教与社会主义社会相适应。1998年11月17日，江泽民主席在会见美国副总统戈尔时，阐述了中国政府在“西藏问题”上的立场和政策。1999年1月17日，江泽民同志在中央党校省部级主要领导干部金融研究班结束时的讲话中，阐述了关于西藏的方针和政策。同年3月26日，江泽民与德赖富斯主席举行会谈、9月22日在党的十五届四中全会上的讲话、9月29日在中央民族工作会议暨国务院第三次全国民族团结进步表彰大会上的讲话，都阐述了中国共产党在新时代的治藏方略。2000年12月4日，江泽民同志在全国统战工作会议上的讲话、12月11日在中央军委扩大会议上的讲话、2001年6月在中央第四次西藏工作座谈会上的讲话、6月25日关于做好新世纪初西藏发展稳定工作的意见、12月10日在全国宗教工作会议上的讲话，都阐明了中央政府关于西藏政治、经济、文化、宗教以及“西藏问题”的方针和政策。2001年，中央和国务院联合召开西藏工作座谈会，确定了新世纪西藏工作的指导思想和奋斗目标。2002年11月8日中共十六大召开，江泽民同志作了《全面建设小康社会，开创中国特色社会主义事业新局面——在中国共产党第十六次全国代表大会上的报告》，确定以“三个代表”为指导思想，全面建设小康社会。

1989—2003 年，西藏自治区的生产总值由 21.86 亿元增加到 184.59 亿元；城镇居民家庭人均可支配收入由 1533 元增加到 8058 元；农村居民家庭人均收入由 397 元增加到 1690 元。教育文化水平显著提高，普通高校在校生人数由 0.1973 万人增加到 1.0409 万人。西藏自治区领导同志将 1989—2002 年这 13 年的发展历程概括为“一个转折点”和“两个里程碑”，即以 1989 年 10 月中共中央召开由江泽民同志主持的中央政治局常委会议，形成《中央政治局常委讨论西藏工作会议纪要》为西藏历史的一个转折点；以 1994 年和 2001 年在西藏改革和开放的关键时刻，中央先后召开两次西藏工作座谈会，对西藏的发展指明的方向，为西藏社会经济发展中的两个里程碑。

贯穿于中央第三代领导核心的治藏方略的主线是：求真务实、与时俱进，不断开拓创新，以“三个代表”统领治藏的理论和实践。无论是关于解决“西藏问题”的战略策略，关于西藏的理论和政策，还是关于西藏的政权建设，都贯穿着这条主线，这是中央第三代领导核心的治藏方略的突出特点和在治藏实践中积累的根本经验。中央第三代领导核心制定和实施的治藏方略证明，只有在中国共产党的领导下，社会主义新西藏才能得以发展，执政党的建设决定着西藏的前途和命运。

一、审时度势，确定解决“西藏问题”的战略策略
——把握西藏工作的大局

中央第三代领导核心审时度势，正确分析新世纪的国际形势，把握世界民族和宗教问题的特点与发展趋势，阐明西藏民族宗教问题现状、特点与趋势，揭示西方反华势力利用“西藏问题”干涉中国内政的图谋，制定同达赖集团作斗争的方针，确定解决“西藏问题”的战略和策略，从而准确地把握了党在西藏工作的大局。

（一）正确分析当前的国际形势，把握世界民族宗教问题的特点和发展趋势

当前国际形势的特点和动向。进入 21 世纪，国际形势发生了继冷战结束以来的最重大的变化：

第一，中国经济在世界经济（尤其是欧美等西方国家）不景气的大环境下一枝独秀，令世人瞩目，中国“申奥”成功、加入“世贸组织”和中共“十六大”的胜利召开，国际威望进一步提高，中国社会稳定，国土安全，中国特色的社会主义道路前景广阔，社会主义的红旗在世界的东方高高飘扬。2002 年秋，联合国将“东突”确定为恐怖组织，对中国境内的民族分裂势力和宗教极端主义者是一个沉重的打击和强大的威慑。1994 年中央第三次西藏工作座谈会以来，西藏的经济社会发展取得了巨大进步：经济发展速度加快，人民生活水平不断改善；社会主义精神文明建设成绩显著，社会全面进步；全国支援西藏力度加大，一大批骨干项目建成并发挥重要作用；改革开放不断深化，市场配置资源的基础性作用得到增强；民族团结进一步加强，社会局势基本稳定；党的建设不断加强，党组织的凝聚力和战斗力得到提高。[①] 2001 年 6 月，江泽民同志在中央第四次西藏工作座谈会上的讲话中确定了西藏的发展战略：经济实现跨越式发展，社会实现长治久安。

第二，西方加快了在全球扩张的步伐。在欧洲，北约东扩步伐加快，2002 年 11 月又有 7 国被接纳，欧盟一体化成功实现。2002 年 12 月中旬，欧盟又吸收了 10 个东欧国家入盟，俄罗斯与北约和欧盟的关系更加微妙和复杂。在亚洲，美国企图建立“亚洲的北约”，联合日本、韩国、印度等国，与东南亚国家建立友好合作关系，与朝鲜改善关系，以台湾为战略据

---

① 江泽民：《在中央第四次西藏工作座谈会上的讲话》，2001 年 6 月。

点，以日本为亲密的战略伙伴。美国以“9·11 事件”为契机，利用反恐，发动阿富汗战争和伊拉克战争，扩大了在全球的军事力量，强化了其一超独强的格局。同时，西方国家加大了利用民族宗教问题干涉发展中国家的内政的力度，西方反华势力利用民族问题和宗教问题西化和分化中国的图谋更加明显，并企图以“西藏问题”作为肢解中国的突破口。2000 年和2001 年，欧洲议会和美国国会相继通过决议，对中国进行要挟，他们声称，如果中国中央政府在3 年之内不与达赖或其代表进行对话并达成实质性的协议，他们就将公开承认达赖“流亡政府”的合法性。

第三，进入新世纪，全球化对国家主权提出挑战，国际反华势力西化、分化和弱化中国的势头并没有减弱，“西藏问题”国际化的趋势逐步加剧，西藏的民族问题、宗教问题和发展问题十分尖锐，中国藏区的藏传佛教在发生变化，达赖集团和西方反华势力都在调整其在“西藏问题”上的策略，藏传佛教在西方的影响在逐渐扩大。2001 年美国发生的“9·11 事件”正在影响着世界格局，同时也必然会对“西藏问题”产生影响。

江泽民同志指出：“不公正不合理的国际政治经济旧秩序没有根本改变。影响和平与发展的不确定因素在增加。传统安全威胁和非传统安全威胁的因素相互交织，恐怖主义危害上升。霸权主义和强权政治有新的表现。民族、宗教矛盾和边界、领土争端导致的局部冲突时起时伏。”① 他说：“1990 年以来，世界上发生的武装冲突百分之八十起因于民族、宗教矛盾和领土争端。”“西方一些国家，把民族、宗教问题作为推行霸权主义和强权政治、干涉他国内政的借口，不断插手和利用民族、宗教纠纷，纵容和支持民族分裂势力和宗教极端势

① 江泽民：《全面建设小康社会，开创中国特色社会主义事业新局面》。

力，更加剧了民族宗教问题的复杂性。”①

人类是由信仰多种宗教的多种民族构成的。世界上几乎没有纯粹的单一民族国家，多民族国家必然存在民族问题；自古以来，几乎找不到一个完全没有宗教信仰的民族，宗教以民族文化的形式广泛存在于民族的社会生活中，宗教往往是民族文化区别要素中的最显著的特征，与民族的心理素质、风俗习惯紧密结合。因而民族问题和宗教问题就好像是孪生兄弟，世界各国几乎都存在民族问题和宗教问题。宗教的民族性使其对一个民族具有一种无形而巨大的凝聚力和感召力，尤其是对宗教气氛浓厚、深受传统习惯势力影响的民族。

当前世界民族问题发展的一个重要趋势是民族分离主义盛行。民族宗教问题与国际政治的关系十分密切。自 20 世纪 80 年代以来，随着世界由两极格局向多极化的演变，许多国家的民族问题超出了反对殖民主义统治和压迫的范围。已获独立的前殖民地国家在与宗主国矛盾缓解的同时，其内部各民族之间的矛盾激化，东西方各国内部维系统一的基础大大削弱，一些国家的中央政府权威明显下降，一些非主体民族和少数民族的自我意识增强，纷纷要求摆脱现政权，建立独立的民族国家，由此出现了以民族分离、国家分裂为特征的全球民族主义浪潮。

20 世纪 80 年代以来的第三次民族主义浪潮与前两次明显不同的特征之一，是民族分离主义成为主流。民族分离主义运动不仅在前苏联、南斯拉夫、捷克斯洛伐克 3 个联邦制国家和非洲的厄里特里亚取得事实上的成功，而且从东南亚经南亚到西亚，菲律宾的摩洛人、印度的锡克人、斯里兰卡的泰米尔人以及伊朗、伊拉克和土耳其的库尔德人的民族分离主义者活动十分活跃。平静多年的西方发达国家内部，如英国的北爱尔兰、西班牙的巴斯克、法国的科西嘉、加拿大的魁北克和美国

---

① 江泽民：《在中央军委扩大会议上的讲话》，2000 年 12 月 11 日。

的夏威夷等，民族分离主义问题升温。上述各地的民族分离主义运动都以国际法中的民族自决权原则作为其理论依据。因此，民族自决权和民族分离主义成为20世纪末以来全球民族问题研究的一个热点。苏联的解体、南斯拉夫的分裂、科索沃战争等，都是民族问题引起的。

当前世界宗教问题的一个重要发展趋势是宗教极端主义猖獗。美国学者罗恩·赛勒斯在《未来学家》杂志上发表文章论述世界宗教的大趋势，他认为，随着科技、通信的发达，世俗化程度的提高，居民流动性加大，未来宗教更趋向于信仰的综合混同和个性化，人们对归属感、亲情感会有更强烈的渴求。冷战后的国际社会显示，在全世界，特别是亚非不发达地区，民族的宗教性不但没有减弱，反而在加剧，民族冲突和宗教争端紧密交织，宗教民族主义成为当今民族主义潮流中的一个显著特征。宗教的发展和社会的多元化，导致新兴宗教的出现，邪教猖獗，宗教极端主义盛行，宗教圣战不断。阿以冲突和战争、印控克什米尔民族冲突、美国“9·11事件”、阿富汗战争、印尼爆炸案等，都与宗教问题密切相关。

（二）阐明西藏民族宗教问题现状、特点与趋势

进入21世纪，随着西藏经济的发展、文化的进步和社会向现代化迈进，西藏的地理、政治、经济、文化和宗教格局都发生了新的变化，表现在：西藏自治区的地理区划更趋合理，生态环境发生变化，确立了多个自然保护区，交通和通讯条件得到极大改善，西藏与外界的联系十分快捷，自然环境由封闭走向开放；政治格局发生了巨大变化，西藏社会由封闭走向开放，随着中国共产党的治藏方略的实施和民族区域自治的进一步推行，建立了新型的民族关系，藏族人民成为西藏政治舞台上的主角，形成新的政治格局；经济格局发生演变：由自然粗放的农牧经济发展为社会主义计划经济，并转型为社会主义市场经济，全国支援西藏，在形成“输血经济”的同时，“造血

经济”的功能逐渐增强；文化格局的变化：随着现代文化和外来文化的进入，原有的传统文化、宗教文化、世俗文化三位一体的文化格局，已由融合并继承传统文化的现代文化、大众文化、时尚文化构成的新文化格局所取代，藏族的价值观念和思维方式发生了显著的变化：由封闭到开放，由迷信到科学，由理想（来世）到现实（今生），由唯心到唯物，形成开放的文化格局；宗教格局的变化，传统的宗教格局被打破，寺庙的功能由单一发展到多样，圣城拉萨增添了人文色彩和现代都市的功能，西藏社会的精神支柱由神学走向人文，并逐渐向唯物主义转化，藏传佛教的神学功能削弱，道德功能增强，出现世俗化的趋势，藏传佛教与社会主义社会逐渐由对立走向适应。总之，西藏正从传统社会向现代社会过渡，现代化的新格局正在逐步形成。

西藏新的格局决定了西藏的民族问题和宗教问题的特点。西藏是以单一民族藏族为主的民族聚居区，藏族几乎是信仰单一宗教的民族，这在多民族的中国是十分独特的。藏民族基本信教、政教合一的传统，历史上形成的达赖喇嘛的政教领袖地位，加上达赖集团及其“流亡政府”的存在及其对西藏的影响等因素，藏传佛教与西藏社会经济文化交织在一起，使西藏的民族问题和宗教问题具有十分复杂的特点。

西藏的民族宗教问题集中体现为“西藏问题”。“西藏问题”的政治表现是所谓“人权”、“民族自决”、“民族同化”等；宗教表现是所谓“宗教信仰自由”；文化表现是所谓“保护文化和语言遗产”；经济表现是所谓“移民”和“保护生态环境”等。西藏的民族问题和宗教问题交织在一起，宗教问题又强化了民族问题。西藏的民族问题和宗教问题具有长期性、复杂性和国际性的特点：国内民族宗教问题受到国际民族宗教问题的影响；流亡国外的达赖集团的“藏独”活动，对西藏民族宗教问题产生着直接的影响；西方反华势力打着所谓“人权”、“宗教自由”、“民族自决”和“保护西藏独特的文化和语言遗产”的旗号干涉中国内政，对西藏民族宗教问题产生了重要影响；国内其他民族的民族宗教问题的存在，也对西藏的民族问题产生了间接的影响。西藏最突出的民族问题是：极少数人受国际民族主义、民族分离主义和民族自决思想的影响，产生自决与独立思想，与“藏独”分子的思想和活动遥相呼应，这是西藏社会的潜在危机；西方反华势力企图以西藏作为肢解中国的突破口。

只要多民族国家和宗教存在，民族问题和宗教问题就不会消失，这就决定了西藏的民族问题和宗教问题的长期性。可以预料，在21世纪上半叶，西藏的民族问题和宗教问题将继续存在，并将随着国际形势的变化而发生波动。中央第三代领导核心对此有清醒的认识，并从西藏的实际出发，完善西藏的民族宗教政策，慎重处理西藏的民族宗教问题，认真贯彻民族区域自治政策，积极引导藏传佛教与社会主义社会相适应。这既有利于充分调动广大藏族群众建设社会主义的积极性，加强民族团结，又有利于边防的巩固和国家的统一与安全。

（三）揭示西方反华势力利用“西藏问题”干涉中国内政的图谋，确定同达赖集团斗争的方针

进入21世纪之后，随着国际国内形势的变化，达赖集团及其支持者国际反华势力的活动，出现了一些新的动向和特点。达赖的“西方情结”与西方的“藏独情结”互动，一方面，“西藏问题”国际化的趋势逐渐加剧：进入“后达赖时期”的“流亡政府”正在抓紧调整“藏独”策略，企图使“西藏问题”不断升温，吸引国际注意力，推动“西藏问题国际化”，将分裂活动长期化；另一方面，西方反华势力加快了利用“西藏问题”干涉中国内政的步伐，提升“西藏问题”在反华战略中的地位。江泽民同志指出，以组织比较严密的社会团体尤其是以所谓的宗教组织为依托，以一个民族相对聚居

的地区为突破口，进行颠覆和破坏，这是西方敌对势力搞乱搞垮他们反对和仇视的国家的重要政治伎俩。①

深刻分析美国在“西藏问题”上的举动。江泽民同志指示，要加强对有关国家在“西藏问题”上的动向和对策研究，并深刻分析了美国利用“西藏问题”干涉中国内政的历史和现状：第二次世界大战期间，美国开始“关注”西藏问题。战后半个多世纪以来，美国不断调整在所谓“西藏问题”上的政策。20 世纪 50—60 年代，美国对华实行“冷战”、孤立政策，在政治、经济和军事上积极支持西藏上层反动分子发动武装叛乱，支持搞“西藏独立”。60 年代，美国在科罗拉多州和琉球、关岛等营地秘密训练所谓“西藏游击队”。美国出重金支持达赖集团重新组建“四水六岗卫教军”武装，并在尼泊尔木斯塘建立基地，长期对我国边境进行骚扰。美国还在尼泊尔修建专用机场，多次为“卫教军”空投武器装备和特务人员。70 年代以后，随着中美关系的改善，美国对达赖集团的支持有所下降。80 年代中后期至今，随着苏联解体和东欧剧变，以美国为首的反华分裂势力把中国视为潜在的对手，加紧实施西化、分化中国的政治战略，民族、宗教问题成为他们对我国进行渗透、颠覆活动的重要领域。近年来，美国等西方国家加大对达赖集团的支持力度，出台了 30 多个涉藏反华决议，恢复对达赖集团的经济援助，不断压我们与达赖“谈判”。国际上各类所谓“援藏”组织四处活动。1997 年，美国国务院设立了所谓“西藏事务特别协调员”。1990 年，美国政府拨专款在“美国之音”电台开办藏语广播，并不断增加播出时间和藏语方言种类。1992 年又拨巨款建立“自由亚洲电台”，并设立了藏语方言广播。②

揭示美国小布什政府在“西藏问题”上的新动向。小布

① 江泽民：《在中央第四次西藏工作座谈会上的讲话》，2001 年 6 月。

② 江泽民：《在中央第四次西藏工作座谈会上的讲话》，2001 年 6 月。

什政府上台以后，大搞单边利己主义。小布什在总统官邸接见了达赖，这是西藏“流亡政府”成立以来，美国总统的首次正式接见。小布什政府还提高了“西藏事务协调员”的职级，准备加大对达赖集团的经济援助，援助额比2000年增加1倍。美国当局加紧介入西藏事务，加强与西方其他国家的协调，在国际上加大支持达赖集团的力度，以增加对付中国的政治筹码。

指明对达赖集团斗争的方针。江同志要求全党充分认识做好西藏工作的极端重要性。他说，西藏工作有它的特殊性，最突出的就是它不可避免地要同复杂的历史背景和国际斗争相联系。① 他指出：当前和今后一个时期，我们对达赖集团的斗争方针是：旗帜鲜明，针锋相对，主动治理，强基固本。有效抵制其“空中渗透”和“网上渗透”。②

二、关于西藏的理论和政策的建设与创新
——为西藏工作指明方向

理论和政策是战略策略的具体化，在确定解决“西藏问题”的战略和策略的同时，中央第三代领导核心十分重视西藏的理论和政策的建设与创新。13年来，江泽民同志关于西藏工作的一系列讲话，阐明了关于治理西藏的理论，制定了新时期西藏工作的方针政策。他指出：中央对西藏工作始终是十分关心和重视的，在西藏革命和建设的每一个重要历史阶段，都及时作出重要决策。③ 他关于西藏的理论阐述和政策创新，为党在西藏的工作指明了方向。

---

① 江泽民：《在中央第四次西藏工作座谈会上的讲话》，2001年6月。
② 江泽民：《在中央第四次西藏工作座谈会上的讲话》，2001年6月。
③ 江泽民：《在中央第三次西藏工作座谈会上的讲话》，1994年7月20日。

（一）澄清西藏重大历史问题上的分歧

了解西藏历史的重要性。江泽民同志说："我国几千年历史演进的一个重要成果，就是形成了我们多民族的统一国家。了解中华民族相互融合的悠久历史和勇敢维护民族独立自主的光荣传统，这是我们各级领导干部坚定地维护祖国统一，在涉及我国主权和安全的一些重大问题的国际斗争中，牢牢掌握斗争的主动权的重要思想条件。比如，在反对达赖集团分裂祖国的斗争中，如果大家都了解西藏700多年前的元朝就正式归入我国版图的史实，了解历代中央政府对藏传佛教的管理制度和藏传佛教的宗教仪轨与历史定制，了解近代以来帝国主义侵占西藏的种种图谋，了解民主改革前西藏实行的封建农奴制的残酷和黑暗，就可以更深刻地揭露达赖分裂祖国的真实面目，更有力地同达赖集团以及各种支持达赖的势力进行有理有利有节的斗争。这几年，我经常向西方国家的一些政要讲有关西藏的历史，用事实说明西藏历史上就是我国主权管辖下的一个地方，以及西藏民主改革特别是改革开放以来发生的巨大变化。"① 他指出：在20世纪以前，根本不存在"西藏独立"之说，西藏地方也从未出现过什么"独立"问题。所谓"西藏独立"问题，是殖民主义和帝国主义侵略中国的产物。英帝国主义是所谓"西藏独立"的始作俑者。② 及时澄清了在西藏重大历史问题上的分歧，为藏学研究和处理西藏事务指明了方向。

确定了治理西藏的政治方针。江泽民同志在谈到西藏的政治稳定和经济发展时说："绝不允许西藏从祖国大家庭中分裂

---

① 《江泽民同志在省部级主要领导干部金融研究班结束时的讲话》，《中办通报》第2期，1999年1月17日在中央党校金融班上的讲话，在《关于学习历史》部分中讲了"四个了解"。

② 江泽民：《在中央第四次西藏工作座谈会上的讲话》，2001年6月。

出去，也绝不允许西藏长期落后下去。”确定了西藏政治和经济发展并重的方针。他指出，搞好西藏工作，必须抓好以下五项工作：一、继续把稳定局势的工作放在首要位置；二、努力加快经济建设的步伐；三、积极培养人才，加快民族干部队伍建设；四、继续全面正确地贯彻党的民族、统战、宗教政策；坚持党的领导、加强党的建设。①

（二）民族理论和政策的建设与创新

江泽民同志说：“民族、宗教无小事。”他指出，做好西藏工作，加强藏族同汉族及其他少数民族的团结，对增强中华民族的大团结具有重大的意义。② 新《党章》规定了中国共产党的民族政策：“中国共产党维护和发展国内各民族的平等、团结、互助关系，坚持实行和不断完善民族区域自治制度，积极培养、选拔少数民族干部，帮助各少数民族地区发展经济、文化，实现各民族的共同繁荣和全面进步。”③ 江泽民同志在“十六大”报告中指出：“巩固和发展最广泛的爱国统一战线。全面贯彻党的民族政策，坚持和完善民族区域自治制度，巩固和发展平等团结互助的社会主义民族关系，促进各民族共同繁荣进步。”④

江泽民同志阐述了做好民族和宗教工作的极端重要性。他说，做好民族和宗教工作，对于维护稳定，促进发展，有着非常重要的意义。因此，无论从事哪方面的工作，都要高度注意民族宗教问题，关心和支持民族宗教工作，使党的民族政策和宗教政策以及国家的有关法律，在西藏的政治、经济、维护等

---

① 江泽民：《在西藏自治区干部大会上的讲话》，1990 年 8 月 9 日。

② 江泽民：《在中央第三次西藏工作座谈会上的讲话》，1994 年 7 月 20 日。

③ 《中国共产党章程》，2002 年 11 月 14 日中共第十六次全国代表大会通过。

④ 江泽民：《全面建设小康社会，开创中国特色社会主义事业新局面——在中国共产党第十六次全国代表大会上的报告》，2002 年 11 月 8 日。

各项工作中，都能得到认真地贯彻和体现。①

江泽民同志在总结党的民族理论和政策时指出："我们党运用马列主义、毛泽东思想观察和处理民族问题，在几十年的实践中，形成了一系列基本的观点和政策。这主要是：民族的产生、发展和消亡是一个漫长的历史过程，民族问题将长期存在；社会主义阶段是各民族共同繁荣兴旺的时期，各民族间的共同因素在不断增多，但民族特点、民族差异将继续存在；民族问题是社会总问题的一部分，民族问题只有在解决整个社会问题的过程中才能逐步解决，我国现阶段的民族问题只有在建设社会主义的共同事业中才能逐步解决；各民族不分人口多少、历史长短、发展程度高低，都对祖国的文明作出了贡献，都应该一律平等，应该加强各民族人民的大团结，维护祖国的统一；大力发展社会生产力是社会主义时期民族工作的根本任务，各民族要互相帮助，实现共同进步和繁荣；民族区域自治是中国共产党人对马克思主义民族理论的重大贡献，是解决我国民族问题的基本制度；努力造就一支宏大的德才兼备的少数民族干部队伍，是做好民族工作和解决民族问题的关键；民族问题和宗教问题在一些地方往往交织在一起，在处理民族问题时，还要注意全面正确地贯彻落实党的宗教政策。"②

在中国这样一个多民族的大国，处理好民族关系，关系到社会主义事业的兴旺发达，关系到国家的长治久安，关系到全面建设小康目标的实现和中华民族的共同繁荣。中央第二代领导集体提出了"两个离不开"的处理民族关系的准则。以江泽民同志为核心的中央第三代领导集体将这一准则发展为"三个离不开"。江泽民同志指出："在我们祖国的大家庭里，

---

① 江泽民：《在中央第三次西藏工作座谈会上的讲话》，1994 年 7 月 20 日。

② 江泽民：《加强各民族大团结，为建设有中国特色的社会主义携手前进》，1992 年 1 月 14 日，《江泽民论有中国特色社会主义》专题摘编，第 356—357 页，中央文献出版社，2002 年。

各个民族的关系是平等、团结、互助的社会主义新型民族关系，汉族离不开少数民族，少数民族离不开汉族，少数民族之间也相互离不开。”①

明确了民族工作的任务。江泽民同志指出：“在民族问题上我想强调三句话：一是继续巩固和发展社会主义的民族关系，二是坚持和完善民族区域自治制度，三是加快民族地区的经济发展和社会进步。”②

（三）宗教理论和政策的建设与创新

处理宗教事务、研究宗教问题，首先要把握宗教问题的特点。江泽民同志指出：“宗教问题具有长期性、复杂性、群众性、民族性、国际性等特点。做好我国的宗教工作，是维护改革、发展、稳定的大局的需要。”③ 在此基础上，制定出具有中国特色的西藏宗教政策。他在“十六大”报告中指出：“全面贯彻党的宗教信仰自由政策，依法管理宗教事务，积极引导宗教与社会主义社会相适应，坚持独立自主自办的原则。”④

1. 做好西藏宗教工作的重要性

中国是一个多民族国家，中国共产党历来重视民族宗教问题。中央第三代领导核心江泽民同志对民族宗教问题尤为重视，他指出：“宗教是一种历史现象，在社会主义社会中将长期存在，如果宗教与社会主义社会不相适应，就会发生冲突。

① 江泽民：《必须树立马克思主义的民族观和宗教观》，1990 年 9 月 1 日，《江泽民论有中国特色社会主义》专题摘编，第 354 页，中央文献出版社，2002 年。

② 江泽民：《高度重视民族工作和宗教工作》，1993 年 11 月 7 日，《江泽民论有中国特色社会主义》专题摘编，第 357 页，中央文献出版社，2002 年。

③ 江泽民：《在全国统战工作会议上的讲话》，2000 年 12 月 4 日。

④ 江泽民：《全面建设小康社会，开创中国特色社会主义事业新局面——在中国共产党第十六次全国代表大会上的报告》，2002 年 11 月 8 日。

同时，改革不适应社会主义的宗教制度和宗教教条，利用宗教教义、宗教教规和宗教道德中的某些积极因素为社会主义服务。”“积极引导宗教与社会主义相适应。”① 在西藏，民众基本信教，藏传佛教关系到西藏的发展和稳定，江泽民同志说：西藏问题“有民族问题，也有宗教问题”。“宗教问题是个大问题。因为它关系到我们整个社会主义物质文明和精神文明的建设，也关系到渗透与反渗透、和平演变与反和平演变的斗争。”② 他指出：“宗教工作是党和国家工作中的重要组成部分，在党和国家事业发展的大局中有着重要的地位。做好宗教工作，关系到加强党同人民群众的血肉联系，关系到推进两个文明建设，关系到加强民族团结、保持社会稳定、维护国家安全和祖国统一，关系到我国的对外关系。”他说，“从国内外形势的发展变化出发，科学分析宗教问题，深刻认识宗教问题的特殊复杂性，正确把握宗教的活动规律，是我们做好宗教工作的前提。要了解当今世界必须了解宗教，对宗教问题在当今世界政治社会生活中的影响，绝不可低估。无论是做好国内各项工作，还是开展对外工作，都要求我们密切关注宗教问题。坚持以科学的观点和方法对待宗教，努力认识和掌握宗教自身的规律。”江泽民同志强调，西藏的发展、稳定和安全，事关西部大开发战略的实施，事关民族团结和社会稳定，事关祖国统一和安全，也事关我们的国家形象和国际斗争。全党必须着眼于党和国家的工作全局，增强政治意识、忧患意识、大局意识、责任意识，深刻认识做好西藏工作的极端重要性。③

2. 阐明关于宗教问题的基本观点和基本政策

基本政策是：“全面贯彻执行党的宗教政策、保障公民宗

---

① 江泽民：《高度重视民族宗教工作》，1993 年 11 月 7 日。

② 江泽民：《一定要做好宗教工作》，1990 年 12 月 7 日。

③ 江泽民：《在全国宗教工作会议上的讲话》，2001 年 12 月；《在中央第四次西藏工作座谈会上的讲话》，2001 年 6 月。

教信仰自由、依法管理宗教事务、积极引导宗教与社会主义社会相适应”；“我国宗教团体和宗教事务不受外国势力支配”；“党同宗教界政治上团结合作、信仰上相互尊重”；“正确处理宗教领域两类不同性质矛盾”；建立和发展“党同宗教界的爱国统一战线”。并规定了宗教界的行为准则：“维护法律尊严、维护人民利益、维护民族团结、维护国家统一。”①

3. 提出新世纪中国宗教工作的基本任务

江泽民同志指出：“新世纪初宗教工作的基本任务是：全面贯彻党的宗教信仰自由政策，依法管理宗教事务，积极引导宗教与社会主义社会相适应，坚持独立自主自办的原则，巩固和发展党同宗教界的爱国统一战线，维护稳定，增进团结，为推进社会主义现代化建设、实现祖国完全统一、维护世界和平与促进共同发展而努力奋斗。”② 并用三句话加以概括，他说：“在宗教问题上我也想强调三句话：一是全面、正确地贯彻执行党的宗教政策，二是依法加强对宗教事务的管理，三是积极引导宗教与社会主义社会相适应。”③

一是“改革不适应社会主义的宗教制度和宗教教条，利用宗教教义、宗教教规和宗教道德中的某些积极因素为社会主义服务。”④ 二是“依法管理宗教事务，是我们实行依法治国方略的必然要求。依法管理，就是要切实保障宗教信仰自由，保证正常宗教活动的有序进行，保护宗教团体的合法利益。我国实行政教分离的原则，任何宗教都没有超越宪法和法律的特权，都不能干预国家行政、司法和教育等国家职能的实施。”⑤

---

① 江泽民：《在全国宗教工作会议上的讲话》，2001 年 12 月 10 日。

② 江泽民：《在全国宗教工作会议上的讲话》，2001 年 12 月 10 日。

③ 江泽民：《高度重视民族工作和宗教工作》，1993 年 11 月 7 日，《江泽民论有中国特色社会主义》专题摘编，第 368 页，中央文献出版社，2002 年。

④ 江泽民：《高度重视民族工作和宗教工作》，1993 年 11 月 7 日。

⑤ 江泽民：《在全国宗教工作会议上的讲话》，2001 年 12 月 10 日。

三是“积极引导宗教与社会主义社会相适应。这是我们党从社会主义初级阶段这一基本国情出发，总结新中国成立以来宗教工作的成功经验作出的科学论断，是我国宗教在历史过程中的正确方向。综观我国和世界的宗教历史，可以发现一个共同的规律，就是宗教都要适应其所处的社会和时代才能存在和延续……”“积极引导宗教与社会主义社会相适应，不是要求宗教界人士和信教群众放弃宗教信仰，而是要求他们热爱祖国，拥护社会主义制度，拥护共产党的领导，遵守国家的法律、法规和方针政策；要求他们从事的宗教活动要服从和服务于国家的最高利益和民族的整体利益；支持他们努力对宗教教义作出符合社会进步要求的阐释；支持他们与各族人民一道反对一切利用宗教进行危害社会主义祖国和人民利益的非法活动，为民族团结、社会发展和祖国统一多作贡献。”①

江泽民同志 1999 年 3 月在同全国政协民族宗教界委员座谈时说：“积极引导宗教与社会主义社会相适应，主要包括两方面的含义：一是信教群众要遵守社会主义国家的法律、法规和方针政策，法律保障宗教信仰自由，宗教必须在法律的范围内活动；二是宗教活动要服从和服务于国家的最高利益和民族的整体利益，宗教界人士要爱国、进步，要为祖国统一、民族团结和社会主义发展多作贡献。我国宗教界有爱国的好传统，要积极发扬光大。宗教界人士和宗教团体要运用自己的影响，引导信教群众爱国守法，抑恶扬善，服务社会”。他说，依法进行管理，就是要切实保障宗教信仰自由，保证正常宗教活动的有序进行，保护宗教团体的合法利益。依法管理宗教事务的要旨，是保护合法，制止非法，抵御渗透，打击犯罪。②

按照上述理论和政策，中国共产党对西藏宗教的政策就是：尊重和保护藏传佛教信仰自由；依法管理藏传佛教事务；

① 江泽民：《在全国宗教工作会议上的讲话》，2001 年 12 月 10 日。

② 江泽民：《在全国宗教工作会议上的讲话》，2001 年 12 月。

积极引导藏传佛教与社会主义社会相适应。1996年5月28日，江泽民同志对西藏宗教界题写的“爱国爱教，团结进步”、“护国利民”的题词，就是党对西藏的宗教政策的高度概括。

4. 指出了宗教政策的目标和宗旨

江泽民同志指出：全面正确地贯彻党的宗教政策，依法保护群众的宗教信仰自由和正常宗教活动，加强对宗教事务的管理，打击利用宗教进行的分裂犯罪活动，积极引导藏传佛教与社会主义社会相适应。他说：“我们实行宗教信仰自由政策的根本出发点和落脚点，就是要大力加强广大信教和不信教的群众的团结，把他们的力量凝聚到建设有中国特色的社会主义这个共同目标上来。”①

（四）经济理论和政策的建设与创新

1. 阐明发展西藏经济的重要意义

江泽民同志指出：“少数民族和民族地区的经济社会发展，直接关系到我国整个现代化建设目标的顺利实现。民族地区的现代化同整个中华民族的振兴，是密不可分、互相促进的。推动各民族发展进步和共同繁荣不仅是经济问题，而且是政治问题。”② 他说：“现阶段，我国的民族问题，比较集中地表现在少数民族和民族地区迫切要求加快经济文化的发展。……在新的历史时期，搞好民族工作，增强民族团结的核心问题，就是要积极创造条件，加快发展少数民族和民族地区的经济文化等各项事业，促进各民族的共同繁荣。这既是少数民族

① 江泽民：《在中央第四次西藏工作座谈会上的讲话》，2001年6月。

② 江泽民：《加强各民族大团结，为建设有中国特色的社会主义携手前进》，1992年1月14日，《江泽民论有中国特色社会主义》专题摘编，第362页，中央文献出版社，2002年。

和民族地区人民群众的迫切要求，也是我们社会主义民族政策的根本原则。”① 江泽民同志指出：“加快少数民族和民族地区的发展，是我国社会主义事业的本质要求在民族工作上的体现，也是党的民族政策的基本出发点和归宿。……这是缩小全国各地区之间的发展差距、最终实现全体人民共同富裕的要求，是保持国民经济持续健康发展、实现我国现代化建设第三步战略目标的要求，也是加强民族团结、保持社会稳定、维护祖国统一的要求。”他强调：西藏的发展和藏族同胞的命运，历来与祖国和中华民族的命运紧紧联系在一起。在中央和全国各族人民的大力支持下，西藏广大干部群众共同努力，认真贯彻本次会议的精神。邓小平提出的要使西藏“在中国四个现代化建设中走进前列”的伟大目标，一定能够实现。②

2. 明确开发包括西藏在内的民族地区的宗旨

江泽民同志指出：“民族地区存在的矛盾和问题，归根到底要靠发展经济来解决。”③ 为了加快民族地区的发展，以江泽民同志为核心的中央第三代领导集体制定并实施西部大开发战略，江泽民同志指出：“实施西部大开发战略，关系全国发展的大局，关系民族团结和边疆稳定。”④ “一定要注意让少数

---

① 江泽民：《加强各民族大团结，为建设有中国特色的社会主义携手前进》，1992年1月14日，《江泽民论有中国特色社会主义》专题摘编，第363页，中央文献出版社，2002年。

② 江泽民：《在中央民族工作会议暨国务院第三次全国民族团结进步表彰大会上的讲话》，1999年9月29日，《江泽民论有中国特色社会主义》专题摘编，第365页，中央文献出版社，2002年；《在中央第四次西藏工作座谈会上的讲话》，2001年6月。

③ 江泽民：《高度重视民族工作和宗教工作》，1993年11月7日，《江泽民论有中国特色社会主义》专题摘编，第364页，中央文献出版社，2002年。

④ 江泽民：《全面建设小康社会，开创中国特色社会主义事业新局面——在中国共产党第十六次全国代表大会上的报告》，2002年11月8日。

民族和民族地区得到利益和实惠。”[①] 他指出：西藏的一切发展，都要着眼于造福西藏人民，改善他们的物质文化生活，着眼于促进民族团结、民族进步。[②] 到2000年末，西藏人口已增加到262万，其中农村人口220万，占84%。基于西藏的区情，遵照江泽民同志的指示，西藏自治区在西部大开发中，奉行“富民为本，广大农牧民优先受惠”的原则。

3. 正确处理全国支援西藏与西藏自力更生的关系

20世纪80年代以来，党中央作出了全国支援西藏的战略部署，通过经济援藏和人才援藏，为西藏建设基础设施等硬件，培育知识、技术、管理经验和观念等软件。中央的优惠政策和援藏项目取得了显著的效益。经济效益的表现是，经济结构发生了巨大变化，提高了西藏产业整体水平和经济活动的商品化水平；西藏的经济总量实现了巨大飞跃。生态效益表现为社会、经济和环境协调发展。社会效益表现为，提高社会总体发展水平、培养管理和技术人才、增进民族团结。通过财力和智力援藏，极大地促进了西藏社会经济的发展和人民生活水平的提高。但是，援藏的最终目的并不是使西藏产生依赖思想，而是促使西藏能够自力更生。江泽民同志指出：“经济发达地区要加强对口支援，积极有效地帮助少数民族地区发展经济和文化。少数民族地区要自力更生，发挥自己的优势。”[③] 他指出：西藏的稳定和发展，最根本的是要靠西藏广大干部群众发扬自力更生、艰苦创业的精神。同时也需要全国的支援。关心西藏、支援西藏是党和国家的一贯政策，是全国各族人民的共

---

① 江泽民：《在中央民族工作会议暨国务院第三次全国民族团结进步表彰大会上的讲话》，1999年9月29日，《江泽民论有中国特色社会主义》专题摘编，第365页，中央文献出版社，2002年。

② 江泽民：《在中央第三次西藏工作座谈会上的讲话》，1994年7月20日。

③ 江泽民：《高度重视民族工作和宗教工作》，1993年11月7日，《江泽民论有中国特色社会主义》专题摘编，第364—365页，中央文献出版社，2002年。

同责任。江泽民同志说，实现西藏的快速发展，最根本的要靠西藏广大干部群众自力更生、艰苦奋斗。要进一步解放思想，更新观念，坚持把发展作为主题，把结构调整作为主线，把改革开放和科技进步作为动力，以提高人民生活水平作为根本出发点，以创新的思路解决西藏经济社会发展中的突出问题，使之步入良性循环的轨道。要根据建立社会主义市场经济的要求，坚持按客观经济规律办事，把国家支持同发挥市场机制的作用结合起来，把国家的优惠政策与发挥资源优势结合起来，不断提高经济增长质量和效益，走出一条既有较高发展速度，又有很好效益的新路子。要在保持社会稳定的同时，加大改革开放的力度，调整经济结构，壮大特色产业，实行科教兴藏和可持续发展战略。要始终把提高全区各族人民的生活水平作为战略任务抓紧抓实。要把国家对西藏的巨大投入同实现各族群众的根本利益结合起来，加大扶贫力度，千方百计扩大就业，不断改善城乡人民生活。①

4. 援藏的宗旨是让西藏的农牧民受益

新世纪初加快西藏发展的优惠政策的基本出发点是：坚持把发展作为主题，着力帮助西藏人民抓住机遇，努力缩小西藏与全国其他地区的发展差距；坚持把“兴区富民”作为根本，大力改善广大农牧民的教育、医疗和生活条件，提高综合素质；坚持把可持续发展作为重要战略，努力做到经济发展和生态环境的和谐统一；坚持把增强西藏自我发展能力作为落脚点，努力激发西藏内部的经济活力，把解决当前问题和长远发展结合起来。②

---

① 江泽民：《在中央第三次西藏工作座谈会上的讲话》，1994 年 7 月 20 日；《在中央第四次西藏工作座谈会上的讲话》，2002 年 6 月。

② 朱晓明：《西部大开发中的西藏现代化发展——以中央政府对西藏的支持为视角》，2002 年哈佛大学藏学研讨会论文。

（五）文化理论和政策的建设与创新

藏族文化是中华文化宝库中的一朵奇葩，继承和发扬藏族优秀的传统文化，建设社会主义新文化，是西藏“两个文明”建设和实现现代化的重要任务。江泽民同志在谈到西藏的文化政策时指出：既要注意弘扬藏族传统的优秀文化，又要注意吸收其他民族的优秀文化，使传统的优秀文化同现代文化成果结合起来，以利于在西藏更好地发展社会主义新文化。江泽民同志强调：维护西藏稳定和发展，维护祖国统一和安全，是西藏工作的一项重要政治任务。要旗帜鲜明，针锋相对，主动治理，强基固本。坚持标本兼治，重在治本。要加强基层、基础工作，加强意识形态领域的工作。要加强社会主义精神文明建设，巩固思想文化阵地，为西藏长治久安创造良好的思想文化环境。要坚持和完善民族区域自治制度，全面贯彻落实党的民族政策，巩固和发展平等、团结、互助的社会主义民族关系。进一步加强党的民族政策和民族团结的教育，加强西藏与内地的社会经济文化交流。积极保护和开发各民族的文化资源，继承和发展各民族的优秀传统文化，并促进相互学习和借鉴，吸取新知识、树立新观念，增加各民族间的共同因素和社会主义的一致性，以不断巩固各民族的大团结。①

西藏自治区各级党政部门贯彻中央关于西藏文化的政策，取得了良好效果。藏语文得到广泛的学习、使用和发展；文物、典籍得到有效保护和积极利用；风俗习惯与宗教信仰自由得到尊重和保护；文化艺术得到全面继承和发展；藏学研究全面展开，藏医藏药重放异彩；人民教育事业实现历史性跨越；新闻出版和广播影视事业发展迅速。②

---

① 江泽民：《在中央第三次西藏工作座谈会上的讲话》，1994 年 7 月 20 日。

② 国务院新闻办：《西藏文化的发展》白皮书，2000 年 6 月。

（六）外交理论和策略的建设与创新

20世纪80年代以来，由于达赖集团和西方反华势力的推动，出现了“西藏问题”国际化的趋势，无论是党政部门还是学术界，在涉外工作中经常遇到“西藏问题”。因此，处理好“西藏问题”成为我国外交斗争的重要内容之一。江泽民同志关于民族、宗教问题的论述和关于处理“西藏问题”的指示，为涉藏外交和外宣工作及涉外政治斗争指明了方向。他指出：“当今世界霸权主义的一个突出表现，就是利用民族、宗教问题来干涉别国内政，破坏别国的国家统一和民族团结。对我们这样的社会主义国家，西方敌对势力当然更不会放过。”① 他说：“西方一些敌对势力与我国一些分裂主义势力加紧勾结，利用民族、宗教问题，不断挑起事端，就是企图在我国打开一些缺口，进而实现其‘西化’、‘分化’中国的政治图谋。我们千万不能麻痹大意。……对出现的分裂主义活动，要坚决依法处置，把问题解决在萌芽状态。……我们考虑民族、宗教工作的任何问题，都必须坚持从有利于维护各民族大团结、维护祖国统一、促进各民族共同发展和繁荣这个大局出发。这是一条大的政治原则，全党同志和全国各地都要认真遵守。”②

对达赖的态度和政策。江泽民同志指出：“我在这里还要重申，只要达赖喇嘛放弃‘西藏独立’的主张，停止分裂祖国的活动，我们仍然欢迎他回归祖国。但是闹独立不行，半独立、变相独立也不行。中央的大门始终是开着的，除了不能谈‘西藏独立’问题，其他问题都可以谈。”③

---

① 江泽民：《在中央军委扩大会议上的讲话》，1995年12月17日。

② 江泽民：《在党的十五届四中全会上的讲话》，1999年9月22日。

③ 江泽民：《加强各民族大团结，为建设有中国特色的社会主义携手前进》，1992年1月14日。

江泽民主席在与美国副总统戈尔会晤时说，中国政府对达赖喇嘛的政策是明确的、一贯的，达赖必须真正放弃“西藏独立”的主张，停止分裂祖国的活动，公开声明承认西藏是中国不可分割的一部分，承认台湾是中国的一个省，中华人民共和国政府是代表全中国的唯一合法政府。所谓“西藏独立”问题，从根本上说是历史上帝国主义侵略中国的产物，某些国际反华势力企图利用达赖问题向中国施加压力，其用心是很清楚的。美国在西藏问题上应该采取明智的、有远见的政策，恪守承认西藏是中国的一部分、美国不支持“西藏独立”活动的立场。①

三、西藏的政权建设与创新
——为治藏方略提供保障

只有将关于西藏的理论和政策付诸实践，才能发挥其作用，而贯彻执行中央的治藏方略的关键因素是人。中央第三代领导核心十分重视西藏的党组织建设和政权建设与创新，并制定了一系列方针政策，在健全西藏自治区各级党政军机构的同时，创建了中央涉藏机构；在高度重视培养和使用藏族干部的同时，作出了内地干部援藏的战略决策；在重视培养和使用藏汉等民族的干部的同时，十分重视对各级干部的政治教育，从而为中央的治藏方略的实施提供了坚强有力的保障。江泽民同志指出，进一步做好西藏工作，仍然要继续解决好两大问题，一是加快发展问题，西藏经济社会发展的任务仍很繁重；二是促进稳定问题，西藏面临的反对分裂、维护稳定的任务仍很艰巨。要解决好这两个问题，必须加强党的建设。新时期的西藏工作，要在加快经济发展、保持社会稳定和加强党的建设这三

---

① 《江主席会见美国副总统戈尔——双方就中美关系以及共同关心的国际和地区问题广泛交换意见》，《光明日报》，1998 年 11 月 17 日。

大任务方面，迈出新步伐，取得新进展。①

（一）党组织的建设与创新

自西藏和平解放起，党中央就十分重视西藏党组织的发展和政权建设，并逐步建立了自治区党委、地委、县委、乡镇党委的党委体系，将西藏的领导权牢牢控制在中国共产党的手中。中央第三代领导核心高度重视西藏自治区党的组织建设和政权建设，西藏各级党政组织切实贯彻中央关于党建的方针政策，并取得了显著成效。1996 年，西藏全区共有 22 所干部培训学校，其中党校 9 所，大学干训部 3 个，承担干部培训的中等专业学校和职工学校 4 所，区直干部培训中心 6 个。中央党校开办的西藏班，为西藏培养了一批具有较高马克思主义理论水平和政治素质的干部。内地各民族院校和国家部属院校也为西藏培养各级干部和各类专业人才。中央还指示全国 18 个省、市开办了西藏中学或西藏班，直接招收西藏各民族学生。形成了较为完整的干部培训教育体系。② 为了更好地治理西藏、有效地开展西藏内外工作和进行涉藏政治斗争，把处理“西藏问题”的主动权掌握在党的手中，中央第三代领导核心在关心西藏自治区组织建设和政权建设的同时，也非常重视中央涉藏机构的建设。这对贯彻落实中央关于西藏的各项方针政策提供了强有力的保障。

（二）高度重视藏族党员和干部的培养

政治路线确定之后，干部就是决定的因素。中央第三代领导核心高度重视民族干部的培养和使用，深刻地认识到民族区域自治的特殊性与党领导的普遍性，十分关心发展藏族党员、

① 江泽民：《在中央第四次西藏工作座谈会上的讲话》，2001 年 6 月。

② 戴舟主编：《辉煌的二十世纪新中国大记录 · 西藏卷》，第 574 页，红旗出版社，1999 年。

培养和使用藏族干部的工作。江泽民同志指出："完善民族区域自治制度、全面贯彻落实《民族区域自治法》的关键，在于大力培养少数民族干部，加强民族地区的干部队伍建设。……少数民族干部与本民族有着广泛而密切的联系，是我们党做好民族工作的骨干力量。民族干部的状况又是衡量一个民族发展水平的重要标志。"① 1997 年末，西藏全区有少数民族干部 49410 人，占干部总数的 73.7%，省级干部中少数民族干部占 72%，地（厅）级干部中少数民族干部占 68.1%，县级干部中少数民族干部占 61.2%，7 个地（市）委和 73 个县（区、市）委书记绝大多数由藏族干部担任，全区乡镇基层党组织的正、副职领导干部全部由少数民族干部担任，体现了以藏族干部为主体的干部队伍结构。②

（三）内地干部援藏

西藏的发展，不仅需要国家的资金（财力）援助，更需要全国各地的人才（智力）支持。从 1979 年起，中央组织部和人事部贯彻党中央人才援藏的方略，采取长短结合的办法，从全国各地选调了几批党政干部和专业技术人才进藏工作。1994 年中央第三次西藏工作座谈会作出了干部工作"分片负责、对口支援、定期轮换"的重要决策。自 1995 始，采取了稳定长期进藏干部、继续吸引内地大专院校毕业生进藏工作和选派干部对口支援进藏相结合的方针。近 10 年来，中央向西藏选派了数千名干部，从挂职锻炼、担任副职、科技人才，到直接担任县、地、市的第一把手，对西藏经济的发展和社会稳

① 江泽民：《加强各民族大团结，为建设有中国特色的社会主义携手前进》，1992 年 1 月 14 日，《江泽民论有中国特色社会主义》专题摘编，第 360—361 页，中央文献出版社，2002 年。

② 戴舟主编：《辉煌的二十世纪新中国大记录·西藏卷》，第 574 页，红旗出版社，1999 年。

定起到了积极作用。1995年开始，中央国家机关30个部委和全国15个省市按照“选优挑强”的原则，选派党政干部和专业技术干部进藏工作。到1997年底，西藏全区干部总数为67054人，其中汉族干部17644人，占全区干部总数的26.3%；各类专业技术干部32153人，占干部总数的48%。少数民族干部49410人，占总数的73.7%，区直机关干部占总数的26.2%，地（市）直机关干部占总数的27.4%，县（市）直机关干部占总数的30.1%，乡、镇干部占总数的16.3%。[①] 到2002年，全国先后派出援藏干部1900多名支援西藏的建设。[②] 江泽民同志指出，历史已经证明，这支以藏族干部为主，包括汉族干部、其他少数民族干部在内的西藏干部队伍，是经得起考验、完全可以信赖的队伍。[③]

（四）开展理论教育和思想教育

中央第三代领导核心高度重视从思想理论上武装干部。对西藏的各族干部进行政治教育，是确保党中央的治藏方略在西藏得到贯彻落实、实现西藏经济的跨越式发展和社会的长治久安的关键。在长期不懈地进行马克思主义的民族观和民族理论的教育的同时，坚持不懈地开展中国共产党的民族理论、民族政策和宗教理论、宗教政策的教育；在进行西藏是中国不可分割的一部分、藏汉民族友好关系源远流长的历史的教育的同时，在西藏全区开展爱国主义教育运动；在深入揭批达赖破坏祖国统一、破坏民族团结的反动罪行，不断消除其思想影响的同时，宣传“三个离不开”的思想。江泽民同志强调，坚持

---

① 戴舟主编：《辉煌的二十世纪新中国大记录·西藏卷》，第572页，红旗出版社，1999年。

② 朱晓明：《西部大开发中的西藏现代化发展——以中央政府对西藏的支持为视角》，2002年哈佛大学藏学研讨会论文。

③ 江泽民：《在中央第三次西藏工作座谈会上的讲话》，1994年7月20日。

和改善党的领导，是做好西藏工作的根本保证，开创西藏工作新局面，必须按照“三个代表”要求，进一步加强党的建设，把西藏各级党组织建设成为用邓小平理论武装起来、与党中央保持高度一致、全心全意为各族群众服务、能够经受住各种风浪考验、带领全区人民实现西藏跨越式发展和长治久安的坚强核心和战斗堡垒。必须高度重视以基层为重点的组织建设，采取切实措施，充实基层干部队伍，关心爱护基层干部，提高基层干部的政治、业务素质。西藏干部队伍是一支政治坚定、作风过硬、素质不断提高的队伍，是团结带领西藏各族人民贯彻执行党的路线、方针、政策，进行社会主义现代化建设的坚强力量，是一支党和人民充分信赖的队伍。广大干部特别是领导干部要深入基层，深入群众，全心全意为各族人民服务，要继续发扬“特别能吃苦、特别能战斗、特别能忍耐、特别能团结、特别能奉献”的“老西藏精神”，为西藏的繁荣发展再立新功。并将“四观”（祖国观、民族观、宗教观、文化观）、“两论”（无神论、唯物论）教育确定为新世纪西藏工作的重要任务。[①]

四、中央第三代领导核心的治藏方略取得的巨大成果
——显示出中国特色社会主义的优越性

理论与实践相结合的根本目的，是理论来自于实践，又指导实践。中央第三代领导核心制定的治藏方略来源于西藏的实际和中国的实际，符合西藏区情和中国国情，成功地指导了西藏的各项工作，并在实践中取得了巨大的成果，充分显示了中国特色社会主义的优越性。

---

① 江泽民：《在中央第四次西藏工作座谈会上的讲话》，2001 年 6 月。

（一）政治成果

对内，提高了党的威信，维护了祖国统一，增强了民族团结，保障了社会稳定，捍卫了国土安全，为西藏社会的长治久安奠定了坚实的基础。对外，打乱了“藏独”分裂活动的部署，回击了境内外的各种分裂活动，遏止了“西藏问题”国际化的势头，挫败了西方反华势力利用“西藏问题”肢解中国的图谋。

（二）经济成果

极大地促进了西藏经济的发展。中央政府关心西藏、全国各地支援西藏的战略决策使西藏的现代化建设进入了快速发展的新阶段。1994 年，中央政府召开第三次西藏工作座谈会，确立了以经济建设为中心，紧紧抓住发展经济和稳定局势两件大事，确保西藏经济的快速发展，确保社会的全面进步和长治久安，确保人民生活水平的不断提高的新时期西藏工作指导方针。作出了中央政府关心西藏、全国各地支援西藏的重大决策，制定了一系列加快西藏发展的特殊优惠政策和措施，从而形成了国家直接投资西藏建设项目、中央政府实行财政补贴、全国进行对口支援的全方位支援西藏现代化建设的格局。1994 年以来，中央政府直接投资建设了 62 项工程，总投资达 48.6 亿元；15 个对口支援省（市）和中央各部委也无偿援建了 716 个项目，资金投入达 31.6 亿元；全国先后派出援藏干部 1900 多名，这些都极大地改善了西藏的生产和生活条件，促进了西藏经济和社会的发展。与此同时，西藏全面推进经济体制和科技体制改革，调整经济结构和企业经营管理机制，建立健全社会保障体系，扩大开放领域，积极鼓励和吸引国内外的社会资金参与西藏的经济建设，使多种所有制经济得到长足发展，增强了西藏发展的内在活力。2001 年 6 月，中央政府召开第四次西藏工作座谈会，为西藏在新世纪全面实现现代化规划了宏伟的蓝图，并决定采取更加有力的政策措施，进一步加大对西藏现代化发展的支持力度。中央政府关心、全国各地支援和西藏各族人民的努力，使西藏经济实现了加快发展，人民生活水平得到了普遍提高，现代化发展呈现出前所未有的勃勃生机。据统计，1994—2000 年，西藏全区国内生产总值增长了 1.3 倍，年均增长 12.4%，改变了长期低于全国平均发展速度的状况；城镇居民人均可支配收入和农牧民人均收入分别增长 62.9% 和 93.6%；贫困人口由 20 世纪 90 年代初的 48 万人减少到 7 万多人。1994—2002 年，中央政府直接投资 48.6 亿元建设了 62 项工程，15 个对口支援省（市）和中央各部委也无偿投资 31.6 亿元援建了 716 个项目，正在建设的青藏铁路总投资达 260 亿元，在“十五”期间，中央将对西藏提供 379 亿元财政补助。1994 年中央第三次西藏工作座谈会以来西藏取得的主要成就是：经济发展速度加快，社会事业全面进步，全国支援西藏力度加大，改革开放不断深化，民族团结进一步加强，社会局势基本稳定。①

（三）文化成果

中央第三代领导核心关于西藏的文化政策在西藏的贯彻落实，促进了西藏文化的发展，藏民族的优秀传统文化得到继承和发扬，丰富了中华民族的文化宝库；建立了社会主义新文化，繁荣了中国特色的社会主义文化事业；促进了西藏的精神文明建设，提高了藏民族的文化素质，增强了藏民族的凝聚力和向心力。

---

① 国务院新闻办：《西藏的现代化发展》白皮书；程然：《新世纪西藏跨越式发展的行动纲领》，《中国西藏》2001 年第 4 期。

五、第三代领导核心的治藏经验
——为中国共产党治理西藏积累了宝贵的财富

理论来源于实践，又指导实践。中央第三代领导核心关于解决“西藏问题”的战略策略、关于西藏的理论和政策、关于西藏的组织建设和政权建设的方针，在西藏的政治、经济、文化、宗教工作中得到成功的实践，使西藏社会发生了翻天覆地的变化和历史性的跨越，为中国共产党的治藏方略积累了丰富的经验，为世界上的多民族国家处理民族问题、宗教问题和发展问题积累了一笔宝贵的财富。

西藏的发展和建设取得伟大成就的根本原因，是以江泽民同志为核心的中央第三领导集体制定的正确的治藏方略及其在西藏的成功实践。中央第三代领导核心对西藏人民十分关心，对西藏工作高度重视。江泽民同志说：“在全国31个省市自治区里，西藏是我经常记挂、经常研究的。”①

（一）关于西藏的理论和政策的经验

与时俱进有两层含意，一是继承，二是创新。一方面，中央第三代领导核心既认真总结历代的治藏经验，又注意保持中国共产党西藏政策的连续性；另一方面，中央第三代领导核心坚持求真务实，开拓创新，发展马、恩、列、斯、毛、邓的民族理论，从西藏的区情和中国的国情这两大实际出发，在国际大势下提出关于西藏的战略和策略，并运用于治理西藏的实践。江泽民同志对西藏代表们说，邓小平指出，衡量西藏工作的好坏，“关键是看怎样对西藏人民有利，怎样才能使西藏很快发展起来，在中国四个现代化建设中走进前列”。他指出，

① 斯塔：《江泽民同志心系西藏人民》，《中国西藏》1998年第3期。

事实证明，我国实行的民族区域自治制度和党的民族政策、宗教政策是正确的，中央关于西藏工作的大政方针是正确的，西藏自治区党委和政府联系西藏实际贯彻党的大政方针的路子是正确的。西藏党政领导班子是一个团结的有战斗力的领导班子。①

中央第三代领导核心继承和发展了中国共产党关于民族区域自治的理论和政策，总结出处理西藏民族问题的成功经验。江泽民同志指出："我们全面推行了民族区域自治制度。这种制度把国家的集中统一与少数民族聚居区的区域自治有机结合起来，把政治因素与经济因素有机结合起来，是完全适合我国国情的解决民族问题的根本制度，是我们党和各族人民的一个伟大的创举。1984 年又颁布实行了《中华人民共和国民族区域自治法》。这对于保障少数民族充分行使当家做主的权利，对于促进民族地区的发展、边疆的稳定和维护国家的统一，发挥了重要的作用。"② 他指出："民族区域制度是我们党解决包括西藏在内的我国民族问题的基本制度。西藏和其他民族区域自治的长期实践证明，它完全适合我国国情，具有强大的生命力。"他说，民族区域自治制度是"既有利于人民群众当家做主，又有利于维护国家统一的制度。达赖集团鼓吹所谓'大藏区'、'高度自治'，其实质还是要搞独立或半独立，同我们的民族区域自治有本质的区别……"③

中央第三代领导核心在处理西藏的经济问题、宗教问题和反分裂、反"藏独"的实践中积累了成功的经验。全国支援西藏与西藏的自力更生并重、财力援藏与智力援藏并重的援藏

---

① 斯塔：《江泽民同志心系西藏人民》，《中国西藏》1998 年第 3 期。

② 江泽民：《加强各民族大团结，为建设有中国特色的社会主义携手前进》，1992 年 1 月 14 日，《江泽民论有中国特色社会主义》专题摘编，第 360 页，中央文献出版社，2002 年。

③ 江泽民：《关于民族和宗教问题》，1994 年 7 月 20 日，《江泽民论有中国特色社会主义》专题摘编，第 361—362 页，中央文献出版社，2002 年。

模式，是发展西藏经济的成功经验。全国支援西藏对西藏社会经济的发展、社会的长治久安和中华民族的共同繁荣具有重要意义，政治上，显示了社会主义优越性，体现了中国共产党的民族政策，有利于增强藏民族的向心力和中华民族的凝聚力；经济上，极大地发挥了政府的宏观领导与外力的拉动作用，培育了西藏的经济环境和藏民族的经济观念，提高了藏民族的生活水平，配合了西部大开发战略的实施，为西藏经济的跨越式发展和全面建设小康社会奠定了坚实的基础。贯彻宗教信仰自由政策，依法管理宗教事务，积极引导藏传佛教与社会主义社会相适应，是处理西藏宗教事务的成功经验。在反分裂和反“藏独”的斗争中，内外结合，原则性与灵活性结合，外交、外宣、情报、安全部门密切配合，广泛开展民间外交和外宣，建立反分裂的统一战线，是涉藏对外斗争的成功经验。

中央第三代领导核心认识到，西藏的地理、社会、文化、宗教、经济都十分独特，在制定治藏方略、处理西藏事务、实行民族区域自治时，应当掌握好对待特殊性的度，处理好保护个性、照顾特殊性与发掘共性、关注普遍性的关系，在尊重和保护藏民族的历史和文化特性的同时，实现西藏与内地在政治、经济和文化上的一体化。在西藏这样一个非常特殊的民族区域自治地方，将法治与德治有机结合起来尤为重要。江泽民同志借鉴中国古代先贤“攻心为上”的治国方略，在强调依法治国的前提下，提出“以德治国”，在指导西藏工作中要求“以德治藏”，这样不仅能够以力服人，而且能够以理服人；不仅可以使人口服，而且可以使人心服。这是治藏方略的一大创新。

（二）关于西藏政权建设的经验

建立和健全党的组织机构，完善干部培养、选拔和任用机制，形成中央—自治区—地（市）—县（市）—乡镇一体化的党政机构和政权体系，确立汉—藏有机结合、其他民族干部密切配合的干部网络，牢牢掌握和控制党在西藏的领导权，确保西藏社会稳定、民族团结、边防巩固、祖国统一，为实现西藏经济的跨越式发展和社会的长治久安的战略目标提供根本保障。

（三）关于西藏实践的经验

在推行党的西藏政策和从事西藏工作的实践中，必须充分认识社会主义时期民族问题的复杂性和民族工作的艰巨性。江泽民同志指出："民族问题依然复杂，民族工作的任务依然繁重。一是各民族政治上的平等实现后，在经济、文化发展上的差别依然存在，旧社会在民族问题上的遗毒不是短时间内可以完全消除的。二是各民族的根本利益是一致的，但在某些具体权益，主要是经济权益方面，民族之间仍会发生一些矛盾和纠纷。三是在风俗习惯和语言文字等方面，由于相互了解或尊重不够，也容易造成某些误会和纠纷。四是民族问题在一些地方往往和宗教问题交织在一起，如果对宗教问题处理不慎或不当，也会影响民族关系甚至酿成冲突。五是由于种种原因，有些人有时会做出伤害民族感情、损害民族团结的事，甚至违法犯罪。尤其值得我们警惕的是，国际敌对势力明目张胆地支持我国内部的极少数分裂主义分子，正在加紧对我们进行渗透、破坏和颠覆活动。利用民族问题打开缺口，是国内外敌对势力进行和平演变的重要手段。"① 推行西藏政策，既坚持原则性，又体现灵活性；落实西藏政策，既体现中央的权威，维护国家的主权，又充分考虑西藏的特殊性，尊重藏民族的特性，体现最广大藏民族的根本利益，在增强藏民族的向心力的同时，巩固中华民族的凝聚力。

---

① 江泽民：《加强各民族大团结，为建设有中国特色的社会主义携手前进》，1992 年 1 月 14 日，《江泽民论有中国特色社会主义》专题摘编，第 354—355 页，中央文献出版社，2002 年。

同时，以西藏工作的实践向世人申明，中国共产党的西藏政策和治藏方略是由中国的历史和现实决定的，顺应了时代发展的潮流，体现了中华民族的根本利益。江泽民同志指出："把我国各民族维系于一个统一的大家庭中而又世代传承的纽带，主要有三个：一是国家的长期统一；二是各民族相依共存的经济文化联系；三是近代以来各民族在抵御外来侵略和长期革命斗争中结成的休戚与共关系。"① 这三个纽带正是中共共产党制定西藏政策的出发点，这就决定了中国共产党统治中国，绝对不可能让国家分裂，即使被帝国主义瓜分出去的领土，如香港、澳门等，都要竭尽全力收回，这就彻底破灭了"藏独"势力和西方反华势力分裂中国和肢解中国的梦想。

江泽民同志深刻地总结了党在西藏工作取得的成功经验。他说，我们在西藏工作中取得的基本经验，归纳起来，主要有以下几个方面：一是坚持以经济建设为中心，紧紧抓住发展经济和稳定局势两件大事，确保西藏经济加快发展和社会全面进步，确保国家安全和西藏长治久安，确保西藏各族人民生活水平不断提高的指导方针；二是坚持深化改革，扩大开放，把全区各族干部群众的智慧和力量凝聚到经济建设这个中心任务上来；三是坚持全面贯彻党的民族政策和宗教政策，在西藏各族群众中不断巩固和发展平等、团结、互助的社会主义民族关系，坚持和发展壮大爱国统一战线；四是全党高度重视西藏工作，全国大力支持西藏工作，增强西藏各族人民对祖国的向心力；五是深入开展反对达赖集团分裂活动和国际反华势力渗透破坏活动的斗争，坚决维护西藏的稳定和祖国的统一、安全；六是不断加强党的建设，加强领导班子和干部队伍建设，为西藏的改革、发展、稳定提供坚强政治保证。我们要继续运用好

---

① 江泽民：《加强各民族大团结，为建设有中国特色的社会主义携手前进》，1992 年 1 月 14 日，《江泽民论有中国特色社会主义》专题摘编，第 355 页，中央文献出版社，2002 年。

这些成功经验，创造性地开展工作，努力开创西藏工作的新局面。①

西藏走向现代化的历史必然性和西藏现代化发展的客观规律。西藏走向现代化，符合世界历史潮流和人类社会发展规律，体现了西藏社会发展的内在要求和西藏人民的根本利益与愿望。西藏的现代化是中国现代化发展不可分割的组成部分，是全国各族人民实现共同繁荣和中华民族实现伟大复兴的必然要求。进入新世纪，和平与发展是当今世界的两大主题。中国已经进入全面建设小康社会、加快推进改革开放和现代化建设的新的发展时期，西部大开发战略作为中国现代化建设第三步发展战略的一部分正在全面付诸实施。中央政府召开的第四次西藏工作座谈会，从国家发展和西藏的实际出发，确定了促进西藏现代化建设在新世纪从加快发展到跨越式发展的战略目标，决定进一步加大对西藏发展的扶持力度，在第十个五年计划期间，由中央政府和全国各地投资 322 亿元支援西藏建设 187 个项目、由中央对西藏提供 379 亿元财政补助，并制定其他一系列特殊优惠政策和措施。这些都给西藏现代化建设创造了新的有利条件和难得的机遇。可以断言，有五十年发展奠定的坚实基础，有中央政府和全国人民的大力支持和帮助，经过艰苦努力，西藏一定能够乘势而上，在现代化建设的进程中实现跨越式发展，迎来更加灿烂辉煌的未来。②

中央第三代领导核心以“三个代表”作为解决西藏民族和宗教问题的指导思想，在西藏发展先进的生产力，实施西部大开发战略，兴建青藏铁路，大力发展西藏经济，加快西藏现代化的步伐；在西藏发展先进文化，继承藏族传统文化的精华，扬弃传统文化的糟粕，造成社会主义新文化占主导地位的格局；代表藏族人民的根本利益，充分调动广大藏族群众的积

① 江泽民：《在中央第四次西藏工作座谈会的讲话》，2002 年 6 月。

② 国务院新闻办：《西藏的现代化发展》白皮书。

极性，培养藏族人才，信任和使用藏族干部，提高西藏农牧民的生活水平，实现各民族的大团结和中华民族的共同繁荣。从世界现代民族史和宗教史的发展历程来看，西藏和平解放以来，中国共产党在西藏实行的民族政策和宗教政策经受了历史的考验，西藏的民族区域自治政策和在尊重宗教信仰自由的前提下依法管理藏传佛教的政策是正确的。

江泽民同志从战略的高度阐明了新世纪西藏工作的指导思想和主要任务。他指出，今后五到十年，是我国发展的重要时期，也是西藏加快发展、维护稳定的重要时期。中央对加强西藏工作的指导思想是：以邓小平理论和党的基本路线为指导，继续坚持以经济建设为中心，紧紧抓住发展经济和稳定局势两件大事，确保西藏经济加快发展和社会全面进步，确保国家安全和西藏长治久安，确保各族人民生活水平不断提高。要紧紧抓住实施西部大开发战略和西藏社会局势基本稳定的良好机遇，着眼于西藏的繁荣进步和长治久安，集中力量解决事关西藏发展稳定全局的重大问题，促进西藏经济从加快发展到跨越式发展，促进西藏社会局势从基本稳定到长治久安。这就是我们在新世纪全面推进西藏工作的主要任务。①

江泽民同志说，回顾西藏发展的历史，观察西藏进步的现实，可以得出一个重要的结论，这就是全国各族人民的前途和命运，始终是同祖国的前途命运紧密联系在一起的。这也是一个历史真理。西藏和平解放以来经济和社会发展取得的巨大成就，充分说明只有实行民主改革、只有走社会主义道路、只有坚持改革开放，才能救西藏、发展西藏、繁荣西藏。②

中央第三代领导核心江泽民同志的治藏方略是对毛泽东和邓小平治藏方略的继承和发展，是中国共产党第三代领导集体率领西藏人民建设中国特色社会主义新西藏的伟大实践的结

① 江泽民：《在中央第四次西藏工作座谈会上的讲话》，2001 年 6 月。

② 斯塔：《江泽民主席心系西藏人民》，《中国西藏》1998 年第 3 期。

晶；贯穿其治藏方略的主线是求真务实、与时俱进、开拓创新；这一治藏方略是在运用马列主义、毛泽东思想和邓小平理论调查和研究西藏的历史和现实的过程中形成的。江泽民同志治藏方略的指导思想是“三个代表”，其主要思想表现为：审时度势，确定解决“西藏问题”的战略策略，把握西藏工作的大局；适时进行关于西藏的理论和政策建设与创新，为西藏工作指明方向；高度重视西藏的政权建设与创新，为治藏方略提供保障；中央第三代领导核心的治藏方略取得的巨大成果，显示出中国特色的社会主义的优越性；中央第三代领导核心的治藏经验，为中国共产党治理西藏积累了宝贵的财富。中央第三代领导核心制定和实施的治藏方略证明，只有在中国共产党的领导下，坚持邓小平理论和“三个代表”的重要思想，才能推进社会主义新西藏的改革、发展和稳定，才能实现西藏经济的跨越式发展和社会的长治久安，才能实现全面建设小康和现代化的战略目标。

中共中央总书记胡锦涛同志在担任西藏自治区党委书记时，开创性地贯彻和实践了中国共产党的治藏方略。作为党中央第三代领导集体的成员之一，胡锦涛同志长期以来十分关怀和重视党在西藏的工作，为实现西藏经济的跨越式发展和社会的长治久安运筹帷幄，倾注了大量心血，为江泽民同志的治藏思想在西藏的实践作出了重大贡献。

（原载《中国藏学》，2004 年第 4 期）

关于西藏构建社会主义和谐社会的调查与研究[①]

对西藏构建社会主义和谐社会进行调查和研究，既具有重要的学术价值和现实意义，也是藏学研究人员承担起“两个服务”，“经世致用”，“参与研究”的神圣职责。十六届六中全会通过的《中共中央关于构建社会主义和谐社会若干重大问题的决定》（以下简称《决定》）指出了构建社会主义和谐社会的重要性和紧迫性：“社会和谐是中国特色社会主义的本质属性，是国家富强、民族振兴、人民幸福的重要保证。构建社会主义和谐社会，是我们党以马克思列宁主义、毛泽东思想、邓小平理论和‘三个代表’重要思想为指导，全面贯彻落实科学发展观，从中国特色社会主义事业总体布局和全面建设小康社会全局出发提出的重大战略任务，反映了建设富强民主文明和谐的社会主义现代化国家的内在要求，体现了全党全国各族人民的共同愿望。”[②]

---

① 本文是笔者设计、中国藏学研究中心立项、由该中心社会经济研究所主持的《西藏构建社会主义和谐社会前沿问题研究与对策》（2006—2010 年）重点课题的子课题成果之一。本文是在笔者撰写的《关于西藏构建社会主义和谐社会的思考》（获中国藏学研究中心理论征文一等奖）和 2006 年夏赴西藏进行课题实地调查的基础上形成的最初研究成果。

② 《中共中央关于构建社会主义和谐社会若干重大问题的决定》，2006 年 10 月 11 日中国共产党第十六届中央委员会第六次全体会议通过。

构建社会主义和谐社会，有利于推进物质文明、精神文明、政治文明和和谐社会建设，提高社会主义中国的硬实力和软实力，增强民族凝聚力、综合国力和国际竞争力，形成建设现代化国家的强大合力。本人认为，西藏构建社会主义和谐社会，需要把握好六个紧密联系的环节，即明确构建和谐社会的指导思想，弄清西藏社会发展中存在的不和谐现象及其影响，分析这些不和谐的现象产生的根源，确定西藏构建和谐社会的切实可行的奋斗目标，充分发挥西藏社会经济发展的良好基础和强大动力，提出实现西藏社会和谐（即消除西藏社会中的不和谐现象）的对策。

一、西藏构建社会主义和谐社会的指导思想

构建西藏社会主义和谐社会的第一个环节，是明确构建和谐社会的指导思想及和谐社会的内涵。中国共产党关于构建社会主义和谐社会的理论和胡锦涛总书记关于和谐社会的论述，回答了什么是和谐社会、社会主义和谐社会的内涵是什么、构建社会主义和谐社会的目标是什么等问题。这是西藏构建社会主义和谐社会的指导思想。十六届六中全会《决定》阐明了构建社会主义和谐社会的指导思想、目标任务和原则：“我们要构建的社会主义和谐社会，是在中国特色社会主义道路上，中国共产党领导全体人民共同建设、共同享有的和谐社会。必须坚持以马克思列宁主义、毛泽东思想、邓小平理论和‘三个代表’重要思想为指导，坚持党的基本路线、基本纲领、基本经验，坚持以科学发展观统领经济社会发展全局，按照民主法治、公平正义、诚信友爱、充满活力、安定有序、人与自然和谐相处的总要求，以解决人民群众最关心、最直接、最现实的利益问题为重点，着力发展社会事业、促进社会公平正义、建设和谐文化、完善社会管理、增强社会创造活力，走共同富裕道路，推动社会建设与经济建设、政治建设、文化建设

协调发展。”《决定》还提出了构建社会主义和谐社会应当遵循的原则：即坚持以人为本、科学发展、改革开放、民主法治、正确处理改革发展稳定的关系、在党的领导下全社会共同建设。坚持科学执政、民主执政、依法执政，发挥党的领导核心作用，维护人民群众的主体地位，团结一切可以团结的力量，调动一切积极因素，形成促进和谐人人有责、和谐社会人人共享的生动局面。①

什么是和谐社会？中共中央第十六届四中全会《决定》指出：“形成全体人民各尽其能、各得其所而又和谐相处的社会，是巩固党执政的社会基础、实现党执政的历史任务的必然要求。”② 胡锦涛总书记指出：构建社会主义和谐社会，是我们党从全面建设小康社会、开创中国特色社会主义事业新局面的全局出发提出的一项重大任务，适应了我国改革发展进入关键时期的客观要求，体现了广大人民群众的根本利益和共同愿望。要在推进社会主义物质文明、政治文明、精神文明发展的历史进程中，扎扎实实做好构建社会主义和谐社会的各项工作。他指出，实现社会和谐，建设美好社会，始终是人类孜孜以求的一个社会理想，也是包括中国共产党在内的马克思主义政党不懈追求的一个社会理想。根据马克思主义基本原理和我国社会主义建设的实践经验，根据新世纪新阶段我国经济社会发展的新要求和我国社会出现的新趋势新特点，我们所要建设的社会主义和谐社会，应该是民主法治、公平正义、诚信友爱、充满活力、安定有序、人与自然和谐相处的社会。民主法治，就是社会主义民主得到充分发扬，依法治国基本方略得到切实落实，各方面积极因素得到广泛调动；公平正义，就是社会各方面的利益关系得到妥善协调，人民内部矛盾和其他社会

① 《中共中央关于构建社会主义和谐社会若干重大问题的决定》。

② 《中共中央关于加强党的执政能力建设的决定》，2004 年 9 月 19 日中国共产党第十六届中央委员会第四次全体会议通过。

矛盾得到正确处理，社会公平和正义得到切实维护和实现；诚信友爱，就是全社会互帮互助、诚实守信，全体人民平等友爱、融洽相处；充满活力，就是能够使一切有利于社会进步的创造愿望得到尊重，创造活动得到支持，创造才能得到发挥，创造成果得到肯定；安定有序，就是社会组织机制健全，社会管理完善，社会秩序良好，人民群众安居乐业，社会保持安定团结；人与自然和谐相处，就是生产发展，生活富裕，生态良好。构建社会主义和谐社会，同建设社会主义物质文明、政治文明、精神文明是有机统一的。要通过发展社会主义社会的生产力来不断增强和谐社会建设的物质基础，通过发展社会主义民主政治来不断加强和谐社会建设的政治保障，通过发展社会主义先进文化来不断巩固和谐社会建设的精神支撑，同时又通过和谐社会建设来为社会主义物质文明、政治文明、精神文明建设创造有利的社会条件。构建社会主义和谐社会，必须坚持以邓小平理论和“三个代表”重要思想为指导，坚持社会主义的基本制度，坚持走中国特色社会主义道路；必须树立和落实科学发展观，坚持以经济建设为中心，坚持“五个统筹”，促进社会主义物质文明、政治文明、精神文明建设与和谐社会建设全面发展；必须坚持以人为本，始终把最广大人民的根本利益作为党和国家工作的根本出发点和落脚点，在经济发展的基础上不断满足人民群众日益增长的物质文化需要，促进人的全面发展；必须尊重人民群众的创造精神，通过深化改革、创新体制，调动一切积极因素，激发全社会的创造活力；必须注重社会公平，正确反映和兼顾不同方面群众的利益，正确处理人民内部矛盾和其他社会矛盾，妥善协调各方面的利益关系；必须正确处理改革发展稳定的关系，坚持把改革的力度、发展的速度和社会可以承受的程度统一起来，使改革发展稳定相互协调、相互促进，确保人民群众安居乐业，确保社会政治稳定和国家长治久安。为了促进社会主义和谐社会建设，要切实保持经济持续快速协调健康发展、发展社会主义民主、落实依法治国的基本方略、加强思想道德建设、维护和实现社会公平和正义、增强全社会的创造活力、加强社会建设和管理、处理好新形势下的人民内部矛盾、加强生态环境建设和治理工作、做好保持社会稳定的工作。①

党中央提出的关于建立和谐社会的重要战略构想的主要内涵，一是人与自然关系的和谐，这是十六届三中全会报告中讲的“五个统筹”之一；二是社会内部和谐，如“十六大”报告中对“小康社会”的阐释，其中一个重要特征就是“社会更加和谐”，这其中包括经济与社会发展要和谐，经济、政治、文化发展要协调一致；三是社会成员之间的关系和谐，如“十六大”报告中提出要形成各尽所能、各得其所而又和谐相处的局面；四是世界上各种文明之间的和谐，江泽民同志在讲到对外关系时，多次提到世界上各种不同的文明之间应当相互并存、共同发展。十六届六中全会《决定》明确提出了构建和谐世界的目标：“坚持走和平发展道路，营造良好外部环境。高举和平、发展、合作的旗帜，坚持独立自主的和平外交政策，坚定不移地走和平发展道路，实施互利共赢的开放战略，维护国家主权、安全、发展利益，积极争取和平稳定的国际环境、睦邻友好的周边环境、平等互利的合作环境、互信协作的安全环境、客观友善的舆论环境。坚持对外开放的基本国策，提高对外开放水平，积极发展对外经济技术合作，大力开展对外文化交流，更好地利用国际国内两个市场、两种资源，注重加强互利合作、实现共同发展。按照和平共处五项原则和其他公认的国际关系准则同世界各国发展友好关系，推动建设持久和平、共同繁荣的和谐世界。”② 就是要构建一个和平、稳定、民主、公正，互利、合作、开放、包容的世界。

---

① 胡锦涛总书记在中共中央举办的省部级主要领导干部提高构建社会主义和谐社会能力专题研讨班开班式上的讲话，2005 年 2 月 19 日。

② 《中共中央关于构建社会主义和谐社会若干重大问题的决定》。

社会和谐，实质就是处理好发展与稳定的矛盾，谋求发展机制与稳定机制之间的动态平衡与良性互动。社会主义和谐社会是充满创造活力的社会，是各方面利益关系不断得到有效协调的社会，是社会管理体制不断创新和健全的社会，是稳定有序的社会。就是国家物质文明、政治文明、精神文明协调发展的局面。构建和谐社会最重要的任务是确立起社会成员共享社会发展成果的基本理念，缩小社会差异，消除对立，实现社会共同富裕和共同进步，建立社会广泛参与的协商机制。建设可持续发展为主要特征的和谐经济，消除社会经济中不平衡、不稳定和不安全的因素；建设弘扬民族传统和树立社会正气的和谐文化，重树民族自尊、民族文化自信和民族理想；坚持群众路线，建设与时俱进的和谐政治，坚持以最广大人民的根本利益为一切工作和思考的出发点，推动政治文明进步。社会主义和谐社会应当是一个充满创造活力的社会。把实现社会公平作为重要的政策导向；从制度上保障竞争机会的平等；努力促进经济社会的全面发展。社会和谐应当是和而不同，求同存异，和睦共处，共同发展和繁荣。尊重差异，包容多样。在差异中求大同，在多样中求统一。

二、当前西藏社会中存在的不和谐现象及其影响

构建西藏和谐社会的第二个环节，是弄清西藏社会中存在的不和谐现象及其对西藏经济发展、社会稳定、人民的物质文化生活水平的提高、民族团结和国家统一产生的负面影响。正如十六届六中全会《决定》所指出的：“目前，我国社会总体上是和谐的。但是，也存在不少影响社会和谐的矛盾和问题，主要是：城乡、区域、经济社会发展很不平衡，人口资源环境压力加大；就业、社会保障、收入分配、教育、医疗、住房、安全生产、社会治安等方面关系群众切身利益的问题比较突出；体制机制尚不完善，民主法制还不健全；一些社会成员诚

信缺失、道德失范，一些领导干部的素质、能力和作风与新形势新任务的要求还不适应；一些领域的腐败现象仍然比较严重；敌对势力的渗透破坏活动危及国家安全和社会稳定。任何社会都不可能没有矛盾，人类社会总是在矛盾运动中发展进步的。构建社会主义和谐社会是一个不断化解社会矛盾的持续过程。我们要始终保持清醒头脑，居安思危，深刻认识我国发展的阶段性特征，科学分析影响社会和谐的矛盾和问题及其产生的原因，更加积极主动地正视矛盾、化解矛盾，最大限度地增加和谐因素，最大限度地减少不和谐因素，不断促进社会和谐。"[①] 党中央提出的"五个统筹"总体概括了我国主要不和谐的方面，即城乡和谐问题、区域和谐问题、经济社会和谐问题、人与自然和谐问题、国内发展和对外开放和谐问题。在新时代和新形势下，不同的利益主体之间出现了一些错综复杂的利益交锋，出现了一些新的社会阶层和日益多样化的利益诉求，并因此而出现了一些新的矛盾和问题，出现了一些影响社会和谐、政治稳定的突出矛盾和潜在隐患。

地处青藏高原的西藏，与中东部地区相比，经济社会发展水平较低，上述不和谐的现象西藏几乎都存在，有些现象甚至更为突出。应当正视和重视西藏社会中存在的不和谐因素，如发展问题、民族问题、宗教问题、社会问题和"西藏问题"等，不讳疾忌医，不文过饰非。只有承认和正视不和谐，才能改造不和谐，建设新的和谐；只有研究和思考如何减少新增社会不和谐因素，才能化解矛盾，找到解决不和谐问题、消除不和谐现象的对策。西藏社会发展中存在的不和谐现象主要表现在政治、经济、文化、宗教、生态和政策六个方面。

（一）政治方面的不和谐现象及其影响

西藏政治方面的不和谐主要是指西藏社会发展中出现或面

① 《中共中央关于构建社会主义和谐社会若干重大问题的决定》。

临的政治问题。其在国外的表现，就是“西藏问题”及其导致的分裂势力：一是达赖集团一直在进行“藏独”分裂活动，使“西藏问题”成为国际社会关注的一个焦点，从而推动了“西藏问题”国际化，公开挑战中国对西藏的主权；二是西方反华势力干涉中国内政，图谋利用“西藏问题”作为分化和肢解中国的突破口。其在西藏内部的表现，一是存在一股弱化向心力的离心力，表现为不稳定因素，民族问题、宗教问题、反分裂问题、国家的统一和安全问题，以及官僚主义、腐败现象等。二是社会经济发展带来的对民族关系的负面影响，增加了民族关系中的不和谐因素。虽然城市化进程加快，但是对边远的农牧区的辐射力较弱，加大了城乡之间的差距，农牧区和农牧民被边缘化，在占用农牧民用地、医疗问题等方面增加了加一些农牧民的不满情绪。三是社会的不稳定因素依然存在，一方面是“藏独”分裂势力和西方反华势力对藏区进行渗透，另一方面是藏区内部存在社会治安问题，如因生意竞争、失业等导致城镇和社区的不稳定和民族关系的紧张。如拉萨城关区木如居委会辖区（社区），因经济收入不平衡和社会不公，导致穷人和富人不来往，穷人仇视富人。拉萨鲁固社区，有工作机会，但是一些待业青年不愿就业；进城农牧民非理性生育。贫富分化导致贫富冲突，强化民族差异，造成民族关系的紧张，培养部分民族精英的民族意识和民族主义，离心力加大，向心力减弱。有些人以民族身份来划分好人和坏人。城市化和现代化过程中出现的民族问题成为社会不和谐的主要根源。① 在城市化和现代化过程中出现或潜在于西藏社会中的社会问题和民族关系问题，日积月累，可能会总爆发，需要引起足够的警惕。

---

① 据《机遇与挑战——加快西藏和其他藏区现代化步伐调查与研究》课题（格勒博士主持）的成员王万宏等人的实地调查。

（二）经济上的不和谐现象及其影响

就是西藏社会发展中出现或面临的经济问题。一是西藏农牧业发展中的问题，表现为农牧民贫困；城乡发展不平衡，城乡差别与城市化进程中的问题。二是西藏第三产业发展中的问题，如服务业发展中存在的各种问题。三是西藏经济发展不平衡问题，产业发展不平衡所导致的产业差异，地区发展不平衡导致的区域差异，社会群体收入不平衡导致的社会阶层差异。腹地与边境经济的不平衡，以边境口岸的经贸活动为例，2006年7月开放的亚东仁钦岗边贸市场，到2006年8月，每天成交量才10万元左右，并且只交易中印边境地带的15种商品，交易规模、交易人数和成交量非常有限。冬天大雪封山，边贸市场只好关闭。因此，边贸市场开放之后还有大量的后续工作需要跟上。如仁钦岗至乃堆拉山口的公路，就成为制约中印商人进行贸易的主要因素。[①] 四是市场经济的冲击带来的压力和人民的经济观念的变化。市场经济带来的竞争和利益冲突的加剧。有些家庭因分工不平衡，导致男性因病和生活压力、经济负担等早逝。青藏铁路的通车，一方面成为西藏社会经济发展的强大动力；另一方面也因流动人口的激增和竞争的加剧而带来一些经济问题，金钱至上和物欲横流的现象逐渐在西藏蔓延。如有的内地商人试图在西藏投资，但是对西藏一无所知，只是想利用“西藏概念”赚钱。还有个别内地商人以为金钱就能决定一切，甚至提出将西藏边境那些毫无经济价值的领土出卖。值得注意的是，近年来，假冒伪劣商品逐渐从东部（如先前的浙江温州、河北的白沟）转移到中部，再转移到西部，西藏已成了假冒伪劣商品的重要市场。拉萨的冲赛康市场就有不少假货出售。消费问题反映出民族问题，当地藏族人认

① 这是笔者2006年8月到亚东实地考察了解到的情况。

为假货都是内地的汉族人和回族人制造的，对民族关系造成负面影响。

（三）文化上的不和谐现象及其影响

就是西藏文化发展中出现或面临的经济问题。一是藏族传统文化与现代化的矛盾和冲突，外来文化和全球化对藏族传统文化和民族特性的冲击，如青藏铁路通车后，既给西藏的传统文化带来了机遇，也对传统文化构成了挑战。怎样保护西藏的寺庙、古迹等人文景观，怎样在市场经济和世俗化的冲击下求得传统文化的生存和发展，就成为西藏传统文化必须面对和适应的问题。二是藏族传统文化中的弱点和糟粕，如神佛至上、忽视人的主动性和创造性等，不利于传统文化的生存和发展。三是全球一体化对民族文化多样性的挑战和威胁，在全球化和世俗化的潮流中怎样保持西藏民族文化的特色和个性？怎样提升西藏文化的实力？这些都是西藏构建和谐社会和和谐文化必须解答的问题。

（四）宗教上的不和谐现象及其影响

就是西藏社会发展中出现或面临的宗教问题。西藏宗教的基本情况是，270 万人口中，多数人信仰藏传佛教，信奉伊斯兰教的约 2000 人，信奉天主教的约 600 人。目前，自治区有大小寺庙和宗教活动场所 1400 多处，僧尼 3.4 万多名。宗教与社会主义社会不适应和不和谐的表现：一是藏传佛教内部、藏传佛教与其他宗教之间、藏传佛教与世俗社会的矛盾；二是神与人、神学与人学（人文主义）之间的矛盾；三是全球化和世俗化的趋势导致的戒律废弛、寺院教育水平下降、闻思修和讲辩著走下坡路、密宗和活佛转世制度的世俗化，藏传佛教世俗化的进程加快；四是藏传佛教对西藏社会的负面影响，如藏传佛教与“西藏问题”联系在一起，不重今生重来世，与世无争导致竞争能力和上进心的淡化；五是藏传佛教与社会主义社会不适应的方面。强化民族身份和民族差异的规定和惯例，不利于发挥藏传佛教在构建和谐社会中的作用。不让非藏族旅游者和朝圣者免费进寺庙的规定，客观上强化了民族差异，对民族关系产生了负面影响。应当看到，藏传佛教对维系西藏社会和凝聚人心具有独特的作用，由于城市化、世俗化、全球化和现代化浪潮的冲击，信众对藏传佛教的信仰的虔诚度降低，现在在八廓街很少能见到磕长头的现象了。这种局面的出现，使藏传佛教的精神价值降低，物质主义大大提升，对西藏构建和谐社会正在产生一些负面影响，这是需要加以关注并进行研究的问题。

（五）生态上的不和谐现象及其影响

就是西藏社会发展中出现或面临的生态问题。人地关系，地理环境对社会经济发展和文明的影响。一是严峻的自然环境，高寒、缺氧、交通和通讯不便。二是生态环境的自然退化，西藏平均海拔4000米以上，有“世界屋脊”和地球“第三极”之称。地势高亢和山脉阻隔，形成了独具特色的地理环境，青藏高原是我国著名的“江河源”和“生态源”。但是，由于自然和人文方面的原因，近年来，西藏地区的生态环境出现恶化的趋势，表现为水土流失、草地退化、土地沙漠化、地质灾害，对人们的生存环境和西藏经济的可持续发展带来了负面影响。三是人居环境较差，一些城镇和广大农牧区，现代化的生活设施基本上还没有与房屋配套；城市化导致城市垃圾量大增，处理城市垃圾成为城市发展中的突出问题；一些城镇几乎没有公共厕所，导致城市环境脏乱臭。

（六）政策上的不和谐现象及其影响

就是西藏社会发展中出现或面临的政策问题。拉萨构建和谐社会的优势和劣势。优势：拉萨是西藏的政治中心，西藏自治区首府；文化中心，西藏的学校、文化机构、学术机构主要集中在拉萨；宗教中心，拉萨是藏传佛教的圣城，是藏传佛教信徒朝圣的中心，有三大寺及布达拉宫、大昭寺、小昭寺、罗布林卡等；经济中心，是内地人及外国人的旅游目的地，是西藏与内地和海外交往的中心。从政治、经济、文化、宗教等方面向西藏全区辐射，并产生示范效应。劣势：市场经济、外来文化、世俗文化和现代化对传统文化和藏传佛教的冲击最大；组群关系复杂，流动人口、外来人口压力大；青藏铁路通车后的影响首当其冲；个性与共性、多样性与一体化等矛盾尖锐。

一是法律和法规需要在实践中不断完善，如《民族区域自治法》与国家法律和法规的衔接和互动；二是决策和政策失误问题，如执行政策中出现的偏差，有法不依、执法不严、违法乱纪等，政策环境不良，如任人唯亲，搞“关系网”等；三是政府全年的工作计划与季节性、临时性工作的矛盾。如西藏自治区每年夏季的接待工作对西藏的既定工作冲击很大，接待工作涉及西藏的所有部门，每年夏季，接待成了西藏的主业，本单位、本部门的本职工作成了副业。2006 年 7 月青藏铁路通车之后情况最为突出，全国各地各界人士涌入西藏，不仅使接待量激增，而且导致西藏尤其是拉萨人满为患，西藏难于应付。怎样处理好西藏的正常工作与临时工作的矛盾？年度政府工作报告中制定的工作计划怎么保质保量地落实？西藏的各部门、各级干部怎样履行自己分内的工作职责？怎样下基层深入实地深入群众了解实际情况？接待工作是不是生产力？是接待对西藏的工作有利，还是下乡调查对西藏的工作有利？一年只有 7 月至 9 月 3 个月是下乡的最好季节，这 3 个月恰好又是全年接待工作的最高峰，极大地冲击了既定的工作计划。

三、西藏社会产生不和谐现象的根源

构建西藏和谐社会的第三个环节，是分析西藏社会存在不和谐现象的原因。这些原因是多方面的，既有外因，也有内因；既有客观原因，如自然的、历史的、社会的和现实的原因，也有主观原因，如人为的、故意的和时代的局限等因素。《决定》指出："新世纪新阶段，我们面临的发展机遇前所未有，面对的挑战也前所未有。和平、发展、合作成为时代潮流，世界多极化和经济全球化的趋势深入发展，科技进步日新月异。同时，国际环境复杂多变，综合国力竞争日趋激烈，影响和平与发展的不稳定不确定因素增多，我们仍将长期面对发达国家在经济科技等方面占优势的压力。我国社会主义市场经济体制日趋完善，社会主义物质文明、政治文明、精神文明建设和党的建设不断加强，综合国力大幅度提高，人民生活显著改善，社会政治长期保持稳定。同时，我国正处于并将长期处于社会主义初级阶段，人民日益增长的物质文化需要同落后的社会生产之间的矛盾仍然是我国社会的主要矛盾，统筹兼顾各方面利益任务艰巨而繁重。特别要看到，我国已进入改革发展的关键时期，经济体制深刻变革，社会结构深刻变动，利益格局深刻调整，思想观念深刻变化。这种空前的社会变革，给我国发展进步带来巨大活力，也必然带来这样那样的矛盾和问题。我们党要带领人民抓住机遇、应对挑战，把中国特色社会主义伟大事业推向前进，必须坚持以经济建设为中心，把构建社会主义和谐社会摆在更加突出的地位。"①

（1）政治不和谐的根源。一是历史根源，主要是历史上的民族压迫和歧视造成的汉藏等民族之间的矛盾和隔阂；二是文化根源，如由于地域和民族的差异造成的藏族聚居区与汉族

---

① 《中共中央关于构建社会主义和谐社会若干重大问题的决定》。

和其他民族之间的文化差异；三是宗教根源，主要是藏传佛教主宰西藏社会一切和“政教合一”制度的遗留；四是政治根源，主要是由于近代以来帝国主义侵略西藏和西藏内部的分裂势力相结合而导致的民族分裂主义和民族主义；五是主观原因，即对西藏实际认识的局限，理论脱离实际，对西藏的特殊性和全国的普遍性的关系还没有完全处理好。

（2）经济不和谐的根源。一是地理根源，即青藏高原的自然环境对西藏社会经济发展的负面影响；二是历史根源，和平解放前完全是一种自然经济，生产力水平很低，1980 年代以前的计划经济时代，西藏经济进展较慢；三是现实根源，改革开放以来市场经济发展中出现的问题和阻碍发展的因素，到 21 世纪的今天，西藏的生产力还比较落后，经济基础脆弱，西藏还没有实现自给自足。主观原因是对西藏的区情的认识还不够深入，对西藏经济和全国经济的关系还没有充分认识。

（3）文化不和谐的根源。一是历史根源，表现为藏族文化的民族性和地方性；西藏宗教文化对世俗文化的支配；西藏贵族文化和精英文化对大众文化的压制。二是现实根源，表现为外来文化对藏族的民族文化和传统文化的强势，藏族文化的个性与特殊性受到现代化、全球化的冲击。

（4）宗教不和谐的根源。一是历史根源，本土宗教与外来宗教的矛盾；宗教与政治的关系，即政教合一与政教分离的矛盾。二是现实根源，西藏社会由“政教合一”发展到政教分离，由全民信教转变为基本民众信教，由神学宗教逐渐向人间佛教、世俗化和道德宗教过渡，藏传佛教格鲁派的高僧达赖喇嘛流亡印度，在国外频繁活动等，由此造成藏传佛教内部和外部的不和谐。

（5）生态不和谐的根源。历史根源是，自然环境退化和人为的破坏，如沙化现象、泥石流等；现实根源是，西藏经济社会发展与生态环境保护存在着尖锐的矛盾，如草场超载，工业、开发、旅游等造成的环境污染和破坏等。

（6）政策不和谐的根源。历史根源是脱离西藏实际；现实根源是在制定和落实中央和西藏地方的政策方面还存在问题。

四、西藏构建社会主义和谐社会的目标

构建西藏和谐社会的第四个环节，是确立切实可行的奋斗目标。胡锦涛总书记指出："通过和谐社会建设来为社会主义物质文明、政治文明、精神文明建设创造有利的社会条件。"① 十六届四中全会把构建社会主义和谐社会作为我们党的执政目标，这是在党的文件中第一次把和谐社会建设放到同经济建设、政治建设、文化建设并列的突出位置，使我们党关于全面建设小康社会、开创中国特色社会主义新局面的奋斗目标，由发展社会主义市场经济、社会主义民主政治和社会主义先进文化这样三位一体的总体布局，扩展为包括社会主义和谐社会在内的四位一体的总体布局。十六届六中全会《决定》明确提出了构建和谐社会的九大目标和任务："到2020年，构建社会主义和谐社会的目标和主要任务是：社会主义民主法制更加完善，依法治国基本方略得到全面落实，人民的权益得到切实尊重和保障；城乡、区域发展差距扩大的趋势逐步扭转，合理有序的收入分配格局基本形成，家庭财产普遍增加，人民过上更加富足的生活；社会就业比较充分，覆盖城乡居民的社会保障体系基本建立；基本公共服务体系更加完备，政府管理和服务水平有较大提高；全民族的思想道德素质、科学文化素质和健康素质明显提高，良好道德风尚、和谐人际关系进一步形成；全社会创造活力显著增强，创新型国家基本建成；社会管理体系更加完善，社会秩序良好；资源利用效率显著提高，生态环

① 胡锦涛总书记在中共中央举办的省部级主要领导干部提高构建社会主义和谐社会能力专题研讨班开班式上的讲话，2005年2月19日。

境明显好转；实现全面建设惠及十几亿人口的更高水平的小康社会的目标，努力形成全体人民各尽其能、各得其所而又和谐相处的局面。”①

1. **政治目标**

政通人和，建设社会主义的政治文明。一是政治机构运转和谐，西藏政治文化与中国特色的社会主义和谐。依法治藏，建设社会主义民主政治；二是党政干部团结一心，党政军民和睦友好，亲如一家；三是民族区域自治与国家大局的和谐，民族自治与区域自治的和谐，西藏与其他藏区的和谐，多元与一体的和谐；四是经济发展与社会稳定的和谐；五是藏族内部、藏族与汉族和其他民族关系的和谐，即人与人之间和人际关系的和谐；六是处理好西藏事务和“西藏问题”，消除“藏独”分裂活动和西化分化等不和谐的因素。理想境界是协调好人与社会和人与人的关系，实现西藏社会的长治久安。

2. **经济目标**

实现跨越式发展，全面建设小康社会，走进现代化行列，人民的物质生活水平提高，建设社会主义物质文明。一是实现农牧业、工业和服务业三大产业的和谐，实现城乡和谐；二是实现自力更生与全国支援的和谐，特殊性与普遍性的和谐；三是实现经济发展与人民生活水平提高的和谐；四是从西藏实际出发，按照市场经济规律办事。理想境界是，以人为本，以科学发展观统领西藏经济的各个领域，实现跨越式发展，使西藏早日实现邓小平的夙愿，“走进现代化的前列”②。

---

① 《中共中央关于构建社会主义和谐社会若干重大问题的决定》。

② 邓小平：《立足民族平等 加快西藏发展》（1987年6月29日），《邓小平文选》第3卷，第246页。

3. **文化目标**

在继承优秀传统文化基础上建设社会主义新文化，建设社会主义精神文明。建设和谐文化，巩固社会和谐的思想道德基础。“建设和谐文化，是构建社会主义和谐社会的重要任务。社会主义核心价值体系是建设和谐文化的根本。必须坚持马克思主义在意识形态领域的指导地位，牢牢把握社会主义先进文化的前进方向，弘扬民族优秀文化传统，借鉴人类有益的文明成果，倡导和谐理念，培育和谐精神，进一步形成全社会共同的理想信念和道德规范，打牢全党全国各族人民团结奋斗的思想道德基础。（1）建设社会主义核心价值体系，形成全民族奋发向上的精神力量和团结和睦的精神纽带。马克思主义指导思想，中国特色社会主义共同理想，以爱国主义为核心的民族精神和以改革创新为核心的时代精神，社会主义荣辱观，构成社会主义核心价值体系的基本内容。用民族精神和时代精神凝聚力量、激发活力，倡导爱国主义、集体主义、社会主义思想。尊重差异，包容多样。（2）树立社会主义荣辱观，培育文明道德风尚。（3）坚持正确导向，营造积极健康的思想舆论氛围。（4）广泛开展和谐创建活动，形成人人促进和谐的局面。”① 西藏构建和谐社会的文化目标，一是实现藏族传统文化与现代文化的和谐，继承、发展、创新藏族传统文化，实现百花齐放，推陈出新；二是民族文化与外来文化和谐，提高“文明的中心凝聚力和边缘的活力”；三是实现传统文化和民族文化与社会主义新文化的和谐；四是实现藏族文化的个性、民族文化的多样性与中华民族文化的共性的和谐。理想境界是，百花齐放，百家争鸣，建设中国特色、藏族气派的社会主义新文化。

---

① 《中共中央关于构建社会主义和谐社会若干重大问题的决定》。

4. **宗教目标**

藏传佛教与社会主义社会相适应，实践“人间佛教”，走向“道德宗教”，建设中国特色的当代藏传佛教文明。一是实现苯教与藏传佛教的和谐；二是实现藏传佛教各教派内部的和谐；三是实现藏传佛教与其他宗教之间的和谐；四是推动藏传佛教由神学宗教走向世俗化和现代化。理想境界是，藏传佛教与社会主义社会相适应，引导藏传佛教走向“人间佛教”和“道德宗教”。

5. **生态目标**

人与自然和谐，天人合一，建设社会主义特色的西藏生态文明。理想境界，经济社会发展与生态环境相协调，实现人的和谐与物的和谐，人与自然的和谐，达到天人合一。

6. **政策目标**

权为民所用，情为民所系，利为民所谋，建设社会主义制度文明。实现民主执政、科学执政、依法执政，令行禁止，政通人和。理想境界，建设具有中国特色、符合西藏实际的社会主义制度文明。最终目标是，把西藏建设成为一个“民主法治、公平正义、诚信友爱、充满活力、安定有序、人与自然和谐相处的社会”①。

五、西藏构建和谐社会的良好基础和强大动力

构建西藏和谐社会的第五个环节，是充分发挥西藏社会经济发展的良好基础和强大动力。西藏和平解放 55 年、自治区

① 胡锦涛总书记在中共中央举办的省部级主要领导干部提高构建社会主义和谐社会能力专题研讨班开班式上的讲话，2005 年 2 月 19 日。

成立41年，尤其是改革开放以来，经过全国支援西藏和西藏民众的奋斗，农牧民和城市居民的衣食住行都得到了极大的改善，社会主义的物质文明、政治文明、精神文明和社会建设方面取得巨大成就和进步，西藏民众的物质生活和精神生活水平都得到了极大的提升，城市化步伐不断加快，逐渐步入了现代化的轨道。这不仅为西藏构建和谐社会奠定了良好的基础，而且成为构建和谐社会的强大动力。

（一）西藏物质文明建设取得的成就，是构建和谐社会的经济基础和动力

进入21世纪，西藏经济实力明显增强，保持了经济的持续快速协调健康发展。2005年，生产总值由2000年的117.8亿元增加到250.4亿元，连续5年保持12%以上的增长速度，高于同期全国平均水平。“十五”末，人均GDP已突破1000美元；地方财政一般预算收入达到12亿元，比“九五”末增长1倍多；进出口总额突破2亿美元，比“九五”末增长53.8%；金融机构本外币存贷款余额分别达445亿元和180亿元，是“九五”末的3.07倍和2.23倍；社会消费品零售总额达到72亿元，比“九五”末增长67.9%。粮食总产量稳定在95万吨左右，继续保持了粮食基本自给。工业和建筑业增加值年均增长10.4%、23.8%。到2005年，第三产业增加值占GDP的比重预计达到57.0%，比“九五”末提高了10.8个百分点。旅游业收入达到19.3亿元，游客人数超过180万人次。个体工商户、私营企业从业人员分别增长74.1%和5.2倍。建成了一批对经济增长有重大支撑作用的基础设施和基础产业项目。全社会固定资产投资累计完成689亿元，是“九五”时期的3倍。“117项目”、40周年大庆等重点工程项目，绝大多数已建成并发挥效用。西藏公路通车里程达4.37万公里，其中黑色路面3288公里，比“九五”末增加1倍。2005年8

月26日竣工的“两桥一隧”工程，使拉萨至贡嘎机场的路程缩短34公里。新建的拉萨河大桥、嘎拉山隧道、雅鲁藏布江大桥和改建的机场公路，总投资6033亿元。贯穿西藏东西的大动脉、投资803亿元的中（国）尼（泊尔）公路曲水至大竹卡段通车，使拉萨至日喀则原来6小时的路程缩短一半。西藏公路通车里程已达402万公里，形成了以川藏、青藏、新藏、滇藏、中尼5条国道为主干，以拉萨为中心，辐射全区的公路网。从2001年起，加大农牧区公路建设力度。西藏目前拥有农牧区公路4849公里，92%的乡镇和72%的行政村通了公路。投资7.8亿元的林芝机场已竣工启用，是西藏继拉萨贡嘎机场、昌都邦达机场之后的第3个机场。世界上海拔最高的青藏铁路，于2006年7月1日全线通车，西藏与全国铁路贯通，使西藏形成由公路、铁路、航空组成的立体交通运输网。航空运输快速发展，林芝机场竣工启用。电力装机总容量达到50万千瓦，新增15万千瓦。基本实现了“县县通光缆、乡乡通电话”。重点实施了通路、通电、通水和农田草场水利、游牧民定居等建设项目，解决了8185户、4万多游牧民定居和58.8万农牧民饮水困难问题，农牧区生产生活条件进一步改善。①

（二）西藏精神文明建设取得的成就，是构建和谐社会的文化基础和动力

西藏人民的思想素质、科学文化素质和健康素质不断提高。“十五”期间，社会事业累计投资达40.6亿元，是“九五”的7.5倍。“普六”任务基本完成，40个县通过“普九”验收，54个县通过扫盲验收，青壮年文盲率由39%降至

① 《西藏十一五国民经济和社会发展规划纲要》（摘要），西藏自治区人民政府主席向巴平措2006年1月12日在区八届人大五次会议上的报告。

15%；小学学龄儿童入学率、初中阶段入学率和高中阶段入学率分别提高了10.1、43.3和17.3个百分点。科技进步对经济增长的贡献率明显提高。新建乡镇卫生院445个，改扩建县级卫生服务中心42个，农牧区卫生基础设施条件得到改善；以免费医疗为基础的农牧区医疗制度覆盖了西藏农牧民。新建县综合文化活动中心33个。①

（三）西藏社会建设取得的成就，是构建和谐社会的民众基础和动力

“西新工程”、“村村通”工程进展顺利，广播电视人口覆盖率达到84.87%和85.97%，分别提高了7.14和9.84个百分点。“两个长期不变”为主的农牧区基本政策不断完善，草场承包经营责任制进一步落实。农牧区税费改革和综合配套改革进展顺利。招商引资累计到位资金45.3亿元，是“九五”时期的7倍。中央和国家机关、对口支援省市、国有大型企业无偿援建项目1081个，投资达44亿元，西藏与内地经济、技术、文化、人才交流与合作日益密切。人民生活水平明显提高，城镇居民人均可支配收入和农牧民人均纯收入预计将达到8411元和2075元，比“九五”末分别增长了30.4%和55.9%。农牧民人均纯收入连续3年保持两位数的增长。农村恩格尔系数下降了19个百分点。累计投入扶贫资金14.72亿元，完成扶贫搬迁2.5万户、15万人。认真落实就业和再就业优惠政策，国有企业下岗职工全部实现再就业，5年新增城镇就业人数6.4万，城镇登记失业率控制在4.3%以内。社会保障体系逐步完善，实现了“两个确保”，做到了“三条保障线”的衔接。医疗保险制度改革加快。实施了失业保险和工伤保险制度。建立了特困群众的生活和医疗救助制度，城乡居

① 同上。

民居住条件进一步改善。[①] 生活在西藏的居民除了西藏本地的藏族之外，还有康巴人和安多人，他们和其他民族如汉族、回族乃至外国人，都是西藏构建社会主义和谐社会的主人翁，不同地域的藏族人和谐相处，藏族与汉族及其他民族和谐相处，本地人与外地人和谐相处，构成西藏构建和谐社会的强大动力。

（四）西藏政治文明建设取得的成就，是构建和谐社会的政治基础和动力

西藏实行民族区域自治40多年来，实现了经济的高速发展和社会的全面进步，同其他省市区的差距在不断缩小；西藏人民实现了参与管理国家的权利，成为西藏社会物质文化财富的创造者和享有者；西藏的传统文化受到充分尊重、保护和大力弘扬、发展，并随着现代化的发展被赋予了更加丰富、更加富于时代气息的深刻内涵。中央作出的全国支援西藏的战略决策，不仅为西藏构建和谐社会打下了牢固的基础，而且成为西藏构建和谐社会的强大动力。西藏自治区提出的口号是：平安西藏，和谐西藏。有平安和安宁，才有发展和和谐，中国人民解放军边防部队是西藏构建和谐社会的强有力的军事保障。青藏铁路通车具有重要的战略意义，不仅会大大促进西藏社会经济的发展，也有利于中印边境的安宁。

西藏坚持“共同团结奋斗、共同繁荣发展”的主题，全面贯彻党的民族宗教政策，发展平等、团结、互助、和谐的社会主义民族关系，巩固和发展了安定和谐的政治局面，增强了向心力和凝聚力；依法加强对宗教事务的管理，积极引导宗教与社会主义社会相适应，维护了正常的宗教秩序；加快基层政

---

① 《西藏十一五国民经济和社会发展规划纲要》（摘要），2006年1月12日。

权和政法基础设施建设，维护了正常的社会秩序，社会局势日益稳定；5 年来共制定政府规章 39 件，成立了自治区发展咨询委员会，促进了政府决策的科学化、民主化。2005 年，农牧民收入增加，区域协调发展，社会事业快速发展，人民群众生活水平提高，西藏继续保持了经济社会跨越式发展的良好势头，继续保持了社会局势日益稳定的大好局面。西藏经济社会向跨越式发展迈进，人民生活向整体过上小康生活迈进，西藏社会向长治久安迈进，社会主义民族关系向推进和谐社会的更高目标迈进，党的建设向扎实地加强党的执政能力和先进性建设的更高要求迈进，西藏人民生活从绝大多数贫困群众温饱问题基本解决向整体过上小康生活迈进。[①]

这是西藏构建和谐社会最好的社会基础和最强大的动力。

六、实现西藏社会和谐的对策

构建西藏和谐社会的第六个环节，是认清西藏的区情，是总结经验，吸取教训，发现问题，对症下药，拿出对策。胡锦涛指出，要“通过发展社会主义民主政治来不断加强和谐社会建设的政治保障”[②]。“（1）扎实推进社会主义新农村建设，促进城乡协调发展。（2）落实区域发展总体战略，促进区域协调发展。（3）实施积极的就业政策，发展和谐劳动关系。（4）坚持教育优先发展，促进教育公平。（5）加强医疗卫生服务，提高人民健康水平。（6）加快发展文化事业和文化产业，满足人民群众文化需求。（7）加强环境治理保护，促进人与自然相和谐。”[③] 进入 21 世纪，随着西藏经济的发展、文

---

① 《西藏十一五国民经济和社会发展规划纲要》（摘要），2006 年 1 月 12 日。

② 中共中央第十六届四中全会《中共中央关于加强党的执政能力建设的决定》。

③ 《中共中央关于构建社会主义和谐社会若干重大问题的决定》。

化的进步和社会向现代化迈进，西藏的地理、政治、经济、文化和宗教格局都发生了新的变化，表现在：西藏自治区的地理区划更趋合理，生态环境发生变化，确立了多个自然保护区，交通和通讯条件得到极大改善，西藏与外界的联系十分快捷，自然环境由封闭走向开放；政治格局发生了巨大变化，西藏社会由封闭走向开放，随着中国共产党的治藏方略的实施和民族区域自治的推行，建立了新型的民族关系，藏族人民成为西藏政治舞台上的主角，形成新的政治格局。总之，西藏正从传统社会向现代社会过渡，现代化的新格局正在逐步形成。但是，如上所揭示的，西藏社会中还存在许多不和谐的现象，距党中央提出的构建社会主义和谐社会还有很大的差距。

（一）实现西藏政治和谐的对策

十六届六中全会《决定》强调指出：“社会主义和谐社会既是充满活力的社会，也是团结和睦的社会。必须最大限度地激发社会活力，促进政党关系、民族关系、宗教关系、阶层关系、海内外同胞关系的和谐，巩固全国各族人民的大团结，巩固海内外中华儿女的大团结。（1）增强全社会创造活力，形成万众一心共创伟业的生动局面。（2）巩固和壮大最广泛的爱国统一战线，充分调动各方面积极性。认真贯彻落实党的民族政策，牢牢把握各民族共同团结奋斗、共同繁荣发展的主题，广泛开展民族团结进步活动，巩固和发展平等、团结、互助、和谐的社会主义民族关系，使各族人民和睦相处、和衷共济、和谐发展。全面贯彻党的宗教信仰自由政策，依法管理宗教事务，坚持独立自主自办的原则，积极引导宗教与社会主义社会相适应，加强信教群众同不信教群众、信仰不同宗教群众的团结，发挥宗教在促进社会和谐方面的积极作用。（3）加强海内外中华儿女的团结，为实现中华民族的伟大复兴而奋斗。（4）坚持走和平发展道路，营造良好外部环境。”①

实现西藏的政治和谐，一是发挥西藏地方的作用，切实推行并逐步完善民族区域自治制度；二是充分发挥中央政府的作用，制定符合西藏实际的治藏政策，将中央关心西藏、全国支援西藏的战略方针长期贯彻下去；三是充分发挥西藏民众尤其是藏族民众的作用，调动城乡广大群众的积极性和创造性；四是坚持以法治藏与以德治藏并重，落实国家的各项法律和法规，贯彻民族区域自治法，进行马克思主义祖国观、民族观、宗教观、文化观（“四观”）和唯物论、无神论（“两论”）教育，“通过发展社会主义民主政治来不断加强和谐社会建设的政治保障”，不仅要通过法治达到口服，而且要通过德治达到心服，加强西藏内部的凝聚力和对祖国的向心力；四是加深对西藏政治特点和发展规律的认识，充分认识西藏发展中出现的各种问题，并研究和提出解决问题的对策，从战略的高度看待“西藏问题”，实际上，西藏构建社会主义和谐社会的关键，就是解决“西藏问题”；五是树立社会主义荣辱观，提高西藏各级党政干部的五种能力：驾驭社会主义市场经济的能力，发展社会主义民主政治的能力，建设社会主义先进文化的能力，构建社会主义和谐社会的能力，应对国际局势和处理国际关系的能力。②

（二）实现西藏经济和谐的对策

胡锦涛指出，要“通过发展社会主义社会的生产力来不断增强和谐社会建设的物质基础”③。六中全会《决定》指出：

① 《中共中央关于构建社会主义和谐社会若干重大问题的决定》。

② 胡锦涛总书记2006年3月4日看望出席全国政协十一届四次会议的委员，在参加分组讨论时提出了“八荣八耻”的社会主义荣辱观。

③ 胡锦涛总书记在中共中央举办的省部级主要领导干部提高构建社会主义和谐社会能力专题研讨班开班式上的讲话，2005年2月19日。

"社会要和谐，首先要发展。社会和谐在很大程度上取决于社会生产力的发展水平，取决于发展的协调性。必须坚持用发展的办法解决前进中的问题，大力发展社会生产力，不断为社会和谐创造雄厚的物质基础。同时，更加注重解决发展不平衡问题，更加注重发展社会事业，推动经济社会协调发展。""扎实推进社会主义新农村建设，促进城乡协调发展。贯彻工业反哺农业、城市支持农村和多予少取放活的方针，加快建立有利于改变城乡二元结构的体制机制，推进农村综合改革，促进农业不断增效、农村加快发展、农民持续增收。坚持农村基本经营制度，保障农民土地承包经营的各项权利，发展农民专业合作组织，增强农村集体经济组织服务功能。强化支农惠农政策，增加国家对农业和农村投入，完善农村金融服务体系。加快农业科技进步，推进现代农业建设，发展农业产业化经营，提高农业综合生产能力。调整优化农村经济结构，积极稳妥地推进城镇化，发展壮大县域经济。加大扶贫力度，完善扶贫机制，加快改善贫困农民生产生活条件。各级政府要把基础设施建设和社会事业发展的重点转向农村，国家财政新增教育、卫生、文化等事业经费和固定资产投资增量主要用于农村，逐步加大政府土地出让金用于农村的比重。实行最严格的耕地保护制度，从严控制征地规模，加快征地制度改革，提高补偿标准，探索确保农民现实利益和长期稳定收益的有效办法，解决好被征地农民的就业和社会保障。加强对农民的宣传教育，加快培养新型农民，充分发挥广大农民在新农村建设中的主体作用。"①

改革开放以来，西藏的经济格局已经发生了巨大的变化，由自然粗放的农牧经济发展为社会主义计划经济，然后又转型为社会主义市场经济。在全国支援西藏的大环境中，尤其是青藏铁路通车之后，西藏在壮大"输血经济"的同时，"造血经

---

① 《中共中央关于构建社会主义和谐社会若干重大问题的决定》。

济”的功能也在不断增强。实现西藏经济的和谐，一是落实科学发展观，坚持改革开放，加深对西藏经济发展规律的认识，消除阻碍经济发展的各种不和谐因素，乘青藏铁路通车的强劲东风，大力提升拉萨对西藏全区的辐射功能，加快西藏的城市化进程，西藏的小康建设步伐加快；二是制定科学和务实的西藏经济发展政策和特殊的优惠政策，积极落实扶贫措施，充分发挥商人和企业家的作用，大力开展反贫困战略，使西藏广大农牧民尽快脱贫致富，加快西藏交通和通讯的发展，使西藏不再是人们望而却步的地方；三是在号召全国支援西藏的同时，鼓励和支持西藏民众尽早实现自力更生，推动西藏经济走向可持续发展，增强西藏构建和谐社会的硬实力。

（三）实现西藏文化和谐的对策

胡锦涛指出，要“通过发展社会主义先进文化来不断巩固和谐社会建设的精神支撑”①。十六届六中全会《决定》指出：“加快发展文化事业和文化产业，满足人民群众文化需求。坚持把社会效益放在首位，坚持把发展公益性文化事业作为保障人民文化权益的主要途径，推动文化事业和文化产业共同发展。推进文化体制改革，形成富有活力的文化管理体制和文化产品生产经营机制。加强公益性文化设施建设，鼓励社会力量捐助和兴办公益性文化事业，加快建立覆盖全社会的公共文化服务体系。优先安排关系群众切身利益的文化建设项目，突出抓好广播电视村村通工程、社区和乡镇综合文化站（室）工程、全国文化信息资源共享工程。完善文化产业政策，培育国有和国有控股骨干文化企业，鼓励非公有资本依法进入文化产业，以重大文化产业项目带动发展，推动集约化经营，提供价格合理、形式多样的文化产品和服务，增强文化产品国际竞

① 胡锦涛总书记在中共中央举办的省部级主要领导干部提高构建社会主义和谐社会能力专题研讨班开班式上的讲话，2005 年 2 月 19 日。

争力。加强文化遗产保护。加强城乡社区体育设施建设，广泛开展全民健身活动，提高竞技体育水平。”①

1980年代以来，西藏的文化格局发生了巨大变化，随着现代文化和外来文化的进入，原有的传统文化、宗教文化、世俗文化三位一体的文化格局，已由融合并继承传统文化的现代文化、大众文化、时尚文化构成的新文化格局所取代。藏族的价值观念和思维方式发生了显著的变化：由封闭到开放，由迷信到科学，由理想（来世）到现实（今生），由唯心到唯物，形成开放的文化格局。实现西藏的文化和谐，一是加深对西藏文化发展的特点和规律的认识，在继承藏族优秀传统文化的基础上，发展社会主义新文化，确立西藏文化的可持续发展道路。二是提升西藏的文化实力，即提升藏族文化的包容性、适应性、吸引力和竞争力。藏族文化有很强的包容性，这表现为西藏文明的多源和多元：宗教文化上，藏传佛教、汉传佛教、基督教、伊斯兰教、天主教和睦相处；文化上，世俗文化与宗教文化、传统文化与现代文化、精英（贵族）文化与大众（民间）文化、藏族主体文化与汉族及中国其他民族文化和外来文化并存；族群上，中国的56个民族中的许多族群的人都在西藏生活或工作，其中四川人就是典型。甚至还有一些外国人在西藏生活和工作，如美国人龙安志就在拉萨市中心区八廓街开办“香巴拉宫”，融饭店、旅店、商店和酒吧于一体，并雇用阿坝苯教僧人杨波帮助管理，只有4套客房，夏季标准间

① 《中共中央关于构建社会主义和谐社会若干重大问题的决定》。

每晚120美元，服务员每月工资600元。[①] 依托西藏社会和文化的包容性，在继承藏族优秀传统文化的基础上，充分吸收和借鉴其他民族文化、外来文化和现代文化的长处，增强藏族文化的适应性，提升藏族文化的吸引力和竞争力。三是增加藏族和其他民族文化的交流，高举爱国主义和人文主义的大旗，大力弘扬藏族文化，增强内地人对西藏文化的认同，增强西藏文化的活力，加快西藏现代文化建设的步伐，实现藏族文化的现代化，为西藏构建和谐社会提供强大的软实力。

（四）实现西藏宗教和谐的对策

胡锦涛总书记指出：引导宗教与社会主义社会相适应，是时代发展和社会进步的要求，也是新的时代对藏传佛教的要求和藏传佛教延续传承的内在要求。宗教与社会主义社会相适应，就是要自觉遵守国家法律法规，努力维护社会稳定、民族团结和祖国统一，积极弘扬宗教教义中扬善抑恶、平等宽容、扶贫济困等与社会主义社会道德要求贴近的积极内容。[②]

20世纪中叶以来，西藏的宗教格局发生了巨大变化，传统的宗教格局被打破，寺庙的功能由单一发展到多样，圣城拉萨增添了人文色彩和现代都市的功能，西藏社会的精神支柱由神学走向人文，并逐渐向唯物主义转化，藏传佛教的神学功能削弱，道德功能增强，出现世俗化的趋势，藏传佛教与社会主

---

① 龙安志，英文名字为 Laurence J. Brahm，是专业律师和政治经济学家，通普通话和广东话，任南龙集团（Naga Group）首席执行官，长期定居北京。撰写了20多部与中国相关的书籍，包括《中国第一》（China as No. 1）、《红色首都》（Red Capital）、《中南海》、《在中国谈判——36计》（Negotiating in China- 36 strategies）、《重新建设中国》（Re-engineering China）《朱镕基传》和《中国的世纪：下一个经济强国的觉醒》等。关于西藏的书有《寻找香格里拉》、《香巴拉》、《现代经文》，还计划出版《神山对话》、《圣者箴言》、《香巴拉经文》等，并拍摄了电影《寻找香格里拉》和《香格里拉经文》等。现定居拉萨。

② 2005年2月3日，胡锦涛总书记接见十一世班禅时的讲话。

义社会逐渐由对立走向适应。实现西藏宗教的和谐，一是充分认识西藏宗教发展的特点和发展规律，发掘藏传佛教的积极因素，如扬善抑恶、平等宽容、扶贫济困、“利乐有情”，行善、慈悲、不杀生等，将其转化为保护生态环境、调解社会矛盾、缓解社会压力、构建和谐社会的力量，促进西藏宗教的可持续发展；二是适应世界宗教和藏传佛教世俗化的发展趋势，加强藏传佛教与其他宗教的交流，淡化藏传佛教的“神学宗教”色彩，努力实践“人间佛教”，积极引导藏传佛教与社会主义社会相适应；三是发挥藏传佛教僧人和信徒的积极作用，号召他们自觉遵守国家法律法规，努力维护社会稳定、民族团结和祖国统一，积极弘扬宗教教义中与社会主义社会道德要求贴近的内容，引导藏传佛教走向“道德宗教”。

（五）实现西藏生态和谐的对策

“加强环境治理保护，促进人与自然相和谐。建设资源节约型、环境友好型社会。优化产业结构，发展循环经济，推广清洁生产，节约能源资源，依法淘汰落后工艺技术和生产能力，从源头上控制环境污染。实施重大生态建设和环境整治工程，有效遏制生态环境恶化趋势。统筹城乡环境建设，加强城市环境综合治理，改善农村生活环境和村容村貌。加快环境科技创新，加强污染专项整治，强化污染物排放总量控制，重点搞好水、大气、土壤等污染防治。完善有利于环境保护的产业政策、财税政策、价格政策，建立生态环境评价体系和补偿机制，强化企业和全社会节约资源、保护环境的责任。完善环境保护法律法规和管理体系，严格环境执法，加强环境监测，定期公布环境状况信息，严肃处罚违法行为。”①

西藏地理格局的特点是，东部毗邻横断山区，南部和西部

① 《中共中央关于构建社会主义和谐社会若干重大问题的决定》。

是号称“世界屋脊”的喜马拉雅山脉，北部是羌塘草原，中部是“一江两河”流域。遵循六中全会《决定》的精神，西藏的生态建设不仅要考虑自身的利益，还要顾全国家大局。实现西藏的生态和谐，一是认清西藏的自然地理和生态环境的特点和规律，正确处理人地关系，协调人与自然的关系，建设和谐的自然环境与和谐的人文环境，保护生态环境和生物多样性；二是经济开发与环境保护并重，确保西藏生态的可持续发展；三是以人为本，注重人与自然的和谐，追求“天人合一”，研究对付高原反应、高原缺氧等高原病的办法，使人类更好地适应青藏高原，与青藏高原融为一体。

（六）实现西藏政策和谐的对策

胡锦涛总书记指出，各级党委和政府要加强和改善对构建社会主义和谐社会各项工作的领导，把构建社会主义和谐社会摆在全局工作的重要位置，建立有效的领导机制和工作机制，认真研究解决重大问题和突出问题，不断认识和把握新形势下和谐社会建设的特点和规律。① 党的执政能力建设的目标和要求是：以马克思列宁主义、毛泽东思想、邓小平理论和“三个代表”重要思想为指导，以保持党同人民群众的血肉联系为核心，以建设高素质干部队伍为关键，以改革和完善党的领导体制和工作机制为重点，以加强党的基层组织和党员队伍建设为基础。中国共产党要成为立党为公、执政为民的执政党；成为科学执政、民主执政、依法执政的执政党；成为求真务实、开拓创新、勤政高效、清正廉洁的执政党；成为一个始终做到“三个代表”的执政党。不断提高驾驭社会主义市场经济的能力、发展社会主义民主政治的能力、建设社会主义先进文化的能力、构建社会主义和谐社会的能力、应对国际局势和

---

① 胡锦涛总书记在中共中央举办的省部级主要领导干部提高构建社会主义和谐社会能力专题研讨班开班式上的讲话，2005 年 2 月 19 日。

处理国际事务的能力。[①] 十六届六中全会《决定》指出："构建社会主义和谐社会，关键在党。必须充分发挥党的领导核心作用，坚持立党为公、执政为民，以党的执政能力建设和先进性建设推动社会主义和谐社会建设，为构建社会主义和谐社会提供坚强有力的政治保证。""社会公平正义是社会和谐的基本条件，制度是社会公平正义的根本保证。必须加紧建设对保障社会公平正义具有重大作用的制度，保障人民在政治、经济、文化、社会等方面的权利和利益，引导公民依法行使权利、履行义务。（1）完善民主权利保障制度，巩固人民当家做主的政治地位。（2）完善法律制度，夯实社会和谐的法治基础。（3）完善司法体制机制，加强社会和谐的司法保障。（4）完善公共财政制度，逐步实现基本公共服务均等化。（5）完善收入分配制度，规范收入分配秩序。（6）完善社会保障制度，保障群众基本生活。""完善社会管理，保持社会安定有序。加强社会管理，维护社会稳定，是构建社会主义和谐社会的必然要求。必须创新社会管理体制，整合社会管理资源，提高社会管理水平，健全党委领导、政府负责、社会协同、公众参与的社会管理格局，在服务中实施管理，在管理中体现服务。（1）建设服务型政府，强化社会管理和公共服务职能。（2）推进社区建设，完善基层服务和管理网络。（3）健全社会组织，增强服务社会功能。（4）统筹协调各方面利益关系，妥善处理社会矛盾。（5）完善应急管理体制机制，有效应对各种风险。（6）加强社会治安综合治理，增强人民群众安全感。（7）加强国家安全工作和国防建设，保障国家稳定安全。"[②]

这是西藏构建政治、经济、文化、宗教和生态和谐的根本

① 中共中央第十六届四中全会作出的《中共中央关于加强党的执政能力建设的决定》。

② 《中共中央关于构建社会主义和谐社会若干重大问题的决定》。

保障。实现西藏政策和谐，一是加深对西藏执政特点和执政规律的认识，解决好西藏事务和西藏政策的时代性、规律性和创造性问题，重视学术研究的咨询功能和决策参考价值，制定符合西藏实际的中国共产党的西藏政策和政策措施；二是运用政治学及决策学和战略学的方法研究治藏方略，正视“西藏问题”，弄清达赖集团的“藏独”方案和西方反华势力利用“西藏问题”分化和肢解中国的图谋，研究和制定解决“西藏问题”的前瞻性对策，处理好中印关系，求得边境的安宁；三是科学执政、民主执政、依法执政，充分发挥决策者和管理者的作用，提高管理西藏的水平和能力，以法治藏和以德治藏相结合，政通人和，令行禁止。调动一切积极因素，形成建设西藏和管理西藏的合力，坚持“以人为本”的原则，求得“动态平衡”。

总之，进入“铁路时代”，全球化、现代化对西藏社会的影响日益明显，基本民众信仰藏传佛教的社会格局受到冲击，西藏社会的神秘色彩和宗教色彩正逐渐淡化，西藏在经济、政治、文化等方面与内地一体化和现代化的步伐正在加快。明确了西藏构建和谐社会的指导思想，认清了西藏社会发展中存在的不和谐现象和问题，找到了存在不和谐现象的原因，确立了构建和谐社会的目标，把握好西藏构建和谐社会的良好基础和强大动力，制定出构建西藏和谐社会的对策，就一定能在21世纪上半叶实现社会主义和谐社会的目标，走进祖国现代化的前列。

（原载《中国藏学》，2007 年第 2 期）

中国学术界“西藏问题”与中美关系研究的进展

一、中国学术界“西藏问题”与中美关系研究的进展

“西藏问题”与中美关系研究是一个“热点问题”，受到海内外学术界（尤其是政治学界）的关注，海外（尤其是台湾地区和美国）时有论著出版；近年来，中国内地学术界也开始关注这一研究领域，并取得了一些成果。但是，海内外“西藏问题”与中美关系研究的进展如何？该研究领域具有什么特点？存在什么问题？其发展前景如何？就我所知，迄今海内外学术界还没有专文论及。不言而喻，对海内外学术界的“西藏问题”与中美关系研究进行全面的清理和反思，摸清“家底”，并对该研究领域的前景进行前瞻，不仅有益于推动该领域的研究走向深入，而且有助于解决中美关系中的“西藏问题”。这就是笔者撰写本文的主旨。

本文所谓“‘西藏问题’与中美关系研究”，虽然与“西藏问题”研究、流亡藏人研究、西方人的西藏观研究、西方的西藏政策研究和当代西藏研究等，有着密切的联系，但是又不同于上述研究，它是跨藏学和美国学的交叉研究，是人文科学和社会科学（主要是政治学）的研究，既是藏学研究和中

美关系研究的一个领域，又是“西藏问题”研究的一个分支，是“学术藏学”和“政治藏学”的交叉研究，实际上，就是对与中国、美国、中美关系和流亡藏人有关的涉藏问题的研究进行反思和展望。

（一）基本状况

研究中美关系与“西藏问题”的主要机构和学者。藏学界的相关机构主要有：中国藏学研究中心，西藏自治区社会科学院当代研究所，中央民族大学藏学研究院，中国社会科学院民族学和人类学研究所，北京大学国际关系学院，中央党校民族宗教教研室，中国现代国际关系研究院，国务院发展研究中心民族发展研究所，四川藏学研究所，四川大学藏学研究所、南亚研究所，复旦大学美国研究中心，东北师范大学，哈尔滨理工大学，上海社会科学院等。藏学之外的学科和领域，如中美关系研究、美国研究、国际政治研究等，有的学者也涉猎或“客串”中美关系与“西藏问题”研究。内部出版书刊，主要有《藏事探索》、《涉藏舆情》、《藏学通讯》、《藏事热点问题透析》、“藏事译丛”等。①

（二）研究进展

1. 出版的专著

迄今为止，中国学术界研究中美关系与“西藏问题”公开出版的图书，主要有：《国外西藏研究概况》，冯蒸，中国社会科学出版社，1978 年；《国际关系与“西藏问题”》，张植荣，旅游教育出版社，1994 年；《阴谋与阳谋——实录近代

① 《藏事探索》系中国藏学研究中心主办的内部刊物；《涉藏舆情》系国务院新闻办西藏处主办的内部刊物；《藏区热点问题透析》系四川大学藏区社会经济发展研究中心主办的内部刊物；“藏事译丛”系中国藏学研究中心当代研究所组织的当代国外藏学专著译丛。

美国对藏政策》，张植荣、魏云鹏编，中国藏学出版社，2002年；《梦幻高原——詹姆斯·希尔顿与香格里拉》，汤世杰，云南教育出版社，2000年；《孤独之旅——植物学家、人类学家约瑟夫·洛克和他的云南的探险经历》，和匠宇、和镑宇，云南教育出版社，2000年；《达赖喇嘛其人其事》，唐家卫，中国藏学出版社等，以及准学术出版物《达赖喇嘛：分裂者的流亡生涯》，直云边吉，海南出版社，1997年，2000年修订；《佛光西渐——藏传佛教大趋势》，黄维忠，青海人民出版社，1998年等；《双语美国外交政策（兼论美国对华政策与西藏问题）》，程早霞编，哈尔滨工程大学出版社。①

内部出版的相关专著，主要有：《国际西藏问题决议与报告》、《西藏问题大事记》、《桑东言论》、《四水六岗》、《多吉秀丹与达赖喇嘛之争》、《达赖在国际上的活动》、《对达赖集团研究论文集》、《藏青会》、《西藏问题百问》、《“西藏问题”——历史与现状》、《中美关系中的“西藏问题”》（19世纪至20世纪60年代）等。②

撰写的博士论文，主要有：《中美关系中的“西藏问题”》（19世纪至1960年代），胡岩，中国社会科学院研究生院，2004年；《美国对华政策与“西藏问题”》，张植荣，北京大学国际关系学院，2005年；《海外流亡藏人族群认同的建构与困境》，胡仕胜，中国现代国际关系研究院，2006年；《十四世达赖喇嘛在美国的活动与影响》，宋国友，复旦大学美国研究中心，2006年；《国外藏人研究》，杨军财，中央民族大学；《中美关系中的“西藏问题”》（硕士论文），田颖。③

---

① 台港和海外华人的相关研究成果另辟有专节。

② 《国外“西藏问题”研究报告》系本人独立承担的中国藏学研究中心重点课题：《布什时代美国的西藏政策及其对中美关系的影响跟踪研究》（2001—2008年）的阶段性成果，也是“国外‘西藏问题’研究报告”内部研究系列的第一辑，2005年。

③ 这是不完全的统计，一些博士论文还在撰写中。

相关专著和文献，主要有：1.《中美关系中的人权问题》，李云龙著，董云虎主编：世界人权丛书，新华出版社，1998年。与西藏有关的章节为：第四章“人权与西藏、劳改产品出口和计划生育”：一、西藏问题与人权（第77—90页）；第五章“中美在人权问题上的分歧”：十一、西藏（第120—122页）。2.《中美关系史》（1949—1972年），陶文钊主编，上海人民出版社，1999年。相关章节为：第二章“遏制与反遏制”（一）：第三节“美国分离西藏政策的失败”（第127—145页）。3.《遏制中国——朝鲜战争与中美关系》，林利民著，时事出版社，2000年。相关章节为：第三章第二节“朝鲜战争爆发与美国对西藏政策的变化”（第148—162页）：一、露丝备忘录与分离西藏政策的初步提出，二、美国分离西藏政策的初步失败及其原因，三、朝鲜战争爆发与分离西藏政策的全面贯彻；第五章第三节“阻遏中共进军西藏”：一、谋求印英与美国合作，二、联合国行动，三、策划达赖离境“避难”。4.《美国人权外交政策》，周琪著，上海人民出版社，2001年。相关章节为：第八章“美国对中国的人权政策”：第六节对“西藏人权问题”的关注（第397—401页）。5.《美国人权政策的历史考察》，李世安著，河北人民出版社，2001年。第八章：“美国人权外交与年度国别人权报告”。6.《透视美国人权外交》，洪国起、董国辉等著，世界知识出版社，2003年。相关章节为：第四章“美国对中国的人权外交”：第二节“西藏问题与美国人权外交”（第199—207页）。7.《美国国会与中美关系案例与分析》，孙哲等著，时事出版社，2004年。相关章节为：第十三章“国会与西藏问题”（第352—371页）：一、美国插手西藏问题历史探源，二、国会如何插手西藏问题，三、国会插手西藏问题对中美关系产生的影响，四、国会干预的政治后果。8.《双重的遏制——艾森豪威尔政府的东亚政策》，蔡佳禾著，南京大学出版社，1999年。相关文献有：《中美关系的轨迹——建交以来大事纵览》，刘连第等编著；《中美关系重要文献资料选编》，刘连第编著，时事出版社，1996 年。第 59—60，71，285—287，319—320，368 页；《中美关系的轨迹》（1993—2000 年大事纵览），刘连第编著，时事出版社，2001 年。《美国对华政策》（1949—1972 年），第一卷上册，陶文钊主编、牛军副主编，世界知识出版社，2003 年。第一编，二：6. 对西藏的政策（第 307—374 页）：（1）拟向西藏派出探险队，（2）拟向西藏提供援助，（3）试图在联合国讨论西藏问题，（4）分离西藏政策的失败。①

2. 出版的相关译著

主要有：《现代西藏的诞生》（The Making of Modern Tibet），谭·戈伦夫著，伍昆明、王玉宝译，中国藏学出版社，1990 年；《西藏西部牧民》；《当代西藏佛教——宗教复兴与文化认同》，1999 年等。②

内部印制的译著。主要有：《雪狮与龙——中国、西藏与达赖喇嘛》（The Snow Lion and the Dragon，China，Tibet，and the Dalai Lama Berkeley），梅·戈尔斯坦，加利福尼亚大学出版社，1997 年；《当代西藏佛教——宗教复兴与文化认同》；《为现代西藏而斗争——扎西泽仁自传》；《龙蟠雪域——1947 年来的西藏现代史》；《冷战的孤儿——美国和西藏为争取生存而进行的斗争》（Orphans of the Cold War：American and the Tibetan Struggle for Survival），约翰·克瑙斯，美国公共事务出版社，1999 年；《达赖——一个神王的堕落》；《中国共产党统治下的西藏 50 年》。中国藏学研究中心组织翻译的“藏事译

① 由于篇幅有限，这里没有对相关论述进行评论。

② 国外尤其是美国关于“西藏问题”与中美关系研究的专著较多，但是翻译成汉文并公开出版的较少，为弥补这一缺憾，中国藏学研究中心组织了“藏事译丛”，翻译并内部印制国外研究当代西藏的专著，现已印制 31 辑。

丛”的相关译著有：《哈佛大学藏学研究文集》、《雪狮与龙——中国、西藏和达赖喇嘛》、《西藏民族——西藏的民族主义与汉藏关系史》、《中央情报局在西藏的秘密战争》、《潜入西藏——中央情报局的第一个原子间谍及其潜入拉萨的秘密探险》、《西藏在国际法中的地位》、《龙蟠雪域——1947 年以来的西藏现代史》、《西藏的前途》、《中国的西藏政策》、《中美关系中的西藏问题——自 1972 年中美缓和以来美国的西藏决策》，以及《一位藏族革命家》、《西藏现代史（1951—1955)》等。

“藏事译丛”已翻译和内部印制 31 辑，详见下表：

书 名	作 者	“藏事译丛”序列
《美国人为什么要信仰藏传佛教?》		第 1 辑
《流亡藏人全球认同的建立》		第 2 辑
《一个流亡民族的政治现代化——印度北部的藏人》		第 3 辑
《哈佛大学藏学研究文集》		第 4 辑
《龙蟠雪域——1947 年以来的西藏现代史》	Tsering Shakya	第 5 辑
《人为制造的贫困——中国在西藏实行的经济歧视政策》;《地毯、市场与制造商:西藏—尼泊尔地毯业中的文化和企业家》		第 6 辑
《雪狮与龙——中国、西藏和达赖喇嘛》《香格里拉的囚徒——藏传佛教与西方》	Donald S. Lopez, Jr.	第 7 辑
《虚拟的西藏——从喜马拉雅山到好莱坞寻找“香格里拉”》	Oville Shell(夏伟)	第 8 辑
《西藏的前途》	Dawa Norbu	第 9 辑
《西藏——神的家园,祖国的明珠》		第 10 辑
《我在西藏的故事》		第 11 辑
《中美关系中的西藏问题——自 1972 年中美缓和以来美国的西藏决策》	田东东 (Tian Dongdong)	第 12 辑
《中国的西藏政策》	Dawa Norbu	第 13 辑
《西藏民族——西藏的民族主义与汉藏关系史》	Warren Smith	第 14 辑
《昆顿——达赖喇嘛的家族》		第 15 辑
《列强角逐中的西藏与沙俄的西藏政策》		第 16 辑
《西藏的独立运动——从政治、宗教和甘地式非暴力运动的视觉审视》		第 17 辑
《西藏在国际法中的地位》	马丁·波尔金	第 18 辑

续表

书 名	作 者	"藏事译丛"序列
《中央情报局在西藏的秘密战争》		第 19 辑
《潜入西藏——中央情报局的第一个原子间谍及其潜入拉萨的秘密探险》		第 20 辑
《雪域决斗——荣赫鹏使团拉萨之行的真实故事》		第 21 辑
《国外西藏和藏区经济社会研究参考文选》	戈尔斯坦等	第 22 辑
《2000—2005 年国外出版藏学书籍目录》		第 23 辑
《印度的西藏政策:评价与选择》		第 24 辑
《安多的托钵僧(更敦群培)》	Heather Stoddard	第 25 辑
《对十八世纪西藏和清廷的交往关系的个案研究——多仁家族的盛衰史与清廷的治藏政策》	李若虹	第 26 辑
《西藏的政府与政治》		第 27 辑
《在西藏被俘》	Ford 福特	第 28 辑
《尼藏关系(1850—1930)——希望、挑战和挫折并存的岁月》		第 29 辑
《西藏哲学文化中的辩经活动——形式推理的民族学方法论探讨》		第 30 辑
《西藏简史》	Hugh Richardson 黎吉生	第 31 辑

3. 发表的论文

论文题目	作者	刊物	年代
建国前后美国对西藏的图谋	时殷弘、蒋耕	《西藏研究》	1987 年第 1 期
评谭·戈伦夫新著《近代西藏的诞生》	邓锐龄	《中国藏学》	1988 年第 1 期
美国在西藏的活动	刘爱兰	《中国边疆史地研究导报》	1988 年第 3 期
美国染指我国西藏拾零		《国外藏胞资料丛刊》	1988 年第 5 期
藏传佛教在美国的兴盛及其发展	房建昌	《西藏民族学院学报》	1989 年第 1 期
今日西藏牧民——美国人眼中的西藏	蔡应才	《世界图书》	1992 年第 5 期
一位美国人类学家眼中的西藏牧民——梅尔文·戈得斯坦因及其《西藏西部牧民》	洛桑格勒	《中国西藏》	1992 年夏季号
评《西藏现代史——喇嘛王国的覆灭》	王尧	《中国西藏》	1993 年冬季号
美国西藏政策的演变(1947—1951 年)	王琛	《史学月刊》	1996 年第 3 期

续表 1

论文题目	作者	刊物	年代
新中国成立前英美两国利用香港对我国进行的侵略和分裂活动	胡岩	《中共中央党校学报》	1997 年第 4 期
抗战时期中印“驮运补给线”与美国战略情报局在中国西藏地区的地下活动	刘达永	《四川师范大学学报》(社科版)	1997 年第 4 期
1942—1951 年美国在西藏问题上的政策转变	李晔	《东北师大学报》	1999 年第 2 期
美国的西藏政策与“西藏问题”的由来	李晔	《美国研究》	1999 年第 2 期
美国西藏政策与达赖集团叛逃	王仲春	《中共中央党校学报》	1999 年第 3 期
美国西藏政策的演变(1947—1951 年)	王琛	《史学月刊》	1999 年第 5—6 期
美国对 1959 年西藏叛乱的反应探析	王琛、周贵银	《当代中国史研究》	1999 年第 5—6 期
美国分离西藏:从策划到失败(1949—1951 年)	樊吉社	《国际论坛》	2000 年第 6 期
从柔克义会谈到西藏商务代表团赴美——论美国对我国西藏地方的早期联系	张永攀	《西安电子科技大学学报》(社会科学版)	2000 年第 1 期
美国支持达赖集团分裂活动剖析	中国人权研究会	新华网	2001 年 5 月 25 日
20 世纪美国西藏政策评析	李晔	《东北师范大学学报》	2002 年第 4 期
“新干涉主义”与美国的西藏政策	吴振刚、谭杰	《佳木斯大学社会科学学报》	2002 年第 6 期
与美国的中国问题专家谈西藏	程然	《中国西藏》	2002 年第 3 期
美国与西藏分裂集团(上、下篇)	实言	《文史月刊》	2002 年第 11—12 期
美国对中国西藏政策的历史演变	胡岩	《中共中央党校学报》	2002 年第 1 期
评美所谓“西藏问题报告”	毕华(署名华子)	《人民日报 · 海外版》	2003 年 6 月 10 日第 4 版
口头上说对华友好,内心里却想着“藏独”——美国高官不该见达赖	杜渐	《环球时报》	2003 年 9 月 15 日第 1 版
20 世纪美国西藏政策述论	李晔	《西藏研究》	2003 年第 2 期
美国对中美关系中“西藏问题”的研究评介	程早霞	《中国藏学》	2003 年第 2 期
美国藏学家金 · 思密斯及其新书简介	李若虹	《中国藏学》	2003 年第 2 期
美国对中美关系中“西藏问题”的研究评介	程早霞	《中国藏学》	2003 年第 3 期
美国在西藏的游戏	李晔	Geopolitque des etats-unis culture, interets, strategies	Ellipse 出版公司 2003 年 3 月出版

续表 2

论文题目	作者	刊物	年代
幻想与现实:《西藏死亡书》在西方世界	沈卫荣	《贤者新宴·藏学研究丛刊》2003 年第 3 辑	河北教育出版社
美国干涉与所谓“西藏问题”	李峻	南京社会科学	2001/08
《西藏的生态建设与环境保护》白皮书		《人民日报》、《光明日报》	2003 年 3 月 10 日
20 世纪美国西藏政策述论	李晔	《西藏研究》	2003 年第 2 期
美国战略情报局首次派员入藏历史探析	程早霞	《哈尔滨工业大学学报》	2003 年第 1 期
重读《喇嘛王国的覆灭》——梅·戈尔斯坦及其西藏研究述评	张植荣	《中国西藏》	2003 年第 1 期
《西藏的民族区域自治》白皮书①		《人民日报》、《光明日报》等	2004 年 5 月 23 日
美国国会与西藏问题(1980—2003):一种历史的考察	王芳	《国际观察》	2004 年 2 期
美国中央情报局与中国西藏	程早霞	《中国边疆史地研究》	2004 年第 1 期
美国中央情报局对中国西藏的准军事行动(1949—1969 年)	郭永虎	《史学集刊》	2005 年第 4 期
抗日战争时期中美关系中的西藏问题	胡岩	《中共中央党校学报》	2005 年第 3 期
美国中央情报局在中国西藏的准军事行动新探(1949—1969 年)	郭永虎、李晔	《当代中国史研究》	2006 年第 5 期
二十世纪四十年代美国西藏政策述评	程早霞	《历史教学问题》	2006 年第 3 期
美国政府与清末民初的“西藏问题”	胡岩	《西藏民族学院学报》	2006 年第 3 期
美国插手西藏问题历史探源	程早霞	《安徽史学》	2006 年第 2 期
“西藏问题”与肯尼迪政府对华遏制孤立政策考察	温强	《中国边疆史地研究》	2006 年第 2 期

① 国务院新闻办发表的关于西藏的“白皮书”有:《西藏的主权归属与人权问题》、《西藏人权事业的新进展》、《西藏的现代化发展》、《西藏的生态建设与环境保护》、《西藏的民族区域自治》;并且发表了几篇揭示美国人权状况的白皮书。

4. 台湾学术界的相关研究①

题 目	作 者	刊 名	年 代
(1)专著			
中共入藏西藏地方行政组织之演变——兼述西藏海外流亡组织概况	孙子和	蒙藏专题研究丛书	1987年
美国在西藏问题上的角色分析	张骏逸	蒙藏专题研究丛书	1990年
国际觊觎之西藏及其情势与发展	张骏逸	蒙藏委员会	1990年
西藏分离意识的发展与中央因应之道的研究	刘绪端等	蒙藏委员会	1990年
当前美国藏学界部分学者研究教学概况	林冠群	蒙藏专题研究丛书	1994年
喇嘛杀人	林照真	联合文学出版社有限公司	1999年
西藏之政治地位	吕秋文	蒙藏委员会编印	1999年
达赖喇嘛"西藏问题"国际化之策略分析	杨开煌	蒙藏委员会编印	1999年
论述、版本与语文展演——当代"西藏议题"的意识形态文化交锋过程	谢世忠	蒙藏委员会编印	2001年
藏传佛教与达赖的困局	康照祥		
扎西德勒——中共、达赖喇嘛与台湾	杨开煌		
克林顿政府对西藏政策之研究	陈韦倩	硕士论文	
现阶段"西藏独立"运动的发展(1978—1988年)	方诺妮	硕士论文	1989年
人权与美国外交——以中共"西藏地区人权问题"与"六四天安门事件"为实例探讨	杨莲福	硕士论文	1990年
(2)论文			
达赖喇嘛访美追记	郑金德	《菩提树》第334期	1980年
达赖和美国三十年前的一段外交密章	傅建中	《中国时报》	1983年5月18日
达赖访美与西藏问题	毛铸伦	《中华杂志》第22卷255期	1984年
美国藏学研究方式	张骏逸	《西藏研究会讯》第2期	1986年

① 参考《近十年台湾地区的蒙藏研究(1986—1995)》,王维芳、杨嘉铭著,"蒙藏专题研究丛书"之七十五,蒙藏委员会印行,台湾,1997年。由于掌握的材料有限,上表所列台湾学术界关于"西藏问题"与中美关系的研究成果并不全面。

续表

题　目	作　者	刊　名	年　代
美国处理西藏问题的政策盲点	陈建仲	《中国时报》	1990 年 4 月 2 日
西藏问题新探:中国近代外交史重要问题之一	王英男	《文史学报》第 17 期	1987 年
达赖喇嘛获奖与西藏问题	廖淑馨	《中国大陆研究》第 31 卷第 7 期	1989 年
近年来达赖喇嘛海外活动之分析	吕秋文	《西藏研究论文集》第 3 辑	1990 年
The United States and Tibet in the 1940s	廖淑馨	《Issues and Studies》	1990
美国对西藏问题的态度	张骏逸	《中美关系报告》(1988—1989 年)	1991 年
美国对西藏之政策研究	王维芳	《中国边政》第 119 期	1993 年
美国与西藏的关系(1942—1972 年)	廖淑馨	《西藏研究论文集》第 4 辑	1993 年
世界各国对藏学研究概况	林恩显	《西藏研究论文集》第 4 辑	1993 年
西藏流亡组织寻求国际支持活动大事记	杨嘉铭	《中国边政》第 120 期	1993 年
美国国会对西藏问题之立场	廖淑馨	《美欧月刊》	1994 年 12 月
揭开美国援助西藏的真相	廖淑馨	《历史月刊》第 83 期	1994 年
美国对西藏政策的新动向	谢剑	《中国时报》	1998 年 11 月 12 日
(3)译著			
《慈悲》(英文书名为 World in Harmony),达赖喇嘛著	叶文可译	立绪文化事业有限公司	1996 年
《流亡中的自在:达赖喇嘛自传》	康鼎译	台湾联经出版事业公司	1990 年
《西藏生与死——雪域的民族主义》	Pierre-Antoine Donnet 著	时报文化出版公司	1994 年

5. 海外藏人学者的研究

一是次仁夏嘉所著《龙蟠雪域——1947 年以来的西藏现代史》，其中有《美国插手“西藏问题”》的篇目。二是达瓦诺布的新作《中国的西藏政策》（China's Tibet Policy），2001 年英国寇松出版社（Curzon Press）出版。全书由五部分构成，共 20 章，470 页，可称为达瓦诺布的代表作。该书的第四部分“国际政治中的西藏”（Tibet in International Politics），分为

3 章：第 15 章《1948—1998 年中美关系中的西藏因素：从秘密的情报工作到公开的压力》，第 16 章《中印关系中的西藏因素：边缘席位的中央》，第 17 章《北京、台湾与西藏问题内部分歧的政治》。三是布琼次仁，他实际上是“流亡政府”的“机关刊物”《西藏评论》的专栏作者，发表了多篇关于“西藏问题”与中美关系的评论性文章。四是洛桑僧格，发表了《中国在西藏——解放还是占领的 40 年?》(China in Tibet: Forty Years of Liberation or Occupation? Harvard Asian quarterly)等。五是扎西饶杰和次旦旺秋，参与“东西方中心”项目的西藏研究小组，出版了《后毛泽东时代的汉藏对话——教训与前瞻》。①

6. **海外华人的相关研究**

专著主要有:《中国大陆知识分子论西藏》,曹长青主编,台湾时报文化出版公司,1996 年,1998 年出版了该书的英文版: Tibet through Dissident Chinese Eyes, Essays on Self-Determination, edited by Cao Changching and James D. Seymour, M. E. Sharpe, Inc. 香港明镜出版社出版的相关论著有:《天葬——西藏的命运》,王力雄,1998 年;《重返西藏扎西泽仁》,时鉴、纵月森,1998 年;《阴谋与虔诚》,徐明旭,1999 年;《西藏是我的家:扎西泽仁自传》,2000 年。论文主要有:《达赖喇嘛的自治建议:是一厢情愿吗?》(The Dalai Lama's Autonomy Proposal: A One-Sided Wish?),何宝刚(He Baogang);《美国与西藏问题》(The United States and the Tibet Issue),许光秋(Guangqiu Xu)

① 达瓦诺布出版的相关论著还有：《红星照耀西藏》(Red Star Over Tibet) 和《西藏——路在前方》(Tibet: The Road Ahead, 1997，该书是《红星照耀西藏》的修订版)；Tashi Rabgey and Tseten Wangchuk Sharlho, Sino-Tibetan Dialogue in the Post-Mao Era: Lessons and Prospects, Policy Studies 12, 2005. 这里只列举了一些代表性论著，还有一些相关论著发表在国外涉藏刊物上，如土登桑培：《变化着的美国的西藏政策》(《西藏评论》1993 年 7 月号) 等。

Asian Survey, Vol. 37, No. 11 (1997);《间接的陈述与民主制度：解决"西藏问题"的相对益处》(Indirect Representation Versus a Democratic System: Relative Advantages For Resolving the Tibet Question), 王力雄；"西藏问题"：一场新的"冷战"(The Tibet Question: A New Cold War)，徐明旭。少数海外汉族学者如魏京生等人的有关论著不承认西藏是中国的一部分。魏京生关于西藏与中央关系的主要论点是：清朝驻藏大臣从来没有行使过对西藏的行政和军事统治（权威），其权力远远小于英国驻文莱大使的权力；西藏与中国之间的关系建立在一个统一的基础之上，这不是凭借军事占领和行政统治，而完全是取决于自治和民族自决的愿望；直到1949年，中国从来没有压迫过西藏，也没有强迫西藏成为中国的一个附庸，双方自愿地实现了主权统一；由于最近40年的宣传，在西藏的干部已经对藏族形成了一种根深蒂固的偏见，这反过来又加深了藏族对汉族的仇恨。①

7. 立项的课题和学术交流

主要有：《"后达赖时期"跟踪研究》，中国藏学研究中心当代研究所承担；《国外藏人研究》，中国藏学研究中心刘洪记等承担；《达赖集团与流亡藏人研究》，四川藏学研究所承担；《美国情报机构与"西藏问题"》，哈尔滨工程大学程早霞承担，教育部课题，2007年完成；《西藏问题国际化：历史、现状与未来》（2005—2006），中国藏学研究中心招标课题，北京大学国际关系学院张植荣等承担；《南亚的"西藏问题"》，四川大学历史文化学院李涛承担；《美国对华战略与"西藏问题"》（1959—1991年），系中国藏学研究中心重点课题《中国共产党西藏政策研究》的子课题，上海社会科学院

① 魏京生：《致邓小平一封关于西藏的信》，《Tibetan Review》，1994年2月号。

卢秀璋承担。

学术交流。召开的研讨会主要有："国际关系与西藏问题"研讨会，2000 年 9 月 10 日，北京大学国际关系学院与《中国西藏》杂志社联合主办；"'9·11 事件'对西藏稳定的影响"研讨会，中国藏学研究中心主办；"全球化与西藏的现代化"研讨会，北大国际关系学院主办；"中美关系与'西藏问题'"研讨会，中国藏学研究中心主办；"印度政府在'西藏问题'上的政策走向"研讨会，中国藏学研究中心当代研究所主办；"'西藏问题'的动向与对策"研讨会，中国藏学研究中心当代研究所主办；"'西藏问题'国际化的根源"研讨会，北京大学国际关系学院主办。近年来，相关的学术交流也逐渐增多。①

（三）笔者的研究

自 2000 年本人申报《美国人的西藏观研究》课题，并被中国藏学研究中心立项以来，与"西藏问题"与中美关系相关的学术活动和研究主要体现在 5 个方面：1. 研究课题；2. 研究成果（论文、专著、译著、审稿）；3. 学术交流（学术研讨会论文、学术报告、授课）；4. 实地考察（美国涉藏问题）。② 列表如下：

---

① 在美国召开的相关研讨会，几乎都邀请了中国学者参加；近年举办的国际藏学研讨会，提交的相关论文也在增加；美国亚洲学会召开的学术研讨会也提交了多篇相关研究论文，见本文的相关论述。

② 自 2000 年我开始进行美国涉藏研究以来，得到了中国藏学研究中心和相关科研机构和部门、美国亚洲基金会、卡内基基金会、利众基金会等机构的资助，美国哈佛大学、"东西方中心"、拉孜当代西藏文化图书馆、国会图书馆、伯克利加州大学、哥伦比亚大学、弗吉尼亚大学、华盛顿大学、印第安纳大学等为我提供了赴美进行学术交流和实地考察的机会，保证了我研究的顺利进行，在此表示衷心的感谢。

笔者“西藏问题”与中美关系研究成果

1. 课题	承担人	课题来源	年限
西方民众关注“西藏问题”的原因	独立承担	国家有关部门课题	2000 年
西方主要藏学家对“西藏问题”的认识	独立承担	国家有关部门课题	2000 年
布什政府在“西藏问题”上的动向	独立承担	国家有关部门课题	2002 年
“后达赖时期”美国西藏政策的走向	独立承担	国家有关部门课题	2006 年,已结题
美国人的西藏观研究	课题负责人,独立承担	中国藏学研究中心课题	2000—2003 年
布什时代美国的西藏政策及其对中美关系的影响跟踪研究	学术顾问:格勒、毕华,本人为课题负责人	中国藏学研究中心重点课题	2001—2008 年
2. 论文	作者	发表刊物	年代
评《西藏现代史——喇嘛王国的覆灭》		《雪域文化》	1994 年第 4 期
西方人眼中的西藏		《中国西藏》	2001 年第 2 期
戈尔斯坦与西藏的不解之缘		《中国西藏》	2001 年第 3 期
《西藏度亡经》在西方的影响		《中国西藏》	2001 年第 5 期
洛桑然巴——西方人神化西藏的骗局		《中国西藏》	2002 年第 2 期
哈佛大学藏学研究述评		“藏事译丛”	2002 年第 4 辑
哈佛大学藏学研究管窥		《中国西藏》	2002 年第 4 期
Western Idealization of Tibet		China Today	2002 年
关于达赖转世的形势与预测		《亚非发展研究》	2002 年第 18 期
美国藏学研究现状述评		《当代藏学研究的几个理论问题》	中国藏学出版社,2002 年
The 14th Dalai Lama's Ties with the West		China's Tibet	2003 年第 3 期
汇聚国际“藏独”名流的非政府组织——“声援西藏百人委员会”		《藏区热点透视》	2004 年
2005 年“西藏问题”的动向与对策			2006 年
美国犹太人对“西藏问题”的影响		《民族宗教研究》	2006 年
2006 年“西藏问题”的动向			2007
3. 书 评			
《虚拟的西藏——从喜马拉雅山到好莱坞寻找香格里拉》评介		“藏事译丛”	第 8 辑
《西藏度亡经》在西方的影响		《中国西藏》	2001 年第 5 期
《香格里拉的囚徒——藏传佛教与西方》评介		《中国学术》	2001 年第 7 辑

续表 1

戈尔斯坦——美国的“西藏通”		《喇嘛王国的覆灭》译者前言	中国藏学出版社 2005 年
《中央情报局在西藏的秘密战争》评介		“藏事译丛”	第 19 辑
3. 专著和编著			
《西藏的生态建设与环境保护》白皮书	合著	《人民日报》、《光明日报》	2003 年
《西藏的民族区域自治》白皮书	合著	《人民日报》、《光明日报》	2004 年
《国外“西藏问题”研究报告》	专著	课题阶段性成果	2005 年内部印制
“西藏问题”干部读本	合著		2006 年
美国涉藏机构指南	编著	课题阶段性成果	2007 年
美国官方涉藏文献(2000—2006)	编辑	课题阶段性成果	2007 年
美国“西藏问题”大事记(2001—2007)	编著	课题阶段性成果	2007
美国藏学博士论文摘要	编辑	“藏事译丛”	2007 年
美国的西藏政策及其对中美关系的影响	专著	课题最终成果	2008 年
4. 译著			
西藏现代史(1913—1951 年)——喇嘛王国的覆灭	梅·戈尔斯坦著	时事出版社,中国藏学出版社	1994 年,1995 年,2005 年
香格里拉的囚徒——藏传佛教与西方	洛佩兹著	合译,“藏事译丛”,内部印制	2001 年
哈佛大学藏学研究文集	克劳斯等著	合译,“藏事译丛”,内部印制	2002 年
一位藏族革命家	戈尔斯坦等著	合译,内部印制	2004 年
西藏现代史:风暴来临之前的宁静(1951—1955 年)	戈尔斯坦著	合译,内部印制	2006 年
5. 审稿			
中美关系中的“西藏问题”(19 世纪至 20 世纪 60 年代)	胡岩	博士论文,中国社会科学院研究生院	2004 年审阅
“西藏问题”:历史与现状	有关部门承担	课题	2004 年评审
美国对华政策与“西藏问题”	张植荣	博士论文,北京大学国际关系学院	2005 年审阅
民族区域自治政策在西藏的实践	降边嘉措	中国社会科学院课题	2006 年鉴定
海外流亡藏人族群认同的建构与困境	胡仕胜	博士论文,中国现代国际关系研究院	2006 年审阅
“后达赖时期”的西藏安全问题	有关部门承担	课题	2006 年评审

续表 2

西藏问题国际化:历史、现状与未来	张植荣等,北京大学国际关系学院	中国藏学研究中心课题	2006 年评审
冷战时期的中美关系与“西藏问题”	卢秀璋,上海市社会科学院	中国藏学研究中心课题	2006 年评审
6. 学术研讨与学术报告			
评美国学者的西藏观	北京	“藏学研究与对外宣传西藏”学术研讨会	2000 年
“西藏问题”对中美关系的影响	中国藏学研究中心	“西藏问题”对中美关系的影响学术研讨会	《藏事探索》第1期
“全球化”与“西藏问题”	北京大学	“国际关系中的西藏”学术研讨会论文	2000 年
Tibetan Buddhism in Contemporary Tibet: Secularization and Its Future	哈佛大学费正清东亚研究中心	“当代西藏社会、经济和文化的变迁”研讨会	2001 年 1 月
论藏传佛教在美国的传播和影响	中国藏学研究中心	北京藏学讨论会	2001 年
美国“9・11 事件”对美国西藏政策的影响	中国藏学研究中心	美国“9・11 事件”对西藏稳定的影响学术研讨会	2001 年 9 月
《布什时代美国的西藏政策及其对中美关系的影响跟踪研究》课题研究进展	中国藏学研究中心	“西藏问题对中美关系的影响”学术研讨会	2002 年 11 月 27 日
“西藏问题”美国化的新动向	北京大学国际关系学院	“全球化与西藏的现代化”学术研讨会	2004 年
中华人民共和国的西藏政策(China's Tibet Policy)	“亚洲内部冲突的动因与处置”项目有关西藏的研讨会	“东西方中心”研讨会 2002—2004 年受聘为美国“东西方中心”高级研究员	2002 年 10 月华盛顿
中国共产党的西藏观	“亚洲内部冲突的动因与处置”项目	西藏研究小组第 2 次研讨会	2003 年 8 月夏威夷
果洛达塘活佛与藏传佛教宁玛派在美国的传播	兰州大学	“安多藏族文化面向 21 世纪”学术研讨会	2004 年 7 月 8 日
The Tibet Issue: Current Situations, Policies and Solutions(“西藏问题”:现状、政策与对策)	意大利罗马	“文化、宗教与民族:面对全球化的欧洲与中国”学术研讨会	2004 年

续表 3

“西藏问题”的走向	中国藏学研究中心	“西藏问题”的动向与对策学术研讨会	2005 年 10 月
学术报告:《西方人眼中的西藏》		为西南民族大学文科本科生所作	2005 年 11 月
学术报告:《“西藏问题”国际化及其根源》		全校研究生四川藏学界	2005 年 11 月
学术报告:《国外藏学研究现状与发展趋势》		西藏民族学院全校师生	2006 年 11 月
7. 授课			
西方人的西藏观与西方的西藏政策专题研究	博士生课程	西南民族大学与中国藏学研究中心联合申报的民族学博士点	2005 年起每年 1 次 40 学时
8. 实地考察			
美国东部和中西部课题学术考察	为期近 1 个月		2001 年 2 月
美国东部、中西部和西部课题学术考察	为期两个月		2002 年 1—2 月
美国东部和西部课题学术考察	为期 20 天		2002 年 10 月
澳洲学习和考察	为期 3 个月		2003 年 4—7 月
美国纽约和新泽西州实地考察涉藏机构和藏传佛教			2003 年 11 月
意大利为期 14 天的学术考察			2004 年 11 月
美国伯克利加州大学访问学者,美国西部、中部和东部和加拿大涉藏实地考察	为期 6 个月	美国人的西藏观研究 The American Perceptions of Tibet	2005 年 3—9 月

二、中国学术界“西藏问题”与中美关系研究的特点与局限

(一) 特点

(1) 跨学科研究，起步阶段，成果不多。

中国学术界对“西藏问题”与中美关系的研究起步较晚，加上这是一个独特的跨学科领域，并且不容易掌握第一手材料或进行实地考察，研究有一定的难度，因此，近十多年来的相

关研究，实际上以了解信息、介绍情况为主，真正意义上的学术研究非常少，还没有拿出有分量的研究成果。①

（2）为国家利益服务。

相比较而言，近些年来中国学术界对于“西藏问题”与中美关系的研究，强调为国家利益服务，即维护国家主权、反对“西藏独立”和分裂，因而更为重视应用研究，“政治藏学”的色彩更浓，这就更显基础研究即“学术藏学”的薄弱。

（3）中国学者的“西藏观”。

中国学者所论及的“西藏”，是指西藏自治区。中国学者将西藏（自治区）与藏区（五省藏区）、西藏人与藏族严格加以区分。中国学者主要由汉藏学者群体构成：中华人民共和国境内的汉族学者和藏族学者（主体）；海外汉族学者和藏族学者。这两个群体的“西藏观”既具有共性（相同），也存在个性（差异）。②

（二）局限

一是研究方法单一，对海外学术界的相关研究了解不多，对美国历史和国情的了解和认识还不充分。分别用历史学、藏学、民族学和政治学方法研究“西藏问题”与中美关系，缺少运用多学科和跨学科方法研究的成果；藏学界的相关研究很少借鉴其他学科（尤其是政治学、决策学、国际法学等）的理论和方法，政治学及国际关系学界的相关研究很少借鉴藏学的理论和方法。有的博士论文和课题存在的问题是：第一，没有导论，理论、研究方法、研究构架、国内外研究进展，对中国和美国学术界对于“西藏问题”与中美关系的研究没有进

① 从本文前述中国学术界“西藏问题”与中美关系研究的进展中可以一目了然。

② 魏京生：《致邓小平一封关于西藏的信》，《Tibetan Review》，1994 年 2 月号。

行评论，没有掌握国内外学术界相关领域研究的进展，影响了学术创新和研究深度；第二，是纵向研究，有的是较为典型的历史研究，如没有研究影响美国人对“西藏问题”的态度和美国的西藏政策的成因（影响美国西藏政策的因素是什么），没有分析美国西藏政策的决策程序（美国的西藏政策是怎样出笼的）等，有学术深度，忽视了横向分析和研究，这就影响了该研究领域的理论深度。相关研究缺少第一手材料及实地考察作为支撑，因而以第二、三手材料为主要依据的相关论著，既缺少学术创新，应用价值也不高。包括一些博士论文，对海外，尤其是台湾地区和美国的相关研究不甚了了，因而要么不作相关研究的评述，要么所作的评述也很不全面，以致在不知海外早已有相关研究论著出版和相同主题的博士论文早已面世的情况下，还贸然自称填补了某个领域的空白。

二是不能熟练地运用英文和藏语文工具。由于不少研究者来自藏学界以外，因而中国研究“西藏问题”与中美关系的学者懂藏语文者较少；不少研究人员并不精通英文，而所从事的研究项目又必须依靠英文材料，因而不少相关论著实际上是介绍性和资料性的编辑、编译和编著，不能称为专著。没能利用第一手材料，没有英文参考文献，全都是第二手材料，清一色的汉文文献。

三是缺少实地考察。中国研究“西藏问题”与中美关系的学者（主要是内地学者），能够到美国进行学术交流和实地考察的机会较少，对美国的历史和国情知之甚少，几乎都没有到过达兰萨拉，这实际上也影响了相关研究成果的学术水平和应用价值。

四是偏重政治研究，缺少从文化、经济、宗教、心理等方面去认识中美关系中的“西藏问题”的研究成果。对美国人为什么要关注“西藏问题”？为什么要信仰藏传佛教？这类问题，没有进行深入的研究，从而也就拿不出有分量和说服力的答案。

总之，由于该研究领域属跨学科研究，难度较大，不仅需要课题承担人员具有该领域研究的素养和积累，必须精通英文，而且需要借鉴政治学、国际关系学、美国学、决策学、战略学等学科的理论和方法。一些从事该领域研究的人员，这两方面都是弱项，从而也就影响了该领域的学术水平和理论创新。这反映了中国学术界对西藏涉外问题研究的现状，也正是本人承担的中国藏学研究中心的重点课题《布什时代美国的西藏政策及其对中美关系的影响跟踪研究》努力的方向。

三、“西藏问题”与中美关系研究的前瞻

（1）“学术藏学”走向深化，整体学术水平得到提升，藏学的学科体系走向成熟。

第一，加强学术交流，加深相互了解，增强学术互动，开展学术合作，项目合作，学术研讨，加强学术研讨，开展学术合作；第二，熟练地运用语言工具，主要是藏语、英语、汉语3种语言，充分掌握第一手材料；第三，开展多学科和跨学科研究，吸收和借鉴相关人文社会科学研究的理论、方法和成果；第四，实地考察。

构建学科体系，深化学术研究。作为藏学的分支，与藏学研究有机地结合起来；作为美国学的分支，积极吸收和借鉴美国研究的成果；作为中美关系研究和国际政治学的分支，深化该领域的研究。

（2）应用研究加强，“政治藏学”的决策参考价值提高。

加强研究的准确性和针对性；拿出有利于构建和谐的中美关系和有利于解决“西藏问题”的对策，为解决“西藏问题”贡献智慧。

（3）“西藏问题”与中美关系研究的走向

21世纪的主要特征是全球化和信息化，藏学在这样的背景下发展，必将受到全球化和信息化的影响。国际藏学将沿着

三个方向展开：1（藏学将由青年步入成年；2）藏学研究的功能将得到提升；3）数字藏学的特征将凸显。在这个大背景和大趋势下，中美关系与“西藏问题”研究的可能走向是：

研究的功能将得到提升。可以预计，到21世纪中叶，学术功能和应用功能将得到提升。一是学术文化功能的提升。提升藏学研究水平，丰富中华学术宝库，实现藏学与其他人文社会科学学术范式和水准的趋同，获得认同；积极参与藏族聚居区的新文化建设，更加主动地为藏族聚居区的精神文明建设服务。二是决策咨询功能的强化。为政府提供咨询：以藏学研究成果为国家利益服务，为有关部门提供高水平和可操作的决策参考报告，为解决“西藏问题”献计献策，为维护国家主权、反对西藏分裂和独立；为西藏和其他藏族聚居区的社会稳定、经济发展、人民物质文化生活水平的提高（“三个文明”建设）提供理论支持，贡献出更多的智慧和思想，提出具有前瞻性、战略性和可操作性的对策；为民间提供咨询：经济咨询、文化咨询、旅游咨询、休闲娱乐和修身养性咨询。总之，中国藏学工作者在为藏族聚居区的发展和稳定、物质文明、政治文明和精神文明的建设以及参与国家有关“西藏问题”的决策中将大有作为。

数字化的特征将逐步凸显。一是文献和信息的数字化；二是研究和管理机构的数字化；三是传媒的数字化；四是人才的数字化；五是研究成果的数字化。国外的数字化已粗具规模。尤其是欧美国家，信息化和数字化已有较高的水平，这也带动了国外藏人的政治活动——“藏独”活动，宗教活动——传播藏传佛教，学术文化活动——信息化和数字化。

（原载《中国藏学研究中心20年学术演讲录》，中国藏学出版社，2008年）

西方人的西藏观研究

事实胜于雄辩

——评“英国是唯一不承认中国对西藏拥有主权的国家”

一

印度是英国的殖民地，本文所说的英国政府，是指英国政府及其殖民地印度政府，在 1947 年印度独立前简称英印政府。本文所论英印政府对中国西藏的认识，主要是指英国政府对于中国中央政府与西藏地方的关系的认识。

西藏是中国领土不可分割的一部分，这是不容任何国家否认的历史事实。假如英国和英属印度声称在涉足中国西藏之前，并不了解这一历史事实，不是大英帝国的无知，就是自欺欺人。英国历次与清王朝谈判有关西藏的问题时，都以这一史实为前提。英国派人入藏考察游历时，都向清朝总理衙门领取护照签证。18 世纪 70 年代开始，英国为了实现其争霸亚洲的战略意图，其印度总督哈斯丁斯（Warren Hastings）于 1774 年和 1783 年先后派遣东印度公司秘书乔治·波格尔（George Bogle）和萨缪尔·特纳（Samuel Turner）闯入西藏，企图绕开中国中央政府，与西藏地方政府通商。波格尔试探与六世班禅辖区建立关系，班禅大师说：“中国皇帝通过他任命的摄政王和驻拉萨的驻藏大臣控制和督导西藏，如果摄政王管理得好，令北京的皇帝满意，那一切都好。如果管理不好，皇帝就要砍他的头。”并说：“我只不过是一个喇嘛，只是诵经念佛，不能与外国私交缔约。”[1] 特纳说：“不论什么时候，只要在孟加拉政府的机构与西藏首脑之间建立起经常性的交往，我都认为这将是与中国交往的坚固基础；通过西藏首脑的中介我们将能到达北京。”[2] 班禅大师和西藏地方官员都明确地向英国人声明，西藏是中国皇帝的属地，无权与外国缔约，没有中国皇帝的准许，外国人不得进入西藏。在历史事实面前，英印政府认识到，要打开中国西藏的大门，必须首先打开北京的大门，绕过中国的主权插手西藏是行不通的。此后，英印政府只好通过中国中央政府来交涉中国西藏问题。“英国政府自己也公开声明这些交涉表明英国承认中国对西藏的主权。”[3] 公开提出中国在西藏没有主权，并把它作为分裂中国的一种政策，是从寇松（G. N. Curzon）开始的。他为了实现其建立“缓冲国”的侵略目的，把中国对西藏的主权（sovereignty）说成是“宗主权”（suzerainty）。因此，中国在西藏没有主权的论调，是帝国主义扩张侵略的产物。[4]

英国为了实现其称霸亚洲的战略，使其干涉和侵略中国西藏的行为“合理”“合法”，企图使西藏成为“缓冲国”和“战略边界”，因而竭力想改变西藏的国际地位，千方百计地否认中国对西藏的主权。英国帝国主义的战略逻辑是，要称霸亚洲，必须占领印度；要巩固印度的殖民统治，必须占领西藏。“英国在亚洲的战略思想有两个基本的出发点：（1）以印度为基地向外扩张，建立所谓的‘印度的自然边界’，以拱卫英属印度殖民地的势力范围；（2）保障英国本土与英属印度及远东的海上道路的通行无阻，凭借其强大无敌的海上力量来

① 麦克格雷戈尔：《西藏探查编年史》，第140页，伦敦，1970年。

② 兰姆：《不列颠与中国的中亚》，第18页，伦敦，1960年。

③ 吕昭义：《英属印度与中国西南边疆（1774—1911年）》，第8页，中国社会科学出版社，1996年。

④《英属印度与中国西南边疆》，第219页。

维持英国在亚洲的霸主地位和商业利益。"① 英国殖民地印度对于英国具有重要的战略价值，英印总督寇松认为，印度是"英帝国王冠上最耀眼的宝珠"，是"英帝国亚洲霸权的真正支柱"。在亚洲，中国西藏具有十分重要的战略地位：被誉为"世界屋脊"，俯视南亚、西亚、中亚和东亚，占领西藏，南以印度为依托，西出新疆，与克什米尔、阿富汗、伊朗相连，东进四川，与英国在华势力范围结合，使英国在亚洲的殖民地和"势力范围"连成一片，北进与俄国争夺中国西北，出云南可对法国势力构成威胁。西藏还是亚洲主要江河的发源地，号称"亚洲水塔"，巍峨的喜马拉雅山成为自然分水岭和天然的战略屏障。汉密尔顿说："西藏人不过是政治棋盘上最小的卒子，但是车、马、象都想得到它。"②

进入20世纪，帝国主义掀起了瓜分中国的狂潮，争相划分"势力范围"。英国争霸亚洲的战略是：贯通滇缅和印藏，连接英属印度与长江流域，将其势力深入到长江上游，与其长江中下游的"势力范围"连成一片，建立英国在华的优势地位，与其他资本主义列强争夺中国市场。英国帝国主义认为，控制了西藏，可以有效地遏制沙俄的南下，确保其殖民地印度的安全，并可通过西藏的藏传佛教影响蒙古，削弱俄国在该地区的影响，占领青藏高原。中英《天津条约》和《北京条约》签订后，英国基本完成了开放中国沿海沿江的计划，转而开始了打开中国西南边疆的行动。"西藏将被证明是绕开英国在广东的商业和外交所碰到的障碍而通往中国的后门。"③ 因此，英帝国主义者极力挑动"西藏独立"，企图把西藏变成"缓冲国"，实现其称霸亚洲的战略。英属印度总督寇松说："它（指西藏——引者）应当成为印度与俄帝国之间的一个缓

---

① 《英属印度与中国西南边疆》，第182页。

② 《汉密尔顿信函》，汉密尔顿致寇松，1901年8月22日。

③ 兰姆：《不列颠与中国的中亚》，第12页。

冲……我的意思是，西藏，而不是尼泊尔必须成为我们竭力要建立的缓冲国。”① 20世纪初，英国内阁放弃了印度总督寇松的“缓冲国”计划，图谋使西藏成为英俄势力的“隔离地带”。“缓冲国”与“隔离地带”的目标有所不同，“缓冲国”的目标是排除中国对西藏的主权，将西藏纳入英属印度的政治军事战略体系；“‘隔离地带’是基于英俄均不干涉西藏事务，不兼并西藏土地，而由中国中央政府来承担起保证西藏不受外部势力影响的责任。换言之，它以承认中国中央政府对西藏的主权为基本前提”②。“战略边界”计划的目标是割让中国西藏的大片土地。贝尔说：“我们希望西藏在中国最低宗主权形式下的自治，使之成为印度北部边境的壁障。”③ 外事秘书卡罗主张，“引导中国与印度、西藏合作，抵抗苏联和日本渗透的威胁，维持西藏作为一个不可分割的国际单元”④。

辛亥革命前，英国迫于沙俄的压力，曾同意将西藏作为英俄之间的缓冲区，对于西藏与中国中央政府之间的关系采取“中立”态度；辛亥革命后，改变其“西藏政策”，积极“干涉西藏内部事务”⑤。“英国之所以没有公开支持西藏独立，主要是因为这样做会导致国际冲突，并从根本上影响同中、俄的关系。所以，它力图使西藏摆脱中国的控制和影响，成为一个仅仅在名义上属于中国、实际上是在英国的有效监护之下的拥有高度自治的独立政治实体。”⑥ 英国驻华大使兰普森指出，英国对西藏政策的实质，是“制造分离中国与西藏的人为的

---

① 转引自《英属印度与中国西南边疆》，第217页。

② 《英属印度与中国西南边疆》，第286页。

③ 印度国家档案，Foreign Political Department，1921年11月，Procs. 127—325，No. 209，贝尔致印度，1921年2月21日。

④ 吕昭义：《英帝国与中国西南边疆（1911—1947）》，第454页，中国藏学出版社，2001年。

⑤ 伦敦印度事务部图书档案馆：IOR. L/P + S/18/B201，p. 4.

⑥ 王宏纬：《中印关系研究》，第24页，中国藏学出版社，1998年。

壁障”①。

所谓“西藏独立”，是帝国主义侵略中国西藏的结果，英国是“西藏独立”和“西藏问题”的始作俑者。英国的帝国主义性质决定了它决不情愿承认西藏是中国的一部分。“西藏独立”和分裂活动是近代帝国主义干涉和入侵中国西藏造成的。英国外交部的一份人权报告称：“英国是唯一没有承认西藏是中国的一部分的国家。”英国为什么不承认西藏是中国的一部分？这有深刻的历史根源和政治原因。英国从自身的战略利益出发，将中国西藏视为重要的侵略目标，绝对不情愿公开承认西藏是中国领土的一部分。近代中英关系史表明，以干涉和侵略中国西藏为目的的英国殖民主义者和帝国主义者，不但不会承认西藏是中国的一部分，而且还千方百计企图将西藏从中国分裂出去，极力使其实践（侵略干涉西藏）与理论（对西藏的战略和策略）相吻合。

17世纪以来，英国和英属印度在文化、经济、军事、政治等方面对中国进行了肆无忌惮的侵略，伦敦印度事务部档案、印度国家档案和中国清朝及民国档案中对此都有详细记载，这是历史铁证，中外学者据此进行的大量研究已向世人揭示。史实表明，英国对中国西藏所采取的策略是：文化上掠夺，经济上侵略，军事上占领，政治上分裂。在这个前提下，它绝不可能承认西藏是中国的一部分。清朝的衰落与英国的扩张，是导致英国干涉中国内政，侵略中国西藏，挑动“西藏独立”，制造“西藏问题”的重要原因。

为了服务于殖民主义和帝国主义的利益，从17世纪初以来，英印政府以传教、游历、考察和探险等方式，收集情报，对中国西藏进行文化侵略。英国帝国主义者“侵略西藏的第一步就是先派人来藏进行侦察和了解情况。派人侦察的办法有三：（1）由邻近西藏地区派人直接入藏；（2）借口滇案压迫

① IOR，L/P&S/12/578，兰普森致威利斯里，1933年6月2日。

清朝签订《烟台条约》，取得入藏的合法依据；（3）利用印度土人或藏民作间谍深入西藏各地测绘地图等”①。波格尔出使西藏的使命就有：收集有关西藏的一切情报，包括政府结构、财政税收、气候物产、风土民情和饮食男女，还要考察布拉马普特拉河的源头及其流经地区的情况。进入20世纪，为了更好地实施其干涉西藏事务的新的“西藏政策”，英国政府积极培植亲英势力。先是接受西藏贵族子弟到英国留学，后来又在江孜开办英文学校，由英国人任校长，直接为其侵略西藏培养人才。

英国侵略中国西藏的重要方式之一是通商，这只是手段，其目的是通过通商打开西藏的大门，为干涉中国内政奠定基础。因此，英印政府采取各种手段，迫使腐朽没落的清王朝同意在印藏边境设立亚东等通商口岸，获取原料，倾销商品，为其军事和政治侵略开辟道路。波格尔出使西藏所肩负的使命是：“开辟西藏与孟加拉的平等贸易关系”，考察印藏贸易，调查西藏的物产、交通、贸易情况，预测英国产品在西藏的销路。东印度公司的印度总督哈斯丁斯（Warren Hastings）称，西藏“有极为丰富的黄金、白银”。亚东开关后，大量英印货物进入西藏，西藏成为英国和印度商品的销售市场。

19世纪末以来，英国帝国主义为了达到瓜分中国的目的，加快了侵略中国西藏的步伐。所采取的方式主要是武装入侵和“武装西藏”：1888年和1903年，英国先后发动两次侵藏战争，公然对中国的主权进行挑衅；英印政府还通过各种方式对西藏进行军事援助，允许西藏地方政府从印度进口武器，装备藏军，在江孜建立军事训练基地，按英式操练藏军，帮助西藏招聘英国机械师，指导生产弹药和枪支，设立警察，架设江孜到拉萨的电报线，以便印度与拉萨联系。其目的是造成西藏地

① 杨公素：《中国反对外国侵略干涉西藏地方斗争史》，第59页，中国藏学出版社，1992年。

方的武装割据，与中央政府对立。

17 世纪以来，英印政府为进行殖民统治，通过各种方式插手西藏事务，粗暴地干涉中国内政。英国对中国西藏的政治侵略的目的，是分化中国中央政府与西藏地方的关系，挑动西藏脱离中国而独立。（1）派遣官员和使团入藏，设立机构。波格尔出使西藏的使命之一，是考察在拉萨设立常驻代表的必要性和可能性，建立与西藏地方政府的联系。20 世纪上半叶，英印政府派遣以荣赫鹏、贝尔和黎吉生为首的殖民官员，设立江孜商务办事处、亚东商务办事处和拉萨办事处，疯狂侵略西藏，干涉中国内政，践踏中国主权。（2）培植亲英势力，挑起西藏内讧。英国殖民官员通过培植夏扎、达扎等亲英分子，支持达赖喇嘛推行“新政”，制造达赖与班禅的不和，企图达到离间中央政府与西藏地方的关系、分裂中国的目的。（3）与西藏地方直接交涉，打破中国清朝政府的规定，抛开中央政府，不通过驻藏大臣直接与西藏地方交涉和签订条约。通过召开会议、签订不平等条约等形式，侵占中国领土。西姆拉会议与“麦克马洪线”、《拉萨条约》，都是英国损害中国主权的铁证。（4）炮制中国对西藏的“宗主权”的论点，为“西藏独立”制造依据。英帝国主义提出所谓“宗主权”，目的就是否认中国对西藏的主权，为其侵略西藏、分裂中国、称霸亚洲扫除障碍。1907 年 8 月 31 日，英俄两国全权代表正式签署的《西藏协定》的序言写道：“俄国政府和英国政府承认中国对西藏之宗主权”，第二款又写道：“遵照承认中国对西藏之宗主权这一原则”。这是国际政治文件中首次出现“中国对西藏之宗主权”的字样。1912 年 8 月 17 日《朱尔典备忘录》（或称《八一七备忘录》）称，英国“过去曾经承认中国对西藏的宗主权”，这是中英交涉中第一次出现“宗主权”。在寇松以前，英印政府对中国与西藏的关系的表述并不统一，有时用“主权”，有时用“宗主权”。“主权”与“宗主权”是两个截然不同的概念，有重大的原则区别。国家主权是一个主权国家在自己的领土（包括领海、领空）范围内，按照它自己的意志，独立地决定它的内政和外交的最高权力；尊重一国的主权自然必须尊重它的领土完整，不得干涉它的内政。宗主权在封建时期是大国支配小国的一种特殊统治形式，后来便成为宗主国对它支配的附庸国的统治权力。附庸国在内政上有一定程度的自主权，对外关系则受宗主国的支配。“确定一个国家领土内某一部分的法律地位，如宗主关系、自治地位或直属地位等，是这个国家的内政，只有这个国家以法律确定才能成立，其他国家不能越俎代庖，更不能由另外两个国家像英俄来确定属于中国领土的法律地位。”[①] 俄英背着中国清朝政府，谈判和签订直接关系中国西藏地方的条约，在条约中塞进所谓的“宗主权”的概念，妄图根本改变西藏地方同中国中央政权关系的性质，将主权国中国变为“宗主国”，将中国的地方行政区变成附庸国，严重损害了中国的主权和领土完整。（5）留给印度的侵略“遗产”，给中印两国造成了深远的消极影响。英国政府于1947年7月函告噶厦：“英藏之间……现存条约所规定的那些权利和义务将移交给印度政府。”印度国大党领导人也致函噶厦称：“印度政府将继承建立在现有条约基础之上的所有关系。”1947年8月15日印度独立后，印度政府在尚未得到噶厦答复和准许的情况下，非法命令原英国驻西藏各机构改为印度驻西藏机构，原英国驻拉萨使团团长黎吉生改任印度驻拉萨使团团长，原英国驻西藏各机构和兵营改挂印度国旗。黎吉生说：“原有人员全部留下来”，“唯一明显的变化就是换了国旗。”[②] 并说：“印度政府继承了（英王）陛下政府对西藏的权利和义务，并将继续恪守存在的各项条约，直到双

① 《中国反对外国侵略干涉西藏地方斗争史》，第240页。

② 黎吉生：《西藏及其历史》（Tibet & Its History），第173页，香巴拉出版社，1984年。

方达成新的协议为止。”[①]英国政府留给印度国大党政府的“遗产”——英帝国在西藏的侵略特权和英国殖民军非法占领的中国领土，为中印两国留下了长期难以解决的历史遗留问题。

二

从英印官员对中国西藏的认识看，英国政府实际上不得不承认西藏是中国领土的一部分。

翻开中英关系史，可以清楚地看到英帝国主义对中国及中国西藏的粗暴干涉和侵略。自17世纪起，英国就开始了对作为中国领土一部分已数百年的西藏进行干涉和侵略。英国和英属印度的殖民官员无论是在同中国中央政府交往，还是在插手中国西藏事务的过程中，在谈到西藏时，虽然竭力歪曲历史，但是从字里行间可以看出，他们不得不把西藏作为中国领土的一部分来看待，实际上不情愿地承认了中国对西藏的主权。

第一位进入西藏、确立英印政府与西藏关系的英国人波格尔承认：“西藏是属于中国大皇帝所辖之地。”[②] 第二次出使西藏的英国公使特纳说：“他们（指清朝政府——引者）的权势威镇住了西藏人的一切活动，他们的行动表现出一种胆小畏缩和谨小慎微，因而他们的性格更适合于当臣民，而不是做同盟。”[③] 特纳感受到“中国朝廷的势力使西藏人在一切事务上慑服，使他们行事谨小慎微”[④]。英印总督哈定（A. Hardinge）1846年8月在一封信中说：“他希望中国西藏地方当局派遣官

---

① 原西藏“外交局”档案，转引自《中国反对外国侵略干涉西藏地方斗争史》，第228页。

② 周伟洲主编：《英国、俄国与中国西藏》，第35页，中国藏学出版社，2000年。

③ 特纳：《一位赴扎什喇嘛教廷使者纪事》，第25页，新德里，1971年版。

④ 转引自凯曼：《跨越喜马拉雅山的贸易》，第87页，普林斯顿大学出版社，1951年。

员，一起划定英国所属克什米尔（古拉伯·辛格领地）与西藏边界，并取消1842年西藏与拉合尔协议中的某些条款，因为这些部分具有对于英国政府及其属地的利益极为有害的性质。”①

1885年，清朝总理各国事务衙门接到英国印度事务部关于陈说印藏通商节略，大谈印藏之利：“印度、西藏两处，宜于往来贸易通商者，此乃中英两国国家之益也。”“西藏所产羊毛绒等运至欧洲可获大利，而中国货物由海运至印，经大吉岭入藏，也较由广州陆路至拉萨便宜多矣。”为此，“其第一件应办之事，系由印度总督派一使臣至拉萨，其使臣须奉中国大皇帝谕允，并与中国驻扎西藏大臣交好，恳其代通友谊于达赖喇嘛处，并协同中国驻扎西藏大臣与拉萨大员讲明使臣此来专为通商起见，欲使贸易兴旺，地方丰盛，去其一切疑惑之心。”②

1886年7月，《中英缅甸条约》签订后，英国人入藏游历虽“允即停止”，但是英国提出：“惟须在藏、印边界议办通商，应由中国体察情形，设法劝导。如果开办有成，即可永不入藏。”③

1886年12月24日，英国驻华公使华尔身（J. Walshas）向清朝政府提出：“现在藏蕃因闻英人停止入藏，边界外距大吉岭相近百里地方，建立炮台，意在阻止通商。在英国不难将其炮台毁去，但本国亦不愿多事。请行知驻藏大臣，转饬藏番，不可妄为。”④ 1887年10月12日，英国驻华公使再向清朝政府照会：“……若西藏兵丁不肯受屡次谏劝之语，仍在界外踞守地方，则五印度节度大臣（即印度总督）势不得已，

① 《1846年8月4日哈定勋爵给拉萨—噶大克长官及西藏当局的信件》，转引自兰姆：《中印边境》，汉译本，第166—168页。

② 《清季外交史料》，卷六一，第1095页。

③ 《清实录》，光绪朝卷二二九、卷二三〇，第97页，第107页。

④ 《文硕奏牍》，卷二，第1页。

惟有自行设法，迫令退出。兹准五印度节度大臣电咨内称：藏兵踞守西金地方，中国朝廷似有漠然之势，惟有刻即调兵驱逐出境。”① 接着，英国驻华公使华尔身又多次威胁清朝政府，说：“接印度大臣电，决不容番兵在彼（指隆吐）守冬，迟即驱逐。”②

英国侵占了隆吐、纳塘之后，一方面唆使哲孟雄颇当喇嘛、康萨卓尼尔兄弟以“调解”的名义，致书西藏噶厦和驻藏大臣，企图迫使西藏人民屈服；另一方面又照会清朝政府：“印督饬励其兵，但使藏番不越界出斗，彼兵不过隆吐，以后一切照旧。”③

1894 年 5 月，英国驻锡金政治专员怀特（J. C. White）在参加完亚东开埠仪式后没几天，就向清朝政府派到亚东办理开埠事宜的中国官员提出，中国为英印官员和商人准备的房屋和行栈太小太少，租费太贵，要求中国扩建亚东的英国官员公所，为英印商人增建旅舍和行栈，并将租金降低 80% 以上。④ 同年 8 月，英印总督额尔金（Elgin）根据怀特的报告，照会清朝驻藏大臣奎焕，指责西藏地方政府驻帕里官员刁难前往亚东贸易的商人的行为。⑤ 12 月，额尔金再次照会奎焕，进一步提出了征收什一税的问题，指责西藏地方政府违反条约，“无论进口出口货物，到帕克哩（即帕里）时，该处照值百抽十征收税银……不符新立通商章程”⑥，要求清政府停止征收。由于西藏人民坚决反对英国企图侵占中国西藏领土的计划，英

---

① 《文硕奏牍》，卷三，第 5—6 页。

② 《文硕奏牍》，卷三，第 30 页。

③ 《文硕奏牍》卷七，第 1—2 页；第 21 页。

④ 周伟洲主编：《英国、俄国与中国西藏》，第 135 页，中国藏学出版社，2000 年。

⑤ 《英国议会关于西藏文件》，1904 年第 1920 帙，第 28—29 页。

⑥ 《英国议会关于西藏文件》，1904 年，第 1920 帙，第 34 页；吴丰培辑：《清代西藏史料丛刊》第一辑，《藏印往来照会》，第 3 页。

印总督于1896年3月照会奎焕，提出了先由两国政府派官员联合调查藏哲旧有边界，然后再由两国官员调查结果，共同勘定边界，树立界碑的方案。①

1898年，英国国会通过了一项决议："维持中国的领土和独立对于英国的商业利益和势力具有生死攸关的重要意义。"②当时的英国国务副大臣寇松对这项决议作了进一步说明："我们认为，中国的领土完整和独立为（英国）政府极为关注，因为这是任何一届政府必须考虑的，也被认为是我们对那个国家的政策的根本基础……我们反对转让中国的任何领土和牺牲中国的独立……攫取中国领土，转让中国领土，篡夺中国主权根本不是英国政策的组成部分，我们自己放弃这些行为，同时我们也不会以友好的目光来看待其他国家图谋这样做。"③

中国在西藏的主权是英国侵略西藏的重大障碍。波格尔出使西藏处处碰壁，他说，中国在西藏的主权"是在所有路上阻止我前进的绊脚石"④。印度总督寇松于1901年6月提出了建立"缓冲国"的计划，企图将中国西藏变成英国控制下的"缓冲国"，因而，竭力排除中国对西藏的主权，改变以往承认中国对西藏的主权的立场，实施其西藏政策。⑤ 英国内阁为了缓和与俄法的矛盾，决定在西藏问题上与俄国达成妥协，在答复1903年1月8日信件的指示中明确肯定，西藏是"中国的一个省份"，是"中华帝国的一个组成部分"，寇松的"缓冲国"计划"侵犯中华帝国的完整"，内阁不能批准。⑥ 这是

---

① 《英国议会关于西藏文书》，1904年，第1902帙，第58—60页；《藏印往来照会》，第5—7页。

② 《英国国会辩论记录》，第54卷，第309页。

③ 《英国国会辩论记录》，第54卷，第332页。

④ 麦克格雷戈尔：《西藏探查编年史》，第140页，伦敦，1970年。

⑤ 《汉密尔顿信函》（Hamilton Papers），寇松致汉密尔顿，1901年6月11日。

⑥ 《汉密尔顿信函》（Hamilton Papers），汉密尔顿致寇松，1903年2月27日。

英国政府承认中国对西藏的主权的一个明证。

1903 年 2 月 27 日，英国印度事务部大臣乔治・汉密尔顿（George Hamilton）给印度总督寇松回信，认为“如果争执只是印度与西藏之间的事，则阁下所主张派遣武装使团赴拉萨，于必要时使用武力，并在当地设常驻官员的办法，无疑是应该极力主张的”。“然而，英王政府不能把问题看成只是关系印度和西藏，近年来，在中国和欧洲各国之间的关系上，中国的地位已大有改变，因此，在对于仍然必须承认是中国的一个省份的地方采取行动时，不能不考虑那些已经变更的情况”。“一旦我们约定对西藏进行武装干涉，这一类措施就可能成为不可避免的。几乎可以肯定，如果英国使团遇到反抗，一些问题就会产生，这些问题，不能当作仅是关连印度和西藏的地方问题，而必须从国际的角度，作为关连中华帝国一部分的地位的问题来加以考虑”。“因此，英王政府的结论是，施行阁下所主张的那些非常容易在西藏事务中导致危局的步骤，时机尚未成熟。”①

1903 年 2 月，英国内阁向寇松发出的指示中说：“国王陛下政府不能认为问题只涉及印度与西藏，中国在与列强关系中的地位在最近几年有如此大的修正，以至在决定一项将影响到仍须认为是中国的一个省份的行动时，必须考虑到这一变化了的情况……这涉及作为中华帝国的一个组成部分的地位问题。”② 英国内阁明确指出西藏是中国的一个省，是中国的组成部分，英国奉行维护中国完整的政策，谈判所达到的是确保西藏在中国的主权之下成为英俄之间的一个隔离地带，使俄国不能对西藏施加不利于英国的影响。

1904 年 6 月 12 日，俄国外交大臣拉姆兹多夫电告俄国驻

---

① 《英国议会关于西藏文件》，1904 年，第 1920 帙，第 185 页。

② 《印度外交部秘密文件》，对外事务，1903 年 4 月，142 号及《汉密尔顿信函》，汉密尔顿致寇松，1903 年 2 月 27 日。

伦敦大使本肯多夫（Benckendorff），英国政府在不久前的《备忘录》中“承认在中华帝国的该省（指西藏——引者）维持政治现状是有益的和必要的”，他对此感到“十分满意”，并“充分信任”此备忘录；他认为，《备忘录》“是英国将来政策的保证，这种保证将会防止两国政府在那些地区产生政策上的纠葛”①。

1904 年，当入侵西藏的英军头目荣赫鹏（Francis Younghusband）开列的谈判条件遭到西藏地方的坚决拒绝时，他声称：“中国政府负有劝导西藏人缔结协议的责任。”② 9 月 1 日，荣赫鹏的侵略行动受到阻碍，只好让驻藏大臣有泰召集代理摄政、噶厦官员、代表举行会议。

英属印度驻锡金政治专员查尔斯·贝尔（Charles Bell）在谈到 1913 年初达赖在拉萨召开的一次僧俗代表大会时说：“西藏虽倾向自主，似尚不欲与其在政治上联合已久之中国完全分离。”③

1914 年 3 月 9 日，麦克马洪说，他“贯穿始终的愿望是确定一项协议，将作为中国完整性的一个部分的西藏的完整性记录在案，同时确保与他的政府有着密切条约关系的西藏的安全”④。

总之，虽然英印殖民官员在同中国西藏打交道时，极力维护大英帝国的战略利益，但是他们关于西藏的种种言论，实际上不得不承认西藏是中国的一部分。

---

① 波波夫：《俄国与西藏》，载苏联《新东方》第 18 期，第 119 页；英国《外交部档案》，全宗第 535 号，第 3 卷，第 128—129 页，第 85 号文件。

② 荣赫鹏：《印度与西藏》，第 269 页，德里，1971 年版。

③ 贝尔：《西藏的过去与现在》，汉译本，第 195 页。

④ 印度国家档案，Foreign Political Department，procs，216，1914 年 10 月，第 134—396 页，麦克马洪口头声明，1914 年 3 月 9 日。

三

从英国涉藏条约关于中国西藏的论述看，英国政府不能否认西藏是中国领土的一部分。

19 世纪以来，英印政府同中国和中国西藏签订了一系列不平等条约，粗暴地践踏中国的主权，但是从这些条约的字里行间仍然能够看出，英印政府实际上承认西藏是中国领土的一部分。1876 年 9 月 13 日签订的中英《烟台条约》附加的《另议专条》，规定英国官员赴藏由总理衙门发给护照，驻藏大臣派员照料。1886 年 7 月 24 日签订的《中英缅甸条约》第四款规定："至英国欲在藏、印边界议办通商，应由中国体察情形，设法劝导。"①

1889 年 12 月 12 日，英印政府通过赫政（J. Hart）向驻藏大臣升泰提出新的四条草案，以作为重开谈判的基础。其中第三款规定："中国代表西藏，英国代表其本身，互允以第一款所定之界限为准，由两国遵守，并使两边各无犯越之事。"② 1890 年 3 月 17 日签订的《中英会议藏印条约》第七款规定："自此条款批准互换之日为始，限以六个月，由中国驻藏大臣、英国印度执政大臣各派委员一人，将第四、第五、第六三款言明随后议订各节，兼同会商，以期妥协。"③ 规定有关西藏的通商、游牧、官员交涉问题日后由中英另行商议。

1893 年 12 月 5 日签订的《中英会议藏印条款》（又称《藏印续约》）第二款规定："中国应允许所建住房、栈所均属合用，此外另设公所一处，以备如第一款内所开印度国家随意

① 王铁崖编：《中外旧约章汇编》，第一册，第 485 页，三联书店，1959 年版。

② 《中国海关与藏缅问题》，第 128 页；《升泰奏牍》，卷二，第 22 页。

③ 《中外旧约章汇编》，第一册，第 551—552 页。

派员驻寓。”第六款规定：“凡英国商民在藏界内与中藏商民有争辩之事，应由中国边界官与哲孟雄办事大员面商酌办。”第七款规定：“印度文件递送西藏办事大臣处，应由印度驻扎哲孟雄之员交付中国边务委员，由驿火速呈递。西藏文件递送印度，亦由中国边务委员交付印度驻扎哲孟雄之员，照章火速呈递。”该条约的《续款》第三款规定：“现经两国派员，共同将以上通商、交涉、游牧三款议订九条，并续款三条，言明应与原约视同一律，实力奉行之处，亦与逐字载入原约无异，彼此会同画押为凭。”①

上述条款表明，签订和修改有关西藏的条约由中英政府进行，即英国对藏交涉要通过中国中央政府，实际上承认了中国对西藏的主权。

1906年4月27日签订的《中英续订藏印条约》（即《北京条约》）第二款规定：“英国国家允不占并藏境及不干涉西藏一切政治。中国国家亦应允不准他国干涉藏境及其一切内治。”第三款规定：“光绪三十年七月二十八日英藏所立之约（即《拉萨条约》）第九条内之第四款所声明各项权利，除中国独能享受外，不许他国国家及他国人民享受。”② 这些权利包括让卖、租典西藏土地、派员或代理人进入藏境、修建铁路、道路、电线、矿产等，抵押拨兑西藏的各项进款或货物金银钱币等。清廷力争的关于中国对西藏的主权的词句未被列入条约，但是英国放弃了“宗主权”一词。该条约排除了原《拉萨条约》将中国暗列为“外国”的含义、改变西藏地位、使其成为英国保护下的“缓冲国”的政治阴谋，使西藏成为在中国主权之下的英俄间隔地带。英国在条约中承诺不占并、不干涉西藏，中国承诺不准他国干涉藏境及西藏一切内政，这就表明中国中央政府是西藏唯一合法的外交代表，对西藏地方

① 《中外旧约章汇编》，第一册，第566—568页等。

② 《中外旧约章汇编》，第二册，第345—346页。

主权享有指导、管辖和监督的权力。因此，条约中虽然没有明文写上“主权”二字，但是行文中已包含了这样的意思，事实上承认了中国对西藏的主权。①

1907年8月31日签订的《英俄关于西藏的协定》（又称《英俄协定》）的引言声明：“俄国政府和英国政府承认中国对西藏的宗主权。”第一条规定：“两缔约国保证尊重西藏的领土完整和一律不干涉西藏的内政。”第二条规定：“根据承认中国对西藏的宗主权的原则，俄国和英国承允，只通过中国政府作中介同西藏进行交往。”第三条规定：“俄国政府和英国政府各自承允不向拉萨派遣代表。”② 协定规定英俄两国政府只通过中国政府同西藏交往，不向拉萨派代表，还要求中国政府承担不准任何“科学代表团”进入西藏的义务，这表明实际上承认了中国对西藏的主权。

1908年4月20日签订的《中英修订藏印通商章程》，在谈判该章程中，英方知道，“要想使中国承认西藏作为一个单独的政治实体存在总是非常困难的”③。《章程》的叙文写道：“西藏大吏选派噶布伦汪曲结布为掌权之员，秉承张大臣（即张荫棠——引者）训示，随同商议。”第三款规定：“各商埠治理权应归中国官督饬藏官管理”；“如拉萨西藏大吏与印度政府不能断定之事，应按光绪三十二年北京条约（即《中英续订藏印条约》——引者）第一款，由中英两国政府核办”④。中国赎回英国沿印藏边界至江孜所修建的房屋、电线，中国在商埠及沿路开办巡警后，英国撤回商务处卫队，不在西藏驻军。否定了《英俄协定》中英国驻西藏商埠官员得与西藏地

① 《英属印度与中国西南边疆》，第296页。

② 英国《外交部档案》，全宗第535号，第13卷，第129页，第159号文件。

③ 伦敦公共档案馆：FO371/209，No. 31724；朱尔典致格雷，1907年8月7日。

④ 章程全文见《中外旧约章汇编》，第二册，第494—498页。

方直接交涉的规定。这表明，国与国之间的外交往来只是在中国与英国之间进行，西藏政府是中国的一个地方政权，西藏官员是中国的地方官，他们与英国驻西藏商埠官员的交往是在中国政府的授权和督饬之下以品级相当的中国地方官的身份进行的，而不是西藏与英国的交涉。

1914 年 4 月 15—18 日，陈贻范与麦克马洪在会议外逐条商议后，麦克马洪提出《声明文件》："（1）订约各方面承认西藏为中国领土的一部分。（2）达赖喇嘛选举及受职后，即由西藏政府呈明中国政府，并由驻拉萨中国长官正式授以中国政府颁给职位相当之封号。"（《中英藏约稿并驳约、磋商、结果表》，石印线装本，无页码）《声明文件》"第一项承认西藏为中国领土之一部分很重要，它实际上肯定了中国对西藏的主权关系，因为在一国领土之内是不存在什么'宗主权之下的附属国家'的，因而完全否定了约稿正文所言西藏对内则是一个国家的说法"①。

上述英印政府涉藏条约涉及西藏的外交、国防、商务、财政、税收、治安等，英国就这些事项与中国交涉，表明英国承认中国对西藏外交和内政都享有合法权利。中英所订关于西藏的所有条约中，没有任何一条否认或包含有否定中国对西藏内政进行指导、管理、监督权力的内容，相反，从法理上说，英国在西藏的"条约权利"，都是通过中国中央政府获得的。正因为如此，英国内阁于 1902 年给印度总督寇松的指示中明文指出，西藏"仍须认为是中国的一个省份"。并且，在 1912 年《八一七备忘录》出笼前，英国政府从未对清朝驻藏机构、驻藏军队和他们的职权提出过任何异议，实际上承认中国对西藏的主权。黎吉生说："这些条约（指英印政府所订立的涉藏条约——引者）不加遵守，西藏就没有什么可以作为国家的

① 《英国、俄国与中国西藏》，第 392 页。

文件的依据……"[1] 黎吉生被西方人称为"西藏通"，他将英国强加给清朝中央政府的不平等涉藏条约视为"西藏独立"的唯一依据，这表明英国人所谓西藏是一个独立国家的论点不堪一击。

应当看到，英印官员关于西藏的言论和英国涉藏条约之所以不得不承认西藏是中国的一部分，是由于英国在中国的巨大的经济利益，英国的"西藏政策"必须服从其"中国政策"；英国在西藏的战略必须从属于其在中国的战略。"大英政府在中国的巨大的商业利益，使其需要使其西藏政策服从于英国政府在中国的总政策，避免引起（中国）政府的敌意。"[2]

因此，"英国是唯一不承认中国对西藏拥有主权的国家"的言论不攻自破：首先，英印官员的言论事实上已承认西藏是中国的一部分；其次，英国涉藏条约关于西藏的表述实际上承认了中国对西藏的主权；第三，将中国西藏视为侵略对象的英帝国主义绝对不愿意承认西藏是中国领土不可分割的一部分的史实，即使其涉藏条约中已经表明仍然竭力否认。并且，世界上有 180 多个国家，还有一些国家没有同中国建立外交关系，"英国是唯一不承认中国对西藏拥有主权的国家"的言论十分荒唐。1951 年西藏和平解放，1954 年 4 月 29 日，中国政府与印度政府《关于中国西藏地方和印度之间的通商和交通协定》在北京签字，协定中首次正式提出"和平共处五项原则"，即互相尊重主权和领土完整，互不侵犯，互不干涉内政，平等互利，和平共处。1954 年 6 月 17 日，在尊重中国主权和领土完整的前提下，英国与中华人民共和国建立代办级外交关系，1972 年 3 月 13 日建立大使级外交关系。英国与中华人民共和

① 原西藏"外交局"档案，转引自《中国反对外国侵略干涉西藏地方斗争史》，第 228 页。

② 东方和印度事务部文件和档案集 L/P&S/12/187-4682，Foreign Secretary，India，to the Under Secretary of State，India Office，28 June 1935，Tibet and the British Raj，p. 14.

国建交，公开承认了西藏是中国领土的一部分。因此，英国外交部声称“英国是唯一不承认中国对西藏拥有主权的国家”，篡改了中国历史，尤其是中国中央政府与西藏地方关系的历史，既不符合中英关系史的史实，也不能自圆其说。这是地道的一大历史谎言。

（原载《中国西藏》，2000年第6期）

西方人眼中的西藏

西藏问题是世人无法回避的一种客观实在，其包含两个范畴。加引号的“西藏问题”是狭义的西藏问题，主要是指西藏分裂、独立，强调人权，政治色彩浓，具有国际性的特点；不加引号的西藏问题是广义的西藏问题，包括政治、经济、文化、宗教等方面，主要是指西藏的民族问题、宗教问题、发展问题和现代化问题，强调主权与人权并重，主要表现在国内。广义的西藏问题实际上包含狭义的“西藏问题”。无论是国内或国外，西藏问题都十分尖锐复杂，都对中国的稳定和发展带来重大影响。因此，我们必须正视西藏问题，研究西藏问题，寻找解决西藏问题的方案和对策。西藏问题的影响表现为三个层面：宏观，西藏问题的国际化和世界性；中观，西藏问题对国际关系的影响，如西藏问题对中美关系和中印关系的影响等；微观，西藏问题对中国的影响。宏观和中观的影响属于“西藏问题”；微观的影响属于西藏问题。长期以来，中国学术界一直没有将西藏的现实作为问题来研究。

西方人的“西藏观”主要是由学者、官员、民众和传媒对西藏的认识构成的，传媒被称为“第四种权力”，由学者构成的思想库被称为“第五种权力”，他们对西藏的认识对西方人“西藏观”的形成起着重要作用。同时，西方人的“西藏观”对西方国家制定对华政策和“西藏政策”起着至关重要的作用。因此，了解西方人眼中的西藏，研究西方人的“西藏观”，剖析西方人的西藏观和认识西藏的范式，具有重要的现实意义，目的在于“知己知彼者，百战不殆”。有利于弄清西方人对西藏的了解和认识，对西藏的看法，和在“西藏问题”上的态度；认识西方人“打西藏人权牌”，制定代表其国家利益的所谓“西藏政策”的内幕和目的，支持“流亡政府”的分裂和独立活动，对中国的西藏政策指手画脚，干涉中国内政，利用“西藏问题”遏制和分化中国的根源；进行战略策划，在参与国际政治斗争中争取主动，增强危机应对能力，预防在西藏出现西方反华势力所期望的“中国的科索沃”。剖析西方人对西藏的认识，有助于增进中国和西方的彼此了解和信任，促进中西方关系的改善，为解决“西藏问题”提供决策参考依据。

了解西方人眼中的西藏，研究西方人的“西藏观”，具有重要的学术价值。长期以来，中国学术界主要关注的是事实上的西藏，对西方侵略西藏，插手西藏事务，干涉中国内政的史实有所研究和阐述，而对西方观念上的西藏，即西方人对中国西藏的印象、知识、看法、态度、经验、情感、想象和认识（“西藏观”）等属于观念和心理层次的东西却缺乏研究。因此，对于中西学术界和藏学界来说，西方人的“西藏观”是亟待填补的一个重要的学术空白。这便是了解和研究西方人眼中的西藏的意义和价值所在。

一、西方人的“西藏情结”

对于西方人来说，东方文明永远是一个神秘玄妙的难解之谜。作为东方文明宝库中的一朵奇葩，西藏文明更令西方人魂牵梦萦。然而，由于地理、文化和语言的阻隔，西方人眼中的西藏和西藏文明如雾中花、水中月，难见本质和真谛。越是如此，西方人越想看个究竟。因此而形成了一个解不开的“西藏情结”。自然情结——几个世纪来，西藏对西方人一直是一个谜。西藏雄踞“世界屋脊”，被称为地球的“第三极”，其自然景观——神奇的雪山，辽阔的草原，宁静的湖泊，咆哮的河流，湛蓝的天空，洁白的云彩，巍峨的喜马拉雅山，雄伟的峰珠穆朗玛峰，神圣的冈底斯山，奔腾的雅鲁藏布江，成为外人进入西藏的天然屏障，被西方探险家和旅行家视为世外桃源和自然天堂，攀登珠峰，成为西方人的地理朝圣。西方人对西藏自然环境的向往，主要是为了满足其生理需要。乔治·奥维尔说，没有比到中亚或西藏进行一次真正的游历更好的事了。西藏成为西方人看得见（有形的）的“香格里拉”——地理上的“香格里拉”。人文情结——西藏的人文景观，金碧辉煌的寺庙，苍凉雄奇的城堡，灿若群星的帐篷，风格独具的民居，古朴独特的民俗，神圣的活佛喇嘛，玄妙的法事活动，香火旺盛的圣城拉萨，具有无穷的魅力，强烈地吸引着西方人，将其视为净土和天堂。寻求精神寄托的乐土，成为西方人寻求心灵慰藉的看不见（无形的）的香格里拉——精神上的“香格里拉”。

青藏高原基本上是单一的民族藏族的聚居区，相对封闭的社会环境致使外来文化难以进入，民族文化保存得较为完整，是藏、汉、回、蒙古等民族文化交汇处，苯教、印度佛教、藏传佛教、伊斯兰教等宗教文化也交汇于此。灿烂辉煌的西藏文明对世人具有很大的诱惑力。西藏是佛教圣地，拉萨是闻名世界的藏传佛教圣城，是佛教徒向往的“香格里拉”。神秘、神奇和充满神韵的自然景观和人文景观，使青藏高原成为世界上最为独特的旅游胜地，为中外探险家和游客所青睐。达赖喇嘛及其“流亡政府”在国外的“独立”和分裂活动，“西藏问题”国际化，更使西藏成为国际政治斗争中的一个特殊的砝码。

西藏和西藏文化令西方人着迷。藏传佛教，被西方人视为与基督教和天主教相通的宗教；一部《西藏度亡经》，在西方经久不衰；一个洛桑然巴，蒙骗了无数有教养的西方人；一句六字真言，让西方人冥思苦想；西藏研究成为西方的“显学”；1997 年被称为“好莱坞西藏年”，好莱坞成为美国重要的“西藏形象生产基地”，好莱坞著名影星理查·基尔信奉藏传佛教，皈依达赖喇嘛，成为“西藏独立”活动的明星；西方反华势力企图将“西藏问题”作为遏制和分化中国的一个重要突破口。

西藏与西方结下不解之缘是多种因素促成的。海外藏族学者降央诺布在《电影、小说中的西藏与西方的幻想》一文中（《西藏评论》1998 年 1 月号），追溯了西方人偏爱西藏和藏族文化的渊源。他写道，西方人对亚洲腹地的这块神秘土地的这种痴迷和陶醉，可能渊源于其在中世纪欧洲的一个失落的基督教王国的传说。中世纪，中国和中亚的基督教聂斯脱利派的出现，肯定促成了这个传说。在亚洲高地的这样一个基督教王国的故事，可能是藏传佛教的寺院仪式与罗马天主教仪式之间的相同所引起的，例如在焚香仪式上，忏悔、礼拜仪式音乐、圣水的喷洒以及由乡村牧师主持的田野祝福一样谦卑的某些仪式。对西藏的这种“高卢式的”痴迷和陶醉，在 20 世纪初期由于大卫·妮尔夫人的作品而得到了进一步的推动，像古伯察一样，她实际上使到西藏旅行成为不可思议的行动。使西藏的魔术般的形象真正僵化的书是詹姆斯·希尔顿的《消失的地平线》。“香格里拉”之名在英语中已找到了一个位置，如像已在人类社会消失的一个神秘宁静而充满神灵的天堂的一个标语。美国总统的乡间隐居处戴维营，最初由富兰克林·罗斯福亲自命名为“香格里拉”。

西方人对西藏的这种痴迷，有一种不祥的对应物。纳粹就对西藏可能是原始的雅利安故乡的场所的理论感兴趣，甚至对西藏人本身就是一个消失的雅利安部落的奇怪观念好奇。西姆莱于 1939 年派遣了一支很可能是由党卫军发起和资助的远征队，由霞飞尔上尉率领前往西藏，其公开身份是一支科学考察队，但是他们带着找到雅利安故乡的位置的秘密指令。在嘎伦·诺威尔的数以百计的摄影作品中，几乎都在赞美西藏的世外桃源般的美以及她的快乐幸福的人民的直率和精神。自从《消失的地平线》出版以来，西藏“香格里拉”的形象已经在其他小说和故事中频繁地更新，最好的一个例证是由理查森撰写的《西藏的玫瑰》以及兰贝特的《战争的骗子》和吉尔的《西藏》。

降央诺布认为，关于西藏的最原始和最不同寻常的小说作品，是皮埃尔·特勒的短篇小说集，题为《达赖喇嘛的故事》。克拉克的《神的九百万个名字》，是描写在西藏寺庙中制造了一个令人惊恐的发现的一位电脑程序员的短篇小说，这是一部离奇恐怖的科幻小说，讲述一个最终旋转的“半阴影区”。不少人都读过赫格的《丁丁在西藏》。关于西藏的一部幽默的英文书籍是《黑珍珠》，这是一部“绝妙的”好读物。也许描写西藏的最持久地流行的书籍的作者是洛桑然巴，他实际上是英国水暖工哈斯金斯（Cyril Hoskins），尽管他的许多作品，如《第三只眼睛》、《来自拉萨的医生》、《古人的洞穴》、《与喇嘛一道生活》等，本来属于小说类（哈斯金斯声称，这些作品是以他从前在西藏生存的回忆为基础的），但是直到最近在西方还有相当多的人将这些作品看成是一位西藏宗教大师的真实记述。降央诺布说，西藏对西方人的吸引力，主要来源于某些变化或香格里拉故事——古代传说的隐藏的、秘密的王国，已经失去智慧，在亚洲腹地的深处，并且在这种看法中是有力的神秘、玄妙的因素，似乎将一个梦幻般的本质插入到西方对于西藏状况的认识中，使她显得不像世界各地的其他冲突和危机那样刻不容缓、真实和重大。香格里拉的幻想主要与西方一些人的感情需要有关。正是西藏的这个像梦幻一样的“香格里拉”的本质，大多数可以在其社会和文化及其奇特的秘密宗教的中世纪的特点中观察到，这是对西方人最有吸引力的。从旅行者到学者，都专注于西藏的这个特点，将西藏生活或文化的其他方面排除在外，无论它们可能对于西藏人多么重要。

西方人对西藏和西藏文化的关注不是偶然的。除了把西藏看成其地理上和心理上的“香格里拉”这个主要原因之外，心理上，20世纪后半叶以来，西方进入所谓“后工业社会”或“后现代社会”，其精神支柱西方文明难以解决人们面临的尖锐复杂的现实社会问题，不能满足享有高度发达的物质文明的西方人的精神需求和信仰需要，他们转而在东方文明中寻觅出路，于是东方文明的奇葩藏传佛教便因此而受到青睐。藏族民风古朴，乐善好施，粗犷豪放，形成了独特的民族性格和民族精神，这是生活在工业社会和后工业社会中的那些被物质文明异化，以“疏离”、“单一向度”和“妥协主义”为特征的西方人群所缺少的。宗教上，西方人认为藏传佛教与西方的基督教和天主教是相通的，西方宗教不能解决的社会问题和文化问题可以从西藏宗教中去寻找出路。文化上，全球化浪潮的到来，凸显出民族和地域的重要性，具有独特风格的藏族文化和西藏因而受到民族和文明趋同的西方人的关注。政治上，20世纪下半叶，由于西藏分裂势力和西方反华势力的活动，加剧了“西藏问题”国际化的趋势，从而使西藏问题成为与台湾和贸易并重的“3T”问题（Taiwan，Trade，Tibet）。而“西藏问题”主要是由主权、民族、宗教和人权问题构成的，这些问题都是国际社会关注的热点和中国与西方反华势力斗争的焦点。

二、西方人对西藏的“发现”和认识

西方人对西藏的认识，经历了一个由“发现”到了解再到认识的漫长历程。西方“发现”西藏的先驱，主要是探险家、旅行家和传教士。19世纪以前，他们主要是从文献记载中了解西藏，然后前往西藏的外围考察，后来才进入西藏，根据自己的所见所闻，撰写了一些探险考察报告和游记，对西藏有了一些感性认识，形成一个基本的轮廓。19 世纪，西方的记者、官员、军人和学者加入到入藏队伍的行列，进入西藏腹地游历和考察，对西藏的了解逐渐加深。19 世纪 30 年代，匈牙利藏学家乔玛开西方藏学的滥觞，这标志着西方人开始具有对西藏的理性认识。但是在 19 世纪以前，西方人对西藏历史、文化和宗教的真谛犹如隔雾观花，尚未窥见全貌。进入 20 世纪，1903 年，英国军队用枪炮打开了西藏封闭的大门，扫除了西方人进入西藏的障碍，为西方人进入西藏提供了地理上的方便；斯坦因和伯希和从敦煌藏经洞盗走大量古藏文经卷，为西方人研究西藏提供了文化上的便利；辛亥革命推翻清王朝，使西方势力插手中国西藏事务有可乘之机；1913 年召开的西姆拉会议，引起了西方人在政治上对西藏的关注；十三世达赖喇嘛推行“新政”，为西方人提供了用武之地。20 世纪上半叶，内外因素的结合，促进了西方人对西藏的研究，加深了西方人对西藏的认识。20 世纪下半叶，随着新中国的建立和西藏的和平解放，西藏更加受到国际社会的关注。1959 年西藏叛乱发生后，大批藏人流亡国外，他们不但带走了一批珍贵的藏文文献和档案，而且其中许多人还是满腹经纶的“西藏通”，一些藏族学者被西方大学和科研机构聘为教师和研究人员，从而极大地推动了西方的西藏研究，为西方人研究和认识西藏提供了极大的方便，在西方掀起了西藏热和藏学热。20 世纪 80 年代以来，一方面，随着中国改革开放的深入，西藏向西方人敞开了大门，中外学术交流日趋频繁，西方藏学逐渐走向成熟；另一方面，由于西藏分裂势力和国际反华势力的活动，“西藏问题”国际化的趋势加剧，西方学界、政界、民间和传媒对西藏给予了特别的关注，西方人对西藏的认识进入了一个新阶段，学界、政界、民间和传媒对西藏给予了特别的关注，西方人对西藏的认识进入了一个新阶段，其“西藏观”基本定型。

文化交流是互动的。西藏文化和藏传佛教在西渐过程中，对西方文化和宗教产生了影响，西方人和西方文化受到一定程度的藏化；西方文化传入西藏，对西藏文化产生了影响，中国西藏文化与西方文化的交流和互动，拉近了彼此的距离，增进了西方人对西藏和西藏文化的了解。

由于民族、国家不同，经验、观念、知识水平、社会地位的差异，西方人眼中的西藏并不是一样的风景，西方人的“西藏观”也不是一种模式，而是智者见智，众说纷纭。学术界、政界、民间和传媒对西藏的了解和认识以及对“西藏问题”的态度各不相同。笔者另有专文论及，在此不赘。

三、西方人认识西藏的“范式”和误区

西方学者在了解、认识和研究西藏的过程中，形成了一套独特的研究“范式”。他们继承语言历史学派的传统，重史料的利用和语言的运用，其工具语言是欧洲的主要语言和日语，资料语言为藏语文和汉语文；借鉴人类学的研究方法，注重到藏区进行实地考察；借鉴社会学研究方法，重个案研究（微观历史研究法，以小见大）、参与研究和跟踪研究；重比较研究、综合研究和跨学科研究；重视藏人的帮助和协作；在西方，藏学附属于印度学（梵文研究）和人类学或中亚研究。

需要指出的是，在了解、研究和认识西藏和藏族文化方面，欧洲和美国存在着差异：欧洲重人文科学方法，美国重社会科学方法；欧洲重传统，美国重现实。美国学术研究的动力是由“三力”构成的合力，即学者的智力，卸任官员的权力，基金会、财团和企业家的财力，这三力也是推动西方藏学研究的动力。

对于西藏的认识，美国人与欧洲人具有不同的价值取向。一般来说，具有悠久历史和灿烂文明的欧洲人，主要看重的是西藏的人文价值，有时也看重其政治和战略价值。早期欧洲传教士从文化角度看西藏，他们对西藏的兴趣，主要集中在其宗

教和文化方面，将西藏当成传播基督教和天主教的“真空”；英国帝国主义兴盛时期，为了实现其争霸远东的战略目的，保住“大英帝国王冠上的珍珠”印度，向西藏发动了两次侵略战争，1913年又策划召开了“西姆拉会议”，这时，西藏的政治和战略价值超过了人文价值。新中国成立后，欧洲人对西藏的认识，继承了其传统，即在重视西藏的人文价值的同时，也开始重视其政治和战略价值，利用“西藏问题”干涉中国内政。而历史短、文明根底不深厚的美国人，主要看重的是西藏的政治价值和战略地位，人文价值居于次要地位。美国人（包括学者在内）从与西藏和藏人接触起，就带有较为鲜明的政治色彩，他们主要是从政治和战略角度看西藏。早期来华的传教士就带有很强的“功利”色彩，如创办教会学校、开办慈善事业等，实际上是为其国家利益服务，培植亲美势力。近代，美国考察研究西藏的先驱、插手西藏事务的始祖柔克义，是一名驻华外交官。1942年，美国总统罗斯福首次派遣入藏的使者小托尔斯泰和都兰，是战略情报局的官员。新中国成立后，美国将西藏作为反共堡垒，视为推行其意识形态、价值观念、民主、人权、民族自决、宗教自由等的“乐土”，客观上抬升了西藏在国际政治中的地位。

应当看到，西方的藏学打上了西方学术传统的烙印。在欧洲，“汉学在传统上以文献研究和古典研究为中心，所以在研究历史较短的美国似乎感到 Sinology 一词有点过时的味道，一般称之为 Chinese Studies（中国研究）”。早期传教士的汉学著作，美国讲求实用，注重现实性研究；欧洲无论是语言学还是历史学，都属于古典研究，根本不涉及其他领域的研究。研究汉族历史和文化的欧洲“汉学”，经过美国人改造，发展成为研究地区的“中国学”，由民族研究发展到地区研究，从汉学角度的研究侧重于语言学、文学，从地区研究角度以经济、政治、社会、思想文化为重点。“社会科学家的学术兴趣仅仅在当代，而把过去留给了历史学家和人文科学家”。“坚定不移地推动历史学与社会科学或行为科学的结合是美国学术的显著特征”。美国学者余英时说，费正清“研究中国近代、现代史并不完全是从学术观点出发，更重要的是他要改变美国的对华政策”。汉学从欧洲传到美国发展成为中国学，突出了鲜明的美国特色：由重学术发展到重政治；由重历史传统转变为重社会现实；由人文科学发展到社会科学；由远离现实到服务现实，经世致用。美国的学术传统是“重模式，轻实证”。主导欧洲的实证史学，重“叙述”历史；占主流的美国的新史学，重“解释”历史。法国史学家贝尔指出：“历史学的任务不是描述历史，而是解释历史，进行综合比较研究。”美国学者研究中国，目的在于为国家利益和战略服务。在很多情况下，表面上看他们在研究中国，实际上是要解决美国自身的问题。欧美学术传统的渊源和差异自然影响到欧美的藏学研究范式，欧洲人主要用人文方法研究西藏，重传统，重实证，重学术；美国人主要用社会科学方法研究西藏，重跨学科，重现实，重政治。欧洲和美国不同的文化传统和价值观，决定了其对待西藏文明和藏传佛教的不同取向。以藏传佛教西渐为例，藏传佛教为求得在西方的生存和发展，必然要适应西方文明，不可避免地要“西化”。显密并重、先显后密的藏传佛教传入实用主义的美国后，其需要长期艰苦地闻思修、深奥而抽象、重修心的显宗受到削弱，其顿悟成佛、简明而神秘、重修身的密宗受到重视，吸引了大批西方信徒，禅定中心纷纷在各地建立。

美国著名的东亚研究专家赖肖尔认为，美国学者从事学术研究有强烈的“使命感”、“学术个性”和“反唯理智论倾向”。因此，他们“蔑视学问，更为强调的是实用性知识”，“更为明显地同自己以外的社会，即政治家、实业家及其实践家始终保持紧密的联系”。“大凡有出息的学者，随时都愿意进入政界和实业界，以证明自己真正理解了在教室里所讲授的知识”。他说，美国学者力求使自己的知识有益于社会，“社会方面也靠近学者”，“助长知识界与政治接触”。“学者和官吏之间的这种交流，不论是为了政治，还是为了学问都是一件好事。由此，政府得以利用习惯于从广阔视野和高屋建瓴地观察事物的社会上的一个重要的智囊团和思想库；另一方面，由此学者也可重新检验自己固持的理论，对照我们所生活的富于变化的世界中所展示的现实，为协调理论与之一致而不断获得外界动力”。总之，“学者世界与政治家世界之间不能有界限”。

降央诺布说，对关于西藏的许多旅行书籍以及有关西藏的宗教和“文化”的大量“新时代”类型的作品（大多数是由达赖喇嘛亲自作序、介绍的）进行考察，留给人们不舒服的感觉，即自从詹姆斯·希尔顿的《消失的地平线》和洛桑然巴的《第三只眼睛》这类书籍提供了关于西藏的有益文学主体以来，西方人的西藏观并没有发生实质性的变化。在影片中出现的西藏，要么是一种最终的精神退隐处，如像《千禧年》、《危险边缘》和《幺点冒险——当大地呼叫时》中，要么是一种魔术力量的储藏室，如像《通往香港之路》和《阴影》。西藏被看成是西方人的“对立面”。西方人，无论其过失如何，都是真实的；西藏，无论多么精彩奇妙，都是一个梦幻——要么是一个消失已久的黄金时代，要么是太平盛世的幻想，仍然只是一场梦。在每一次这样的表述中，西藏人或他们的家乡和文化只是充当一个背景或衬托白人主角的更为重要的工作，有一个固有的和潜在的前提，即假如西藏为西方人的目的和需要服务的话，她仅仅是相关的。在希尔顿的《消失的地平线》中，主角康韦是英国人。为首的喇嘛是欧洲人，就像大多数香格里拉的高级官员一样。西藏人基本上都是迷信的农民和体力劳动者、伐木者和抽水者，在香格里拉的白人精英看来，都是一些苦力。

由于社会历史背景、价值观念、学术文化传统、意识形态等原因和海外藏人的影响，长期以来，西方人对中国西藏的认识一直存在着局限和缺憾。西方人对中国历史和国情缺乏认识，影响其对西藏的认识。旅居英国的藏族学者次仁夏嘉指出，在西方，大多数藏学研究者将其西藏研究领域确定在20世纪以前，一些学者认为，20世纪尤其是西藏和平解放以来的西藏不值得研究，这种局面是不正常的。西方人迷恋传统的西藏，看重的是西藏的人文色彩，把西藏想象或描述成为乌托邦式的人间天堂，将西藏看成是静态的理想社会，以保护传统文化和藏传佛教为借口，唯恐西藏发展，从而成为自己所制造的"香格里拉神话"的囚徒。

香港大学历史系教授杜维运指出："西方汉学家用西方的一套方法，以重建中国历史，藉西哲的精蕴，以发国史的幽光，应是令人兴奋的事。唯中国学问，如天马行空，飘忽无踪，单凭方法，实不足羁系之。方法以外，灵活的运用，直觉的了解，诗意的体会，极为重要。方法易学，直觉的了解，诗意的体会，却不是一蹴可及的。不知中国的社会背景及民族习性，即不足以语此境界，西方汉学家的致命伤在此，西方汉学家重建中国历史的困难亦在此。"

从美国的中国学的缺憾，可以见到美国藏学乃至西方人的"西藏观"的缺憾之一斑。美国学者"非常缺乏在中国的实地考察经历，他们的著作往往只是其从事六年中国语言学习和几年的图书馆经历的产物"，这尽管被视为"在美国学术界中的特殊身份和高水平学术训练过程中形成的成果"，但却不能称之为"研究"。美国学者有"重事实，轻理论"的经验主义和实用主义倾向，他们在研究中习惯于"框架与史料"的结合形式。美国的"中国通"和中国学大师费正清研究中国奉行的"冲击—回应模式"，实际上仍是西方中心观。近东研究专家爱德华·赛义德进行"东方学批判"，将"西方中心论"的统治地位称为"文化霸权地位"。他在《东方学》一书中指出："欧洲人的想象被作为与任何非欧民族和文化进行比较时的权威标准。此外，还有一种欧洲人对东方的想象的霸权，他们自己反复申明先进的欧洲人对落后的亚洲人具有无比的优越性。”美国学者具有强烈的猎奇意识，嗜好探求差异性。

对西藏的神秘感，导致西方人对西藏文明讳莫如深；由于感情上的距离和政治上的偏见，造成东西方的对立，使西方人难以客观全面地认识西藏；东西方思维方式的差异，东方人重辩证思维，思考问题强调对立的交叉与和谐，西方人思考问题重对立的矛盾和斗争，致使西方人和东方人尤其是中国人形成不同的“西藏观”。西方媒体将西藏传统描写成香格里拉，西方的电影、书籍、报纸等共同塑造了西藏的“神话”，西方主流媒体既受到这些神话的影响，又继续延续着这些神话，从香格里拉神话发展到新香格里拉神话，最终成为香格里拉的“囚徒”。

美国的中国学家柯文倡导“中国中心观”，他认为，我们的研究必须“转向更加内在的取向”，“力图对任何特定的非西方社会的历史，从自身的情况出发，通过自身的观点加以认识”。就是说，要真正“进入中国内部，开始了解中国人自己是怎样理解和感受他们最近的一段历史的”。“从一种西方中心色彩较少的新角度来看待中国历史”，“从中国而不是从西方着手来研究中国历史，并尽量采取内部的（即中国的）而不是外部的（即西方的）准绳来决定中国历史哪些现象具有历史重要性”。实际上是要求美国学者彻底摒弃“西方中心”的文化霸权观念，深入到中国人的思想世界之中研究中国，使局外人获得局内人的感受。西方藏学界只有“移情”和“换位”，摒弃“西方中心论”，以中国西藏为中心，才能真正“理解与体验”西藏，才能得出符合西藏实际和中国实际的结论。

（原载《中国西藏》，2001 年第 2 期）

《西藏度亡经》在西方的影响

一、一部奇特的藏文经典

这部经典无论是书名、内容，还是在西方的影响都十分独特。《度亡经》是古代印度的一部经典，系 8 世纪莲花生时代创作的，传入西藏，被翻译成藏文，名《中阴得度》（Bardo Thodol）。朗达玛灭佛时被埋藏于地下，成为“伏藏”，后由仁增噶玛宁巴（Rigzin Karma Ling-pa）从色丹（Gser-ldan）河畔的甘布达（Gampodar）山掘出。印度佛教大师莲花生将《度亡经》传入西藏后，藏族高僧将其翻译成藏文，名《中阴闻教得度》（Bardo Thodol）。20 世纪 20 年代，藏族喇嘛卡孜·达瓦桑珠（Lama Kazi Dawa-samdup）和美国学者伊文思·温兹（W. Y. Evans Wentz）合作将其翻译成英文，名《西藏度亡经》（The Tibetan Book of the Dead），传入西方，成为在英语世界产生深远影响的最著名的藏传佛教经典，西方人由此窥见了藏族文化和藏传佛教之一斑。可以说，《西藏度亡经》的翻译和传播是东西方文化的交流和融合的一个典型个案。

中阴在藏文中称为 Bardo，是指“一个情境的完成”和“另一个情境的开始”两者之间的“过渡”或“间隔”。Bar 的意思是“在……之间”，do 的意思是“悬空”或“被丢”。Bardo 一词因《中阴闻教得度》一书的风行而闻名（索嘉活佛著、郑振煌译：《西藏生死之书》，汉译本，第123页，中国藏学出版社，1999年）。“《中阴得度》，或作《中阴闻教得度》，顾名思义，就是人在已离开人世之后，尚未投生之前这个名为‘中阴’阶段之间听到有人呼唤他的名字，对他诵读这部经典，即可使身在‘中阴’境中的亡灵，解除种种‘中阴险难’的恐怖，乃至证入不生不灭的法身境界或得报身佛果，以了生死轮回之苦，至少亦可得到上品的化生或转生，以免落入饿鬼、畜生、地狱等三恶道中。”（徐进夫：《西藏度亡经》前记）“按照佛教的观点，生命系由一系列连续不断的意识境界所构成。最初一个境界是‘生有意识’或‘出生意识’，最后一个境界是‘死亡之际的意识’或‘死亡意识’。介于这两个境界之间，由‘旧’变‘新’的一个境界，叫做‘中阴’（the Bardo）或‘中有’（Antarabhara）境界，分为三个阶段，藏名叫做临终（Chikhai）、实相（Chonyid）和投生（Sidpa）中阴，分别代表初期、中期和后期三个阶段。”（吴卓飞：《西藏度亡经》前言，第13页）总之，“《中阴得度》是为死者或濒临死亡的人而写的书。它与《埃及度亡经》相似，都是用以指引死者处在中阴身（Bardo）的状态时——亦即在介于死亡与再生的49天期间——如何自处的典籍。”（荣格：《〈西藏度亡经〉的心理学》）值得一提的是，“1959年以前，传统的藏族学者并没有听说过《西藏度亡经》（或以此为书名的藏文译本）。了解宁玛派著述的学者熟知一本名为《中阴得度》的藏文书；他们将它视为宁玛派喇嘛关于丧葬的一本著述。伊文斯·温兹著作中的藏文译文只是著名的丧葬风格著作的一部分。”（《香格里拉的囚徒》第二章）

需要强调指出的是，《西藏度亡经》的英文译者是达瓦桑珠，美国学者伊文斯·温兹只是编辑出版者。《西藏度亡经》的英文版面世后，在西方引起轰动，多次再版，从而奠定了伊文斯·温兹在西方学术界的地位，甚至造成错觉，许多人误认为温兹是《西藏度亡经》的译者或作者。温兹本人并没有贪天之功为己有，他说："我只不过是《西藏度亡经》的编者而已。本书之所以能够与大家见面，主要的功德自然应该归于它的译者、已故格西喇嘛达瓦桑珠，他是当今西藏兼通西藏密学和西方科学的大家。"（温兹，第一版序，1927 年）

《中阴得度》的英文版即《西藏度亡经》，成书于 20 世纪初，它是藏族喇嘛与美国学者密切合作的结晶。1911 年，温兹从大吉岭不丹巴斯蒂寺的红帽卡吉巴派的一位青年喇嘛那里得到了《中阴得度》手稿。据这个喇嘛称，这是他家世代相传的宝物。1919 年，受温兹的委托，喇嘛卡孜・达瓦桑珠在位于锡金甘托克的敕立波提亚寄宿学校（The Maharaja's Bhutia Boarding School）的校长任内，开始将其翻译成英文。达瓦桑珠和温兹是《中阴得度》西渐的先驱者。译者喇嘛卡孜・达瓦桑珠，1868 年 6 月 17 日出生于西藏一个农奴主家庭。1887 年 12 月至 1893 年 10 月，住在不丹的巴萨道（Buxaduar），任英国政府的翻译，后来曾任西藏地方政府的译员。他曾为法国藏学女杰亚历山大・大卫・妮尔担任英文翻译。1906 年受锡金国王委派，任甘托克学校校长。1920 年后被任命为加尔各答大学的藏文译师。由于不适应当地炎热的气候，1922 年 3 月 22 日病逝，享年 55 岁。当时，达瓦桑珠是《中阴得度》英文翻译的最佳人选。正如温兹所说："由于他本人是一位颇通西方学术的学者，故而不厌其烦地使我能够以欧洲人可以明白的方式复述东方的观念。"（温兹，第一版序）"译者在喇嘛教方面所受的深切训练，他对莲花生大师'大圆满派'高等瑜伽教义的虔信，他对他在不丹的上师所教导的密学所得的实际认识，以及他对英、藏两种文字的驾驭裕如——所有这些，无不使我认为，在这个世纪之中，即使再有一位学者出现，比本书实际译者对他都应有所感激；因为他已在这里将一直封锁着的西藏文献和北传佛教的宝库为西方人开放了一部分。"（《度亡经》，第 241 页）

编者瓦尔特・伊文斯・温兹，1878 年出生于新泽西州的特伦顿（Trenton）。早年对其父图书馆中关于招魂术方面的书感兴趣，在少年时代，就阅读了著名的通神论者布拉瓦茨基夫人（Madame Blavatsky）的《揭开伊西斯的面纱》（Isis Unveiled）和《秘密教义》（The Secret Doctrine），受到通神论的影响。他是藏族喇嘛达瓦桑珠的入室弟子。在19世纪和20世纪之交，温兹来到加利福尼亚。1901年，他在当地加入了通灵学会美国分会。后来到牛津耶稣学院学习凯尔特民俗学。在那里，他加入了名称取自他母亲家族的一个家庭，因而改名为瓦尔特·伊文斯·温兹。在完成《凯尔特乡村的神仙信仰》的论文后，他开始环球旅行。第一次世界大战爆发时，他正在希腊，大部分战争时间是在埃及度过的。从埃及出发，他先到斯里兰卡，后来到了印度。在印度，他造访了设在阿达亚（Adyar）的通灵学会总部，见到安妮·贝珊。在印度北部，他向各位印度教上师，特别是斯瓦密·萨特亚南达（Swami Satyananda）学习。1919年，他到了位于喜马拉雅山南麓锡金的大吉岭。他从不久前刚从西藏回来的一名英国官员处得到了一些藏文书，并带着一封地方警察主管写的介绍信，将这些书带到了在甘托克的锡金大君的儿童学校的英文教师处，在此结识了教师卡孜·达瓦桑珠。此后两个月，温兹每天早晨学校上课之前都要去找达瓦桑珠。1935年，在卡孜·达瓦桑珠去世后，伊文斯·温兹回到大吉岭，雇了3名锡金藏族继续为他翻译其他书。这些书后来以《西藏大解脱书》（The Tibetan Book of the Great Liberation）为名出版。他一直是一位通灵者，后来写过各种各样与通灵有关的出版物。他一生中的最后23年在圣迭戈的克斯通饭店度过。在加利福尼亚的恩西尼塔（Encinitas）的斯瓦密·约加南达（Swami Yogananda）的自助会（the Self-Realization Fellowship），他度过了最后数月。温兹一生根据喇嘛的译文所编写的关于藏传佛教的著作共有4部，除《西藏度亡经》外，还有《西藏大瑜伽师米拉日巴》（Tibet's Great Yogi Milarepa）（1928年），《西藏瑜伽与秘密教义》

（Tibetan Yoga and Secret Doctrines）（1935 年），二者均以卡孜·达瓦桑珠的译本为蓝本；《西藏大解脱书》（The Tibetan Book of the Great Liberation）（1954 年），以 3 名锡金人提供的译本为蓝本。（《香格里拉的囚徒》第二章）

二、在西方世界的“转世”

《中阴得度》传入西方后，其中所反映的藏族人的全新的死亡观念和对待死亡的乐观态度受到了惧怕死亡的西方人的极大的关注。自 1927 年其英文版《西藏度亡经》问世以来，在西方世界相继出现了 10 多种“转世译本”（version of reincarnation）。

1.《中阴得度》（Il libro tibetano dei morti{Bardo Todol}），图齐（Giuseppe Tucci），Milano：Bocca1949 年，1972 年重印。

2. 里瑞、梅兹勒、阿尔伯特（Timothy Leary，Ralph Metzner，and Richard Alpert）：《幻觉经历——以西藏度亡经为蓝本的一部指南》（The Psychedelic Experience：A Manual Based on the Tibetan Book of the Dead），新泽西斯达德尔出版社（Citadel Press）1964 年版，1983 年第 2 版。

3.《原始的美国度亡经》（The Original American Book of the Dead），加利福尼亚（Gateways/IDHHB Publishers）1974 年版，1990 年修订版。

4. 弗兰西斯卡·弗雷曼德尔（Francesca Fremantle）和曲嘉仲巴（Chogyam Trungpa）翻译的《西藏度亡经——中阴闻教得度》（The Tibetan Book of the Dead：The Great Liberation through Hearing in the Bardo），1975 年加尼福利亚香巴拉出版社出版。·1992 年版：The Tibetan Book of the Dead：The Great Liberation through Hearing in The Bardo. by Guru Rinpoche according to Karma Lingpa. Translated with Commentary by Francesca Fremantle and Chogyam Trungpa. ——见《香格里拉的囚徒》第 76—78 页。

5.《西藏度亡经的秘密教义》（Secret Doctrines of the Tibetan

Books of the Dead)，劳弗著(Detlef Ingo Lauf)，德国 Aurum Verlag 出版，Graham Parkes 英译，波士顿香巴拉出版社 1977 年版，1989 年重印。

6.《西藏苯教——西藏苯波教徒的丧葬仪轨》(Tibet Bon Religion：A Death Ritual of the Tibetan Bonpos)，莱顿：E. J. Brill，1985 年。

7. 索嘉活佛(Sogyal Rinpoche)撰写《西藏生死书》(The Tibetan Book of Living and Dying)，旧金山哈伯科林斯出版公司(Harper Collins)1992 年出版。——见《香格里拉的囚徒》第 78—80 页。

8. 白玛桑巴瓦(Padma Sambhava)著、噶玛宁巴(Karma Lingpa)发现、罗伯特·瑟曼(Robert A. Thurman)翻译的《西藏度亡经》(The Tibetan Book of the Dead：Liberation through Understanding in the Between)，1994 年纽约班唐图书出版公司(Bantam Books)——见《香格里拉的囚徒》第 2 章，第 80—84 页。

9.《三乘——佛教评论》(Tricycle：The Buddhist Review)，Buddhist Ray，Inc. 第 6 卷，第 1 号，1996 年秋。

10. 达瓦桑珠(Lama Kazi Dawa-Samdup)翻译、瓦尔特·伊文斯·温兹(Walter Y. Evans-Wentz)编辑的《西藏度亡经》，1927 牛津大学出版社出版。

其中，达瓦桑珠—温兹版影响最大，该书全名为《西藏度亡经或关于中阴的死后体验，以喇嘛卡孜·达瓦桑珠的英文译本为据》(The Tibetan Book of the Dead or the After-Death Experiences on the Bardo Plane，according to Lama Kazi Dawa-Samdup's English Rendering)，"达瓦桑珠—温兹版，是第一种，也是最著名的一种版本。这在很大程度上成为以后该书各种各样版本的正根，即使是所谓的藏文'原本'，实际上也是由它演变而来。它导致以后许多转世版本的出现"。"1919 年以来，作为《西藏度亡经》的转世，在几乎一个世纪里，它在西方一次次被人们发现;对这本书的重大发现共有5次(还有若干次较小发现)。就某种程度而言,每次发现都适逢其时。这些发现极大地满足了'中阴得度'注定要满足的不同需要……自从该书1927年首次以英文本形式面世以来,作为永恒世界的精神经典,它一直长盛不衰。在不同的领域,服务于广泛的用途。和曾经为之服务的几百年前的西藏相比,它与20世纪欧美文化时尚的关系要密切得多。”(洛佩兹)《西藏度亡经》自1927年初版后,先后于1936年、1948年、1955年、1959年、1960年多次再版,并被译成多种其他欧洲语言出版。自1927年以来,仅各种英文版就已售出525000多本。

三、西方人的死亡“圣经”

自《西藏度亡经》传入西方后,西方的哲学家、心理学家和佛学家都对之进行了深入的研究,并给予很高的评价。其中,伊文斯·温兹、瑞士心理学家荣格(C. G. Jung)、德国喇嘛戈文达(Lama Anagarika Govinda)和约翰·伍德诺夫爵士(Sir John Woodroffe),对该书的翻译、评论和阐释在西方影响较大。荣格说:《中阴得度》“观念雄伟,问题不凡”。“此书的教导切合人性,对灵魂的奥妙更有深刻的省察”。“自从《中阴得度》出版(1927年)以来,它一直是我常年不变的随身伴侣,不但我的许多富于启示性的观念和发现要归功于它,还有许多根本的认识或见地也要归功于它。”“这本书所带来的信息是,‘死亡的艺术’不仅跟‘生活的艺术’或‘出生的艺术’同样重要,且为‘活的艺术’或‘生的艺术’的补充和圆成。”(伊文思·温兹,第二版序)荣格写道:它“提供的是向人类而不是众神或原始野蛮人讲述的一种明白易懂、仅能用理智理解的哲学。这种哲学包含着批判性的佛教心理学的精华。我们可以说,此书的雄伟岸然是无与伦比的”。“它们是如此的详细和彻底地适应在死亡的人的条件下的明显的变化，以至每一位严谨的读者都必定要自问，这些聪明的老喇嘛究竟是否能够看见第四维空间，是否能够揭开最伟大的生命的秘密的面纱”。“本书的训诫功能，也正是想帮助死者获得解脱”。“我相信学者只要睁开眼睛，阅读此书，并且不心怀成见的话，他一定可以大有收获”。“《中阴得度》原本是密教的典籍，即使到了今天，不管有多少种注解出现，它的性质依然未变。何以故？因为此书只有对带有精神理解能力的人，才愿开放。”

伊文斯·温兹说：“本书译者，已故格西喇嘛达瓦桑珠，指导编者从事西藏研究工作的其他饱学喇嘛，以及本书编者本人所抱的一个热望是：希望西方能在此等密教教理，及其本身的基督教化的许多原则帮助之下，重新编组并实地练习‘死亡的艺术’以及‘生活的艺术’。”（温兹，第二版序）“本书将一切伟大信息中的最大信息，带给如今转生于这个地球之上的人类家庭的每一分子。它向西方人民揭示了一种直到现在唯有东方人民通晓的‘死生之学’。”（温兹，第三版序）“不但要使东西方人民之间获得一种更佳的了解，同时还要纠正人们，尤其是整个西方人士，对于人类的根本问题——生死——缺乏正知、不加闻问的态度”。（温兹，普及版序）

伍卓夫（Sir John Woodroff）说：“本书的正文有三个特点：第一，它是一本讨论死亡艺术的书；因为死亡跟生活一样，也是一种艺术，虽然，此二者往往皆非易事。孟加拉人有一句俗语说：‘若人不知如何死，礼拜苦行有何益？’第二，它是一本宗教上的临终治疗手册，一种以死亡仪式祛魔、教示、安慰以及砥砺即将去过另一种生活之人。第三，它描述亡灵面临中阴时期的经验，并在这段期间对他有所开导，因此，它也是一本‘旅行者的彼岸世界指南’。”（伍卓夫：《西藏度亡经》前言，汉文版，第13—14页）

当代西方学者对《西藏度亡经》的评价也很高。彼得·比夏普（Peter Bishop）在《权力之梦——藏传佛教与西方的想象》一书中写道：《西藏度亡经》是20世纪到达西方的最重要的东方神圣文献之一。它向西方人开辟了一种全新的意识景象。它树立了一种模范的标准，以此来衡量其他论述死亡艺术的古代文献。科林·威尔逊（Colin Wilson）写道，受人尊崇的《埃及度亡经》与这部西藏文献比较，只是“一盘粗糙的大杂烩”。我们都听说它是作为一幅“意识地图”、作为一部“神圣技术的手册”，或作为一部“更高的现实层面的手册”被查询的。就像最佳的旅行向导，它限定路线并指出沿途的注意事项。马莱尼（Maraini）称它为“彼岸世界的一部旅行指南”。《西藏度亡经》向我们馈赠的是死亡迷宫的一幅地图和指导我们如何通过我们的道路的一条路线。他说，这部西藏文献的到来，也与西方关于喜马拉雅山区的原始猩猩类动物雪人的一种迷惑相一致。这两种想象，即中阴和雪人，表明了当时在西方关于西藏的幻想中的极端倾向。西藏文化和宗教很快就在西方人的眼中失去了其矛盾心理，并且成为所有已经在“堕落的”、工业化的西方消失了的一种日益增长的标准模式。

洛佩兹说：“《西藏度亡经》的出版，是与西方人对精神的权威和向导的一种渴望相一致的。《西藏度亡经》确实像一部手册、一部旅游指南，但是是由‘全知的贤哲’撰写的。像一切游记一样，叙述的风格增强了它的真实主张。它是用直接经验的语言和一个故事的形式撰写的。《西藏度亡经》被称为关于死亡科学的一部教科书。它也是关于永恒、长生不老的科学的一部教科书。科学和古代智慧的幻想都汇集在这部文献上。现代医学科学长期向死亡宣战，正如死亡确实也长期提供了大多数宗教的中心神话。”（《香格里拉的囚徒——藏传佛教与西方》第2章）

参考文献

1.《西藏度亡经》的各种版本。新中国成立前，有汉译本《中阴救度密法》印行，但是掐头去尾，系用密宗上师的口气以文言翻译，文字艰涩。台湾学者徐进夫于1982年完成该书的白话文全译，由台湾天华出版公司1983年出版。1995年宗教文化出版社在大陆出版徐进夫的汉译本。

2.《西藏生死书》，索嘉仁波且著，中国社会科学出版社、青海人民出版社出版，1999年。

3.《香格里拉的囚徒——藏传佛教与西方》（Prisoner of Shangri-La，Tibetan Buddhism and the West）第2章，洛佩兹著（Donald S. Lopez，Jr.），哥伦比亚大学出版社，1999年。

4.《力量的梦幻——藏传佛教与西方的想象》（Dream of Power，Tibetan Buddhism and the Western Imagination），第6章，彼得·比夏普（Peter Bishop）著，伦敦阿特龙出版公司（The Athlone Press Ltd），1993年。

5.《天鹅是怎样飞临湖泊的》（How the Swans Came to the Lake：A Narrative History of Buddhism in America），第285—287页，里克·费尔兹（Rick Fields）著，香巴拉出版社，1981年，1986年修订再版。

6.《荣格心理学与西藏佛教》，商务印书馆，

7.《〈西藏度亡经〉的心理学》，荣格，见荣格：《东洋冥想的心理学——从易经到禅》，社会科学文献出版社，2000年。

8.《西藏的宗教与西方的想象——度亡经的翻译与阐释》（Tibetan Religion and the Western Imagination：Translations and Interpretations of the Books of the Dead），网上资料。

（原载《中国西藏》，2001年第5期）

洛桑然巴——西方人神化西藏的一个骗局

在西方人的心目中，西藏一直是一片难以捉摸、充满诱惑、令人神往的神秘土地，是圣城，是心灵的归宿，是魂牵梦萦的“香格里拉”。因此，西方人多以到过西藏而自豪，没有到过西藏的人，主要是从西藏归来的探险朝圣者和旅行者的描述和言谈中了解西藏。早期西方人了解和认识西藏的主要途径是各种文献资料，以及前往西藏的探险家和传教士等人的游记。于是，游记就成为西方人了解西藏的第一手材料，其真实性从来不会受到怀疑。显然，游记对西方人的“西藏观”的形成起了至关重要的作用。对此，彼得·比夏普在《香格里拉的神话——西藏，游记和西方所创造的神圣景观》一书中有精辟的分析和阐述。因此，西方人的“西藏观”是否正确，很大程度上取决于游记的真实性和准确性。游记作者一旦撒谎或编造神话，就很容易蒙骗没有到过西藏的西方人，甚至会使他们落入设下的圈套，成为“香格里拉”的囚徒。在西方招摇撞骗近半个世纪的洛桑然巴（Tuesday Lobsang Rampa）就是这样一个典型，他所撰写出版的自传体“三部曲”——《第三只眼睛》（The Third Eye，1956 年）、《来自拉萨的医生》（Doctor from Lhasa，1959 年）和《然巴的故事》（The Rampa Story，1960 年），不但神化了西藏，而且还以似乎天衣无缝的编造将西方人带入了一个梦幻般的迷宫。

一、洛桑然巴为西方人设置的陷阱
——自传体“三部曲”

《第三只眼睛》

该书全名为 The Third Eye——The Autobiogrphy of a Tibetan Lama（《第三只眼睛——一名西藏喇嘛的自传》），作者普布·洛桑然巴，该书于 1956 年在英国伦敦由马丁·瑟克尔和瓦伯格（Martin Secker & Warburg）有限公司出版，自其面世之后，在英语世界十分畅销，在其印刷出版的最初 18 个月就售出了 30 万册，两年之内（到 1958 年）再版达 9 次。

《第三只眼睛》全书共 18 章。该书以自传体的形式，讲述了普布·洛桑然巴这位西藏地方政府一位主要官员和拉萨贵族的儿子的故事。作者从童年时代讲起，声称自己有一个哥哥班觉（Paljor），一个姐姐雅索达拉（Yasodhara），班觉不到 7 岁就离开了人世。一般来说，西藏的儿童身体都很结实，他们几乎都是在幼年时期经受了严酷气候的考验而幸存下来的。新生儿刚一来到人世，就被他们的祖母浸入冰河，冻得浑身通红，全身发紫，直到停止哭叫为止。“如果幼儿在这样的考验中幸免一死，就被认为是神意；如果死了，则被认为是了却了活在世上的痛苦。”洛桑然巴成长于拉萨上流社会家庭中，受到一位“康巴汉子”的严格指导。这位康巴人身高 7 英尺，人称老朱（Old Tzu），从前曾在僧人纠察局工作过，1904 年英军入侵西藏期间，他在同英国陆军上校荣赫鹏带领的军队作战时负伤。然巴上过学，他在学校里学习藏文、汉文、算术和木刻。每天学生们都要背诵以下教规：“（1）以德报德；（2）不要与贵族绅士打架；（3）阅读并理解佛经；（4）帮助邻里；（5）对于富人要严肃法纪，以教会他们理解他人和公正；（6）对于穷人要施以温和之法，以向他们显示慈悲；（7）尽快偿还债务。”在各项运动中，然巴喜欢射箭、撑竿跳、踩高跷，特别是西藏传统体育活动放风筝。每年秋季的第一天，人们从布达拉宫顶上放飞第一只风筝，这就标志着西藏放风筝季节的开始。

为迎接然巴的 7 岁生日，家人设计了一个大型的庆典。拉萨所有的贵族家庭都前来庆贺，酥油灯从树枝上垂吊下来并漂浮在经过装饰的湖面上，四周充满着节日的喜庆，主人以鱼翅汤和糖煮杜鹃花来招待宾客。就是在这个庆典上，关于这个男孩未来命运的预言产生了："一个 7 岁的男孩将进入喇嘛庙，在经历一段艰难的忍耐之后，他将被训练成一名医僧。为了经受最大的磨难，他将离开家乡，消失在陌生的人群中。由于丧失了原来拥有的一切，因而他不得不从头开始，最终获得了成功。"（《第三只眼睛》第 44 页）

因此，然巴请求进入药王山（Chakpori）喇嘛庙，这实际上是传授藏医学的藏医学院。然而，有志于晋升高等藏医序列的人都必须通过一项考试，因此，寺庙要求这个小男孩在获准进入寺庙之前，要在该寺门口静静地打坐。获准入寺后，然巴开始了严谨的学习，藏医学院特别强调学习算术和背诵佛教经文。老师们会提出这样的问题："小男孩，我想知道《甘珠尔》第 7 函第 8 叶第 5 行的内容是什么？"（《第三只眼睛》第 82 页）然巴很快就显示出自己的出色才智，因而被挑选去接受秘密传授。随后对他进行了一段时期的强化训练，该训练计划要在几年内传授通常一个喇嘛终生才能学完的内容。寺院住持警告他说："这条道路很艰辛，而且时常令人烦恼。提高洞察力是痛苦的，在灵魂界穿行需要非凡的勇气和像岩石一样坚强的决心。"（《第三只眼睛》第 61 页）高僧为他取法名赞米玛·拉鲁（Yza-migdmar Lah-lu），并安排他去接受木雅顿珠（Mingyar Dondup）这位曾经观察过旨在提高洞察力的外科手术演示的大喇嘛的指导，然后然巴才能在催眠状态下接受传授。在然巴 8 岁生日那一天施行了外科手术，在自己的两眼之间的头盖骨上钻一个孔，生成第三只眼睛，这样就能看见各种预兆，“看见人的真实情形，而不是他们伪装的样子”。（《第三只眼睛》第 88 页）他的外科手术痊愈之后，应召到布达拉宫，受到达赖喇嘛的接见。由于达赖喇嘛已对然巴的前一转世（前世为色拉寺住持）和关于他未来命运的预言这两个方面的记录进行过仔细的审察，因而达赖喇嘛提醒他，摆在他前面的最重要的任务就是为世界保存西藏的智慧。

然巴的 12 岁生日刚过不久，就参加了成为札巴（trappa）或称医僧（medical priest）必须通过的各种考试。在这期间，每个学生都将被关进一个长 10 英尺、宽 6 英尺、高 8 英尺的石室之中。一旦进了石室，学生就要针对传进来的各种书面问题写出书面答案。学生们每天仅一个题目就要写上 14 个小时，考试的灯火将持续 6 天。考试期间，他们都被锁在石室之中，茶水和糌粑都通过墙上的一个小洞传送进去。然巴成功地通过了考试，随后他陪同喇嘛木雅顿珠带着一个探险队到野外采集药草。旅行途中，他们被扎耶巴（Tra Yerpa）喇嘛庙的独特景观吸引住了，这座寺院制作了几只能够承受一个成人的箱式大风筝，然巴钻进这种风筝作了几次飞行，后来他向该寺的风筝大师建议作些设计修改，加以完善，以增强这些风筝的飞行性能。

然巴返回拉萨后，被达赖喇嘛叫去。然巴藏坐在夏宫罗布林卡的大厅内，用其第三只眼睛观察那里的预兆，因而知道了汉人密使对于达赖的意图。（《第三只眼睛》第 175 页）后来然巴又被叫去解读一位操英语的来访者的预兆，他对这位造访者的衣着深感惊讶，因为这个人穿的裤子和鞋子是他从前未曾见过的。来访者偶尔会将一块白布举到鼻子上并发出小喇叭似的声响，然巴认为那是向达赖表示敬意的一种方式。他认定这人是个瘸子，因为他不得不坐在一个由四根棍子支撑的木框上。来访者的预兆显示他的健康状况很糟，但是他有帮助西藏的真诚意愿，只是担心如果他那样做，将会使自己失去政府的抚恤金，因而只好压抑这种意愿。后来然巴了解到这个人名叫查尔斯·贝尔（Charles Bell，1870—1945 年），贝尔当时担任英国驻锡金的政治专员，他是英国侵略中国西藏的马前卒。

后来，然巴陪同喇嘛木雅顿珠所率领的一个探险队前往羌塘草原，他们通过一个严寒而荒芜的危险地带之后，到达了一个像伊甸园一样的山谷，这里气候温暖，土地肥沃，他们在当地遇见了雪人。当他们返回拉萨时，然巴已快 16 周岁了。后来他再次进入箱式考场，这一次他用 10 天时间完成了有关骨骼、神性、算术及瑜伽等题目的笔试，随后又用两天多的时间通过了口试。考试结果张榜公布时，然巴名列班中第一，因此从札巴晋升到喇嘛行列。后来他通过与天葬师（即尸体肢解员）一起工作继续学习骨骼学。

最后，达赖喇嘛宣布，然巴必须经历“中阴”即短期死亡仪式，以成为寺院住持。经过 3 个月的准备和一段时期的严格斋戒与冥想之后，然巴由 3 位老年住持领着通过布达拉宫下迷宫似的洞窟，走到一间光亮的黑色屋子前。房屋里停放着 3 具黑色棺材，其中躺着西藏史前时代几位神王的巨大的金色肉体。然巴和几位神王的尸体一起被锁在这间黑屋子里，随后他的灵魂四处游荡，游历到了巨人们所创造的伟大文明之中，他们在人类生活的地球遭到其他星球撞击之前就生息在西藏，后来又将西藏从温暖的海边移到了雪山。3 天之后，坟墓中的然巴的灵魂从游荡中返回，然巴也从死亡中复活。

此后不久，然巴再次受到了达赖喇嘛的召见，达赖喇嘛指令他立即动身前往中国内地，并警告他说：“异邦人的行为方式是奇怪的和不可理喻的，正如我以前告诉过你的那样，他们只相信他们能够做到的那些事情，只相信他们在实验室中能够得到检验的东西。然而，在所有科学中，最伟大的科学是超越自我的科学，他们未加接触就将这种科学遗弃了。那是你的道路，是你拥有这个生命之前就已选好的道路。”（《第三只眼睛》第 217 页）《第三只眼睛》的结局是普布·洛桑然巴正驱马前往中国内地，他在马背上最后一次回望布达拉宫，在那

里，一只孤零零的风筝正在空中飞舞。（洛贝兹：《香格里拉的囚徒——藏传佛教与西方》第三章）

《来自拉萨的医生》

1959年，然巴出版了《第三只眼睛》的续集，书名为《来自拉萨的医生》。此书从《第三只眼睛》的结尾，即普布·洛桑然巴离开拉萨前往中国内地之时写起，时间是1927年。然巴骑马从拉萨旅行到重庆，遇见了许多以前在西藏不知道的事情，如阴沉而湿润的气候、垂钓（西藏的鱼不惧怕人而且时常成为人的宠物）、机动汽车、自行车、室内管道设备、弹簧床以及俄国人从牛车后面宣扬的共产主义的荣耀。在重庆，他进入一所中医学院学习，并在注册簿上写道："普布·洛桑然巴，西藏喇嘛，药王山医僧，经过认定的活佛，具有住持资格，木雅顿珠喇嘛的弟子。"他的课程包括中医和美国医学方法及外科学两个部分，他对电学和磁学也特别感兴趣。在电学课堂上，他能毫无痛苦地承受250伏的电击，并描绘出用自己的第三只眼睛看见的磁场的草图，这使授课的教授大为震惊。然巴将他学到的中医与西医内容与他从前通过秘传掌握的西藏医术相结合，希望能够重新生产出他在一座史前城市的废墟中看到过的设备，那座城市废墟隐蔽在羌塘的一个山谷之中，用以解读可预告生理和精神疾病的预兆。

然巴与现代世界之间最不平凡的对抗，是他第一次与一架飞机偶然相遇了。他被一位对西藏饶有兴趣的中国内地飞行员带着作了一次短暂的飞行，随后他"借用"那架飞机独自驾驶升空，在空中飞行时，他摸索并掌握了各种操作技能，最后平稳地着陆。此后不久，他应征加入了蒋介石军队中的特种空军医疗部队。

多年以后，然巴收到了来自拉萨的一份电文，内称："至尊十三世达赖喇嘛，其世系中离我们最近的一位活佛，突然离开了这个世界。"（《来自拉萨的医生》第103页）然巴受命返回拉萨，他乘坐小汽车返回住地，随即骑马参加葬礼。葬礼结束之后，他很快回到中国内地。这时，正值抗日战争爆发的前夜，他接受委任，成为汉人军队中的一名医务官，并应一位汉族将军的邀请到了上海。然巴在上海创办了一家私立医学和精神修炼所，同时继续学习导航和飞行理论。1937 年，抗日战争爆发后，然巴承担了驾驶一架空中救护车的任务，后来被日军击落并成了战俘。日本人为了获取情报，对他进行了严刑拷问，但是他只回答说他是中国军队中的一名非作战官员。他作为喇嘛曾经受过的训练使他承受住拷问和饥寒。他以装死为掩护，终于逃出了日军的魔掌，设法到了中国军队的防线并回到重庆。在那里，他用自己的医术使许多受到日军伤害的人康复。

然巴担任医院主管，不久又被日军逮捕，日本人想弄清为什么一个西藏喇嘛会效命于中国军方，他再次遭受毒打和审讯，后被送到一座集中营，不久他又设法逃出。但是，他被出卖，再次被捕。为了防止然巴再度出逃，日本人打伤了他的双腿，迫使他留在集中营里，于是他便向其他囚犯提供医疗救助，运用西藏的药草知识治愈了多人的热带疾病。战争即将结束时，那些被认为是最为顽固的囚徒，包括然巴在内，被移送到了日本本土的一个特别集中营。该集中营位于广岛附近的一个村子里，美国向广岛投下原子弹的那一天，然巴从这个集中营里逃了出来，并设法到了海边。他偷得一条渔船之后，漂流进了日本海，此后便不知去向。《来自拉萨的医生》到此止笔。（洛贝兹：《香格里拉的囚徒——藏传佛教与西方》第三章）

《然巴的故事》

1960 年，然巴自传“三部曲”的最后一部《然巴的故事》出版，该书从中国抗日战争结束 15 年之后即 1960 年写起。书中描述，生活在西藏的喇嘛们，通过灵魂的探测，已在自己家乡广袤的土地上找到了一个洞窟和隧道群，并正在全力以赴将那些最为神圣而神秘的佛教法宝从拉萨辗转运送到这里，他们认为这里是能够避开共产主义者目光的隐身之处。这些佛教法物包括过去各位活佛的金像、圣物、古代作品，还有一些学识渊博的高僧。在这里，古代的知识将由一所“知识保存学校”负责保存，寺院住持们正在为这个新的家庭挑选一批精神上最为出众的僧侣。这时，洛桑然巴正生活在加拿大东南部的港口城市温泽，他通过心灵感应同西藏的喇嘛保持着联系。按照西藏喇嘛给他的信息，他的下一个任务就是写出一部作品，书中要“强调一个话题，即只要这个人完全同意，另一个人就能够附体在他的躯壳上”。在这本新书里，然巴简要地回顾了前两部作品中的一些线索，并增添了一些前两部作品未曾提及的事件，如他曾与木雅顿珠喇嘛一道到另一个星球上作灵魂旅行，这次旅行的一个收获是接收到了外星人的一些指令。

然巴追述说，那只日本渔船后来搁浅了，他昏死过去，等到苏醒过来时，他发现自己已置身于一间小茅屋里，一位年迈的佛教法师正在端详着他。原来，那只小船已经通过了日本海并在俄国沿海附近靠岸了。由于他的心灵感应能力镇住了最为凶猛的俄国巡逻犬，因而被征召进入俄国驻防海参崴的军队，并充当驯犬员。在那里，人们称他为“住持同志”。

几个星期之后，他藏在一辆将要开往莫斯科的货运列车上，结果被安全局的人逮捕，并在卢比延科监狱受到审讯。获释后又被驱逐到波兰，在前往波兰的途中，他乘坐的那辆俄国卡车出了车祸，他遭受重伤，住进医院。住院期间，他被运送到了远离我们这个星球的一个世界去恢复健康，那是一片“闪着金光的大地”，在那里他遇见了木雅顿珠喇嘛和夏鲁。他还遇见了十三世达赖喇嘛，达赖喇嘛催促他重归地球并继续他的工作。由于他的身体状况很差，十三世达赖喇嘛为此作出安排称：“我们已在英国境内找到了一个人体，它现在的拥有者正急于将其遗弃，此人的预兆与你的基本一致。如果需要，你可以附体在他的身上。”（《然巴的故事》第71页）附体完成之后，要使新的形体在内在生命素质上完全变成自己原来的身体组织，需要7年时间。其后，新的躯体将与原来的身体一样，甚至有同样的疤痕。然巴受到提醒，一旦返回地球，他将“重新回到艰难、误解、怀疑和现实的憎恨之中，因为有一种罪恶的力量试图妨碍一切有益于连接人类进化的事物”。（《然巴的故事》第71页）

然巴回到地球上并完全康复后，被驱逐到波兰，并指派他到波兰的一个筑路工队。后来他和另一位囚犯抢夺了一辆小汽车，驱车逃到了捷克斯洛伐克。在捷克斯洛伐克，他受雇于一名维也纳走私犯，后来又被一名美国汽车推销商雇用。最后，他受雇运载一套重型建筑设备前往法国。在法国西北部港口城市瑟堡，他签约受雇登上一艘开往纽约的商船，并充当船上的第三工程师。“这也许是有史以来第一次由一名西藏喇嘛伪装成美国人，并作为一名管理仪表的工程师坐在船上”。（《然巴的故事》第101页）

在美国，然巴在布朗克斯区被一辆轿车撞倒，在失去知觉之际，他发现自己又和木雅顿珠喇嘛待在了一起。顿珠喇嘛对他说：“你正在清除所有的业障，同时也在从事一项非常重要并受到各种邪恶力量阻挠的工作。”（《然巴的故事》第110页）住院9个星期之后，他找到了一份洗盘子的工作，后来又受雇于纽约的斯克内克塔迪（Schenectady），充当电台的播音员。此后他又找了一份驾车往返全国各地提供运输服务的工作。他从魁北克取海路前往英国，可是当他到达英国时，又被一位堕落的海关官员遣送回了纽约，随后又遭逮捕，但是他跳下警察局的管道逃了出来，被一个非洲裔美国人家收留。在这家人的照料下，然巴逐渐得到康复。此后他又受到召唤与木雅顿珠喇嘛作灵魂会面，顿珠喇嘛告诉他，他已与想要遗弃自己躯体的那个英国人作过进一步的协商，“按照我们的指令，他已将自己的名字作了更改，这样更适合于你用”。(《然巴的故事》第134页）对于然巴来说，当前最为紧迫的任务就是“使肉体回到可以得到保存的西藏”。(《然巴的故事》第134页）分手之前，他向那位非洲裔美国人传授了如何祈祷和关于“恒常”的理论以及启迪思维的古埃及艺术。一位施主给他送来了一张前往印度的船票。到了噶伦堡，然巴遇见了一个装扮成喇嘛的代表团，他们陪同他到了一座与外界隔绝且能俯瞰拉萨的喇嘛庙。他在那里做了一些必要的准备，以便自己去接受一具新的躯体，就像达赖喇嘛“接受一位新生儿的躯体一样”。(《然巴的故事》第147页)

然巴在一位年长的喇嘛的陪伴下，作了一次灵魂旅行，在阿卡西克档案馆（Akashic Record）调查了将被他附体的那个人的履历。那个人已经结婚，靠制作外科器材维持生计，二战期间他服役当过一名空袭警报哨兵，受一项医疗条件的限制，他一直不能胜任现行的职责。他在一个梦中，接触到了一位喇嘛，随后便改换了名字，“因为他原来所用的那个名字引起了某些错误的感应，如同我们的数字科学所揭示的那样”。(《然巴的故事》第162页）然巴决定借助灵魂的载体去与那个人会面。他获悉那个人因英国偏爱等级秩序而憎恶在英国生活，但是他一直对西藏和远东怀有兴趣。一天，那个人为了拍到一只猫头鹰的照片，一直站在一棵树上，结果从树上掉了下来，被摔得失去了知觉。后来一位喇嘛来找他商谈，那个人向然巴详细叙述了这位喇嘛如何与他商谈的情况。那个人同意了。然巴告诉那个人，一个月之内他将返回，以接受那个人的肉体，让那个人做些准备，长出胡须，以便掩饰然巴被日本人毁坏的面颊。

一个月以后，在3位喇嘛的陪伴下，然巴的灵魂旅行到了伦敦，将在那里接受那个人的肉体。那个人得到通知要再次从一棵树上摔下来，在出事地点完成了一项手术，从而将那个人从银色的业障中解脱出来，并将然巴的业力安置进那人的体内。然巴克服极大的困难进入了那个西方人的肉体，从地上站了起来，在家里还得到了那人妻子的帮助。在这种情况下，他不得不马上去找工作，结果找到了一份洗印相片的差事。后来，他还做过各种各样自由职业者的工作，并做“精神工作”以维持“他的”妻子和自己的生活。当然巴打听到一份充当捉刀人的工作时，A·M·希瑟公司的文学代理商希鲁·布鲁克（Cyrus Brooks）竭力鼓励他撰写描写他本人的书，他不乐意。“我写一部书？疯话！我想得到的一切，就是一份能够提供足够的金钱以维持我们活着和盈余以便我能从事灵魂研究的工作，因此，我当时所有的意向，就是去写一部关于我本人的愚蠢之作”。（《然巴的故事》第194页）但是，在这位代理商的坚持下，他接受了撰写《第三只眼睛》这份费力且令人不快的任务。这部书完成之后，他经受了一次内心冲击，因为健康的原因他搬家到了爱尔兰，那是“一个岛屿，那里曾是亚特兰第斯（Atlantis）丢失了的大陆的一部分”。（《然巴的故事》第198页）在爱尔兰，他创作出了《来自拉萨的医生》。

然巴再次受到木雅顿珠喇嘛的召唤，要他必须到“北美印第安人的家园”中去，他有最后一项任务需要在那里完成。顿珠喇嘛还说：“不要因那些对你有所非难的人而心烦，他们并不清楚他们在说些什么，因为他们一直受到心甘情愿地对极乐世界无知的蒙蔽。当死亡将他们的眼睛合上，他们将转生成高级生命时，他们将对这些不必由他们引起的不幸和麻烦而后悔。”（《然巴的故事》第204页）然巴和他的妻子及两只猫乘飞机到了纽约，然后到了加拿大的温泽（Windsor），但是他不适应那里的气候，于是决定一旦完成《然巴的故事》就离开那里。《然巴的故事》以中国一枚核武器从拉萨发射升空的预言收尾。

二、洛桑然巴的本来面目与骗子畅行的原因

1956年，以洛桑然巴署名的《第三只眼睛》一书在西方出版，在此后的半个世纪，洛桑然巴在西方几乎家喻户晓，《第三只眼睛》也成为西方最畅销的书籍之一，不断再版。由于地理环境等因素，西方人对西藏和藏族知之甚少，加之作者高超的创作水平，致使许多西方人一直以为这是真人真事。普布·洛桑然巴看上去是藏族人的名字，实际上这是然巴为西方人设下的一大陷阱，制造的一大骗局。洛佩兹在《香格里拉的囚徒》一书中，称洛桑然巴为骗子，并揭露了所谓“洛桑然巴”在西方招摇撞骗的来龙去脉。普布·洛桑然巴很容易被视为藏人，《第三只眼睛》“作者前言”称：“我是一名藏人，是极少数到达这个陌生的西方世界的藏人。”该书第9版《出版者前言》指出：“该书从一开始就是一个谜。一些人怀疑其真实性，许多人相信其基本属实……”实际上，这是一个英国人假借洛桑然巴之名制造的一个骗局。英国的一名私人侦探经过长期的追踪调查，最终发现洛桑然巴并不是藏人，而是英国一名水暖工的失业的儿子，其真名叫瑟瑞尔·哈斯金(Cyril Hoskin)。洛桑然巴及其流浪经历完全出自哈斯金这个受过教育的想象力丰富的头脑。哈斯金从来没有到过西藏，也不会说一句藏话。冒充洛桑然巴的英国人哈斯金称得上是一名多产作家，他一生撰写出版了18部作品，到他去世时，他的作品的销售量已达400万册。

美国学者洛佩兹在《香格里拉的囚徒——藏传佛教与西方》一书写道：普布·洛桑然巴围绕“西藏”主题写出了多部书籍，与其他作者在相同题材下完成的著作相比，洛桑然巴的这些著述更受到图书市场的吹捧。洛桑然巴声称，闭上眼睛和嘴唇，只是进入喇嘛教神秘膜拜仪式的开始。对于受到认可的西藏历史与文化知识而言，然巴的眼睛闭上了，因为他不是

另一种膜拜仪式即藏学膜拜仪式的开始。然而，从“蒙蔽者”(mystifier)一词现代语义的两种解释来看，或许也可称他为神秘主义者。首先，他把西藏神秘化了，用他自己神秘的想象对西藏各方面的事实作了修饰；其次，他把读者神秘化了，他利用了阅读过其作品的大众的盲信倾向。“使神秘化”的意义具有一种强烈的故意欺骗的内涵，对于这一指责，然巴这个被视为西藏研究史上最大的骗子予以坚决否认。法国女藏学家大卫·妮尔曾装扮成藏人以掩盖其真实身份，德国人果文达(Govinda)喇嘛曾装扮成藏人以标榜他新的身份，以“普布·洛桑然巴”的名义从事写作的这位英国人却宣称他被一位西藏喇嘛附体了，经过为期7年的过程，然巴声称，不仅在服饰上，而且在生命要素上，自己已变成了藏人。他实现了这一转变，是通过他自由飘浮的能力，他的自由飘浮能力首先源于在一个载人风筝上的地心引力，其次来自他在灵魂载体上自由漂浮时对于时间和空间的控制。

所谓“洛桑然巴”及其自传体“三部曲”之所以能在西方畅行并蒙骗西方人达半个世纪之久，具有深刻的社会根源、宗教根源和文化根源。首先，哈斯金冒充藏人洛桑然巴，并打着高僧和达赖喇嘛的旗号，似乎具有很强的真实性、权威性和可信度，很容易让人受骗上当；其次，哈斯金钻了西方人对西藏知识贫乏的空子；第三，哈斯金利用了西方人对西藏的神秘感和好奇心，同时又对西方人的好恶十分了解，因而通过对藏人、西藏的神秘、新奇的描绘来吸引西方人。进入21世纪，随着人类社会进入信息化时代，西藏的对外开放，西藏、藏人和藏传佛教的神秘面纱逐渐被揭开，西方人对西藏和西藏文化的了解和认识逐渐加深，西方人的西藏观逐渐趋向客观和真实，“洛桑然巴”那个骗子当道的时代已一去不复返。同时还要看到，由于少数西方人还戴着有色眼镜看西藏，因此还要警惕新的“洛桑然巴”的出现。

（原载《中国西藏》，2002年第2期）

戈尔斯坦——美国的“西藏通”

20世纪下半叶以来，美国人（包括学者、官员、民众和传媒）对中国西藏一直抱有浓厚的兴趣，他们对西藏的认识和对“西藏问题”的态度各有其特点。本文首次对国际知名藏学家戈尔斯坦（Melvyn C. Goldstein）的“西藏情结”、“西藏观”和西藏研究“范式”进行了系统的研究和剖析，从而揭示了一个重要的主题——研究美国人的“西藏观”具有重要的学术价值和现实意义：通过美国学者的“西藏观”这一个案研究，知己知彼，既可窥见美国藏学的特点和美国藏学与国家现实的关系之一斑，填补中国学术界的一项重要的空白，又可把握美国“打西藏牌”，利用所谓“西藏问题”遏制中国的根源和动机，提高国家的危机应对能力，为有关部门提供决策参考依据，防止在西藏出现“中国的科索沃”。

一、戈尔斯坦与西藏的不解之缘

（一）学术历程与学术活动

梅·戈尔斯坦，美国著名人类学家和藏学家，1938年2月8日生于美国纽约市。1959年获密歇根大学历史学学士学位。1960年，戈尔斯坦以《西藏的僧兵（ldab-ldod）研究》论文，获密歇根大学历史学硕士学位。1968年，戈尔斯坦以

《西藏政治制度的人类学研究》论文，获华盛顿大学人类学博士学位。随后他长期在俄亥俄州克利夫兰市的凯斯西部保留地大学（Case Western Reserve University）任教和从事研究工作。1968—1971 年，戈尔斯坦任凯斯西部保留地大学人类学助教。1971—1977 年，任凯斯西部保留地大学人类学副教授。1975 年至今，戈尔斯坦先后担任的学术职务有：凯斯西部保留地大学人类学系主任（1975 年至今），凯斯西部保留地大学人类学系教授（1978—1990 年）、“西藏研究中心”主任（1987 年至今）、医学院国际健康兼职教授（1991 年至今）、约翰·雷诺兹·哈克勒斯（John Reynolds Harkness）人类学教授（1991 年至今）。

作为一名职业学者，戈尔斯坦在 60 多年的生涯中，潜心于学术近 40 年，参与了国际国内一系列学术活动，对西藏研究（藏学）情有独钟，并且得到了美国政府和学术文化界的大力资助，获得了不少殊荣。

1986 年至今，戈尔斯坦担任《跨文化老年学杂志》联合主编。1989 年，亚洲研究协会为其巨著《西藏现代史（1913—1951）——喇嘛王国的覆灭》(A History of Modern Tibet,1913-1951: The Demise of the Lamaist State)颁发“20 世纪中国最佳图书奖——约瑟夫·列文森奖”荣誉奖（提名）。1989 年至今，连续入选《当代美国作家名人录》（Who's Who in America，Contemporary Authors）。1991 年，戈尔斯坦任“中美关系全国委员会”西藏事实调查代表团成员；国家科学院立项的“华北草原科学课题组”成员。1991 年至今，任“喜马拉雅山两国自然保护项目”（尼泊尔和中国），“森林山地研究所”高级顾问委员会成员。1992—1993 年，被授予建议评估课题组：IREX，蒙古项目的负责人，当选“人类学和人种科学国际联盟委员会”（IUAES）国际老龄化委员会委员。1997 年至今，戈尔斯坦任“西藏扶贫基金会”理事，“中美关系全国委员会”委员。1998 年至今，任《亚洲腹地》（Inner

Asia）杂志编委。

自1961年至2000年，戈尔斯坦共获得了美国民间和官方所提供的42项研究赠与和资助，从中可以管窥他的研究领域和研究范围。具体项目如下：

1961—1964年，国防教育法令，第四项：西藏语言。

1965年，印度学基金会美洲研究所：印度的藏族社会组织研究。

1966年，印度学基金会美洲研究所：印度的藏族社会组织研究。第二年资助。

1967—1968年，国家心理健康研究所：论文资助。

1970—1972年，国际学研究所教育司：现代藏英词典（主要调查者）。

1973—1974年，现代藏英词典扩充项目（主要调查者）。

1973—1974年，美国学会理事会：尼泊尔西北部研究高级基金。

1976年，国家健康研究所，NICHD，人口研究所：尼泊尔西北部的传统产出力，（主要调查者）（HDO-8984—01）。

1977年，凯斯西部保留地大学生物医学基金：尼泊尔西北部的健康观察。

1980年，美国学会理事会：拉萨街头歌谣研究。

1980—1981年，国家地理学会，研究与探险委员会：佛教寺院的社会、生态与人口　统计学研究（主要调查者）。

1980—1982年，教育部，国际学研究所：英藏词典（主要调查者）（G 00800 1738）。

1980—1982年，国家人文科学基金：英藏词典（RT00066-80-1374）（主要调查者）。

1980—1981年，克利夫兰基金：克利夫兰西部的健康护理利用行为。

1981—1983年，国家健康研究所，NICHD，人口研究所：

尼泊尔的城镇儿童的花费（主要调查者）（HD-13827-01A1）。

1982年，人口理事会：尼泊尔城镇的丰产的决定因素。

1982—1984年，国家人文科学基金：西藏现代史：1933—1951年（主要调查者）。

1982—1984年，史密斯索尼安研究所：西藏现代史：1933—1951年（主要调查者）。

1983年，国家科学基金：老龄化过程中的终身高级身体活动的效果（主要合作调查者）。

1984—1985年，国家人文科学基金：西藏现代史：1933—1951年，增补（主要调查者）。

1985年，国家科学院：中国国家高级学习和研究项目（CSCPRC），西藏（拉萨）的新词汇形态（主要调查者）；西藏牧民：文化和生态透视（主要调查者）。

1986—1988年，国家地理学会，探险与研究委员会：西藏牧民：文化和生态透视（主要调查者）。

1986—1989年，教育部，国际学研究所：藏文语法读物（主要调查者）。

1987年，国家地理学会，探险与研究委员会：西藏牧民项目补充。

1987年，国家科学基金：中国西藏自治区内的缺氧（Hypoxemia）与游牧生活。

1987—1989年，国家科学基金（论文咨询奖）：中国的经济改革对老人的影响。

1987—1990年，国家老龄化研究所：中国的经济改革对老人的影响（主要调查者）（1-RO1-AG06793-01）。

1989—1991年，国家科学院中国国家高级学习和研究项目：传统时代西藏大型寺院的社会、经济和政治组织研究（主要调查者）。

1989—1992年，国家人文科学基金：传统时代西藏大型寺院的社会、经济和政治组织研究。

1990—1991 年，IREX（国际研究与交流委员会）：蒙古牧民生活的跟踪研究（主要调查者）。

1990 年，美国学会理事会旅行资助：参加伦敦大学召开的学术会议。

1990 年，国家地理学会，探险与考察委员会：西藏牧民跟踪研究。

1992 年，IREX（国际研究与交流委员会）：蒙古牧民的生活方式跟踪研究。

1992—1994 年，国家人文科学基金：西藏社会政治史，1951—1959 年（主要调查者）。

1992 年，国家地理学会，探险与考察委员会：蒙古牧民。

1993 年，国家地理学会，探险与考察委员会：西藏牧民跟踪调查。

1994—1996 年，教育部，国际研究司：现代藏英词典增补本（注：应戈尔斯坦的邀请，笔者参与翻译了一部分，主要是将民族出版社 1991 年版《汉藏对照词典》翻译成英文）。

1994—1996 年，国家人文科学基金：西藏社会政治史，1951—1959。

1995—1997 年，国家人文科学基金：西藏传统专有名词术语词典。

1996—1997 年，国家地理学会，探险与考察委员会：西藏牧民十年再调查。1996—2000 年，亨利·罗斯基金会（Henry Luce Foundation）：毛泽东之后的改革对西藏的影响。

（二）与西藏的不解之缘

戈尔斯坦对西藏情有独钟。他不仅与藏族联姻，以研究西藏的僧兵和政治制度获得硕士和博士学位，而且从 1960 年代至今，其研究领域主要在西藏，其对藏族语言文字、社会历史、宗教、政治乃至人物等的研究，无不以西藏为中心，他进行人类学实地考察的重点也始终在西藏。然而，戈尔斯坦与西藏结缘是偶然的。他说："我从来没有想过我会将自己的一生花在研究西藏上，并在16000英尺的地方生活，这不是我所想要做的事。""我让不得不选择专业的学生心领神会，因为这通常是没有多少意义的。"戈尔斯坦最初的专业是语言，"同我一道在那里（华盛顿大学）工作的那位教授能够阅读藏文，但是不能说藏语，因为那里没有可以与之交谈的藏人"。"随后我不仅对文化感兴趣，而且对这个民族也感兴趣，所以我便从历史和语言转到人类学上来。""我对亚洲和蒙古以及牧民感兴趣，因此西藏并不遥远。但是我从来没有想到过我会将自己的一生花在研究西藏上。我也没有想过有人知道西藏是什么样子。"①

戈尔斯坦自1960年代中期起，就与其他学者合作，开始对域外藏区（印度和尼泊尔等国的藏族社区）进行实地考察和研究，并发表了一系列关于藏族的论著。为了学习藏语文，更加深刻地了解和认识藏族文化与藏传佛教，戈尔斯坦毅然与藏族联姻，娶索康·旺钦格勒的外甥女索康曲丹为妻。从此与西藏结下不解之缘。索康曲丹于1940年生于拉萨的一个贵族家庭，后到印度的英文学校和美国的密苏里州的科特大学学习。曾任华盛顿大学东方和苏联研究所的中亚研究项目的语言顾问。现住美国俄亥俄州克利夫兰市。她和戈尔斯坦所生的儿子多布杰曾到中国人民大学学习汉语。可以说，索康曲丹是戈尔斯坦进入藏学殿堂的引路人之一，戈尔斯坦所取得的藏学研究成果，是与索康曲丹的全力协助和支持分不开的。

中国改革开放后，戈尔斯坦十分幸运地成为第一位获准到西藏考察和研究的外国学者。戈尔斯坦说，他的第一项研究建议是"我能想到的最无害的计划。我虚构了一项调查藏语新词汇的计划。但是中国人却坚持说条件不成熟。最后，过了3

---

① Shari M. Sweeney, The Real Tibet: A CWRU professor has spent a lifetime exploring the land and people that time forgot, Sunday Magazine, January 25, 1998.

年之后，我接到国家科学院打来的一个电话，称‘他们正要批准你。你能马上出发吗？’”戈尔斯坦确实不能立即成行。但是他知道时间很宝贵——中国批准他两个月时间，于是他赶紧作准备，在几周之内就启程。他说：“确实很奇怪。你不仅因变化而感到突然，事实上现在的西藏与过去完全不同，有公路和汽车等，可是当我当时进入这个边远落后的‘国家’时，却因什么都没有发生变化而感到迷惑。”[①] 戈尔斯坦于1985年5月到达拉萨，这是他首次踏上中国西藏的土地，当时他的课题是收集现代拉萨藏语新词汇，为编撰《现代藏英词典》作准备。同时也开始为《西藏现代史——喇嘛王国的覆灭》一书收集资料。中国政府最初只批准了他两个月（5—6月），后来又增加了3个月（10—12月），在拉萨城里和附近的乡村进行5个月的调查。作为一位在西藏问题上持论较为客观的学者，戈尔斯坦受到了中国政府和学术文化界的优待。1986年6月3日，戈尔斯坦和美国体质人类学家辛迪娅·比尔（Cynthia M. Beall）与西藏社会科学院签订了一项关于对西藏西部牧民进行为期17个月联合实地考察的协议，考察的对象主要是昂仁县帕拉牧区有55个家庭、253口人的恰则区。实际考察时间为18个月（1986—1988年）。他在气候严酷、高寒缺氧的西藏牧区生活了整整一年半。在此基础上他写出了《西藏西部牧民——一种幸存的生活方式》，较为客观地反映了中国西藏改革开放后发生的变化。1988年，由戈尔斯坦牵头，西藏社会科学院与美国凯斯西部保留地大学制订为期10年（1986—1996年）的合作研究计划，这为戈尔斯坦深入西藏进行实地考察提供了极大的方便。在这10年当中，他几乎每年都要到西藏进行为期数月的考察和研究，其不畏艰险、执著地研究西藏的精神令人佩服。戈尔斯坦是一位有高深造诣的人类学家，他精通藏语文，并且具有国外其他学者难以比拟的

---

① Sunday Magazine, January 25, 1998.

经常进入西藏进行实地调查的优越条件，因而对西藏的历史与现实的本来面目和我国在西藏实行的各项政策有较全面的了解。他依据文献、档案和实地考察资料撰写了一系列有分量的论著在国外发表，在国际学术界产生了较大的影响。其西藏研究的代表作有：《西藏现代史（1913—1951）——喇嘛王国的覆灭》、《现代藏英词典》、《西藏西部牧民——一种幸存的生活方式》、《雪狮与龙——中国、西藏和达赖喇嘛》和《当代西藏佛教——宗教复兴与文化认同》（合著）等。1997—1999年，西藏社会科学院又与凯斯西部保留地大学合作进行为期3年的《西藏农区家庭、老年人与人口生育状况调查》的项目，试图从社会人类学的角度对西藏农区家庭和人口现状进行调查研究，为提高农村人口素质提供科学依据。

戈尔斯坦严谨的学风、较为客观平实的论点和自成一家之言的见解，受到国内外学术界尤其是藏学界的重视，他的作品成为藏学研究者必读的参考书，被国内外藏学界广泛征引（如谭·戈伦夫在《现代西藏的诞生》等论著中就频繁地引用戈尔斯坦的作品）。笔者因翻译戈尔斯坦的藏学代表作《西藏现代史——喇嘛王国的覆灭》一书而结识戈尔斯坦，后来又曾与戈尔斯坦有过短期的合作。由于自己研究领域与戈尔斯坦十分接近，一直关注和“跟踪”他的学术动向，因而对戈尔斯坦本人有较为全面的了解。由于戈尔斯坦的研究领域集中在西藏研究中最为敏感的近现代和当代，并且具有强烈的“参与研究”意识和“经世致用”思想，极力主张学术研究为现实政治服务，而且身体力行，以长期深入西藏实地调查的第一手材料和亲身感受为依据，在“西藏问题”上积极为美国、中国和西藏“流亡政府”出谋划策，因而其论著也受到中美等国政界的关注。英国广播公司（BBC）称戈尔斯坦为“世界一流的西藏研究专家之一”①，成为西方藏学界对西藏近现

① Susan Griffith, Tibet: More interestting than cinema's Shangri-la.

代和当代具有较为深入了解的“西藏通”。在美国等西方国家企图利用所谓“西藏问题”遏制中国的今天，研究戈尔斯坦，知己知彼，对于中国藏学界和有关党政部门了解美国人的“西藏观”、制定和实施解决“西藏问题”的战略和策略、促进中国藏学的国际学术交流，无疑都具有一定的参考价值。这也是笔者撰写此文的出发点和宗旨。

二、戈尔斯坦的“西藏观”

近40年来，戈尔斯坦与国内外藏族学者和美国学者合作，在亚洲研究，尤其是西藏研究领域取得了丰硕成果，而其最为突出的成就，主要体现在藏语文研究、近现代西藏研究和当代西藏研究三个方面。

（一）藏语文研究——为西方人提供打开神秘西藏的钥匙

戈尔斯坦深知藏语文对研究藏族的重要，因而他首先从语言入手，他不仅掌握了藏语文，讲一口令西藏人佩服的标准的拉萨话，能熟练地运用藏语文对西藏的历史和现实进行研究，而且还对藏语文进行了较为深入的研究。其藏语文研究作品主要有：《现代藏语：拉萨方言》（合著），《现代藏文：语法和读物》，《现代藏语藏英词典》，《藏语入门》，《现代藏语英藏词典》，《现代藏文精粹》等。其中，《现代藏语藏英词典》自1975年在尼泊尔加德满都面世之后，曾5次再版。2002年又出版了《新版现代藏英词典》（The New Tibetan-English Dictionary of Modern Tibetan. Edited by Melvyn C. Goldstein with T. N. Skilling, J. T. Surkhang and Pierre Robillara）。

该词典不仅冲破了印度学者达斯的《藏英词典》长期垄断国际藏学界的局面，而且弥补了达斯词典在现代藏语文词汇方面的缺憾，充分显示了他在藏语文方面的高深造诣。戈尔斯坦在《前言》中阐述了这部词典的价值："近代的政治事件已经在藏语中引发了一场真正的革命。西藏进入世界政治、科学和技术的舞台，导致在一个相当短的时期内创造了数以千计的新词汇。同某些语法和文体相适应，这些词汇近乎呈指数增长，产生了一种可以被人们简单地称为'现代藏文'的新的书面藏文……由于这些变化，非藏族的民族要阅读现代藏文十分困难。甚至能够阅读高深的藏文佛教文献的学者，几乎都不能顺畅地读懂一份简单的藏文报纸。我在3年前就开始为缓和这种局面而努力，在教育部国际研究院的资助下，出版了一套有助于解决现代藏文的语法和词汇特点的资料。这部词典即代表了词汇收集所取得的成就。该词典容纳了35000—40000条词目，包括从所有现代文献中摘录的词条，意在补充作者最近出版的《（现代藏文）语法和读物》。这两部作品为学习和阅读现代藏文提供了一套完整的程序。"① 可以说，戈尔斯坦对现代藏语文的研究，为外国人了解和认识"神秘的西藏"和藏族提供了一把实用的钥匙。

（二）近现代西藏研究——揭示喇嘛王国覆灭的原因

戈尔斯坦对西藏社会历史的研究，重点是20世纪这个"长时段"，这又可以分为两个"时段"，即近现代西藏研究和当代西藏研究。近现代西藏研究，可以1951年西藏和平解放为界标，重点考察和研究20世纪上半叶的西藏封建农奴社会。其主要作品为《僧兵研究》（硕士论文，已汉译发表），《西藏

① Melvyn C. Goldstein, Tibetan-English Dictionary of Modern Tibetan, Kathmandu, 1975；辞书出版社主办的《辞书研究》1981年第3期有关于这部词典的书评。

政治制度的人类学研究》（博士论文）和关于农奴制的一组文章。代表作则是《西藏现代史（1913—1951）——喇嘛王国的覆灭》（以下简称《喇嘛王国的覆灭》）。① 该书实际上是由其硕士论文和博士论文发展而来的，可谓厚积薄发。这部巨著具有五个特点，即：材料翔实，论据确凿；鸿篇巨制，内容丰富；图文并茂，文笔生动；见解独到，学术性强，是现代西藏研究的上乘之作。② 该书不仅利用了大量原西藏地方政府官员的口碑史料和藏文档案，而且还利用了国内学者难以接触的英印政府以及英国和美国政府的大量外交档案，具有较高的学术价值和史料价值。因此，该书一问世，即受到国际学术界的一致好评。美国学者谭·戈伦夫认为，本书是"西藏现代史研究的权威著作"，巴拉迪教授称该书"奠定了戈尔斯坦在美国西藏研究领域的地位"，人类学专家巴巴娜女士也称该书是美国近年来出版的关于西藏的好书。中国的专家学者也给予了极大的关注，认为该书在材料、研究方法和学术见解等方面，都具有一定的参考价值。美国学者胡特（Michael Hutt）对该书更是推崇备至，他说："如果你一生当中只读一本关于西藏的书，那就去读戈尔斯坦的这部巨著吧！"1989 年，该书获得了美国亚洲学会颁发的约瑟夫·利文森奖——20 世纪最佳中国图书荣誉奖（提名）。

《喇嘛王国的覆灭》一书，对近现代西藏研究和有关部门处理"西藏问题"、制定治藏政策具有重要的参考价值。书中不仅揭露了英、美等列强插手西藏事务、干涉中国内政的老底，而且揭示了喇嘛王国覆灭的内因和外因。内因：一是以宗教集团为代表的保守势力阻挠变革和现代化。戈尔斯坦指出：

---

① Melvyn C. Goldstein, A History of Modern Tibet, 1913-1951: The Demise of the Lamaist State. University of Calfornia Press, 1989. 该书由杜永彬汉译，72 万字，1994 年由时事出版社出版。

② 杜永彬：《评〈西藏现代史——喇嘛王国的覆灭〉》，《雪域文化》，1994 年冬季号。

“西藏的宗教集团应当为西藏的军事落后承担最后责任；保守势力一再反对和阻挠那些出于维护西藏地位的需要而主张使军队和政府现代化的人的开明举措，这也是导致军事失败的一个重要因素。”“寺院集团在噶厦中竭力阻挠实现现代化，在他们看来，现代化既有害于寺院生活的经济基础，也不利于西藏佛教的‘价值’垄断。”“在这一时期，传统与变革之间产生了许多潜在的转折点，可是在每个转折点，寺院集团及其在噶厦中的同盟者都支持最为保守的主张。”① 二是西藏统治集团的内讧。僧俗官员之间、藏军与僧人之间、达赖喇嘛与班禅喇嘛之间、摄政与噶伦之间、亲英势力与亲汉势力之间、保守集团与开明集团之间的内讧，是导致喇嘛王国覆灭的重要原因。外因是，以英美为首的西方列强只是口头承诺，而没有真心实意地向西藏提供真正的援助。戈尔斯坦以惋惜的口吻说道：“西藏传统的朋友和近邻拒绝提供有效的外交和军事援助。”“英国并不是诚心诚意地帮助西藏获得独立的国际地位，并且拒绝向西藏作出这样的担保……”“由于印度对美国卷入西藏问题怀有敌意，美国不愿公开支持西藏获得完全独立，也不能向西藏提供军事援助……”② 自该书的汉译本面世以来，多次再版，一直受到国内藏学界和政界高层领导以及关心西藏的人士的广泛关注，两次登上全国畅销书的排行榜，这是学术著作中少有的，形成了奇特的“喇嘛王国现象”。

戈尔斯坦对近现代西藏的分析和阐述，推进了20世纪上半叶的西藏研究，深化了对西藏封建农奴制社会和政教合一制度的认识，揭示了政教合一的喇嘛王国覆灭的原因，对人们认识西藏的昨天起到了有益的作用。

---

① 戈尔斯坦著、杜永彬译：《喇嘛王国的覆灭》，汉译本，第845—846页。
② 《喇嘛王国的覆灭》，汉译本，第852页，第854页。

（三）当代西藏研究——为解决“西藏问题”出谋划策

当代西藏研究，这是戈尔斯坦20世纪“长时段”研究的下半段，如果说上半段研究的是西藏的历史（昨天），那么，下半段研究的就是西藏的现实（今天）。他的当代西藏研究著作主要有：《西藏西部牧民——一种幸存的生活方式》（与辛迪娅·比尔合著）、《为现代西藏而斗争——扎西泽仁自传》（与扎西泽仁等合著）、《美国、中国、西藏与西藏问题》、《雪狮与龙——中国、西藏和达赖喇嘛》、《当代西藏佛教——宗教复兴与文化认同》（与卡普斯坦等合著）、《一位藏族革命家——巴塘平措汪杰的政治生涯与时代》和《西藏社会政治史（1951—1959年）》（待出）。

《西藏西部牧民》是戈尔斯坦与女人类学家辛迪娅·比尔合作研究的成果。该书的价值主要体现在三个方面：一是展示西藏一个典型牧区的牧民一年四季的生活方式。作者参与了当地牧民一年当中迁徙、剪毛、配种、接羔、割草、挤奶、打酥油、拖盐、狩猎等全部生产过程。二是对西藏牧区和牧民的体质人类学研究。作者通过对当地9个不同的扎帐区、180名牧民的营养状况、发育状态、血红蛋白浓度、肺活量、血压等项目的体质数据测量，探讨了藏族牧民对高海拔缺氧压力的适应，从而证实：喜马拉雅山区和西藏其他地区的土著居民在对高海拔缺氧环境的适应方面，与安第斯山的土著居民不同。三是揭示了西藏传统牧区的社会经济变迁。作者通过对35个帐篷户主的访谈，调查了帕拉牧区的生育、社会组织、畜牧业和其他经济活动，从经济、政治和宗教等方面简明扼要地阐述了帕拉牧区传统社会的状况，揭示了改革开放导致帕拉社会经济变迁和牧民价值观念的转变。指出：“在藏族牧民生活中，不仅发生了深刻的经济变迁，同时也导致了引人注目的文化和宗教复兴。现在，西藏人民有信仰宗教的自由，牧民们（和其他人）可以按照自己的愿望信仰佛教。他们在自己的帐篷里举行各种宗教仪式，邀请喇嘛活佛到他们的居住地来讲经祈福和巡游佛寺……显然，要对牧民的环境适应问题作出持之有据的结论尚为时过早，但是，新经济政策使该地区牧民生活水平不断提高，新文化政策深受牧民欢迎，却是显而易见的事实。”（戈尔斯坦和辛迪娅·比尔：《喜马拉雅地区研究通报》，1987 年第 1 期）

《雪狮与龙》共分五部分：1. 帝国时代（20 世纪西藏问题的历史背景——清朝统治下的西藏）；2. 间隔期——事实上的“独立”（1913—1951 年的西藏问题）；3. 中共统治——毛泽东时代（西藏与中华人民共和国）；4. 后毛时代（后毛时代中共的西藏政策）；5. 未来（解决西藏问题的方案）。该书考察了自 1642 年五世达赖喇嘛亲政至 20 世纪 90 年代汉藏关系的历史，指出了中国的经济发展战略对西藏的影响，论述了美国对西藏和中国的外交政策的两面性，以及达赖喇嘛在选择处理这个矛盾和冲突中考虑问题的两面性。该书还提供了解决西藏问题的一条“中间道路”。戈尔斯坦认为，达兰萨拉与其西方支持者要求西藏独立，而中共主张西藏是中国不可分割的一部分，这种论争是不是黑就是白的一种争斗，事实上在黑白之间还有一大片灰色地带。戈尔斯坦试图在黑白之间的灰色地带提出另一种看法，以解释西藏之所以演变成目前格局的根源。[①] 美国大使、前东亚和太平洋事务助理国务卿和《戴顿和平协议》的缔造者霍尔布鲁克（Richard C. Holbrooke）在评述戈尔斯坦的这部作品时说：“他提供了西藏危机根源的最简明而适用的结论。无论人们的看法如何，任何关心中国、中国与西方的关系和西藏人民所面临的危险的人，都应当阅读这本

---

① 林冠群：《当前美国藏学界部分学者研究教学概况》，第 25 页，台湾蒙藏委员会 1994 年版。

书。"[1] 戈尔斯坦说："我们不能指望在对现在正处于十字路口的这种民族主义的冲突没有清楚的了解的情况下，求得西藏问题的解决。"他希望该书提供一些有用的信息，以使美国能够进行一次解决这个冲突的对话。[2]

戈尔斯坦与美国著名佛学家卡普斯坦主编的《当代西藏佛教》一书，反映了戈尔斯坦研究当代西藏的最新见解。该书是一部文集，全书由六个部分构成：1.《导论》，戈尔斯坦撰写；2.《哲蚌寺寺院生活的复兴》，戈尔斯坦撰写；3.《铭记西藏被肢解的躯体——中华人民共和国境内的当代西藏的梦幻运动》，大卫·杰玛诺（David Germano）撰写；4.《一次新生的再生的朝觐——1992 年的止贡颇瓦钦莫（vbri-gung vpho-ba-chen-mo）仪式》，卡普斯坦撰写；5.《仪式、种族分类与生育认同》，劳伦斯·爱普斯坦（Lawrence Epstein）和彭文彬撰写；6.《总结性的反思》，卡普斯坦撰写。

在《哲蚌寺寺院生活的复兴》一文中，戈尔斯坦在对该寺进行近半年的个案调查的基础上，根据第一手材料，论述了哲蚌寺的历史与现状，着重阐述了中国改革开放以来，哲蚌寺宗教生活的复兴，向世人展示了西藏佛教复兴的一个缩影。同时也揭示了当代西藏佛教所面临的问题和困难。

戈尔斯坦在该书的《导论》中，追溯了 20 世纪 50 年代中共在西藏实行的宗教政策所起的积极作用，并且指出："应当区分'政治的西藏'与'种族的西藏'，前者指的是达赖喇嘛所统辖的政体，相当于现在的西藏自治区；后者指的是中国境内的藏区。"他将 1949—1998 年中共在西藏实行的宗教政策分为四个阶段：（1）1949—1959 年，实行"渐进"（即慎重稳进）的政策，收到了良好的效果，后因 1959 年西藏叛乱发

① Susan Griffith. Tibet: More interesting than cinema's Shangri-la.

② Melvyn C. Goldstein, The Snowing Lion and Dragon: China, Tibet and the Dalai Lama. University of Colifornia Press, 1997.

生而中断；（2）1959—1965 年，“渐进”政策结束，寺院已不再发挥学经和诵经中心的功能；（3）1966—1977 年，宗教成为“红卫兵”的首要攻击目标，佛教和民间宗教信仰被禁止，在信教者心中留下了创伤，影响至今；（4）1978—1998 年，西藏宗教“复兴”。他写道：“中共十一届三中全会后所实行的改革开放政策使西藏的宗教信仰得到复苏，西藏佛教得到了大发展，走上了正常发展的轨道，这是实行正确的宗教政策的结果。”戈尔斯坦对 70 年代末 80 年代初以来中央同达赖喇嘛进行的几次会谈进行了分析，不仅揭示了“西藏问题”的症结所在，而且证明，“西藏问题”之所以悬而未决，达赖喇嘛之所以不能回归西藏，关键是达赖喇嘛和“流亡政府”因错误估计自己的实力和中央政府的西藏政策而导致的战略和策略的失误造成的。他写道：“北京当局在 1978—1979 年就希望抛开西藏问题，寻求与达赖喇嘛达成和解。他们自视为实行了改善西藏环境的政策的改革者，并且正确地考虑到与达赖喇嘛关系的正常化将是他们的长远利益。”“达赖喇嘛和达兰萨拉的领导人所面临的问题是，在这些会谈中怎样对汉人（中共）作出反应。”“他们应当采取一种更为调和的姿态，确信这对他们来说，是求得自己能够保持一个种族意义上的‘西藏人的’西藏的最佳待遇的唯一机会。”然而，流亡政府受到重建“大西藏”，即重建一个包括传统的“政治的西藏”和“种族的西藏”的西藏的严重束缚，这是从流亡政府所面临的实际状况来考虑的，不这样做，就会失去流亡政府中西藏以外的其他藏区的官员和信徒的支持。因而在同中共会谈时，他们“只谈一般的条件，例如展示有关西藏和汉藏关系的历史文献。所以，这些磋商就没有认真考虑和对待关于达赖喇嘛回归的实质性问题。藏人只对他们的政治地位发表了一个评论，‘附带’陈述，假如中国愿意向台湾提供‘一国两制’的选择，西藏就应当得到远远高于‘一国两制’的地位。汉人对藏人所持的这种态度和立场感到失望。他们希望流亡者以友好和愿意合作的方式来商谈关于他们回归的细节，当他们表明，要以不准备接受在中共‘统一领导’下的西藏的方式，坚持要谈判一般问题和过去的历史时，便使会谈受挫。北京希望和解，但不希望在西藏自治区的政治统治中的变化的问题上同流亡者进行一种真正的与和取（讲价钱）。结果，这次历史性的会谈不仅没有使‘西藏问题’的解决取得新的进展，而且还在北京关于与达赖喇嘛和解的可行性方面出现了严重的问题。在后来于1982年举行的会谈中，流亡当局以不对会谈发表评论的方式表示出某种善意，可是同时又继续攻击汉人的政策和在西藏践踏人权……甚至还指控汉人进行种族灭绝。达兰萨拉仍然感到寻求一种敌对的互动模式，比强调和注重友谊与和谐融洽更加称心如意”。

中共方面，1984年召开第二次西藏工作座谈会之后，实施了援助西藏的43项工程，将“门户开放”政策推行到西藏，“既然北京不可能通过劝诱达赖喇嘛回归、以强化其对西藏的控制的方式解决‘西藏问题’，便寻求在没有达赖的情况下，以加速现代化和发展西藏、同时给予藏族人表达他们的文化和宗教信仰的自由的方式达到这一目的”。

“另一次面对面的会谈于1984年在北京举行，达赖喇嘛和中共双方的代表都没有获得成果。在这次会谈中，藏人提出了一项实质性的建议，包括建立一个将拥有超过台湾实行‘一国两制’建议的一种政治地位的非军事化的‘大西藏’。当然，这从一开始就是徒劳的……达兰萨拉的领导者不但错误地判断了他们自己的优势，而且他们根本不打算接受任何让步。他们因汉人的强硬和不让步而气愤，并受到挫折。在这种紧张的气氛中，一项达赖喇嘛访问中国—西藏的建议便夭折了。

因此，达兰萨拉发现自己处于一种尴尬的境地。显然，北京没有以一种不同的政治制度让他们统治西藏的任何意图，更不用说独立，并且，北京显然也正在以成功的姿态，力争在西藏所进行的新经济改革能够获得成功，并作了最坏打算，这种改革如果不是在藏族人的心脏地带，至少是在其腹地。拉萨以及取消公社的农村的物质生活都得到了极大的改善。与此同时，中国的经济实力和国际威望日益增长，而且美国的亚洲政策的一个主要目标，是增强其与中国的战略关系。因此，流亡者在‘西藏问题’上所扮演的角色的这样一种现实危险将会被排除。

达兰萨拉和达赖喇嘛在1986—1987年以发动一场新的政治攻势的方式作出了反应——这被描绘成他们的‘国际进军’。它一方面寻求获得新的西方政治和经济力量，以迫使北京作出他们所需要的让步，另一方面又给藏族人以这样的一种希望：达赖喇嘛即将获得美国和西方的援助，以解决‘西藏问题’，即把他们的注意力从腹地引向中心。正如在本书的第二章将要论述的，这种主动导致达赖喇嘛于1987年在美国‘国会人权决策委员会’上发表演说，这反过来又激起拉萨僧人的一场游行示威，并很快引起了一场大骚乱。在随后的两年中，又发生了3次以上的骚乱，1989年，北京终于决定在西藏戒严，以重新获得控制。

自1990年北京与达赖喇嘛的关系明显恶化以来，今天，中共政府正发动一场把达赖喇嘛贬低为西藏和藏族人民的主要敌人的运动。随之而来的是北京对西藏文化、宗教和语言所采取的一种真正的强硬态度。北京对其在西藏的‘难题’的现行路线，是在削弱达赖喇嘛和流亡政府的影响的同时，促使西藏的文化、经济和人口与中国的其他地区融为一体。寺院已成为这条新路线的焦点，政府坚持僧人必须遵守国家的法律。1996年，中共发动了一场运动，目的在于清除寺院中的持不同政见者。结果，中国领导人与达赖喇嘛在过去20年中的政治哄骗，已经直接影响到佛教的复兴，西藏僧人（和尼姑）在持不同政见进行反政府的活动中，已经承担了一种重要而显著的角色。”

戈尔斯坦强调：“本书从四个方面考察了佛教复兴的进

程。其目的并不是从数量上去评估西藏宗教复兴的程度，如统计寺院、僧人等的数量，而是探讨在复兴进程的特点中的关键因素，尤其是复兴进程中互动的力量和采取的模式……全书论述了佛教、现代性和民族主义的联系。最后，我们希望本书提供关于当代西藏佛教的新的客观材料和事实，并且洞悉全中国的藏族人在复兴佛教的进程中所取得的成功和所遇到的困难。"①

戈尔斯坦在《达赖喇嘛的困境》一文中指出：1989 年，中国邀请达赖喇嘛参加一个宗教仪式（即为十世班禅圆寂致祭）。达赖喇嘛拒绝了这次邀请，错过了同中国协商谈判的一次重要的机会。反过来，中国实行了一种强硬的政策，限制宗教和文化，并加快推进西藏经济的发展。美国对西藏和中国的政策一直是模棱两可的。一方面，美国一直指责中国的人权记录和西藏的待遇，最初将它们与是否决定批准中国的贸易"最惠国待遇"问题联系在一起。尽管有这种担心，但是为了争取经济利益，美国还是批准了对中国的"最惠国待遇"。然而，美国又继续表示对中国人权的忧虑。在戈尔斯坦看来，达赖喇嘛是西藏与中国之间达成任何妥协的中心人物。目前，达赖喇嘛的行为选择是有限而困难的：继续在其他国家中开展一场国际运动，压迫中国承认他们的要求，或者鼓动西藏境内反对中国的暴力升级，达到使中国让步的目的。戈尔斯坦提出，和解将会保障一个西藏版图得到维护，在那里藏族占优势，藏族语言、文化和宗教将得到繁荣。这种和解并不会与西藏的现代化不和谐。戈尔斯坦看到，美国正在起一种催化或促进的作用，以帮助中国和西藏解决争端，并且现在是达成和解的最佳

---

① Melvyn C. Goldstein and Mathew T. Kapstein, Buddhism in Contemporary Tibet, Religious Revival and Cultural Identity, University of California Press, 1998.

时期。①

戈尔斯坦一针见血地指出：“对藏族来说，民族主义是新事物。几个世纪以来，影响西藏社会的不是藏族与其他民族之间的矛盾，而是藏区内部各亚文化集团之间的冲突。”他说：“在50年代以前，民族主义思想在西藏并没有得到很好的发展。这是一种西方的观念。因此，达赖喇嘛现在清楚地向许多藏族人阐述民族主义……他是能够为他们的事业鼓吹的人物。他扮演了一种非常为难的角色。他作为宗教领袖的身份和地位并没有改变。所发生的变化是，他已经成为全体藏族的民族主义的象征。”“我们难道还要掉以轻心地通过我们现在所采取的方式，而不是鼓励那些开明的人掌权，促使中国回到一种更加强硬的战略上去吗？这是一种困难的选择。我不知道答案。但是我们并不情愿做任何事，美国应当清楚地表态，这样西藏的民众就不会被误导。中国人并不是魔鬼。这些领导人并不是傻子。他们正在做我们不喜欢的事，但是不是每个人做的事都正好是我们的政府将采取的方式。那并没有宽恕人权的侵害，但是我认为，你把他们看成是不能有不同的选择，你就把事情简单化，以至于你完全不可能同他们打交道。”“在西方，我们有一种坏习惯，这就是设法找到问题并把它们公之于众，可是政府却有一套不同的兴趣，通常，需要帮助的人们，只能获得一种象征性的帮助，并且当利益需要时，他们就不理会他们。那正是危险之所在。西藏的许多民众都非常期望我们站在他们一边并支持达赖喇嘛。”“我常常感到作为一名美国人确实很尴尬。我确实对我没有想到所发生的变化感到非常糟糕。当然，西藏应当比历史所给予它的更好。对它所要做的是一个不同的问题。对我来说，只是口头说‘自由的西藏’是十分

---

① The Dalai Lama's Dilemma, Foreign Affairs , January / February , 1998, pp. 83-97; Mary Margaret Overbey, An Anthropologist's Take on Tibet, Notes from Washington.

容易的。我确实感到某种责任，可是我能呈献什么呢？我所能呈献的只是思想。”① 戈尔斯坦说，达赖喇嘛不需要更多的联合国的朋友，他需要的是在北京的朋友。“他，也只有他才是中国感兴趣的人物。他是能够改变世界对中国所需要的看法的唯一人物，也是能够说服西藏的民众采取一种更为调和的观点的唯一人物，西藏是中国的一部分的观点并不这样有害。并且如果他想做就能做到。但是，他正在犯错误吗？我认为，他对之进行了考虑，并说：‘历史将会回溯并说，是十四世达赖喇嘛放弃了西藏自由的任何机会吗？或者历史将会回溯并说，是十四世达赖喇嘛作出了一种艰难的选择并成为一位伟大的政治家吗？’我也不知道我将会做什么。”②

1998 年 11 月，受美国前总统卡特所主持的“卡特中心”的委派，戈尔斯坦与卡普斯坦等人到中国的藏族聚居区进行了为期 18 天的考察，对藏区尤其是西藏的宗教信仰现状、中共在西藏和藏族的现行政策以及藏区的社会经济发展状况等，进行了重点考察，并采访了我国有关的高级党政官员，获取了一些具有重要参考价值的材料。后经“卡特中心”的两名美国学者总结分析，写成题为《中国、美国和达赖喇嘛关于西藏的反思》（Reflections on Tibet，China，United States and the Dalai Lama）的报告，对解决西藏问题提供了具有重要参考价值的见解。

戈尔斯坦对当代西藏的考察和研究，不仅有益于人们（尤其是西方人）了解“西藏问题”的真相，认识西藏的今天，而且对有关方面制定治藏方略、解决“西藏问题”，提供了某些可资参考的见解。

---

① 《印度南部的西藏难民——印度西藏关系中的新动向》，《西藏学会会报》1975 年第 9 卷；Sunday Magazine，January 25，1998.

② Sunday Magazine，January 25，1998.

三、戈尔斯坦的西藏研究范式

（一）治学方法

作为人类学家，戈尔斯坦的治学方法主要是人类学方法，同时他也重视人文科学方法的综合运用。他的人类学方法，主要是在尼泊尔实践的，并且几乎都是与女人类学家辛迪娅·比尔合作完成的，即使是在西藏所进行得十分有限的人类学实践，也是如此。因此，戈尔斯坦的治学方法，主要是实地考察（也称田野工作 field work）和采访，这虽然可以归入人类学方法，但是人类学的色彩并不明显，这在其藏学代表作《西藏现代史——喇嘛王国的覆灭》一书中有充分的反映。注重实地考察和采访，是戈尔斯坦治学方法的鲜明特色，也是他在西藏研究领域取得他人难以企及的成就的主要原因。当然，作为藏语文专家，戈尔斯坦不仅具有精湛的藏语文造诣，而且十分重视藏语文在西藏研究中的运用，这使得他在西藏研究中如鱼得水。

从戈尔斯坦的全部研究成果中，可以清楚地看出，他非常重视档案材料、实地调查材料和口碑材料，这在其西藏研究成果中体现得尤为突出。《西藏现代史——喇嘛王国的覆灭》即是这三方面材料有机结合的佳作。他所列举的该书的资料来源为：口碑史料、历史见证人的回忆录、官方档案和文献、西藏和印度的报纸。所利用的档案有：英国外交部档案、伦敦印度事务部档案、美国国家档案，以及黎吉生等人的私人信函。综观戈尔斯坦的全部论著，几乎都是通过实地调查和采访取得的，即使是藏语文论著也是如此。

戈尔斯坦十分擅长利用口碑资料来分析和研究西藏的历史和现实。其《僧兵研究》、《为现代西藏而斗争》（合著）、《西藏的农村结构和差税制度》、《西藏庄园的周转》等论著，都是依据口碑史料撰写的。他说，《僧兵研究》“所依据的材料，来源于和5位生活在西雅图华盛顿的藏族人所进行的正式访谈和非正式的讨论。访谈是于1963年2月至8月在华盛顿大学进行的”。“在许多非正式的场合，我根据已经收集到的材料，故意作出错误的判断，以弄清受访者是否会加以纠正。他们确实经常这样做。”① 为了撰写《西藏现代史——喇嘛王国的覆灭》，戈尔斯坦花了两年时间，走访了79位藏族人和一位供职于拉萨的英国外交官。他在该书的《前言》中，阐述了利用口碑资料的方法：“我所进行的口碑历史访问事项分为三个阶段：1. 首先对两名高级官员就西藏现代史上的问题进行全面的访问，这就可以拟出西藏现代史的‘大事提要’，并且还能够帮助我们理解西藏人对重大历史事件发生和发展的因果的看法。2. 选择熟知西藏现代史实，或被公认为对现代史上的特殊事件或相关事件具有一定见解的人进行调查访问。这类访问的目的在于弄清每一位受访者的重要经历，并且对这些人的经历进行详细的考察和验证。3. 把最初的访问材料加以翻译、分析和归纳之后，再进行追踪访问，并与其他有关的记载进行比较。”他说：在对历史见证人进行采访时，“通常都要询问受访者的资料来源和论点的依据，并且经常要求他们对所表述的事件前后矛盾、难以自圆其说的原因作出解释，鼓励他们说明其所经历的历史事件发生的根源。有关这些受访者之间的政治关系和亲属关系的细节也往往因受到开导而讲出来”。戈尔斯坦还说：“利用口碑史料研究也有局限，因为记忆往往是具有选择性的，事件参与者的记录有时带有自我倾向。并且，当前的政治形势也可能影响到他们的记录的数字和准确性。因此，我们必须根据当事者所处的社会历史背景，对口碑史料进行仔细的评判和鉴别，并同所能利用的档案材料和

---

① A Study of the Ldad Ldob. Central Asiatic Journal, Vol. IX, No. 2, pp. 124-41, 1964.

其他人的访谈记录相互印证。”① 他在《当代西藏佛教·导论》中指出：“每一项研究都是通过一位能够讲说藏语和阅读藏文的学者的第一手田野工作进行的，他们是西藏的人类学—民族学家和佛学专家。”

（二）治学特点

治学方法与治学特点具有非常密切的关系，可以说，戈尔斯坦的治学特点，是其运用治学方法进行学术实践的具体体现。

1. 参与研究

戈尔斯坦的西藏研究注重经世致用，侧重近现代，将西藏的历史与现实紧密结合起来。他竭力为美国、中国和西藏流亡政府三方解决“西藏问题”出谋划策；十分关注西藏和藏族的前途与命运。其作品中，专论当代西藏者有《雪山狮子与龙——美国、中国、西藏与达赖喇嘛》，《美国、中国、西藏与西藏问题》和《当代西藏佛教——宗教复兴与文化认同》等。这些作品分析“西藏问题”产生的根源，探讨美国、中国和西藏流亡政府的政治策略，揭示西藏佛教的现状，剖析佛教与中国西藏当代政治、经济和文化的关系，为美国、中国和达赖喇嘛解决“西藏问题”献计献策。他提出了解决“西藏问题”的所谓“民族方案”（Ethnic Solution）。戈尔斯坦认为，解决“西藏问题”不是要建立一种与现在迥然不同的政治制度，而是在文化、民族方面给予西藏较高的自治，因为西藏自治区在文化、语言和人口上具有同一性。总之，就是要在一定时期内，北京当局从西藏撤出除医生、技术人员和教师以外的所有汉族行政人员和商人；西藏的学校继续教授藏语文，藏语

① 《喇嘛王国的覆灭》汉译本〈前言〉。

成为政府主要的工作语言；西藏的所有高级官员都要兼通藏语和汉语。他说，“民族方案”的根本目的，就是要在西藏的城镇里创造出一种类似今日西部牧区的那种状态，即使西藏回到传统的自治地位与现代生活相结合的状态。① 戈尔斯坦已经向美国国务院的官员提出建议，目前在美中关系全国委员会任职。他为其他“准学术的”出版物（包括《外交》季刊、《亚洲观察》和《美国大西洋理事会会刊》）撰写论述公共政策的文章。戈尔斯坦确信人类学专家在公共政策中能够发挥作用，他说：“人类学家能够理解乡村和更广泛的国际视野中的人们的关系。大多数人类学家都能做到这一点。”②

2. 个案研究

戈尔斯坦在近40年的西藏研究中，十分重视个案研究，并取得了显著的成果。他的个案研究大体可分为两种类型：（1）地区个案：他与辛迪娅·比尔等学者合作，对尼泊尔几个地区进行个案调查与研究，并取得了重要成果。他对江孜萨玛达村（Samada）进行研究。该村海拔约4101米，位于江孜镇东南约40英里处，地处交通要道，是日喀则通往锡金和不丹的枢纽，半农半牧。他通过对该村的考察和研究，写了《西藏农村的结构与差税制度》一文。他在昂仁县的牧区帕拉村、纳里村和拉萨市调查，发表了《中国改革政策对西藏牧区的影响》、《中国在西藏自治区的生育控制政策》等文和《西藏西部牧民》一书。他通过对吉隆寺的考察，发表了《西藏佛教寺院生活》一文。他在哲蚌寺居住半年，在《当代西藏佛教》一书中详细研究了该寺的历史和现状，是其个案研究的杰作。（2）专题个案：戈尔斯坦对西藏一妻多夫制的研究，见解独到，成为这方面的权威。他发表的《当几个兄弟

① 张植荣：《国际关系与西藏问题》，旅游教育出版社，1994年。

② Mary Margaret Overbey，Note from Washington.

享用一个妻子时》，被美国的人类学刊物多次转载和重印。通过对西藏庄园的研究，他发表了《西藏庄园的周转》。他把对僧兵的研究写成硕士论文《僧兵研究》。他通过对农奴尼玛的研究，发表了《自由、奴役和“奴隶—农奴”尼玛》。通过对人役税的研究，他发表了《农奴制及其变迁》。通过对街头歌谣的研究，他发表了《拉萨街头歌谣》。通过对婚姻法规的研究，他发表了《西藏家族中的婚姻法规》。通过对扎西泽仁的采访，合作出版《为现代西藏而斗争——扎西泽仁自传》一书。通过对平措汪杰的采访，合作出版了《一位藏族革命家——巴塘平措汪杰的政治生涯与时代》。此外，戈尔斯坦对印度南部的难民、夏尔巴人、藏族的生育、牧民的季节性食物、西藏高原的老龄化问题等，都进行过细致深入的个案调查，发表了具有真知灼见的论著。

3. **“客观”与“中立”**

在西方藏学界，研究现代西藏的学者很少能够做到客观公正，大多数学者都带有明显的政治倾向，天平总是向达赖喇嘛及其流亡政府一边倾斜。而戈尔斯坦却公然标榜其西藏研究的“客观”和“中立”，并力求付诸实践，这是需要勇气和魄力的。他在《喇嘛王国的覆灭》一书的前言中声称：“本书所持的观点是，既不亲藏，也不亲汉，即既不倾向于达赖喇嘛的流亡政府，亦不站在中华人民共和国中央政府一边，而是试图阐明一个重要的历史事实：即到1951年，一个独立的喇嘛王国事实上已经衰亡。”他在《喇嘛王国的覆灭・导论》的结论中指出：“虽然从某种意义上说，宗教是西藏政治中的一种和谐的力量，但是它又是一种导致分裂和纷争的力量。各种宗教集团为了扩大自己的声势和影响，展开了激烈的竞争和角逐，他们在有关宗教利益的政策上不能达成一致意见，从而给20世纪的西藏历史带来了灾难……由于西藏力图适应20世纪日新月异的形势，所以，宗教和寺院就成为西藏社会进步的沉重桎梏。”

他指出：“虽然近年来达赖发动的政治攻势获得了某种成功：他获得了诺贝尔和平奖，西方人权组织批评北京政府侵犯西藏人权，美国国会通过了援助藏人的政策法案。但是，达赖及其流亡者所寻求的和平解决方案同 1979 年前的方案一样遥遥无期。西藏是中华人民共和国的一部分，这是无可置疑的。国际社会的主要大国也不会支持流亡政府的主张。与南非和以色列不同，形势的发展并不利于流亡集团。达兰萨拉所取得的成功是付出了巨大代价的胜利。流亡政府获得了西方的同情和支持，但是对于保护和发展西藏地区的文化却毫无益处。达兰萨拉的行为使西藏陷入了难以实现其追求自由生活的境地。西藏自治区 200 万藏族人成为达赖喇嘛与北京对抗的牺牲品。流亡者过着舒适的生活，一些人在美国国会的赞助下到了美国。可是与此同时拉萨的藏族人却面临失去刚刚获得的某些好处的危险。”①

戈尔斯坦西藏研究的这一特点，引起国内藏学专家的关注。王尧教授说：“最富于刺激性的莫过于英国和美国以及英国统治下的印度政府的外交、政治档案了。这是戈尔斯坦教授的书中最为得意的部分，也是他花大力气得以公布这些档案，把上述政府对西藏问题的隐私公之于众，用以表明自己的写作态度是不偏不倚而中立、公正的。”② 格勒博士在评论戈尔斯坦的藏学研究时写道：“他对西藏现实问题的客观、求实的态度和不偏不倚的谨慎分析给我留下了较深的印象……很显然，戈尔斯坦教授对西藏的过去和现在都有自己独树一帜的见解。他在学术研究方面最突出的特点之一就是不随波逐流，不人云

① Melvyn C. Goldstein，The Snowing Lion and Dragon.

② 王尧：《评〈西藏现代史——喇嘛王国的覆灭〉》，《中国西藏》，1992 年夏季号。

亦云，而是根据调查得来的事实说话。”①

正是由于戈尔斯坦研究西藏历史与现实的这种较为客观和中立的态度，不仅引起了流亡政府的不满，而且在西方藏学界受到孤立。美国学者科恩·理查德（Kohn Richard）指出：“大部分藏人拒绝戈尔斯坦的著作，因其与中共合作，也从不批评中共，作为一个研究现代史的学者，怎么可以忽视在中共藏区所发生的一切，而且是只字不提，所以大部分人都不太认同戈尔斯坦……藏人也撰文大肆抨击，认为戈尔斯坦为中共政策辩护，为中共作宣传。”② 早在60年代研究西藏的政治制度时，戈尔斯坦就因揭露西藏封建农奴制社会的阴暗面而冒犯了流亡政府，接到了逐客令。80—90年代，他通过对现代西藏的研究得出的结论：西藏政教统治集团的内讧、保守势力压制进步势力，导致了喇嘛王国的覆灭；解决西藏问题，应当采用“民族的方案”（ethnic solution），再度引起达兰萨拉的不满，流亡政府的学者撰文对戈尔斯坦的“西藏历史观”加以驳斥。③

4. 资助与帮助

戈尔斯坦所发表和出版的藏学研究成果，几乎都得到了美国各种基金会、大学或科研机构的资助，其中主要是美国“国家地理学会”和“国家人文科学基金”的大力资助。迄今为止，戈尔斯坦已经获得了42项学术考察与研究资助，这是他的学术研究取得丰硕成果的根本保证。学者智力与官员的权力、财团和基金会的财力结合形成合力推动学术研究，是美国的学术传统和学术管理范式，这是美国藏学后来居上的重要原

---

① 洛桑格勒：《一位美国人类学家眼中的西藏牧民——梅尔文·戈得斯坦因及其〈西藏西部牧民〉》，《中国西藏》，1992年夏季号。

② 林冠群：《当前美国藏学界部分学者研究教学概况》，第35页。

③ Jamyang Norbu, Atrocity and Amnesia: Another assault on Goldstein's attempt at revising Tibetan history, Tibetan Review, May 1992.

因，值得中国学术界尤其是藏学界参考和借鉴。

戈尔斯坦的研究成果，绝大多数都是与他人合作完成的。他对尼泊尔和西藏等地的人类学研究成果，主要是与女人类学家辛迪娅·比尔合作的结晶；他的藏学研究成果，几乎都是与国内外藏族学者密切合作的结晶。如他的硕士论文《僧兵研究》和博士论文《西藏政治制度的人类学研究》，就得到了其藏族妻子索康曲丹和原西藏地方政府噶伦索康·旺钦格勒的无私帮助；《现代藏语——拉萨方言》是与藏族学者阿旺诺朗合作的成果；《现代藏语藏英词典》由藏族学者车仁·多吉扎西任助理编辑，央金等藏族人也参加了此项工作；《为现代西藏而斗争——扎西泽仁自传》和《一位藏族革命家——巴塘平措汪杰的政治生涯与时代》，则分别与藏族学者扎西泽仁和平措汪杰等合作完成；甚至其藏学代表作《西藏现代史（1913—1951）——喇嘛王国的覆灭》，也是在美国的格勒活佛和索康·旺钦格勒等藏族学者的全力帮助下完成的。因此，可以说，没有美国各个学会和基金会提供的大量资助，戈尔斯坦的亚洲研究和西藏研究将成为无米之炊；没有国内外藏族学者的无私帮助和大力协作，戈尔斯坦就不可能成为美国的“西藏通”。

（三）治学局限

戈尔斯坦从事藏学研究近 40 年，在许多领域都有建树，称得上著作等身，他所出版的 16 部专著（含合著）和发表的 80 余篇论文（含合著和书评）就是最好的说明，他被称为美国的“西藏通”是当之无愧的。然而，由于戈尔斯坦的学识和学术指导思想的局限，他的治学方法和学术成果不可避免地存在着一些缺憾和谬误。这表现在以下几个方面：

第一，语言工具的缺憾。戈尔斯坦不懂汉文和汉语，不能利用汉文文献材料和口碑材料，也就难以了解中国国情和中国共产党的西藏政策，因而他对西藏近现代的研究和认识就要打折扣。第二，研究方法的局限。由于没有掌握汉文这一重要的语言工具，戈尔斯坦也就不可能了解中国历史（尤其是中国近代史）。正如著名藏学家王尧教授所指出的："戈尔斯坦教授作为人类学家，他十分注意民族间的差异性，但却不太注意民族的同一性，他未能把西藏历史放到苦难深重的中国近代史中去考察。""不无令人惋惜的是，他缺乏对中国历史（尤其是中国近代史）的通盘了解。"[①] 并且，戈尔斯坦是人类学家，而不是历史学家，因此，他对西藏近现代史的微观考证和宏观把握，都存在值得商榷的地方。第三，学术指导思想的局限。"戈尔斯坦教授是美国人，受的是西方的传统教育，他对民族、国家、政治、文化心理都是以西方的观念来理解的，因此，其对西藏政治、文化的评议，必然有可商之处。"[②] 戈尔斯坦在研究西藏现代史时，"侧重于统治集团、政教斗争的阐述，而对西藏现代的经济、文化和藏族农牧群众的社会生活、历史作用则很少提及，因而也就不能从社会发展规律的高度去把握西藏封建农奴社会，难以揭示政教合一政体——喇嘛王国覆灭的根本原因"[③]。上述缺憾，使戈尔斯坦的西藏研究受到制约：他的著作缺少历史感，因而其西藏研究的代表作《西藏现代史——喇嘛王国的覆灭》，并没有全面阐述西藏现代史；由于他对博大精深的中国历史和文化缺乏了解，也就不可能准确地把握在地理、社会历史、经济、文化和宗教等方面都与中原密切相关、作为中华民族大家庭成员之一的藏族和作为中国领土一部分的西藏的社会历史的特点和规律；他在对20世纪的西藏进行研究的基础上提出的"治藏方略"，有"高度"而缺乏"深度"，看到了西藏的实际而没有看到中国的实际，并没有抓住"西藏问题"的本质，也就不可能找到切实可行的解决"西藏问题"的方案。

---

① 《喇嘛王国的覆灭》汉译本序言。
② 《喇嘛王国的覆灭》汉译本序言。
③ 《喇嘛王国的覆灭》汉译本译后记。

四、"喇嘛王国现象"的反思

（一）为什么会出现"喇嘛王国现象"?

《喇嘛王国的覆灭》一书的汉文版 1994 年出版面世后，在 1995 年一年之内两次再版，1995 年和 1996 年连续两年登上全国畅销书的排行榜，《中国图书商报》、《北京青年报》和《社科新书目》等都有刊登或报道。单位和个人纷纷向译者索购，朋友和同行要求译者赠送，藏学界和藏区更是供不应求，很快成为畅销书，后来又成为"常销书"，在变化莫测的图书市场延续了近 10 年。该书虽为学术巨著，900 多页，70 多万字，最初定价 38.5 元，在 10 年前算是昂贵的，但是却受到藏学界内外、藏族和关心西藏的人士的普遍欢迎。出版不久就在图书出版发行界和藏学界出现了一个令人深思的"喇嘛王国现象"，这是该书的作者、译者、读者和出版社都没有料到的。当时译者就根据自己的所见所闻，草成了《喇嘛王国现象的反思》一文。无论从什么角度看，该书的汉文版实际上受到了关心或关注西藏和其他藏区的学术文化界、民间、藏传佛教界和政界的关注，可谓"雅俗共赏"。回想起来，"喇嘛王国现象"的出现大概是由下列因素造成的。

一是该书自身的学术价值和中国学术文化界及政界的重视和厚爱。首先是学术价值和文献价值。作者戈尔斯坦潜心藏学和严谨治学的精神、深厚的藏学研究功力和对藏语文的运用等，使《喇嘛王国的覆灭》成为国内外藏学界公认的"名篇佳作"，成为戈尔斯坦的藏学代表作。作者对旧西藏阴暗面的深刻揭露，揭示了贵族之间、僧侣之间、僧人内部、统治集团的内讧，以及进步改革与落后保守势力的争斗等，戳到了西藏三大领主的痛处；揭了英美等国插手中国西藏事务、干涉中国内政的"老底"（本质）；新颖的研究视角和外国学者不同于中国学者的见解，奠定了其美国的“西藏通”的地位。同时，该书运用大量藏文、英文和汉文文献、档案和口碑资料等第一手材料，可谓“言之有据”，具有重要的文献价值。《喇嘛王国的覆灭》的英文版在美国出版后，就受到美国学术界和中国藏学界的关注和好评。美国学者谭·戈伦夫认为它是“西藏现代史研究的权威著作”，巴拉迪教授称该书“奠定了戈尔斯坦在美国西藏研究领域的地位”，人类学专家巴巴娜女士也称该书是美国近年来出版的关于西藏的好书。1989 年，该书获得了美国亚洲学会颁发的约瑟夫·利文森奖——20 世纪最佳中国图书荣誉奖（提名）。英文版几次再版。美国学者胡特(Michael Hutt）对该书更是推崇备至，他说：“如果你一生当中只读一本关于西藏的书，那就去读戈尔斯坦的这部巨著吧！”该书的汉文版问世后，又受到国内藏学界、藏学研究机构、民族院校、关心西藏和藏族的人们以及藏传佛教界的极大关注，认为其在材料、研究方法和学术见解等方面，都具有一定的参考价值，为从事西藏近现代史研究和教学的人员提供了方便。研究西藏近现代史的学者们在其论著中经常引用《喇嘛王国的覆灭》汉文版，如中国社会科学院民族研究所的科研人员在撰写《西藏近三百年史》时，就将该书作为重要的参考文献；有的学者在论述外国尤其是美国对中国西藏的干涉和侵略的论著中，频繁征引该书的汉文版，有的人甚至大段引用；中央民族学院、西北民族学院、西南民族学院的一些教师将《喇嘛王国的覆灭》作为教学参考书。就译者所知，一些藏学工作者在从事藏学教学或研究时，对《喇嘛王国的覆灭》真是笔不停批，手不释卷，随时翻检，以至将书翻破了。

该书还具有很强的趣味性和可读性。书中附有 70 多幅插图和多幅地图，在尚未进入“读图时代”的当年，便凸显其图文并茂的风格。加之作者多次恰到好处地引用拉萨街头流行的“打油诗”，文笔生动，大大增强了该书的趣味性和可读性。

二是民间的独特影响和政界的关注。进入1980年代，随着祖国的改革开放，西藏的神秘面纱逐渐被揭开，世人对西藏的了解逐步加深。1990年代以来，在国内外都出现了“西藏热”、“西藏文化热”和“藏族文化热”，藏学成为一门独特的国际“显学”。表现在：文化上，以西藏和藏族为题材的文学艺术作品和影视作品逐渐增多；宗教上，藏传佛教在国外的影响逐渐扩大，密宗热在国内外兴起；政治上，一方面，中央政府十分关注西藏，掀起了全国支援西藏的高潮，西藏社会稳定、经济发展、人民生活水平不断提高，“三个文明”建设取得了显著成就。另一方面，西方反华势力打“西藏牌”，企图利用所谓“西藏问题”压制、分化和肢解中国；旅游上，到藏区旅游的国内外游客日益增多，考察探险者接踵而至；学术上，藏学研究方兴未艾，国内外学者关注西藏的历史与现实，纷纷将研究视野转向西藏和藏族。值得注意的是，藏学界和有关部门对该书的一些不同看法以及围绕该书展开的一些争论，也对该书的热销起了推波助澜的作用。西藏文化热的出现，是由西藏独特的自然和人文氛围所决定的，也与国内外政治形势和学术文化的发展有着密切的关系。“西藏热”和“西藏文化热”的出现，不仅引起了藏学界对西藏的关注、提升了藏区文化人对自身历史文化的兴趣，而且引起了内地人对西藏和西藏历史、文化、宗教的注目，这就使该书受到社会各界的青睐，“喇嘛王国现象”也因此而出现。

上述因素使该书在民间产生了强烈的反响。据说阿坝州马尔康等藏区街头还发生过“抢购”事件。一些青年就是阅读了该书之后对西藏或藏学产生了兴趣和感情的。如一位藏学爱好者说：“1997年冬季，我偶然在北京月坛书店发现一本美国学者梅·戈尔斯坦的著作《喇嘛王国的覆灭》，自此对藏学产生了浓厚兴趣。”一位藏族公务员在向他的北京同学推荐戈尔斯坦的《喇嘛王国的覆灭》时说：只有读了这本书，你才能真正了解西藏。他的同学找遍了北京的大小书店，终于在海淀图书城买到了这部“砖头厚的一本书，拿在手里沉甸甸的”。《喇嘛王国的覆灭》的汉文版出版不久，西北民族学院的几名藏族青年教师就决定根据《喇嘛王国的覆灭》的汉译本将其译成藏文。由于藏传佛教主要是通过翻译印度佛典形成的，因而传统上藏族社会对翻译家非常尊敬。我作为该书的译者，深深地感受到藏学界和藏族文化界对自己的抬举和厚爱。我在赴西藏、四川、青海、甘肃藏区实地考察时，“《喇嘛王国的覆灭》的译者”实际上成了考察的通行证，所到之处，经常受到藏族学者和文人乃至僧人的热情帮助。

《喇嘛王国的覆灭》一书的英文版面世后，就受到了政界的关注，该书汉文版的出版，更引起了有关部门的重视，据说关注西藏和其他藏区的有关部门将该书作为了解西藏现代史、制定西藏政策和处理西藏事务的参考书，不少人都阅读过该书，一些单位和个人还向译者索购或索赠。

三是出版界和传媒的推动。图书发行的手段和方式所起的作用也不可低估。该书的书名和广告征订都很有特色。据了解，该书主要通过二渠道发行，主要在小书店，尤其是民办书店和书摊销售，甚至在地铁站也能见到，十分快捷和方便地适应和满足了读者的阅读和购买需求。并且，该书也“登大雅之堂”，每次国内国际书展几乎都能见到。《北京青年报》、《中国图书商报》和《社科新书目》等报刊传媒将该书评选为当年的畅销书。时事出版社对该书的出版面世起了重要作用，并得到了良好的回报。不少书店和书商都因发行该书而赚了钱，使该书成为出版社界追求的目标——社会效益和经济效益双赢的典型个案。正是出版界和传媒推动了“喇嘛王国现象”的出现。青海人民出版社的班果先生认为，该书不仅对藏学界和学术界产生了重要影响，而且还推动了藏学图书的出版。

四是藏传佛教界的反响。《喇嘛王国的覆灭》出版后，由于书名十分醒目，加之书中涉及寺院、高僧和活佛，自然在藏传佛教界产生了反响。中国藏语系高级佛学院研究室主任联波活佛对该书评价很高，赞不绝口。拉卜楞寺的大活佛贡唐仓对译者说，他看过《喇嘛王国的覆灭》。拉卜楞寺的僧人、青年藏族学者噶藏图麦对译者说：他将《喇嘛王国的覆灭》作为学习汉文用书，从头到尾仔细读了两遍，并向笔者展示了其使用过的痕迹。他的汉文并不太好，其阅读难度是可以想象的。1997年9月，笔者在西藏考察时，专程到哲蚌寺拜访认识更敦群培的老喇嘛、长期与世隔离的苦行僧迭布·克珠嘉措，当这位不懂汉语、不识汉文的老喇嘛谈到更敦群培的治学方法和严谨的学风时，有感而发，竟然谈起了《喇嘛王国的覆灭》一书，称赞该书的作者治学严谨。当时这位老喇嘛并不知道笔者就是该书的译者，笔者感到惊奇，便好奇地问："您不懂外文和汉文，怎么会知道这本书?"他说，是寺内懂汉文的年轻僧人向他转述的。

五是书名的广告效应和译文的水准。该书的全名为：《西藏现代史（1913—1951）——喇嘛王国的覆灭》，笔者译竣后，认识到该书实际上主要阐述的是西藏近现代统治集团的内讧，聚焦于西藏统治"精英"的政治斗争，即僧与俗之间、达赖与班禅之间、保守势力与进步势力之间的明争暗斗，着重揭示的是西藏政教合一制度及喇嘛王国灭亡的原因，并不是一部完整意义上的西藏现代史。因此，译者将该书的副标题确定为书名，并在《译后记》中指出："通读全书，可以明显看出，作者旨在阐述喇嘛王国在近40年间逐步走向覆灭的历史；揭示喇嘛王国覆灭的内因和外因是贯穿全书的主线。因此，将该书的副标题作为书名，与书的内容更为贴切，故定书名为《喇嘛王国的覆灭》。"出版前，《雪域文化》先发表了译者所写的书评，随后又将王尧先生为该书所写的《前言》以书评的形式发表于《中国西藏》，"吊"起了读者的"胃口"。这都产生了一定的广告效应，对读者的阅读心理和购买心理产生了一些微妙的效果。同时，译者的汉译力求忠实原著，译文流畅，文笔生动，几乎没有译作通常难以消除的"翻译痕迹"，竭力克服“译事三难”，基本上达到了译文的最高标准：“信、达、雅”，不但没有使读者对这部70多万字的皇皇巨著产生畏惧感，而且还获得了读者的“好感”。

（二）“喇嘛王国现象”说明了什么？

第一，“酒香不怕巷子深”。凡是阅读过该书的人，都会对它的学术见解、研究方法和文风留下深刻的印象。学术研究需要严谨的学风和良好的文风，学术著作应具有文采，尽量避免使用晦涩的语言，更不能居高临下或板起面孔训人，否则只能“孤芳自赏”，引起读者的厌倦，达不到作者本来的目的。《喇嘛王国的覆灭》不仅言之成理，辞之有据，具有真知灼见，而且文情并茂，生动传神，因而具有很强的趣味性和可读性，自然深受各方面读者的欢迎。藏学研究要为现实服务，为国家利益服务。由于“西藏问题”的存在，对西藏近现代的研究十分敏感，近现代的人和事都易引起人们的关注，把握好政治和学术的分寸，需要很高的政治素养和学术造诣。学术研究应当尽可能做到客观公正，用材料说话，还历史的本来面目，平心静气，以理服人。只有这样，才能引起读者的兴趣和共鸣，而不至于引起读者的“阅读疲倦”甚至反感，也才能找到学术焦点，与国内外学者对话，从而在某些问题上达成共识。《喇嘛王国的覆灭》一书虽然是美国人写的，但是戈尔斯坦的“擦边球”打得有水平，该书主要涉及的是西藏近现代史上的事件和人物，有些事件尚未凝固，还在发展，有些人物还健在。这一方面十分敏感，可是，戈尔斯坦把握得当，使读者对他的书产生了亲切感，从而增强了阅读的兴趣。作者对喇嘛王国覆灭的原因的揭示，对西藏现代宗教和社会的考察和研究，以及他的治学精神等，对治理藏区、处理西藏事务和解决“西藏问题”，都具有借鉴意义和参考价值。

第二，应当冷静地看待“西藏问题”。既不必过于神秘，更不必过于敏感。“喇嘛王国现象”的出现发人深省，给人们留下了一些启示。因一本藏学学术专著的汉译和出版而引起全国各界（尤其是藏学界和藏区）的普遍关注，产生轰动效应，这在藏学界和中国学术界都是一个非常奇特的现象，从中折射出人们对西藏的认识和对“西藏问题”的态度，值得加以研究。

第三，应当清醒地面对民众的阅读心理。总的看来，《喇嘛王国的覆灭》面世后，有关方面保持了清醒和冷静，该书出版后所产生的影响主要是积极的和正面的，并未产生负面影响。并且应当看到，有争议的外国学者的著作能公开出版，表明社会主义中国的大国风范以及文化的繁荣和学术文化气氛的宽松。需要指出的是，对待外国学者所写的书，读者和学术文化界应当有一颗平常心，应当作出客观的冷静的评判，既不能有“外国的月亮比中国的圆”的错误认识，以为《喇嘛王国的覆灭》一书是美国学者写的就盲从或迷信，认为完全客观，句句属实；也不应当不顾全书的主体和参考价值，吹毛求疵，甚至人为地制造神秘，越是那样，读者就会产生好奇心和逆反心理，越想看个究竟，都想买一本来看，结果就有可能被社会的“炒作”所左右，从而使该书更加畅销。其实，该书也有其明显的局限和致命的缺憾，这在《译后记》中已阐明，同时也希望读者明察。

五、再次向藏学同仁和同好表示衷心的感谢

译者在初版《译后记》中，曾对关心、支持和帮助过译者的同仁、同好和朋友表达了谢意。该书的再版，为译者提供了表达谢意的良机。首先，应当感谢戈尔斯坦撰写出版了一部藏学杰作，感谢加州大学出版社的版权代理丹·迪克逊（Dan Dixon）先生，是他和戈尔斯坦教授以及加州大学出版社在汉译版权方面给予了特殊的优惠，才使该书的出版和再版成为可能。其次，应当感谢国内外藏学界、学术文化界、民间和政界

的同行、同事、同仁和朋友们多年来对译者和译著的关心、鼓励和支持，尤其应当感谢王殿伟先生（王先生为该书汉译本的初版面世起了独特的作用，但是直到他因病去世译者都没有机会与他相识并致谢），还要感谢著名藏学家王尧先生对本书和译者的支持和厚爱。最后，应当感谢时事出版社及中国藏学出版社的领导毕华副总干事、马丽华总编、文群先生和汉编部主任冯良女士等，该书的初版、重印和再版，是与他们的支持和所付出的辛劳分不开的。在此，译者对所有关心、支持和帮助过笔者的人们致以最诚挚的谢意。借《喇嘛王国的覆灭》再版之机，祝愿中国藏学界和出版界密切协作，出版更多的藏学名篇佳作，祝愿中国藏学事业繁荣昌盛，为藏区的现代化建设和伟大祖国的学术文化事业作出新的贡献！

附录　戈尔斯坦论著目录

（一）专著（含合著，15 部）

1968 年，《西藏政治制度的人类学研究》，博士论文，华盛顿大学缩微胶卷。

1970 年，《现代藏语——拉萨方言》，华盛顿大学出版社，400 页，与阿旺诺朗（Nawang Nornang）合著。1979 年第 2 次印刷，收入《喜马拉雅文库》第二辑，第 2 卷。是年被巴黎西藏佛教中心的噶举宗（Kagyu Dzong）译成法文。1984 年第 3 次印刷。

1973 年，《现代藏文——语法和读物》，载《庆祝藏缅语言学研究“沃尔芬登学会”（Wolfenden Society）论文集》，第 5 卷，350 页。1979 年在印度再版。

1975 年，《现代藏语藏英词典》，尼泊尔加德满都《喜马拉雅文库》第二辑，第 9 卷，1250 页。1980 年第 2 版，1984 年第 3 版，1994 年第 4 版，1985 年由中华人民共和国重新出版，1994 年第 5 版。

1982 年，《藏语入门》，加德满都，纳特那—菩斯塔克—班达出版社。

1984 年，《现代藏语英藏词典》，伯克利，加州大学出版社，485 页。亚洲版，1986 年。

1987 年，《藏语成语》，孤星出版社，108 页。

1989 年，《西藏现代史（1913—1951）——喇嘛王国的覆灭》，加州大学出版社，898 页。精装本，1991 年，南亚英文版。1994 年，北京时事出版社，中文版。1995 年，时事出版社，中文版两次再版。

1990 年，《西藏西部牧民——一种幸存的生活方式》，与辛迪娅·比尔合作，加州大学出版社，（香港奥德赛出版社、伦敦色林迪亚出版社）192 页。1991 年出版德文版和汉文版(上海出版，书名为《今日西藏牧民》)。

1991 年，《现代藏文精粹——阅读教程和参考语法》，加州大学出版社，493 页。

1993 年，《当代中国的老龄化与政策》，《跨文化老年学杂志》特约专号。

1994 年，《变化中的蒙古牧民世界》，与辛迪娅·比尔合著，加州大学出版社，并出版德文版和亚洲版。

1997 年，《为现代西藏而斗争——扎西泽仁自传》，与扎西泽仁等合著，纽约夏普出版公司（M. E. Sharpe Inc.）出版社。(已汉译)

1997 年，《雪狮与龙——中国、西藏和达赖喇嘛》，加州大学出版社。(已汉译)

1998 年，《当代西藏佛教——宗教复兴与文化认同》，与卡普斯坦（M. Kapstein）主编，合著，加州大学出版社。(已汉译)

2002 年，《新编现代藏英辞典》，加州大学出版社。

2004 年，《一位藏族革命家：巴塘平措汪杰的政治生涯与时代》，与道帏喜饶（Dawei Sherap）和威廉·塞本斯珠（William R. Siebenschuh）合著，加州大学出版社。

2007年，《西藏现代史（1951—1955年）——风暴前的宁静》，加州大学出版社。

2009年，《论西藏的“文化大革命”——1969年的“尼木事件”》，合著，加州大学出版社。

（二）论文（含书评，80余篇）

1964年，《西藏僧兵（ldab-ldob）研究》（硕士论文），载《中亚杂志》第9卷第2期。（汉译，载《国外藏学研究译文集》第十三辑）

1970年，《西藏家族中的婚姻法规》，载《法律在国家现代化中的作用：以历史和比较的观点透视中国的家庭法规和社会变迁的专题研究》，布克斯鲍姆（D. Buxbaum）编，华盛顿大学出版社。

1971年，《一个西藏村庄的结构与差税》，《中亚杂志》第15卷第1期。（汉译，载《中国藏学》1990年第1期；《西藏封建农奴制研究论文选》）

1971年，《农奴制及其变迁：西藏传统社会中的“人役税”制度考察》，载《亚洲研究杂志》第30卷，第3期。（汉译，载《西藏封建农奴制论文选》）

1971年，《西藏传统政治制度中的集权与分权之间的平衡——论西藏宏观政治结构的特点》，载《中亚杂志》第15卷，第3期，第170—182页。

1973年，《西藏庄园的周转——活佛转世制度下的土地与政治》，载《中亚杂志》第32卷，第3期，第445—455页。（汉译，载《中国藏学》1988年第4期和《西藏封建农奴制论文选》）

1974年，《里米（Limi）的农—牧藏语——喜马拉雅山西北部高海拔适应的文化生态学观察》，载法国《对象与世界》，

第 14 卷，第 4 期，第 259—286 页。《西藏学会会报》再版。

1975 年，《印度南部西藏难民的种族演化、资源竞争与适应》，载《多元社会的种族划分与资源竞争》，阿尔迪勒，列奥·德斯普勒出版。《西藏学会会报》再版，夏季号。（汉译，《国外藏学动态》第 1 期，1986 年）

1975 年，《赫拉布（Helambu）和索罗—库巴（Solo-Khumba）的夏尔巴人与拉萨藏人中的亲族关系和婚姻的初步比较》，载《尼泊尔研究》第 2 卷，第 1 期，第 57—69 页。

1975 年，《关于卡纳里地区里米—潘查亚（Limi Panchayat）和胡姆拉（Humla）区的发展报告》，载《尼泊尔研究》。

1975 年，《南亚西藏难民中的种族和资源竞争》，载德斯普雷斯所编《多元社会中的种族和资源竞争》，第 159—186 页。

1976 年，《尼泊尔西北部一个喜马拉雅山谷的兄弟共妻与生育》，载《人类生态学》第 4 卷，第 3 期，第 223—233 页。

1977 年，《人口、社会结构与策略行为——论里米潘查亚的一妻多夫、生育与变化》，载《尼泊尔研究》第 4 卷，第 2 期，第 49—62 页。

1977 年，《文化、人口生态与发展——尼泊尔西北部鸟瞰》，载《喜马拉雅生态学国际会议报告》（1976 年，C. N. R. S.），巴黎，第 481—489 页。

1978 年，《巴哈里（Pahari）与藏族一妻多夫制再考察》，载《民族学研究》第 17 卷，第 3 期，第 325—327 页。

1978 年，《藏族主干家庭中的判定与划分》，与布克斯包姆主编，载《中国的宗法制与社会变革》，华盛顿大学出版社。

1980 年，《喜马拉雅山脉生态系统中的同纬度意义》，与米歇尔斯密特合著，载《人类生态学》第 8 卷，第 2 期，第 117—135 页。

1980 年，《赫拉布地区的老龄化——夏尔巴人中的衰老、迁徙和家庭结构》，与辛迪娅·比尔（C. M. Beall）合著，载《尼泊尔研究》第8卷，第1期，第41—56页。

1981年，《喜马拉雅山偏远地区的高海拔藏族人口——社会变革及其人口统计学、经济学和生态学结论》，载《山地研究与开发》第1卷，第1期，第5—18页。

1981年，《喜马拉雅高山地区藏族人口的社会母体的转化》，载《高海拔地区的环境和人口问题》，第101—105页，巴黎，国家科学研究中心。

1981年，《尼泊尔西北部的兄弟共妻制——社会生物学理论的一次检验》，与辛迪娅·比尔合著，载《美国人类学家》第83卷，第1期，第5—12页。

1981年，《现代化与老龄化——尼泊尔腹地的农村和前工业化地区调查》，与辛迪娅·比尔合著，载《人类组织》第40卷，第1期，第48—56页。

1981年，《西藏生育与人口衰退新探》，载《美国人种学家》第8卷，第4期，第721—729页。

1982年，《尼泊尔夏尔巴人的职业、衰老和依赖》，与辛迪娅·比尔合著，载《社会科学与医学》第16卷，第2期，第141—149页。

1982年，《尼泊尔喜马拉雅山区夏尔巴老人中的生物功能、活动量和依赖性》，与辛迪娅·比尔合著，载《社会科学与医学》第16卷，第2期，第135—141页。

1982年，《欠发达国家中的老龄化的人口统计学简释》，与辛迪娅·比尔合著，载《人类学与老年学协会通讯》第3卷，第2期。

1982年，《拉萨的街头歌谣：传统西藏中的政治和社会讽刺诗》，载《西藏杂志》第7卷，第1—2期。（汉译，载《国外藏学研究译文集》第一辑）

1982年，《第三世界的一个农村中的间接现代化与老年人的地位》，与辛迪娅·比尔合著，载《老年学杂志》第37卷，第6期，第743—748页。

1982年，《西藏的一妻多夫制与社会生物学——答阿贝勒兹和费尔兰德兹》，与辛迪娅·比尔合著，载《美国人类学家》第8卷，第4期，第898—901页。

1983年，《高海拔地区的缺氧、文化与人类生殖—生育比较研究》，与察绒班觉和辛迪娅·比尔合著，载《美国人类学家》第8卷，第1期，第28—50页。

1983年，《从一个山地—农区到平原都市社会——1981年尼泊尔人口普查的影响》，与罗斯和斯库勒合著，载《山地研究与开发》第3卷，第1期，第61—64页。

1983年，《拉萨街头歌谣》，载《Dra-nyen》第7卷，第3—8页。

1983年，《社会与经济力量对第三世界一个农村的扩展家庭中的代际关系的影响——来自南亚的一个劝诫故事》，与罗斯和斯库勒合著，载《老年学杂志》第38卷，第716—724页。

1983年，《对一个都市社区的疾病行为的人类学探讨》，与艾克特合著，载《都市人类学》第12卷，第2期，第125—138页。

1984年，《高海拔地区生育研究——答霍夫》，与辛迪娅·比尔和察绒班觉合著，载《美国人类学家》第86卷，第2期，第419—423页。

1984年，《答阿伯逊》，与辛迪娅·比尔和察绒班觉合著，载《美国人类学家》第86卷，第3期，第703—705页。

1984年，《答巴苏和古普塔对〈高海拔地区的缺氧、文化和人类生殖—生育研究〉的评论》，与辛迪娅·比尔和察绒合著，载《美国人类学家》第86卷，第4期，第996—997页。

1985年，《第三世界的一个传统社会的老年男性中的社会结构和体质健康的内在支撑的变化》，与辛迪娅·比尔和费尔曼合著，载《美国老年学协会杂志》第33卷，第6期，第

401—412 页。

1985 年，《西藏佛教寺院生活——社会、心理和文化影响》，与察绒班觉合著，载《西藏杂志》第 10 卷，第 1 期。

1985 年，《拉达克的缩小与变化》，与察绒班觉合著，载拉哈:《喜马拉雅山的遗产》。

1985 年，《居住在气候严酷的山地和平地的老年尼泊尔农民的体质适应》，与辛迪娅·比尔和费尔曼合著，载《老年学杂志》第 40 卷，第 5 期，第 529—535 页。

1985 年，《从使用者和非使用者的观点看尼泊尔的生殖的决断》，与斯库勒合著，载《生育决定因素研究记录》第 7 卷，1985 年 11 月，人口会议。

1985 年，《尼泊尔都市避孕具使用的障碍》，与斯库勒和玛森托什合著，载《家政学》第 16 卷，第 5 期，第 260—270 页。

1986 年，《尼泊尔加德满都谷地的生育的近似决定因素》，与罗斯和布兰格诺合著，载《生物社会研究杂志》第 18 卷，第 2 期。

1986 年，《评论——论跨文化的老年学》，与辛迪娅·比尔和艾克特合著，载《跨文化老年学杂志》第 18 卷，第 2 期。

1986 年，《非西方老年人口的感觉和认知功能的年龄差异》，与辛迪娅·比尔合著，载《老年学杂志》第 41 卷，第 3 期，第 387—389 页。

1986 年，《使用者和非使用者的观点看家政——尼泊尔都市的生殖决断》，与斯库勒合著，载《家政学》第 17 卷，第 2 期，第 65—77 页。

1986 年，《尼泊尔一个农村中的家庭变化、社会地位与老人》，与辛迪娅·比尔合著，载《跨文化老年学杂志》第 1 卷，第 3 期，第 305—317 页。

1986 年，《西藏高原牧民研究》，与辛迪娅·比尔合著，载《中国新闻交流》第14卷，第4期。

1986年，《西藏社会制度中选定地、属地和自由支配地再探：附加税与其他无地农奴》，载《西藏杂志》第9卷，第4期，第79—112页。(汉译)

1987年，《西藏长期居住在海拔4950—5450米的牧民的血红蛋白浓度》，与辛迪娅·比尔合著，载《美国体质人类学杂志》第73卷，第4期，第433—439页。

1987年，《当几个兄弟享用一个妻子时》，载《自然史》3月号。《人类学》1988—1998年10次再版；《应用文化人类学》1989—1992年4次再版；收入《一致与冲突——文化人类学读物》，第7版（1989—1993年）和第8版（1994年）；怀特福德的《人类肖像》，学徒厅重印，1992年；福劳尔斯《文化人类学读物导读》，麦克格瑞·希尔，重印，1992年；曲克威兹《人类的今昔》重印，1993年；《人类学读物》，麦克格瑞·希尔，重印，1993年。

1988年，《社会文化对尼泊尔老年男性的工作效能的影响》，与辛迪娅·比尔合著，载《热带地区的效能》，剑桥大学出版社，第215—226页。

1988年，《论西藏农民的特点——答米勒》，载《西藏杂志》第13卷，第1期，第61—65页。

1989年，《论西藏西部牧民的政治组织——答科克斯》，载《喜马拉雅山研究通报》第8卷，第3期，第15—17页。

1989年，《中国的改革政策对西藏西部牧民的影响》，载《亚洲观察》第29卷，第6期，第619—641页。(汉译，载《国外藏学研究译文集》第十辑)

1989年，《自由、奴役与"仆人—农奴"尼玛——再答米勒》，载《西藏杂志》第14卷，第2期。

1989年，《遥远的西藏牧民世界》，与辛迪娅·比尔合著，载《国家地理杂志》7月号，第56—61页。

1990年，《生活在海拔4850—5450米的西藏牧民的血红蛋白浓度、氧饱和与动脉氧容量的百分比》，与辛迪娅·比尔合著，载《缺氧——适应》，苏尔顿等编，第51—66页。

1990年，《西藏“北部高原”（羌塘）土著牧民的生活方式与生态保护》，与辛迪娅·比尔和辛科达合著，载《国家地理研究》第6卷，第2期，第139—156页。

1990年，《中华人民共和国境内两个农村的老年家庭构成》，与库（Y. Ku）和艾克斯合著，载《跨文化老年学杂志》第5卷，第2期。

1990年，《西藏传统政体中的宗教冲突》，载《西藏文化反思——纪念威利（T. V. Wylie）论文集》，艾泼斯坦和谢伯勒编，纽约勒维斯顿：艾德温·梅伦。

1990年，《雪山、狮子与龙——20世纪的西藏问题》，载《中国概要》，凯勒编，西景（Westview）出版社，第129—168页。《西藏评论》也予以连载。（汉译，载《国外藏学动态》和国外藏学研究译文集，第十辑）

1991年，《中国在西藏自治区（实行）的生育控制政策——是谎言还是事实》，与辛迪娅·比尔合著，载《亚洲观察》第31卷，第3期，第285—303页。（汉译，载《国外藏学研究译文集》第十辑）

1991年，《西藏羌塘的牲畜牧草生态学——三个毗邻牧区的比较》，与辛科达、苏伊斯特和辛迪娅·比尔合著，载《北极和阿尔卑斯山研究》第23卷，第2期，第149—161页。

1991年，《西藏——昌都失陷之后的西藏》，载《西藏杂志》第26卷，第1期，第58—95页。（节选自《西藏现代史》）

1991年，《西藏西部高原牧民生活方式的变化与连续性》，载《游牧民族》第28卷，第104—123页。

1991年，《世界屋脊的牧民》，载霍华德和都乃夫—哈逖斯编：《人类学：理解人类的适应性》，斯科特福瑞斯曼（ScottForesman）出版。

1991年，《藏文词典学》，为《国际词典学百科全书》撰写的词条，柏林：Walter de Gruyter，第2548—2550页。

1991年，《从西藏拉甲洛江游牧部落看西藏传统社会中的游牧业与农奴制》，与比尔合作，载北京《中国藏学研究中心国际学术讨论会论文集》。

1992年，《西藏：美国人的问题》，与哈诺德·萨恩德、理查德·霍尔布鲁克、斯奈·琼斯、大卫·拉普顿和德威特·伯金斯合著，美中关系国家委员会，《中国政策丛书》，第4卷。

1992年，《蒙古牧民中极为盛行的过度肥胖和中心肥胖模仿》，与辛迪娅·比尔合著，载《美国人类生物学杂志》第4卷，第6期，第747—756页。

Tibet: *Issues for Americans*; Harold H. Saunders, Melvyn C. Goldstein, Richard Holbrooke, Sidney R. Jones, David M. Lampton, Dwight H. Perkins. April 1992.

1993年，《蒙古牧民》，与辛迪娅·比尔合著，载《国家地理杂志》，1993年5月号。

1993年，《西藏牧民中的季节性食物》，与辛迪娅·比尔合著，载《研究与探索》第9卷，第4期，第477—479页。

1993年，《外部煽动与西藏的骚乱——答夏尔霍(Sharlho)》，载《当代中国杂志》第1卷，第4期，第93—97页。

1993年，《中国浙江省的农村老年人中的收入与家庭资助》，与顾雅军（Yachun Ku）合著，载《当代的政策与老龄化》；另见《跨文化老年学杂志》第8卷，第3期，第197—223页。

1993年，《牧民的生活方式与传统的政治经济——答科克斯（Cox）》，载《喜马拉雅山研究通报》。

1994年，《西藏西部一个牧民社区中的变化、冲突与连续性（1950—1990年）》，载巴勒特和阿基纳编《西藏的抵抗与改革》，霍斯特出版公司。

1994 年，《西藏高原居民动脉血红蛋白主要基因的氧饱和的百分比》，与辛迪娅·比尔、约翰·布兰格诺和萨拉·威廉—布兰格诺合著，载《美国体质人类学杂志》，95：271—276。

1995 年，《西藏、中国与美国——西藏问题反思》，美国大西洋理事会，应时论丛。

1996 年，《西藏的老龄化——传统、家庭和变化》，与辛迪娅·比尔合著，载《老龄化——亚洲过去与现在的经历》，弗玛勒克等编，第 149—170 页。

1996 年，《西藏牧民中的基本的代谢率与季节性食物》，与辛迪娅·比尔和亨利·沃尔兹曼合著，载《美国人类生物学杂志》第 8 卷，第 361—370 页。

1998 年，《达赖喇嘛的困境》，载《外交事务》第 77 卷，第 1 期，第 83—97 页。

《卫藏的等级制度：一妻多夫制与家庭结构》，载《思威斯特·吉人类学研究》第 27 期，第 64—74 页。（此文发表年代不明）

2002 年，《新版现代藏英词典》(The New Tibetan-English Dictionary of Modern Tibetan), Edited by Melvyn C. Goldstein with T. N. Skilling, J. T. Surkhang and Pierre Robillara, Denwood，加州大学出版社，2001 年。

2002 年，《美国、西藏与冷战——当代视角》，哈佛大学俄罗斯中心“冷战及其在西藏的遗产——大国政治与地区安全”学术研讨会论文，2002 年 4 月。

2003 年，《巴塘平措汪杰与“西藏共产党”(Baba Phuntso Wangye and the Tibet Communist Party)》，英国牛津第 10 届国际藏学讨论会论文。

2003 年，《论西藏现代史：超越原型(On Modern Tibetan History: Moving beyond Stereotypes)》，载阿勒克斯·麦凯(Alex McKay)编：《西藏及其近邻的历史》(Tibet and Her Neighbours, A

McKay)编:《西藏及其近邻的历史》(Tibet and Her Neighbours, A History), London: Edition Hansjorg Mayer, 2003.

2004年,《中国藏区的发展项目(Development Projects in Tibetan Areas of China)》,在美国"国会及行政当局中国委员会"(the Congressional—Executive Commission on China)的圆桌会议上的陈述,2004年3月19日。

2004年,《一位藏族革命家——巴塘平措汪阶的政治生涯与时代》,合著,A Tibetan Revolutionary. The political life of Bapa Phüntso Wangye, University of California Press, 2004.

2007年,《西藏现代史(1951—1955)——风暴前的宁静》,A History of Modern Tibet, Volume 2: The Calm Before the Storm: 1951-1955, University of California Press, 2007.

2009年,《西藏的"文化大革命"——以"尼木事件"为例》,合著,On the Cultural Revolution in Tibet: The Nyemo Incident of 1969, University of California Press, 2009.

(本文为《喇嘛王国的覆灭》再版前言,中国藏学出版社,2005年)

西方对西藏的误读及其根源

由于历史和现实的原因，西方人对西藏和西藏文明有一种独特的“西藏情结”和“香格里拉情结”，这不仅对西方人的西藏观产生了重大影响，也是西方人误读西藏的重要因素。西方人的西藏观不仅为流亡藏人的“藏独”运动提供了理论基础，也推动了“西藏问题”的国际化。然而，中国学术界对西方人的西藏观的研究几乎还是一个空白，更谈不上加以评论和剖析。鉴此，有必要像美国学者赛义德（Edward Said）批判和挑战西方的东方学那样，以批判意识（critical consciousness）和抗争意识（oppositional position）[①]分析和研究西方人的西藏观，澄清其对西藏的误读，从而廓清迷雾，匡正视听。

一、西方对西藏的误读

（一）对西藏概念的误读

在西方的出版物中，西藏（Tibet）是一个模糊的概念，对藏文古籍中早就清晰并沿袭至今的三大藏区——上部阿里三

① 张宽：《香格里拉围城——张宽自选集》，江西教育出版社，2008 年。

围、中部卫藏四茹、下部朵康六岗，以及按三大方言区划分的卫藏（法区）、安多（马区）、康巴（人区）不加区分，也不顾及传统的行政区划和藏族聚居在西藏、四川、青海、甘肃、云南五省区的现实，在论及安多和康区时，几乎都以“东藏”（Eastern Tibet）相称，似乎康区（Khams）和安多（Amdo）并不存在。这种并不存在的“大西藏”概念，造成许多误解，仅汉文翻译就成问题，究竟是将 Tibet 和 Tibetan 译成西藏、藏族还是藏区？一些西方论著是关于康区和安多的，书名和标题却用的是 Tibet 或 Tibetan，理解和翻译时也易产生歧义。实际上，这类论著不仅忽视了藏区传统的区域划分和中国传统的行政区划，而且抹杀了藏族和藏区的方言差异和地域特征。

（二）对藏民族的误读

西方的中国形象经历了由褒到贬的过程，与之相反，西方的西藏形象则经历了由贬到褒的演变。用“东方主义”的视角看待西藏的西方人，贬低西藏和藏族；用“后现代主义”的眼光看待西藏的西方人，美化和神化西藏，过分将西藏理想化、浪漫化、神圣化。赛义德在《东方学》一书中指出：“欧洲人的想象被作为与任何非欧民族和文化进行比较时的权威标准。此外，还有一种欧洲人对东方的想象的霸权，他们自己反复申明先进的欧洲人对落后的亚洲人具有无比的优越性。”① 一些西方人出于自身的需要，带着“东方主义”的眼镜审视藏民族和西藏，其对传统西藏的描述和认识，经历了从俯视、贬低、丑化甚至诬蔑，到美化乃至神化的演变。

1. 对藏民族的贬低和丑化

19 世纪末至 20 世纪上半叶，当西方的工业化尚未完成、

---

① Orientalism: Western Conceptions of the Orient, New York: Penguin, 1978.

现代化正在迅猛发展时，一些西方人带着“西方中心论”和俯视的心态观察西藏、藏族和西藏文明。进入西藏的西方人表现出赤裸裸的种族优越感，其言辞充斥着对西藏和藏族的贬低甚至诬蔑。瓦德尔（L. A. Waddel）的《西藏的佛教和喇嘛教》（The Buddhism of Tibet or Lamaism）和《拉萨及其神秘》（Lhasa and Its Mysteries）、荣赫鹏（Francis Younghusband）的《印度与西藏——自哈斯汀斯时代至1910年两个国家间业已存在的关系史》（India and Tibet: A History of the Relations Which Have Subsisted between the Two Countries from the Time of Warren Hastings to 1910）、大卫·妮尔（Alexandra David-Neel）的《西藏的神秘与巫师》（With Mystic and Magicians in Tibet）就是明证。瓦德尔认为，西藏的宗教是“佛教的一种堕落的形式，一种剥削的牧师特性和一种迷信的粗野无知”。“喇嘛教狂热崇拜的主体包含着根深蒂固的魔鬼崇拜和巫术魔法……因为喇嘛教只是被镀了薄薄的不完备的佛教象征主义的光泽，在光泽下面，多魔鬼的迷信的邪恶得以生长，并在黑暗中出现。”① 荣赫鹏在《印度与西藏》（汉译《英国侵略西藏史》）中，批评藏人是“狡诈的、不道德的、过分依赖宗教的、肮脏的和懒惰的”，他认为英国人的角色是向普通的藏人提供文明的指导。② 桑德伯格（Sandberg）在《西藏的神山——色普冈日山的盛典》（Tibet's Secret Mountain: The Triumphof Sepu Kangri）中，把“西藏种族”说成是一个懦弱而胆怯的民族，

---

① L. A. Waddell, The Buddhism of Tibet or Lamaism, 1972, xi.

② 《印度与西藏》第 321 页；Lhasa and Its Mysteries: With a Record of the Expedition of 1903-1904, London: John Murray, 1905; Younghusband, India and Tibet: A History of the Relations Which Have Subsisted between the Two Countries from the Time of Warren Hastings to 1910, with a Particular Account of the Mission to Lhasa of 1904, John Murray, 1919; Tibetan Buddhism with Its Mystic Cults, Symbolism, and Mythology, New York: Dover Publications, 1905/1972.

他们的怯懦致使其乐意唯命是从。[①] 法国女藏学家大卫·妮尔在《西藏的神秘与巫师》中，论及她在拉萨哲蚌寺见到的僧兵（dobdob）时，说他们看上去就像“真正的黑鬼”（real negro）。[②]

2. 对西藏和西藏文明的美化和神化

20世纪中叶以来，进入“后工业化”和“后现代化”的西方在反思现代化时，才认识到了理性、科学技术和物质主义乃至西方宗教并不是万能的，难以应对他们遇到的许多现实问题，于是一些西方人将目光投向了东方文明和宗教，尤其是对注重精神的西藏文明和藏传佛教情有独钟。这时，他们带着朝圣心态看待西藏，将西藏、西藏文明和藏传佛教神化，出于“自助”（self-help）的心灵需要，制造了一个充满神秘色彩的“香格里拉神话”（Myth of Shangri-La）。[③] 美国人罗伯特·瑟曼和理查·基尔将藏传佛教奉若神明，瑟曼将藏传佛教称为“内心的革命”（Inner Revolution）[④]，理查·基尔声称在物质主义至上的世界幸亏还有藏传佛教。

（三）对藏传佛教的误读

东方主义最基本的特征是创造作为西方的“自我”与东方的“他者”之间的对立和差异、一种鲜明的二元独立性。用赛义德的话来说，那是“一个绝对不容侵犯的禁忌

---

① C. Bonnington and C. Clarke, Tibet's Secret Mountain: The Triumph of Sepu Kangri, p. 209, London: Phoenix, 2000.

② With Mystic and Magicians in Tibet, P. 105, London: Penguin, 1936.

③ Peter Bishop, Myth of Shangri-La:

④ Robert Thurman, Life, Liberty, and the Pursuit of Real Happiness, Penguin, 1999.

(taboo)"[①]。一些西方人在观察西藏同中国内地、藏族和汉族时，有一种探求差异、忽视共性的嗜好。起源于印度的佛教，经过三大语系——巴利语系、汉语系、藏语系数个世纪的发展和传播，形成了两大传播体系，即上座部（俗称小乘佛教 Hinayana）和大乘佛教（Mahayana)。在东方佛教界和佛学界，将传播到中国（包括藏区）和日本、蒙古等国的北传佛教称为大乘佛教，将传播到斯里兰卡、东南亚国家和中国云南傣族地区的南传佛教称为小乘佛教。而西方人却将与汉传佛教同属大乘的藏传佛教分离出来，单列为与小乘、大乘并列的"金刚乘"(Vajrayana)，西文关于藏传佛教的论著几乎都是如此。纽约还有一种佛教刊物《三乘：佛教评论》（Tricycle: Buddhist Review)。

部分西方人误以为藏民族都是虔诚的佛教徒和奉行非暴力的。如果他们稍微读一点西藏历史就会知道，即使在全民信教的政教合一的封建农奴制社会，一些贵族也并非真正的藏传佛教信徒，否则怎么理解好几世达赖喇嘛都因被毒害而夭折呢？美国学者洛贝兹（Donald S. Lopez, Jr.）对此也有论述。[②]

部分西方人忽视藏传佛教四大教派并存的事实和不同教派之间的差异，将只是格鲁派大活佛的达赖喇嘛视为整个藏传佛教的精神领袖。并且，一些西方人并不完全清楚，20 世纪 90 年代以来，达赖喇嘛的身份和国际形象已发生了变化，扮演着宗教和政治双重角色：不仅是大活佛和藏传佛教格鲁派的领袖，还被奉为流亡藏人和一些西方人的精神领袖，能言善辩的外交家和老练成熟的政治家，他已将藏传佛教政治化，将藏传佛教的教义伦理道德化。

---

① Orientalism, p. 311；施爱国：《傲慢与偏见——东方主义与美国的"中国威胁论"研究》，第 17 页，中山大学出版社，2004 年。

② Prisoners of Shangri-La: Tibetan Buddhism and the West, The University of Chicago Press, 1998.

（四）对西藏和平解放、民主改革、经济社会发展和现代化的误读

与美化和神化传统西藏形成鲜明对照的是，一些西方人对现代西藏进行丑化和歪曲。表现为美化甚至神化西藏封建农奴制社会，将旧西藏描绘成“香格里拉”和“最后一片净土”；丑化新西藏，歪曲西藏地方与中国中央政府的历史关系。当今世界，文化的多样性与文化的现代化是人类文化发展的潮流。怎样在在保持文化多样性的同时适应现代化和全球化，是每个族群和每个国家都不得不面对的矛盾和挑战。一些西方人在看待西藏文化时，只是要求保持其多样性，不愿看到西藏文化的发展和适应现代化。其实对现代化有些腻味的西方应当明白这样一个浅显的道理：地球上的任何族群（包括藏族）不仅需要享受精神文明和宗教信仰，而且需要享受物质文明和现代化。藏民族当然有权利分享人类社会发展、科技进步和现代化带来的成果，这是“天赋人权”！一些西方人杞人忧天，担心青藏铁路会危及西藏的传统文化。殊不知，西方人都不愿坐火车了，而一些藏族百姓做梦都想在有生之年能看见会奔跑的“铁龙”——火车！并且，仅就西方的发展历程来看，现代化与传统文化和民族特性也并非水火不容，现代化在丢掉不适应社会发展的部分传统和抛弃传统文化的糟粕的同时，促进了传统文化的发展、民族特性的提升、人民物质和精神生活水平的提高。

（五）对西藏政治和中国西藏政策的误读

虽然迄今为止所有西方的官方文件，如美国国务院发表的《年度国别人权报告》中，中国西藏部分及欧洲国家发表的官方文件，都公开承认西藏是中国的一部分，但是一些西方议员和官员却总喜欢打“西藏牌”，图谋利用“西藏问题”遏制中

国，甚至将其作为分化和肢解中国的突破口。因而认同和支持“西藏独立”，将西藏与中国中央政府的关系视为国家关系。他们不顾历史事实、中国国情和西藏的现实，自我否定，主观认为，西藏自古以来就是一个“独立”国家，1951 年进军西藏和和平解放西藏是中共对西藏的占领和侵略，现在西藏仍然是一个被占领的国家，达赖喇嘛是“西藏国”的“国家元首”，西藏“流亡政府”是西藏人民的合法代表。①

一些不了解西藏的西方非政府组织和普通民众，受西方一些传媒和政界的影响，也认为西藏是一个“独立的国家”。一些西方人对藏族及其与汉族的关系也存在误读，他们忽视自公元 7 世纪吐蕃王朝和唐朝以来藏汉民族之间团结友好的关系，有意无意地夸大了藏汉民族的对立和冲突。

事实上，自古迄今，团结友好一直是藏汉民族关系的主流，彼此通婚联姻的传统佳话从松赞干布和文成公主起延续至今，不胜枚举。仅此一例，就足以说明藏汉民族的关系是十分友好亲密的。一些西方人不了解中国的西藏政策，假如他们真正把握了中国在西藏以及其他民族聚居区如新疆、内蒙古、宁夏、广西等地实行的民族区域自治制度是民族自治和区域自治的统一，也许就不会提出西藏的民族自治，困扰接触商谈的“大西藏”问题也就不会成为难以解开的结了。还有不少西方人不了解中国这个世界人口大国的国情，他们把与中国其他省区一样的西藏的正常人口流动说成是国家有计划的人口迁徙和汉化西藏。也许他们并不知道，同汉族及其他民族人口向西藏流动一样，藏民族也在不断地向中国内地的大都市流动和定居。近 30 年来，从西藏和四川藏区流动迁移到成都市辖区的

① Michael C Van Wait Van Praag, The Status of Tibet: History, Rights, and Prospects in International Law, Westview Press, 1987.

藏族人就有10多万，北京也居住着近万名藏族人。① 西方人对中国共产党在西藏实行的民族政策、宗教政策、民族区域自治制度、文化政策、发展政策等也存在误读。

西方人误读西藏必然会产生负面影响。无论是贬低还是神化，都是歪曲或虚幻了的西藏印象。由于对西藏的误读，西方人的西藏观和西藏形象，许多都是虚幻的和不准确的，对流亡藏人、对西方人对西藏问题的态度、西方国家政府对西藏的政策，以及“西藏问题”都会产生重要影响，其结果不但歪曲了西藏和中国的西藏政策，也误导了流亡藏人和西方民众，对“西藏问题”的国际化和西化都产生了重要影响。西方人对西藏文化和藏传佛教的偏爱，“爱屋及乌”，进而喜好西藏文化、崇拜达赖喇嘛、热衷于达赖集团的“藏独”事业，加上西方传媒对“西藏问题”的炒作，促成了西方人的西藏观“一边倒”。

一些西方人由对西藏文化的兴趣，转而关注“西藏问题”，热衷于“藏独”活动。如哥伦比亚大学教授罗伯特·瑟曼（Robert Thurman），好莱坞著名影星理查·基尔（Richard Gere），著名电影导演马丁·斯科赛斯（Martin Scorsese）等，改宗藏传佛教，皈依达赖喇嘛，成为其忠实信徒，竭力支持达赖集团的“藏独”事业。一些西方人受误读西藏的影响，带着同情弱者的心理，即使对西藏和“西藏问题”一无所知，只要流亡藏人鼓动的活动，他们都盲目参与。

二、西方误读西藏的原因

西方人了解和认识西藏的主要途径是：以英文为主的西文文献，如查尔斯·贝尔（Sir Charles Bell）的《西藏今昔》

① 杜永彬：《藏人及其对现代化的适应——以北京为例》，第11届国际藏学研讨会论文，德国波恩，2006年。

(Tibet: Past and Present, 1924)、《西藏的人民》(The People of Tibet, 1928)、《十三世达赖喇嘛传》(Portrait of the Dalai Lama, 1946),哈雷(Heinrich Harrer)的《西藏七年》(Seven Years in Tibet, 1953),黎吉生(Hugh Richardson)的《西藏及其历史》(Tibet and Its History, 1962)等;流亡藏人的作品和"现身说法"及各种宣传,如涉藏传媒的宣传和流亡藏人的论著,如达赖喇嘛的《我的故乡和人民》(My Land and My People, 1962),夏格巴的《西藏政治史》(Tibet: A Political History, 1967; 1984),达瓦诺布的《红星照耀西藏》(Red Star over Tibet, 1974)、《中国的西藏政策》(China's Tibet Policy, 2001),降央诺布的《西藏的骑士——阿丹的故事和康巴人为他们的国家的自由而进行的抗争》(Warriors of Tibet: The Story of Aten and the Khampas' Fight for the Freedom of Their Country, 1986年),土登·晋美诺布的《西藏是我的故乡》(Tibet Is My Country: The Autobiography of Thubten Jigme Norbu, 1987),次仁夏嘉的《龙蟠雪域——1947年以来的西藏现代史》(The Dragon in the Land of Snows: A History of Modern Tibet since 1947, 1999)等;有关西藏的展览、音像、影视,各种有关西藏和藏学的会议,其中,西方传媒在塑造西藏形象和影响西方人的"西藏观"中起了十分独特的作用。

大多数西方人之所以误读西藏,既有历史和现实的根源、东西方思维方式和价值观念的差异,也有主观和客观原因。西方人的"西藏情结"和"香格里拉情结",以及他们了解和认识西藏的途径,必然会导致其对西藏的误读。

(一)西藏信息源的缺陷

上述西方了解和认识西藏的主要途径中几乎都是间接渠道,而没有中国这条直接的途径。对于包括藏族学者在内的中国学者关于西藏的论著和中国传媒关于西藏的报道,西方人知之甚少,这显然是信息不对称。他们还武断地将中国传媒对西藏的介绍和中国学者对西藏的研究都视为宣传。个中原因是：大多数西方人都不懂藏语文和汉语文，而我国相关的研究成果和报道又以藏文和汉文为主；关于西藏的材料、知识、信息和看法主要是由西方传媒和学者提供的，多数西方人是通过间接途径或第二手资料了解和认识西藏的，到西藏实地考察和亲身体验的西方人并不多。以电影为例，据统计，国外有关西藏的影视片262部，其中达赖方面占133部，关于达赖的有39部，大部分拍摄于1980年代，中国拍摄的只有9部，占3.2%，因而西方人所看的有关西藏的电影大多数都是西方人在中国藏区以外拍摄的，这就决定了西方传媒所反映或表现的是“西方的西藏”。

（二）流亡藏人的影响

西方人的西藏观深受流亡藏人影响，流亡藏人影响西方人的西藏观的主要渠道和方式是：第一，“现身说法”。主要以访谈、演讲等形式表达。如达赖喇嘛每年都要到欧美国家发表“公开演讲”；第二，通过机构和组织进行游说和公关，如华盛顿的“国际声援西藏运动”，其最主要的任务之一就是公关和游说，主要游说对象是国会议员和政府官员，一些流亡藏人官员和学者还经常到美国国会就“西藏问题”作证，如洛迪嘉日；第三，通过传媒进行宣传和灌输，主要是报纸、广播、影视、音像、刊物、互联网等，涉藏传媒，如“美国之音”藏语部、“自由亚洲”电台藏语部、《西藏评论》、雪狮出版社，“西藏之页”，“即时新闻”以及互联网，并借助西方机构和媒体进行宣传；第四，著书立说，如达赖的《我的故乡和人民》，夏格巴的《西藏政治史》，达瓦诺布的《红星照耀西藏》；第五，“走出去，请进来”，流亡藏人到西方，邀请西方政要和传媒到达兰萨拉。总之，为了迎合西方，流亡藏人美化、神化旧西藏，丑化、歪曲新西藏和中国的西藏政策，将西藏包装成“西方的西藏”。正如美籍华人学者刘康所说：“达赖关于西藏的言论已经成为西方媒体话语的重要部分，他的观点基本上就是西方传媒的观点。”① 流亡藏人的“西方情结”与西方的“西藏情结”形成互动，在信息不对称的情况下，流亡藏人在西方的游说和公关，在向西方人传播藏传佛教和西藏文明的同时，向他们灌输“藏独”意识，导致许多对西藏一无所知的西方人对西藏的误读。

（三）认识和价值观因素

西方人的西藏观受到“东方主义”和“后现代主义”的深刻影响。赛义德说：“有理由认为，每一个欧洲人，无论他就东方说些什么，最终不过还是一个种族主义者、帝国主义者、彻头彻尾的种族中心论者。”“东方学归根到底是一种强加于东方之上的政治学说，因为与西方相比东方总是处于弱势，于是人们就用其弱代替其异。”“东方是为西方而存在的。或至少无以数计的东方学家是这样认为的。这些东方学家对其研究对象的态度要么是家长式地强加于其上，要么是肆无忌惮地凌驾于其上。”②“东方主义”虚构了一个“东方”，使东方（Orient）与西方（Occident）具有本体论上的差异，并使西方得以用新奇和带有偏见的眼光看待东方，从而创造了一种与自己完全不同的民族本质，使自己终于能够把握“他者”（the Other）。无论是东方主义的丑化或贬低，还是后现代主义的美化和神化，都是对西藏的歪曲，将西藏过分理想化、浪漫化、神圣化。无论是贬低还是神化，都是歪曲或虚幻了的西藏印象。这种西藏只存在于西方的想象之中。西方为自己的需要而塑造了一个虚假的西藏。

---

① 李希光、刘康：《打破达赖喇嘛的语言圈套》，《环球时报》2009 年 3 月 2 日，第 11 版。

② Edward W. Said, Orientalism, pp. 203-204, Routledge & Kegan Paul Ltd. 1978.

20世纪下半叶至今的西方学术和理论领域，特别是人文理论的书写已经发生了重大的变化，其中心内容就是对“现代性”的重写。一位美国学者说：“在鄙视非西方人的同时又对这个低劣的‘他者’表现出审美崇拜，进而导致一种无法根除的自我欺骗。”①

一些西方人夸大和看重藏族、西藏和西藏文化的特殊性及其与汉族、中原和汉族文化的差异和对立，不仅忽视西藏和内地其他省区、藏族与中国其他55个民族在政治、经济、文化、社会等方面共同发展和繁荣的内在一体性和趋同性，而且缩小甚至忽视藏汉民族的共性、友好和相互认同。正如李希光所说：“西方媒体的‘西藏话语’坚持把‘中国’与‘西藏’作为两个对立的概念和实体，通过话语的置换，把一个多民族、多文化的现代民族—国家的内部问题植入‘国家冲突’的框架。”② 许多西方人并不知道，藏族和汉族有共同的信仰——从印度传入的佛教，藏族的本土宗教是苯教，汉族的本土宗教是道教，而藏传佛教和汉传佛教同属大乘佛教；并且，自吐蕃王朝和唐朝起，藏汉的佛教文化交流一直没有中断，藏族喇嘛东传与汉族和尚西取，仪轨同奔，谱写了藏传佛教东渐的壮丽画卷。藏传佛教和藏族文化向中原的传播和发展，既表明了藏族的向心力和藏族文化的内向发展，也表明了汉族对藏族、藏族文化和藏传佛教的接纳和认同。而且，藏医和中医有很多相似之处，藏医是在吸收了中医和西域医学的一些合理的成分中形成的，藏医和中医在望闻问切的治疗方法和医学理论上都是相通的；借鉴了汉族农历的藏历，其“五行”、十二生肖和六十甲子（饶迥）与农历也是大同小异；藏语文和汉语

---

① ［美］小吉唐谷：《美学的功能——东方主义之后》，王丽亚译，《外国文学》2001年第5期，第39页。

② 李希光、刘康：《打破达赖喇嘛的语言圈套》，《环球时报》2009年3月2日。

文同属于汉藏语系。

一些西方人用静态的眼光看待动态的西藏，他们的西藏观几十年甚至上百年都没有多大的变化，而西藏却在紧跟时代的脚步飞速行进，在这种情况下他们的西藏观显然难以准确地反映真实的西藏。

（四）意识形态和“冷战思维”

与西方普通民众对西藏误读不同的是，少数西方人戴着意识形态的眼镜和“冷战思维”观察社会主义中国，他们感兴趣的不是西藏而是关注“西藏问题”，他们只看到西藏的离心力和趋异性，看不到或不愿看到西藏的向心力和趋同性；他们只希望西藏缓慢发展甚至保持原样，不是真诚地希望作为56个民族和31个省区市之一的西藏与中国其他地区一道和睦共处，共同走向繁荣。

（五）语言障碍

由于大多数西方人都不懂藏文和汉文，自然也就难以了解中国历史、中国国情和中国人的西藏观。美国藏学家史伯林（Elliot Sperling）认识到了这一局限，他认为，美国的政界和学术界对中国关于西藏的研究成果了解不够甚至轻视，不但导致美国对中国西藏政策的误读，也导致美国西藏政策的失误。他说：“20世纪80年代以来，中国学者除了对人权问题进行更广泛的思考，还不断深化对西藏人权问题的怀疑和评论。”“应当通过研究汉文文献来看中国处理西藏人权的方式”。“美国政府确实是在关注西藏问题，但是也暴露出它对中国在包括人权问题在内的西藏问题上的复杂立场不够熟悉和了解”。“理解中国人发表的观点的实质对于我们是十分有益的。因为中国人的观点并没有受到中国之外参与讨论这些观点的学者的重视。西藏‘流亡政府’定期出版一些我们在这篇文章中所讨论的这类英文文献，但是并没有涉及汉文文献中关于西藏人权问题的观点”。“1998 年美国总统访问中国之前，就遇到了一次彻底的失败。当时西藏流亡政府驻华盛顿的代表宣布西藏问题即将获得突破性进展；实际上，对中国的政策误读已经渗透到克林顿政府中去了”。“显然，对中国西藏政策的理解需要对包含在这些文献中的内容有一个更为深刻的认识。然而，同样明显的是，只有参与西藏问题研究和辩论的人们对上述文献完全理解之后，对中国西藏政策的一些错误认识才会逐渐减少。”①

（六）精神的需要

一些西方人将雪域西藏视为人间的“最后一片净土”（the Last Pure Land），在现代化和全球化的时代，他们出于“自助”的需要，穆伦（Eve Mullen）《美国占领藏传佛教——藏人及其在纽约市的美国主人》（The American Occupation of Tibetan Buddhism：Tibetans and their American Hosts in New York City）一书对此有专论。② 仍然幻想从自然和人文方面保持西藏的纯洁性，实际上是要满足其身心的需求：信仰、探险、旅游、休闲、健身，以缓解竞争的压力，慰藉空虚的心灵。降央诺布说，“香格里拉”的幻想主要与西方一些人的感情需要有关。这也正是梦幻般的“香格里拉”对许多西方人的吸引力和诱惑力所在。

一些西方学者和流亡藏人学者也认识到了西方对西藏的误读，并指出了误读西藏和神化西藏对藏民族的负面影响。印度

---

① 史伯林：《中国与西藏的人权状况》（China and the Human Rights Situation in Tibet），“冷战及其在西藏的遗产：大国政治与地区安全”研讨会论文，哈佛大学，2002 年 4 月。

② Eve Mullen，The American Occupation of Tibetan Buddhism：Tibetans and their American Hosts in New York City，Waxmann Verlag GmbH，Germany，2001.

裔学者阿南出版专著进行剖析；流亡藏人学者降央诺布、次仁夏嘉等也指出了这一点。但是，无论是西方人的矫正和澄清，还是流亡藏人的揭示，都还是西方或西化了的西藏，仍然是西方人的西藏观。

印度裔英国学者阿南（Dibyesh Anand）在《地缘政治的异国情调——西方想象中的西藏》（Geopolitical Exotica：Tibet in Western Imagination）一书中，运用国际关系、后殖民理论和藏学对西方人的西藏观进行跨学科研究，剖析了西方对西藏的表述策略（strategies of representation），并总结和归纳了西方人对西藏的自相矛盾的表述方式：对他者进行提炼和定型（essentializing and stereotyping the other）、凝视（gaze）、区分和归类（differentiation—classification）、贬低和理想化（debasement —idealization）、色情化和道德化（eroticization—moralization）、年代政治学（chronopolitics）、幼儿化和老年化（infantilization—gerontification）、自我肯定和自我批评（self-affirmation—self-criticism），从而揭示了西方人对西藏的误读，指出西方人将西藏奇异化和异国情调化（Exoticize Tibet）的事实和基本根源。①

流亡藏人学者降央诺布在《与牦牛共舞——电影、小说中的西藏与西方的幻想》（Dances with Yaks，Tibet in film，fiction and fantasy of the West）一文中说，考察有关西藏的游记及关于西藏宗教和文化的大量“新时代”（New Age）风格的作品，给人们留下不舒服的感觉。自从詹姆斯·希尔顿（James Hilton）的《消失的地平线》（The Lost Horizon）和洛桑然巴（Lobsang Rampa）的《第三只眼睛》（The Third Eye）这类书籍提供了关于西藏的文学主体以来，西方人的西藏观并没有发生实质性的变化。在影片中出现的西藏，要么是一种最终的精神庇护所，如像《千禧年》（The Millionairess，1960）、

① Dibyesh Anand，Geopolitical Exotica：Tibet in Western Imagination，University of Minnesota Press，2007.

《危险边缘》（The Razor's Edge，1984）和《幺点冒险——当自然呼叫时》（Ace Ventura：When Nature Calls，1995）中所表现的，要么是一种魔幻力量的储藏室，如像《通往香港之路》和《阴影》中所展示的。西藏被视为西方的"他者"（Other）。西方人，无论其有怎样的过失，都是真实的；西藏，无论多么精彩奇妙，都是一个梦幻——不是一个消失已久的黄金时代，就是太平盛世的幻想，仍然只是一场梦。在每一次这样的表述中，西藏人或他们的家乡和文化充其量只是充当一个背景或衬托白人主角的更为重要的工作，有一个固有的和潜在的前提是，假如西藏为西方人的目的和需要服务的话，她仅仅是相关的。在希尔顿的《消失的地平线》中，主角康韦是英国人，为首的喇嘛是欧洲人，就像大多数香格里拉的高级官员一样。西藏人基本上都是迷信的农民和体力劳动者，伐木工和抽水工，在香格里拉的白人精英看来，都是一些苦力。①

次仁夏嘉在《西藏与东方——香格里拉的神话》（Tibet and the Occident：The Myth of Shangri-La）一文中，也分析了西方人制造的"香格里拉神话"对藏民族产生的负面影响。②

三、西方人的西藏观并非"铁板一块"

（一）西方有一些正读西藏的有识之士

应当看到，在西方普遍误读西藏的格局中，还是有一些正读西藏的西方人。20 世纪中叶以来，尽管有"冷战"和"后冷战"的国际背景的影响，但是西方人当中还是有一些对中

① Jamyang Norbu，Dances with Yaks，Tibet in film，fiction and fantasy of the West，Tibetan Review，January 1998.

② Tsering Shakya，Tibet and the Occident：The Myth of Shangri-La，special issue on Tibetan authors，Lungta，April，1991.

国西藏较为友好的有识之士，如早年的安娜·路易斯·斯特朗（Anna Lovis Strong，《西藏农奴站起来》和《西藏见闻》），韩素音（Han Suyin，《拉萨——开放的城市》），爱泼斯坦（Epstein，《西藏的巨变》），以及1980年代以来的奥克森伯格（Michel Oksenberg）、谭·戈伦夫（Tom Grunfeld，《现代西藏的诞生》）、戈尔斯坦（Melvyn C. Goldstein，《西藏现代史——喇嘛王国的覆灭》和《西藏西部牧民》）、傅立民［Chas. W. Freeman，Jr.《中国解密文件——美国外交官与中美关系（1945—1996年）》］、沙伯力（B. Sautman，《两餐之间的素食者——达赖喇嘛、战争与暴力》）、龙安志（Laurence J. Brahm，《寻找香格里拉——中国西部之行》、《香巴拉之路——一次穿越西藏西部的沉思之旅》）等。①

他们或是揭露了旧西藏封建农奴社会的黑暗、腐朽和对社会发展的阻碍，或是对新西藏的发展和进步以及中国共产党的西藏政策给予了较为客观的论述，向世人展示了一个较为真实的西藏。

而且，西方人在“西藏问题”上“一边倒”的局面也在发生变化。20世纪80年代以来，随着中国国力的增强、国际形象的改善、国际威望的提高、国际作用的发挥和中国西藏社会经济的巨大变化，随着“西藏问题”的发展演变和国际形

① Anna Lovis Strong；Han Suyin，Lhasa，the Open City：A Journey to Tibet，London：Cape，1977；Epstein；Tom Grunfeld，The Making of Modern Tibet；Melvyn C. Goldstein，A History of Modern Tibet（1913-1951）：The Demise of the Lamaist State；Chas. W. Freeman，Jr. 载南希·图克尔（Nancy Bernkopf Tucker）编：《中国解密文件——美国外交官与中美关系（1945－1996年）》（China Confidential：American Diplomats and Sino-American Relations，1945－1996），哥伦比亚大学出版社，2001年；B. Sautman，Vegetarian between Meals：the Dalai Lama，War and Voilence，The Hong Kong University of Science and Technology，10-03-2009. Laurence J. Brahm（龙安志）：《与神山对话——茶马古道之行》、《寻找香格里拉——中国西部之行》、《香巴拉之路——一次穿越西藏西部的沉思之旅》，新世界出版社，2008年，中英文版。

势的跌宕起伏，一些西方人认识到，客观公正地认识西藏和“西藏问题”，也符合西方人及其国家的利益；意识到对西藏的误读，并在加以矫正。西方人的西藏观也在发生变化，对“西藏问题”和中国的西藏政策的视角，从理想主义转变为现实主义，从“冷战思维”转变为较为客观公正。

（二）一些西方人对其西藏观加以研究和矫正

西方人对他们的西藏观研究取得了显著成果，如《香格里拉的神话——西藏，游记与西方对圣地风景的创造》、《权力之梦——藏传佛教与西方的想象》、《地平线的消失与发现——游历、著述与帝国主义时代的西藏》、《西藏的民族主义——一种民族特性建构中的施主的角色》、《香巴拉——“香格里拉神话”背后的迷人的真实》、《香格里拉的囚徒——藏传佛教在西方》、《在西藏的印象中——1959 年之后的西藏绘画》、《虚拟的西藏——从喜马拉雅山到好莱坞寻觅香格里拉》、《想象的西藏：观念、映象与幻想》、《西藏中的英语与英语中的西藏——西藏和流亡藏人中的自我表述》、《西藏、自我和流亡藏人——不同的声音》、《西藏与罗摩——来自西藏边境的一则故事中的自我与他者》、《作为宣传的历史——流亡藏人对中华人民共和国》、《梦幻世界的西藏——西方的幻觉》、《当代西藏——一个争议地区的政治、发展与社会》、《地缘政治的异国情调——西方想象中的西藏》、《证明真实的西藏——对中国的〈西藏百题问答〉的回答》等。① 这些研究对于人们认识西方人的西藏观大有裨益，一些论著对虚幻、神化甚至歪曲了的西方的西藏印象正本清源，进行了澄清和纠正。但是，由于这些西方人的论著仍然反映的是西方人的西藏观，尤其是《西藏的民族主义》、《作为宣传的历史》和《证明真实的西藏》，更是“西方的西藏”的论著的典型，因而并没有也不可能对西方对西藏的误读进行全面的反思和清理。

---

① 1. The Myth of Shangri-La: Tibet, Travel Writing, and the Western Creation of a Sacred Landscape, Peter Bishop, Berkeley: University of California Press, 1989. 2. Dream of Power: Tibetan Buddhism and the Western Imagination, Peter Bishop, London: Athlone Press, 1993. 3. Horizons Lost and Found: Travel, Writing, and Tibet in the Age of Imperialism, Ph. D. dissertation, L. L. Hovell, Syracuse University, 1993. 4. Tibetan Nationalism: The Role of Patronage in the Accomplishment of a National Identity, P. C. Klieger, Meerut: Archana Publications, 1994. 5. Shambhala: The Fascinating Truth behind the Myth of Shangri-La, V. LePage, Wheaton: Quest Books, 1996. 6. Prisoners of Shangri-La: Tibetan Buddhism and the West, Donald Lopez, Jr., The University of Chicago Press, 1998. 7. In the Image of Tibet: Tibetan Painting after 1959, C. Harris, London: Reaktion Books, 1999. 8. Virtual Tibet: Search for Shangri-La from Himalayas to Hollywood, Orville Schell, New York: Metropolitan Books, 2000. 9. Imaging Tibet: Perceptions, Projections, and Fantasies, ed. Thierry Dodin & Heinz Rather, Wisdom Publications, 2001. 10. English in Tibet, Tibet in English: Self-presentation in Tibet and the Diaspora, Laurie Hovell Mcmillin, Palgrave, 2001. 11. Tibet, Self, and the Tibetan Diaspora: Voice of Difference, ed. P. C. Klieger, Leiden: Brill, 2002. 12. Tibet-O-Rama: Self and Other in a Tale from Edge of Tibet, P. C. Klieger, San Francisco: Green Arrow Press, 2002. 13. History As Propaganda: Tibetan Exiles versus the People's Republic of China, John Powers, Oxford University Press, USA, 2004. 14. Dreamworld Tibet: Western Illusions, Martin Brauen, Weatherhill, 2004. 15. Contemporary Tibet: Politics, Development, and Society in a Disputed Region, B. Sautman and J. T. Dreyer, eds. London: M. E. Sharpe, 2006. 16. Geopolitical Exotica: Tibet in Western Imagination, Dibyesh Anand, University of Minnesota Press, 2007. 17. Authenticating Tibet: Answers to China's 100 Questions, eds. By Anne-Marie Blondeau and Katia Buffetrille, University of California Press, 2008.

（三）“百闻不如一见”

西方人对西藏的误读是各种原因造成的。对西藏的神秘感，导致西方人对西藏文明讳莫如深；由于情感上的距离和政治上的偏见，造成东西方的对立，使西方人难以客观全面地认识西藏；东西方思维方式的差异，东方人重辩证思维，思考问题强调对立的交叉与和谐，西方人思考问题重对立的矛盾和斗争，致使西方人和东方人尤其是中国人形成不同的“西藏观”。正是由于这种误读，导致西方人给自己设计了一个陷阱和牢笼——西方媒体将传统西藏描绘成“香格里拉”，西方的电影、书籍、报纸等共同塑造了“香格里拉的神话”（Myth of Shangri-La），西方主流媒体既受到这些神话的影响，又继续延续着这些神话，从“香格里拉神话”发展到被“香格里拉”神化，最终沦为“香格里拉的囚徒”（Prisoners of Shangri-La）。而误导的西藏形象之所以在西方人心目中成立，是因为西方人只按照自己的现实来理解西藏，将西藏西化。西方人喜爱的“西方的”西藏，只是他们能够从中将自己理想化的西藏形象。西方人只有去西藏亲眼看一看，才能了解和认识真实的西藏。西方人也只有“移情”和“换位”，摒弃“西方中心论”，以中国西藏为中心，才能真正“理解与体验”西藏，从而纠正对西藏的误读，澄清对于西藏的模糊乃至虚幻和神化了的印象。

（原载美国《侨报》，2009 年 3 月 8 日；《当代世界》，2009 年第 4 期。本文略有增补并增加了注释）

国外藏学研究评论

美国藏学研究现状述评

20世纪80年代以来，由于国际格局的变化和藏学发展环境的改变，藏学发展史揭开了新的篇章——藏学的故乡中国的藏学研究得到复兴并走向繁荣；国外藏学继续发展并与“西藏问题”和“人权问题”相结合；藏传佛教在国外的影响扩大；以达赖喇嘛为首的“藏独”分裂势力推动“西藏问题”国际化；西方反华势力企图利用“西藏问题”作为肢解中国的突破口。在这样的背景下，藏学已发展成为一门独特的国际“显学”，受到国际政界、学术界和文化界的广泛关注。因此，了解国外藏学的新进展和新趋势，把握西方藏学的特点，借鉴国外藏学的研究方法和研究成果，“知己知彼”，为国家利益服务，为中央有关部门提供有关“西藏问题”的决策参考，以利于在国际政治斗争中争取主动，已成为中国藏学界的当务之急。但是，由于种种客观原因，中国藏学界对国外藏学还缺乏了解，只有一些零星的介绍，还谈不上评论和研究。近年来，笔者一直在跟踪国外藏学，尤其是西方藏学的动向，并将西方人的“西藏观”和当代西方藏学作为研究方向，因而对国外藏学有了一些初步的认识。2001年2月和2002年1—2月，笔者应哈佛大学之邀，两次赴美参加藏学研讨会，并在美国东部、中西部和西部进行学术考察，增加了对美国藏学研究的感性认识。现结合实地考察与文献资料，评述美国藏学研究的新进展和新趋势，以飨同好，并就教于方家。与欧洲藏学相比，美国藏学是“后起之秀”，但是有后来居上之势。因此，以美国藏学为研究个案，可以窥见西方藏学的动向和国外藏学前沿之一斑。

一、美国藏学研究之路

（一）国外藏学研究的三次高潮

美国藏学的兴起和发展，与国外藏学，尤其是欧洲藏学的产生和发展密切相关。国外藏学从产生至今，出现过三次高潮。19 世纪 30 年代，匈牙利人乔玛（Alexander Csoma de Koros）出版《藏英词典》和《藏文文法》等，开国际藏学的先河，被誉为西方藏学的鼻祖，成为西方藏学诞生的标志。1904 年，英国殖民主义军官荣赫鹏（Francis Younghusband）率军侵入拉萨，用枪炮打开了西藏的大门，为西方探险家、旅行家和学者进入西藏扫除了障碍；1906—1908 年，英国的斯坦因（A. Stein）和法国的伯希和（P. Pelliot）从敦煌千佛洞盗走了大批珍贵的古藏文手稿和写本，为西方学者的藏学研究提供了极大的方便，从而掀起了国外藏学研究的第一个高潮。这一时期，研究藏区和藏族在西方逐渐成为专门之学。到 20 世纪中叶，以法国巴考（J. Bacot）等人的《敦煌吐蕃历史文书》和意大利人图齐（G. Tucci）的《西藏画卷》为代表的藏学名著问世，标志着西方藏学的形成。1959 年西藏少数反动上层发动的叛乱失败后，达赖集团逃亡印度，大批藏人流亡国外，并带走了大量藏文文献、档案和文物。一方面，达赖喇嘛在印度建立的“流亡政府”建立机构、创办刊物、整理和翻译出版藏文典籍；另一方面，在“洛克菲勒基金会”等西方财团的资助下，英、美、法、意、德、日等国用钱购买藏人的研究和流失海外的藏文文献，各大学和研究部门相继成立藏学研究机构，并聘请流亡藏人进行协作研究。各国学者充分利用这些珍贵的藏学资料开展研究，并到锡金、尼泊尔、印度等国外藏人聚居区进行实地考察，搜集藏文文献和藏族文物，撰写出版了一大批藏学论著，掀起了国外藏学研究的第二个高潮。1978年，随着中国的对外开放，西藏和其他藏区的大门也向外国学者敞开，各国藏学研究者进入藏区进行实地考察，中国藏学家到国外讲学、开会和进行合作研究，极大地推动了国外藏学研究；藏学与国际政治斗争的关系日益密切，“西藏问题”和“人权问题”与国外藏学纠缠在一起，“西藏问题”国际化的加剧，使国外藏学研究出现了第三次高潮。

（二）美国藏学的三个发展阶段

20世纪至今，美国藏学研究经历了三个发展阶段。第一阶段（20世纪40年代以前），是对藏区的接触和初步研究。20世纪50年代以前，外交官兼学者柔克义（William Rockhill），著有《喇嘛之国》、《拉萨的达赖喇嘛及其与清朝的关系》和《1891—1892年蒙藏旅行日记》、《法集要颂经（Udanavarga）——佛教大藏经偈颂选集》、《佛陀的生平与他的指示、仪式的早期历史——来自甘珠尔和丹珠尔的藏文作品》等。1942年，加州大学伯克利分校的费迪南·雷森（Ferdinand Lessing），出版《雍和宫：北京喇嘛庙的一个肖像研究》；后来，他与阿勒克斯·韦曼（Alex Wayman）合作，对一部重要的格鲁派密宗经典的德格版译本《佛教密宗根本》进行了对勘。博物学家兼探险家洛克（J. F. Rock），其代表作《中国西南部的纳西古王国》（1947年）涉及藏学。1942年，俄罗斯大文豪列夫·托尔斯泰之孙伊利亚·托尔斯泰（Illiot Tolstoy）和探险家布鲁克·多兰（Brook Dolan）进藏。1949年5月，托马斯父子入藏。第二阶段（1950年至70年代），政治上直接插手西藏事务，学术上开始真正研究，对西藏有了初步认识。1959年西藏少数反动上层发动的叛乱发生后，达赖喇嘛及大批藏人流亡国外。美国一方面对中国内政进行粗暴的干涉，一方面积极支持西藏研究，在流亡藏人的协助下，设立了一批西藏研究机构。流亡藏人带走了一批藏文档案、典籍和文物，后来一些人经由印度或欧洲辗转前往美国讲学或定居，为美国的藏学研究提供了方便。藏语和藏传佛教课程得以在美国的许多大学开设，极大地推动了美国的藏学研究，加深了美国学者对西藏的了解和认识。这个阶段以1972年中美关系实现正常化为界标，可分为两个阶段：1959—1972年中美关系正常化；1973—1978年中国对外开放。60—70年代，国际局势发生变化，美苏关系缓和、中苏分裂、越战失败的震荡、中美关系正常化，政治上西藏成为“冷战的孤儿”，但是在学术上美国政府依然支持中国研究，当然也包括西藏研究。中美关系正常化之后，两国的政治关系得到了一定的改善，但是由于中国还没有对外开放，美国学者不能进入藏区，因而其对西藏的认识和藏学研究并未发生大的变化。第三阶段（1978年以来），美国藏学研究兴盛。1978年党的十一届三中全会召开、1979年中美建交，进入80年代，随着中国改革开放的深入，中美之间的学术交流日益频繁，美国学者可以自由进入西藏进行实地考察，或与中国藏学同行进行交流，这为美国学者认识和研究西藏提供了机遇和条件，美国学者对西藏的认识发生了质的飞跃。1989年以后，东欧发生剧变，苏联解体，标志着冷战的结束。美国客观上取得了冷战的胜利，世界逐渐形成超多极格局，美国成为世界第一强国。中国发生“六四风波”后，中美关系恶化，美国不仅从经济上制裁中国，而且在政治上利用人权、民主等手段压制中国。这样的国际形势，对美国学者研究和认识西藏产生了一些负面影响。中国改革开放以来，外国人第一次可以深入西藏进行实地考察，美国人对西藏的认识逐步深入，美国学者开始对西藏进行较为全面深入的研究。美国藏学的发展速度超过了国外藏学的发源地欧洲。

经过19世纪末至20世纪末近100年对西藏的接触、了解、认识和研究，美国学者对西藏的认识基本定型，在此基础上形成了具有独特内涵和鲜明特色的“西藏观”。

二、美国藏学研究的新动向

20世纪80年代以来，由于中美关系的波动、“西藏问题”国际化趋势的加剧和达赖集团在美国的“藏独”活动，美国藏学研究出现了新的变化，这是值得中国藏学界和有关部门重视的一个动向。严格地说，美国并没有单独的藏学研究机构，其与藏学相关的机构主要附属于佛学、印度学、梵文研究以及南亚、中亚、东亚研究的系所。目前，美国主要的藏学研究机构为：哈佛大学梵文和印度学系、哈佛—燕京学社、费正清东亚研究中心、神学院，哥伦比亚大学东亚研究所、东亚语言和文化系，弗吉尼亚大学，印第安纳大学亚欧系及“西藏文化中心”，凯斯西部保留地大学人类学系及“西藏研究中心”，密西根大学，芝加哥大学，加州大学洛杉矶分校人类学系和伯克利分校人类学系，西雅图华盛顿大学，纳若巴大学。近年来，随着美国学术文化的发展演变，上述机构的藏学研究都发生了不同程度的变化。冯蒸于1978年出版的《国外西藏研究概况》所展示的美国藏学研究面貌早已改变，20多年来，美国藏学已形成了新的格局，这从其出现的新动向中体现出来。

（一）由历史到现实

20世纪80年代以来，美国藏学研究的一个显著的变化是学术与政治、传统与现实并重，关注现实，经世致用，参与研究。无论是研究历史的学者，还是研究现实的学者，都十分关注现实。如哥伦比亚大学的罗伯特·瑟曼，研究藏传佛教，是鼓吹“西藏独立”的理论家和活动家；哈佛大学的范德康，研究元代西藏，关注西藏现实；印第安纳大学的史伯林，研究明代西藏，关注西藏政治，两次出席哈佛大学当代西藏研究学术研讨会；密西根大学的唐纳德·洛佩兹（Donald S. Lopez, Jr.），出版了《香格里拉的囚徒——藏传佛教与西方》（Prisoners of Shangri-La, Tibetan Buddhism and the West）、《西藏佛教实践》（Tibetan Buddhism in Practice）、《中国佛教实践》（Chinese Buddhism in Practice），不仅关注藏传佛教在当代西方的影响，而且关注中国的佛教现状；瓦伦·史密斯（Warren W. Smith, Jr.），出版了《西藏民族——西藏的民族主义与汉藏关系史》（Tibetan Nation: A History of Tibetan Nationalism and Sino-Tibetan Relations）；哥伦比亚大学访问学者罗伯特·巴勒特，开设了“理解现代西藏”（Understanding Modern Tibet）课程；凯斯西部保留地大学的戈尔斯坦（Melvyn C. Goldstein），出版了《雪狮与龙》（The Snow Lion and the Dragon）等，积极在西藏问题上出谋划策；纽约州立大学的谭·戈伦夫（Tom Grunfeld）研究现代和当代西藏；加州大学洛杉矶分校的南希·列维妮（Nancy Levine）研究当代藏区。美国藏学专业的博士研究生，其博士论文题目有不少是研究当代西藏的，如哈佛大学的博士研究生洛桑桑杰（西藏“流亡政府”研究）、胡晓江（西藏非公有制经济研究）、加州大学伯克利分校的叶亭（西藏农业生态研究）、加州大学洛杉矶分校的海森（西藏的回族研究）等。

（二）由学术到政治

美国藏学与国家现实的关系日益密切。近年来，研究近现代和当代西藏的美国学者逐渐增多，美国藏学与现实的联系日益密切，美国国务院《年度国别人权报告》和《国际宗教自由报告》西藏部分以及“西藏信息网”（Tibetan Information Network）美国分部，促进了美国藏学与“西藏问题”的联系，使美国藏学的政治色彩更加浓厚，“经世致用”、“参与研究”，成为一些美国藏学家研究西藏的宗旨。美国藏学为国家现实服务主要体现在几个方面：

1. **竭力为“西藏独立”辩解**

这由社会历史环境、国家利益、意识形态、价值观念和学术传统所决定。美国藏学家中，不少人都将西藏视为“独立国家”，因而他们的论著几乎都贯穿着一个主题——西藏是一个“独立国家”，中国共产党解放西藏是对这个“国家”的占领，是一种侵略行为。他们的理论依据主要是查尔斯·贝尔（Charles Bell）的《西藏今昔》、《十三世达赖喇嘛传》，荣赫鹏（Francis Younghusband）的《印度与西藏》（汉译书名为《英国侵略西藏史》），黎吉生（Hugh Richardson）的《西藏简史》和范·普拉赫（Van Pragg）的《西藏的地位》等。同时，部分流亡美国的藏族学者，在其论著中大肆鼓吹西藏是一个“独立国家”，为“西藏独立”造舆论，以夏格巴的《西藏政治史》为代表。由于这些出版物的作者都被美国人视为“西藏通”，因而他们的作品在国外影响很大，成为“西藏独立”的理论支柱。

2. **积极为解决“西藏问题”出谋划策**

西方的人类学和社会学强调“参与研究”，这包括经济参与——推动当地发展，政治参与——为有关当局出谋划策。在“西藏问题”上，这种“参与研究”的特点十分鲜明。在这方面，美国人类学家和藏学家戈尔斯坦是一个典型人物，他是一个地道的“西藏通”。他不仅在《美国、中国、西藏与西藏问题》、《雪狮与龙——美国、中国、西藏与达赖喇嘛》以及他和卡普斯坦主编的《当代西藏佛教——宗教复兴与文化认同》中，带着一种“使命感”，积极为中国、美国、达赖喇嘛解决“西藏问题”献计献策，而且还应美国国会的邀请，出席有关西藏问题的听证会，为美国制定西藏政策出谋划策。在《雪狮与龙》一书中，戈尔斯坦还提出了解决西藏问题的一条所谓的“中间道路”。

3. **寓现实政治于学术研究之中**

近年欧洲藏学有一些变化，但基本上仍是重历史和传统，轻现实和现代；重学术，轻政治，欧洲藏学界没有像美国藏学界尤其是哈佛大学那样明显地关注西藏问题的动向。从近20年的西文出版物和第1—8届国际藏学会议提交的论文可以看出，国外藏学的特点是厚古薄今，其研究重点是藏传佛教，脱离政治搞纯学术的学者占多数，这在欧洲藏学界尤为突出。第9届国际藏学会议就发生了变化。以往西方的人类学和社会学家主要研究海外藏人的社区、聚落及其新的生活环境与传统文化的矛盾，作为个案研究的对象通常是居住在与中国西藏毗邻的讲藏语的群落，竭力从这些人群的传统习俗中寻找藏族文化的传统。现在研究海外藏人的论著大大减少，对海外藏人政治的研究已是凤毛麟角，关注更多的是藏人保留的婚姻制度和藏族文化在新的环境中发生的变化。这表明，国外藏学界已认识到以往舍本求末的研究不能反映藏族文化和社会的真实面貌。藏族古代史研究逐渐萎缩，近代史、近代汉藏关系史和甘青川藏区地方史研究成为一种新趋向。宗教研究方面，寺院和教派史的论著减少，宗教人物、宗教哲学和佛教教义研究的热度下降，苯教和民间宗教研究上升。藏族艺术史研究发展较快。在当代西藏和其他藏区研究领域，带有政治偏见的论著减少。近年藏学研究的一个趋向是，从学术研究的角度关注藏族社会现实，许多西方学者开始关注近年来西藏和其他藏区，尤其是拉萨发生的巨大变化。近年来，随着我国藏区社会经济的发展和藏族群众生活的改善，一些到藏区实地考察的学者的思想观念也有所变化，能够理智地进行研究。美国藏学界在这方面的变化尤为突出，出版了《西藏西部牧民》、《当代西藏佛教——宗教复兴与文化认同》、《雪狮与龙》、《现代西藏的诞生》、

《西藏民族——西藏的民族主义与汉藏关系史》等。[①] 以7月下旬在中国藏学研究中心召开的"2001年北京藏学讨论会"美国学者提交的论文为例，有戈尔斯坦的《否定集体化后20年来西藏农村的进步和问题》，南希·列维妮的《果洛牧民的家庭结构》，谭·戈伦夫的《西藏与美国》，华裔美国学者苏君玮的《西藏自然保护的现状与展望》，美籍藏族学者旦增曲达的《西部大开发中民族教育的机会》。

美国的犹太藏学家对"西藏问题"情有独钟。作为一个流浪的民族，犹太人似乎与流亡藏人有"共同语言"。美国的犹太藏学家的研究兴趣几乎都集中在当代西藏，无论是老一代还是年轻的藏学家，对"西藏问题"都十分关注。凯斯西部保留地大学人类学系主任戈尔斯坦，研究领域为西藏现代史和当代西藏，著有《雪狮与龙》(The Snow Lion and the Dragon)；芝加哥大学教授卡普斯坦（Mattew Kapstein)，研究领域为藏传佛教各教派的历史和教义，近作《佛教的西藏同化》（An Assimilation of Tibetan Buddhism)，与戈尔斯坦合作主编的《当代西藏佛教——宗教复兴与文化认同》(Buddhism in Contemporary Tibet：Religious Revival and Cultural Identity)；加州大学洛杉矶分校人类学系教授南希·列维妮（Nancy E. Levine)，研究领域为当代藏区，先后到西藏阿里、青海果洛和四川色达进行实地考察；印第安纳大学副教授史伯林(Elliot Sperling)，虽然研究领域为明代西藏、西藏地方史，但是却非常关注当代西藏，他曾发表《"东方主义"与西藏传统中的暴力》("Orientalism" and Aspects of Violence in the Tibetan Tradition)，2002年4月出席哈佛大学藏学研讨会，提交的论文就是《中国与西藏的人权问题》（China and the Issue of Human Rights in Tibet)，并且曾出席美国国会有关"西藏问题"的听证会。

---

① 参见谢继胜：《国际藏学研究的新动向》，《中国藏学》2001年。

（三）由外向到内省

前些年，美国藏学家的主要研究领域是藏传佛教、西藏历史、当代西藏以及美国与西藏的关系，如霍普金斯的《空的冥想》，戈尔斯坦的《西藏现代史——喇嘛王国的覆灭》、《西藏西部牧民》、《当代西藏佛教——宗教复兴与文化认同》（合著），谭·戈伦夫的《现代西藏的诞生》等。近年来，美国藏学研究的一个新变化是：由外向到内省，由有形到无形。美国学者开始反省自己，研究美国自身对西藏的认识和藏传佛教在美国的传播和影响，如《香格里拉的囚徒——藏传佛教与西方》、《文明的萨满——藏族社会中的佛教》（Civilized Shamans: Buddhism in Tibetan Societies, Geoffrey Samuel）、《虚拟的西藏——从喜马拉雅山到好莱坞寻找香格里拉》（Virtual Tibet, Search for Shangri-La from the Himalayas to Hollywood）、《想象的西藏——观念、映象和幻想》（Imaging Tibet, Perceptions, Reflection and Fantasy）、《美国人为什么修炼藏传佛教?》（Why Do American Practice Tibetan Buddhism ?）、《蓝色牛仔佛教徒——年轻的佛教徒的声音》（Blue Jean Buddhas, Voice of Young Buddhists）、《天鹅是怎样飞临湖泊的——美国佛教讲述史》（How the Swans Came to the Lake, A Native History of Buddhism in America）、《美国的亚洲宗教——文献史》（Asian Religions in Aemrica, A Documentary History）、《一个新宗教的美国——一个“基督教国家”怎么变成了世界上最具宗教特色的国家》（A New Religious America, How A“Christian Country”Has Become the World's Most Religiously Diverse Nation）等。

（四）由西部到东部

这从西海岸和东海岸藏学研究的比较可以明显地看出。20世纪60—70年代，美国西海岸的西雅图华盛顿大学和加州大学的藏学研究曾盛极一时。韦曼（Alex Wayman）、米勒（Andrew Roy Miller）、威利（Wylie）等藏学大家都在这里从事教学和研究工作。西雅图华盛顿大学的威利为美国藏学泰斗，他1927年生于科罗拉多州，主要研究西藏历史和地理。他是1952年华盛顿大学学士，1958年华盛顿大学博士。1946—1947年，在美国陆军任班长。1955—1957年，福特基金会研究生。1958—1959年，任华盛顿大学远东系藏语讲师，后为西藏语言和历史助理教授、教授。他是美国东方学会会员，西藏研究协会会员。1957年，他发表《英译〈青史〉地名索引》，1958年以《〈世界广说〉所见之西藏地理》获得华盛顿大学博士学位，1959年发表考订《世界广说》的成书年代的论文。1959年，威利发表《藏文转写法的一种标准系统》，创立藏文拉丁转写系统，被国际藏学界奉为圭臬。威利最重要的著作是1962年作为《罗马东方学丛书》第25种的专著《〈世界广说〉译注》，此书将《世界广说》译成英文，并加了必要的注释、说明和考订，被国际藏学界视为名著。1970年出版专著《尼泊尔的藏族宗教地理》，1977年发表《藏文Bla-ma的词源》。[①] 威利首创藏文拉丁转写，为国际通用，并培养了一批国际知名的藏学家。被达赖集团奉为“西藏独立”理论支柱的《西藏政治史》（夏格巴著）的英文版就是由威利编辑校订后出版的。原西藏地方政府噶伦索康·旺钦格勒曾受聘在此校任教；金·史密斯于此获博士学位；戈尔斯坦以《西藏政治制度的人类学分析》获博士学位；范德康曾在该校任教；艾普斯坦（Epstein）获博士学位。

加州大学伯克利分校的著名藏学家阿勒克斯·韦曼（Alex Wayman），1921年出生于伊利诺斯州，于加州大学洛杉矶分校获学士学位，1949年获硕士学位，1959年获伯克利分校梵文博士学位，后到哥伦比亚大学任教，直到退休。他主要研究

---

① 冯蒸：《国外西藏研究概况》第65页，中国社会科学出版社。

梵文、藏传佛教、印度哲学和密教。1963年起，著名华裔学者张琨在该校任教，专长是汉藏语系诸语言比较研究、藏族史和佛经梵文等；美国藏学女杰杰妮特·嘉措曾在该校就读，并获学士、硕士和博士学位；流亡藏人中的著名藏学家达瓦诺布在该校获博士学位。现在的伯克利分校没有名师。洛杉矶分校，现在缺少大家，只有南希·列维妮，是年青一代（1948年出生），没有代表作，知名度不够；戴维斯分校的博士生郁丹想出家当僧人，因为在加州，藏学（学术研究）几乎被藏传佛教（传法修行）淹没。

西海岸最著名的藏学家当属藏族艺术史家帕尔（Pal），他1970年起在加州大学洛杉矶艺术博物馆印度和伊斯兰艺术馆任馆长，1970年起任南加州大学美术教授，1980年任加州大学圣巴巴拉分校客座教授，纽约市西藏基金会加州圣伯纳迪诺国际文献中心分部主任。现任洛杉矶艺术博物馆印度和东南亚艺术馆馆长。

近年来，美国藏学研究出现了东西部失衡的局面：西部的藏学重镇西雅图华盛顿大学、加州大学洛杉矶分校和伯克利分校，由于缺少大家和名师，没有出版有分量的藏学论著，藏学硕士生和博士生很少，因而藏学研究较为沉寂；东部以哈佛大学、哥伦比亚大学、弗吉尼亚大学、印第安纳大学、密西根大学、凯斯西部保留地大学为代表，由于名师云集、藏学名著迭出、藏学硕士生和博士生纷纷毕业，藏学研究出现了兴盛的景象。这表明，美国藏学研究的重心已经东移。

（五）由封闭到开放

美国是一个开放的国家，其学术文化一直相对开放，近年来，国际学术交流日趋频繁，美国藏学界认识到，只有从其学术渊源欧洲和从藏学的故乡中国等国外藏学研究中汲取养料，美国藏学才能获得新的生机，因而加大了藏学对外开放的力度。

1. 学术活动的开放

表现在请进来，邀请各国藏学家到美国研究的人次增多；在国内主办藏学研讨会，邀请国际藏学界专家参与的次数增多。走出去，一方面，到中国藏区进行实地调查的藏学家增多，如戈尔斯坦，从1978年第一次进藏考察起，几乎每年都要入藏考察，并与西藏社会科学院签订了长期合作研究的协议，南希·列维妮也多次与中国藏学研究中心合作，到阿里、色达、果洛等藏区考察；从2001年起，哥伦比亚大学和弗吉尼亚大学与西藏大学合作，开办暑期藏语文学习班，由罗伯特·巴勒特和大卫·杰玛诺等人组织美国人到西藏学习和考察。另一方面，积极到国外参加国际性藏学研讨会；美国收藏的有关西藏的文献档案材料国际共享，国家收藏者，如国会图书馆、中央情报局档案等，个人收藏者，如波士顿金·史密斯的"藏传佛教文献中心"（Tibetan Buddhist Resource Center）、纽约万玛本等主持的"喜马拉雅和内亚文献中心"（Himalaya & Inner Resource Center）、弗吉尼亚大学大卫·杰玛诺主持的"雪域和喜马拉雅数字图书馆"（Snowland and Himalaya Digital Library）等。

2. 观念的开放

受西藏问题国际化趋势加剧、"流亡政府"进入"后达赖时期"、中国的国际地位提高等因素的影响，美国藏学研究人员的观念也发生了变化，由美国中心论逐渐转向西藏中心观，由漠视中国藏学研究动态和中国藏学家及其研究成果，转向关注中国藏学家及其研究成果。

（六）哈佛大学藏学研究个案

1. 哈佛大学藏学研究的历史与现状

哈佛藏学具有较为深厚的基础。在美国，哈佛藏学研究的历史较为悠久，对美国学术文化界乃至政界都有很大的影响。近年来，哈佛大学的藏学研究深受国际藏学界的关注。因此，要了解美国藏学的新动向，不能不了解哈佛大学的藏学研究。哈佛大学是以人文科学研究著称的国际著名学府。其藏学研究的历史源于梵文和印度研究。1872 年，哈佛首次开设梵文课（讲授梵文），当时拉丁语法学家詹姆斯·格林劳夫开始开设梵文和比较语言学作为拉丁语选修课程。查尔斯·兰曼于 1880 年在哈佛首次执掌印度—伊朗语言系。兰曼于 1888 年出版了《梵文读本》，这是一部梵文和印地文手稿文集，至今仍是标准的教科书。1891 年开始编纂出版《哈佛东方学丛书》。1902 年该系更名为“印度语言学系”，1951 年该系再更名为“梵文和印度学系”。该系现在开设梵文、巴利文、藏文和佛教混合梵语、乌尔都—印地语、泰文、孟加拉文、尼泊尔文、信德语以及印度次大陆的其他地区语言课程。1995 年，随着西藏和喜马拉雅山研究讲席的设立，现在开设西藏和喜马拉雅研究课程。

20 世纪以来，许多国际知名的藏学家都曾在哈佛大学学习或任教，为哈佛藏学奠定了坚实的基础。著名汉学家和中国边疆研究专家拉铁摩尔，1930—1931 年曾任哈佛—燕京学社研究员。语言学大师赵元任 1918 年获哈佛大学哲学博士学位，1921—1924 年、1941—1946 年任哈佛大学哲学和中文讲师。华裔美国语言学家李方桂，1946—1948 年曾任哈佛大学东方语言学特邀讲师。美国著名藏传佛学家霍普金斯和罗伯特·瑟曼，1960 年代都曾在哈佛大学学习，1963 年他们于哈佛毕业后前往新泽西州，拜由西藏赴美的高僧格西旺杰为师，入美国的第一座藏传佛教寺院美国喇嘛教佛教寺学习藏传佛教。后来瑟曼陪同格西旺杰到印度朝圣和学经，返回美国后，又回到哈佛大学完成了硕士和博士学位课程。著有《明代中国与吐蕃》（1972 年）的历史学家罗塞比，1965 年曾在哈佛大学作研究生。

哈佛梵文和印度学系的藏学研究推动了哈佛藏学的发展。在哈佛，梵文和印度学系与西藏研究的关系最为密切。近年来，在范德康等学者的推动下，哈佛藏学研究的步伐加快。范德康（Leonard W. J. van der Kuijp），1952 年 9 月生于荷兰，1975 年获加拿大萨斯喀彻温大学（University of Saskatchewan）学士学位，所学专业为藏学、汉学、蒙古学和哲学，1976 年获萨斯喀彻温大学硕士学位，专业为藏学、蒙古学和满学，1977—1979 年获德国汉堡大学博士学位，专业为藏学、汉学、印度学和哲学。1980—1983 年，他在加德满都尼泊尔研究中心担任尼泊尔—德国手抄本书稿保存项目负责人。1984 年，在尼泊尔和印度开展研究项目。1985—1987 年，在德国柏林大学担任助教，讲授藏族语言文学和佛学。1992—1993 年，任西雅图华盛顿大学历史系客座教授，后任该校亚洲语言文学系助教授，讲授藏族语言文学和佛学。1993 年，他获得麦克阿瑟研究基金（MacArthur Fellowship）。范德康自 1995 年起任哈佛大学“西藏和喜马拉雅研究”教授，后任哈佛大学梵文和印度学系主任，其研究领域为印—藏佛教、西藏文化和政治史、藏蒙和藏汉关系史。1997 年出席北京藏学研讨会，提交的论文为《仁达瓦及其遗著》。2001 年 2 月和 2002 年 1 月，他与费正清东亚研究中心一道筹划并举办了哈佛藏学研讨会。范德康的主要藏学论著有：《关于克珠杰的地方语和方言研究》，载柏林《印度学研究》1987 年第 1 期，《国外藏学研究译文集》第七辑；《一部研究吐蕃王国史的新作——评白桂兹著〈吐蕃帝国在中亚〉》，载《美国东方学会会刊》1991 年 1—3 月号，《国外藏学研究译文集》第十二辑；《15 世纪西藏的印度和锡兰游客》（Still in Search of Dharma：Indian and

Ceylonese Travellers in Fifteenth Century Tibet）和《11—13 世纪藏传佛教认识论的发展》（Contributions to the Development of Tibetan Buddhist Epistemology From the Eleventh to the Thirteenth Centuries）等。作为博士生导师，范德康已带出了 10 多名藏学和印度学博士。梵文和印度学系的博士研究生如李若虹（多仁家族研究）、滕华瑞（Gray Tuttle，藏传佛教在中原的传播研究）、金红梅（清代康区研究）以及黄柏祺、刘国威、阿布杜尔·哈米德（Sardar-Afkhami，Abdol-Hamid）、科迪斯·莱斯（Schaeffer，Kurtis Rice）等，都以西藏为研究方向。范德康不仅潜心学术研究，还称得上是一位藏学活动家，他和本系其他学者及博士研究生一道，通过西藏研究的学术成果和学术活动，推动了哈佛大学的藏学研究。

哈佛神学院设立藏传佛教讲席，为哈佛藏学注入了新的活力。长期以来，哈佛神学院几乎与西藏研究绝缘。2001 年下半年，美国藏学女杰杰妮特·嘉措（Janet Gyatso）的加盟，改变了这种局面，并以其深厚的藏传佛教研究功底加强了哈佛的藏学研究实力。杰妮特·嘉措深受藏族传统文化的熏陶，其前夫为西藏贵族后裔鲁康·洛桑嘉措（Lukhang Lobsang Gyatso）。她曾依止藏族高僧达孜夏珠活佛（Thartse Shabdrung Rinpoche）、德雄活佛（Deshung Rinpoche）、噶鲁活佛（Kalu Rinpoche）、丁戈钦则活佛（Dingo Khyentse Rinpoche）、珠多活佛（Drubtob Rinpoche）、堪布喜饶班丹（Khanpo Sherab Palden）、顿珠活佛（Tulku Thondup）和南喀诺布活佛（Namkhai Norbu）等学习和研究藏传佛教，先后获加州大学伯克利分校学士、硕士和博士（1981 年）学位，其博士论文题目为《唐东杰波的文学传统——西藏幻想的佛教研究》（A Literary Transmission of the Traditions of Thang-stong-rgyal-po：A Study of Visionary Buddhism in Tibet）。她曾在阿默斯特学院（Amherst College）任教 14 年（1987—2001 年），还曾担任纽约州立大学（Stony Brook，石溪校区）、卫斯理大学（Wesleyan

University)、密歇根大学(Ann Arbor)的访问学者,并任哈佛大学世界宗教研究中心(Center for the Study of World Religions)的"纳玛达教授"(Numata Professor)。现任哈佛大学神学院"赫尔希佛学教授"(Hershey Professor of Buddhist Studies)。她的主要研究领域为:性和性别的概念、西藏医学传统、佛教寺院实践和坦特罗(密宗)中妇女的地位,是国际知名的藏传佛教宁玛派研究专家。《自我的幻象:一位西藏的幻想家的神秘自传——晋美林巴的水中舞月和达基的伟大的神秘谈话的翻译和研究》(Apparitions of the Self: the Secret Autobiographies of a Tibetan Visionary: a Translation and Study of Jigme Lingpa's Dancing Moon in the Water and Dakki's Grand Secret-Talk, Princeton, N. J.: Princeton University Press, 1998, 360p.)是其藏学代表作。她与汉娜·哈勒维克(Hanna Havnevik)合作编辑了《西藏妇女》(Women of Tibet)文集(2002 年),2002 年由赫斯特出版公司(Hurst)出版。还编著了《记忆明镜——印度和西藏佛教中的思维和记忆反思》(In the Mirror of Memory: Reflections on Mindfulness and Remembrance in Indian and Tibetan Buddhism),由桑尼出版社(SUNY Press)出版。近期在哈佛大学所授课程有:西藏宗教、佛教哲学问题、女性与佛教的关系、佛教在亚洲和美洲的理论与实践。杰妮特·嘉措目前担任的学术职务有:国际藏学研究会(the International Association of Tibetan Studies, IATS)主席,国际佛学协会(the International Association of Buddhist Studies, IABS)美国分会的秘书长,美国宗教科学院(the American Academy of Religon)西藏和喜马拉雅宗教组的主席,她担任《宗教百科全书》(Encyclopedia of Religion)和《美国宗教科学院杂志》(Journal of the American Academy of Religion)的编委,鲁宾艺术博物馆(Rubin Museum of Art)顾问,智慧出版社印度和西藏佛教研究专著丛书编委,达兰萨拉"阿尼玛卿研究所"(the Amnye Machen Institute)妇女研究项目顾问(the Board of Consultants)。杰妮特·嘉措进入哈佛,不仅填补了神

学院的藏传佛教研究空白，而且壮大了哈佛大学的西藏研究声势。

2. 哈佛大学 2002 年两次藏学研讨会分析

2002 年，哈佛大学接连召开研究当代西藏的学术会议，这是近年来美国藏学研究值得注意的一个新动向。笔者认为，哈佛学者此举有两个意图：一是学术意图，即加强哈佛大学的藏学研究，希望充当美国藏学的“领头羊”；二是政治意图，即试图通过学者和学术来解决西藏问题，为美国的国家利益服务。第一次会议试图避开政治，结果并没有避开；第二次会议则直接以政治为主题。

第一次藏学研讨会于 2002 年 1 月 11—13 日召开，由费正清东亚研究中心主办，梵文和印度学系、法学院协办。费正清中心以研究现当代中国著称，其“经世致用”、为国家利益服务的学术特色十分鲜明，从前几乎不涉足藏学领域。近年来，该中心增强了对藏学和西藏问题的兴趣——克劳斯出版了《冷战的孤儿——美国和西藏为争取生存的抗争》（Orphans of the Cold War：America and the Tibetan Struggle for Survival）；邀请藏学家作访问学者；并通过举办藏学研讨会来推动该中心的藏学研究。

第一次藏学研讨会在剑桥街 1737 号哈佛大学的科立芝大厅（Coolidge Hall）召开，这是费正清东亚研究中心、亚洲中心、俄罗斯中心的办公楼所在地。会议的主题是：《当代西藏社会、经济和文化的变迁》（Social，Economic and Cultural Change in Contemporary Tibet）。会议由费正清中心主任、中国学专家伊丽莎白·佩瑞（Elisabeth Perry）主持，佩瑞主持开幕式，范德康主持闭幕式。会议的具体组织者是费正清中心项目官员林思安（Stefanie）、社会学系博士生胡晓江和法学院博士生洛桑桑杰。

与会正式代表为：中国学者：中央统战部副秘书长、西藏办主任、中央民族大学兼职教授朱晓明，中国藏学研究中心博士杜永彬，中国藏学研究中心副研究员张明，西藏社会科学院副院长车明怀和《中国西藏》主编张晓明因故缺席；流亡藏人学者：尼赫鲁大学教授、《红星照耀西藏》和《中国的西藏政策》等书的作者达瓦诺布（Dawa Norbu），伦敦大学东方和非洲学院教授、《龙蟠雪域——1947年以来的西藏现代史》一书的作者次仁夏嘉（Tsering Shakya），达兰萨拉学者贡却尊追（Kunchok Tsundue）和加州州立大学博士阿旺平措（Nawang Phuntsog）。会议的评论员主要是美国学者：著名藏学家、梵文和印度学系主任范德康（L. Van der Kuijp），印第安纳大学教授、国际藏学会理事史柏林（Elliot Sperling），女藏学家、第9届国际藏学会主席杰妮特·嘉措（Janet Gyatso），原伦敦“西藏信息网”负责人、现哥伦比亚大学访问教授罗伯特·巴勒特（Robert Barnett）。列席代表：美国学者、费正清中心前主任傅高义（Vogel），著名藏学家、“藏传佛教文献中心”（Tibetan Buddhism Resource Center）执行主任金·史密斯（Gene Smith），原中央情报局官员、《冷战的孤儿》一书的作者克劳斯（John Kenneth Knaus），哈佛法学院院长、主任安守廉（William Alford），波士顿大学历史系教授、费正清中心客座教授戈德曼（Merle Goldman）；流亡藏人官员：纽约“西藏基金会”（Tibet Fund）理事长仁钦达诺（Rinchen Dharlo），华盛顿“国际声援西藏运动”（International Compaign for Tibet）中国分析员仁钦扎西（Rinchen Zhaxi）。

会议分为六个论坛：（1）宗教，杰妮特·嘉措主持；（2）西部大开发，史柏林主持；（3）经济政策，安守廉主持；（4）教育，巴勒特主持；（5）区域自治，史柏林评论；（6）可持续发展，巴勒特主持。

提交的论文：《西部大开发中的西藏现代化发展——以中央政府对西藏的政策支持为视角》、《藏传佛教的世俗化及其前途》、《西藏自治区的人口、资源、劳动力供给与人口生育政策》，车明怀提交的书面论文是《西藏的社会变革与民族区域自治的实践》。流亡藏人学者提交的论文分别是：《当代西藏的经济政策与实践》(Economic Policy and Practice in Contemporary Tibet)；《(中国)共产党与西藏的宗教问题》(The Communist Pary and Problems of Religious in Tibet)；《变化中的西藏经济——西藏可持续发展中农业的作用》(Changing Tibetan Economy: Role of Agriculture towards Sustainable Development of Tibet)；《西藏儿童的教育——在"世界屋脊"上修建沙堡》(Schooling of Tibetan Children: Building Sandcastles on"The Roof of the World")。提交的论文共9篇。这是一次限制规模、有一定保密度的研讨会，不向传媒公布，不在网上发布信息，是政治性的学术会议。这次藏学研讨会不但扩大了费正清中心在国际藏学界的影响，而且体现了其学术研究为国家利益服务的学术风格。

朱晓明副秘书长应邀以学者身份出席会议，并作了《西部大开发中的西藏现代化发展》主题发言，由四部分构成：西藏的发展是中国现代化进程和西部大开发的重要组成部分；新世纪初中央政府对西藏的政策支持及对西藏发展的推动作用；西藏实施西部大开发的进展情况及政策支持的效益分析；西藏在实施西部大开发中的发展前景。阐述了和平解放50年来西藏社会经济所取得的巨大进步，阐明了中央政府关于西藏的民族政策、宗教政策与实践。其发言讲求斗争的原则性、艺术性和灵活性，以亲身经历和铁的事实，回击了个别流亡藏人学者在西藏民族、宗教、经济、人口和人权等方面对中国进行的攻击，澄清了少数流亡藏人学者和西方学者关于西藏现状的种种谬说，有理、有利、有节，以理服人，以情动人，得到多数与会美国学者的认同。

第二次藏学研讨会于2002年4月20—21日召开，由戴维斯俄罗斯研究中心主办。俄罗斯研究中心与西藏研究结缘并不是偶然的：从19世纪起，俄罗斯在与英国争夺中亚的"大游戏”（Great Game）中就与西藏建立了千丝万缕的联系；俄罗斯研究中心以研究冷战时代为重心，而从冷战的“亲儿”（1950 年代）成为冷战的“孤儿”（1970 年代），再成为后冷战的“宠儿”（1990 年代以来）的西藏，自然成为其不能忽视的研究对象。会议的具体主办者是：哈佛冷战研究计划（Harvard Project on Cold War Studies）、哈佛亚洲中心（Asia Center）、美国和平学院（U. S. Institute of Peace），会议组织者是克拉默（Mark Kramer），哈塞恩（Aiyaz Husain）和洛桑桑杰（Lobsang Sangay）。主题为《冷战及其在西藏的遗产——大国政治与地区安全》（The Cold War and Its Legacy in Tibet: Great Power Politics and Regional Security）。

与会代表，藏族学者：达瓦诺布，尼赫鲁大学；降央诺布（Jamyang Norbu），阿尼玛卿研究所（Amnye Machen Institute）；次仁夏嘉，伦敦大学东方和非洲研究学院；洛桑桑杰，哈佛大学；阿旺饶杰，纽约“西藏办事处”（主任）；洛桑年达，“人权与民主中心”（Center for Human Rights and Democracy）；白玛旺杰，独立学者，加州伯克利。美国学者（提交论文者）：凯斯西部保留地大学的戈尔斯坦、印第安纳大学的史柏林、哈佛大学的克劳斯、哥伦比亚大学访问教授巴勒特、佛罗里达大学的麦克马洪（Robert J. McMahon）、西南密苏里州立大学的米歇尔·沈（Michael Sheng）、斯克莫尔学院（Skidmore College）的史蒂芬·霍夫曼（Steven A. Hoffmann）、科罗拉多大学的麦克格拉纳罕（Carole McGranahan）。中国旅美学者：张曙光、翟强、陈建、郑西鹏，以及北京大学国际关系学院的张植荣和四川大学南亚研究所的张力。评论员：波士顿学院的罗伯特·罗斯（Robert S. Ross）、哈佛大学的入江昭（Akira Iriye）、乔治·华盛顿大学的赫西伯格（James G. Hershberg）、哈佛大学的波斯（Sugata Bose）、普林斯顿大学的弗瑞德伯格（Aaron Friedberg）、哈佛大学的马克·克拉梅（Mark Kramer）、波士顿大学的戈德曼（Merle Goldman）和约瑟夫·费史密斯

(Joseph Fewsmith)。费正清中心前主任、美国的“中国通”傅高义和美国副国务卿、美国国务院“西藏问题特别协调员”(U.S. Under Secretary of State)杜布里安斯基(Paula Dobriansky)应邀出席会议。杜布里安斯基作为贵宾发言人(Guest Speaker),原准备于4月21日在会上发言,题为《西藏与当前的美国政府》(Tibet and the Current U.S. Administration),后因故改由一名参议院出席并发表演讲。

会议分为六个论坛(小组),各小组的主席为:第一组主席鲁宾(Alfred Rubin),弗莱泽法律和外交学院;第二组主席麦克法库哈尔(Roderick MacFarquhar),哈佛大学;第三组主席克尔比(William C. Kirby),哈佛大学;第四组主席克里斯藤森(Thomas Christensen),麻省理工学院;第五组主席约翰斯顿(Iain Johnston),哈佛大学。

第一论坛:美国在南亚和西藏的政策——冷战年代。提交的论文为:1.《西藏与1950年代初的中—英—美关系》,翟强(Qiang Zhai),Auburn University at Montgomery;2.《官方政策与皈依计划——美国国务院、中央情报局与西藏的抵抗》,克劳斯(John Kenneth Knaus),哈佛大学;3.《1950—60年代美国对南亚和西藏的政策》,麦克马洪(Robert J. McMahon),佛罗里达大学。

第二论坛:共产党集团与西藏。提交的论文为:4.《西藏问题与中苏联盟的兴衰》,沃尔夫(David Wolff),(巴黎)罗伯特—斯库曼基金会(Fondation Robert Schuman);5.《1950年代的西藏、中国与苏联》,陈建(Chen Jian),弗吉尼亚大学;6.《赫鲁晓夫、毛泽东与中苏分裂——西藏的角色》,克拉默(Mark Kramer),哈佛大学;7.《西藏与中苏关系》,阿旺饶杰,(纽约)西藏办事处主任。

第三论坛:地区政治与西藏——冷战年代。提交的论文为:8.《毛泽东、西藏与朝鲜战争》,米歇尔·沈(Michael Sheng),西南密苏里州立大学;9.《西藏与中印边界争端的起源》,霍夫曼(Steven A. Hoffmann),斯齐莫尔学院(Skidmore College);10.《西藏的抵抗与中印边界冲突,1959—1962年》,甘古里(Sumit Ganguly),(奥斯丁)得克萨斯大学。

第四论坛：现状——对于西方的牵连和影响。提交的论文为：11.《正在进行的对于西藏的宣传战》，瓦伦·史密斯，自由亚洲电台；12.《中国与西藏的人权状况》，史柏林，印第安纳大学；13.《西藏与今日美中关系》，戈尔斯坦，凯斯西部保留地大学。

第五论坛：现状——对于东亚和南亚的牵连和影响。提交的论文为：14.《“后冷战时代”印度的西藏政策——民族主义和意识形态中的基础》，次仁夏嘉，东方和非洲研究学院；15.《西藏流亡政府的民主化——全球与地区因素》，洛桑桑杰，哈佛法学院；16.《木斯塘之后——对西藏抵抗的当代观察》，麦克格拉纳汉（Carole McGranahan），科罗拉多大学。

第六论坛：闭幕式——中国与达赖喇嘛及其“流亡政府”之间的对话的展望。参加者包括：傅高义，哈佛大学；张植荣，北京大学；洛桑年达，“人权和民主中心”;白玛旺杰,独立学者;洛桑桑杰,哈佛大学法学院;松迪(M. L. Sondhi),尼赫鲁大学;张力,四川大学南亚研究所。

本次会议的特点是：第一，政治色彩鲜明，直奔西方所关注的“西藏问题”这一政治主题；第二，利用新解密的中央情报局等机构的档案，将西藏问题置于中美、中苏、中印关系及国际局势中加以考察，总结西方国家在西藏问题上的经验教训，为相关国家献计献策，专门研究美国和西方其他国家的西藏政策及其在西藏问题上的举措；第三，研究前苏联和印度对西藏问题的态度及其西藏政策；第四，关注中国西藏的现状和中央政府的西藏政策；第五，研究“流亡政府”的发展和演变；第六，企图以学术促成中国中央政府同达赖喇嘛对话，以学术研究推动西藏问题的解决。

进入21世纪，受国际藏学发展趋势和西藏问题国际化形势的影响，美国藏学研究出现了新的动向，与美国其他藏学研究机构相比，哈佛大学藏学研究的特点——双重性（学术性和政治性）十分鲜明。

第一，“学术藏学”——研究西藏传统，提升哈佛藏学水平，提高哈佛大学在美国藏学界和西方藏学界的地位。哈佛藏学研究的历史较长，但是由于长期以来没有得到足够的重视，与欧洲藏学相比，其学术实力还较薄弱。欧洲藏学的特点是厚古薄今，重历史和传统，轻现实和现代；重学术，轻政治。与欧洲藏学一脉相承的哈佛大学，其藏学研究自然会受到欧洲藏学的影响。近年来，哈佛有识之士注重学术导向，力图从研究方向、人才培养和聘请学者等方面提升西藏研究的学术水平。梵文和印度学系、哈佛—燕京学社和神学院，都以学术研究为宗旨。范德康和杰妮特·嘉措都是1950年代出生的，可以说是美国藏学研究队伍中的“少壮派”。范德康以元代西藏、藏传佛教和藏汉关系史为研究方向；杰妮特·嘉措重点研究藏传佛教宁玛派；访问学者侧重研究西藏宗教、历史、语言和文化艺术。只有加强学术研究（基础研究），才能在国际藏学界立足，这是中外藏学家的共识。显然，只有使哈佛藏学达到国际一流的水准，才能与哈佛大学的学术声望相符。

第二，“政治藏学”——研究西藏现实，为解决“西藏问题”出谋划策，为美国的国家利益服务。西方的人类学和社会学强调“参与研究”，这包括经济参与——推动当地发展，政治参与——为有关当局出谋划策。学术研究服务于国家利益，这是美国学术区别于欧洲学术的一个鲜明的特色，在美国藏学研究领域也有充分的体现。近年来，由于美国国务院《年度国别人权报告》和《国际宗教自由报告》中国西藏部分的发表以及“西藏信息网”美国分部的活动，促进了美国藏学与“西藏问题”的联系，使美国藏学的政治色彩更加浓厚，“经世致用”、“参与研究”、为美国国家利益服务，成为一些美国藏学家研究西藏的宗旨。哈佛大学的藏学研究为国家利益服务的色彩十分鲜明。费正清东亚研究中心、亚洲中心、俄罗斯中心以及法学院、社会学系和政治学系等，寓学术研究于现实政治之中，积极为解决“西藏问题”出谋划策。在确定研究方向、组织学术活动、聘请教授、招收博士研究生和邀请访问学者等方面，都以藏学研究为解决西藏问题或为美国的西藏政策提供决策参考为导向。克劳斯研究美国的西藏政策，积极为美国处理西藏问题出谋划策。藏学专业的博士研究生，其博士论文题目有不少是研究当代西藏的。美国参议院外交委员会助理罗伯特在演讲中指出，1942 年以来美国的西藏政策是一贯的，即认为西藏是中国领土的一部分，美国承认只有一个中国，反对“西藏独立”，美国的西藏政策是为美国的国家利益服务的。他呼吁中国保护西藏的人权和宗教信仰，并希望中国政府与达赖喇嘛以和平谈判的方式解决西藏问题。

总之，近年来，由于哈佛学者对西藏研究的重视，藏学同仁潜心于学术研究和教学活动，通过举办藏学研讨会和开展活跃的藏学国际学术交流，极大地推动了哈佛大学的藏学研究，作为美国藏学先驱的哈佛藏学，不仅成为美国藏学的一支劲旅，而且以其鲜明的学术风格在美国藏学界独树一帜。

三、美国藏学研究发生变化的根源和动力

20 世纪 80 年代以来，美国藏学出现令人注目的新的变化，是时代特征在美国藏学研究中的体现：宏观上，是国际政治格局的变化和国际藏学发展演变的结果；中观上，是波澜壮阔的中美关系在美国藏学研究中的反映，并且打上了“西藏问题”国际化的烙印；微观上，美国藏学的新动向既与美国的国内政治形势密切相关，又是美国的涉藏因素和“藏独”在美国活动的反映。

（一）政治动力——西藏问题的促进

1. 美国因素——藏学研究服务于美国的国家利益

美国是一个实用主义至上的国家，其学术研究与国家利益和现实政治具有十分密切的关系。以哈佛大学的中国学为例，费正清东亚研究中心的学术宗旨是经世致用，中国学研究为美国国家利益服务，积极为促进美中关系的改善和发展出谋划策。由于意识形态和价值观的不同，美国与中国在国家利益和发展战略上存在对立，美国企图利用西藏问题肢解中国，大力支持达赖集团的“藏独”活动，导致西藏问题的国际化，这从政治上促进了美国的藏学研究。

2. 中国因素——美中关系的变化对藏学研究的影响

20 世纪 80 年代以来，西藏对外开放，被西方人称为“香格里拉”的西藏的神秘面纱逐渐被揭开，西方藏学家能够进入西藏进行实地调查。美国藏学家戈尔斯坦成为进藏调查的第一位藏学家，这对美国的藏学研究起了积极作用。中国改革开放以来，国际地位日益提高，了解和认识中国成为西方学者的一大愿望，研究中国的西藏政策成为美国藏学家的一项重要研究课题，这从客观上推动了美国的藏学研究。次仁夏嘉在《龙蟠雪域》一书中抱怨，西方学者对 1950 年代以来的西藏不屑一顾，认为不是学术，这种局面现在正在改变。

3. 国际因素——西藏问题国际化对美国藏学的推动

西藏问题国际化，既是美国政界、学术界和传媒推动的结果，又推动了美国学者、官员、传媒和民众对西藏、西藏问题、藏传佛教和达赖喇嘛的关注，反过来又促进了美国藏学的发展。

（二）宗教动力——藏传佛教的推动

藏族高僧的传教活动对美国藏学的推动。20 世纪 50 年代以来，随着一批活佛从印度或欧洲辗转到达美国（格西旺杰 1955 年，达塘活佛 1969 年，曲嘉仲巴活佛 1970 年，噶鲁活佛 1971 年，都钧活佛 1972 年，十六世噶玛巴 1974 年，达赖喇嘛 1979 年），藏传佛教在美国得到传播和发展，从而推动了美国的藏学研究。首先，活佛高僧本身就是藏学专家；其次，藏族高僧将一批珍贵的藏文典籍带到了美国，丰富了美国的藏学文库；第三，部分活佛高僧受聘于美国大学和研究机构，推动了美国的藏学研究；第四，部分高僧在美国建立传教中心，对美国藏学的发展起到了推动作用；第五，达赖喇嘛在美国的活动和影响，推动了美国的藏传佛教研究。

20 世纪 50 年代末以来，藏传佛教通过三条途径西渐：一是流亡藏人聚居区，7 万多藏人于 1959 年流亡印度和尼泊尔后，60 年代在当地建立了一套自治的学校制度，并仿照西藏原样建立了三大寺、上下密院、楚布寺和萨迦寺等，使藏语文、藏族文化和藏传佛教得以传承，为藏传佛教西渐奠定了基础。二是南亚地区，印度北部的西藏文化圈以及尼泊尔、锡金和不丹。三是佛教传播到西方。流亡藏人初到西方的目的并不是传教，而是作为“政治流亡者”、“难民”，或作为大学教授及研究人员。到西方的喇嘛，最初在西方大学里学习，如转世喇嘛曲嘉仲巴活佛和索嘉活佛，他们后来都是藏传佛教西渐（在西方传播）的重要人物。佛教教义的传播需要五个条件：完善的佛教组织机构和规章制度、佛教经典的翻译、博学的活佛和喇嘛、多功能的佛教寺院、古今结合的传播方式。1960 年代以来，美国的藏传佛教已具备了上述条件，藏族高僧通过举办法会、翻译佛教经典、开办佛学讲座、四处游方弘法、出版发行藏传佛教经典、创办刊物、建立网站等方式，使藏传佛教在美国得到广泛传播。

（三）文化动力——学术和传媒的作用

1. 学术交流活力

美国藏学渊源于欧洲藏学，并在与欧洲和中国等藏学界的学术交流中发展。近年来，美国的国际藏学交流日趋频繁，走出去、请进来的活动增多，这既加强了美国藏学界与中国和欧洲藏学界的联系，又为美国藏学注入了活力。

2. 传媒的作用

美国的传媒对美国藏学的发展起了重大的促进作用。现代传媒主要有书报刊、广播影视、出版社、声像、互联网等，美国与西藏有关的传媒可以分为两类：一类是非西藏传媒，如美国的三大报纸《纽约时报》、《华盛顿邮报》、《洛杉矶时报》，国会图书馆，好莱坞，CNN，Yahoo 等；另一类是西藏传媒，如波士顿的香巴拉出版社和智慧出版社、纽约上州伊塔卡的雪狮出版社、加州伯克利的达磨出版社、新泽西州的纽瓦克博物馆，“美国之音”藏语部，“自由亚洲电台”藏语部，怀俄明州杰克逊的 TIN 美国分部等。第一类传媒对西藏的反映（“西藏观”），对美国藏学的发展起到了间接的推动作用；第二类传媒则直接促进了美国藏学的发展。

（四）经济动力——谋生的手段

在美国，藏学一般都附属于各大学的系、所或其他研究机构，几乎没有专门的藏学机构，因而美国的藏学家只有少数是专业的，多数是兼职的，即藏学只是其职业或工作的一部分，还有部分是业余的。有的人将藏学研究作为职业，成为“职业藏学家”；有的人将藏学研究作为谋生的手段，成为“业余藏学家”；有的人将藏学研究作为文化产业，如影视、声像、报刊、出版社等传媒，成为“藏学同好”。正是这种职业、兴趣或同好的取向，促进了美国藏学的发展和变化。

（五）人的因素——学者的贡献

美国藏学的发展和变化的根本原因，是在美国生活、旅居或游学的各类人物的知识和智慧形成的合力。一是美国藏学家（“西藏通”）的贡献。如金·史密斯、霍普金斯、罗伯特·瑟曼、范德康、杰妮特·嘉措等，他们长期致力于西藏研究，对美国藏学的发展起到推动作用。二是藏族学者的智慧。旅居美国的藏族藏学家对美国藏学的发展作出了重要贡献，其中的国际知名者有：被小罗贝兹称为20世纪美国最重要的藏学大师的格西旺杰，西雅图华盛顿的德雄活佛、索康·旺钦格勒和孜本夏格巴，哈佛大学的顿珠活佛，哥伦比亚大学的土登尼玛教授，弗吉尼亚大学的格西索巴等。美国藏学家，如金·史密斯、霍普金斯、瑟曼、戈尔斯坦、范德康、杰妮特·嘉措等，之所以成名，很重要的因素是藏族学者将自己的智慧无私地奉献给了他们，这是国际藏学界的共识。三是美国藏人的作用。据1994年统计，美国藏人合计有1970人，加上1992年新来的移民和在美国就读的学生，美国藏人总数大约3000多人。[①]由于地理环境等条件的限制，美国藏学家不易进入藏区考察和研究，因而美国的藏人和藏人聚居区就成了其研究对象；来自中国各个藏区的藏人的现身说法，成为美国藏学家了解和认识藏族文化、藏传佛教和西藏问题的第一手材料；美国藏人既是美国学者进入藏学殿堂的启蒙者，又是研究藏族历史和现状的合作对象。四是中国藏学家的推动。中国是藏学的故乡，中国藏汉学者的藏学研究是美国藏学的源头活水；中国藏汉学者到美国进行学术访问、合作研究、进修考察、开会和留学，必然会推动美国藏学的发展。五是美国的中国学家和东亚学家对西

① Tibetan Review, October 1994.

藏的关注。近年来，由于西藏问题国际化的趋势加剧，美国的一些中国学家和亚洲研究专家也开始关注西藏问题，他们虽然对西藏知之甚少，但是却不惜花费人力和财力将各国藏学家团聚在一起，研讨西藏的历史和现状。以哈佛大学为例，该校的费正清东亚研究中心、哈佛—燕京学社、神学院、俄罗斯研究中心等机构，从前几乎不涉足西藏研究领域，近年也通过邀请访问学者（如陈庆英、降边嘉措、达瓦诺布等）、召开学术会议（2002年1月和4月）等，将国外藏学专家请到哈佛大学来进行研讨。哥伦比亚大学的东亚研究所对西藏问题和藏学也十分关注，不仅召开有关西藏的学术研讨会，还邀请国际知名的藏族学者土登尼玛到校坐镇，作高级研究顾问。藏学界以外的学者对西藏的关注，壮大了美国藏学研究的声势。

需要指出的是，在揭示美国藏学研究取得新进展、发生新变化的同时，应当清醒地看到美国藏学研究存在的问题。如1995年康奈尔大学出版社出版了《金轭——佛教西藏的法律宇宙学》(The Golden Yoke: The Legal Cosmology of Buddhist Tibet)，部头很大，是耶鲁大学的女学者弗伦齐(Rebecca Redwood French)撰写的，但却是一本错误百出的书，出版之后受到国际藏学界的严厉谴责。这个典型的个案说明，美国藏学界也是良莠不齐的。并且，由于过分强调学术研究为现实服务和为美国的国家利益服务，造成美国学者重近现代而轻古代，重美国而轻别国的倾向；由于中美两国在政治制度和意识形态方面迥异，许多美国学者在研究西藏时不自觉地带有先入为主的偏见，加上中美在语言、历史和文化方面的巨大差异，使得美国藏学研究者难以摆脱西方中心观和种族优越感的束缚，难以消除文化隔膜，难以冷静地进入中国的史境，不能理性地对待西藏研究，轻视中国藏学研究成果，这些因素制约着美国学者学术水平的提高，阻碍了美国藏学研究的发展和深化。

（原载拉巴平措、格勒主编:《当代藏学研究的几个理论问题》，中国藏学出版社，2002年）

哈佛大学藏学研究述评

一、哈佛藏学是美国藏学的缩影

2001 年 2 月和 2002 年 1 月，笔者两度应邀赴哈佛大学出席藏学研讨会，同时，先后对美国东部、中部和西部进行了近 3 个月的学术考察。通过和与会美国藏学家的接触、交流和对美国藏学研究机构及涉藏机构的实地考察，增加了对长期关注的美国藏学研究的感性认识，亲身感受了美国藏学重镇哈佛大学的藏学研究渊源、演变和新进展。

国外藏学发源于欧洲，美国藏学与欧洲藏学一脉相承。国外藏学从 19 世纪 30 年代产生至今，在 20 世纪初、1960 年代初和 1980 年代以来，相继出现过三次高潮。20 世纪至今，美国藏学研究经历了三个发展阶段：第一阶段（20 世纪 40 年代以前），美国藏学研究萌芽；第二阶段（1950—70 年代），美国藏学研究走向成熟；第三阶段（1978 年以来），美国藏学研究兴盛。1978 年党的十一届三中全会召开，1979 年中美建交。进入 80 年代，随着中国改革开放的深入，中美藏学界的学术交流日益频繁，美国学者可以自由进入西藏进行实地考察，这为美国学者认识和研究西藏提供了良好的机遇和条件。1989 年以后，东欧发生剧变，苏联解体，标志着冷战的结束，世界逐渐形成一超独强的格局。1989 年“六四风波”后，中美关系恶化，美国不仅从经济上制裁中国，而且在政治上利用“人权”、“民主”等手段压制中国，并图谋将西藏作为肢解中国的突破口，于是，西藏又从“冷战的孤儿”变成了“后冷战的宠儿”。这样的国际形势，对美国学者研究和认识西藏产生了一些负面影响。总之，经过19世纪末至20世纪末近100年对西藏的接触、了解、认识和研究，美国学者对西藏的认识基本定型，在此基础上形成了具有独特内涵和鲜明特色的“西藏观”，美国藏学已脱离欧洲藏学的窠臼，自成一体。

笔者通过实地考察和研究亲身感受到，哈佛藏学是美国藏学的缩影，是美国藏学的先驱，是美国藏学的一支劲旅，它在美国藏学界独树一帜。因此，了解哈佛藏学的历史和现状，把握哈佛藏学的特点和动向，可以窥见美国藏学发展历程、现状和特点之一斑。

二、哈佛藏学是美国藏学的先驱

哈佛大学以人文科学研究著称于世，其藏学研究的历史源于梵文和印度研究。1872年，哈佛首次开设梵文课，拉丁语法学家詹姆斯·格林劳夫将梵文和比较语言学列为拉丁语选修课程。查尔斯·兰曼于1880年在哈佛首次执掌印度—伊朗语言系，并于1888年出版了《梵文读本》，至今仍是标准的教科书。1891年，《哈佛东方学丛书》编纂出版。1902年，印度—伊朗语言系更名为印度语言学系，1951年该系再更名为梵文和印度学系。该系现在开设梵文、巴利文、藏文和佛教混合梵语、乌尔都—印地语、泰文、孟加拉文、尼泊尔文、信德语以及印度次大陆的其他地区语言课程。1995年，随着西藏和喜马拉雅山研究讲席的设立，现在开设西藏和喜马拉雅研究课程。

20世纪以来，许多国际知名的汉学家和藏学家都曾在哈佛大学学习或任教和研究。著名汉学家和中国边疆研究专家拉铁摩尔，1930—1931 年曾任哈佛—燕京学社研究员。华裔语言学大师赵元任，1918 年获哈佛大学哲学博士学位，1921—1924 年、1941—1946 年任哈佛大学哲学和中文讲师。华裔美国语言学家李方桂，1928 年曾在哈佛大学学习梵文和藏文，1946—1948 年曾任哈佛—燕京学社的客座教授。著名国学大师陈寅恪，1919—1922 年曾在哈佛大学学习梵文和藏文 3 年。他们后来都曾“客串”藏学，并写下了名篇佳作。著有《明代中国与吐蕃》（1972 年）的历史学家罗塞比，1965 年曾在哈佛大学作研究生。杰夫瑞·霍普金斯和罗伯特·瑟曼 1960 年代都曾在哈佛大学学习。瑟曼深受哈佛大学的熏陶，他于 1962 年获得英语学士学位，1969 年获得东亚研究硕士学位，1972 年获得梵文和印度学博士学位，后又返哈佛大学任宗教学访问教授。1963 年，霍普金斯和瑟曼于哈佛毕业后前往新泽西州，拜由西藏赴美的卡尔梅克蒙古高僧格西旺杰为师，入美国的第一座藏传佛教寺院美国喇嘛教佛教寺学习藏传佛教，瑟曼还陪同格西旺杰到印度朝圣和学经。后来，霍普金斯和瑟曼都成为国际知名的藏传佛学大师，这两位藏学耆宿至今仍活跃于美国藏学大舞台。上述学者的学术活动奠定了哈佛藏学的基础。

三、哈佛藏学是美国藏学的劲旅

哈佛大学是国际知名学府，是举世闻名的汉学和中国学研究中心。近年来，由于藏学成为国际“显学”和西藏问题国际化趋势的加剧，哈佛部分学者和机构自然地将注意力和兴趣转向了藏学。梵文和印度学系加重了其藏学的分量，哈佛—燕京学社、费正清东亚研究中心、神学院、亚洲中心、俄罗斯中心、法学院、社会学系、政治学系等，都不同程度地涉足了西藏研究领域，八仙过海，各显神通，哈佛大学已成为美国藏学重镇。

（一）梵文和印度学系的西藏研究——以范德康为例

梵文和印度学系与西藏研究的关系最为密切。该系系主任范德康（Leonard W. J. van der Kuijp）是国际知名的藏学家。范德康，1952 年 9 月生于荷兰，1975 年获加拿大萨斯喀彻温大学学士学位，所学专业为藏学、汉学、蒙古学和哲学，1976 年获萨斯喀彻温大学硕士学位，专业为藏学、蒙古学和满学，1977—1979 年获德国汉堡大学博士学位，专业为藏学、汉学、印度学和哲学。1980—1983 年，在加德满都尼泊尔研究中心担任尼泊尔—德国手抄本书稿保存项目负责人。1984 年，在尼泊尔和印度开展研究项目。1985—1987 年，在德国柏林大学担任助教，讲授藏族语言文学和佛学。1992—1993 年，任华盛顿大学历史系客座教授，后任该校亚洲语言文学系助教授，讲授藏族语言文学和佛学。范德康自 1995 年起任哈佛大学“西藏和喜马拉雅研究教授”，后任哈佛大学梵文和印度学系主任，其研究领域为印—藏佛教、西藏文化和政治史、藏蒙和藏汉关系史。作为博士生导师，他已带出了 10 多名藏学和印度学博士。2001 年 2 月和 2002 年 1 月，他与费正清东亚研究中心一道筹划并举办了哈佛藏学研讨会。其主要作品有《15 世纪西藏的印度和锡兰游客》和《11—13 世纪藏传佛教认识论的发展》等。梵文和印度学系的博士研究生如李若虹（多仁家族研究）、滕华瑞（Gray Tuttle，藏传佛教在中原的传播研究）、金红梅（清代康区研究）以及黄柏祺、刘国威、阿布杜尔·哈米德（Sardar-Afkhami，Abdol-Hamid）、科迪斯·莱斯（Schaeffer，Kurtis Rice）等，都以西藏为研究方向。范德康不仅潜心学术研究，还称得上是一位藏学活动家，他和本系其他学者及博士研究生一道，通过西藏研究的学术成果和学术活动，推动了哈佛大学的藏学研究。

（二）哈佛大学神学院的西藏研究——以杰妮特·嘉措为例

长期以来哈佛神学院几乎与西藏研究绝缘。2001 年下半年美国藏学女杰杰妮特·嘉措（Janet Gyatso）的加盟，改变了这种局面，并以其深厚的藏传佛教研究功底加强了哈佛的藏学研究实力。杰妮特·嘉措深受藏族传统文化的熏陶，其前夫为西藏贵族后裔鲁康·洛桑嘉措。曾依止藏族高僧达孜夏珠活佛、德雄活佛、噶鲁活佛、丁戈钦则活佛、珠多活佛、堪布喜饶班丹、顿珠活佛和南喀诺布活佛等学习和研究藏传佛教，先后获加州大学伯克利分校学士、硕士和博士（1981 年）学位。其博士论文题目为：《唐东杰波的文学传统——西藏幻想的佛教研究》。她曾在阿默斯特学院任教 14 年（1987—2001 年），还曾担任纽约州立大学、卫斯理大学、密西根大学的访问学者，并任哈佛大学世界宗教研究中心的纳玛达教授。现任哈佛大学神学院"赫尔希佛学教授"（Hershey Professor of Buddhist Studies）。她的主要研究领域为：性和性别的概念、西藏医学传统、佛教寺院实践和坦特罗（密宗）中妇女的地位，是国际知名的藏传佛教宁玛派研究专家。《自我的幻象：一位西藏的幻想家的神秘自传——晋美林巴的水中月舞和达基的伟大的神秘谈话的翻译和研究》（1998 年）是其藏学代表作。她与汉娜·哈勒维克合作编辑了《西藏妇女》文集（2002 年），还编著了《记忆明镜——印度和西藏佛教中的思维和记忆反思》。近期在哈佛大学所授课程有：西藏宗教、佛教哲学问题、女性与佛教的关系、佛教在亚洲和美洲的理论与实践。杰妮特·嘉措目前担任的学术职务有：国际藏学研究会（IATS）主席，国际佛学协会美国分会的秘书长，美国宗教科学院西藏和喜马拉雅宗教组的主席，她担任《宗教百科全书》和《美国宗教科学院杂志》的编委，鲁宾艺术博物馆顾问，智慧出版社印度和西藏佛教研究专著丛书编委，达兰萨拉“阿尼玛卿研究所”妇女研究项目顾问。杰妮特·嘉措进入哈佛，不仅填补了神学院的藏传佛教研究空白，而且壮大了哈佛大学的西藏研究声势。

（三）费正清东亚研究中心与西藏研究——以2002年1月藏学研讨会为例

费正清中心以研究现实中国著称，其“经世致用”、为国家利益服务的学术特色十分鲜明，从前几乎不涉足藏学领域。近年来，该中心增强了对藏学和西藏问题的兴趣：客座教授克劳斯（John Kenneth Knaus，原中央情报局官员，曾于60年代在科罗拉多海尔营地担任训练藏人游击队的教官）出版了《冷战的孤儿——美国和西藏为争取生存的抗争》；邀请藏学家作访问学者（如中国藏族学者降边嘉措）；并通过举办藏学研讨会来推动该中心的藏学研究。

“当代西藏社会、经济和文化的变迁”学术研讨会。于2002年1月11—13日在剑桥街1737号哈佛大学的科立芝大厅（Coolidge Hall）召开，这是费正清东亚研究中心、亚洲中心、俄罗斯中心的办公楼所在地。2001年2月还特意邀请几位学者赴美筹备这次会议。会议的主题是：《当代西藏社会、经济和文化的变迁》（Social, Economic and Cultural Change in Contemporary Tibet）。会议由费正清东亚研究中心主办，梵文和印度学系、法学院协办。会议由费正清中心主任、中国学专家伊丽莎白·佩瑞（Elisabeth Perry）主持，佩瑞主持开幕式，范德康主持闭幕式。会议的具体组织者是费正清中心项目官员林思安（Stefanie）、社会学系博士生胡晓江和法学院博士生洛桑桑杰。

与会正式代表为：中国学者：由中央统战部副秘书长、西藏办主任、中央民族大学兼职教授朱晓明率领，中国藏学研究中心博士杜永彬、中国藏学研究中心副研究员张明出席，西藏社会科学院副院长车明怀和《中国西藏》主编张晓明因故缺席。流亡藏人学者：尼赫鲁大学教授、《红星照耀西藏》和《中国的西藏政策》等书的作者达瓦诺布(Dawa Norbu)，伦敦大学东方和非洲学院教授、《龙蟠雪域——1947年以来的西藏现代史》一书的作者次仁夏嘉(Tsering Shakya)，达兰萨拉学者贡却尊追(Kunchok Tsundue)和加州州立大学博士阿旺平措(Nawang Phuntsog)。会议的评论员主要是美国学者：著名藏学家、梵文和印度学系主任范德康(L. Van der Kuijp)，印第安纳大学教授、国际藏学会理事史伯林(Elliot Sperling)，女藏学家、第9届国际藏学会主席杰妮特·嘉措(Janet Gyatso)，原伦敦"西藏信息网"负责人、现哥伦比亚大学访问教授罗伯特·巴勒特(Robert Barnett)。列席代表：美国学者、费正清中心前主任傅高义(Vogel)，著名藏学家、"藏传佛教文献中心"(Tibetan Buddhism Resource Center)执行主任金·史密斯(Gene Smith)，原中央情报局官员、《冷战的孤儿》一书的作者克劳斯(John Kenneth Knaus)，哈佛法学院院长、主任安守廉(William Alford)，波士顿大学历史系教授、费正清中心客座教授戈德曼(Merle Goldman)；流亡藏人官员：纽约"西藏基金会"(Tibet Fund)理事长仁钦达诺(Rinchen Dharlo)，华盛顿"国际声援西藏运动"(International Compaign for Tibet)中国分析员仁钦扎西(Rinchen Zhaxi)。

会议分为六个论坛：(1) 宗教，杰妮特·嘉措主持；(2) 西部大开发，史伯林主持；(3) 经济政策，安守廉主持；(4) 教育，巴勒特主持；(5) 区域自治，史伯林评论；(6) 可持续发展，巴勒特主持。

提交的论文：《西部大开发中的西藏现代化发展——以中央政府对西藏的政策支持为视角》、《藏传佛教的世俗化及其前途》、《西藏自治区的人口、资源、劳动力供给与人口生育政策》，车明怀提交的书面论文是《西藏的社会变革与民族区域自治的实践》。流亡藏人学者提交的论文分别是：《当代西藏的经济政策与实践》(Economic Policy and Practice in Contemporary Tibet)；《(中国)共产党与西藏的宗教问题》(The Communist Pary and Problems of Religious in Tibet)；《变化中的西藏经济——西藏可持续发展中农业的作用》(Changing Tibetan Economy: Role of Agriculture towards Sustainable Development of Tibet)；《西藏儿童的教育——在"世界屋脊"上修建沙堡》(Schooling of Tibetan Children: Building Sandcastles on "The Roof of the World")。提交的论文共9篇。

朱晓明副秘书长应邀以学者身份出席会议，并作了《西部大开发中的西藏现代化发展》主题发言，由四部分构成：西藏的发展是中国现代化进程和西部大开发的重要组成部分；新世纪初中央政府对西藏的政策支持及对西藏发展的推动作用；西藏实施西部大开发的进展情况及政策支持的效益分析；西藏在实施西部大开发中的发展前景。阐述了和平解放50年来西藏社会经济所取得的巨大进步，阐明了中央政府关于西藏的民族政策、宗教政策与实践。其发言讲求斗争的原则性、艺术性和灵活性，以亲身经历和铁的事实，回击了个别流亡藏人学者在西藏民族、宗教、经济、人口和人权等方面对中国进行的攻击，澄清了少数流亡藏人学者和西方学者关于西藏现状的种种谬说，有理、有利、有节，以理服人，以情动人，得到多数与会美国学者的认同。

本次会议的特点是：限制规模，有一定保密度，不向传媒公布，不在网上发布信息，实际上是政治性的学术会议。费正清中心召开这次会议至少有两个意图：一是学术上加强和扩大哈佛大学的藏学研究；二是政治上试图以学者和学术为媒介，推进中国中央政府与达赖集团的对话和"西藏问题"的解决。因此，这次藏学研讨会不但扩大了费正清中心在国际藏学界的影响，而且体现了其学术研究为国家利益服务的学术风格。

（四）哈佛—燕京学社与藏学——以访问学者为例

哈佛—燕京学社以研究中国历史著称，在杜维明教授以前的历任社长几乎都没有涉足藏学。国际知名的汉学家杜维明接管该学社以来，认识到汉学与藏学的密切联系，研究中国历史、文化和哲学，不能不研究中国西藏的历史、文化和哲学，因而逐渐对藏学和西藏问题产生了兴趣，先后邀请了几位中国藏学专家如陈庆英、谢继胜和徐君等到学社作访问学者，开展元代西藏、西藏艺术史和清代康区等领域的研究，并将范德康的高足李若虹博士招到自己的麾下，作研究助理，试图填补哈佛—燕京学社的藏学研究空白。

（五）俄罗斯研究中心与西藏研究——以2002年4月藏学研讨会为例

哈佛的俄罗斯研究中心与西藏研究结缘并不是偶然的：从19世纪起，俄罗斯在与英国争夺中亚的“大游戏”（Great Game）中就与西藏建立了千丝万缕的联系；俄罗斯研究中心以研究冷战时代为重心，而从冷战的“亲儿”（1950年代）成为冷战的“孤儿”（1970年代），再成为后冷战的“宠儿”（1990年代以来）的西藏，自然成为其不能忽视的研究对象。

“冷战及其在西藏的遗产——大国政治与地区安全”学术研讨会于2002年4月20—21日召开，会址与“西藏社会、经济和文化的变迁”研讨会相同，也在哈佛大学柯立芝大厅。这次会议由戴维斯俄罗斯研究中心主办，具体主办机构是哈佛冷战研究计划、哈佛亚洲中心、美国和平学院，会议组织者是克拉默、哈塞恩和洛桑桑杰。会议的主题为：《冷战及其在西藏的遗产——大国政治与地区安全》（The Cold War And Its

Legacy In Tibet: Great-Power Politics And Regional Security)。这次会议规模较大，并在网上发布信息。

与会代表包括三个方面：提交论文的正式代表，包括藏族学者：次仁夏嘉，伦敦大学东方和非洲研究学院；洛桑桑杰，哈佛大学法学院；阿旺饶杰，纽约“西藏办事处”（主任）；洛桑年达，“人权与民主中心”；白玛旺杰，独立学者，加州伯克利。美国学者：凯斯西部保留地大学的戈尔斯坦、印第安纳大学的史伯林、哈佛大学的约翰·克劳斯（《冷战的孤儿》一书的作者）、哥伦比亚大学访问教授罗伯特·巴勒特、佛罗里达大学的麦克马洪、西南密苏里州立大学的米歇尔·沈、斯克莫尔学院的史蒂芬·霍夫曼、科罗拉多大学的麦克格拉纳罕。中国学者：在美国任教的张曙光、翟强、陈建、郑西鹏，北京大学国际关系学院的张植荣，四川大学南亚研究所的张力。评论员：波士顿学院的罗伯特·罗斯、哈佛大学的入江昭、乔治·华盛顿大学的赫西伯格、哈佛大学的波斯、普林斯顿大学的弗瑞德伯格、哈佛大学的马克·克拉梅、波士顿大学的戈德曼和约瑟夫·费史密斯；达瓦诺布，（印度）尼赫鲁大学；降央诺布，阿尼玛卿研究所。特邀代表：费正清中心前主任、美国的“中国通”傅高义和美国副国务卿、美国国务院“西藏问题特别协调员”杜布里安斯基应邀出席会议，杜布里安斯基作为贵宾发言人，原定于4月21日在会上发言，题为《西藏与当前的美国政府》，后因故改由一名参议院外委会助理罗伯特出席并发表演讲。

会议分为六个论坛（小组），各小组的主席为：第一组主席鲁宾（Alfred Rubin），弗莱泽法律和外交学院教授；第二组主席麦克法考尔（Roderick MacFarquhar），英国工党前任副主席、哈佛大学教授；第三组主席克尔比（William C. Kirby），哈佛大学教授；第四组主席柯庆生（Thomas Christensen），麻省理工学院政治学教授；第五组主席约翰斯顿（Iain Johnston），哈佛大学教授。会议按主题分为六个论坛。

第一论坛：美国在南亚和西藏的政策——冷战年代。提交的论文为：1.《西藏与1950年代初的中—英—美关系》，翟强（Qiang Zhai），奥邦大学（Auburn University at Montgomery）；2.《官方政策与皈依计划——美国国务院、中央情报局与西藏的抵抗》，约翰·克劳斯（John Kenneth Knaus），哈佛大学；3.《1950—60年代美国对南亚和西藏的政策》，罗伯特·麦克马洪（Robert J. McMahon），佛罗里达大学。

第二论坛：共产党集团与西藏。提交的论文为：4.《西藏问题与中苏联盟的兴衰》，沃尔夫（David Wolff），（巴黎）罗伯特—斯库曼基金会（Fondation Robert Schuman）；5.《1950年代的西藏、中国与苏联》，陈建（Chen Jian），弗吉尼亚大学；6.《赫鲁晓夫、毛泽东与中苏分裂——西藏的角色》，克拉默（Mark Kramer），哈佛大学；7.《西藏与中苏关系》，阿旺饶杰，（纽约）西藏办事处主任。

第三论坛：地区政治与西藏——冷战年代。提交的论文为：8.《毛泽东、西藏与朝鲜战争》，米歇尔·沈（Michael Sheng），西南密苏里州立大学；9.《西藏与中印边界争端的起源》，霍夫曼（Steven A. Hoffmann），斯齐莫尔学院（Skidmore College）；10.《西藏的抵抗与中印边界冲突，1959—1962年》，甘古里（Sumit Ganguly），（奥斯丁）得克萨斯大学。

第四论坛：现状——对于西方的牵连和影响。提交的论文为：11.《正在进行的对于西藏的宣传战》，瓦伦·史密斯，自由亚洲电台；12.《中国与西藏的人权状况》，史伯林，印第安纳大学；13.《西藏与今日美中关系》，戈尔斯坦，凯斯西部保留地大学。

第五论坛：现状——对于东亚和南亚的牵连和影响。提交的论文为：14.《“后冷战时代”印度的西藏政策——民族主义和意识形态中的基础》，次仁夏嘉，东方和非洲研究学院；

15.《西藏流亡政府的民主化——全球与地区因素》，洛桑桑杰，哈佛法学院；16.《木斯塘之后——对西藏抵抗的当代观察》，麦克格拉纳汉（Carole McGranahan），科罗拉多大学。

第六论坛：闭幕式——中国与达赖喇嘛及其流亡政府之间的对话的展望。参加者包括：傅高义，哈佛大学；张植荣，北京大学；洛桑年达，“人权和民主中心”；白玛旺杰，独立学者；洛桑桑杰，哈佛大学法学院；松迪（M. L. Sondhi），尼赫鲁大学；张力，四川大学南亚研究所。该论坛没有列出论文题目。

本次会议有以下特点：第一，政治色彩鲜明，直奔西方所关注的“西藏问题”这一政治主题；第二，利用新解密的中央情报局等机构的档案，将西藏问题置于中美、中苏、中印关系及国际局势中加以考察，总结西方国家在西藏问题上的经验教训，为相关国家献计献策，专门研究美国和西方其他国家的西藏政策及其在西藏问题上的举措；第三，研究前苏联和印度对西藏问题的态度及其西藏政策；第四，关注中国西藏的现状和中央政府的西藏政策；第五，研究“流亡政府”的发展和演变；第六，企图以学术促成中央政府同达赖喇嘛对话，以学术研究推动西藏问题的解决。

此外，哈佛大学的亚洲中心、法学院、社会学系和政治学系等，也开始关注西藏研究。2002 年，亚洲中心邀请流亡藏人著名学者达瓦诺布作访问学者，研究《中国的西藏政策》；法学院院长安守廉是与费正清中心主办的藏学研讨会的赞助人，他的博士生洛桑桑杰的博士论文题目是《“流亡政府”研究》，并且是哈佛藏学研讨会的组织者之一；社会学系的博士生胡晓江，导师是美国的“中国通”傅高义，她的博士论文题目是《西藏非公有制经济研究》；政治学系的博士生瑞杰明，导师是费正清中心主任伊丽莎白·佩瑞，他对西藏问题也很感兴趣；哈佛大学宗教学委员会的博士生阿瑞（Elijah Ary）是一名洋活佛，他曾在印度的哲蚌寺学经 6 年，目前从事藏传佛教研究。住在波士顿的国际知名藏学家、“藏传佛教文献中心”执行主任金·史密斯教授、顿珠活佛以及波士顿大学历史系女教授戈德曼等，都是哈佛大学藏学学术活动的常客，他们对哈佛的藏学研究也起到了推动作用。

四、哈佛藏学在美国藏学界独树一帜

进入21世纪，受国际藏学发展趋势和西藏问题国际化形势的影响，美国藏学研究出现了新的动向，与美国其他藏学研究机构相比，哈佛大学藏学研究的特点——双重性（学术性和政治性）十分鲜明。

（一）“学术藏学”——研究西藏传统，提升哈佛藏学水平，提高哈佛大学在美国藏学界和西方藏学界的地位

哈佛藏学研究的历史较长，但是由于长期以来没有得到足够的重视，与欧洲藏学相比，其学术实力还较薄弱。欧洲藏学的特点是厚古薄今，重历史和传统，轻现实和现代；重学术，轻政治。与欧洲藏学一脉相承的哈佛大学，其藏学研究自然会受到欧洲藏学的影响。近年来，哈佛有识之士注重学术导向，力图从研究方向、人才培养和聘请学者等方面提升西藏研究的学术水平。梵文和印度学系、哈佛—燕京学社和神学院，都以学术研究为宗旨。范德康和杰妮特·嘉措都是1950年代出生的，可以说是美国藏学研究队伍中的“少壮派”。范德康以元代西藏、藏传佛教和藏汉关系史为研究方向；杰妮特·嘉措重点研究藏传佛教宁玛派；访问学者侧重研究西藏宗教、历史、语言和文化艺术。对藏语文的重视，是哈佛藏学的一个显著特点，在哈佛，从事藏学研究的学者，都将掌握藏语文作为一个基本的条件和素养。只有加强学术研究（基础研究），才能在

国际藏学界立足，这是中外藏学家的共识。显然，只有实践“学术藏学”，使哈佛藏学达到国际一流的水准，才能与哈佛大学的学术声望相符。

（二）“政治藏学”——研究西藏现实，为解决“西藏问题”出谋划策，为美国的国家利益服务

西方的人类学和社会学强调“参与研究”，这包括经济参与——推动当地发展，政治参与——为有关当局出谋划策。学术研究服务于国家利益，这是美国学术区别于欧洲学术的一个鲜明的特色，在美国藏学研究领域也有充分的体现。近年来，由于美国国务院《年度国别人权报告》和《国际宗教自由报告》中国西藏部分的发表以及“西藏信息网”美国分部的活动，促进了美国藏学与“西藏问题”的联系，使美国藏学的政治色彩更加浓厚，“经世致用”、“参与研究”、为美国国家利益服务，成为一些美国藏学家研究西藏的宗旨。哈佛大学的藏学研究为国家利益服务的色彩十分鲜明。费正清东亚研究中心、亚洲中心、俄罗斯中心以及法学院、社会学系和政治学系等，寓学术研究于现实政治之中，积极为解决“西藏问题”出谋划策。在确定研究方向、组织学术活动、聘请教授、招收博士研究生和邀请访问学者等方面，都以藏学研究为解决西藏问题或为美国的西藏政策提供决策参考为导向。克劳斯研究美国的西藏政策，积极为美国处理西藏问题出谋划策。藏学专业的博士研究生，其博士论文题目有不少是研究当代西藏的。美国参议院外交委员会助理罗伯特在演讲中指出，1942 年以来美国的西藏政策是一贯的，即认为西藏是中国领土的一部分，美国承认只有一个中国，反对“西藏独立”，美国的西藏政策是为美国的国家利益服务的。他呼吁中国保护西藏的人权和宗教信仰，并希望中国政府与达赖喇嘛以和平谈判的方式解决西藏问题。

仅在2002年上半年，哈佛大学就相继召开了两次有关当代西藏的学术研讨会，并且会址也相同，这个新动向值得中国藏学界和有关部门关注。并且，这是在国家副主席胡锦涛即将访美、达赖喇嘛原定于4月13—28日到纽约、弗吉尼亚大学和哈佛大学活动的背景下召开的，值得有关部门重视。这两次会议都邀请了中国学者参加。第一次研讨会，与会藏人学者都是流亡国外的藏族"精英"，他们长期生活在西方，深受西方文化和价值观念的熏陶，几乎都已"西化"。并且，他们还是达赖集团"藏独"活动的智囊和高参，"西藏问题"国际化有他们的一份"功劳"。因此，哈佛大学邀请他们与会并不是偶然的。他们提交的具有浓烈火药味的论文，反映了流亡藏人学者思想和心态的一个侧面，对了解国外藏人学者和达赖集团的"藏独"思想和策略具有特殊的参考价值。费正清中心召开这次会议至少有两个意图：一是学术上加强和扩大哈佛大学的藏学研究，提升哈佛藏学水平；二是政治上试图以学者和学术为媒介，推进中国中央政府与达赖集团的对话和西藏问题的解决，为美国的国家利益服务。

第二次研讨会，其宗旨和目的正如会议主办者声称："这次关于西藏和南亚安全的国际会议将探讨分裂主义运动、种族冲突和大国（列强）在国际政治干预中扮演的角色。提交会议的论文将公开出版并被散发给美国高级官员和著名学者。与会者将探讨威慑的方式——如果有必要的话，对付在南亚和其他不稳定地区发生的自相残杀、两败俱伤的冲突和暴力。""会议的第一天，与会者将以最新解密的档案资料重新评估'冷战'时代在西藏和南亚的发展。第二天，与会者将集中研讨目前的局势和过去的教训。这两天会议将要达到的目的是，得出关于分裂主义运动对南亚的安全环境的长期影响的结论。"主办者还在网上发布十分醒目的会议通告，便于全世界关注，声称："提交会议的论文将公开出版并被散发给美国高级官员和著名学者。"

犹太藏学家的“西藏情结”是一个值得研究的现象。在美国藏学界，有一批成果丰硕的犹太藏学家，如戈尔斯坦、史伯林、南希·列文妮以及现在哥伦比亚大学作访问学者的罗伯特·巴勒特等，他们的研究注重“经世致用”，是“政治藏学”的实践者。南希运用人类学方法研究藏区，先后到阿里、拉萨、果洛、色达等藏区进行实地考察和研究。巴勒特曾在“西方的西藏信息源”伦敦“西藏信息网”工作，并出版了《西藏政要名录》。无论是研究西藏历史还是现实，犹太藏学家都十分关注西藏的现实或“西藏问题”，并精通藏语文。以研究近现代史的戈尔斯坦和研究古代史的史伯林最为典型，这两名藏学博士在西藏研究方面都有很高的学术造诣，戈尔斯坦以《西藏现代史——喇嘛王国的覆灭》出名，史伯林以《明初“分而治之”的治藏政策研究》获得博士学位并在明代西藏史研究领域取得了重要成果。同时，他们又在“西藏问题”上积极为美国出谋划策。戈尔斯坦可称为美国的“西藏通”，出版了《雪狮与龙——美国、中国、西藏和达赖喇嘛》等“经世致用”的专著；戈尔斯坦和史伯林都曾出席美国国会关于西藏人权问题的听证会。史伯林参加了哈佛大学 2002 年 1 月的研讨会，戈尔斯坦出席了哈佛大学 2002 年 4 月的研讨会。犹太藏学家关注西藏主要是学术兴趣和政治情感认同。学术上，主要是对西藏和藏学的兴趣。情感上，一是自认为相同的四处流亡、漂泊异乡的经历和“难民情结”；二是在东道国沦为“三等公民”的共同感受；三是被视为“少数”和“弱者”，被边缘化，民族和文化都处于非主流的地位。

在西方学术界，研究西藏问题的主流是研究西藏的历史、政治、社会、文化、社会和民族特性，探讨西藏问题的起源，以及英、美、印、苏等大国在西藏问题上的影响，其内容多攻击中国政府，同情达赖集团。哈佛大学的皮特尔·波特利尔（Pieter Bottelier）则从发展经济学角度研究西藏，澄清了西方在世界银行援助中国青海都兰移民搬迁扶贫计划上对中国政府的诬蔑，令人耳目一新。波特利尔是哈佛大学肯尼迪政府学院的学者，1970—1998 年任职于世界银行，1997—1998 年担任世界银行东亚地区的高级顾问。他在哈佛大学亚洲中心作了题为《世界银行对中国青海的扶贫计划给予援助吗?》（Was World Bank Support for the Qinghai Anti-Poverty Project in China III-Considered?）的演讲，后来整理成文发表在《哈佛学刊》上。由于工作原因，波特利尔亲身经历了世界银行援助青海扶贫计划组织准备的全过程，他在这篇演讲中客观地记述了事件的全过程。该文以丰富翔实的资料批驳了西藏分裂主义分子和 NGO 对青海扶贫计划的污蔑之辞，还揭露了他们通过牺牲广大藏民利益而攫取政治资本的卑劣行径。波特利尔指出，中国政府为了消除西部严重的贫穷状态进行了不懈的努力，它与世界银行合作，制订出西部扶贫计划，目的是提高当地人民的生活水平，消除贫困状态。波特利尔指出，世界银行与中国政府的合作未能成功，美国扮演了极不光彩的角色。他批评美国作为世界银行的最大股东在经济问题中肆意加入政治因素，从而破坏世界银行的正常运作，损害了广大发展中国家的利益。世界银行应该努力摆脱国际政治因素的干扰，保持其特殊的独立性与中立性。波特利尔最后警告，如果对美国的行为不加以制止，世界银行终将沦为美国推行强权政治和霸权主义的工具。

总之，近年来，由于哈佛学者对西藏研究的重视，藏学同仁潜心于学术研究和教学活动，通过举办藏学研讨会和开展活跃的藏学国际学术交流，极大地推动了哈佛大学的藏学研究。作为美国藏学先驱的哈佛藏学，不仅成为美国藏学的一支劲旅，而且以其鲜明的学术风格和政治特性在美国藏学界独树一帜。

五、研究哈佛藏学的意义

（一）学术意义

《诗·小雅·鹤鸣》曰：“他山之石，可以攻错”。提升中国藏学研究水平，繁荣祖国的藏学事业，是中国藏学研究中心的首要任务。哈佛藏学不仅是美国藏学的重镇，而且还是国际藏学的一个重要舞台，剖析哈佛藏学个案，对于了解和认识美国藏学，把握美国藏学乃至国际藏学的特点和动向都具有重要意义；同时，哈佛藏学的研究方法和研究成果，对中国藏学界也具有一些借鉴作用和参考价值。

（二）政治意义

为国家利益服务，为国家的现实政治斗争服务，是中国藏学研究中心的宗旨。《孙子·谋攻》曰：“知彼知己者，百战不殆”。将“知彼”放在“知己”的前面，可见“知彼”对于克敌制胜的极端重要性，这里的“彼”，就是对手或敌人。哈佛藏学不仅对美国西藏政策有一定的影响，而且对“西藏问题”国际化也有一定的影响。因此，研究哈佛藏学，有利于了解和认识美国人的“西藏观”和美国的西藏政策，掌握美国学者和流亡藏人学者在“西藏问题”上的态度和动向，认清“西藏问题”国际化的国际背景，从而为国家有关部门提供“西藏问题”的决策参考。

（三）藏学研究的开放和交流，是深化中国藏学的活力

研究哈佛藏学，可以管窥美国藏学，沟通中美藏学界的联

系,增进彼此了解,为加强中国藏学的国际交流和合作创造条件。《哈佛大学藏学研究文集》就是基于上述理由翻译和编辑的,内容主要是2002年1月和4月于哈佛大学召开的两次当代西藏研讨会的论文。笔者和张植荣先生先后应邀出席会议,对哈佛藏学有较深切的感受,分别承担了这两次研讨会国外学者和流亡藏人学者的论文的组织和翻译。应笔者之约,张植荣组织北京大学西藏研究小组为翻译第二次研讨会的论文付出了辛劳,在此表示诚挚的谢意。鉴于国内对哈佛大学的藏学研究情况和新动向知之不多,对2002年哈佛大学召开的两次藏学研讨会更缺乏足够的了解,译者发表于《中国西藏》的《哈佛大学藏学研究管窥》又较简略,为此,译者撰写了这篇导读性长文,或许有助于读者较为全面地了解和认识哈佛大学的藏学研究概貌。《文集》的作者包括美国学者、欧洲学者、流亡藏人学者,从中可以了解西方藏学界和流亡藏人学者的学术观点以及对"西藏问题"态度。需要声明的是,这批论文尚未公开发表,未经论文作者同意,无论原作还是汉译文,都不能公开引用。

由于美国当代西藏研究的论著的翻译和评介还十分薄弱,为了充实这部译文集的分量,增加其决策参考价值,译者特意从新近发表和出版的美国当代西藏研究论著中精选了一部分,包括戈尔斯坦和卡普斯坦主编《当代西藏佛教——宗教复兴与文化认同》的《导论》,约翰·克劳斯的《美国政府与西藏:不稳定的联盟》,格鲁斯克的《"亲藏—反藏"分类的坏习惯》,洛桑桑杰的《中国统治西藏四十年:是解放还是占领?》,波特利尔的《世界银行应重新评估对中国青海扶贫计划的援助?》,戈尔斯坦的《达赖喇嘛的困境》,沙伯力的《美中首脑会谈后的美中关系与西藏问题》等7篇,构成本书的第三部分"美国当代西藏研究集萃"。

(原载《中国西藏》2002年第4期;《哈佛大学藏学研究文集》,"藏事译丛"第4辑,中国藏学研究中心印制,2002年)

《香格里拉的囚徒——藏传佛教与西方》评介

藏传佛教的西渐经历了一个历史过程。在19—20世纪这100多年中，藏传佛教的西渐掀起了几次高潮。先是进入西藏的西方探险家、传教士、旅行家、记者、学者的"东引"，将藏传佛教介绍给西方人；后是藏族高僧的"西传"，到西方讲经说法、著书立说，把藏传佛教带给了西方人。20世纪下半叶以来，由于流亡国外的藏族高僧在西方的讲、辩、著和西方进入西藏"取经"的互动，奠定了藏传佛教西渐的格局。藏传佛教要在西方社会生存和发展，必然要融入西方社会，被"西化"；西方人认同和信仰藏传佛教，不知不觉地被"藏化"。藏传佛教在西方的传播，不仅开辟了新的传教途径，扩大了藏传佛教的影响，而且对西方社会也产生了独特的影响：培养了一批西藏爱好者，增进了西方人对西藏的认识；造就了一批西方藏学家，促进了西方藏学的发展；同时也推动了西藏问题的国际化。《香格里拉的囚徒——藏传佛教与西方》一书，揭示了藏传佛教在西方的影响和西方人对藏传佛教的研究和认识。

作者唐纳德·S·小洛佩兹(Donald S. Lopez,Jr.)是国际知名的藏传佛教研究专家,密西根大学亚洲语言和文化系的佛学和藏学教授,曾主编出版了《佛教实践》(Buddhism in Practice)、《印度佛教实践》(Buddhism of India in Practice)、《中国佛教实践》(Buddhism of China in Practice)、《西藏佛教实践》(Buddhism of Tibet in Practice)等书。20世纪以来，国外出版的藏传佛教论著数以千计，近年来出版的《西方视野中的藏传佛教》、《当代西藏佛教——宗教复兴与文化认同》、《西藏度亡经》等，在西方影响较大。《香格里拉的囚徒——藏传佛教与西方》一书，以独特的视角，运用宗教学、语言学、心理学和比较研究等多学科方法研究藏传佛教。以一个名称(喇嘛教)、一部作品（《西藏度亡经》)、一个人物（洛桑然巴)、一套咒语（“六字真言”)、一门艺术（藏传佛教艺术)、一个领域（藏传佛教研究）和一座“监狱”（“流亡政府”的藏传佛教信仰）七大个案，揭示了藏传佛教在西方的影响和西方人对藏传佛教的了解、认识与研究，开辟了藏传佛教研究的新境界。

“香格里拉”（Shangri-La）的藏文意思是“环抱在幸福之源的地方”，渊源于“香巴拉”（Shambhala)，意译“持乐世界”。“香格里”（Shangri）在藏文中没有意义，“拉”（La）意为“山关”。这个名称显然是对喜马拉雅山区的一个神秘的佛教王国“香巴拉”（Shambhala）的一种篡改。“‘香巴拉’为佛教一净土名，此世界地为圆形，雪山环绕，状如八瓣莲花，花瓣之间河水周匝。贵种王朝，世领其地，佛说时轮经教，今犹盛传。”[①]“香格里拉”的想象，渊源于佛教的时轮坦陀罗（Kalacakra Tantra)。按照这部坦陀罗，佛教的时轮曼陀罗被保存在喜马拉雅山脉北部的一个王国的神秘都城“香巴拉”。“香巴拉”看上去像一个田园诗般的社会，布满了艳丽夺目的宫殿，居住着美丽而健康的居民，他们的灵魂受到慈悲而永远不眠的僧侣的监视。

一般认为，詹姆斯·希尔顿（James Hilton）在其1933年的小说《消失的地平线》（Lost Horizon）中发明了“香格里

① 《藏汉大辞典》下册，第2836页，民族出版社，1986年版。

拉”这个名称。实际上，随着藏传佛教传入西方，早在希尔顿的小说出现以前，与“香巴拉”意思相同的“香格里拉”就已进入了西方文化圈。从11世纪起，由“香格里拉”之谜引出的关于理想国的阐释，开始出现在许多古代历史学家、哲学家和探险家的论著中。希尔顿所描述的“香格里拉”是精神家园，是一个超越善恶、包容一切人类习性的理想世界。1937年，弗兰克·卡普拉（Frank Capra）在好莱坞制片公司将其拍成电影，其主题歌《香格里拉》唱遍了全球。《消失的地平线》为英语词汇创造了“世外桃源”一词——香格里拉，从此，这片想象中的人间乐土就成了“伊甸园”、“世外桃源”、“乌托邦”的代名词。实际上，希尔顿从来没有到过藏区，他的书中关于“香格里拉”的灵感，部分来自于1922—1949年在康区生活的美国植物学家约瑟夫·洛克（Joseph Rock）所撰写的文章。后来，香港企业家郭氏家族将“香格里拉”的名称买断，成为酒店的商号，从而风靡世界。在电影《东京上空的30秒》中，有美国飞机在著名的1942年“杜利德突袭”（Doolittle Raid）中轰炸日本的镜头。当时新闻记者们问罗斯福总统，这些飞机是从何处起飞的，他回答说，“香格里拉”。后来，罗斯福批准在马里兰修建的总统隐居地，既现在著名的戴维营（Camp David），其最初的名称就是“香格里拉”。今天，“香格里拉”成为一连串休养胜地和宾馆的名称。半个世纪以来，“香格里拉”一直牵动着全人类的眼睛，它深入人心，人们竟然忘却那是一部虚构小说中的地名。西方人在寻找“香格里拉”的过程中，开始改变对东方世界不屑一顾的神态了，他们发现了东方神奇的魅力。[①]

几个世纪以来，由于地理环境的封闭和东西方文化的差异，西方人对东方文化的奇葩西藏文化和藏传佛教的理解和认

① 罗尘编译：《消失的地平线》编译者导论，第10—11页，陕西师范大学出版社，1999年。

识存在许多误区，导致了“西藏神话”的产生和延续。同时，制造神话的西方人通过他们的作品，又不断地神化着他们的西方读者。“西方的狂热者总是试图将西藏禁锢于他们自己所创造的幻想之中。”[①] 美国学者洛佩兹在《香格里拉的囚徒》一书中，探讨了围绕西藏发展起来的神话，并试图澄清西方人对西藏文明和藏传佛教的种种误解。

藏传佛教，俗称喇嘛教，是大乘佛教的一个重要分支，是佛教与藏族原始宗教苯教相融合、藏化之后的佛教。西方人认为，喇嘛教是印度佛教的一种“堕落的形式”；喇嘛教与天主教有许多相似之处。洛佩兹在该书的第一章《名称》中，阐述了“喇嘛教”名称的由来，以及西方人对喇嘛教的认识。他认为，西方最通行的关于藏传佛教的名称“喇嘛教”，被西藏人看成是一个贬义词。在19世纪末，英国和俄国都希望将西藏并入他们的帝国。欧洲人通过将殖民地描述成为一个需要得到拯救的文化沙漠来象征的为殖民主义辩护。因此，西藏被描写成为居住着迷信的人民的一块无理性的地方，这个民族生活在堕落和邪恶的僧侣的枷锁之下。西方人声称，这些僧侣的这种宗教不是印度佛教的一种真实的形式，因此用这个名称名不符实，而应当称之为“喇嘛教”。西方学者将真实的佛教描述为一种理性和克制的宗教，充满了深奥的哲学，并且不受仪式的限制。事实上，这样一种纯粹的佛教形式从来没有在亚洲存在过，而只是在欧洲和美国的图书馆和演讲大厅中见到过。洛佩兹将喇嘛教看成是一种外来的构想，是由汉族扩张主义者和西方的东方学家在18世纪晚期发明的。他认为，佛教在西藏建立，只是作为对西藏宗教的更早的万物有灵论或原始的形式的补充。虽然洛佩兹并不否认先前存在的民间宗教有助于藏传佛教的定型，但是他认为，“喇嘛教”这个名称极大地夸大了它们的影响。

---

① Kenneth L. Woodward，《新闻周刊》。

《西藏度亡经》的蓝本是古代印度的《度亡经》，系 8 世纪莲花生时代创作的。他将其传入西藏，由藏族高僧翻译成藏文，名《中阴闻教得度》（Bardo Thodol）。朗达玛灭佛时，被埋藏于地下，成为“伏藏”，后由仁增噶玛宁巴（Rigzin Karma Ling-pa）从色丹（Gser-ldan）河畔的甘布达（Gampodar）山掘出。20 世纪 20 年代，藏族喇嘛卡孜·达瓦桑珠（Lama Kazi Dawa-samdup）和美国学者伊文思·温兹（W. Y. Evans Wentz）合作，将其翻译成英文，仿《埃及度亡经》（The Egyptian Book of the Dead）之名，改书名为《西藏度亡经》（The Tibetan Book of the Dead）。传入西方后，成为在英语世界产生深远影响的最著名的藏传佛教经典，西方人由此窥见了藏族文化和藏传佛教之一斑。

洛佩兹在第二章《书籍》中，以《西藏度亡经》为个案，阐述了西方对《西藏度亡经》的翻译和研究、《西藏度亡经》在西方的影响，以及西方人对死亡的认识。西方哲学家和心理学家十分推重《西藏度亡经》。心理学大师荣格（C. G. Jung）说：“若干年来，乃至从它的初版（1927 年）发行以来，《中阴得度》就成了我的随身伴侣，不但我的许多富于启示性的观念和发现要归功于它，还有许多根本的认识或见地也要归功于它。”“这本书所带来的信息是，‘死亡的艺术’不仅跟‘生活的艺术’或‘出生的艺术’同样重要，且为‘活的艺术’或‘生的艺术’的补充和圆成。”① 温兹说：“本书将一切伟大信息中的最大信息，带给如今转生于这个地球之上的人类家庭的每一分子。它向西方人民揭示了一种直到现在唯有东方人民通晓的‘死生之学’。”② 温兹说：“不但要使东西方人民之间获得一种更佳的了解，同时还要纠正人们，尤其是整个西方人士，对于人类的根本问题——生死——缺乏正知、不加闻问

① 伊文思·温兹、达瓦桑珠：《西藏度亡经》第二版序，1948 年。
② 温兹、达瓦桑珠：《西藏度亡经》第三版序，1955 年。

的态度。”① 洛佩兹指出，西藏人从来没有听说过他们的著名的宗教文献《西藏度亡经》。在西方广为人知的是一部题为《中阴得度》的简短的藏文作品，意为“通过在中阴状态中的听闻求得解脱”。这是一部关于死亡的文献，向一名已死或将死的人诵读，以帮助他或她逃离死亡再生，或者，如果这不可能，以使其在来世有一个好的再生。20 世纪 20 年代，美国通神论者（Theosophist）瓦尔特·温兹（Walter Wentz）到印度旅行，与藏族喇嘛达瓦桑珠合作将《西藏度亡经》翻译成英文并于 1927 年出版。于是，这部作品便成为西方最著名的藏文文献。温兹随后加上了自己的评论，将这部关于死亡的藏文文献改造成为一篇通神论的论文。后来，又出版《西藏度亡经》多种不同的译本。需要说明的是，西方人强烈的“文化霸权”观念也体现在了《西藏度亡经》的英译上，本来该书是由藏族喇嘛卡孜·达瓦桑珠（Lama Kazi Dawa-Samdup）翻译，由美国学者伊文斯·温兹编辑出版的，对此温兹有十分明确的表述，然而后来西方人只要提及《西藏度亡经》，就说是温兹翻译的，将英文版的所有功劳都记在了温兹的账上。

1956 年，以普布·洛桑然巴（Tuesday Lobsang Rampa）署名的《第三只眼睛》（The Third Eye）一书在西方出版。在此后的半个世纪，洛桑然巴在西方几乎家喻户晓，《第三只眼睛》也成为西方最畅销的书籍之一，不断再版。由于西方人对西藏和藏族知之甚少，加之作者高超的创作水平，致使许多西方人一直以为这是真人真事。实际上这是一大骗局。洛佩兹在第三章《眼睛》中，称洛桑然巴为骗子，并揭露了在西方招摇撞骗的洛桑然巴及其《第三只眼睛》的骗局。普布·洛桑然巴看上去是藏人的名字，《第三只眼睛》的“作者前言”称：我是一名藏人。是极少数到达这个陌生的西方世界的藏人。该书第 9 版《出版者前言》：“从一开始该书就是一个谜。

① 温兹、达瓦桑珠：《西藏度亡经》普及版序，1959 年。

一些人怀疑其真实性，许多人相信其基本属实……”实际上，这是一个英国人假借洛桑然巴之名制造的一个骗局。英国的一名私人侦探经过长期的追踪调查，最终发现洛桑然巴并不是藏人，而是英国一名水暖工的失业的儿子，其真名叫瑟瑞尔·哈斯金（Cyril Hoskin）。洛桑然巴及其流浪经历完全出自哈斯金这个受过教育的想象力丰富的头脑。哈斯金从来没有到过西藏，也不会说一句藏话。他以洛桑然巴之名著有自传体三部曲在西方出版：第一部《第三只眼睛》（The Third Eye，1956 年出版），第二部《来自拉萨的医生》（Doctor from Lhasa，1959 年出版），第三部《然巴的故事》（The Rampa Story，1960 年出版）。哈斯金一生撰写出版了 18 部作品，到他去世时，他的作品的销售量已达 400 万册。洛佩兹论述了洛桑然巴其人及其自传“三部曲”的主要内容，着重揭示了《第三只眼睛》一书在西方的影响。该书自面世之后，在英语世界十分畅销，两年之内（到 1958 年）再版达 9 次。在《第三只眼睛》中，自称为西藏喇嘛的洛桑然巴自述，他在 8 岁时，经受了类似开天目的开启第三只眼睛的手术，手术中在他的前额钻了一个孔，这样他就可以看见预兆。西方读者信以为真，一位狂热的读者甚至试图用一位牙医的钻子为自己开一个孔。作者评述道：洛桑然巴断言，闭上眼睛和嘴唇，只是进入喇嘛教神秘膜拜仪式的开始。对于受到认可的西藏历史与文化知识而言，洛桑然巴的眼睛闭上了，因为他不是从另一种膜拜仪式即藏学膜拜仪式开始。他或许也可被称为神秘主义者，首先，他把西藏神秘化了，用他自己神秘的想象对西藏的各种事实作了修饰；其次，他将读者神秘化了，他利用那些读了他的著作的大众的盲信倾向。洛桑然巴被视为西藏研究史上最大的骗子。以“普布·洛桑然巴”的名义从事写作的这位英国人却宣称他被一位西藏喇嘛附体了，经过那个为期 7 年的过程，不仅在他的服饰上，而且从他的生命要素上，都已变成了一位西藏人。他实现了这一转变，是通过他自由飘浮的能力，这种飘浮能力首先来源于在一个载人风筝上的地心引力和在灵魂载体上自由飘浮时对于时间和空间的控制。

Om mani padme hum 这“六字真言”是最著名的佛教明咒，也是藏传佛教信徒念诵最多的咒语。但是对“六字真言”的解释一直众说纷纭，对于西方人来说，“六字真言”更是一个解不开的谜。洛佩兹在第四章《咒语》中，探讨了西方人对“六字真言”的理解和认识。作者提供了关于“六字真言”的一种新解释，指出，19 世纪欧洲的梵文学者将这句最著名的佛教明咒释为“莲花里的宝石”，这是由于他们将一个呼格后缀误读为一个位置格后缀，这样就认为宝石（mani）在莲花（padme）中。这句明咒的基本意思应翻译为：“啊，宝—莲先生，请助我们一臂之力。”

西方人对藏传佛教艺术情有独钟，但是他们难以分清藏传佛教艺术与印度佛教艺术、宗教艺术与世俗艺术之间的界限，因而对藏传佛教艺术的评价也存在分歧。洛佩兹在第五章《艺术》中，对藏传佛教艺术以及西方学者对它的研究和评价作了简要的分析。“对 20 世纪艺术史研究者对西藏艺术品的神奇想象所进行的各种假设和解释，以及如何通过重复这些奇想获得知识的状况进行一些探讨”。在西方艺术史界，对西藏艺术的评价存在分歧，一些人认为西藏艺术缺少创造性，西藏的画家缺乏创作力，只会按照图像学中的造像量度经循规蹈矩，几乎不可能根据自己的想象力创作个性化的作品。另一些人则认为西藏艺术的美学价值远远超过了纯粹的创造，“禅定是西藏绘画的美学动力，其表现的境界比其他艺术形式更高”。洛佩兹引用帕尔等西藏学艺术史家的论点，精辟地分析了出现这种差异的地理根源和认识因素。

随着藏传佛教的西渐，在西方学术界兴起了藏传佛学研究，并取得了十分显著的成果。洛佩兹在第六章《领域》中说：“本章将考察作为一个学术领域的藏传佛教研究在北美洲的发展。尤其是集中在随着 1959 年开始的西藏大迁徙之后所发生的变化方面，并试图弄清某些问题。从中可以看出，知识的产生总是有倾向的，总是会受到特定的时间、地点和文化风气的制约。”作者精辟地评述了西方尤其是北美洲的藏传佛教研究，重点阐述了藏传佛教在美国的传播和美国的藏传佛教研究，勾勒出了美国藏学和藏传佛教研究的轨迹。

1959年后，随着藏族人的外流，藏传佛教又回到了佛教的故乡印度。达兰萨拉成为中国之外最大的藏传佛教中心，格鲁派的最高领袖达赖喇嘛以达兰萨拉为根据地，带领流亡藏人进行闻、思、修，讲、辩、著，扩大了藏传佛教在国外的影响，同时也利用藏传佛教推动西藏问题的国际化。洛佩兹在第七章《监狱》中，剖析了流亡藏人的藏传佛教，并“探讨了藏人所处的困境”；分析了“流亡政府”内部的地区（三大藏区）矛盾和教派（四大教派）冲突及其根源，并且指出了达赖喇嘛的两面性——藏传佛教的上师和“西藏独立”运动的领袖。达赖喇嘛为了获得西方的支持，建立反华分裂势力的大联盟，对西方不同的文化和宗教都很宽容。洛佩兹还指出，达赖喇嘛普遍存在的、万能的和平信息（预言、启示、主题），只是西藏特性的一部分，而不是它的核心。实际上，和平和暴力与西藏的实践是如此多地纠缠在一起，以至禅定、空和慈悲都不能真正地与“用人的头发作灯芯、由人的脂肪点燃的一盏灯的火贡烧施仪式”相分离。根据对西藏的了解，这种危险是，达赖喇嘛以他的普遍的爱和环境主义的花言巧语，冒险将西藏改变成为适合他的西方信徒的需要的一个主题游乐园。为了寻求他的“国家”的“解放”，他可能已经“让藏传佛教，就像它之前的喇嘛教一样，游离于它的场所”。

由于西藏从来没有成为欧洲的一个殖民地，因此在西方人看来，这是一片神秘的土地。19世纪有一种时尚，即在说到不能确定其下落的某个人时，就说他在西藏。例如，一些人声称，耶稣消失后的岁月是在西藏度过的。“通神论协会”的创立者布拉瓦兹基夫人（Madame Blavatsky）说，“圣人”（Mahatmas）、保存了亚特兰蒂斯(Atlantis,传说中的岛屿)的古代智慧的大师们居住在西藏。在《空中楼阁的冒险》中,夏洛克·福尔摩斯(Sherlock Holmes)在解释他在与莫利亚迪(Moriarty)教授一道跳入瑞钦巴齐瀑布(Reichenbach Fall)后显然死亡的岁月时告诉华生(Watson):"我在西藏旅行了两年,在那里以访问拉萨来消遣,并且与喇嘛首领度过了一些日子。你可能读过一位名叫斯格森(Sigerson)的挪威人的精彩的探险记,但是我确信,你决不会想到你正收到你的朋友的消息。"西藏"将使西方再生",西藏"能够拯救西方,使它从玩世不恭和物质主义的泥潭中解脱。西藏被视为可以治愈西方没落的文明并使它恢复活力的良方"。

西藏并不是一个非暴力的社会,即使在达赖喇嘛于1642年执掌世俗权力之后。五世达赖喇嘛只是通过他的和硕特蒙古施主固始汗的军事介入,以他的军队击败了达赖喇嘛的对手藏王,才执掌了西藏的世俗权力。藏军于1681年向拉达克开战,1792年向准噶尔蒙古开战,并且在18世纪多次武装入侵不丹。藏军抗击1788—1792年和1854年入侵的尼泊尔军队,并且于1842年抵抗来自克什米尔的多格拉(Dogra)军队的入侵,1904年抗击英国军队的侵略。九世、十世、十一世和十二世达赖喇嘛都幼年夭折,一些人谣传他们是被毒害致死的。十三世达赖喇嘛幸免于他的摄政所策划的一次谋杀企图。

总之,《香格里拉的囚徒》一书是了解和认识藏传佛教在西方的影响和西方人对藏传佛教的认识的一个缩影,从中可以看出西方学者对藏传佛教的研究,西方人对藏传佛教的认识和态度。该书对中国学术界认识西方学者心目中的藏传佛教具有重要的参考价值。

(原载《中国学术》第7辑,2001年)

《虚拟的西藏——从喜马拉雅山到好莱坞寻找“香格里拉”》评介

一、从《虚拟的西藏》看西方人的“西藏观”

“西藏热”在西方出现以来，论述西方人与西藏的关系的英文书籍已出版了几部，如《香格里拉的囚徒——藏传佛教与西方》、《香格里拉的神话》、《佛陀的监护人》和《想象的西藏》等，但是这些都是“阳春白雪”，难以勾起一般读者的兴味。《虚拟的西藏》则是一部通俗读物，融知识性和趣味性于一体，具有很强的可读性。该书全名为：《虚拟的西藏——从喜马拉雅山到好莱坞寻找香格里拉》(Virtual Tibet：Searching for Shangri-La from the Himalayas to Hollywood)，2000 年 7 月 Henry Holt & Company，Inc. 出版，全书共 340 页，由三部分构成，共 22 章。作者奥维尔·斯且尔（Orville Schell)，是美国著名汉学家，著有《天命——天安门广场的遗产与中国的下一代领导人》(Mandate of Heaven：The Legacy of Tiananmen Square and the Next Generation of China's Leaders）等研究当代中国的作品，常在《哈伯斯》（Harper's)、《纽约人》（The New Yorker)、《纽约书评》（The New York Review of Books)、《新闻周刊》（Newsweek）等刊物上发表文章。现任加州大学伯克利分校新闻学研究生院院长，他和妻子及子女现住在旧金山的湾区。国务院新闻办七局于2001年组织翻译并内部印制了该书的汉译本。该书以通俗而生动的语言，揭示了西方人的“西藏情结”，勾勒了西方人“发现”西藏和制造“香格里拉神话”的来龙去脉，展示了西方人的“西藏观”及其演变，描述了西方传媒在制造“西藏热”中的作用，分析了西方人信仰藏传佛教的原因、达赖在西方的影响和美国与西藏的关系，论及了“香格里拉”神话的破灭与西方人认识西藏的误区。该书融知识性、故事性、趣味性于一体，具有很强的可读性，无论是对学术文化界，还是对有关党政部门，都具有一定的参考价值。

（一）西方人的“西藏情结”

自西方人与西藏“结缘”以来，逐渐产生了一种解不开的“西藏情结”。《虚拟的西藏》描述了西方人的这种“西藏情结”。对于西方人来说，东方文明永远是一个神秘玄妙的难解之谜。英印殖民者寇松曾说：“东方是一所你永远也得不到学位的大学。它是一座你只能朝拜，却看不到圣人尊容的庙堂，是一段你已经看到目的地，却永远不能到达的旅程。在这里，你只能做一个学习者、祈祷者、朝圣者。”① 作为东方文明宝库中的一朵奇葩，西藏文明更令西方人魂牵梦萦。《西藏七年》的编剧贝基·约翰斯顿说：“呈现在我面前的真实的西藏给我带来了‘灵魂的震撼’。”“你简直不能相信世界上真有这样的美景，天蓝得令人心醉，强烈的色彩令人目眩。”② 雪域西藏神奇壮美的自然景观和独特而神秘的人文景观，具有无穷的魅力，强烈地吸引着西方人，他们将西藏视为“净土”和“天堂”、寻求精神寄托和心灵慰藉的乐土，是他们魂牵梦

---

① Orville Schell, Searching for Shangri-La from the Himalayas to Hollywood, Henry Holt & Company, Inc. 2000, p. 190,

② Virtual Tibet, p. 110.

萦的“香格里拉”。曾在西藏隐藏7年的德国纳粹分子哈雷说：西藏是“这个地球上最富有神秘色彩的一个地方”。“我们西方人在现实生活中遗失的东西在这个世界屋脊的城市里都可以找到”。“这真是地球上的最后一片净土。”[①] 好莱坞版的哈雷写道：西藏是“一个可以让你实现白日梦想的神奇而美丽的地方”[②]。然而，由于地理、文化和语言的阻隔，西方人眼中的西藏和西藏文明如雾中花、水中月，难见本质和真谛。越是如此，西方人越想看个究竟，因此而形成了一个解不开的“西藏情结”和形形色色的“西藏观”。因看待西藏的多维视野，出现了中国版、达赖版、西方版、好莱坞版等各种不同版本的有关西藏的作品。

（二）西方人“发现”西藏的历程与制造“香格里拉神话”的来龙去脉

由于地理位置相距遥远和高山大川的阻隔，西藏对西方人犹如“蓬莱仙岛”，他们都想亲自去一睹真容，争当“发现”西藏的第一人。作者斯且尔追溯了西方人“发现”西藏、寻找“香格里拉”和西藏与西方交往的历程。他写道，从17世纪中叶开始，形形色色的西方传教士、外交官、探险者、云游者、士兵、梦想家、精神追求者、地理学家、勘探者、登山运动员和艺术家留下了对这片土地的无数记录。[③] 尽管付出了巨大的努力，但是在整个19世纪，没有一个西方探险者真正到达藏传佛教圣城。这些竞赛者唯一值得纪念的只是一个补偿性的安慰奖——谁最接近拉萨。[④]

---

① Vitual Tibet, p. 96.
② Viturl Tibet, p. 108.
③ Virtual Tibet, p. 7.
④ Virtual Tibet, p. 161.

法国女藏学家大卫·妮尔写道："在这里（藏区），我已经忘记了自己本该属于的西方世界。因为它可能把我重新带回文明的创伤之中。"① 今天，西藏仍然是我们这个星球上真正蕴含"神秘"的地方：会飞的喇嘛，呼风唤雨的神人，预测未来的巫师，隐居在喜马拉雅山深处的半人半神的雪人。② 没有哪块土地能像西藏一样成为无数幻想的源头，并不断激发西方逃避艺术家想象的灵感。③ 直到今天，西藏仍被想象成为"西方文明的拯救者，恢复其精髓的滋补良药"④。《西藏七年》的导演让·雅克·安劳德称，他一直在思索着一个矛盾：西方人已经拥有很多，却仍然并不幸福，相比之下，西藏人拥有的东西很少，却享受着非同寻常的幸福。⑤ 许多西方人把西藏想象成人性的绿洲。在西方人看来，对地球上的最后一片净土的探险是一种纯粹的探险，是摆脱世俗生活的精神追求。对于导演卡普拉来说，香格里拉应是一个"在人类处于低潮"、"全球都笼罩在焦虑当中"时，"让你忘却的地方"，是一个"存在于你的内心而不是真实世界"的地方。在卡普拉的影片中，西藏肮脏的街道、随意的宗教仪式、难以摆脱的贫穷、荒芜的土地、恶劣的气候、农奴制度、疾病、神权专制，所有这些都从观众的意识中彻底消失了，取而代之的是一个彻底实现了的西方人的"西藏梦"⑥。

在有关西藏的图书中，《西藏七年》在西方世界引起了对西藏前所未有的关注，后来的图书均未能出其右。1952 年，这本书刚一出版，就成为风靡一时的畅销书，被翻译成 48 种语言。这本书十分生动地描述了西方人渴望逃往西藏这个世外

---

① Virtual Tibet，p. 234.

② Virtual Tibet，pp. 8-9.

③ Virtual Tibet，p. 16.

④ Virtual Tibet，p. 18.

⑤ Virtual Tibet，p. 33.

⑥ Virtual Tibet，p. 222.

桃源的梦想。该书被称为“现代版的神话故事”。哈雷成为“好莱坞西藏热的始作俑者”[①]。“伟大白人兄弟会”的助手胡米说：“数百年来，我们认为西藏人是富有道德感、心地善良而单纯的民族，他们没有受到现代文明的污染，远离任何邪恶的玷污。”“多年来，西藏是地球上最后一块杜绝物质侵占精神世界的土地。”[②] 经过几十年的隔离，西方的西藏梦重新点燃，部分原因在于那片土地不再是可望而不可即的。[③]

西藏已成为探险者和寻求精神满足的西方人新的麦加。随着西方旅游热的兴起，世界上再没有任何一片土地能唤起西方人如此强烈的征服欲望，也没有一片土地能赋予旅游以探险和精神之旅的双重意义。西方探险者在西藏的神奇历险，强化了西藏半人半神的形象，从而吸引了更多的探险者。据统计，到1979年，只有1250名西方人获准访问拉萨，这其中绝大多数是1904年随荣赫鹏入藏的英国远征军。1950年后，西藏的大门再度对西方紧闭。“再度的彻底封闭，使西藏在西方人的想象中仍然保持着鲜明的吸引力”。（Oville Schell）宗教学教授哈斯顿·史密斯在1968年的电影《信仰安魂曲》中发表评论说：“西藏似乎不属于我们这个世界，它是架子上的一个收藏品，一枚琥珀，一片封冻的土地，一个和天空如此接近、把祈祷作为生活方式的地方。”[④]

（三）西方人的“西藏观”及其演变

西方人由从文献上了解西藏，到亲临西藏，“发现”西藏，形成对西藏的感性认识，再到认识西藏，形成“西藏观”，经历了几个世纪。该书展示了不同时期不同的西方人的

---

① Virtual Tibet，p. 85，p. 90.
② Virtual Tibet，p. 226.
③ Virtual Tibet，p. 10.
④ Virtual Tibet，p. 266.

不同“西藏观”。西方“发现”西藏的先驱，主要是探险家、旅行家和传教士。19 世纪以前，他们主要是从文献记载中了解西藏，然后前往西藏的外围考察，后来才进入西藏，根据自己的所见所闻，撰写了一些探险考察报告和游记，对西藏有了一些感性认识和一个基本轮廓。19 世纪，西方的记者、官员、军人和学者加入到入藏队伍的行列，进入西藏腹地游历和考察，对西藏的了解逐渐加深。19 世纪 30 年代，匈牙利藏学家乔玛开西方藏学的滥觞，这标志着西方人开始具有对西藏的理性认识。但是在 19 世纪以前，西方人对西藏历史、文化和宗教的真谛犹如隔雾观花，尚未窥见全貌。20 世纪上半叶，内外因素的结合，促进了西方人对西藏的研究，加深了西方人对西藏的认识。1903 年，英国军队用枪炮打开了西藏封闭的大门，为西方人进入西藏提供了地理上的方便；斯坦因和伯希和从敦煌藏经洞盗走大量古藏文经卷，为西方人研究西藏提供了文化上的便利；辛亥革命推翻清王朝，使西方列强插手中国西藏事务有可乘之机；1913 年召开的西姆拉会议，引起了西方人在政治上对西藏的关注；十三世达赖喇嘛推行“新政”，为觊觎西藏的西方人提供了用武之地。20 世纪下半叶，随着新中国的建立和西藏的和平解放，西藏更加受到国际社会的关注。1959 年西藏少数反动上层发动叛乱以后，大批藏族人流亡国外，他们不但带走了一批珍贵的藏文文献和档案，而且其中许多人还是满腹经纶的“西藏通”。一些藏族学者被西方大学和科研机构聘为教师和研究人员，从而推动了西方的西藏研究，为西方人研究和认识西藏提供了极大的方便，在西方掀起了西藏热和藏学热。20 世纪 80 年代以来，一方面，随着中国改革开放的深入，西藏向西方人敞开了大门，中外学术交流日趋频繁，西方藏学逐渐走向成熟；另一方面，由于西藏分裂势力和国际反华势力的互动，“西藏问题”国际化的趋势加剧，西方学界、政界、民间和传媒对西藏给予了特别的关注，西方人对西藏的认识进入了一个新阶段，其“西藏观”基本定型。

（四）西方传媒在制造“西藏热”中的作用

西方传媒（报刊、书籍、声像、影视、互联网等）对传播西藏文化、掀起“西藏热”、制造“香格里拉神话”和推动“西藏问题”国际化，都起了很大作用。《虚拟的西藏》一书揭示了这一现象：西藏的幻想几乎已扎根于大众娱乐各种形式中：杂志、报纸、图书、戏剧、儿童故事、舞台剧，最后是电影屏幕。天堂般的“香格里拉”不仅成为想象世界的象征，而且进入西方大众文化，成为我们这个时代最典型的“乌托邦”的象征。[①] 在麦迪逊大街，电视广告上出现了一群穿着长袍的喇嘛好奇地打量百威啤酒的画面；还有迈克尔·乔丹在一位长须飘飘的高僧的指导下朝山顶攀登的镜头，画外音是：“生命在于运动！一饮而尽！”万事达卡广告中也开始使用佛的形象。[②] 作者重点描述了好莱坞与西藏的关系，指出，西藏已成为好莱坞的情人。[③] 西藏一直笼罩在神秘的吸引力之中，它就好像一个辐射源，不断向外发散能量，好莱坞的热潮只不过是为这种观察家所谓的“西藏现象”推波助澜而已。[④] 好莱坞感兴趣的是达赖喇嘛本人，以往他们的这种尊敬只投射给纳尔逊·曼德拉和特丽莎修女等极少数人物。[⑤] 作者揭示了好莱坞明星、美国著名的“藏独”活动家理查·基尔与西藏的关系。他说,如果为好莱坞的西藏和达赖热寻找一个化身,理查·基尔应该是第一人选。基尔每年都要到西藏“流亡政府”所在地达兰萨拉去。[⑥] 基尔到了西藏之后说：“吸引我的并非地理意义上的某个地方，而是心灵和情感的寄托。”“西藏挺拔

---

① Virtual Tibet, p. 8.

② Virtual Tibet, p. 38.

③ Virtual Tibet, p. 299.

④ Virtual Tibet, p. 34.

⑤ Virtual Tibet, p. 46.

⑥ Virtual Tibet, p. 52.

的群山象征着西藏人的灵魂更接近天国。”①《西藏七年》的编剧约翰斯顿说：“好莱坞是贪婪和虚假的神坛，我认为它已经让很多人中毒颇深。我们处在缺失文化的环境中，已经无路可走。因此，我们需要从其他文化中寻找灵感。我想好莱坞对西藏如此狂热，主要是由于它希望摆脱西方文化的过分商业化。”②

（五）西方人信仰藏传佛教的原因，达赖在西方的影响和美国与西藏的关系

在20世纪50年代以前，西方人主要是通过文献和前往西藏等方式了解和感受藏传佛教。1950年代以后，随着藏传佛教传入西方，西方人可以在西方社会中直观地了解、认识和感受藏传佛教，藏传佛教“西化”和西方人“藏化”的互动，推动了藏传佛教在西方的传播。《虚拟的西藏》通过一些典型的事件和人物个案，阐述了藏传佛教在西方的传播和影响、西方人信仰藏传佛教的原因、达赖在西方的影响，以及美国和西藏的关系。在影片《西藏七年》中扮演阿沛的美籍华人王先生（B. D. Wang）说：“这部影片的吸引力来自于西藏热或喇嘛热。影片本身并不‘受欢迎’，但是因为西方人对西藏和达赖喇嘛很感兴趣，所以它迎合了流行趋势。再加上布拉德·皮特（Brad Pitt）在青年人中的号召力，他能把那些并不关心和理解西藏问题的观众吸引到电影院里。”③

西方人的“藏化”，导致部分基督教信徒皈依佛教。奥利弗·斯通说：“基督教宣扬的都是罪恶和忍受——关于一个在十字架上垂死的人——而佛教教诲人们如何脱离苦难。”佛法

① Virtual Tibet, p. 55.

② Virtual Tibet, p. 113.

③ Virtual Tibet, p. 177.

"是通往快乐和坦然接受死亡的道路"。"我从未发现任何有害于佛教发展的东西。西藏人似乎把佛教修炼看成消遣和娱乐"。约翰斯顿说:"佛教没有原罪的观念,它把我们从上帝所说的罪恶中解脱出来。"① 多拉说:"在见过达赖喇嘛之后,即便你说牦牛长在树上也没有人怀疑。"② 好莱坞明星们现在的时尚已经从豢养园丁、厨子、私人教师发展到豢养自己的喇嘛。③ 由于达赖喇嘛已成为西藏的代名词,因而西方人也认同了西藏人的精神权威的地位。

(六)"香格里拉神话"的破灭

西方人制造出"香格里拉神话",又最先破灭了这个神话,最终沦为"香格里拉"的囚徒。阅读《虚拟的西藏》,可以看出神话破灭的表现和沦为囚徒的根源:

第一,英国侵略军的枪炮打开了圣城拉萨的大门,使西方人的"香格里拉"梦幻破灭。作者斯且尔说:"英国人侵入西藏并且以武力控制拉萨,的确打破了所有参与者关于西藏的梦幻。拉萨不再是一座与世隔绝的禁城。"瓦德尔写道:"文明已经把她从沉睡中唤醒,她紧闭的城门被敲开,她神秘的黑色面纱已被揭开了。""我们这些现代人用自己的手打碎了一个梦寐以求的虚幻世界。"④ 寇松在给斯文·赫定的信中说:"我似乎感到有些遗憾,我们不应该破坏这个少女的童贞。"斯文·赫定谴责英军入侵拉萨是"对拉萨的强奸"。

第二,达赖喇嘛已走下神坛。达赖喇嘛的频频曝光已经或多或少地影响了他的权威性。⑤ 作为宗教存在的西藏,为了生

① Virtual Tibet, p. 59, p. 60.

② Virtual Tibet, pp. 64-65.

③ Virtual Tibet, p. 71.

④ Virtual Tibet, p. 201.

⑤ Virtual Tibet, p. 47.

存，也必须把自己塑造成为公众可以接受的商品。① 达赖喇嘛的“这样一种随意、友善的态度，使西方人几个世纪以来苦心营造和维护的、集上帝和君王于一身的达赖的形象破灭了。实际上，这位观世音菩萨的化身以自己的行为彻底打碎了信徒赋予他的神圣色彩”②。他急于打破崇拜者加诸于他的神圣和肃穆。达赖喇嘛本人已经成为西方崇尚的西藏梦的一部分。为了迎合西方各种人的口味，达赖喇嘛必须设法让这些相互矛盾的角色协调起来。他必须照顾台下穿衬衫、佩戴“慈悲和智慧佛教协会”标志的年轻的美国人，他们是这个为期 3 天的活动的赞助人；维护穿牛仔裤和褪色衬衫的反主流白人听众的西藏梦；倾力吸引穿西装、打领带、赞助本次活动的华裔佛教徒，还要让穿藏红色和紫色相间的西藏妇女和僧人产生亲切感，因为他们是他真正的臣民。③

二、西方人热衷西藏的原因与认识西藏的误区

（一）西方人向往西藏的原因

西方人对西藏的向往、对西藏文化和藏传佛教的热衷、对“西藏问题”的关注、形成“西藏情结”乃至制造“香格里拉神话”，不是偶然的，既有文化因素和宗教因素，又有政治因素和心理因素。第一，独特的西藏文化和人文景观强烈地吸引着西方人。全球化浪潮的到来，凸显出民族和地域的重要性，具有独特风格的藏族文化和西藏因而受到民族和文明趋同的西方人的关注。第二，西方传教士以向全世界传播基督教或天主教为使命，千方百计到西藏填补基督教和天主教的空白。西方

① Virtual Tibet, p. 52.
② Virtual Tibet, p. 79.
③ Virtual Tibet, p. 76.

人认为，藏传佛教与西方的基督教和天主教是相通的，西方宗教不能解决的社会问题和文化问题可以从西藏宗教中去寻找出路。同时，藏传佛教的神秘感也令西方人着迷。第三，“西藏问题”的产生与西方殖民主义和帝国主义有着直接的关系。远因，英俄等帝国主义玩“大游戏”，角逐中亚，争霸亚洲；近因，英印建立“缓冲国”，占领战略要地；西方反华势力与海外“藏独”分子遥相呼应，打“西藏牌”，利用“西藏问题”遏制和肢解中国，推动“西藏问题”国际化。20 世纪下半叶，由于西藏分裂势力和西方反华势力的互动，加剧了“西藏问题”国际化的趋势，使西藏问题成为与台湾和贸易并重的“3T”问题（Taiwan，Trade，Tibet）。而“西藏问题”主要是由主权、民族、宗教和人权问题构成的，这些问题都是国际社会关注的热点和中国与西方反华势力斗争的焦点。第四，20 世纪下半叶以来，西方进入所谓“后工业社会”或“后现代社会”，其精神支柱西方文明难以解决人们面临的尖锐复杂的现实社会问题，不能满足享有高度发达的物质文明的西方人的精神需求和信仰需要，他们转而在东方文明中寻觅出路，东方文明的奇葩藏传佛教便受到青睐。藏族民风古朴，乐善好施，粗犷豪放，形成了独特的民族性格和民族精神，这是生活在工业社会和后工业社会中的那些被物质文明异化，以“疏离”、“单一向度”和“妥协主义”为特征的西方人群所缺少的。西方人试图到西藏或西藏文化中寻求心理逃避，摆脱西方文明世界的束缚和世态炎凉，在西藏落后的社会环境、贫穷的民众、古朴的民风面前显示自己高人一等的优越感（西方人类学就是以落后民族为研究对象的），满足自尊，找到“精神家园”，返璞归真，找到温情、友情和亲情。由于人们把拉萨想象成精神的避难所，更蕴含精神上的朝圣意义。[①] 斯且尔说：西藏“是为满足西方人从东方寻找文化和精神寄托

---

① Virtual Tibet，p. 8.

而设计的一个混合物。它是这样的一个西藏，在经历了若干世纪后，能符合白人的要求，甚至让他们有一天能成为达赖喇嘛。总之，它是成百上千失败而归的冒险者和更多普通西方人的梦想和情感的归宿”①。

（二）西方人认识西藏的误区

一方面，西方人仰视西藏文化和藏传佛教，将西藏视为其心目中的“香格里拉”。旅居温哥华的一名年轻女藏人说：“西方人看我们时，常常怀着一种不真实的敬畏。”“他们认为我们西藏人都会冥想。有些西方人认为我们具有神秘的精神力量，而不是和他们一样有两只眼睛、一个鼻子。”“因为许多西方人丧失了自己的文化和宗教，所以他们才对西藏感兴趣。”“但是佛教并不是你想得到就能得到的。它是一种内在的体悟，一种非常内心的东西。”“如果不穿藏袍，不剃光头，西方人就认为你不是真正的西藏人。”“这的确非常矛盾。他们一方面希望我们做地道的西藏人，另一方面又邀请达赖喇嘛到好莱坞，而这是一个没有任何真理可言的地方。”事实上，他们当中的很多人已经丧失了上辈人身上的西藏特征。“没有一个西藏人喜欢看到达赖喇嘛出现在好莱坞。”②

另一方面，西方人又俯视甚至蔑视西藏和西藏人。瓦德尔称，帕里镇是“世界上最肮脏的城市”。荣赫鹏称，吐纳小镇是“我看到过的最脏最乱的地方”③。在伦敦大学东方研究中心攻读佛学的美国学生蒙哥马利·麦戈文，是继托马斯·曼宁之后近1个世纪以来第一个只身到达拉萨的西方人。他于1923年到达拉萨，1924年出版了《化装前往拉萨》，其中写道：“他们（西藏人）对自己国家之外的世界一无所知。对他们来说，西藏

① Virtual Tibet, p. 244.

② Virtual Tibet, pp. 210-211.

③ Virtual Tibet, p. 194.

是世界的中心,文明的心脏。”他称西藏为“肮脏的天堂”。“没有一个地方像高原上的这座城市一样死气沉沉”。“在西藏,虱子比人生活得快活”。“西藏的狗像西藏人一样野蛮,恃强凌弱,但是内心却非常懦弱。”①流亡藏人降央诺布说,西藏被看成是西方人的“对立面”。西方人,无论其过失如何,都是真实的;西藏,无论多么精彩奇妙,都是一个梦幻——要么是一个消失已久的黄金时代,要么是太平盛世的幻想,仍然只是一场梦。西藏人基本上都是迷信的农民和体力劳动者,伐木者和抽水者,在香格里拉的白人精英看来,都是一些苦力。

西方人的“西藏观”具有鲜明的意识形态色彩。令人吃惊的是,对西方世界的西藏,除了一些被翻译成书的佛教经典外,几乎所有的介绍都出自作为外来者的西方人之手。我们找不到西藏人的西藏游记,更不用说他们游历西方的见闻录。②西方人的“西藏观”具有三个特点:一是同情和支持达赖集团及其“藏独”活动;二是反对共产党和社会主义中国;三是不了解西藏实际和中国国情,难以把握藏民族的固有特性、西藏文化的本质和“西藏问题”的要害。《虚拟的西藏》的作者斯且尔的“西藏观”亦然,他支持“藏独”和反共的言论跃然纸上:“在我们对这片特殊的、一度毫无变化的土地的迷恋中,好莱坞又增加了新的故事情节,即中共政府对西藏的侵略、压迫和破坏。现在,西藏作为一个精神避难所和地理上与世隔绝之地的地位,已经让一个精神上的弱者,成为一个在侵略者的统治下苟延残喘的国度。”最终出现在世界各地银幕上的毕竟是西方版的西藏。《虚拟的西藏》展示了西方人的西藏梦和流亡藏人的西方梦;西方人希望拯救流亡藏人以及西藏文化,又希望得到流亡藏人和西藏文化的拯救,可谓同病相怜,两相情愿。流亡藏人在做“西藏独立梦”,西方人则在做“中

---

① Virtual Tibet, p. 229, p. 230.

② Virtual Tibet, p. 207.

国分裂梦”。

（三）西方人已成为“香格里拉”的囚徒

充分享受了现代化益处的西方人前往喜马拉雅山去寻找“香格里拉”，看到在中国共产党领导下的新西藏的发展和进步，闭目塞听，掩耳盗铃，害怕西藏的发展和现代化，不愿承认现实，不敢正视真实的西藏，自认为其“西藏梦”和“香格里拉神话”已破灭。于是，西方人只好到好莱坞寻找“香格里拉”，在“虚拟的西藏”中自欺欺人，自我陶醉。其对西藏的认识（西藏观）必然产生误区，他们不但不承认1950年前的西藏“并不是一片幸福的土地”，而是“处于封建剥削下的人间地狱”①，而且还加以美化，企图再造“香格里拉神话”；不但不顺应时代潮流，为西藏社会的发展进步和人民物质文化生活水平的提高而欣喜，而且还企图螳臂挡车，阻挡西藏的现代化进程。书名《从喜马拉雅山到好莱坞寻找香格里拉》，既是西方人在“西藏问题”上的困境，也是作者本人“西藏观”的一大困惑。

由于社会历史背景、价值观念、学术文化传统、意识形态等原因和海外藏人的影响，长期以来，西方人对中国西藏的认识一直存在着局限和缺憾。西方人对中国历史和国情缺乏认识，影响其对西藏的认识。西方人迷恋传统的西藏，看重的是西藏的人文色彩，把西藏想象或描述成为乌托邦式的人间天堂，将西藏看成是静态的理想社会，以保护传统文化和藏传佛教为借口，唯恐西藏发展。对西藏的神秘感，导致西方人对西藏文明讳莫如深；由于感情上的距离和政治上的偏见，造成东西方的对立，使西方人难以客观全面地认识西藏；东西方思维方式的差异，东方人重辩证思维，思考问题强调对立的交叉与

① Virtual Tibet, p. 271. Tsering Shakya, The Dragon in the Land of Snows: A History of Modern Tibet since 1947, 1999.

和谐，西方人思考问题重对立的矛盾和斗争，致使西方人和东方人尤其是中国人形成不同的“西藏观”。西方媒体将西藏传统描写成香格里拉，西方的电影、书籍、报纸等共同塑造了西藏的“神话”，西方主流媒体既受到这些神话的影响，又继续延续着这些神话，从香格里拉神话发展到新香格里拉神话。因此，“西藏问题”实际上已成为西方人的一个牢笼，西方人最终成为自己制造的“香格里拉神话”的“囚徒”。

美国的中国学家柯文倡导“中国中心观”，他认为，我们的研究必须“转向更加内在的取向”，“力图对任何特定的非西方社会的历史，从自身的情况出发，通过自身的观点加以认识”。就是说，要真正“进入中国内部，开始了解中国人自己是怎样理解和感受他们最近的一段历史的”。“从一种西方中心色彩较少的新角度来看待中国历史”，“从中国而不是从西方着手来研究中国历史，并尽量采取内部的（即中国的）而不是外部的（即西方的）准绳来决定中国历史哪些现象具有历史重要性”。实际上是要求美国学者彻底摒弃“西方中心”的文化霸权观念，深入到中国人的思想世界之中研究中国，使局外人获得局内人的感受。西方人只有“移情”和“换位”，摒弃“西方中心论”，以中国西藏为中心，才能真正“理解与体验”西藏，才能得出符合西藏实际和中国实际的结论。

总之，《虚拟的西藏》一书对了解西方人的“西藏情结”、认识西方人的“西藏观”、看清西方人对“西藏问题”的态度、认识“西藏问题”的西方背景、把握“西藏问题”国际化的动因和发展趋势，都具有一定的学术价值和决策参考价值。无论是文人学者、官员，还是西藏同好，都值得一读。如果将这本通俗作品与学术著作《香格里拉的囚徒——藏传佛教与西方》（“藏事译丛”第7辑）对照阅读，则可以更加全面地了解西方人的“西藏观”和“西藏情结”。

（原载《西藏大学学报》，2009 年第 1 期）

《中央情报局在西藏的秘密战争》评介

20世纪以来，美国与“西藏问题”结下了不解之缘。“西藏问题”是帝国主义侵略中国、干涉中国西藏事务的产物。自从20世纪初美国驻华外交官柔克义（William Rockhill）到藏区考察，并到五台山会晤流亡内地的十三世达赖喇嘛起，美国当局就开始插手西藏事务，干涉中国内政，从而与“西藏问题”结下了不解之缘。如果说20世纪上半叶以前，“西藏问题”主要是英俄等帝国主义者挑起的，那么，20世纪下半叶以来的“西藏问题”，则主要是美国为首的西方霸权主义和反华势力推动的。20世纪80年代以来，美国大肆利用支撑其霸权主义的所谓“硬权力”（hard power）——军事力量和经济力量和“软权力”（soft power）——文化吸引力、观念和理想的力量，以及所谓“锐性权力”（sharp power）——传统的军事实力和“黏性权力”（sticky power）——经济实力，即美国所固有的价值观、观念、习惯和政治，梦想长期保持其在世界上一超独强的霸主地位。在这样的战略框架下，美国将中国作为其称霸的主要竞争对手和假想敌，其利用“西藏问题”分化和肢解中国的图谋更加露骨。这不仅使“西藏问题”国际化的势头加剧，而且导致了“西藏问题”美国化。

中央情报局是美国侵略和干涉中国西藏的马前卒。自从

1942年美国"战略情报局"(OSS)官员多兰(Brooke Dolan)和小托尔斯泰(Ilia Tolstoy)受美国总统罗斯福的派遣,进入中国西藏,并向达赖喇嘛赠送礼品起,美国中央情报局就被绑上了"西藏问题"的战车。不言而喻,中央情报局(CIA)插手"西藏问题"是冷战的产物,正是由于中央情报局对达赖集团进行武装支持和情报援助,在冷战时期在"西藏问题"的"前线"开展"秘密战争",致使达赖集团及其"流亡政府"一度成为冷战的"宠儿"(favored son);也是由于中央情报局的撒手,又使达赖集团及其"流亡政府"成了"冷战的孤儿"(orphans of the Cold War)。对中央情报局在"西藏问题"上的种种阴谋诡计,美国前中央情报局官员克劳斯(John Kenneth Knaus)在其所著《冷战的孤儿——美国和西藏为生存而斗争》(Orphans of the Cold War: America and the Tibetan Struggle for Survival)一书中有精彩的自供。近年来,以中央情报局与西藏为题的出版物引人注目,举其要者有:《冷战的孤儿——美国和西藏为生存而斗争》(1999年)、《喜马拉雅高地的冷战——20世纪50年代的美国、中国和南亚》(Cold War in the High Himalayas: The USA, China and South Asia in the 1950s, Mahmud S. Ali, 1999)、《幽灵竞技场——中央情报局在西藏》(The Shadow Circus: The CIA in Tibet, 2001)、《进入西藏:中央情报局的第一位原子间谍及其到拉萨的秘密探险》(INTO TIBET: The CIA's First Atomic Spy and His Secret Expedition to Lhasa. Thomas Laird. 2002)、《中央情报局在西藏的秘密战争》(The CIA's Secret War in Tibet, Kenneth Conboy and James Morrison, 2002)、《喜马拉雅山脉的间谍——秘密使命和危险的攀登》(Spies in the Himalayas: Secret Missions and Perilous Climbs, M. S. Kohli and Kenneth Conboy, 2003)、《"世界屋脊"上的间谍》(Spy On The Roof Of The World, 2003)等。美国学术界和官方热衷于重温中央情报局插手中国西藏事务那段"光荣的历史",似乎是发思古之幽情,企图从逝去的历史中寻找利用"西藏问题"遏制中国的"经验"。

《中央情报局在西藏的秘密战争》是美国插手西藏事务、干涉中国内政、培植“藏独”势力的真实记录。该书的英文书名为：The CIA’s Secret War in Tibet，Kenneth Conboy and James Morrison，2002 年由堪萨斯大学出版社（University Press of Kansas）出版。作者康博（Kenneth Conboy）为华盛顿亚洲研究中心前政策分析家和副主任，是中央情报局国外活动研究专家，著有《美国是怎样在北越丧失秘密战争的》、《中央情报局在印度尼西亚的隐蔽行动（1957—1958）》、《中央情报局在老挝的秘密战争》等。该书由 19 个小目构成，加上前言和尾声，共 21 部分。目录为：前言；一、联系接触；二、走钢丝；三、挥霍的儿子；四、塞班岛；五、“四水六岗”；六、弗吉尼亚；七、鲸鱼行动；八、花园；九、达到最佳状态；十、芒康；十一、木斯塘；十二、宠儿；十三、查克拉塔；十四、橡树行动；十五、乔里科特的小伙子们；十六、征兆；十七、革命；十八、内战；十九、遥不可及的通道；尾声，及翻译说明，英汉人名、地名翻译参照。

故事描述了美国政府如何在这个最偏僻的地区，偷偷摸摸地通过中央情报局来进行利用、扶持和鼓励这场抗衡的冷战。本书的西藏故事与众不同。它尽可能地忠实于参与计划管理和实施的有关人员（包括中情局涉案人员、西藏代表、印度情报官以及专机乘务员）的记载。许多内容和细节从来没有公开过。

西藏的故事是中情局半军事性历史的一个重要篇章。在西藏，像飞机和伞兵这类新式装备是在难以想象的条件下演练的，新式联络手段得到尝试和完善。对许多案件参加官员来说，西藏这场战斗可圈可点。这不仅因为藏人的热情感染了美国人，而且这些美国人总结的西藏经验，后来在中情局在老挝和越南的行动中派上了用场。所以说西藏成为中情局涉案官员和他们间谍飞机在冷战时期重要的试验场所。

这种支持在几次关键时刻都发挥了举足轻重的作用。如果没有中情局的无线电台，达赖喇嘛就不可能安全抵达流亡地点。他到印度的头几年，也是靠中情局的支持才站住脚的。虽然受中情局支持的木斯塘游击部队在地面的作用没能显现出来，但西藏拥有武装部队这个事实，还是极大鼓舞了“难民们”的士气。这些因素支撑着流散的民族和其领导者度过了流亡时期最黑暗的日子，否则他们的事业早就被忘却了。这个自由的西藏社会得以生存下来并获得有争议的发展，得益于美国支持的秘密渠道。西藏问题自1959年达赖喇嘛逃亡后更加引人关注。

阅读本书，可以看出以下特点：

第一，以第一手材料为依据。这本书是基于文献资料和进行大量的采访后写成的。文献资料主要来自美国对外关系丛书和解密了的文件参考系统公开的资料，还有国外广播信息服务机构的有关媒体记录。（前言）作者以文献档案材料为基础，以口碑材料为主要依据，通过采访近200位历史见证人，揭示实施行动计划的若干人物的命运，叙述中央情报局近20年间在艾森豪威尔（Dwight D Eisenhower）、肯尼迪（John F Kennedy）、约翰逊（Lyndon B Johnson）和尼克松（Richard N Nixon）四届总统执政时期，在中国西藏内外所进行的一系列秘密活动。内容丰富，情节生动，汇集了研究中央情报局插手“西藏问题”的第一手材料，具有一定的参考价值。

第二，将中情局的“秘密战争”置于亚洲冷战背景中考察。作者所描述的“秘密战争”，以20世纪50—70年代的亚洲和美国为背景，以南亚次大陆为主战场，以美国中央情报局为主角，以美国与印度的关系为主线，以美国对西藏的武装支援和情报渗透为中心，通过近200位历史见证人对这段历史的叙述，向世人披露了中情局从20世纪50年代初到70年代在西藏内外所进行的秘密战争的内幕。据作者叙述，共有14个国家不同程度地卷入这场秘密战争，虽然书中对这些国家的活动和作用只是一笔带过，但是对了解它们冷战时期在“西藏问题”上的举动仍有一定的参考价值。应当看到，美国帮助达赖和大批藏人流亡国外，在为这场秘密战争付出高昂的代价的同时，也从中得到了一些回报。美国利用“西藏问题”对印度、尼泊尔、锡金、巴基斯坦、泰国等进行外交渗透，牵制它们与中国的关系，并在后来将这些经验用于对印度支那的渗透。虽然在近20年当中由于有美国中央情报局作靠山，达赖集团及其“流亡政府”成为冷战的“宠儿”，但是，由于国际上没有一个国家承认“西藏独立”，流亡藏人只能被动地受他人摆布，达赖喇嘛本人也只能靠占卜来决定自己和西藏的命运。同时，美国是一个实用主义和国家利益至上的国家，一旦涉及自身利益，就会改变其在“西藏问题”上的策略，放弃其对达赖集团的声援和资助，致使达赖集团和流亡藏人成为“冷战的孤儿”。对此，本书作者感到惋惜和伤感。

第三，全书贯穿着美国人的“西藏观”。表现在：一是作者在叙述这场长达20年的秘密战争时，避而不谈美国发动这场战争的目的及其在不同时期在“西藏问题”上的政策，没有分析美国支持“西藏独立”的原因以及美国政府在“西藏问题”上的战略和政策，而是夸大美国当局及中央情报局在秘密战争中的作用及其应变能力。二是作者将西藏视为“独立国家”，在叙述中国政府及其实行的西藏政策时，由于受意识形态和冷战思维的影响，不能做到客观和真实，对中国“文革”和毛泽东的叙述背离史实，对参与这场秘密战争的流亡藏人的描述，带着轻蔑和居高临下的口气，对秘密战争对亚洲国家尤其是对中国产生的负面影响不置一词。三是对一些重要的问题没有进行必要的分析。如书中提到了台湾当局在“西藏独立”问题上与美国存有分歧，并提及苏联为收集情报试图插足“西藏问题”这一重要线索，但是并没有进行分析和阐述，这反映出作者对于“西藏问题”的学识的局限。

美国在“西藏问题”上进行的“战争”并没有结束。时过境迁，当年中央情报局在“西藏问题”上所进行的“秘密的战争”已被“公开的战争”所取代：美国国会通过《西藏政策法案》（Policy）等法案和决议案，“国会—行政当局中国委员会”(Congressional-Executive Commission on China)近年来每年提交有关“中国问题”的报告,都涉及“西藏问题”;美国国务院一年一度发表《国别人权报告》、《国际宗教自由报告》(International Religious Freedom Report),设立专门处理西藏事务的所谓“西藏问题特别协调员”(Special Coordinator For Tibetan Issues),美国总统向国会提交关于“西藏问题”的报告;美国的传媒如美国之音(Voice of America,Tibetan Broadcast Service)、自由亚洲电台(Radio Free Asia,Tibetan Service)、好莱坞影坛等,大肆渲染和炒作“西藏问题”,声援“藏独”活动;美国官方设立“美国西藏委员会”(U. S. -Tibet Committee)等涉藏机构,通过各种方式资助和声援“国际声援西藏运动”(International Campaign for Tibet)、“西藏之家”(Tibet House)、“西藏办事处”(The Office of Tibet)等所谓“非政府组织”(NGOs)；美国一些思想库和学术机构积极为美国的西藏政策出谋划策。这些公开活动表明，美国当局在“西藏问题”上不但继承了“秘密战争”的衣钵，从事着中央情报局在冷战时代的勾当，还有过之而无不及，将“秘密战争”转变成了“公开的战争”。

历史是一面镜子。冷战结束后的所谓“后冷战时代”（the post-cold war era）或“冷战后时代”，“西藏问题”不但没有降温，反而成为国际关注的“热点”。“9·11事件”发生之后，美国国会、国务院及中央情报局并没有像达赖集团所担心的那样抛弃“西藏问题”、冷落“藏独”势力，而是调整策略，转移战场，改变手法，进行着公开的“战争”。在20世纪80—90年代，“西藏问题”国际化的势头有所加剧，“西藏问题”美国化的色彩更加鲜明。进入21世纪，美国并没有放弃利用“西藏问题”作为分化和肢解中国的突破口的图谋，“西藏问题”在美国对华政策中的地位并没有降低。美国国会

常少，人们对藏传因明学的了解和认识自然也就非常有限，对具有鲜明的因明学风格的辩经活动不过是一些粗浅的感性认识，对是什么和为什么几乎都不知所云。这也就是我们将《西藏哲学文化中的辩经活动》一书列入“藏事译丛”的理由。为了帮助读者阅读该书，首先有必要简明扼要地揭示藏传佛教辩经活动的主要内容和特点。

一、藏传佛教辩经活动的主要内容和特点

以问答辩论的方式学习和研讨佛教经典（辩经），是由西藏桑普寺的藏族高僧、精通因明学和中观论的藏族佛学家恰巴·却吉僧格首创的。藏传佛教辩经活动延续至今，成为藏传佛教的一种独特而十分有效的学经方式和世代遵循的一个优良传统。

藏传佛教学经制度中的辩论问难有多种形式，有一对一的答辩，也有一人立宗众僧质疑的辩论；有本年级互辩，也有高年级对本年级、本年级对低年级的辩论。辩经活动既有全扎仓学僧参加的，也有全寺学僧参加的，考“拉然巴”格西时，拉萨三大寺的学僧都要齐聚问难。辩经考试，以正方和反方的形式对经论中的疑难问题进行辩论，藏传佛教称为立宗辩论。立宗者就某一学说或论题提出自己的观点（立宗），说明观点成立的依据（因），并举例说明其合理性（喻），然后由问难者提出各种针对性的质疑，让立宗者答辩。辩经过程中，要求辩论双方语言流利，言之有据，合乎逻辑，简明扼要。通过反复辩论，达到培养思辨能力和深刻理解藏传佛教玄妙义理的目的。

辩经过程中的每个动作都是有意义的，如每个人提问前都要先说“得”（ste），再将右手向后高高扬起，和左手相拍发出清脆的响声，然后将右手向下伸向对方后收回。一声“得”相当于开启智慧，因为在佛教中文殊菩萨是智慧的象征，他的

心咒是"嗡阿热巴杂拉得","得"音可以祈请心中的文殊菩萨开启智慧。高扬的右手说明文殊智慧就在身后。两手相击有三层意思:一是表示一个巴掌拍不响,世间一切都是众缘合和的产物;二是表示掌声代表无常,一切都稍纵即逝;三是表示清脆的响声会击醒辩经者心中的慈悲和智慧,驱走恶念。右手向下后又收回,是希望通过自己内心的善念和智慧,把苦难中的众生拯救出来。

藏传佛教辩经活动的场面非常精彩,几乎是手舞足蹈。辩经活动开始后,立宗者面对端坐着的同学,摆出一副击剑选手的架势,口中飞快地迸出一连串没有语调的藏语句子。一会儿摸头作苦思状,一会儿又冷不丁地猛拍一下自己的手掌,要是激动起来,甚至会扑上去把对方摁倒在地。以色拉寺为例,每天下午3点一过,该寺的学僧便聚集到辩经场,两人一组,一人站着发问,一人坐着应答,就藏传佛教格鲁派的教义展开激烈的辩论。200多名僧人把1000多平方米的辩经场占得满满的,主角、观众和裁判各司其职,质疑尖锐,争论激烈,学僧观众与立宗者和问难者相呼应,俨然是一场气氛严肃而活泼的学术辩论会。

二、本书的主要内容和参考价值

(一)主要内容

本书的书名为:《西藏哲学文化中的辩经活动——形式推理的民族方法学探讨》(Dialectical Practice in Tibetan Philosophical Culture: An Ethnomethodological Inquiry into Formal Reasoning),Rowman & Littlefield Publishers, Inc.,2004年出版。作者系肯尼兹·利伯曼(Kenneth Liberman),加州大学圣迭戈分校博士,美国俄勒冈大学教授。2003年秋获得威廉姆斯教学奖,2004年获得富布赖特学者资助,赴印度大学Pondicherry

University 进行为期 6 个月的讲学。与藏学相关的论著有:《形式分析的解释学:以西藏哲学的批判主义为例》(The Hermeneutics of Formal Analytics: The Case of Tibetan Philosophical Criticism,1995 年)。其研究领域为:非西方社会中的推理实践(practices of reasoning in non-Western societies),文化间的沟通(intercultural communication),自我与认同的跨文化研究(cross cultural studies of self and identity),新殖民主义与本土文化的生存(neocolonialism and the survival of indigenous cultures);其教学范围为:民族方法学种族与种族关系(ethnomethodology race and ethnic relations),象征学与后现代主义(phenomenology and postmodernism);其所授课程为:民族方法学与对话分析(Ethnomethodology and Conversation Analysis),互动与社会秩序(Interaction and Social Order)。

本书的主旨是形式分析在文化哲学中的辩证应用。全书分为三部分,共 9 章。第一部分揭示的主题是,西方学者在研究藏传佛教的辩经活动时,往往采取具有强烈西方中心论色彩的“后殖民主义”方式,分为 3 章,第一章分析了东方主义与藏学研究中的惯例;第二章揭示了民族方法学与日常社会的回归;第三章探讨了西藏哲学辩论中的推理组织。第二部分探讨的主题是西藏寺院学经活动中的哲学实践,分为 4 章,第四章考察建构话语的客观性:辩证法与交流;第五章辨析作为一种公共活动的推理;第六章剖析韵律与推理的关系,阐明生动活泼的推理是通过藏族哲学家的协同工作来完成的;第七章阐述了西藏哲学辩论中所采用的策略。第三部分探讨的主题是推理的社会学,分为两章,第八章揭示了形式分析的能力在推理过程的运用;第九章揭示了形式分析的一些歧途。

(二)参考价值

对中国读者来说,本书具有一些“新”特点:表现为主题新,内容新,研究方法和手段新,学术观点新,撰写方式和装帧风格新。该书的这些新的特点，也增加了汉译的难度。概括而论，本书具有三方面的价值：

第一，本书具有较高的学术参考价值。利伯曼在该书中毫不留情地指出了东西方学术界研究藏传佛教尤其是辩经活动的局限和弊端：他们的一贯做法是，把藏族僧人学者生动的哲学实践活动，简单化为易于处理的文本，并依赖文本，而这些文本又远离僧人在现场辩经中的环境，因而藏学研究者自身的目的而被殖民化了。东西方学术界的研究既忽视藏传佛教僧人辩经活动的生命力和活力，也忽视了藏传佛教僧人的生活世界。利伯曼指出："在西藏哲学文化中，大量的培养和训练都是在僧侣大学（寺院扎仓）的辩经场上进行的。在那里，西藏僧人加入到对哲学理解的辩论中，彼此相互论战。因此，无论何种方法论，只要排外地将注意力集中于文本分析上，错失那些至关重要的社会修行活动，就必然无法捕捉到这种哲学文化最重要的本质。"

利伯曼将藏传佛教僧人的辩经活动置于哲学文化中考察和分析，用民族方法学进行研究。作者引用藏族学术大师更敦群培的话："当人们越接近事物的本质时，就越会丧失其学术语言的表达能力。"作者曾在印度作访问学者，并深入藏区的寺院，与藏传佛教僧人一道生活，参与辩经活动，以实地考察的第一手材料为主要依据，对当代藏传佛教的辩经活动进行了深入细致的研究。利伯曼反对经院哲学、闭门造车和书斋学问，在揭示了经院哲学式研究、书斋式研究和文本研究的弊端的同时，以自己的研究为例，阐明了理论联系实际、文献材料与实地考察相结合、"参与观察"式研究的优点。这正是本书的鲜明特点和学术创新。

新颖的理论和研究方法与实地考察相结合是该书的一个鲜明的特点。利伯曼以新的视觉、运用新的理论和方法研究藏传佛教的辩经活动。他采用的民族方法学（Ethnomethodology），是社会学的一个分支，实际上是将社会学、民族学、人类学的理论和方法结合起来，用多学科的理论和方法考察、描述和阐释藏传佛教的辩经活动。正如一位学者所指出的："利伯曼对西藏辩论家们的现场活动的调查研究，使人们对于形式推理的具体组织活动进行准确无误而又具有社会学意义的探究成为可能。"利伯曼曾"在西藏的寺院中居住过3年，在此期间，他观察并拍摄了僧人们的辩经过程。然后利用多媒体软件和民族学方法论的手段，对辩经过程进行转录和翻译，并进行了细致的分析，使得利伯曼能够审慎而详细地考察西藏人是如何利用具有本土特色的手段来保持他们的哲学研究活动的生命和活力的"。通过实地考察和参与观察，不仅增加了对藏传佛教的辩经活动的感性认识，收集到了相关的第一手材料，而且为深入研究辩经活动、把握辩经活动和藏传佛教学经方式和制度的真谛奠定了坚实的基础。

第二，作者的治学态度和学风，值得中国藏学界借鉴。阅读该书，可以深切地感受到利伯曼潜心学术的精神，严谨的治学态度和良好的学风。利伯曼研究藏传佛教学经制度和辩经活动长达15年（1984—1999年），其间，为了掌握第一材料，他用6年的时间学习藏文藏语，并用3年时间进入藏区进行实地考察，掌握了藏传佛教辩经活动的第一手材料。后来，为了生动、直观地表现辩经活动的场面，他又用两年时间学习数字影像制作。在此期间，利伯曼因患病而中断了一段时间的研究，但是身体康复之后，又继续投入到艰辛的研究之中。这种治学精神令人钦佩。中国学术传统所倡导和践行的"十年磨一剑"，"面壁十年，志在破壁"的优良治学态度和学风，在利伯曼的身上得到了生动的体现。不言而喻，只有具备这样潜心学术的精神、严谨的治学态度和良好学风，才可能产生精品和名著。

第三，本书具有很强的实用价值。该书的另一个鲜明特点是，"利用视听手段记录下来的辩经细节，贯穿于全书的9章之中"。"利伯曼向当代读者生动地再现了西藏僧人学者们充满生机和活力的辩经场景”。利伯曼不仅对藏传佛教的辩经活动进行了深入的研究，而且他还具有强烈的让读者真正了解辩经活动、向大众传播辩经活动的愿望，他记录辩经对白、拍摄照片、制作 CD 光盘，力图直观而形象生动地向读者再现辩经活动场面的良苦用心，大大增强了该书的趣味性和可读性，使读者在阅读这本研究藏传佛教的辩经活动的专著时，不会产生枯燥无味和晦涩难懂的感觉，从而使“阳春白雪”变成“下里巴人”，达到了雅俗共赏的效果。这也是值得中国藏学界尤其是藏传佛学界借鉴的。在“读图时代”和“数字时代”，怎样让读者和受众了解和明白自己花费了大量心血出版的学术成果？怎样用数字工具和手段进行研究并展示自己的成果？窃以为，对照英文原著和汉译本阅读了利伯曼的这本学术专著之后自然会找到答案。

（原载“藏事译丛”第 32 辑，中国藏学研究中心印制，2006 年）

当代藏传佛教研究

藏传佛教的世俗化倾向

导 言

宗教与世俗是一对对立的范畴，宗教重彼岸，世俗重此岸；宗教重来世，世俗重今生；宗教重出世，世俗重入世。世俗与宗教的关系，可以说是人与神的关系，在西藏则是以政与教的形式表现出来的。“宗教”这一事物的存在，本身就蕴涵尖锐的矛盾。因为就宗教的本质（体）这一面看，宗教是以追寻、接近、体证宇宙人生的最高真理为其职志，即所谓“有所宗”，因此是极端超离世俗现象世界的。但就宗教的功能（用）这一面看，宗教却是以救度众生、解脱苦难为职志，即所谓“有所教”，因此又是极端贴近世俗、不离现实世界的。两者是相互依存的。

社会学家和宗教学家对宗教世俗化有如下概括：世俗化最初主要是指一种由教会对人类在各层面的控制下解脱出来的倾向，直到20世纪初，世俗化主要指文明与宗教的解放；20世纪30年代，世俗化指由一个封闭与神圣的社会过渡到开放与世俗的社会的现象；世俗化是多元化、个人化、理性化的。个人化或主体化有两种含义：一指宗教失去了传统的客体性，宗教成为自由的选择，失去义务性的本质；二指宗教实体由外在的客体移入到个人意识内，按个人意愿组成。多元化是宗教无法要求信徒忠诚，忠诚完全成为自愿。从一定意义上说，世俗化与现代化是相同的，只是现代化强调技术的进步所带来的变化，世俗化注重的是宗教层面上的改变。世俗化是现代社会的一种特色。世俗化的一般定义为："在现代化与工业化的冲击下，人们倾向理性化、多元化与个人化的行为模式；此种行为模式不只是出现在一般社会制度中，在宗教制度中更为明显。"① 总之，世俗化，是人类社会的发展变化、走向现代化的必然趋势。宗教的世俗化，是宗教对现代社会的适应程度以及在世俗社会影响下宗教所发生的变化；藏传佛教的世俗化，是在人类社会世俗化、世界和中国宗教世俗化的背景下所发生的新变化。

佛教传入中国后，经历了本土化和民族化的过程。这个过程是通过两个方向进行的：一是汉化（2000 年的历程），与中原和汉族实际相结合，建立了汉化佛教的典型宗派禅宗等，后经过儒道佛的合流，形成理学，不仅完成了佛教汉化的过程，而且将佛教融入中国文化之中。一是藏化（1300 年的历程），经过佛苯斗争和融合，形成藏传佛教，随后又建立了活佛转世制度，并进行了改革，形成典型的藏传佛教宗派格鲁派。进入 20 世纪，汉传佛教和藏传佛教都面临着现代化和世俗化的问题。汉传佛教倡导"人间佛教"、"庄严国土，利乐有情"；藏传佛教倡导民主管理寺院，"爱国爱教，以寺养寺"，符合佛教世俗化的客观要求。

本文运用宗教社会学理论，综合文献和实地调查材料，将藏传佛教置于藏族社会环境、中国社会发展形势和世界宗教发展趋势中，并结合中国共产党的治藏方略加以考察和探讨。探讨藏传佛教的世俗化，实际上就是逆向思考问题。大多数人在

---

① H. Lubbe, La Secolarizzazione. Storia e analisi di un Concetto. 1970：52；J. Lauwers，1973，524. 吴宁远：《现代宗教世俗化之省思》，《宗教哲学》，台北，第 4 卷第 4 期，1998 年 10 月。

看待藏传佛教时，都是正向的，即只注重其对藏族社会的影响；而笔者的视角则是逆向的，因而本文所关注的，是世俗社会、现代文明对藏传佛教的影响，亦即在当代社会环境中，藏传佛教发生的新变化和新趋势。显然，探讨藏传佛教的世俗化，对于认清藏传佛教的新特点和发展趋势，总结和反思20世纪的藏传佛教，为21世纪藏传佛教的发展和藏传佛教研究奠定基础，都具有现实意义。

一、藏传佛教世俗化的表现

宗教构成的要素为：有固定的崇拜对象，稳定的组织形式，专职的宗教人员，完备的经典教义，一整套形成了定式的活动程序和仪式模式。成熟的宗教有三个重要标志，即崇拜仪式的固定化，信仰对象的观念化，组织机构的常规化。“神圣的东西要借助世俗的媒介来体现，但却导致了神圣性本身的失落，终极的东西要借助经验性的象征来体现，却导致了终极意识的削弱。”① 藏传佛教的世俗化的表现，就是指其在组织形式、宗教人员、活动程序和仪式模式方面发生了新的变化，这种变化淡化了藏传佛教的神圣性，增强了藏传佛教的世俗性和现代性。藏传佛教的世俗化主要表现在以下几个方面：

（一）修习方式与学经制度的变化

藏传佛教的世俗化，主要是指传统的闻、思、修和讲、辩、著因时代的发展而发生了带有世俗色彩的变化。

1. 佛学教育的变化

主要特点是，增强世俗知识的学习，适应时代的发展。传

---

① 托马斯·F·奥戴等著，刘润忠译：《宗教社会学》，第101页，中国社会科学出版社，1990年。

统的佛学教育，一生皓首穷经，学习以“五部大论”为主的显密经论。现代的佛学教育，除了学习佛教经典之外，还要学习中国历史、世界历史和现代科学知识，学习国家的政策法规，了解国家的政治经济形势和国际大事。如1983年建立的西藏佛学院，经典课占70%，文化课占20%，政治课占10%，藏、英、汉3种文字都学习。政治课的内容系政策、时事、法律等知识。计划前6—7年主要学好佛教经典和藏文，后3—4年学习汉文和英文。西藏佛学院院长波密·强巴洛珠说：“‘前弘期’和‘后弘期’已成为历史，我感到一个有助于西藏社会繁荣昌盛的‘新弘期’似乎开始到来。”[①] 1987年开办的中国藏语系高级佛学院，对培养高级活佛和札巴的方式进行了历史性的改革，采取现代与传统相结合的办法。招收的学员不论教派、民族、地区，任教的高僧活佛也来自不同的教派、民族和地区。佛教教育采用了现代的教学方式，增加了世俗知识。[②] 佛学教育趋向多元化——寺内学习、寺外学习、佛学院的学习等方式并存。传统佛学教育不学“小五明”，因其主要是世俗的学问，尤其是诗学。现代的学僧不仅学习传统的世俗科目，还要学习现代知识。十世班禅大师对扎什伦布寺民管会负责人说：“喇嘛不光要念好经，还要知道些国家大事，要关心政治。寺院可以买一部电视机，多让大家看看新闻，这对宗教也有益处。”1988年，扎寺的一位老喇嘛和他的徒弟合买了一部彩电，第一次让现代化的电器进入西藏的僧房。此后，许多僧人都购买了彩电。扎寺的青年喇嘛尼玛桑布，白天苦学佛经，夜里学习汉语和英语，会藏、汉、英3种语言。他说：“如果一味追求享受，不加强苦修，那确实会使宗教颓

---

① 波密·强巴洛珠：《西藏的佛学研究与佛学教育》，《中国西藏》，1989年；《转世灵童——当代西藏活佛生活纪实》，第61页，团结出版社，1994年。

② 丹巴拉姆等：《北京的中国藏语系高级佛学院》，《中国西藏》，1992年第3期。

废。但是，不接受现代化，迟早会被社会淘汰。”一位朝佛的中年人说：“整个社会生活都发生了变化，人们的许多生活习惯也随着社会的发展而变化，僧人当然也应接受这些变化。大家之所以信教，是教离大家近。如果僧人被社会淘汰，也必然会被信教群众淘汰。所以，彩电进寺院是应该的。”① 为了提高佛学教育的效率，适应时代的发展，有的活佛还购置了电脑，如同仁隆务寺的八世夏日仓活佛和中国藏语系高级佛学院的联波活佛。社会的变化，也给佛学教育带来了一些消极影响，表现为学风不严，戒律松弛，考试制度废弛。一位日本人到拉萨大昭寺朝佛时，对该寺僧人尼玛说：“我从小就是一位虔诚的佛教信徒，这次来到全民信教的西藏，看到并没有多少人研习佛经，感到很难过。”② 尼玛出家后第一次回乡探亲时，向信了一辈子佛的父母讲起佛教的基本教义，但父母每天在地里忙完后，已经很疲惫了，根本顾不上听。尼玛对信徒说：“佛经有如良药，但救不了不吃药的病人；佛经有如太阳，但照不进朝北的洞口。”③

2. 讲经方式的变化

传统的讲经方式有很大的局限，大规模的法会难以收到预期的效果，讲经内容几乎都是佛学。现在，活佛喇嘛不仅充分利用世俗手段和现代方式讲经传道，而且有的活佛还利用讲经的机会，宣传党和政府的宗教、民族政策，计划生育政策和移风易俗等，宣传保护生命和环境。如十世班禅在“讲经时，总是要用一半以上时间宣传党的政策，号召群众要热爱共产党”。他说：“共产党改造了西藏社会也改造了我，把我班禅

---

① 宁世群：《苦行与乐趣——藏传佛教僧侣生活》，第 24 页，第 29—30 页，第 31 页，青海人民出版社，1998 年。

② 付俊：《僧人尼玛》，《中国西藏》，1991 年第 2 期。

③ 《中国西藏》，1991 年第 2 期。

变成了为国家效力、为人民服务的人。我报答共产党的恩情，就是要用实际行动去执行和宣传党的政策，凡是有损党的事，我绝不做，别人做了我也毫不留情地指出。”① 十世班禅说：“我从1949年起跟共产党走，快39年了。我的结论是，跟着共产党走才有希望，才有美好的未来。多少年过去了，我坚信党，无数的事实证明，中国共产党是英明的、伟大的，全心全意为人民谋幸福的。”他多次强调，要“加强藏族和汉族、藏族和其他民族、藏族内部的团结”，“不要分前藏、后藏、康区、安多，都要团结”。他告诫大家：改变西藏的面貌，一定要经过艰苦的努力，幸福生活是等不来的。你们要学习先进的科学技术，学好汉语，学习所有民族先进的东西，为西藏的物质文明和精神文明建设做出努力。1989年1月，十世班禅到扎什伦布寺主持扎什南捷开光典礼，1月26日，他为信众摸顶。一位从青海藏区来的老者在接受班禅的摸顶时请求道：“班禅大师，我有病，老了，请您为我祛病消灾。我死后，您一定要把我的灵魂送到天上去。”班禅和气地对老者说：“您有病，我可没法管。您的病一定要找医生看，但您死后的事，我一定祈祷佛祖，尽我一臂之力。”②

甘南贡唐仓活佛、西藏那曲的珠康活佛、青海玉树州称多县赛巴寺的仁青才让活佛等，善于把佛教教义和党的有关政策联系在一起，融会贯通。贡唐仓活佛每年都要到牧区讲经，他有一套自己的讲经方法，在讲经时，给广大牧民讲一些民族政策、宗教政策和医药卫生与计划生育知识，并利用各种场合宣传“振兴经济，教育为本”的道理，劝说牧民送子女上学。他向办学困难的边远地区慷慨捐资，并担任基层学校的名誉校

---

① 李佐民：《十世班禅大师轶事》，《中国西藏》，1999年第2期。

② 司马义·艾买提：《祖国在心中　民族在心中——纪念班禅副委员长逝世一周年》，《中国西藏》，1990年第2期；宁世群：《十世班禅大师的故事》，《中国西藏》，1993年第4期。

长。他说："对于藏族人民来说，经济要发展，生活要改善，关键是教育。我的钱都是群众给的，用到群众的教育事业中完全应该。"贡唐仓活佛还利用自己的威望，通过讲经说法，化解藏区的草场纠纷。在甘南夏河县，活佛不仅担任政协、佛协和人大机构的职务，还担任各级学校的职务。1990 年，包括贡唐仓活佛在内的 11 位活佛担任了当地学校的校长或名誉校长。[①] 比如活佛喇嘛在讲到环保时说，佛教讲不能杀生，这个观点和国家野生动物保护法相一致。佛经上讲，万物生灵，声声相息，这就是政府讲的保护生态环境。砍伐森林，破坏植被，必将遭到大自然的惩罚，这也和佛经上因果报应的说法相吻合。

3. 著述方式的变化

传统上，藏族高僧大德中，一部分"述而不作"，一部分兼顾讲、辩、著，但多是以神学史观阐释佛典。在主流意识形态为唯物主义的社会主义中国，部分活佛接受了唯物主义和现代科学方法，并运用到自己的著述实践中。如东噶·洛桑赤列、才旦夏茸、赛仓·洛桑华旦等，他们运用唯物辩证法和现代科学方法从事学术研究，出版了《论西藏的政教合一制度》等作品，取得了与传统"五明之学"迥然不同的成果。

（二）僧源的复杂化

在传统农牧社会，藏传佛教的僧源较为单纯。20 世纪下半叶以来，由于社会的世俗化和现代化以及市场经济对藏族社会的冲击，导致僧人成分的复杂化。一是出家动机的多样化，现代僧人中，有主动出家的，也有被动入寺的，有成年僧人还

---

① 丹巴拉姆：《三访贡唐仓活佛》，《中国西藏》，1993 年第 2 期；嘎·达哇才仁：《西藏的宗教文化及宗教生活》，载余振、郭正林主编：《中国藏区现代化——理论·实践·政策》，第 298 页，中央民族大学出版社，1999 年。

俗，也有成年俗人出家，僧人与家庭成员的联系也较从前紧密。二是僧人角色的多样化，多数是苦行、禁欲、利他，以弘扬佛法为使命的“宗教僧人”；也有“名僧实俗”、讲实惠、利己，被称为“披着袈裟的俗人”的“经济僧人”，还有重世俗知识和追求享乐的“文化僧人”；藏传佛教僧人的主体是爱国爱教者，也有极少数持不同政见、鼓吹和参与“西藏独立”与分裂活动的“政治僧人”，还有既不遵守寺庙的清规戒律，又不适应世俗生活、“亦僧亦俗”的“游方僧”或“托钵僧”。

（三）寺院功能的改变

现代，寺院的传统功能已经动摇。位于城镇的寺院的宗教功能逐渐由从前的讲经传法和文化教育功能向人文（旅游）功能转变。宗教节庆与法会带有世俗的色彩。由于受到现代文明的强烈冲击，寺院的宗教功能有所削弱，旅游、文化和民俗等功能逐渐增强。寺僧在藏区，尤其是牧区社会的管理中发挥着积极作用，鉴于寺院的这种特殊的社会功能和活佛喇嘛独特的社会影响，当地行政部门让喇嘛在各地的政府机构任职，并给予一定的权力，使他们在稳定社会方面扮演处理行政事务和主持宗教活动的双重角色。

（四）寺院管理方式的改革

1980—1990 年代，寺院管理方式的变革主要体现在两个方面。一方面，是寺庙自身进行民主管理。现在，藏传佛教的管理方式已开始由传统的堪布住持管理向现代的民主管理转变。以扎什伦布寺为例，该寺于 1960 年民主改革后成立了第一届民主管理委员会，由十世班禅大师担任主任委员。1985 年 11 月，班禅大师提出了《关于在扎什伦布寺进行社会主义条件下寺庙管理试点的建议要点》，其中规定民管会成员的条件为：1. 既懂政治，又懂宗教，爱国守法，虔诚爱教；2. 能维护祖国统一和民族团结；3. 能正确贯彻执行党的宗教政策和其他各项政策；4. 对寺庙工作热心积极，有管理才能，办事公道，僧众信任。提出遵循爱国爱教原则，坚持以法管寺，在宪法、法律和政策规定的范围内开展正常的宗教活动，坚持以教治教、“以寺养寺”。组织在寺僧众进行时事政治学习和科学文化知识学习，对寺僧主要进行爱国主义、社会主义和民族团结教育以及法制教育和形势教育。主张教派平等。[①] 藏区各地的佛教协会将向僧尼和信教群众宣传党的政策、鼓励他们爱国守法，参加社会主义建设，帮助寺庙恢复正常的佛事活动确定为主要任务。那曲索县在寺庙管理中总结出一套经验，并收到了良好的效果。县里的重大事情由县委、县政府及时向宗教界通报情况，寺庙的重要活动事先征得县委、县政府的同意。赞丹寺举行新僧讲座，特别邀请县领导宣讲党的民族宗教政策和时事政治。在赛马会上，县委邀请赞丹寺住持吉卓活佛从西藏历史和宗教教规教义的角度向群众宣讲拉萨骚乱的分裂主义性质，有力地批驳了各种谣言。在农忙季节，该县的各个寺庙除年老的喇嘛外，都回乡参加劳动，约占寺庙总人数的80%，对支持农牧业生产起到了良好的作用。另一方面，是政府对寺庙开展爱国主义教育。为了建立与社会主义社会相适应的正常的宗教秩序，西藏自治区党委和政府于1996年开始对西藏的寺庙进行爱国主义教育。主要目标是：解除达赖集团对寺庙的控制，全面了解寺庙的情况，清除隐藏在寺庙内的分裂分子，支持寺庙民管会清理不法僧尼和混迹于寺院的闲杂人员；加强寺庙领导班子，使寺庙的领导权真正掌握在爱国爱教、守法遵规的僧尼手里；建立健全约束寺庙和僧尼行为的规章制度，使僧尼遵守法制，从事正常的宗教活动；对僧尼进行教育，使他们成为守法守戒、名副其实的佛教徒。最终目的

---

① 班禅额尔德尼·确吉坚赞：《关于在扎什伦布寺进行社会主义条件下寺庙管理试点的总结》，《中国藏学》，1988年第1期。

是：建立正常的宗教秩序，使爱国爱教的声音占上风；建立服从党和政府领导、坚持爱国主义、维护祖国统一、反对达赖集团的分裂活动、拥护党的宗教政策、能依照法律和宗教的戒律管理寺庙的民管会；制定并实施定编定员，对在编僧尼发放证件；僧尼基本上走上正轨，不遵守国法寺规者受到应有的教育，不接受教育，怙恶不悛者，清理出寺庙；建立约束僧尼的规章制度，并能保证严格执行。①

（五）僧人生活的变化

1. 生活方式的变化

在现代社会，僧人的衣食住行与俗人的距离拉近，世俗生活在活佛和喇嘛的生活中所占的比重增大。“文革”期间，许多喇嘛和活佛还俗，成为名副其实的俗人。进入 90 年代，喇嘛生活方式的世俗色彩更加浓厚。如十七世噶玛巴伍金·赤列活佛，盖的是鸭绒被，戴的是佐佐木金表，用的是力士香皂，玩的是遥控车、直升机、电动狗和塑料积木等。他还配有一副金架眼镜，几乎每天都要看电视，并喜欢照相和摄像。女活佛桑顶·多吉帕姆平时穿着普通的汉装。六世热振活佛单增晋美养成了抽烟的习惯，并有妻子和两个孩子。他说：“袈裟我一辈子不穿了，因为我已经还俗。班禅大师也不穿袈裟。马克思主义有道理，咱们佛祖也有规矩，还俗就是还俗，喇嘛就是喇嘛。”他正在将《青春之歌》翻译成藏文。他说：“随着时代的发展，转世可有可无……释迦牟尼没有转世，藏传佛教从噶玛巴开始才有活佛转世。”② 西藏有教授活佛东噶·洛桑赤列，

---

① 加央西热：《县委书记与活佛的故事》，《中国西藏》，1989 年第 4 期；陈奎元：《立即在全区寺庙开展爱国主义教育，建立正常的宗教秩序》，《西藏的脚步》，第 322—323 页，中共中央党校出版社，1999 年。

② 晓浩：《转世灵童——当代西藏活佛生活纪实》，第 26—28 页，31 页，37 页，88 页，94 页，95 页。

“共产活佛”贡巴萨·土登吉札，医学活佛措如·次朗，摄影家活佛旺久多吉，建筑师活佛木雅·曲吉建才等，他们是活佛世俗化的代表。雪康·土登尼玛的经历更为传奇，他于1921年出生于贵族世家，3岁时被十三世达赖喇嘛封为山南加桑曲沃日寺的终身堪布。1945年被提升为五品僧官。1956年加入中国共产党，由贵族僧侣转变为共产党员。①

20世纪90年代的藏北，中西部生活较富裕地区，年轻人不愿当僧人，家长们也不愿让孩子去寺庙，造成部分寺庙青黄不接。藏传佛教受到改革开放的冲击，五光十色的外部世界的诱惑增多，一些僧人还了俗，经商下海，或者因家中缺乏劳力而回家。宁玛派寺院每年仅有两次集中念经时间，每次7天，其余时间僧人都在家务农务牧。挖虫草季节，东部各寺则放假回家，僧人守好家院管好牛羊，以便家人尽量多挖虫草。② 大昭寺的僧人尼玛，通晓藏、汉、英3种语言，并担任大昭寺的导游兼解说员。他出家入寺后，白天苦学佛经，晚上还征得住持的特许，到两位英国人办的学校学习英语。他22岁获得中国藏语系高级佛学院的大专文凭。③

扎什伦布寺有个“喇嘛村”，居住着约60户人家。该村的男人都当过喇嘛，后来娶妻生子。他们仍然归属扎寺管理，但不参加该寺喇嘛举行的法会，仅参加一般性的宗教活动。该村建有一座经堂，由“喇嘛”轮流值班。值班期间的“喇嘛”不过俗人的生活，不值班的“喇嘛”则同俗人一样生活。昂仁县曲德寺的旦增喇嘛使用的名片，以藏、汉、英3种文字印其名，名片上方只写寺名，没有写职称，下方只写地址和邮政编码，没有电话号码。在日喀则，“六一”是一年一度最隆重

---

① 西罗：《从贵族僧侣到共产党员——记西藏著名社会活动家雪康·土登尼玛》，《中国西藏》，1991年第3期。

② 马丽华：《宗教在当代藏北》，《西藏民俗》，1998年第2期。

③ 付俊：《僧人尼玛》，《中国西藏》，1991年第2期。

的全民性林卡节，喇嘛在这个节日可以喝健力宝、椰子汁等饮料。亚东县仁青岗的噶举寺，自然风光优美，但是信徒极少，平时只有少数游客光顾。县长边巴说：“那座寺院很少有人去，且噶举派教徒都娶妻生子，信教群众认为寺里的喇嘛与俗人没有区别，在民间的威信和影响都不太好。”在定日县的岗噶小镇的贡布，原来在家乡藏北安多县的一座寺院当喇嘛，“文革”时期，那座寺院的喇嘛都回家了，贡布也回家当了一段时间的牧民。因适应不了牧民的生活，他便开始云游，成为游方僧。落实宗教政策后，他再回到原来的寺院当喇嘛，又习惯不了清规戒律森严的寺院生活，再度云游。他说：“我是云游僧，天地山河皆佛像，风云雾露烧香，乾坤大道场，雷鸣为鼓，日月为灯，天边虚空皆经堂。”①

2. 娱乐方式的变化

社会的现代化使喇嘛学经和修炼的环境发生了巨大变化，毗邻闹市的寺院已容不下宁静的禅座。藏区社会娱乐方式的多元化——卡拉 OK、录像、酒吧、歌舞厅等，使部分僧人抵挡不住其吸引力和诱惑力，导致部分僧人追求世俗生活方式，潜心学经和修炼的僧人减少。1997 年 7—10 月，笔者到甘南、黄南、湟中、拉萨、山南、江孜、日喀则等地考察期间，亲眼目睹了僧人世俗化的实情。甘南的喇嘛成群结队地下河洗澡，黄南同仁的部分喇嘛到大街上看录像、打台球、骑摩托车，西藏的喇嘛开汽车等。如在拉萨的苍姑寺，每逢节日，尼姑们聚在一起唱歌、跳舞、演藏戏，自娱自乐。就连一些年轻貌美、生活优越的姑娘、少妇也愿意在此落发为尼。② 彩电进入扎什伦布寺之后，寺院管理者先是只准看新闻联播，后来规定也可

---

① 宁世群：《藏传佛教僧侣生活》，第 39 页，42 页，67—68 页，83—85 页。

② 唐召明：《西藏苍姑寺的尼众生活》，《中国宗教》，1999 年第 1 期。

适量看一些故事片，但是绝对不允许看爱情片和武打片，显然，这个分寸很难掌握。扎什伦布寺尽管在寺规中增加了新的内容，如僧人不准进茶馆、饭店、舞厅和电影院，出寺要请假，不能随便在寺外过夜等，却屡有人触犯。1993 年，该寺有学僧 100 多人，最小的 14 岁，最大的 25 岁。有一些小僧人不能吃苦，经受不住外界的诱惑，自动离寺出走。于是寺里有规定，自动离寺 15 天者除名。该寺老喇嘛 70% 都订了藏文报纸。小僧人喜欢听广播、看电视。[①] 藏区社会经济的发展，使人民生活水平得到提高，但是，有的喇嘛看到家里生活富裕了，伸手向家里要钱要物。正如有的喇嘛所说，任何享受和奢侈，对宗教都是一种罪孽。因此，在世俗化的社会环境中，要经受住诱惑，安于做清贫苦行的僧人，除了虔诚的信仰之外，还需要具有超人的毅力。

3. 生活环境的变化

传统社会里，寺庙点的是酥油灯，寺庙的生活环境十分简朴，宗教气氛浓郁。在现代社会，僧人不仅用上了电灯，还看上了彩电，整个社会的宗教气氛淡化。一位喇嘛说："彩电是喇嘛们观看外面世界的一扇窗户。"1992 年，扎什伦布寺所拥有的现代化设备为：手表 600 多只，电视机 12 台，收音机 200 多部，收录机 70 多架，太阳能灶 14 个，座钟 20 多只，电话机 7 部，计算器 20 多个，打字机 2 台，小汽车 3 辆，大型汽车 2 辆，手扶拖拉机 2 辆。在亚东的格鲁派寺院东嘎寺，老管家旦增格桑说：在一户人家的屋顶上，他发现当年寺院铜制佛像的一只胳膊，如今变成了那户人家屋顶的烟囱。他认出后，那户人家并不把铜佛的胳膊送回寺院，却要东嘎寺拿一个铁皮烟囱来换，没有烟囱怎么做饭呢？对此，从小喇嘛到国家干部、现在负责东嘎寺修复工作的班觉罗布说："西藏历史上

① 嘉仁：《一心功德，佛为根本》，《中国西藏》，1993 年 4 期。

的寺院，具有政治、经济、文化等多种功能，如今的寺院，只是宗教活动场所。因此，群众对宗教的态度，也不可能完全像过去一样。”该寺的老喇嘛们经过十多年的民间生活，再回到寺院，身上多少带有一些世俗的印记。信教群众也不再像过去那样朝佛。在西藏，一般宁玛派寺院的周围，总伴随建有一座尼姑寺，据说是可以阴阳互补。有一些宁玛派喇嘛不再结婚，这种改变并非出于自愿，因为民间信徒认为格鲁派是正统，乐于接受格鲁派。迫于这种形势，宁玛派不得不有所改革，以争取信众。但是，在修习内容和经典研习方面，宁玛派仍坚持自己的教理和教义。萨迦派僧人也可娶妻生子。如今的萨迦寺，今非昔比，平时朝拜的僧众远不如格鲁派普通寺院。信众生活观念的改变，现代文明的渗透和影响，更使得萨迦派僧人感到回天乏力。1989 年，萨迦寺恢复了历史上的萨迦大法会，但规模并不大。1990 年的萨迦大法会，规模有所扩大，可是法会会场店铺林立，人群熙熙攘攘，卖艺、乞食和唱折嘎的场面，吸引了许多人，讲经听法者寥寥无几。萨迦派僧人次旦每天晚上要在家里进行法事活动，要翻阅许多经书。而与他居住在一起的女儿、女婿和两个外孙则在另一间屋子里看电视。电视机的声音开得很大，吵得他心烦意乱，一页经书也看不下去。次旦说：“乡村里老人们信教的气氛较浓厚，但是，现代生活在物质和精神上对人们的诱惑太大。最突出的是年青一代正在逐渐脱离老一代人的生活信条和轨迹。”在一些村落，萨迦派僧人普遍受冷落，民间宗教活动大多被格鲁派寺院承揽。

1986 年，甘孜县大金寺活佛甲登·洛绒向巴开始带领僧众发展多种经营，到 1992 年，该寺变得金碧辉煌，并拥有 1 座牧场，1 个农业组，2 辆卡车，1 辆小车，4 台拖拉机，1 部联合收割机。他们还利用寺旁的温泉，建立温泉浴室和旅馆，为朝圣者和游客提供食宿，并建立了一座豆腐加工厂和昼夜停车场。南木林县达拉寺的活佛吉美曲央，“文革”时期还俗，娶妻生子，在家务农，是生产队的拖拉机手，还会开汽车。他还俗后，已不愿再回寺庙。1985 年，达拉寺修复，一些“文革”中回村务农但未娶妻的喇嘛纷纷返回寺庙。有了喇嘛，不能没有活佛，寺院的活佛已经还俗，不可能再找转世灵童。于是，寺院的喇嘛和当地的信众一致要求吉美曲央回寺主持宗教事务。吉美以自己已娶妻生子，按教义不能再进法苑为由，坚持不进寺院。最后达成协议，由吉美主持寺政，但不参加宗教活动。①

（六）活佛转世制度的变化

在藏族传统社会中，活佛转世几乎都必须经过严格的宗教仪轨加以认定。现代社会对活佛转世制度也产生了影响，活佛转世多样化，除了严格按照传统的仪轨寻访和认定活佛的转世灵童之外，公认的活佛（佛学造诣高深、声名显赫的高僧大德被信众认定为活佛）和自封的活佛人数有所增加。如哲蚌寺的朗仁活佛（阿旺平措），被信众称为“自己修来的活佛”、自学成才的活佛、“自然活佛”，他既不是前世转世来的，也没有通过考格西升到堪布的地位，取得转世的资格，但是藏区的信众都认为他是大活佛。还出现了在娘胎中被认定的活佛转世灵童，活佛尚未圆寂即转世的灵童等。流亡国外的达赖集团认为：“控制了一个寺庙，等于控制了共产党的一个地区。”加紧对寺庙和僧尼的渗透和控制，到 1994 年已在藏区的寺庙中指定了 215 个活佛。有的地方甚至出现了假冒活佛，这些所谓的“活佛”利用民众的虔诚信仰招摇撞骗，他们不潜心学经修行，不严守戒律，其言行与俗人无异，败坏了活佛的声誉。十四世达赖喇嘛曾流露出希望自己成为“最后一世达赖

① 宁世群：《藏传佛教僧侣生活》，第 31 页，33 页，71—72 页，75 页，76 页，81 页，182—183 页。

喇嘛”的语言，这似乎也有变革活佛转世制度的意图。[①]

（七）僧人传统观念的变化

由于受到世俗观念和现代观念的强烈影响，僧人的观念发生了较为明显的变化。表现为：轻苦行重享乐，弃禁欲求世俗，不注重来世而追求今生，轻出世重入世。总之，喇嘛的神观、人观和价值观都被赋予了世俗化的特点。如策默林活佛，他在“文革”时期被送到山南农场劳动，被派去打鱼，“刚开始，对杀生我感到很难受，后来慢慢习惯了”。他自学了汉文，并学完了毛泽东的两部著作，后来还当过汽车修理工。近年来，活佛喇嘛对现代文明和新事物的兴趣更加浓厚，他们接受并学会使用电脑、手机、录像机、摩托车、汽车等。扎什伦布寺喇嘛的观念变化更大，他们无病也求医，用上了步话机，僧房里摆放了地球仪，经常逛街，还开办了商店。在藏北，农牧民亲身体会到，痴迷信仰带不来幸福生活，求神拜佛阻止不了雪灾发生，日常贫困和天灾人祸还得依靠各级政府，以往为本部落提供护佑的神山功能消失殆尽。[②] 在新的时代，格鲁派的两大活佛之一十世班禅的观念也发生了新变化，他将爱教、爱民族、爱国、爱党有机地结合起来。正如习仲勋所说：“班禅大师作为藏传佛教的杰出领袖，他热爱自己信仰的宗教；作为藏族的优秀代表，他热爱自己的民族；作为伟大的爱国主义者，他热爱祖国；作为党的忠诚朋友，他热爱中国共产党。把爱教、爱民族和爱国、爱党完美地统一起来，这是班禅大师一

---

① 晓浩：《自己修成的活佛》，《转世灵童——当代西藏活佛生活纪实》，第172—184页；陈奎元：《西藏的脚步》，第208页，中共中央党校出版社，1999年；Michael Harris Goodman，The Last Dalai Lama，Boston，1986.

② 晓浩：《转世灵童——当代西藏活佛生活纪实》，第101页；宁世群：《扎什伦布寺见闻》，《中国西藏》，1992年第4期；马丽华：《宗教在当代藏北》，《西藏民俗》，1998年第2期。

生的写照。"[①] 同时，朝佛转经者的观念也发生了变化，一些转经者说：转经是为了"呼吸新鲜空气，锻炼身体。""早晚转经，客观上等于上早操、晚散步，对身体有益。""坚持早晚转经，精神好，吃饭香，睡觉踏实。"转经有利于"身体健康，延年益寿"[②]。这表明，转经的宗教朝圣功能已向健身功能转变。寺僧的经济观念增强，寺院开放后，原来禁止游客拍照的场所开禁了，但是必须先付钱才能拍照。

二、藏传佛教世俗化倾向出现的原因

（一）外因——人类社会的现代化与世俗化

藏传佛教的新变化或世俗化，显然不能归因于所谓"末法时期"，而是由人类社会的新变化对藏传佛教的影响和藏传佛教为适应社会的发展进行的自身调整这内外两方面的因素所决定的。藏传佛教世俗化的外因，主要表现为中国社会和藏区社会两方面的影响：即大环境——中国社会发展形势；小环境——藏区社会发展特点。

法国社会学家涂尔干指出，现代化的主要特点是向世俗化的转变。随着科学的发展，人类社会关于超自然的思想已被世俗的伦理所取代，亦即由超自然存在的有意干涉支配世间的观念已为理性的机械的因果观念所取代。由于传统的社会基本上重视"神圣"的神秘现象，可说是一种"圣化的社会"，然而发展至现代社会，人们对于自然、人事均采取世俗的观点，接受实证科学的洗礼，并相信进化的观念，肯定人们能够通过科学的方法以改造世界，主宰人类自己的命运。这样的发展历程

---

① 习仲勋语，引自赵朴初：《中国佛教徒的光辉典范——纪念班禅大师圆寂一周年》，《中国西藏》，1990 年第 2 期。

② 宁世群：《藏传佛教僧侣生活》，第 94—95 页。

即是世俗化的现象。① 社会存在决定社会意识。宗教与其他意识形态具有共性，都是人们社会存在的反映。宗教的特殊性在于，它是社会存在歪曲的、幻想的反映。宗教世俗化的表现是：宗教神圣化作用的衰退，宗教提供意义体系作用的衰退，宗教对人的约束力的减弱。②

1. 大环境——中国社会的现代化与世俗化

政治原因——民主改革与中国共产党治藏方略的作用。马克思曾经指出："非常明显，随着每一次社会制度的巨大变革，人们的观点和观念也会发生变革，这就是说，人们的宗教观念也要发生变革。"③ 随着新中国的建立，中国境内宗教的生存和发展环境发生了根本性的转变，各种宗教也随之发生了巨大变化。

藏传佛教的巨大变革和向世俗化发展的重大转折点，是西藏和平解放后社会环境的巨大变化和民主改革对藏传佛教的影响。在旧西藏，藏传佛教与封建农奴制度密切结合，形成僧侣、贵族联合专政的"政教合一"制度。历代的藏传佛教领袖以神佛的名义，总揽西藏三大领主的最高统治权。他们可以根据佛教的教义和"神佛旨意"，制定、解释和执行法律。寺院可以利用宗教特权，拥有法庭、监狱和武装等专政工具。寺庙拥有大量的土地、农奴和牲畜，放高利贷。1959 年西藏少数反动上层发动叛乱，加速了西藏民主改革的进程。在进行民主改革的同时，对西藏的宗教制度进行了改革。改革的总要求是：坚持宗教信仰自由政策，保护爱国守法的寺庙和宗教界人士，彻底肃清寺庙的叛乱，彻底废除寺庙的封建特权和剥削制

---

① 金吾伦：《现代化的主导意识与全球整体意识》，《当代杂志》，第 80 期，1992 年 12 月，第 12 页；巨克毅：《当代宗教信仰面对的挑战——世俗宗教与公民宗教的省思》，《宗教哲学》，第 4 卷第 4 期。

② 高师宁：《试论宗教的制度化与世俗化》，《宗教哲学》，第 4 卷第 4 期。

③ 《马克思恩格斯全集》第 7 卷，第 240 页，人民出版社，1985 年。

度，建立寺庙民主管理制度，保护宗教文物古迹。寺庙改革的基本政策之一，是公开宣布取缔废除如下十条：（1）彻底清查一切叛乱组织和反革命分子，肃清寺内的叛乱分子和反革命分子，没收他们的财产。（2）坚决废除寺庙的各种封建特权，包括寺庙委派官员，管理市政；私设法庭、监狱、刑罚，私藏枪支；没收群众财产，流放人民；干涉诉讼、婚姻自由和文教事业等。（3）废除寺庙放给农奴和贫苦僧尼的所有高利贷债权。（4）依法没收叛乱寺庙的庄园、牧场和一切生产资料。（5）废除寺庙向群众派乌拉、差役，对群众进行人生奴役的封建特权。（6）不准寺庙向群众强行摊派和敲诈勒索财物，取缔寺庙的非法工商业和强买强卖。（7）废除寺庙向群众摊派“僧差”的制度，禁止寺庙强迫群众入寺当僧尼。（8）废除寺内的封建统治和等级制度、打罚制度。（9）废除寺庙之间的封建隶属关系。（10）废除寺庙利用宗教节日行使的一切封建特权。①

西藏的民主改革使藏传佛教发生了深刻的变革，表现在：（1）消灭封建农奴制度，使藏传佛教的生存和发展环境发生了根本性变化。（2）废除“政教合一”制度，寺院拥有的法庭、监狱和武装等专政工具被剥夺，使藏传佛教与西藏政治脱钩，政教分离，政教关系发生了重大变化，藏传佛教在藏族社会中的独尊地位和一统天下的影响一去不复返。（3）农奴获得了翻身解放，藏传佛教的信众成为国家的主人，对喇嘛和活佛的依附性减弱。在新的社会环境和意识形态背景下，信众出现了分化，部分信徒因升学、入党和参加革命工作等，转而信仰唯物主义——马列主义、毛泽东思想，从而改变了近千年来藏区全民信教的格局。（4）民主改革后，藏区实行社会主义，寺庙拥有的土地、农奴、牲畜被剥夺，禁止放高利贷，使寺庙的生存基础彻底改变，由“寄生型”向“自立型”转变，开

① 石山：《西藏宗教制度的重大变革》，《中国宗教》，1999 年 2 期。

展“以寺养寺”。寺庙的管理方式也发生了重大变化，建立寺庙民主管理委员会，实行民主管理制度。民管会的主要任务是：贯彻宗教信仰自由政策和政府的各项政策、法令，管理寺庙的行政、经济和宗教事务，开展寺庙自养活动，生产经营，组织僧尼参加政策法令和时事学习；组织寺庙的收入分配，安排僧尼的生活；安排寺庙正常的宗教活动和僧尼的宗教修习，负责寺内的文物保护和治安工作。实行民主管理，实现了政治统一、信仰自由、政教分离和各教派平等。（5）现代学校的建立，打破了维持近千年的寺院垄断藏族文化和教育的局面，大多数藏族子弟进入学校，寺院的僧源大大减少，世俗文化和教育在藏区的推广，削弱了佛教文化在藏族社会中的独占地位。

经过民主改革，政教合一的封建农奴制度被废除，强制性地实现政教分离，由西藏自治区筹委会行使地方政府职权。寺庙中的封建特权被废除，为新的民主管理制度所代替。政教分离后的藏传佛教，逐步成为纯粹的宗教事业，宗教信仰也逐渐成为宗教信徒个人的私事。上层喇嘛活佛由兼教权和政权于一身（执政），改变为主要负责宗教事务，并参与国家的一些政治事务（参政）。

“文革”时期，由于极“左”路线的影响，传统的宗教生活中断，宗教气氛浓厚的藏族社会被世俗化，藏区的寺院和法物受到严重破坏，藏传佛教的传承者喇嘛、活佛被人为或强制性地改变宗教角色，娶妻生子，藏传佛教被强制世俗化。

改革开放后，中国社会和藏区社会环境发生巨大变化，世俗文化和现代文化的发展、外来文化的进入以及市场经济的冲击，强烈地影响着藏传佛教，使其处于现代文明和世俗文化的包围之中。1980—1990 年代以来，中央所实行的民族和宗教政策，倡导僧人爱国爱教，遵纪守法，对藏传佛教采取管理、整顿、教育等策略，削弱了藏传佛教的神学功能，强化了藏传佛教的道德功能，对藏传佛教走向世俗化起了引导作用。其客观效果是，将处于神学佛教阶段的藏传佛教逐步引向“道德佛教”阶段。

经济原因——市场经济的冲击。国家改革开放后，藏区的社会背景发生重大变化，由传统的自给自足的自然经济发展到社会主义的计划经济，再由计划经济发展到市场经济。西藏经济的发展，内地对西藏的援助，市场经济的发育，冲淡了藏传佛教的神学功能。“文革”后期，一些宗教组织“在履行宗教职务的形式下，进行着许多服务性劳动和社会公益方面的工作，例如维护寺观教堂和宗教文物，从事农业耕作和造林护林”等。进入改革开放时期，中共中央于1982年颁发《关于我国社会主义时期宗教问题的基本观点和基本政策》（19号文件），号召宗教组织要“自己解决自己的问题”，实行“自办自养”。“根据宗教界人士的不同情况和特长，分别组织他们参加力所能及的生产劳动和社会服务”。为了在市场经济的条件下求得寺庙的生存和佛教的发展，僧人力争“以寺养寺”。早在1950年代初，贡唐仓活佛就集资46万银元在家乡创办和平奶粉厂即现在的红原奶粉厂，到1990年代，该厂已拥有固定资产600万元，日处理鲜奶60吨，年产奶粉1400吨。成立了阿坝州乳品研究所。贡唐仓活佛还担任名誉厂长。西藏的寺院门前几乎都有一块石铺的广场，这些场所原来是专门的宗教活动场所。现在变成了具有政治、经济、文化多种功能的场所。最典型的是大昭寺和扎什伦布寺的门前。活佛投资办实业，僧人经商，寺院被商海包围，使藏传佛教与世俗社会更为贴近，对藏传佛教的世俗化起到了促进作用。正如有的学者所说：“宗教的世俗化是宗教现代化的重要取向。宗教的世俗化既是宗教的非政治化过程，也是宗教信仰理性化的过程。从非政治化的角度来看，宗教世俗化的要求就是实现政教分离，政治与宗教处于互不统属的关系……在宗教世俗化过程中，宗教文化并不会消失，而是更加接近社会。这种‘向下’发展的结果，使宗教社会化程度不断提高，使宗教信仰真正成为

‘私人的精神领域’。宗教的世俗化将会有多种方式，其中一种是寺庙的‘自养’经济活动，通过寺庙的自养经济活动，加强了宗教的经济价值取向，促进了宗教的世俗化进程。”①

宗教原因——中国宗教世俗化的趋势。中国宗教有服务社会的传统。各宗教都主张现世与来世的统一，更注重现世的努力，造福社会，体现出积极的入世意识和入世精神。

佛教的世俗化倾向——“人间佛教”思想。佛教认为世间一切皆空，人生一切皆苦，只有西方极乐世界的“净土”、“佛国”，才是幸福、快乐的。佛法原本是源出人间并要利益人间的，应以实现人间净土为己任。早期的佛教经典《增一阿含经》说：“诸佛世尊，皆出人间”，揭示了佛陀重视人间的根本精神。《六祖坛经》也说：“佛法在世间，不离世间觉，离世觅菩提，恰入求鹿角。”阐明了佛法与世间不可分离的关系。新中国建立后，佛教思想发生了明显的变化。最重要的变化，就是认为佛教徒不能仅仅追求来世幸福，也要致力于人间的幸福。1983 年，中国佛教协会会长赵朴初在《中国佛教协会三十年工作报告》中提倡“人间佛教”，其内容主要是要佛教徒“奉行五戒、十善以净化自己，广修四摄、六度以利益人群”，“自觉地以实现人间净土为己任，为社会主义现代化建设这一庄严国土、利乐有情的崇高事业贡献自己的光和热”。在中国佛教协会的章程中，也明确地把佛教教义中的“庄严国土”、“利乐有情”（积极参加祖国建设，努力为人民服务）作为广大佛教徒应遵守的信条。这是人间佛教思想的体现。在新中国，佛教界对佛教的“慈悲”和“不杀生”等教义有了新的理解，“佛教的慈悲，以广大群众为对象。为了大多数人的利益和安乐，消灭少数危害群众的恶魔，这正是佛

① 丹巴拉姆：《三访贡唐仓活佛》，《中国西藏》，1993 年第 2 期；王云峰：《活佛的世界》，民族出版社，1997 年；余振、郭正林：《中国藏区现代化——理论·实践·政策》，第 24 页，28 页。

陀大慈大悲的伟大意义”。“治虫救苗，也是菩萨行为”。汉地佛教倡导“农禅并重”，将人间佛教思想付诸实践。中国佛教协会副会长净慧说：“佛教特别强调报恩——报国家恩，报众生恩，报父母恩，报三宝恩。”近年来，中国佛教界“大力提倡以‘觉悟人生、奉献人生’为主旨的生活禅，倡导‘在尽责中求满足，在义务中求心安，在奉献中求幸福，在无我中求进取，在生活中透禅机，在保任中证解脱’的修行理念，并且‘将信仰落实于生活，将修行落实于当下，将佛法融化于世间，将个人融化于大众’，归根到底，都在于积极引导信教群众走爱国爱教、正信正行的道路，以此来体现佛教所强调的报恩精神。作为一个爱国爱教的僧人，积极推动佛教与社会主义社会相适应，自觉地为时代服务，尽最大努力去净化人心、提升道德、祥和社会、利乐有情、庄严国土，这是义不容辞的责任，同时也是佛教内在本质的要求和佛教社会价值的具体体现。”

中国天主教、基督教、道教和伊斯兰教的世俗化倾向。早在1950年代，中国的天主教徒就提倡“三自爱国”（自治、自养、自传）。1983年，天主教界提出了“开展神学研究”的任务。爱国的神学家们认为“不能只是从教会定断出发”，而“应以《圣经》为依据和标准来对信仰进行解释和阐述”，以创建“适应中国国情与人民大众利益的中国天主教神学”。他们还对伦理神学的具体标准作了新的阐述，指出：“人民大众的利益是我们和教会行为的具体标准，也是伦理神学的具体标准。”《圣经》教导信徒，服务社会，造福人群，把从上帝那里得到的爱与众人分享。天主教会以“教会与社会相适应”为向导，号召全国信友以实际行动参与祖国建设，通过服务回答社会的需求，实践“为一切人成为一切人”的情怀。基督教提出为了来世修好现世，作盐作光，荣神益人。其所倡导的“神学思想”建设，也有引导基督教与现代社会相适应，与中国特色的社会主义相协调和淡化基督教的意图。道教尊奉自然规律，注重环境保护；提倡积德行善，虚心谦让，苦己利人，度己度人，护国佑民，和光同尘、济世救人。伊斯兰教主张两世并重、两世吉庆，注重为今世工作，把今世作为后世的“栽种之场”。[①] 总之，在同样的社会背景下，佛教、基督教、天主教、伊斯兰教和道教都出现了世俗化的倾向。

文化原因——外来文化的影响与多元文化格局的形成。现代藏区的文化，已由过去的单一民族文化发展到多元文化并存；世俗文化与世俗教育占主导地位。研究藏区社会和藏族传统文化的藏学，其指导思想经历了3次转变，即神学——人文——唯物。藏学界的学术研究，起到了向世人传播藏族社会历史文化和藏传佛教的积极作用，客观上淡化了藏传佛教。西藏和四省藏区的神秘面纱逐渐被揭开，已不再是“香格里拉”和最后一片“净土”。近代以来，藏传佛教向西方传播，与西方文化和宗教并存、交融，适应西方社会文化环境，使藏传佛教僧人的观念和修行方式发生了带有世俗色彩的变化。近年来兴起的“密宗热”，使藏密逐渐被“解密”，尽管佛教界和藏学界对这种现象有不同看法，但是客观上冲淡了密宗的神秘色彩，起到了宣传和普及藏传佛教的作用，使密宗与俗人更为接近，这也是藏传佛教世俗化的一种表现。

2. 小环境——藏区社会的现代化与世俗化

由独特的社会环境所决定，藏传佛教与藏族社会融为一体，这是与汉传佛教不同的一大特点。汉地佛寺建立于幽静的

---

① 《中国五大宗教领袖的共识——宗教的命运始终与国家命运紧紧相连》，《瞭望》第21期，1999年5月；王作安等：《弘扬中国宗教优良传统》，《中国宗教》，1999年第2期。天主教世俗化也出现了一些过激举措：1998年10月，笔者到康定，看见康定天主教堂在一层开了“五金店”、“海龙家具”和“皮衣干洗店”3家店铺，大门上赫然挂着3块牌匾，居中的“海龙家具”的牌匾比“康定天主堂”还醒目，构成一幅讽刺画。这也许是在市场经济冲击下，为了生存而实现“自养”的一种方式。

名山，避开闹市，所谓“天下名山僧占多”。而藏区的寺院多建立在闹市区，这种寺院布局，使藏传佛教处于世俗社会和世俗文化的包围之中。在拉萨，以大昭寺最为典型，为八廓街所环绕，成为拉萨闹事区的中心，与世俗社会融为一体。具有藏传佛教寺院功能的布达拉宫，四周也充满了商业气息。就世俗化产生影响的因素来看，汉传佛教与藏传佛教具有不同的特点：汉地佛教有居士，信徒非社会化；藏传佛教是全民信教，信徒社会化，易受世俗社会的影响。汉地佛教世俗化的流派为禅宗；藏传佛教没有世俗化的教派，只是带有一些世俗的色彩。

（二）内因——宗教发展的内在动力

1. 宗教发展到第三阶段——道德宗教阶段

宗教发展的走向是，不断世俗化与不断反对世俗化和原教旨运动与新宗教运动的出现。一般认为，宗教的发展要经历三个阶段，即自然宗教（古代）——神学宗教（近代）——道德宗教（现代）。有的学者认为，宗教神学的发展经历了四个阶段：（1）启示的神学（Revealed theology）；（2）理性的神学（Rational theology）；（3）道德的神学（Moral theology）；（4）浪漫的神学（Romantic theology）。总之，从宗教的发展历程可以看出，上帝节节败退，神的作用逐步削弱。法国社会学家孔德（August Comte，1798—1857年）认为，人类知识的发展可分为三个阶段：（1）神学阶段，即相信社会中的一切皆来自上帝。（2）形而上学阶段，强调抽象的力量是万物的基础。（3）实证主义阶段，凡事以科学实证为基础。[1] 孔德的人类知识发展三阶段的假设，正是世俗化的发展过程。宗教的

---

① 陈鼓应：《悲剧哲学家尼采》，第61页，三联书店；Stanislav Andreski，The Essential Comte. New York：barnes & Noble，1974.

世俗化，从某种意义上说，就是神学宗教向道德宗教的转化。宗教是由神（超越层）、人、世界（内在层）三个层次构成的，进入20世纪，这三个层次都发生了不同程度的世俗性变化。

2. 藏传佛教世俗化的演进

藏传佛教的发展演进中呈现出世俗化的趋势。藏传佛教的高僧大德米拉日巴、阿古登巴、主巴贡勒、仓央嘉措、夏嘎巴、四世生钦·洛桑班丹群培、米旁嘉措、五世嘉木样和更敦群培等，都可称为藏传佛教世俗化进程中的代表人物。

六世达赖喇嘛仓央嘉措公然蔑视藏传佛教的清规戒律，其言行都充满着世俗的色彩，他不仅写下了著名的《仓央嘉措情歌》，而且还冲破禁欲，向往和体验世俗生活。四世生钦活佛洛桑班丹群培因与印度入藏的学者达斯（Sarat Chandra Das）结交，将世俗的器物和知识引进西藏，被政教保守势力处以投河溺死的极刑。康区的宁玛派高僧米旁嘉措大师，不仅钟情于天文、历算、医学等世俗的学问，而且写下了与佛教教义和戒律相悖、以性为主题的《欲经·世间喜乐藏》。

拉卜楞寺寺主五世嘉木样是一位开明的活佛。在拉卜楞时，他同基督教宣召会的美籍牧师季维善（Griebenow，音译格雷贝娄，藏名喜饶丹培）交往密切，向这位牧师了解国外的情况和基督教的教义，并向他学习英语和摄影技术。“这些外籍牧师都是三年回家一次，走时就把炊具、用品卖掉。五世嘉木样就从他们手中买得洋铁炉、照相机、手表等物品。手表照相机到他手中，他都一一拆卸开来，研究其构造，然后再装好使用。他不仅会拍照，还会冲洗照片。他还研究地球仪，在一个地球仪上，将世界各国和一些大城市的名称译成藏文标出，放置在他房间的桌子上。他看到汉文月份牌，就仿照编写藏文月份牌，印刷出版后，流行于藏区。他喜欢看国内外的画报，欣赏其中的风景、建筑和动物等图片。他所居住的菩提法苑，虽然外形是藏式的，但室内建筑和家具却是西式的。这都是他参照画报上的外国建筑而设计，然后令人制作的。他还非常爱好音乐，吹打拉弹都会，他指挥家人唱歌，组织小型音乐会。”“五世嘉木样很关心国际国内形势，经常向人发问研讨。他还认为，政教合一的情况不会长期存在，将来一定会变，拉卜楞地方将来非变不可。如同树木的发芽、开花、结果、落叶一样，人也有个出生、成长、衰老、死亡的过程，这是顺乎自然的，树长青，人长生不老是不可能的。”① 现代藏族高僧、佛学大师格西喜饶嘉措，一生积极参加世俗事务，国民党执政时期担任蒙藏委员会副委员长，共产党执政时期担任青海省副省长和全国佛教协会副主席等职。他积极倡导人间佛教，并在1955 年 8 月号的《现代佛学》上发表《为创造现实的人间极乐世界而奋斗》的文章。

藏传佛教高僧、学术大师更敦群培（1903—1951 年），则是 20 世纪推进藏传佛教世俗化的代表。他的学术和思想离经叛道，生活放荡不羁。他一生所从事的学术和思想实践，客观上起到了让民众从迷信、盲从和禁欲中得到解脱，由佛教的“彼岸”回到现实的“此岸”，从神坛上下来，忠实于藏区这块大地，脚踏实地做人的作用。他对传统价值观念和佛教道德的批判，其目的就是像尼采那样，肯定生命和人生。更敦群培的僧人行为和佛教思想，对于推动藏传佛教走向世俗社会生活产生了重要作用。

近代人文主义和启蒙思想在西藏的兴起，也促进了藏传佛教的世俗化。然而，需要指出的是，20 世纪上半叶，在民主改革前的藏区，政教合一制度居于支配地位，藏族基本上还是全民信教，藏传佛教还主宰着藏族社会和人们的心灵，尚处于神学宗教阶段。

---

① 黄正清口述，师纶记录整理：《黄正清与五世嘉木样》，《甘肃省文史资料选辑》，第 30 辑，甘肃人民出版社，1989 年。

3. 藏传佛教与现代文明的适应

20 世纪以来，西藏逐渐对外开放，特别是 80 年代以来，藏区向世界敞开大门，外来文化随之进入西藏，西藏传统的社会、文化和宗教格局被打破，导致西藏和藏区的社会环境发生巨大的变化。藏传佛教为了生存，奋力与外来文化抗争；为了适应中国特色的社会主义和现代文明，藏族高僧大德自觉或不自觉地对传统的闻、思、修和讲、辩、著进行了一些调整和改革，给藏传佛教注入了新的活力，从而使藏传佛教出现了一些世俗化的新气象，基本适应了现代社会。

三、对藏传佛教世俗化倾向的评价

（一）藏传佛教的世俗化与全球宗教世俗化的趋势相适应

20 世纪以来，人类社会的现代化和世俗化的步伐加快。著名学者余英时指出：一部西方近代文化史，基本上可以说是一个世俗化的过程。[①] 在这种背景下，宗教也出现了世俗化的发展趋势。德国哲学家尼采可以说是基督教世俗化的先驱者，他第一个明确指出了基督教信仰解体之后欧洲出现价值真空这个事实，并且把基督教批判与欧洲传统价值观念的批判紧密结合起来。尼采指出："上帝死了！你们天天进的教堂是上帝的坟墓！你们把死人当活人一样相信着，欺骗着自己，其实你们根本没有信仰！""忠实于大地，不要相信那些向你们宣说出世希望的人们！他们是毒害者，不管他们是有意还是无意。"尼采一再呼吁：不要在地球之外寻找一贯捐躯和牺牲的理由，"只为大地而牺牲"；"不要再把头颅埋进天界事物的沙碛中，

① 余英时：《士与中国文化》，第 6 页，上海人民出版社，1987 年。

而要自由地昂起这头颅，一颗人间的头颅，它为大地创造了意义！"①当人类进入工业社会后，宗教制度成为社会与经济生活的边缘者，宗教思想越来越失去它的重要性，这种社会的特征，就是大量的变异与不停的转变。由于政治、宗教和经济制度的功能日益专门化，使宗教的有效性缩小到专门的"宗教领域"中。宗教日益中性化，最后成为装饰品。宗教完全成为"个人"的事。②法国社会学家涂尔干（Emile Durkheim，1858—1917年）认为，现代社会的集体意识是"个人性的崇拜"（cult of the individual）。由于宗教是社会体系中的次体系之一，只是个人的事，因此，宗教的存在必须不断去适应社会的改变。宗教的地位由主变为客，因而它的世俗化也成为必然的。涂尔干认为，现代化的主要特点是向世俗化（Secularization）的转变。人类社会随着科学的发展，关于超自然的思想已被世俗的伦理所取代。在工业社会中，宗教的多元有两层意义：一是不同宗教之间的自由竞争和宗教与非宗教团体竞争；二是宗教对个人内在的非独占性。③

在当今美国，"世俗人道主义"（Secular humanism）与"公民宗教"（civil religion）吸引了大多数美国人，导致唯神宗教失去了方向。世俗人道主义宣称是未来的宗教，它具有如下特点：反对超自然的制约力量作为价值标准或信仰依据，自由探索，政教分离，自由思想，批判性的伦理学，宗教怀疑主义，科学与理性，进化论，世界共同体，人类整体。持反宗教立场。

在现代社会，宗教从"有形宗教"（以教会制度为基础的信仰体制）发展到"无形宗教"（以个人虔信为基础的信仰体

---

① 《尼采全集》第6卷，第13—14页，43页。

② T. Luckmann, The Invisible Religion: The Problems of Religion in Modern Society. Pp. 85—90, New York, The Macmillan Company, 1967.

③ 吴宁远：《现代宗教世俗化之省思》，《宗教哲学》，第4卷第4期。

制)。“今日人们的宗教生活在工商社会生活影响下，其神圣性逐渐丧失，宗教信仰成为商品市场中的竞争者，人们以企业化、商品化经营宗教，致使宗教的社会教化功能式微，宗教已有逐渐朝向无神论发展趋势，愈益世俗远离神圣。”[①] 宗教的宽容和开明成为现代宗教生存和发展的必要条件。当代著名神学家麦奎利（1919— 年）号召基督教徒“放弃过时的狭隘观念”。他说：“宗教多元状况即使不是永远，至少也将长期与我们同在，而且十分可取的是，各种宗教不仅要寻求一种共处之道，而且还积极寻求更贴近的相互理解，在共同的任务中彼此合作。”他还指出：“世界各大宗教在道德教导方面，比在任何其他方面彼此靠得更拢，而且在用爱、同情、利他主义来要求信徒方面是一致的。在这方面，它们还与最良好的世俗伦理最为接近。”[②] 美国的宗教，主张教派平等，和睦相处，对不同教派之间的差异的态度非常开明，尊重别人对《圣经》的不同理解。他们对不同文化、不同宗教表现出理解和兴趣，对世俗的外部世界宽容。[③] 在人类社会发展进程中，总有一些人自觉的和世俗生活保持一段距离，以便于思索，便于和超然的神灵对话。主动和尘世拉开距离，以寻求其哲学思考。

总之，近代以来宗教所发生的变化具有三个特点：第一，宗教神圣化作用的衰退；第二，宗教提供意义体系作用的衰退，科学取代宗教；第三，宗教对人的约束力的减弱。这是宗教世俗化的显著特征。在传统社会，伦理道德的束缚力主要来自宗教，各传统宗教中的清规戒律对几乎整个社会都具有约束力，宗教的戒律替代了法律，它既是人们生活行为的基本指导，又是评判人们生活行为的主要标准。然而，世俗化表明宗

① 巨克毅：《当代宗教信仰面对的挑战——世俗宗教与公民宗教的省思》，《宗教哲学》，第 4 卷第 4 期。

② 《基督教神学原理》，第 172 页，第 503 页。

③ 林达：《历史深处的忧虑——近距离看美国之一》，三联书店，2004 年版。

教的礼仪与教规已逐渐丧失了约束力，人们的生活行为准则是多元的，而判断其对错主要靠的是理性和法律。宗教组织对个人行为的控制力只局限于其成员，不再具有普遍的社会效力。从宗教自身来看，这种变化表现为传统宗教根据社会变化的需要所作的自身变革和调整。20 世纪 60 年代初，罗马天主教的第二届梵蒂冈大公会议提出了“适应时代”的口号，在神学方面宣布，“帝国业已存在于此世”之说。天国就在人世，建设人世也就是建设天国。[①] 在欧洲，出现了宗教“信仰危机”，人们对神的观念日益淡漠，相信上帝存在、相信地狱天堂的人数在逐年下降，上教堂的人数减少，信守宗教礼仪的教徒锐减。

在这种形势下，赶上时代，适应变化，已成为世界各大传统宗教不能回避的新课题。

（二）世俗化不会导致藏传佛教衰落和消失

宗教世俗化最重要的后果是打破政教合一的神圣化制度。同时，世俗化社会也对神圣化与独断化的社会思想进行“除魅”，并以自由主义和理性主义来代替教条主义和权威主义。马克斯·韦伯(Max Weber)说:“我们这个时代的命运可用理性化(rationalization)与良知化(intellectulization)来描述。同时最重要的是可用除魅(dischantment of the world)来描述。”[②] 世界的“除魅”意指宗教的理性化过程，换言之，即在追求现代化之际，宗教应随着社会的改革而呈现出新的面貌。在世俗化的社会中，人们重视宗教的社会意义胜于其宗教意义。不同的制度有公平竞争的机会，在这种环境下有利于自愿信教的信徒，因此，世俗化会造就更成熟的信徒。世俗化导致宗教的伦

---

① 任延黎、傅乐安:《基督教文化与现代化》，中国社会科学出版社，1996 年。

② Max Weber：Essays in Sociology，Oxford University Press，p. 155，1958.

理与治疗的功能增强，经济与政治的功能削弱。[①]大多数学者都认为，世俗化的结果并不会导致宗教的消失。马克思认为，在世俗化的工业和资本主义社会中，宗教不会消失。涂尔干的“个人性的崇拜”是面对极端个人主义社会中的一种适应，也表明宗教不因世俗化现象而消失，它只是改变形态而出现。宗教的世俗化是反映一种社会的理性化过程。因此，藏传佛教世俗化的结果，是它的理性化和伦理道德化。宗教的改变是因社会变了，变化的过程永远不会停止。当今社会是理性化、多元化和个人化的，没有任何制度可以超越或在另一种制度之上。任何领域也都不再是社会的主要价值。不仅是宗教，政治、经济、文化领域都世俗化了。世俗化只是使藏传佛教发生了改变，使其传统的作用衰减，这是藏传佛教自身结构所必然引起的过程，但它并不会导致藏传佛教永久的衰退，更不会导致藏传佛教的完结，这也是藏传佛教自身内在结构因素决定的。宗教今后的发展趋势，仍然会是不断世俗化和不断战胜世俗化，以及原教旨运动和新宗教运动的出现。这也是今天宗教状况的主要特征。[②]

从某种意义上说，藏传佛教世俗化是一种改革，与社会主义相适应，与现代文明接轨，跟上时代前进的步伐。藏传佛教的世俗化，使其易于为信众所接受，对它的传播具有积极作用，如密宗的“解密”，虽然在佛教界存在分歧，但是其“修身”的功能客观上有利于藏传佛教的传播和扩大影响。江泽民总书记1999年3月在同全国政协民族宗教界委员座谈时说：“积极引导宗教与社会主义社会相适应，主要包括两方面的含义：一是信教群众要遵守社会主义国家的法律、法规和方针政策。法律保障宗教信仰自由，宗教必须在法律的范围内活动；

---

① Peter Berger, Elements of a Sociological Theory of Religion, p. 147, New York, Doubleday & Company, Inc. 1969.

② 高师宁：《试论宗教的制度化与世俗化》。

二是宗教活动要服从和服务于国家的最高利益和民族的整体利益，宗教界人士要爱国、进步，要为祖国统一、民族团结和社会主义发展多作贡献。我国宗教界有爱国的好传统，要积极发扬光大。宗教界人士和宗教团体要运用自己的影响，引导信教群众爱国守法，抑恶扬善，服务社会。”藏传佛教与现代社会相适应，是以爱国主义、社会主义为基础，以宪法为准绳，而不是以唯物主义为标准，也不是以“消灭”或发扬宗教为目的。①

（三）藏传佛教世俗化的负面影响

德国“法兰克福学派”（Frankfurt School）的代表人物霍克海默（Max Horkheimer）和阿多诺（Theodor W. Adorno）在其合著的《启蒙的辩证法》一书中，提出了一个重要的论点：人类所追求的对自然的征服和控制，反过来使得人被奴役和束缚；人类要求从神话镣铐中解放出来的理性原则，最后也成了一种神话。② 藏传佛教的世俗化也带来一些负面影响，在1959年西藏民主改革前，藏传佛教世俗化的负面影响已经显露出来，在一些僧人中出现了杀生、偷盗、邪淫、妄语等破戒的行为，导致藏传佛教的腐败堕落。近年来藏传佛教的世俗化产生的负面影响，表现为：藏区宗教气氛有所淡化；传统的闻、思、修和讲、辩、著已难以再完整地加以继承；僧人的虔诚、苦行、禁欲、利他精神受到世俗社会价值观念和行为方式的挑战；喇嘛活佛的因明学和佛学水平有下降的趋势；卷入“西藏独立”和分裂活动的僧人，不仅不能安心佛法的修习，而且造成西藏社会动荡，对藏传佛教弘传、西藏社会的安宁和国

---

① 罗竹风主编：《中国社会主义时期的宗教问题》，第126—127页，上海社会科学院出版社，1987年版。

② Max Horkheimer, Dialectic of Enlightenment, The Continuum Publishing Company, 1987.

家的主权带来消极的影响。上述事实表明，在世俗社会、现代文明和市场经济的影响和冲击下，世纪之交的藏传佛教正处在兴衰存亡的关键时期，而并不是处于有的学者所说的“黄金时代”。一般说来，藏传佛教世俗化的负面影响的特点是：牧区小于农区，农牧区小于城镇。藏传佛教的世俗化是在正和反两个方向进行的，正向世俗化有利于藏传佛教对现代社会的适应和发展，反向世俗化必将导致藏传佛教的衰亡。因此，只有消除藏传佛教世俗化过程中出现的弊端，才能在新世纪求得更为有利的生存和发展空间。

（四）藏传佛教世俗化带来改革的契机

优胜劣汰，适者生存。从这个意义上说，藏传佛教的世俗化实质上是一场藏传佛教的改革。

自佛教于公元 7 世纪传入西藏以来的近 1300 年中，发生了两次重大变革：一是佛教的“西藏化”，即本土化和民族化，佛教经过与藏族本土宗教苯教的斗争和融合，形成了藏传佛教，体现的是藏族特色，这对凝聚藏民族、促进藏族社会的发展，产生了重大而深远的影响；二是 15 世纪宗喀巴对藏传佛教进行改革，消除藏传佛教发展中的腐败堕落现象，创立格鲁派，拯救了濒临灭亡的藏传佛教，形成达赖和班禅两大活佛转世系统，促成了政教合一制度在西藏的确立。在 20 世纪末，藏传佛教又迎来了一个重大的变革契机，即由神学佛教向道德佛教的转变，也就是藏传佛教的“世俗化”，与现代社会和现代文明相适应。如果说藏化使佛教在藏区生存和发展，与藏区接轨，那么，世俗化就是使佛教在现代中国社会生存和发展，与中国国情接轨。因此，世俗化体现的是中国特色和现代特色。宗教学专家卓新平说：“宗教及其神学作为人的信仰和人的思索与追求，离不开人所生存的现实社会和外在世界。因此，宗教与社会的适应，与时代的协调就显得特别重要。神学并非空洞的玄思，而有着丰富的社会内容和时代特色。宗教虽有超然的追求，其价值、境界和精神却必然体现在现实存在之中。宗教的终极关切只有与现实关切结合起来，才可能落到实处，有其分量。从这一意义上来看，宗教的正常存在和发展应该是关心现实的而不应遁世消隐，应是开放的而不应自我封闭，应是对话的而不应自我独白，应是宽容的而不应唯我独尊，应是充满爱心的而不应抱有怨恨。”神学家丁光训“强调宗教在现实社会及人生中的不断完善和提高，倡导宗教以其爱心、道德伦理和服务精神为世界作出贡献，促进人类的理解、沟通、团结及和平，鼓励宗教的宽容、对话和开放，从而使宗教既能达到升华和超越之境，又能为社会的发展、人类的进步作出积极的贡献。宗教的这种取向和道路，也必然使全社会对宗教有更正确、更深入和更全面的了解”①。

人类社会的发展、全球宗教和中国宗教的世俗化趋势和现代文明的冲击，迫切要求对出现世俗化倾向的藏传佛教进行改革。时代呼唤藏传佛教改革家的出现，以领导藏传佛教圆满地实现“弘法利生”、“庄严国土、利乐有情”的使命。只有进行改革，才能促成藏传佛教适应时代，顺利进入新的发展阶段，避免被社会和时代淘汰。从这个意义上说，当前中央实行的藏传佛教政策，是从藏传佛教的实际出发，符合中国宗教发展的客观规律，适应全球宗教发展趋势的正确抉择。

（原载《战略与管理》1999年第4期（摘要），“中国藏学网”）

① 卓新平：《中国神学建设的沉思——读〈丁光训文集〉》，《中国宗教》，1999年第1期。

论当代藏传佛教的发展路向

一、战略意义——藏传佛教关系到藏区的发展和稳定及国家的安全和统一

中国是一个多民族国家，中国共产党历来重视民族宗教问题。继承和发展邓小平理论的中央第三代领导核心江泽民同志对民族宗教问题尤为重视，他指出："民族、宗教无小事。""宗教是一种历史现象，在社会主义社会中将长期存在，如果宗教与社会主义社会不相适应，就会发生冲突……同时，改革不适应社会主义的宗教制度和宗教教条，利用宗教教义、宗教教规和宗教道德中的某些积极因素为社会主义服务。""积极引导宗教与社会主义相适应。"[①] 他说：西藏问题"有民族问题，也有宗教问题"。"宗教问题是个大问题。因为它关系到我们整个社会主义物质文明和精神文明的建设，也关系到渗透与反渗透、和平演变与反和平演变的斗争。"[②] 他强调，宗教工作是党和国家工作中的重要组成部分，在党和国家事业发展

① 江泽民：《高度重视民族宗教工作》，1993 年 11 月 7 日，《江泽民论有中国特色社会主义》专题摘编，第 357 页，中央文献出版社，2002 年。

② 江泽民：《一定要做好宗教工作》，1990 年 12 月 7 日，《新时期宗教工作文献选编》，宗教文化出版社，1995 年。

的大局中有着重要的地位。做好宗教工作，关系到加强党同人民群众的血肉联系，关系到推进两个文明建设，关系到加强民族团结、保持社会稳定、维护国家安全和祖国统一，关系到我国的对外关系。他说，从国内外形势的发展变化出发，科学分析宗教问题，深刻认识宗教问题的特殊复杂性，正确把握宗教的活动规律，是我们做好宗教工作的前提。要了解当今世界必须了解宗教，对宗教问题在当今世界政治社会生活中的影响，绝不可低估。无论是做好国内各项工作，还是开展对外工作，都要求我们密切关注宗教问题。坚持以科学的观点和方法对待宗教，努力认识和掌握宗教自身的规律。① 进入 21 世纪，全球化对国家主权提出挑战，国际反华势力西化、分化和弱化中国的势头并没有减弱，西藏问题国际化的趋势逐步加剧。西藏的民族问题、宗教问题和发展问题十分尖锐，中国藏区的藏传佛教在发生变化。“流亡政府”进入“后达赖时期”，达赖集团和西方反华势力都在调整其在西藏问题上的策略。藏传佛教在西方的影响在逐渐扩大，2001 年美国发生的“9·11 事件”正在影响着世界格局，同时也必然会对西藏问题产生影响。因此，以邓小平理论和江泽民关于宗教的重要论述为指导思想，对 20 世纪下半叶以来的藏传佛教的发展演变进行全面、系统的总结，对 50 年来中国的藏传佛教工作中的经验和教训进行深刻的反思，已成为当务之急。

总之，现代化是中国的基本国策，现代化是促进藏区社会发展、人民幸福和实现中华民族的共同繁荣的必然选择，藏传佛教将随着藏区现代化的进程而发展和演变。在国际国内政治经济形势发生巨大变化的新世纪，藏传佛教所面临的挑战，不仅关系到其自身的前途和命运，而且关系到藏区的发展和稳定。在藏族基本群众信教的藏区，要实现中央第四次西藏工作

---

① 江泽民：《在全国宗教工作会议上的讲话》，2001 年 12 月，《江泽民论有中国特色社会主义》专题摘编，中央文献出版社，2002 年。

座谈会提出的经济的跨越式发展和社会的长治久安的战略目标，就应当从实际出发，研究和分析藏传佛教的社会影响和发展趋势，并制订战略性的对策。这就是本文的出发点和宗旨。

二、战略理论——用邓小平的宗教观及中国共产党的宗教理论和政策指导藏传佛教研究

邓小平理论中关于宗教问题的思想是当代中国马克思主义宗教观。新中国成立初期，邓小平同志领导中共中央西南局，根据党中央的指示精神和西藏地区的具体情况，提出了和平解放西藏的十条政策，其中就有实行宗教信仰自由、保护喇嘛寺庙、尊重西藏人民宗教信仰和风俗习惯的内容。1973 年 6 月，邓小平同志在政协第五届全国委员会第二次会议上的开幕词中指出："建国三十年中，我国的社会阶级状况发生根本变化。……各民族的不同宗教的爱国人士有了很大进步。"1981 年 6 月 27 日，在邓小平同志直接领导下制定的《中国共产党中央委员会关于建国以来党的若干历史问题的决议》中指出："要继续贯彻执行宗教信仰自由的政策。"1982 年 3 月和 1991 年 2 月，中共中央、国务院先后印发了《关于我国社会主义时期宗教问题的基本观点和基本政策》、《关于进一步做好宗教工作若干问题的通知》，系统地总结了新中国成立以来党在宗教上正反两方面的历史经验，特别是对宗教在社会主义条件下长期存在的社会根源和思想根源作了深入的分析，明确规定处理一切宗教问题的根本出发点和落脚点，即"使全体信教群众和不信教群众联合起来，把他们的意志和力量集中到建设现代化社会主义强国这个共同目标上来"。明确指出："正确对待和处理宗教问题，是我国社会主义建设事业中的一个重要课题，是建设有中国特色社会主义的一个重要内容。"1982 年，中共中央制定了《关于我国社会主义时期宗教问题的基本观点和基本政策》，重申了马克思主义关于宗教的唯物主义的反

映论，指明了宗教在社会主义社会存在的必然性和长期性，强调了尊重和保护宗教信仰自由的重要性。宗教信仰自由涉及民族政策，特别是我们中国，一般都是少数民族在宗教信仰方面问题最多。我们要实行正确的民族政策，必须实行宗教信仰自由。[①] 对于宗教，不能用行政命令的办法；但宗教方面也不能搞狂热，否则同社会主义，同人民的利益相违背。[②] 在《邓小平文选》第1—3卷中，有关于民族、民族问题和民族工作的理论与思想的文章30余篇。在有关民族问题和西藏问题上，邓小平同志的基本思想是：实现真正的民族区域自治和民族平等，培养少数民族自己的干部，帮助西藏和其他少数民族地区发展起来。邓小平同志早就指出："我们中华人民共和国是一个多民族国家，只有在消除民族隔阂的基础上，经过各民族人民的共同努力，才能真正形成中华民族美好的大家庭。""单就国防问题考虑，也应该把少数民族工作摆在很高的位置。"1979年，在政协五次二届会议上，他明确指出："我国各兄弟民族经过社会主义改造，早已陆续走上社会主义道路，结成了社会主义的团结友爱、互助合作的新型民族关系。各民族的不同宗教的爱国人士有了很大进步，在实现四个现代化进程中，各民族的社会主义一致性将更加发展，各民族的大团结将更加巩固。"关于民族区域自治制度，他说："解决民族问题，中国采取的不是民族共和国联邦的制度，而是民族区域自治制度。我们认为这个制度比较好，适合中国情况。我们有很多优越的东西，这是我们社会制度的优势，不能放弃，要使各少数民族聚居的地方真正实行民族区域自治。"在同班禅大师谈论宗教和西藏发展的问题时，邓小平同志说："对于宗教，不能

---

① 邓小平在会见英国知名人士代表团时的谈话，1979年10月15日，《邓小平思想年谱》，第134页，中央文献出版社，1998年。

② 邓小平同班禅额尔德尼·确吉坚赞的谈话，1980年8月26日，《邓小平思想年谱》，第167页，中央文献出版社，1998年。

用行政命令办法；但宗教方面也不能搞狂热，否则同社会主义、同人民的利益相违背。”中国共产党坚持马克思主义与中国实际相结合，运用马列主义、毛泽东思想和邓小平理论研究中国的宗教、处理中国的宗教事务，形成了关于宗教问题的基本观点、基本政策：“全面贯彻执行党的宗教政策，保障公民宗教信仰自由，依法管理宗教事务，积极引导宗教与社会主义社会相适应”；“我国宗教团体和宗教事务不受外国势力支配”；“党同宗教界政治上团结合作、信仰上相互尊重”；“正确处理宗教领域两类不同性质矛盾”；建立和发展“党同宗教界的爱国统一战线”。并规定了宗教界的行为准则：“维护法律尊严、维护人民利益、维护民族团结、维护国家统一。”“新世纪初宗教工作的基本任务是：全面贯彻党的宗教信仰自由政策，依法管理宗教事务，积极引导宗教与社会主义社会相适应，坚持独立自主自办的原则，巩固和发展党同宗教界的爱国统一战线，维护稳定，增进团结，为推进社会主义现代化建设、实现祖国完全统一、维护世界和平与促进共同发展而努力奋斗。”① 并用三句话加以概括，他说：“在宗教问题上我也想强调三句话：一是全面、正确地贯彻执行党的宗教政策，二是依法加强对宗教事务的管理，三是积极引导宗教与社会主义社会相适应。”②“改革不适应社会主义的宗教制度和宗教教条，利用宗教教义、宗教教规和宗教道德中的某些积极因素为社会主义服务。”③“依法管理宗教事务，是我们实行依法治国方略的必然要求。依法管理，就是要切实保障宗教信仰自由，保证正常宗教活动的有序进行，保护宗教团体的合法利益。我国实行政教分离的原则，任何宗教都没有超越宪法和法律的特权，

---

① 江泽民在全国宗教工作会议上的讲话，2001 年 12 月 10 日。

② 江泽民：《高度重视民族工作和宗教工作》，1993 年 11 月 7 日，《江泽民论有中国特色社会主义》专题摘编，第 368 页，中央文献出版社，2002 年。

③ 江泽民：《高度重视民族工作和宗教工作》，1993 年 11 月 7 日。

都不能干预国家行政、司法和教育等国家职能的实施。”“积极引导宗教与社会主义社会相适应，这是我们党从社会主义初级阶段这一基本国情出发，总结新中国成立以来宗教工作的成功经验作出的科学论断，是我国宗教在历史过程中的正确方向。综观我国和世界的宗教历史，可以发现一个共同的规律，就是宗教都要适应其所处的社会和时代才能存在和延续。”①

上述理论和政策是研究藏传佛教与社会主义社会相适应的指导思想。

三、战略方向——当代藏传佛教的发展路向

21 世纪的藏传佛教格局已发生重大变化，表现为：第一，中国藏区传统的藏传佛教格局已被打破，由政教合一变革为政教分离，由全民信仰藏传佛教改变为基本群众信教，藏传佛教的生存和发展环境是中国特色的社会主义社会，藏传佛教逐渐世俗化，其发展方向是与社会主义社会相适应。第二，藏传佛教的地区格局发生了变化，卫藏、安多、康巴三大藏区藏传佛教的发展路向各不相同，在康区和安多藏区宁玛派和噶举派的影响超过卫藏；内地、内蒙古、台港藏传佛教的世俗化和现代化步伐加快，信徒逐渐增多。第三，国外藏传佛教格局出现新的变化，亚洲、欧、美、澳四大洲藏传佛教发展较快，印度（达兰萨拉）和美国的藏传佛教影响扩大，由于达赖的频繁活动，使藏传佛教与“西藏问题”交织在一起。

按照上述理论和政策，中国共产党对藏区宗教的政策是：尊重和保护藏传佛教信仰自由，依法管理藏传佛教事务，积极引导藏传佛教与社会主义社会相适应。1996 年 5 月 28 日，江泽民同志对西藏宗教界题写的“爱国爱教，团结进步”、“护国利民”的题词，是对党在西藏的宗教政策的高度概括。运

① 江泽民在全国宗教工作会议上的讲话，2001 年 12 月 10 日。

用邓小平理论对藏传佛教与社会主义社会相适应的研究和思考，得出的认识是：当代的藏传佛教兼有神圣化和世俗化、精英化和大众化、现代化和西化等色彩，20世纪下半叶以来，藏传佛教的发展趋势是：由神学宗教走向道德宗教，其发展路向将经历三个发展阶段：世俗化和现代化——“人间佛教”——“道德宗教”。这是藏传佛教与社会主义社会相适应的三个发展阶段，现代化与世俗化是开始适应，“人间佛教”是初步适应，道德宗教是基本适应。

（一）第一阶段：世俗化和现代化——藏传佛教的必然趋势

在现代化和世俗化阶段，藏传佛教神秘的面纱被揭开，即韦伯所谓“祛魔”，政教分离，从以神为本逐渐转变为神本和人本兼重，藏传佛教的神学功能降低，人文色彩和世俗功能提升。

1. 藏传佛教世俗化的表现和原因

佛教于公元7世纪传入西藏以来的近1300年中，发生了两次重大变革：一是佛教的“西藏化”——本土化和民族化，佛教经过与藏族本土宗教苯教的斗争和融合，形成了藏传佛教，这对凝聚藏民族、促进藏族社会的发展，产生了重大而深远的影响。二是15世纪宗喀巴对藏传佛教进行改革，消除藏传佛教发展中的腐败堕落现象，创立格鲁派，拯救了濒临灭亡的藏传佛教，形成达赖和班禅两大活佛转世系统，促成了政教合一制度在西藏的确立。进入21世纪，藏传佛教又迎来了一个重大的变革契机，即藏传佛教因世俗化而导致的由神学佛教向道德佛教的转变。

藏传佛教发展史上有一股人文主义的溪流，藏传佛教的高僧大德米拉日巴、阿古登巴、主巴贡勒、仓央嘉措、夏嘎巴、四世生钦·洛桑班丹群培、米旁嘉措、五世嘉木样和更敦群培等，都可称为藏族人文主义的先驱。藏传佛教的人文色彩成为藏传佛教世俗化的前奏。离经叛道的藏传佛教高僧、学术大师更敦群培（1903—1951 年）推进了 20 世纪藏传佛教的世俗化，他的学术和思想实践，客观上起到了让民众从迷信、盲从和禁欲中得到解脱，由佛教的“彼岸”回到现实的“此岸”，走下神坛，忠实于藏区这块大地，脚踏实地做人的作用。他对传统价值观念和佛教道德的批判，其目的就是像尼采那样，肯定生命和人生。他的僧人行为和佛教思想，对于尚处于神学宗教阶段的藏传佛教的世俗化产生了重要作用。

西藏和平解放和民主改革对藏传佛教产生了巨大影响，成为藏传佛教发展的重大转折点，政教分离和全民信教的格局被打破，成为藏传佛教走向世俗化的重要标志。“文革”时期，藏传佛教的传承者喇嘛、活佛被人为或强制性地改变宗教角色，部分僧人娶妻生子，导致藏传佛教人为的世俗化。1980 年代，藏区向世界敞开大门，外来文化进入藏区，藏区传统的社会、文化和宗教格局被打破，导致西藏和藏区的社会环境发生巨大的变化。藏族高僧大德和广大僧众自觉或不自觉地对传统的闻、思、修和讲、辩、著进行了一些调整和改革，给藏传佛教注入了新的活力，增强了在现代社会中的生存和发展能力。藏传佛教发生了新的变化，主要表现为世俗化。一是修习方式与学经制度的变化，主要表现在佛学教育、讲经方式和著述方式的变化；二是僧源的复杂化，表现为出家的动机和僧人角色的多样化；三是寺院功能的改变，由单一的宗教功能转变为宗教与世俗功能合二为一，文化和旅游功能增强；四是寺院管理方式的改革，实行民主管理；五是僧人生活的变化，表现在生活方式、娱乐方式和生活环境的变化；六是活佛转世制度的变化，出现了多种形式的活佛转世，出现了自修活佛、教授活佛、还俗活佛、自封活佛、假冒活佛，并且还像历史上的六世达赖喇嘛和九世班禅喇嘛一样，出现了“双胞胎”活佛现象；七是僧人传统观念的变化，表现为轻苦行重享乐，弃禁欲求世俗，不注重来世而追求今生，轻出世重入世，喇嘛的神观、人观和价值观都赋予了时代的特点。需要指出的是，宗教的世俗化反映一种社会的理性化过程，世俗化导致宗教的伦理和治疗功能增强，经济和政治的功能削弱。因此，世俗化不会导致藏传佛教的衰落和消失，藏传佛教世俗化的结果，是它的理性化和伦理道德化。世俗化使藏传佛教的传统作用衰减，但不会导致藏传佛教的永久衰退，这也是藏传佛教自身内在结构因素决定的。从某种意义上说，藏传佛教世俗化是一种改革，与社会主义社会相适应，跟上时代前进的步伐。藏传佛教与现代社会相适应，是以爱国主义、社会主义为基础，以宪法为准绳，并不是以“消灭”或发扬宗教为目的。藏传佛教世俗化带来改革的契机，优胜劣汰，适者生存，从这个意义上说，藏传佛教的世俗化实质上是藏传佛教为适应现代社会和跟上时代步伐的一种变革。①

藏传佛教世俗化出现的原因。外因：（1）政治原因，是民主改革与中国共产党治藏方略的作用。马克思曾经指出：“非常明显，随着每一次社会制度的巨大变革，人们的观点和观念也会发生变革，这就是说，人们的宗教观念也要发生变革。”② 西藏的民主改革使藏传佛教发生了深刻的变革。1980年代以来，中央所实行的民族和宗教政策，倡导僧人爱国爱教，遵纪守法，对藏传佛教采取管理、整顿、教育、限制等策略，淡化了藏传佛教的神学功能，强化了藏传佛教的道德功能，对藏传佛教走向世俗化起了引导作用。正如有的学者所说：“宗教的世俗化是宗教现代化的重要取向。宗教的世俗化

① 关于藏传佛教的世俗化，笔者2002年1月参加哈佛大学藏学研讨会时曾提交专文论述：Tibetan Buddhism in Contemporary Tibet：Its Secularization and Its Future.

② 《马克思恩格斯全集》第7卷，第240页。

既是宗教的非政治化过程，也是宗教信仰理性化的过程。”①（2）经济原因，是市场经济的冲击。国家改革开放后，藏区经济的发展，内地对藏区的援助，市场经济的发育，冲淡了藏传佛教的神学功能。（3）文化原因，是外来文化的影响与多元文化格局的形成，藏区社会的现代化与世俗化，由独特的社会环境所决定，藏传佛教与藏族社会融为一体。藏区的寺院多建立在闹市区，这种寺院布局，使藏传佛教处于世俗社会和世俗文化的包围之中。（4）宗教原因，是中国宗教世俗化的趋势，中国宗教都主张现世与来世的统一，更注重现世的努力，造福社会，体现出积极的入世意识和入世精神，中国天主教、基督教、道教和伊斯兰教的世俗化倾向。内因：藏传佛教世俗化是宗教发展的内在动力。一般认为，宗教的发展要经历三个阶段：（1）自然宗教（古代，崇拜自然力，神的多元化），在这个阶段，还没有完整的经典和系统的教义和仪轨；（2）神学宗教（近代，崇拜社会力量，观念理论化、仪式规范化、活动组织化，神的一元化），在这个阶段，已形成完整的体系；（3）道德宗教（现代，注重道德教化，崇拜“人”的力量），宗教的道德教化功能提升，其神学功能下降。从宗教的发展历程可以看出，上帝节节败退，神的作用逐步削弱。宗教的世俗化，从某种意义上说，就是神学宗教向道德宗教的转化。宗教是神（超越层）、人、世界（内在层）三个层次构成的。进入20世纪，随着人类社会的现代化与世俗化，这三个层次都发生了不同程度的世俗性变化。近代以来宗教所发生的变化具有三个特点：第一，宗教神圣化作用的衰退；第二，宗教提供意义体系作用的衰退，科学取代宗教；第三，宗教对人的约束力的减弱。这是宗教世俗化的显著特征。世俗化表明宗教的礼仪与教规已逐渐丧失了约束力，人们的生活行为准则是

① 余振、郭正林：《中国藏区现代化——理论·实践·政策》，第24页，28页。

多元的，而判断其对错主要靠的是理性和法律。在这种形势下，赶上时代，适应变化，已成为世界各大传统宗教不能回避的新课题。1980 年代以来，藏传佛教为了生存，为了适应中国特色的社会主义和现代文明，藏族高僧大德自觉或不自觉地对传统的闻、思、修和讲、辩、著进行了一些调整和改革，给藏传佛教注入了新的活力，从而使藏传佛教出现了一些世俗化的新气象。

2. 世俗化和现代化是藏传佛教的必然趋势

藏传佛教的世俗化与全球宗教世俗化的趋势相适应。进入 20 世纪，人类社会的现代化和世俗化的步伐加快，德国哲学家尼采可以说是基督教世俗化的先驱者，尼采指出："上帝死了！你们天天进的教堂是上帝的坟墓！你们把死人当活人一样相信着，欺骗着自己，其实你们根本没有信仰！""忠实于大地，不要相信那些向你们宣说出世希望的人们！他们是毒害者，不管他们是有意还是无意。"尼采大声疾呼："不要再把头颅埋进天界事物的沙碛中，而要自由地昂起这头颅，一颗人间的头颅，它为大地创造了意义！"① 当人类进入工业社会后，宗教的有效性缩小到专门的"宗教领域"中，宗教日益中性化，最后成为装饰品，宗教完全成为"个人"的事。② 法国社会学家涂尔干认为，现代化的主要特点是向世俗化的转变。在现代社会，宗教从"有形宗教"（以教会制度为基础的信仰体制）发展到"无形宗教"（以个人虔信为基础的信仰体制）。"今日人们的宗教生活在工商社会生活影响下，其神圣性逐渐丧失，宗教信仰成为商品市场中的竞争者，人们以企业化、商

---

① 陈鼓应：《悲剧哲学家尼采》，第 61 页，三联书店；Stanislav Andreski, The Essential Comte. New York：barnes & Noble, 1974.

② T. Luckmann, The Invisible Religion：The Problems of Religion in Modern Society. pp. 85-90, New York, The Macmillan Company, 1967.

品化经营宗教，致使宗教的社会教化功能式微，宗教已有逐渐朝向无神论发展趋势，愈益世俗远离神圣。”①

宗教世俗化最重要的后果是打破政教合一的神圣化制度。同时，世俗化社会也对神圣化与独断化的社会思想进行“除魅”，并以自由主义和理性主义来代替教条主义和权威主义。马克斯·韦伯说：“我们这个时代的命运可用理性化与良知化来描述。同时最重要的是可用除魅来描述。”② 世俗化导致宗教的伦理与治疗的功能增强、经济与政治的功能削弱。③ 马克思认为，在世俗化的工业和资本主义社会中，宗教不会消失。宗教的世俗化是反映一种社会的理性化过程。因此，藏传佛教世俗化的结果，是它的理性化和伦理道德化。世俗化只是使藏传佛教发生了改变，使其传统的作用衰减，这是藏传佛教自身结构所必然引起的过程，但它并不会导致藏传佛教永久的衰退，更不会导致藏传佛教的完结，这也是藏传佛教自身内在结构因素决定的。从某种意义上说，藏传佛教世俗化是一种改革，与社会主义相适应，跟上时代前进的步伐。藏传佛教与现代社会相适应，是以爱国主义、社会主义为基础，以宪法为准绳，而不是以唯物主义为标准，也不是以“消灭”或发扬宗教为目的。世俗化不会导致藏传佛教的衰落和消失。

藏传佛教世俗化的负面影响。德国“法兰克福学派”的代表人物霍克海默和阿多诺在其合著的《启蒙的辩证法》一书中，提出了一个重要的论点：人类所追求的对自然的征服和控制，反过来使得人被奴役和束缚；人类要求从神话镣铐中解

① T. Luckmann, The Invisible Religion: The Problems of Religion in Modern Society. Pp. 85-90, New York, The Macmillan Company, 1967.

② Max Weber: Essays in Sociology, Oxford University Press, p. 155, 1958.

③ Peter Berger, Elements of a Sociological Theory of Religion, p. 147, New York, Doubleday & Company, Inc. 1969.

放出来的理性原则，最后也成了一种神话。① 藏传佛教的世俗化也带来一些负面影响，表现为：藏区宗教气氛有所淡化；传统的闻、思、修和讲、辩、著已难以再完整地加以继承；僧人的虔诚、苦行、禁欲、利他精神受到世俗社会价值观念和行为方式的挑战；喇嘛活佛的因明学和佛学水平有下降的趋势；卷入"西藏独立"和分裂活动的僧人，不仅不能安心佛法的修习，而且造成西藏社会动荡，对藏传佛教弘传、西藏社会的安宁和国家的主权带来消极的影响。只有消除藏传佛教世俗化过程中出现的弊端，才能在下个世纪求得更为有利的生存和发展空间。

藏传佛教世俗化带来改革的契机。优胜劣汰，适者生存。从这个意义上说，藏传佛教的世俗化实质上是一场藏传佛教的改革。自佛教于公元 7 世纪传入西藏以来的近 1300 年中，发生了两次重大变革：一是佛教的"西藏化"，即本土化和民族化，佛教经过与藏族本土宗教苯教的斗争和融合，形成了藏传佛教；二是 15 世纪宗喀巴对藏传佛教进行改革，消除藏传佛教发展中的腐败堕落现象，创立格鲁派，形成达赖和班禅两大活佛转世系统，促成了政教合一制度在西藏的确立。在 21 世纪末，藏传佛教又迎来了一个重大的变革契机，即由神学佛教向道德佛教的转变，也就是藏传佛教的"世俗化"的现代化。人类社会的发展、全球宗教和中国宗教的世俗化趋势和现代文明的冲击，迫切要求对出现世俗化倾向的藏传佛教进行改革，时代呼唤藏传佛教改革家的出现，以领导藏传佛教圆满地实现"弘法利生"、"庄严国土、利乐有情"的使命。只有进行改革，才能促成藏传佛教适应时代，顺利进入新的发展阶段，避免被社会和时代淘汰。从这个意义上说，当前中央实行的藏传佛教政策，是从藏传佛教的实际出发，符合中国宗教发展的客

---

① Max Horkheimer, Dialectic of Enlightenment, The Continuum Publishing Company, 1987.

观规律，适应全球宗教发展趋势的正确抉择。

世俗化从某种意义上说就是现代化。世俗化和现代化是藏传佛教走向道德宗教的第一阶段。20 世纪以来，藏传佛教的发展同时在三个方向展开，一是在藏区本土发展；二是向中原内地东渐；三是西渐——经由印度向西方传播（1960 年代以来）。以汉族为主的内地人和以欧美人为主的西方人对藏传佛教的兴趣、研究和信仰，客观上促进了藏传佛教的世俗化和现代化。西渐和东渐两个方向，成为引领藏传佛教走向世俗化和现代化的外力。藏传佛教在藏区进行的与社会主义社会相适应的实践，成为藏传佛教走向世俗化和现代化的内力。内力和外力交汇形成的合力，促使世俗化和现代化成为藏传佛教发展的必然趋势。

（二）第二阶段："人间佛教"——藏传佛教的必由之路

"人间佛教"是藏传佛教由神学宗教走向道德宗教的必经阶段，也可称之为过渡阶段。在这个阶段，藏传佛教走下神坛，以"庄严国土，利乐有情"，即爱国爱教、以人为本、服务社会为主要特征。

1. "人间佛教"的内涵和实践

佛教教义中就包含着"人间佛教"思想。释迦牟尼所讲的"和合精神"：见和同解、心和同悦、口和无诤、身和同住、利和同均、戒和同修，这就是佛家一直讲求的"六和"。佛教报四重恩：报众生恩、报父母恩、报国土恩、报师傅恩。佛说：搬柴运水，成佛妙道。中国佛家提倡的"五个建设"：道风建设、人才建设、组织建设、信仰建设、教职建设。佛学院建设"四化"：学院丛林化、丛林学院化、修学一体化、管理科学化。孙中山说："佛学是哲学之母，研究佛学可补科学之偏。”静慧法师创立“生活禅”，主张积极入世，人成即佛成。只有按照“戒、定、慧”三学行事，才能铲除“贪、嗔、痴”三毒。佛教认为世间一切皆空，人生一切皆苦，只有西方极乐世界的“净土”、“佛国”，才是幸福、快乐的。佛法原本是源出人间并要利益人间的，应以实现人间净土为己任。佛法原本是源出人间并要利益人间的，以实现人间净土为己任。早在民国时期，太虚大法师就提倡和实践“人生佛教”。新中国建立后，佛教思想发生了重大变化，认为佛教徒不能仅仅追求来世幸福，也要致力于人间的幸福。中国佛教协会会长赵朴初提倡“人间佛教”，要佛教徒“奉行五戒、十善以净化自己，广修四摄、六度以利益人群”，“自觉地以实现人间净土为己任，为社会主义现代化建设这一庄严国土、利乐有情的崇高事业贡献自己的光和热。”近年来，中国佛教界“大力提倡以‘觉悟人生、奉献人生’为主旨的生活禅，倡导‘在尽责中求满足，在义务中求心安，在奉献中求幸福，在无我中求进取，在生活中透禅机，在保任中证解脱’的修行理念，并且‘将信仰落实于生活，将修行落实于当下，将佛法融化于世间，将个人融化于大众’，归根到底，都在于积极引导信教群众走爱国爱教、正信正行的道路，以此来体现佛教所强调的报恩精神。作为一个爱国爱教的僧人，积极推动佛教与社会主义社会相适应，自觉地为时代服务，尽最大努力去净化人心、提升道德、祥和社会、利乐有情、庄严国土，这是义不容辞的责任，同时也是佛教内在本质的要求和佛教社会价值的具体体现。”佛教界对佛教的“慈悲”和“不杀生”等教义有了新的理解，“佛教的慈悲，以广大群众为对象。为了大多数人的利益和安乐，消灭少数危害群众的恶魔，这正是佛陀大慈大悲的伟大意义”。“治虫救苗，也是菩萨行为”。汉地佛教倡导“农禅并重”，将人间佛教思想付诸实践。当代佛学大师星云适应人类社会的发展形势、人类宗教的发展趋势和中国的国情，在台湾佛光山成功地进行“人间佛教”实践，不仅推动了佛教的现代化，而且对社会作出了积极贡献。中国天主教、基督教、道教和伊斯兰教都在降低神学功能，提升道德功能，实践"人间宗教"。

2. **"人间佛教"在藏区的实践**

作为中国大乘佛教的两大系统之一，藏传佛教同样具有汉地佛教的上述特点。藏传佛教的教义教规的道德教化内容，如积德、行善、利他、普度众生，不偷盗、不邪淫、不贪财、不妄语等，与社会主义精神文明并不相悖。在当代藏区，藏族高僧在自觉或不自觉地实现着"人间佛教"。一方面，中国汉传佛教的"人间佛教"实践，为藏传佛教在中国藏区实践"人间佛教"提供了经验；另一方面，藏传佛教高僧大德，如十世班禅大师、嘉木样活佛、贡唐仓活佛等，自 1980 年代起，也在藏区进行"人间佛教"的尝试，其主要特点是庄严国土，利乐有情，爱国爱教，护国利民，改革藏传佛教的学经制度和寺院管理方式，学习现代科学知识，实行民主管理，以寺养寺。藏族高僧兴办公益事业，设法保护佛教文物和藏文经典，开展藏传佛教研究等，有益于社会主义经济和文化事业的发展。喇嘛是藏区的知识分子，他们对藏族的文化教育事业和医疗事业的发展起了独特的作用。有的活佛还利用讲经的机会，宣传党和政府的宗教民族政策、计划生育政策和移风易俗等，宣传保护生命和环境。有的活佛善于把佛教教义和党的有关政策联系在一起，融会贯通。在讲经时，给广大农牧民讲一些民族政策、宗教政策和医药卫生与计划生育知识。并利用各种场合宣传"振兴经济，教育为本"的道理，劝说农牧民送子女上学。藏族高僧的上述实践，赋予了藏传佛教鲜明的时代特征和中国特色。同时，国外的藏传佛教为了生存和发展，一直在进行"人间佛教"的实践，并受到西方的"参与佛教"（Engaged Buddhism）的影响，有的西方佛学研究者将"参与佛教"与佛教的小乘、大乘和金刚乘并列，称其为"第四乘”，甚至称为“世界乘”、“全球乘。”① 藏传佛教在西化过程中推进人间化和大众化，以吸引西方信徒，与藏区的“人间佛教”遥相呼应。藏传佛教参与政治，对“西藏问题”在西方的蔓延和国际化产生了影响。

3. “人间佛教”是藏传佛教的必由之路

“人间佛教”是藏传佛教由神学宗教走向道德宗教的必经阶段，实践“人间佛教”是藏传佛教顺应时代潮流、实现代化的重要一环；是藏传佛教从以教为本和以教治教走向以人为本和以人治教的必然选择；是实现藏传佛教对藏区社会发展的经济参与、文化参与、政治参与、环境参与和道德参与的具体行动；是将天上的“香格里拉”、地上的“香格里拉”和虚幻的“香格里拉”变成人间的“香格里拉”的重要步骤；② 是藏传佛教在新时代获得新的发展动力和活力、实现“护国利民”的伟大理想的必由之路。

（三）第三阶段：“道德宗教”——藏传佛教的必然归宿

道德宗教，是藏传佛教发展的最高阶段和最高境界，是藏传佛教与社会主义社会完全适应和藏传佛教现代化的标志，也是藏传佛教的必然归宿。

1. “道德宗教”的内涵和实践

道德宗教就是宗教的道德化，其主要特征是注重道德教化，崇拜“人”的力量，宗教的神学功能下降，道德教化功

---

① Christopher S. Queen（ed.），Engaged Buddhism in the West，pp. 22-23，Wisdom Publications，2000.

② 《“香格里拉”四维》，《西藏人文地理》2004 年第 2 期。

能提升。1980年代以来，藏传佛教在实践“人间佛教”的同时，也进行了“道德宗教”的一些尝试。藏族高僧大德发扬慈悲、济世、利他、行善、普度众生的传统，努力提高藏传佛教的道德教化功能，积极参与藏区的物质文明、政治文明和精神文明建设，主动与社会主义社会相适应，在全面建设小康社会中发挥藏传佛教的独特作用。同时，国外的藏传佛教在西化的过程中，也注重提升其道德教化和伦理功能，以适应西方社会、吸引西方信徒和求得生存和发展。流亡藏人高僧和洋喇嘛还著书立说，宣扬藏传佛教的伦理道德，如美国藏传佛教专家、“藏独”活动家罗伯特·瑟曼就出版了畅销书《内心的革命》。[①] 十四世达赖喇嘛则利用藏传佛教的伦理道德教化功能，向西方人兜售“藏独”思想，他撰写出版的《幸福快乐的艺术》和《新千年的伦理》等，都受到西方人的青睐。

2. “道德宗教”是藏传佛教的必然归宿

作为人类宗教的一个特殊的分支，藏传佛教既有其鲜明的特点，也具有与世界其他宗教的共性，藏传佛教的发展也要经历三个阶段：第一阶段，原始崇拜与苯教，相当于自然宗教，这个阶段实际上自苯教与藏传佛教相融合就已结束（远古—7世纪）；第二阶段，藏传佛教的形成与政教合一制度的建立，属于神学宗教，该阶段尚未结束，但是已经到了晚期（7—20世纪上半叶）；第三阶段，神学宗教经由“人间佛教”走向“道德宗教”（20世纪下半叶以来）。政教合一的封建农奴制度被废除，社会主义制度在藏区确立，为藏传佛教向道德宗教发展奠定了社会基础；无神论、唯物论以及现代文化和科学技术进入藏区，为藏传佛教走向道德宗教奠定了思想文化基础；藏传佛教的世俗化和“人间佛教”在藏区的实践，为藏传佛

---

① Robert Thurman, Inner Revolution: Life, Liberty, and the Pursuit of Real Happiness, Penguin, 1999.

教走向道德宗教奠定了宗教基础；藏传佛教僧人和信众适应时代发展潮流和宗教发展趋势，自觉地提升藏传佛教的道德教化功能，为藏传佛教走向道德宗教奠定了民众基础；中国共产党奉行的宗教信仰自由政策和在藏区实行的引导藏传佛教与社会主义社会相适应的政策，为藏传佛教走向道德宗教奠定了政治和法律基础。1980 年代以来，随着藏传佛教的世俗化和“人间佛教”的逐步实践，推动了藏传佛教的现代化，藏传佛教的神学色彩逐渐淡化，人文色彩逐渐增强，拉开了藏传佛教向道德宗教迈进的序幕，“道德宗教”是藏传佛教的必然归宿。[①]

四、战略对策——积极引导藏传佛教与社会主义社会相适应并及时推动其走向道德宗教

我们应当以战略眼光看待藏传佛教的新变化和新趋势，遵循藏传佛教的发展规律，结合西藏和其他藏区的实际，按照中央第四次西藏工作会议确定的发展战略，制定和实施战略性的对策，对藏传佛教进行改革，使之在实现西藏经济的跨越式发展和社会的长治久安中发挥积极作用，积极引导藏传佛教与社会主义社会相适应，推动藏传佛教完成神学宗教的发展阶段，由“人间佛教”走向“道德宗教”。

（一）“以教治教”

即把握藏传佛教的特点，充分发挥藏传佛教僧人和信众的主人翁精神和主动性、创造性和自觉性，适应时代的发展趋势和广大藏族人民的根本利益，改革传统的学经制度、寺院管理方式和活佛转世制度；弘扬藏传佛教史上的人文主义传统，在藏区倡导和实践“人间佛教”；总结 50 年治藏经验和藏传佛

---

① 《道德宗教——藏传佛教的变革方略》，《藏事探索》2001 年第 5 期，《调研参考》（增刊）2002 年第 1 期转载。

教政策，对活佛转世制度进行改革。为“以德治教”奠定基础，并使之成为继承和发扬藏族优秀传统文化的积极因素。20世纪下半叶以来，人类的知识水平和认知能力都有了极大地提高，世界已进入全球化和信息化时代，藏区的社会环境也发生了巨大变化。在这样的时代背景下，对学经制度、寺院管理方式和活佛转世制度进行改革，已成为藏传佛教生存和发展的重要前提。改革开放以来，国家对藏传佛教的学经制度和管理方式进行了改革，并收到了良好效果。在21世纪，需要总结经验和教训，深化对藏传佛教的改革。同时，应当抓紧研究活佛转世制度的改革方案，并制订出可操作的战略对策，以应对“后达赖时期”可能出现的复杂局面。及时在藏传佛教信众中倡导和实践“人间佛教”，有利于推进藏传佛教与社会主义社会相适应。

在藏区提倡和鼓励藏族僧众继承和发扬藏族高僧大德的人文主义传统，重人不重神，具有重要的现实意义。同时，认真对待传统文化与现代化的矛盾，在继承藏族优秀传统文化的基础上尽快健全中国特色的现代藏族文化。促进民族间认同，增强民族凝聚力和向心力，淡化民族的特殊性，提升民族的共性，达到民族间的相互认同。认真总结十世班禅转世的经验和教训，及时制订预防出现达赖“双胞胎”局面的对策，跟踪研究达赖集团在转世问题上的策略和措施，掌握西方反华势力在转世问题上的策略和动向。平等对待藏传佛教的四大教派，降低达赖在藏人心目中的地位，分化瓦解其“藏独”活动。妥善解决藏区的宗教问题，充分发挥藏区大活佛的作用，认真贯彻宗教信仰自由政策，创造藏传佛教主动与社会主义社会相适应的条件，淡化藏传佛教的神学色彩，宣扬藏传佛教史上的人文主义思想，倡导“人间佛教”，弘扬“爱国爱教”、“护国利民”的优良传统，增强藏传佛教的道德教化、文化和旅游功能，发展寺院经济，实现自养，积极引导藏传佛教由神学宗教走向道德宗教。

(二)“以法治教”

即运用国家的宪法、法律和政策对藏传佛教进行管理，积极引导藏传佛教走向道德宗教，为“以德治教”提供保障，引导并改造藏传佛教，使之为实现藏区的长治久安发挥积极作用。积极引导宗教与社会主义社会相适应，主要包括两方面的含义：一是信教群众要遵守社会主义国家的法律、法规和方针政策。法律保障宗教信仰自由，宗教必须在法律的范围内活动；二是宗教活动要服从和服务于国家的最高利益和民族的整体利益，宗教界人士要爱国、进步，要为祖国统一、民族团结和社会主义发展多作贡献。1980年代以来，国家在藏区所实行的符合藏区实际的民族政策和宗教政策，倡导僧人爱国爱教，遵纪守法，对藏传佛教采取管理、整顿、教育等策略，积极引导藏传佛教与社会主义社会相适应，强化了藏传佛教的道德功能，推动了藏传佛教由神学宗教向道德宗教的发展，为继承和发扬藏族优秀传统文化、实现藏区的长治久安发挥积极作用。

(三)“以德治教”

即遵循江泽民同志提出的“以德治国”的思想，对藏传佛教实行“德治”；创造藏传佛教走向道德宗教的重要条件——发展经济、推进科技、加快藏区社会的现代化步伐，使之成为实现藏区经济跨越式发展的动力。中国共产党50年治藏的经验和教训证明，只有掌握好软（德治）和硬（法治）的度，“恩威并施”，才能实现藏区的长治久安。江泽民同时说，我们实行宗教信仰自由政策的根本出发点和落脚点，就是要大力加强广大信教和不信教的群众的团结，把他们的力量凝聚到建设有中国特色社会主义这个共同目标上来。宗教工作，最根本的是做信教群众的工作，是要做团结和教育信教群众为祖国富强和民族振兴积极贡献力量。[①] “攻心为上”，“以法治教”往往只能达到“口服”，注重“以德治教”可以达到“心服”。应当运用心理学和心态史学的方法，认真调查和分析僧人、活佛和信教群众的心理、心态、观念、思想，区分认识和信仰的关系，研究僧人和信徒对藏传佛教和达赖喇嘛的信仰、对僧俗关系的理解、对藏区历史和文化的了解、对“西藏问题”的态度，以及对汉族、共产党和中国历史与现实的认识。在新时代的藏区，法治与德治缺一不可，只有以德服人，才能得人心，只有将以德治教和以法治教有机地结合起来，才能在藏区结成最广泛的统一战线。因此，应当高举道德宗教的旗帜，对藏传佛教实行法治和德治，以道德宗教来对付“藏独”活动。应当高度重视宗教的道德教化作用，充分发挥大活佛的作用。在藏区，藏传佛教的道德教化作用是行政手段和法律手段无法替代的。

制定战略性政策，引导藏传佛教走向“道德宗教”。1980年代以来，中央所实行的民族和宗教政策，倡导僧人爱国爱教、遵纪守法，对藏传佛教采取管理、整顿、教育等策略，增强了藏传佛教的道德功能，对藏传佛教走向世俗化和道德化起了引导作用。在21世纪，“西藏问题”出现新的变化，我们应当处理好藏区的宗教问题，淡化神学宗教，及时引导藏传佛教走向道德宗教。

藏区的大开发和全面建设小康社会，对藏传佛教形成挑战，也为它的现代化和走向道德宗教带来了机遇。随着中国逐步实现现代化，藏区经济发展、科技进步、社会主义现代化、藏族民众精神和物质生活水平提高，藏传佛教的神学功能将进一步削弱，其道德教化功能将大大增强。寺院等宗教场所将从单一的宗教功能，发展成为具有宗教、文化、旅游、文物等功能的人文景观。可以预言，到21世纪末，藏传佛教的个性将会削弱，宗教的道德功能将会增强，从而进入道德宗教阶段。

① 江泽民:《论宗教问题》，载《江泽民文选》第三卷，人民出版社，2006年。

加快藏区的开发和开放，青藏铁路的建成通车，支线机场的通航，将逐渐实现藏区与内地经济一体化，使藏区全面开放。人类社会的发展、全球宗教和中国宗教的世俗化趋势和现代文明的冲击，迫切要求对出现世俗化倾向的藏传佛教进行改革。时代呼唤藏传佛教改革家的出现，以领导藏传佛教圆满地实现“弘法利生”、“庄严国土、利乐有情”的使命。只有进行改革，才能促成藏传佛教适应时代，顺利进入新的发展阶段，避免被社会和时代淘汰。从这个意义上说，当前中央实行的藏传佛教政策，是从藏传佛教的实际出发，符合中国宗教发展的客观规律，适应全球宗教发展趋势的正确抉择。藏传佛教发展内因和外因的互动，必定会为实现藏区社会经济的跨越式发展作出贡献。

21 世纪，在人类社会和宗教世俗化的背景下，在全球化浪潮的冲击下，一方面，藏传佛教的生存和发展面临严峻的挑战，另一方面，藏传佛教的发展和变化关系到藏区经济的发展、社会的稳定和“西藏问题”的动向。在这样的形势下，“以德治教”与“以教治教”和“以法治教”相结合，形成内因和外因互动的合力，有利于调动藏区广大僧人和信教群众投身藏区的现代化建设；有利于藏传佛教适应时代的要求和中国的国情健康发展，淡化其神学功能，增强其道德教化功能，逐步走向道德宗教；有利于藏区经济的跨越式发展和社会的长治久安；有利于对付达赖集团的“藏独”活动，遏制“西藏问题”国际化加剧的趋势。总之，“人间佛教”和“道德宗教”是藏传佛教适应时代发展潮流和宗教发展趋势，实现现代化和求得新生的变革方略和必由之路。藏传佛教只有实践“人间佛教”，走向“道德宗教”，才能在全球化、信息化和藏区现代化的挑战中书写发展的新篇章。

（原载《西藏大学学报》，2007 年第 1 期）

藏传佛教对藏区构建和谐社会的影响

——以云南藏区为例

2007年7月29日至8月23日，笔者就自己设计并独立承担的中央党校西藏班（一支部）课题“充分发挥藏传佛教在西藏构建和谐社会中的积极作用”，赴滇川藏区和“藏彝走廊”进行了实地考察，具体考察地点是云南的丽江、迪庆州的中甸（香格里拉）和德钦，川滇交界地泸沽湖，全国两个藏族自治县之一的木里县，四川的西昌市等地，重点考察上述地区藏传佛教的现状及其对所在地区社会经济发展的影响。重点考察的寺庙是中甸的松赞林寺、德钦的东竹林寺、德钦林寺、木里的木里寺和康坞寺，并在成都市召开了“藏传佛教对藏区构建和谐社会的影响”研讨会。巧合的是，这次实地考察既是“香格里拉”之旅、“藏彝走廊”之旅，也是“洛克线路”（美国探险家洛克当年的考察路线）之旅。这次实地考察得到了迪庆州委统战部、州人大、松赞林寺民管会，德钦县委、县政府，木里县统战部、县政协、固增乡党委、木里寺等部门的热情支持和帮助，在此表示衷心的感谢。现以这次实地考察所了解的情况和收集的第一手材料为依据，并结合本人近年来对当代藏传佛教和对藏区构建和谐社会的实地调查和研究的成果，就藏传佛教对藏区构建和谐社会的影响提出调研报告。不当之处，请方家指正。

一、发挥藏传佛教对藏区构建和谐社会的积极作用的必要性、紧迫性和可能性

(一)藏区社会存在不和谐因素,发挥藏传佛教在藏区构建和谐社会中的积极作用具有重要的现实意义

当前,由于西藏社会还处于“社会主义初级阶段的低层次”(这一认识是西藏自治区党委于1988年提出并于1998年再次确定的),西藏和四省藏区并不是“净土”。加引号的“西藏问题”和不加引号的西藏问题还大量存在:包括主权问题、分裂与反分裂的问题、边境安全问题,以及民族问题、宗教问题、经济问题、文化问题、社会问题、交通安全问题、旅游景点参观问题、统战工作问题、流动人口问题、边境地区社会问题、国外藏胞问题,等等。这些问题的存在,导致西藏和四省藏区社会不稳定的因素不但继续存在,而且还逐渐增多,如2006年西藏发生的烧皮毛事件、砸毁“多吉秀丹”事件;2007年夏天四川省甘孜州的稻城因采挖虫草等经济利益冲突引发的群体械斗事件;青海省果洛州大武发生的部分藏民捣毁39家回民商店的事件等。这些重大突发事件的发生表明,随着藏区社会经济的发展、改革开放的深入和市场经济引起的激烈竞争,导致一些藏区经济矛盾、民族矛盾、宗教矛盾日益尖锐,藏区构建和谐社会不仅非常迫切,而且任务十分艰巨。

显然,在基本群众依然信仰藏传佛教的藏区,要构建和谐社会,就不可能回避藏传佛教的社会作用和影响,这就涉及对藏传佛教进行深入的调查、研究和再认识的问题。要治理好藏区,应当将以法治藏和以德治藏有机地结合起来,形成良性互动。藏传佛教对藏区民众具有独特的道德教化功能,构建藏区和谐社会,不仅要做到口服,更重要的是要做到心服。藏传佛教实际上是藏区软实力的重要组成部分,在治理藏区时应考虑

利用藏传佛教的作用和影响。应当在总结历史经验和教训的基础上，充分发挥藏传佛教在治理藏区和构建藏区和谐社会中的积极作用。需要指出的是，藏传佛教僧人和藏区广大信众既是中国的公民，也是人民群众。在这样的社会环境下，贯彻执行党的群众路线政策和牢记我们党克敌制胜的三大法宝之一的“统一战线法宝”就显得非常重要。因此，在藏区构建和谐社会的实践中清醒地认识藏传佛教的作用和影响，充分发挥藏传佛教在藏区构建和谐社会中的积极作用，这是当前中国共产党治理藏区亟待研究的重要课题。

（二）党中央对宗教的社会作用和影响的认识的进一步深化，是认识藏传佛教对藏区构建和谐社会的影响的指南

江泽民同志指出：“宗教的存在，是以大量群众信奉为前提的。……由于宗教的这种群众性，宗教往往构成一种非常强大的社会力量，处理得好，可以对社会发展和稳定产生积极作用；处理得不好，就会产生消极作用，甚至产生很大破坏作用。关键看能否有效地管理和引导宗教，减少宗教中的消极因素，发挥宗教中的积极因素。”① 胡锦涛总书记指出：“正确认识和处理宗教问题，切实做好宗教工作，关系党和国家工作全局，关系社会和谐稳定，关系全面建设小康社会进程，关系中国特色社会主义事业发展。”②《中共中央关于构建社会主义和谐社会若干重大问题的决定》指出：“全面贯彻党的宗教信仰自由政策，依法管理宗教事务，坚持独立自主自办的原则，积极引导宗教与社会主义社会相适应，加强信教群众同不信教群

① 江泽民：《论宗教问题》，载《江泽民文选》第三卷，人民出版社，2006年。

② 胡锦涛在中共中央政治局第二次集体学习时的讲话，2007年12月18日。

众、信仰不同宗教群众的团结，发挥宗教在促进社会和谐方面的积极作用。”《决定》还指出，在构建社会主义和谐社会中，要促进五大政治社会关系的和谐，其中包括宗教关系的和谐。所谓宗教关系的和谐，包括宗教与社会的和谐，宗教之间的和谐，各宗教内部的和谐，信教群众和不信教群众、信仰不同宗教群众之间的和谐。胡锦涛总书记还指出：“对各民族在历史发展中形成的传统、语言、文化、风俗习惯、心理认同等方面的差异，我们要充分尊重和理解，不能忽视它们的存在，也不能用强制的方式加以改变。”① 国务院于2004年颁布的《宗教事务条例》，其宗旨就是“维护宗教和睦和社会和谐”。国务院宗教局局长叶小文发表文章说：在建设中国特色社会主义的新的历史条件下，我们党需要明确指出宗教不仅有消极因素也有积极因素。“我们党代表人民群众的根本利益，当然也包括广大信教群众的利益；我们党依靠最广大人民的力量，当然也包括依靠广大信教群众的力量。信教群众也是我们党执政的群众基础和建设中国特色社会主义、构建社会主义和谐社会的重要力量”。看待宗教要有“四个全面认识”——全面认识宗教产生和存在的深刻历史根源、社会根源、认识根源、心理根源，全面认识宗教在社会主义社会将长期存在的客观现实，全面认识宗教问题同政治、经济、文化、民族等方面因素相交织的复杂状况，全面认识宗教对相当一部分群众有较大影响的社会现象。要客观认识宗教的社会作用，从“和为贵”、“和而不同”、“求同存异”的角度，以政治上团结合作、信仰上相互尊重为前提，改变过去有的同志只习惯于从消极方面着眼、过分强调信教与不信教群众的差异的思维定式，多从正面把握信教群众与不信教群众在根本利益上的一致性，致力于促进建立和谐关系；把积极引导宗教与社会主义社会相适应，具体化为“正确认识和处理信教群众和不信教群众、信仰不同宗教

① 胡锦涛在中央民族工作会议上的讲话，“新华网”，2005年5月27日。

群众之间的关系”，并将之作为构建社会主义和谐社会的一项重要工作。发挥宗教的作用应当着力于“两个最大限度”——更加积极主动地正视矛盾、化解矛盾，最大限度地增加和谐因素，最大限度地减少不和谐因素，不断促进社会和谐。公民享有宗教信仰自由，这是宪法赋予公民的一项基本权利。尊重和保护公民宗教信仰自由，是我们党维护人民利益、尊重和保护人权的重要体现，是巩固和扩大党的群众基础的必然要求，是把广大信教群众凝聚到全面建设小康社会这个共同目标上来的必然要求，也是加强信教群众同不信教群众、信仰不同宗教群众的团结的基本前提。我们并不认同将宗教完全等同于文化的观点，但也不否认若干宗教经典、教义，宗教道德、艺术中所积累着的人类生命繁衍的文化信息，所渗透着的历史积淀的体验和哲理，所孕育着的民族优秀文化因素，所镌刻着的人类精神文明发展的轨迹。①

党中央对宗教的认识和制定的宗教政策，揭示了宗教所具有的两面性。美国哲学家、史学家威尔·杜兰也指出：“宗教是一种很难定性、不易评判的社会现象：一方面，它与人类文明有着不可分割的渊源联系，并造就出众多思想家、科学家、艺术家、政治家和具有崇高道德力量的伟人；另一方面，在人性的偏执、社会的罪恶、种族的仇视中，也经常能看到宗教的阴影，宗教又常常成为社会动荡、冲突，甚至战争的助力。”②

藏区经济、政治、文化、社会、宗教、生态、政策等方面的和谐，可以归结为人与自然、人与人、人自身三方面的和谐。因此，关于藏传佛教对藏区构建和谐社会的影响的认识，就从这三方面展开。

---

① 叶小文：《发挥宗教在促进社会和谐方面的积极作用》，分别发表于中共中央党校《学习时报》第367期（2006年12月27日）和《求是》，2007年第11期。

② ［美］威尔·杜兰：《世界文明史》，东方出版社，2003年。

二、藏传佛教对藏区构建和谐社会具有重要的影响

（一）藏传佛教对藏区人与自然和谐的影响

1. 积极影响

恩格斯说：当人类欢庆自己对大自然的胜利时，伴随而来的是大自然对人类的惩罚。科学家爱因斯坦说："我们的任务是要解放我们自己，这需要扩大我们同情的圈子，包容所有的生灵和美妙的大自然。"藏传佛教对藏区人与自然和谐的积极影响体现在两个方面：

（1）藏传佛教观念对人与自然和谐的影响。藏传佛教神山圣湖的划定，客观上对保护藏区生态环境起了积极作用。藏区的神山和圣湖主要有西藏的冈仁波且、纳木错湖、玛旁雍错湖、羊卓雍错湖、措高湖、拉姆拉错湖，青海的阿尼玛卿山，云南的玉龙雪山、梅里雪山、白玛雪山、普达错湖、泸沽湖（湖心有两个小岛，一个岛上建有寺庙，一个岛上住着活佛），四川的贡嘎山、五须海等。这些地区的自然环境和生态都因此而受到了较好的保护，后来几乎都被国家划定为自然保护区。

（2）藏传佛教僧人和信众对保护藏区生态环境的贡献。藏传佛教的戒律明确规定"不杀生"，"广道众生，皆是我父母，杀而食之，即杀我父母"。"不杀为诸戒之首，而放生为众善之先也"。认为动物也是有情世界，应以悲悯心来面对它们。并且，藏传佛教强调轮回和因果报应，出于对犯戒进入"三恶趣"的恐惧和对进入极乐世界的渴求，藏族民众具有很强的生态环境保护意识。因此，藏传佛教僧人和信众对于协调人与自然的关系、保护生态平衡作出了贡献。如四川木里的木里寺、康坞寺，德格的八邦寺，西藏林周的热振寺，甘肃的拉卜楞寺，青海班玛县的朵知钦寺，云南德钦的德钦林寺等，都是由于寺庙的存在和僧人与信众的保护，当地的生态环境良

好，人与自然和谐相处，在一些地区形成“天人合一”的生态景观。藏传佛教的世外桃源“香巴拉”的理念，对云南迪庆州打“香格里拉牌”以及国家划定“大香格里拉生态文化旅游区”，也产生了十分重要的影响。这不仅保护了当地的自然环境和人文环境，而且促进了当地社会经济的发展。

2. 负面影响

（1）藏传佛教将藏区的山脉、河流、湖泊等自然现象神化，造成藏族民众对自己所在的地理环境产生畏惧，使一些藏族民众沦为大自然的奴仆，妨碍了藏区民众对大自然的改造（开发和利用）。

（2）藏传佛教对藏区大自然的神化，导致藏区保护与适度发展的矛盾，不利于藏区社会生产力的发展，如前些年藏区的一些水电和水利工程，就因担心惊动神山或圣湖只好作罢。

（二）藏传佛教对藏区人与人之间的和谐的影响

1. 积极影响

（1）藏传佛教对藏族内部和谐的积极作用。按照佛教缘起说，没有任何事物可以离开因缘而独立存在，万事万物息息相关，是一种和合共生的关系。人心和善，人际和顺，家庭和睦，社会和谐，人间和美，世界和平，一直为佛教所倡导，并成为其修为、奋斗的目标。自7世纪佛教传入藏区并演变为藏传佛教以来，其抑恶扬善的教义，不仅凝聚了藏族人心，而且促进了藏族内部的和谐。藏传佛教不仅对传承藏族文化、稳定藏族社会、增强藏区对中央政府的向心力起到了积极作用，而且将一个尚武的民族，变成了一个慈悲向善、宽容利他的民族。相反，在佛教还没有深入藏民族人心的吐蕃王朝，不但建立吐蕃帝国，而且攻下了当时强盛的唐朝的都城长安，占领了敦煌，控制了西域和丝绸之路，打到印度的恒河边上。在21世纪的今天，藏传佛教依然产生着凝聚藏族人心和促进藏族内部和谐的积极作用。同时，藏传佛教对于藏区经济发展、政治稳定、文化繁荣、社会和谐、生态平衡等方面也具有独特的作用。如中甸的松赞林寺，就对调解寺庙周边乡村之间和民族之间关系发挥了积极作用；木里寺对附近乡村的村民也产生着凝聚人心、调解矛盾、和睦共处的影响。松赞林寺设立了3个机构：寺庙民主管理委员会、景区管理委员会、松赞林寺管理局。据该寺喇嘛介绍，该寺在调解乡村与寺庙之间、乡村之间、村民之间、邻里之间的关系方面发挥了积极的作用，如拉姆雍错和转经路原属寺前的林古龙村和小街子村所有，寺庙在不得不占用这片土地时，经过与村里协商，以购买的方式获得。藏传佛教寺庙和僧人的法事活动，有利于藏区社会的和谐。据固增乡的负责人介绍，在木里寺，寺庙和僧人在养成良好的道德、遵守良好的风俗习惯和国家法律法规方面为当地村民起到了模范带头作用，对当地村民起到了约束的作用，村民少有打架斗殴、赌博、吸毒贩毒、酗酒肇事等现象。

（2）藏传佛教对藏族与其他民族和睦相处的积极作用。《华严经·十地品》曰：“菩萨最胜道，利益诸众生。”《华严经·回向品》曰：“所修种种诸善行，悉为利益诸含识（‘含识’为有情众生之称）。”《入菩萨行论》曰：“心生利众一念头，功德远胜供养佛，为求一切众生利，做事功德何须说。”小乘佛教以自修清净道德、不损害别人为人生最高价值准则，大乘佛教认为修佛的目的是拯救众生离苦得乐，菩萨道行也要通过利众的善德善行来完成，敬爱众生、利乐众生是大乘佛教的最高价值。青藏高原的居民以藏族为主体，同时还居住着数十个其他民族。藏传佛教因其向善利他宽容的教义而对其他民族具有很强的包容性，对藏族与其他民族和睦共处起到了积极作用；其他民族中的一些人也因藏传佛教的吸引力而信仰或认同藏传佛教，与藏民族和睦共处。并且，正是由于藏民族和汉民族都信仰佛教，从而使这两个民族自7世纪起就建立了亲密友好的关系。无论是在青海、甘肃和四川阿坝所在的安多藏区，还是在甘孜、昌都、玉树、迪庆所在的康巴藏区，或是西藏所在的卫藏地区，藏族与其他民族都长期和睦相处，这既有地缘、经济、文化等方面的原因，也有藏传佛教的积极影响。在笔者实地考察的“藏彝走廊”地带，主要居民除了藏族之外，还有纳西族、彝族、傈僳族和摩梭人，仅迪庆藏族自治州就有 18 个民族。这些民族一般都信仰或认同藏传佛教，如摩梭人的家乡泸沽湖的湖心岛上就建有藏传佛教寺庙和活佛的住所。藏传佛教对“藏彝走廊”不同民族长期和睦相处产生了深远影响。

2. 负面影响

（1）宗教与世俗的矛盾，藏传佛教世俗化，一些藏传佛教僧人与“西藏问题”纠缠在一起，同情甚至支持分裂势力的破坏活动，对藏区社会的稳定和边疆的安全产生了负面影响。

（2）对社会生产力发展的负面影响。由于“重来世，轻现世”，把精力放在追求涅槃境界，忽视生产生活状况；由于皈依“三宝”，僧人地位较高，青壮年出家，从事生产的人口减少，同时家人还要供养僧人，加重了家庭和社会负担；由于施行“六度”，向寺庙布施大量钱财，寺庙聚集了大量的财富，民间流通资金少，不利于藏区社会经济的发展；藏传佛教“重义轻利”，人与人之间讲情义和互助，视商贸活动为尔虞我诈和唯利是图，这对净化社会风气和个人道德修养有益，但是又造成藏族人民市场经济意识淡薄，不重经济效益，不懂经济规律，生活水平得不到提高；藏传佛教视人生为苦，一切根源于前世所造的恶业，只有多行善业，不造恶业，才能求得来世的好报，这有利于藏区社会稳定，但是又使藏族民众不去寻求真正的人间天堂，而是安于现状，忍辱无争；藏传佛教重视人的精神世界，鄙弃物质世界，各种戒律和苦修最终都是要竭力消除人的欲望，淡泊名利，不求物质利益，这就削弱了人的主动精神和进取心；藏传佛教“不杀生”的教义，不仅使藏区的一些地方不敢除害虫，而且导致一些农牧民信徒对自己饲养的牛羊等牲畜惜杀，出现“端着金饭碗要饭吃”的现象。

（3）僧人内部也存在矛盾和内讧。如格鲁派内部就存在信仰与不信仰“多吉秀丹”的分歧，甚至发生了甘丹寺僧人因此分歧而发生冲突，砸毁“多吉秀丹”的事件。

（三）藏传佛教对藏区人自身的和谐的影响

1. 积极影响

（1）修心——有益于人的心理健康。《佛经》曰：诸恶莫做，诸善奉行，自净其心，此乃佛教。佛教戒律的根本原则是行善、戒恶、利益众生，其基本戒律是行十善：不杀生害命、不偷盗掠夺、不搞性犯罪活动、不说谎言、不说离间语、不说是非语、不说伤人恶语、不贪财利、不生伤害他人之心、不信邪教不持邪见；戒“十恶”：杀生、偷抢、奸淫、撒谎骗人、进行挑拨离间、散布流言飞语、恶语伤人、贪财牟利、生伤害他人之心、信邪教持悖理邪见。菩萨戒还规定无私做利众之事，不能做危害众生、损害众生利益之事。中国佛教认为，“心净则国土净，心安则众生安，心平则天下平”，提出“和谐世界从心开始”的口号。提倡“择善人而交，择善书而读，择善言而听，择善行而行”[①]。爱因斯坦说：“只要未知领域存在，就没有办法排除宗教”[②]。奈斯比特说：“我们的生活方式越趋同一，我们对更深层的价值观，即宗教、语言、艺术和文学的追求也就越执著。在外部世界变得越来越相似的情况下，我们将愈加珍视从内部衍生出来的传统的东西。”[③] 在现代社

---

① 西昌泸山光福寺寺铭。

② ［美］萨缪尔:《爱因斯坦的圣经》,马永波、李斯译,海南出版社,2000 年。

③ ［美］奈斯比特著、军事科学院外国军事研究部译：《2000 年大趋势》，第 141 页，中共中央党校出版社，1990 年。

会，由于现代化进程的加快和全球化浪潮的冲击，导致人们的工作节奏加快，生活压力加大，不少人因此而得了抑郁症、癌症等，有的人无法解脱，走上了自杀的道路。在步入现代化的发展中国家中也出现了上述“现代病”。显然，如果只有健康的体魄没有健康的心灵，也不能称为健康的人。有学者指出：在我国处于社会结构变动和全球化浪潮冲击、改革的深层次矛盾和利益格局冲突加剧、社会价值体系和道德标准失衡的态势面前，“相当一部分”社会成员转向宗教信仰当中寻求心理支撑和精神慰藉，乃至寻求生命意义，并不是什么不可思议的现象。[①] 藏传佛教同汉传佛教一样，具有缓解压力和心理治疗的功能。[②] 而治疗的力量不是来自外物，而是出于内心。明心见性，平和的心可以保护身体健康。并且，“心净则行净，行净则众生净，众生净则国土净”。这与儒家“格物致知，诚意正心，修身齐家治国平天下”是相通的。这种净化人心的修炼被美国藏传佛教专家罗伯特·瑟曼（Robert Thurman）称为“内心革命”（inner revolution）。

建设和谐社会，除了完善法制和社会制度，消除外部的各种不和谐因素外，更重要的是要重视内因，净化人心，提高人们的理性素质和道德自律意识，满足人们的精神需求。藏传佛教制定了十善业道和各种戒律，要求僧人和信徒行善戒恶，视一切有情众生为自己的父母，以大慈大悲之心去普度受苦受难的众生，不为钱财所累，利益他人。对于净化藏区人心、提升藏族民众的道德境界具有独特的作用。同时，由于藏传佛教认为人生来就苦，要僧众潜心向佛，内心宁静，追求解脱，这就在一定程度上化解了人们对现实的不满，也有益于心理健康。藏传佛教的戒律以及大慈大悲、诚信不欺、利益众生的教义和

① 张新鹰：《引导宗教参与和谐社会建设的纲领性文件》人民网，2006 年 12 月 10 日。

② 顿珠活佛著、郑振煌译：《心灵神医》，中国藏学出版社，2006 年。

主张，对于净化人心，增强人们的道德自律意识，协调人际关系，化解矛盾和纠纷，防范社会犯罪活动，安定人心，以及坚守诚信、抑制贪欲、构建和谐社会，都具有积极意义。

（2）修身——有益于人的生理健康。作为一种强调修炼的宗教，藏传佛教具有修身养性的功能。通过打坐、观想、面壁，以及各种转经（如转寺、转山、转湖等），既修炼了佛法、了了心愿，又锻炼了身体。笔者在木里寺亲身感受了喇嘛一整天念经做法事对修身的有益作用。

2. 负面影响

（1）少数僧人不学无术，不能独身善守。藏区现在少有令僧人、信徒和社会信服的高僧大德。笔者从松赞林寺的高僧那里了解到，与其他地区的格鲁派寺院不同，该寺先学密宗，一些僧人不像从前那样勤奋，一些僧人没有学完传统的经论，更不能背诵；少数年轻僧人路上遇见年纪大的僧人，不像从前那样恭敬，僧人也难以管理了；生活方式可以变，教规教义不能变。东旺的僧人，小寺往大寺跑，穷寺往富寺跑，增加了大寺管理的难度，导致小寺关门；还俗僧人不能融入社会，一些人成为无业游民，成为社会不和谐的因素；高层僧人与低层僧人之间存在收入差异，僧人与当地村民之间存在利益之争，如开辟旅游景区。不同宗教之间也存在矛盾，藏传佛教与基督教、天主教、伊斯兰教之间。松赞林寺共有 8 个康村，4 个康村信仰“多吉秀丹”，4 个康村不信，人数几乎各占一半。而且藏传佛教过度世俗化，一些僧人破戒，一些假喇嘛、花和尚招摇过市，伸手要钱，甚至骗钱。笔者在泸沽湖畔的一户“摩梭人之家”，就目睹了假喇嘛“念经”骗钱的鬼把戏。这不仅伤害了藏传佛教、降低了藏传佛教的威信和在信徒心目中的地位，而且败坏了社会风气。正如《萨迦格言》所揭露的：“‘别杀羊’是喇嘛说的，‘拿肉来’也是喇嘛说的。”

（2）极少数不学无术的僧人以所谓的“佛法”和“密

宗”愚弄海内外信徒，不仅伤害了盲目的信徒，而且败坏了藏传佛教的声誉。藏传佛教自身的不和谐，导致藏传佛教对藏民族的凝聚力的削弱和对信徒的吸引力的降低。

三、发挥藏传佛教对藏区构建和谐社会的积极作用的对策

（一）正视、重视和利用

（1）正视藏传佛教在当前藏区的社会作用和影响。胡锦涛总书记指出，党的十七大强调，要全面贯彻党的宗教工作基本方针，发挥宗教界人士和信教群众在促进经济社会发展中的积极作用。这是做好新形势下宗教工作的根本要求。[①] 藏区构建和谐社会，需要将包括藏传佛教在内的一切有利于和谐社会发展的积极因素调动起来。这就需要正视藏区基本群众都信仰藏传佛教的现实，正视市场经济、外来文化、现代化和全球化对藏传佛教的冲击和影响。在看到藏传佛教对藏区社会经济发展具有负面影响和阻碍作用的同时，还要看到藏传佛教对于凝聚藏族人心、规范藏区民众的言行、化解藏区社会矛盾等方面的积极作用，将广大藏族群众团结到构建和谐社会的伟大实践中来。

（2）重视对藏传佛教的调查和研究，摸清藏传佛教的“家底”。弄清当前藏传佛教的基本情况及其对藏区社会的影响，包括全国藏区寺庙和僧人的数量，占全国藏族人口的比例，西藏及四省区藏区各有多少寺庙和僧人，四大教派各个教派寺庙和僧人的数量，藏传佛教信徒的基本数量，藏区信教群众的基本状况，藏传佛教的世俗化程度等。在此基础上调整和

---

① 胡锦涛在中共中央政治局第二次集体学习时的讲话，2007 年 12 月 18 日。

实施对藏传佛教的政策，促进藏传佛教与社会主义社会相适应，为维护国家统一、民族团结和藏区社会稳定发挥其积极作用。

（3）充分发挥藏传佛教僧人和信众在藏区构建和谐社会中的积极作用。团结“政治上靠得住、学识上有造诣、品德上能服人”的藏传佛教僧人，在制定宗教政策和相关法律法规的过程中，广泛征求藏传佛教界人士的意见，积极支持各藏传佛教僧人对其教义做出符合社会进步需求的解释，努力挖掘和弘扬藏传佛教的教义和伦理道德中有利于时代进步和社会和谐的内容，鼓励藏传佛教各教派僧人和信众投身社会公益事业。

（二）因势利导，实践“人间佛教”，走向“道德宗教”

江泽民同志指出：“宗教的存在，是以大量群众信奉为前提的。……由于宗教的这种群众性，宗教往往构成一种非常强大的社会力量，处理得好，可以对社会发展和稳定产生积极作用；处理得不好，就会产生消极作用，甚至产生很大破坏作用。关键看能否有效地管理和引导宗教，减少宗教中的消极因素，发挥宗教中的积极因素。”① 因此，对历史悠久、藏族基本群众信仰而具有广泛影响的藏传佛教，在正视、重视的同时，还应当因势利导，效仿汉传佛教倡导的“人间佛教”和西方佛教提倡的“入世佛教”（engaged Buddhism），在爱国爱教的旗帜下，本着“政治上团结合作，信仰上互相尊重”的原则，鼓励和支持藏传佛教僧人和信众在藏区实践“人间佛教”，“庄严国土，利乐有情”，“护国利民”，在以法治藏，运

---

① 江泽民：《论宗教问题》，载《江泽民文选》第三卷，人民出版社，2006年。

用政策、法律等刚性手段治理藏区的同时，重视以德治藏，发挥藏传佛教的柔性特点，将刚性和柔性的治理有机地结合起来，引导藏传佛教走向“道德宗教”，减少乃至消除藏区存在的各种不和谐现象，早日实现和谐藏区的美好目标，将藏区建成人与自然和谐、人与人和谐、人自身和谐的人间“香格里拉”。

（原载《中央党校培训部论文选》，2007 年印制）

康藏研究

“康巴学”的提出与藏学界的回响

——兼论构建“康巴学”的学术价值和现实意义

一、“康巴学”的提出及各方的反应

（一）“康巴学”的缘起

2004年8月，我在《康巴文化名人论坛文集》中发表了一篇论文：《康巴文化在国外的传播和影响——以国外康巴研究为例》。该文分为四部分：“导论——康巴文化和康巴学”：1. 国外康巴研究之路，2. 国外康巴研究的新进展，3. 国外康巴研究评论。这篇文章在不经意中提出了“康巴学”的概念，该文有两处、三段文字阐述“康巴学”。在该文“导论”的第二节“康巴学是中国藏学的有机组成部分”中是这样阐述的：“历史上国内外学者对康巴的探险、考察和研究，尤其是民国时期以任乃强、谢国安、李安宅为代表的藏学先驱对康区的研究，奠定了康巴研究的坚实基础，逐渐形成了‘康巴学’。中国藏区按方言划分的三大区域，藏学研究的分支理应划分为卫藏研究或卫藏学、西藏学，康巴研究或康巴学，安多研究或安多学。康巴学，就是研究通行康方言的康巴藏区的学科，它是藏学的重要分支，是中国藏学的有机组成部分。康巴学的学科体系应包括：康巴地理、康巴历史、康巴文化、康巴宗教、康巴经济、康巴政治，也包括国外的康巴研究，如国外的康巴人、康巴文化在国外的传播和影响、国外的康巴研究等。

21世纪，中国藏学界在康巴研究领域的使命和责任，首先是‘知己’——真正弄清‘我是谁’，认识和把握康巴的特点、康区的区情、康巴研究（康巴学）的现状。其次是‘知彼’——一是真正弄清‘你是谁’，了解和认识卫藏与安多的特点、卫藏与安多研究、中国藏区区情、国外藏人与国外藏学；二是真正弄清‘他是谁’，了解和认识兄弟民族的历史和现状、充分认识中国国情世界大势。只有这样，才能深化康巴研究，促进中国藏学的繁荣。中国藏学研究人员不仅要了解康巴、认识康巴、研究康巴，而且要对康巴研究——康巴学进行反思和总结，不仅要了解和掌握国内康巴研究的进展、前沿和动向，还要了解和掌握国外康巴研究的进展、前沿和动向，这样才能对康巴和康巴研究有一个全面而系统的认识，才能把握康巴文化和康巴学的特点、规律和走向，从而形成具有康巴气派、中国特色和国际水准的康巴学”。①

这篇文章的第三部分第三节写道：“中国藏学工作者应当继承和发扬中国学者的康巴研究传统，吸收和借鉴国外的康巴研究成果，加强对康巴藏区的研究，促进康巴藏区的发展，提升康巴研究的整体水平，形成康巴学的完整体系，繁荣祖国的藏学事业。对国内外康巴研究的历史和现状进行系统的总结和反思。康巴藏区的本土学者之间、与国内外康巴研究学者之间进行精诚合作，为康巴现实服务，以康区已出版的地方志为基础，深化康巴研究，早日出版《康巴百科全书》、《康巴名人录》；为康巴学术服务，早日出版《康巴学》、《康巴史》和

① 《康巴文化名人论坛文集》，第397—398页，泽波、格勒主编，中国藏学出版社，2004年。书中还刊载了本人辑录的《国内康巴研究论文索引》（1949—2004年）。

《康巴通史》。"①

2006年6月22—23日，由西南民族大学和中国藏学研究中心联合主办、在成都召开的"第一届康藏研究国际学术研讨会"上，"康巴学"研讨会的主题之一，在四川社会科学界德高望重的著名学者李绍明先生（费孝通先生的学生、曾任四川省社科联主席和四川省人大常委）在大会"学术主题发言"中，向参加研讨会的全体代表非常严肃地指出："'康巴学'的概念由中国藏学研究中心研究员杜永彬先生在2004年首届'康巴文化研讨会暨康巴文化名人论坛'"上首次提出。在《康巴文化在国外的传播和影响——以国外康巴研究为例》一文中，杜永彬先生对康巴学的定义、内涵和学科体系进行了初步界定。他认为康巴学就是研究通行康方言的康巴藏区的学科，包括康巴地理、康巴历史、康巴文化、康巴宗教、康巴经济、康巴政治和国外康巴研究等内容。从学科定位来看，它是藏学的重要分支。在本次会议的主题发言中，杜永彬先生针对会议的讨论热点，在追溯国内外学者对康区研究的已有成果的基础上，再次重申了提出"康巴学"概念的理由。他强调指出，"康巴学"的提出是藏学研究走向深入的必然结果，比"康巴学"的名称更重要的，是从一个人类学家的使命感和责任感出发，加强对"康区"和"康区的人"的全面研究。至于"康巴学"的学科定位和发展前景，杜永彬先生以"藏学"的发展历程为例，在类比中暗示了他的美好憧憬。李绍明先生在会议主题发言中，进一步阐述了康巴学的学科定位问题。他认为，随着康巴研究的深入和发展，将"康巴研究"发展或更名为"康巴学"的条件和时机已基本成熟。把康巴学视为

---

① 《康巴文化名人论坛文集》，第428页。笔者在这一段的一条注释中提出："新中国成立以来的康巴研究还有待进行深刻的总结和反思，笔者撰写《国外的康巴研究》和辑录《国内康巴研究论文索引》（1949—2004年），正是基于这一思考，并将在此基础上撰写《康巴研究的反思与前瞻》"。

藏学的分支和二级学科，对拓展和深化藏学研究、健全藏学体系、发展康巴研究都有很大的促进作用。来自四川大学的石硕教授在会议主题发言中也提出，“康巴学”作为一个学术概念，它的提出不仅具有很高的学术价值，而且具有深刻的学术启示性和建设性意义，有助于拓深藏学研究领域。①

这是第一次召开的以康巴藏区为主题的国际性学术研讨会，研讨会分为3个“专题组”，第二个就是“康巴学与康藏历史专题组”。大会组委会委派笔者担任该专题组的“评议人”之一，并推选笔者为本次研讨会的4位“学术主题发言人”之一（见《第一届康藏研究国际学术研讨会会议手册》）。笔者本来打算换个题目参加这次研讨会，并撰写了《泸定在藏汉民族交往史上的地位和影响》初稿。到了成都才知道“康巴学”已被定为这次研讨会的主题之一，李绍明先生在“学术主题发言”中又说杜永彬是“康巴学”的“始作俑者”，他提出“康巴学”是有胆识和气魄的。这当然有些过誉。于是笔者又将思考的中心转移到了“康巴学”，并有些自嘲地在研讨会的主题发言中说：“李绍明先生把我推到火上烤。”并说，并不是别的学者不知道或提不出“康巴学”，我是“无知者无畏”。实事求是地说，李绍明先生和我都是“康巴学”的首倡者，依据是：李绍明和任新建两位先生联名撰写的文章指出：在“康巴文化名人论坛”上，“由本文笔者之一的李绍明与中国藏学研究中心的杜永彬的联合发言中，提出

---

① 李克建、尹邦志：《“第一届康藏研究国际学术研讨会”综述》，《西南民族大学学报》，2006年第7期。由西南民族大学和中国藏学研究中心联合主办的“第一届康藏研究国际学术研讨会”，于2006年6月22—23日在四川成都西南民族大学隆重召开。来自北京、陕西、青海、四川、台湾等地以及美国、加拿大、法国等国家的专家和学者近100人参加了会议，会议收到论文提要63篇。在为期两天的学术研讨会上，与会专家围绕“社会经济发展与旅游”、“康巴学与康藏历史”和“宗教与文化艺术”3个专题，就康藏地区的历史、宗教、文化、政治、经济、文学、语言、艺术、地理以及族群等问题进行了广泛而深入的研讨。

了应将当前的‘康巴研究’发展和正名为‘康巴学’的倡议”。贺先枣先生在文章中写道：在“康巴文化名人论坛”上，“以我国著名藏学专家李绍明、杜永彬为首的一批学者，有感于国际藏学持续升温，安多研究取得了长足发展的现状，提出了有必要建立‘康巴学’学科体系”。石硕教授在文章中写道：在2004年9月举行的“康巴文化名人论坛”上，“我国资深民族学家李绍明先生与中国藏学研究中心杜永彬研究员在联合发言中，提出了建立和开展我国‘康巴学’研究的倡议”。李绍明先生之所以宣称是杜永彬第一个提出“康巴学”的，理由是：笔者在《康巴文化在国外的传播和影响——以国外康巴研究为例》那篇文章中首先提出“康巴学”；石硕教授所说的“联合发言”提出的“倡议”和贺先枣先生的说法，李绍明先生认为都没有形成文字发表。①

（二）各方的反应

没有想到，“不经意地提出的‘康巴学’”，会在中国藏学界尤其是研究康巴藏区的学者中产生如此热烈的反响。

表示认同者，有李绍明、格勒、任新建、石硕以及甘孜州社科联的贺先枣、戴刚等，他们分别发表文章阐述了建立“康巴学”的历史和现实依据及学术和政治意义。会后，李绍明先生和任新建先生发表了《康巴学简论》专文，较为系统地阐述了“康巴学研究的基础”和“康巴学的定位”。作者指出：“卫藏、康巴、安多三大藏区既有其共性，也有其特殊性则是客观存在的事实。2004 年夏在四川康定举行的‘康巴文

① 李绍明、任新建：《康巴学简论》，《康定民族师范高等专科学校学报》，2006 年第 2 期；贺先枣：《试谈建立“康巴学”学科体系的意义》，《康定民族师范高等专科学校学报》，2006 年第 2 期；石硕：《关于“康巴学”概念的提出及相关思考——兼论康巴文化的特点、内涵与研究价值》，《西藏研究》，2006 年第 3 期。

化名人论坛’上，也就康巴文化的特征作了广泛深入的探讨，与会学者认为‘康巴学’的命题是可以成立的，因为‘康巴研究’具有明显的特殊性，既有较坚实的研究基础，又日益受到国内外的关注。而‘康巴研究’就学理而言，亦即‘康巴学’，正如‘安多研究’近年来经过甘藏学界同仁的提倡已取得显著成就一样，‘康巴研究’理应奋起直追，为共同弘扬中国的藏学作出应有的贡献。”“康巴学的建立已属大势所趋，势在必行”。“康巴学理应成为藏学的分支或可称为藏学之二级学科”。“我们认为将康巴学定位为藏学中的分支或二级学科的理由是完全可以成立的。杜先生对康巴学内涵的表述基本可以成立，同时，还应加入关于康区各民族与民族之间的关系与互动研究等内容，并在实践中逐步加以充实完善。这正如当代将客家学作为汉学中的分支或二级学科，不仅丝毫无损于汉学的整体，相反更能使汉学发扬光大，获得良好的发展一样，将康巴研究发展为康巴学，或更名为康巴学，不仅丝毫无损藏学学科的建设，且对展拓和深化藏学研究，健全藏学体系，发展康巴研究，会有很大的促进，它只能使中国的藏学更加丰富起来并获得更为充分的发展而绝无负面影响。”文章指出：“我们似可以对康巴学作一基本定位，那就是：康巴学是藏学的分支和二级学科，是以康巴藏族和康区为主要研究对象的综合性的学科，它与藏学的关系是整体与局部的关系。”作者还指出：“从总体上看，尽管国内对康巴有长期的研究和很好的基础，且对康巴的研究正日益加强。但由于种种原因，半个多世纪来，对于康巴的研究时张时弛，发展迟滞，力量分散，近年来才受到较大的关注。尤其是随着旅游业和文化产业的兴起，在当地政府的积极支持下，开始对康巴文化进行本底调查、深入发掘，促进了学术界对康巴研究的深入。随着研究的深入，不断有新的发现和收获，人们愈来愈认识到康巴研究的地域独特性，文化的多元性和复杂性。愈来愈感到康巴研究其实刚敲开了大门，尚未登堂奥。许多待解之谜，需要更深入地调查与研究；许多濒临消亡的古老文化遗存，亟须进行抢救性调查保护；许多人文与自然资源需要妥善地开发。如何解决康区的发展滞后问题、生态保护与建设问题、传统的继承与革新问题等等，都有待进行深入研究。”①

作为康巴文化的核心区域和康巴藏区研究的中心，甘孜州学术文化界的反应更为强烈。2005 年 4 月，甘孜州社科联成立时，以州社科联和四川省社科院甘孜州分院的名义，向州内外社科界发出了《关于建立康巴学——致广大社科工作者的倡议书》。《康定民族师范高等专科学校学报》发表《“康巴学”诞生了》卷首语：“2004 年 8 月 29 日，在甘孜州举办的第四届康巴艺术节期间，由中国藏学研究中心、四川省社科院和甘孜州联合举办的首届‘康巴文化研讨会暨康巴文化名人论坛’上，来自北京、四川、云南、青海、西藏等省区的专家、学者、作家、音乐家、艺术家齐集一堂，围绕‘康巴文化与康区经济发展’这一主题，各抒己见，对康巴文化进行了广泛、深入的探讨。在本次论坛上，各位专家学者一致提出了建立‘康巴学’的构想。中国藏学研究中心研究员杜永彬还以《康巴文化在国外的传播和影响——以国外康巴研究为例》为题作了大会发言。他在发言中首次明确提出：‘中国藏区按方言划分为三大区域，藏学研究的分支理应划分为卫藏研究或卫藏学、西藏学、康巴研究或康巴学，安多研究或安多学……康巴学，就是研究通行康方言的康巴藏区的学科，它是藏学的重要分支，是中国藏学的有机组成部分’。此观点一出，得到了同行的充分肯定，格勒、降边嘉措、马丽华、李绍明、任新建、王怀林等学者认为‘康巴学’研究的条件与时机已基本成熟，作为康巴文化发祥地的甘孜州应当在‘康巴学’研究上率先一步担当起研究的历史重任。”康定师专“决定从

① 李绍明、任新建：《康巴学简论》，《康定民族师范高等专科学校学报》，2006 年第 2 期。

2006年4月起，将《康定民族师范高等专科学校学报》的特色栏目‘康藏研究’改版为‘康巴学’研究，作为‘康巴学’的研究阵地”①。从2006年第3期起，原来的首要栏目“康藏研究”改为“康巴学”专栏。2006年6月在成都召开第一届康藏研究国际学术研讨会时，四川省社科院甘孜州分院和甘孜州社科联将他们于2006年6月编辑印制的《康巴学研究文选》分发给与会学者。

甘孜州社科联副主席、致力于宣传和研究康区的学者贺先枣发表文章，阐述了建立“康巴学”学科体系的意义。他认为，李绍明和任新建联名发表的《康巴学简论》，“为建立‘康巴学’这一学科体系举起了旗帜，奠定了建立‘康巴学’这一学科体系的理论基础”。“只有在‘康巴学’学科体系建立起来以后，才有可能对什么叫‘康巴文化’、康巴文化的内涵及外延、康巴文化研究涵盖面等问题进行回答；才有可能对‘康巴’这一地域在历史上，以及在现代的社会、政治、经济、文化各种现象做出解释。因此，建立‘康巴学’学科自有其重大学科意义……”“康巴学”的提出，“是藏学研究深度的深入，是藏学研究领域的拓展”。“‘康巴学’的出现，无疑让藏学研究更为丰满，更为多姿多彩”。“‘康巴学’学科体系的建立，有利于康巴文化的研究，有利于促进康巴文化的发展、繁荣”。“纵观对‘康’或‘康巴文化’研究的发展过程，可以得出这样的结论：这门学科的研究大有前途，是一门具有很强活力的新兴学科”。“建立康巴学这门学科，是社会进步的需要，是经济发展的需要，或者说是加强社会主义物质文明、精神文明、政治文明建设的需要。”② 甘孜州社科联的学者戴刚撰文论述了康巴文化与“康巴学”的关系及建立

---

① 《“康巴学”诞生了》，《康定师范专科学校学报》，2006年第2期。

② 贺先枣：《试谈建立“康巴学”学科体系的意义》，《康定民族师范专科学校学报》，2006年第2期。

“康巴学”的重要意义，作者认为，康巴地区特殊的地理位置、悠久的历史、厚重的文化、康巴地区经济社会发展的客观现实三方面的因素决定了“康巴学”的研究价值。①

2006 年 6 月 22—23 日，由西南民族大学和中国藏学研究中心联合主办、在成都召开的“第一届康藏研究国际学术研讨会”上，“康巴学”研讨会上，主办单位将李绍明先生、杜永彬和石硕列为全会的 3 位主题发言人，集中阐述了关于“康巴学”的见解。笔者在主题发言中阐述了三点：康巴学是藏学的一个分支和有机组成部分；康巴学的提出是中国学术繁荣和藏学走向深入的必然结果；构建康巴学具有重要的学术价值和现实意义。

《中国民族报》发表了笔者关于康巴研究和康巴学的主要论点。文章在《“康巴学”：一个学科抑或一门“学问”?》标题下写道：中国藏学研究中心研究员杜永彬于 2004 年首次提出“康巴学”这一概念。他认为“康巴学”就是研究通行康方言的康巴藏区的学科，包括康巴地理、康巴历史、康巴文化、康巴宗教、康巴经济、康巴政治和国外康巴研究等内容。从学科定位来看，它是藏学的重要分支。这一提法得到了同行的充分肯定。格勒、李绍明、任新建等学者都认为“康巴学”研究的条件与时机已基本成熟。②

石硕教授发表文章，阐述了提出“康巴学”的学理基础、人文基础及提出“康巴学”的背景与意义。文中说：“对近年学术界提出的‘康巴学’这一新的学术概念所涉及的相关问题进行了讨论。对康区独特的自然与人文特点作了分析讨论，认为‘康巴学’的提出有深刻的学术与现实背景，是藏学研究不断深入并发展到一定阶段的产物，它既是以康巴独特的地

① 戴刚：《试论康巴文化与建立康巴学研究》，《康定民族师范专科学校学报》，2006 年第 3 期。

② 杜永彬：《康巴研究的反思与前瞻》，《中国民族报》，2006 年 7 月 7 日。

理环境与地域文化为依据和基础，也反映了人们对康巴研究价值的认同度的提高及当前康巴地区社会经济发展的现实需要。文章认为，‘康巴学’的提出富于启示性和建设性，它不但不会削弱藏学，反而会丰富和扩展藏学研究的领域与层次。故有关‘康巴学’概念及其相关问题，值得学术界进一步开展讨论。”他相信：“对此问题的探讨不仅有助于我们进一步认识藏学的特点及内涵，同时对丰富和拓展藏学研究的层次及结构体系将会起到积极和建设性的作用。”作者指出：“是否将对某一对象或门类的研究称作‘学’，并非出自某一权威机构或人物的认定，而往往是约定俗成，是出自人们逐渐达成的共识与认同。此外，还普遍存在这样一种情况，对一些对象及事物门类的研究开始并不称为‘学’，而是随着后来人们对其认识的深入、研究水平的提高以及研究队伍的相对固定，才逐渐被人们称为‘某某学’。这正如鲁迅所言：‘世上本没有路，走的人多了便成了路’。‘学’的产生有相同道理。因此，从这个意义上说，‘康巴学’这一概念的提出在学理上并无问题，相反，我们可积极地将其看作是藏学发展到一定程度、一定阶段上出现的一个有益和建设性的信号，它可触发我们对康巴研究之对象、领域、路径及其在藏学中所居地位等问题的进一步反省与思考。”“康巴学”的提出“缘于康巴文化本身具有的突出特点及丰富内涵”。“需要指出，并非所有对独特事物或对象的研究均可成为‘学’。对特殊事物及对象的研究是否能成为‘学’，通常还取决于另一重要条件——人们对它的认识程度，尤其是对其特殊价值的和意义的发现与认同的普遍程度。近年‘康巴学’被提出的一个重要背景，还在于人们对康巴的‘发现’——即对康巴地域文化丰富的内涵、独特的研究价值的认识及认同程度的迅速提升。”“对康巴这样一个多民族、多文化交融的特殊藏族区域的研究，不仅会对藏学有特殊的贡献，同时对我们认识当今世界人类文化的发展趋势及如何达成‘人与自然的和谐统一、人与人的和谐共处、不同文化间的和谐共存'[①] 等这些人类共同关心的重大主题，也具有普世性的价值和意义。这恐怕同样是促成'康巴学'概念被提出的另一个重要原因与背景"。"'康巴学'概念的提出反映了一个新的学术动向，它是当前藏学以及人们对藏学内涵的认识水平达到一个新阶段的产物。此概念的提出本身富有建设性和积极意义，值得我们思考和讨论。但'康巴学'毕竟是一个新的学术概念，它提出的依据和基础是否充分，以及应当如何进一步认识和界定其内涵、特点、范围和价值等这些问题，也都有待学术界进一步展开讨论。"[②]

持不同意见者，主要有冉光荣、喜饶尼玛、王川、彭文斌等。四川大学教授冉光荣先生提出，既然藏语三大方言区称为"卫藏"、"安多"和"康"，就应当称为"康学"而不是"康巴学"；藏文的康巴特指康区的男人，康巴学是研究康巴男人的学问。中央民族大学喜饶尼玛教授认为，"康巴学"应当是一门学问而不是一门学科。四川师范大学王川教授认为，"康藏研究"已形成一个品牌，宜继续沿用"康藏研究"而不是"康巴学"。民族文化宫图书馆木雅贡布先生认为，康巴是指康巴人，应用"康区研究"，康区研究与藏学的关系如人的肢体与躯干的关系。在加拿大不列颠哥伦比亚大学任教的彭文斌博士认为，提出"康巴学"是否排斥康巴研究或康区研究。对此，笔者都一一作了回答，并阐明了的理由。不过，上述持不同意见的学者都还没有形成书面观点，没有发表文章。

研讨会上，专家和学者们围绕"康巴学"这一主题展开了热烈而精彩的讨论，尤其是关于"康巴学"的提法、内涵界定、学科定位及其与藏学的关系等问题成为会议争论的焦

① 任新建：《康巴文化的特点与形成的历史地理背景》，泽波、格勒主编：《康巴文化名人论坛文集》，中国藏学出版社，2004 年。

② 《关于"康巴学"概念的提出及其相关问题——兼论康巴文化的特点、内涵与研究价值》，《西藏研究》2006 年第 3 期。

点。中央民族大学喜饶尼玛教授就康巴学的学科定位问题多次提出自己的疑问——康巴学究竟应该定位为学问还是学科？甘孜州社科联的贺先枣秘书长则针对康巴文化研究中存在着盲目性和零散性的弊端，提出通过建立“康巴学”学科体系来规范康巴研究，推动康巴文化繁荣发展。四川大学的冉光荣教授针对会议的讨论热点，从宏观角度阐发了他对康巴学与藏学的关系和发展方向等问题的看法。[①] 喜饶尼玛教授提出的问题引起了与会者的热烈讨论：“康巴学”究竟是一门学问，还是一个学科？赞成“学问”说的学者怀疑：如果把它界定为一门学科，从学科设置和建设角度讲是否具有科学性？在“藏学”这一学科下面再设置“康巴学”、“卫藏学”、“安多学”是否合理？这不仅成为同行们思考和讨论的问题，而且是需要在今后的工作中进行充分论证的问题。赞成“学科说”的学者则主张，针对当前康巴研究中存在的诸多弊端，“康巴学”的提出不仅具有很高的学术价值，而且具有深刻的学术启示性和建设性意义，有助于拓深藏学研究领域。杜永彬针对会议的讨论热点，重申了提出“康巴学”概念的理由：“康巴学”的提出是藏学研究走向深入的必然结果，比“康巴学”的名称更重要的，是从一个人类学家的使命感和责任感出发，加强对“康区”和“康区的人”的全面研究。至于“康巴学”的学科定位和发展前景，杜永彬以“藏学”的发展历程为例，在类比中暗示了他的美好憧憬。[②]

总之，第一，笔者是在不经意中提出“康巴学”的，引起藏学界如此强烈的回响是最初没有想到的；第二，提出“康巴学”旨在引起学界和世人对康区的关注和对康区研究的重视，同时也有强烈的规范和提升康区研究的水平的愿望；第

① 李克建、尹邦志：《“第一届康藏研究国际学术研讨会”综述》，《西南民族大学学报》2006 年第 7 期。

② 《中国民族报》，2006 年 7 月 7 日。

三，我非常欢迎这样的学术争鸣，并且相信，这样的研讨和争鸣对于推动康区研究走向深入和祖国藏学事业的繁荣都是十分有益的。实践是检验真理的唯一标准，“康巴学”也逃脱不了时间的检验、学术的检验和历史的检验，藏学界能否在“康巴学”上达成共识，我愿意和学界同仁一道拭目以待。

二、提出和倡导构建“康巴学”的理由

从上述文字可以看出，是两件事促成了“康巴学”的诞生：一是2004年8月我发表论文《康巴文化在国外的传播和影响——以国外康巴研究为例》，提出“康巴学”这一概念；二是2006年6月在成都西南民族大学召开“第一届康藏研究国际学术研讨会”上，这一提法被“认定”。

回过头来看，提出“康巴学”是有充分理由的：一是中国学术繁荣和藏学研究走向深入的必然结果；二是康巴研究逐渐走向成熟的反映，可以说是“水到渠成”；三是我的“康巴情结”。需要说明的是，我提出并倡导构建“康巴学”，既不是心血来潮，也不是赶时髦，更不是标新立异，哗众取宠，而是有理性思考的。

（一）“康巴学”的提出是中国学术繁荣和藏学研究走向深入的必然结果

首先，民国时期的康巴研究为康巴学的提出奠定了坚实的基础。历史上国内外学者对康区的探险、考察和研究，尤其是民国时期以任乃强、谢国安、李安宅为研究代表的藏学先驱对康区的研究，奠定了康巴研究的坚实基础。① 学术薪火相传，

① 参考王尧、王启龙、邓小咏：《中国藏学史》（1949年前），清华大学出版社，2003年。

新中国成立以来，尤其是近 20 多年来，以任乃强先生为代表的老一辈藏学家开创的康藏研究和康巴研究，不但没有衰落，而且经过新中国藏学界和国外藏学家几代人的不懈努力，在 21 世纪渐入佳境。将康藏研究提升为“康巴学”，列为藏学的一个分支学科，任乃强先生等已故康藏研究先辈如地下有知，一定会感到欣慰的。

其次，20 世纪 80 年代以来，国内外学术界对康区和康巴的关注是康巴学提出的灵感和动力。近 20 年康区研究的进展表现为：建立了一些康巴研究机构，如四川省康藏研究中心、甘孜州藏学研究所、四川藏学研究书院等；涌现出了一批康巴研究专家，中国学者以格勒博士为代表，外国学者以史伯林、爱普斯坦、卡诺尔为代表；整理出版了多种有关康区的文献，如《川边历史档案选编》、《康区藏族社会历史资料》等；出版了一系列康巴研究成果，如《甘孜藏族自治州史话》、《甘孜州志》及康区各县的地方志等，发表了一大批研究康巴的论文。[①] 康区研究走向深入，成为笔者提出和倡导构建“康巴学”的灵感和动力。

第三，“康巴学”的提出也是康巴研究走向成熟的反映，是康巴研究的内在动力推动的结果。据笔者的观察，学科划分的类型有多种，大体可以按大学科、亚学科、区域研究、民族研究、专题研究等进行划分，列表如下：

① 杜永彬：《康巴文化在国外的传播和影响——以国外康巴研究为例》，《国内康巴研究论文索引》（1949—2004 年），载《康巴文化名人论坛文集》，中国藏学出版社，2004 年。

学科划分类型举要（人文社会科学）

以大学科划分	以亚学科划分	以区域研究划分	以民族研究划分	以专题研究划分	以书籍研究划分	以人物研究划分
自然科学	哲学	东方学	汉学	宗教学	经学	船山学
人文科学	历史学	敦煌学	蒙古学	佛学	红学	阳明学
社会科学	政治学	西夏学	藏学	神学	格萨尔学	鲁迅学
	经济学	徽学	满学	逻辑学	儒学	莎学
	法学	蜀学	维吾尔学	训诂学	郦学	
	文学	埃及学	壮学	目录学	易学	
	人类学	印度学	彝学	战略学		
	民族学	中国学	朝鲜学	目录学		
	社会学	美国学	纳西学	史料学		
	考古学	日本学	苗学	校勘学		
	美学	韩国学	傣学	地名学		
	心理学		犹太学	性学		

学科的发展趋势是从综合到分化，“康巴学”就是在藏学从综合性的学科走向深入的过程中出现分化的一个结果，也是康巴研究逐渐走向成熟的一个标志。“康巴学”是藏学的有机组成部分，是作为二级学科藏学的一个分支，似可称之为三级学科。

（二）本人的“康巴情结”

对康区研究的兴趣。我跟随著名藏学家任乃强先生学习和研究康区，硕士论文以德格土司研究为题，发表了一系列研究康区的文章。我一直关注国内外康区研究的进展，关注相关的研究成果，参与与康区有关的学术活动。[①]

对藏学学科发展史和学科理论的探讨。我对藏学学科理论有兴趣，先后发表了《藏学研究之路》、《中国藏学现代化之路》、《藏学》词条、《邓小平理论与中国藏学的命运》、《国内外藏学研究的进展》、《藏学——一门独特的国际显学》、《藏学研究的中国特色和中国气派》；关于国外藏学的文章：《哈佛大学藏学研究管窥》、《美国藏学研究现状述评》、《康巴文化在国外的传播和影响——以国外康巴研究为例》。主编

① 发表的相关论文有：《德格土司研究的历史与现状》，《西藏民族学院学报》，1990年第3期；《德格土司辖区的政教关系及其特点》，《中国藏学》，1989年第3期；《德格土司辖区独特的宗教格局》，《西南民族学院学报》，1992年第1期；《论德格土司的特点》，《西藏研究》，1991年第1期；《藏族文化宝库德格印经院》，《菩提》（香港），1991年第61期；《藏传佛教高僧司徒·却吉迥乃》，《菩提》1991年第62期，《藏传佛教高僧降央钦则旺波》，《菩提》1991年第62期；《任乃强对四川藏区开发的贡献》，《四川藏学论文集》，中国藏学出版社，1993年；《德格人对藏族文化的贡献》，《藏学论丛——贤者新宴》，第一辑，北京出版社，1993年；《康巴文化在国外的传播和影响——以国外康巴研究为例》，《国内康巴研究论文索引》（1949—2004年），《康巴文化名人论坛文集》，中国藏学出版社，2004年。合作编辑《康巴文化名人论坛文集》，任执行副主编。正在撰写《国外的康巴人》一书。参与的与康区研究有关的学术活动有：多次应邀参加四川省召开的以康区研究为主要内容的研讨会（四川藏区开发学术讨论会，1993年成都；四川省藏学研究会成立暨首届学术讨论会，1994年广汉，并被推选为四川藏学研究会理事；第二届四川藏学研究会学术讨论会，1998年成都；任乃强学术讨论会，2002年成都；西南民族大学“民族学学科发展暨博士点建设学术研讨会”，2003年成都）。应聘担任四川省康藏研究中心学术委员（2001年起）。应邀参加“相约格萨尔故里学术论坛”（2003年康定），“康巴文化名人论坛”（2004年康定）。受中国藏学研究中心领导委托，与加拿大的彭文斌一道，配合西南民族大学筹办“第一届康藏研究国际学术研讨会”（2006年成都）等。

《藏学是什么?》，2008 年出版。①

对家乡的深切情感。我生长在泸定桥头，大渡河畔，以生长在这座红军飞夺泸定桥的英雄城而自豪，是“半个康巴人”，还是“半个嘉绒人”（2006 年 10 月成立的“四川嘉绒藏族文化发展中心”，将我划为嘉绒人，因为同饮一江水）。我的笔名“沫水”，就是大渡河。

学术创新的动力和学术研究的灵感。俗话说“干什么吆喝什么”，实际上就是“干一行爱一行”，这是做事最关键的因素，也是最基本的职业道德。如果对某件事感兴趣，就一定能够做好；如果由兴趣上升到爱，那绝对能够干好。反之是绝对不可能做好的，这是最基本的道理。我提出“康巴学”，就像我研究德格，探讨藏学的学科体系，研究更敦群培，研究西方人的西藏观和西方的西藏政策，研究藏传佛教在国外的传播和影响，最先研究藏传佛教的世俗化，最先提出引导藏传佛教走向“道德宗教”、“文化西藏论”、“西方佛教论”、西藏构建和谐社会研究等一样，既是学术灵感的体现，也是一种学术创新，是学术积累的一个结果。无论对与错，起码是一种原创，是“一家之言”。

（三）“康巴学”是中国藏学的有机组成部分

中国藏区按方言划分为三大区域，藏学研究的分支理应划

① 《藏学研究之路》，《中国史研究动态》，1990 年第 11 期；《中国藏学现代化之路》，《社会科学战线》，1997 年第 4 期，《新华文摘》1997 年第 11 期全文转载，人民网 1999 年 11 月 9 日；《藏学》，《西藏历史文化辞典》，西藏人民出版社、浙江人民出版社，1998 年；《邓小平理论与中国藏学的命运》，《学术探索》，2000 年第 1 期，《当代中国史研究》，2000 年第 3 期，人大复印资料；《国内外藏学研究的进展》，中国藏学网；《美国藏学研究现状述评》，拉巴平措、格勒主编：《当代藏学研究的几个理论问题》，中国藏学出版社，2002 年；《藏学——一门独特的国际显学》；《藏学研究的中国特色和中国气派》，“藏学研究暨东噶学术思想研讨会”论文，2006 年 7 月 31 日，拉萨，西藏大学。

分为卫藏研究或卫藏学、西藏学、康巴研究或康巴学、安多研究或安多学。康巴学，就是研究通行康方言的康巴藏区的学科，它是藏学的重要分支，是中国藏学的有机组成部分。藏学就像一棵树的三大枝丫，或者叫三叉树。本人在《中国藏学现代化之路》一文中，曾列表展示了藏学的学科系统，① 现加入“方言区研究系统”，列表如下：

藏学学科体系表

学科研究系统（举要）	专题研究系统（举要）	断代研究系统（举要）	区域研究系统（举要）	方言区研究系统
人文学科：	族源研究	远古时期研究	地方研究系统：	西藏研究—卫藏学
藏族历史学	苯教研究	吐蕃王朝研究	卫藏研究	康巴研究—康巴学
藏族经济学	敦煌藏文写本研究	分裂割据时期研究	安多研究	安多研究—安多学
藏族政治学	藏传佛学	萨迦王朝研究	康巴研究	
藏族宗教学	藏传因明学	帕竹王朝研究	域外藏人研究	
藏族语言学	藏文《大藏经》研究	甘丹颇章王朝研究		
藏族民俗学	寺院研究	民国时期西藏研究	地方藏学系统：	
藏族考古学	政教合一制度研究	新中国西藏研究	西藏藏学	
藏族教育学	活佛转世研究		青海藏学	
藏族伦理学	藏汉关系研究		甘肃藏学	
藏族体育学	西藏地方与中央关系研究		四川藏学	

① 杜永彬：《中国藏学现代化之路》，《社会科学战线》，1997 年第 4 期；《新华文摘》1997 年第 11 期全文转载；人民网 1999 年 11 月 9 日。

续表

学科研究系统（举要）	专题研究系统（举要）	断代研究系统（举要）	区域研究系统（举要）	方言区研究系统
藏族人口学	西藏封建农奴制社会形态研究		云南藏学	
藏族哲学	西藏民族区域自治制度研究		北京藏学	
藏族美学	治藏方略研究		台港藏学	
藏族艺术学	藏族人物研究		国外藏学	
藏族文学	藏族服饰研究			
自然科学：	藏族民居研究			
藏族地理学	《格萨尔》研究			
藏族天文学	青藏高原研究			
	拉萨研究			
藏族历算学	藏学学			
藏族医药学	（藏学史、藏学理论）			

上表表明，藏学的学科体系至少是由学科系统、专题系统、断代系统、区域系统、方言区系统五大系统构成的，这五大系统既有所区别，又存在密切的联系，既是藏学的不同分支，又是藏学的一个有机的整体。这样的划分是由藏学自身的研究范畴和学科特点决定的，既体现了藏学的特性以及藏区和藏族历史与现实的特征，又反映了中国国情，既具有地域特色和民族特色，又体现了中国特色。

康巴学的学科体系（举要）

康区地理	康区民族关系	国外康巴人
康区历史	康区与卫藏的关系	国外康巴文化
康区文化	康区与安多的关系	国外康巴研究
康区宗教		
康区经济		
康区政治		

从上表可以看出，作为藏学的一个分支，康巴学也有其学科特征和学科体系，康巴学和卫藏学、安多学构成了藏学的3个子系统，上表所列康区研究的各个分支则是构成康巴学的子系统。

三、构建“康巴学”的学术价值和政治意义

构建“康巴学”，不仅具有重要的学术价值，而且具有现实的政治意义，对于促进中国藏学事业的繁荣和康区研究的深入，对于康区的物质文明、精神文明、政治文明与和谐社会建设，以及藏区的社会和谐和中华民族的现代化都具有积极意义。

（一）构建“康巴学”对于康巴研究具有积极意义——有利于深化康巴研究，提升康巴学的整体水平，建设具有康巴特点、中国气派和国际水平的康巴学

自1920年代近代康巴研究兴起以来，中国学者的康巴研究已取得了显著成就。近年来伴随着国外藏学的发展和“西藏问题”国际化的演变，国外藏学界对康巴的研究有所加强。但是，与21世纪康巴藏区的经济社会发展需要、与中国藏学

的发展形势还有较大的差距。正如冉光荣教授所指出的，康区还很落后，与卫藏研究相比，国内外藏学界对安多和康巴的研究相对薄弱。重西藏而轻青、康的现象极为突出。这既不利于藏民族内部的团结和整个藏区和谐社会的构建，也不利于我国藏学学科体系完整性的保持和发展。康区特殊的地理区位和自然环境，使之有条件成为藏文化与中原文化直接碰撞和交汇的枢纽。可以说，没有对康文化全面、深入的研究，就不可能深刻理解藏文化自身的多元性及其博大精深的丰富内涵，也看不清藏文化的全貌。这样的藏学研究无疑是片面的，不完整的。[①] 同时还应当认识到，国外的康巴研究也很薄弱。近半个世纪以来，几乎没有一本研究康巴的专著，论文也屈指可数。[②] 究其原因：一是材料（包括文献材料和文物考古资料）匮乏；二是实地考察的困难，包括地理因素，康区地处横断山脉，交通困难，环境相对封闭，至今还有许多地方没有开放；三是康区是藏区的“边地”，不是在藏区居主导地位的藏传佛教格鲁派的中心。因此，在 21 世纪，国内外的康巴研究都亟待加强。

中国藏学工作者应当继承和发扬中国学者的康巴研究传统，吸收和借鉴国外的康巴研究成果，加强对康巴藏区的研究，促进康巴藏区的发展，提升康巴研究的整体水平，形成康巴学的完整体系，繁荣祖国的藏学事业。对国内外康巴研究的历史和现状进行系统的总结和反思。康巴藏区的本土学者之间、与国内外康巴研究学者之间进行精诚合作，为康巴现实服务，以康区已出版的地方志为基础，深化康巴研究，早日出版

---

① 罗润苍：《关于东部藏区藏学研究滞后的反思》，《中华文化研究通讯》总第 22 期；刘夏蓓：《安多藏区族际关系与区域文化研究》，民族出版社，2003 年。

② 参见冯蒸：《国外西藏研究概况》，中国社会科学出版社，1978 年；杜永彬：《康巴文化在国外的传播和影响——以国外康巴研究为例》，《康巴文化名人论坛文集》，中国藏学出版社，2004 年。

《康巴百科全书》、《康巴名人录》；为康巴学术服务，早日出版《康巴学》、《康巴史》和《康巴通史》。中国藏学研究人员不仅要了解康巴、认识康巴、研究康巴，而且要对康巴研究——康巴学进行反思和总结，不仅要了解和掌握国内康巴研究的进展、前沿和动向，还要了解和掌握国外康巴研究的进展、前沿和动向，这样才能对康巴和康巴研究有一个全面而系统的认识，才能把握康巴文化和康巴学的特点、规律和走向，从而形成具有康巴气派、中国特色和国际水准的康巴学。

构建“康巴学”也具有积极的文化意义——有利于更好地发掘康巴研究的人文价值，弘扬康区优秀传统文化，繁荣康巴文化，推进康巴文化的现代化。“康巴学”的构建，有利于更好地阐明康巴历史和现状的内涵，强化康巴研究的地方特点，认清康巴文化的特点和规律及康巴文化面临的挑战，提出发展和繁荣康巴文化的对策。只有这样，才能深化康巴研究，促进康区的精神文明建设与和谐文化的构建。

（二）构建“康巴学”具有积极的经济意义——有利于推进康区的物质文明建设，建设康区的和谐经济

构建“康巴学”，意在希望学术界和相关部门认清康巴经济的特点和规律及康区经济发展面临的挑战，提出促进康区经济发展和现代化的对策，为康区的开发和开放提供智力支撑；重视国内外康巴研究对康区发展的价值，通过“参与研究”，提升康巴藏区的知名度，引领“大香格里拉生态文化旅游区”的开发，促成“康巴经济圈”的形成，促进康巴藏区旅游业和经济的发展，加快康巴的开发和开放，促进康区社会经济与四川社会经济的协调发展，早日实现康巴藏区的现代化。

（三）构建“康巴学”具有积极的政治意义——有利于推进康区的政治文明建设，建设康区的和谐政治

提升康巴研究的学术水平和政治价值，有利于进一步加强康巴研究“经世致用”的功能，认清康区政治的特点及与四川省、与其他藏区和中央的政治关系，探讨适合康区区情的民族区域自治制度及民族政策和宗教政策，提出具有中国特色和时代特色的治康方略，促进康区的民族团结、社会稳定、边疆安全和政治文明建设。

（四）构建“康巴学”具有积极的社会意义——有利于建设康区的和谐社会

应当正视康区世俗社会和宗教社会并存的格局，正确认识康区宗教的特点和宗教对康区社会的影响，通过加深对康区宗教尤其是藏传佛教的研究，充分发挥藏传佛教在构建康区和谐社会中的积极作用。康巴藏区的和谐应当是康区内部的和谐、康区与阿坝藏区及安多藏区（甘肃和青海藏区）和卫藏（西藏）的和谐。构建“康巴学”，提升康区研究的学术水平，有利于认识康区社会的特点和规律，把握康区社会与其他藏区社会的关系，形成藏区之间的良性互动，造成社会安定的局面和良好的社会风气，促进康区社会的稳定与和谐社会的构建。

总之，在21世纪，知识和研究成果在决策和经济社会发展中的地位的重要性已成为人们的共识，构建“康巴学”，深化康巴研究，提升康巴研究的学术水平和应用价值，必将对康巴藏区的经济建设、政治建设、文化建设和社会建设起到积极的推动作用。在21世纪，研究康区和关注康巴研究的有识之士的使命和责任，首先是“知己”——真正弄清“我是谁”，

认识和把握康巴社会历史文化的特点和康区的区情；其次是“知彼”——一是真正弄清“你是谁”，了解和认识卫藏与安多社会历史文化的特点，分清康区与卫藏和安多藏区的异同，认清中国藏区的区情；再次真正弄清“他是谁”，了解和认识兄弟民族的历史和现状，充分认识中国国情和世界大势。如此，康区研究的繁荣、康巴藏区的经济的发展、政治的昌明、文化的繁荣、和谐社会的构建以及康区的现代化就大有希望。这就是笔者提出并倡导构建“康巴学”的基本出发点和归宿。

（原载《西南民族大学学报》，2007 年第 3 期；罗布江村主编：《康藏研究的新思路——文化、历史与经济发展》，民族出版社，2009 年）

任乃强对四川藏区开发的贡献

四川藏区（清代称之为“川边”），地域辽阔，占四川全省总面积（56 万平方公里）42%（约 24 万平方公里）的土地，这里居住着近百万藏族人（包括木里藏族自治县的 3.7 万人），加上汉、彝、回、羌等民族，共约 150 万人。[①] 作为藏民族的重要聚居区之一，这里不仅传播了藏族文化，而且孕育了藏族文化三大支系之一的康巴文化，有着独特的民风民俗，形成了别具特色的政治、经济、文化和宗教格局。由于该地区地处川、青、藏、甘、滇藏区交汇地带，不仅成为藏汉等民族经济文化交流的桥梁和枢纽（费孝通先生称之为“藏彝走廊”），并且成为中央王朝的治藏基地，对藏汉等民族文化交流和四川经济文化的发展都产生了重大影响。其特殊的自然地理位置和文化地理环境，很早就受到人们的关注——吐蕃王朝朗达玛灭佛时，一批佛教徒便避居康区，保存佛教种子，因而有佛教“后弘期”的出现；唐宋元明直到清朝的汉藏茶马贸易，以四川藏区作为重要通道，更突出地体现了该地区在藏汉经济文化交流中的重要作用；清代，随着达赖、班禅两大格鲁派活佛系统的确立，清朝利用格鲁派治理蒙藏之国策的制订

① 据《甘孜藏族自治州概况》、《阿坝羌族藏族自治州概况》，四川民族出版社，2009 年。

和驻藏大臣制度的建立，四川藏区（尤其是康区）在中央王朝治藏中的作用更加明显，有识之士提出了“治藏必先安康”的战略思想。在这种思想指导下，清末赵尔丰“改土归流”，进一步将康区纳入了中央集权的政治系统之中；而清朝前期，早已通过“屯政”将阿坝藏区置于四川省直接管辖之下。正是在这样的社会历史背景下，清代的文人学士们开展了对四川藏区的调查与研究，《小方壶斋舆地丛钞》、《德格土司传》（藏文）、《敦扎佛教史》（藏文）、《打箭炉厅志》、《康辖纪行》等论著，从不同角度对四川藏区进行了初步研究。这些研究成果既对清代治理川边提供了决策依据，同时也为川边史地之学的兴起奠定了基础。

到了近代，随着社会经济文化的发展，四川藏区的作用和地位更加引起人们的关注。早在 20 世纪 20 年代，我国著名民族史地学家任乃强先生就充分认识到了四川藏区的战略地位和开发四川藏区的重要性和紧迫性。他指出，为使四川经济平衡发展，增进民族的相互了解和民族文化的共同繁荣，“首当开发川边民族地区，消除边腹民族之扞隔及经济发展之差异”①。从 20 年代起，一批民族学家、社会学家、历史学家、地理学家及文人墨客不避艰险，深入四川藏区考察研究。30 年代，刘文辉在军阀混战中失败，退守川边，急欲开发川边，以巩固自己的地位。抗战时期，避居西南的一些文人学者，纷纷用民族学、地理学、历史学、宗教学、文化学、民俗学、语言学等方法研究川边自然与社会，剖析藏区社会现实，建立汉藏教理院（太虚法尊等，运用宗教学方法研究藏传佛教）、华西边疆研究所（李安宅等，运用社会学方法研究藏区社会形态）、康藏研究社（任乃强等，运用民族学、历史学、地理学方法研究藏区社会历史文化）等研究机构；创立《康导月刊》、《康藏前锋》、《边政公论》、《康藏研究月刊》等刊物；著书立说，

① 见《任乃强民族研究文集·自序》，民族出版社，1990 年版。

撰写出了《西康图经》、《西康疆域溯古录》、《西康纪要》、《松理懋汶屯政纪要》、《西康志稿》、《西康概况》、《理化县志》、《泸定导游》、《西康综览》、《四川西康地质志》、《康定道孚之冰川地形》、《西康松林口区之地文现象》等一系列论著，川边（四川藏区）研究蔚然成风，成为学术界的一个独特领域，这标志着川边史地之学的兴起。

在川边研究领域中，任乃强先生直谅多闻，视野开阔，独树一帜。他从20年代起，便把川边（主要是康区）作为自己终身的研究方向，从1929—1943年，三次入康考察，足迹遍及四川藏区的山山水水，并将考察材料与历史文献相结合，运用历史地理学方法研究川边历史和社会，撰写出了《西康札记》（1931）、《西康诡异录》（1931）、《西康图经》（1933）、《泸定导游》（1939）、《康藏史地大纲》（1940）、《百万分之一康藏标准地图》（1943）等论著，新中国成立后又写成《川康藏农业区划意见》（1956）、《〈华阳国志〉校补图注》（1960）、《康青藏高原采金刍议》（1977）、《羌族源流探索》（1984）、《四川上古史新探》（1986）等20余部专著、100余篇论文。正如任先生所说："60年来，所有论著，莫不围绕康藏民族问题。"① 对四川藏区的研究，无论就考察之全面、研究时间之长久，论著之丰富，还是就论著影响之深远来说，任乃强先生都是别人难以企及的。他的著作大都是"发前人所未觉，而资后来者摩挲寻味之材料"。如《西康图经》、《西藏史地大纲》等，至今仍是研究康区的重要参考书；他关于川边的论述，独步一时，惠及后世，对当时四川藏区的开发起到了积极作用，也为我们今天研究四川藏区、制定四川藏区社会经济发展战略提供了宝贵的资料和历史借鉴。他是四川藏区研究的先驱者，对四川藏区的开发作出了重要贡献。

---

① 见《任乃强民族研究文集·自序》，民族出版社，1990年版。

一、阐明四川藏区地理环境的特点

任乃强先生“自束发受书，偏嗜地理”，认为“地学当为各科学之基础，盖万物莫不受时空之影响”①。“探讨一个民族的形成和发展，不能不研究其所处的地理环境。因为地理因素乃是影响民族形成、发展的重要因素，起着制约或促进该民族发展的作用”②。并把这一思想运用到四川藏区研究之中，“以历史地理学之方法，探究康藏民族之社会发展历史”③。广泛深入地进行藏区自然、社会历史考察，“口好问，耳好听，眼善察，足能跋涉，手喜抄记”，“登山必期造巅，涉水必欲穷其源，古迹名胜必自验而后快；民情谣俗、市易之事，无不留心”④。“周历城乡，究其穷竟。无论政治、军事、经济、宗教、民俗、山川风物，以至委巷琐屑鄙俚之事，皆记录之”⑤。并与历史文献相结合，辑佚掇坠、辨伪发覆，撰写出了一批关于四川藏区地理的论著。其功绩在于：根据自然地理特点，划分了四川藏区的地理区域，基本弄清了四川藏区内部的自然特点；以地理考察与汉、藏文史料相互印证，阐明了四川藏区的政区沿革、民族分布、交通、地名沿革、城镇、村落、牧区的基本情况；并运用历史唯物主义观点，分析了地理环境对四川藏区社会历史、经济文化发展的影响。

（一）自然地理研究

任乃强先生根据当时他所掌握的地理知识和实地考察，纠

---

① 见《任乃强民族研究文集·自序》，民族出版社，1990年版。

② 《羌族源流探索》第1页，重庆出版社，1984年版。

③ 见《任乃强民族研究文集·自序》，民族出版社，1990年版。

④ 见《泸定导游》，载《康导月刊》第2卷2—9期，1939年版。

⑤ 《西康图经·自记》，1933年版。

正了清代学者及和他同时代的学者关于四川藏区地理的谬说。例如，对于康区重要的自然地理分界线折多山的研究，姚莹在《康輶纪行》一书中谓："蕃人谓鬼为'折'，此山多鬼，故名。"认为折多山之名为"鬼多"。胡吉庐在《西康疆域溯古录》中也说："折多，犹云鬼多也。"而盛绳祖在《卫藏图识》中则曰："折多山，山虽长，不甚峻，产大黄药气熏蒸，过者多气喘。"王世睿在《进藏纪程》中亦云：折多山"俗呼为药山"。任先生一一予以驳正，指出："考蕃语称两水会合之处曰'多'。折多山蕃名'折多'，有水自此东流，名'折曲'。其与毛家沟会合处，有村曰'多'，清代曾设塘房于此，曰'折多塘'。"盛、王二氏谓过折多山气喘是因山上有大黄等药物之说"实悖物理"。认为"西康高地因空气稀薄，气压小，故行者气喘，体内氧气供给不足故也，与大黄药气无关"①。

对于地处汉藏交界、四川盆地与青藏高原分界线的川—康—藏交通咽喉的康定—泸定一带自然地理，任先生进行了悉心的考察与研究。认为"邛崃山脉，高入雪线，绵亘千里，为四川盆地与西康高原之天然界标"②。大渡河"河西有大雪山脉，急剧陡落数千米……其山脉，北至丹巴县界，向东转折，连接邛崃山脉，划分大渡河谷为南北两段，北段为金川盆地，与康区交通较便"③。认为"今康定县境可分为两大自然区。折多山脉（即木雅贡噶之北支）以西为3500米以上的大草原，在汉代为旄牛王牧邑，今为康定木雅乡。木雅草原北连'党岭'大雪山。党岭之西为道孚县之鱼科、龙步等草原，其东为丹东、革什咱两蕃落。……折多山脉以东，水皆流入大渡河。……折多与郭达两大山脉并行，中间成为狭长之康定盆地，海拔降到3000米以下，可农可牧，另自为一奥区。二水

① 见《西康图经·地文篇》、《康藏旧说纠谬》。
② 见《泸定导游》，载《康导月刊》第2卷2—9期，1939年版。
③ 见《羌族源流探索》。

自郭达山下会合，横穿郭达山脉，成为长达30公里之一绝峡，东注大渡河（今云瓦斯沟）。大渡河海拔低到1500米以下（两岸并行之郭达山脉与二郎山脉高出3000米以上至4000米），故气候常温，为适于稻作之农业区”[①]。勾画出了横断山区“两山夹一川、两川夹一山”，“立体气候”特点的缩影。

对四川藏区交通、经济和文化交流产生着重大影响的大渡河流域，任先生也进行了专门研究，并根据地貌、气候和河流特点，把大渡河分为上游（冷温带气候）、中游（温和多雨的温带气候）和下游三段，并详细阐述了每一阶段的自然状况和人文特点。[②] 在阐述人类生存的地理条件时，任先生论述了四川藏区的海拔、气候、动植物、石器、食盐等地理特点。[③]

对横断山脉名称的来历及其地貌的成因，任先生也作过研究。他说：“横断山脉这个名称，是清光绪年间，江西贡生黄懋材受四川总督丁宝桢派遣，从云南入印度去考查‘黑水’源流时，见云南高原与缅甸间高山深谷，横阻去路，因而取了这个名称。”并扼要指出了该地区的自然特点：宁静山脉，他念他翁山、伯舒拉岭，平均海拔在2000米以上，“山脚，是四时温暖的亚热带河谷阔树森林。山腰，转变为温带阔叶林。上部，转入冷温带针叶树混交林。顶部，为寒带针叶林”[④]。他认为：川西高原有两条断层带，“其中最长的一条断层带，西北起自青海的曲麻莱，至甘孜自治州道孚县的松林口，长约近1000公里。其生成年代，约与喜马拉雅山之上升出海同时。因印度板块北移，挤压高原地壳所致。……第二条断层地带长约400公里，西极今色达县色尔巴地方，东极于阿坝自治州马

① 见《〈吐蕃传〉地名考释》，载《西藏研究》1982—1984年第2—9期。

② 《四川上古史新探》，四川人民出版社，1986年版。

③ 《四川上古史新探》，四川人民出版社，1986年版。

④ 见《羌族源流探索》。

尔康县之梭磨"①。

对位于川藏交界、属康方言区、对四川藏区有着重要作用的"岩险四缭"的昌都的地理，任先生也有论述：昌都"其地当杂曲、昂曲两河之会口，南流即澜沧江。二水会口处为舌状浅台地，后倚天山，只沿昂曲北岸一线西通俄洛桥，东侧之杂曲东岸皆绝壁，有盘道逾山通德格。清代经营西藏，此地为交通枢要，始于上游建'四川桥'"②。

对阿坝藏区的自然地理，任先生也进行了考察和论证，指出："茂、理、松潘、汶川、懋功、靖化六县地方，号为四川边区，一切情形与四川盆地内部不同。"③ 并从气候、地貌、水文、生物、农牧业分布等方面阐述了阿坝藏区自然环境的特点，认为阿坝高原"因为海拔高度影响各地气候，气候又影响到生物的分布。由生物分布的限制，影响到各地住民的生活和一切有关生活的经济与文化各情形。故如研究十六区（即阿坝藏区，引者）的内容，最好是从地理下手"④。并根据自己的研究，将该地区划分为东南山谷区和西北草原区两个地理单元，详细分析了地理单元内部的特点，还绘制了该地区的地图。⑤

总之，任先生通过对四川藏区气候、地貌、水文、生物（动、植物）、古地理等方面的研究，勾勒出了该地区自然环境的轮廓，阐明了该地区的自然地理特点。

（二）人文地理研究

人文地理包括人口地理、社会文化地理（语言地理、民

---

① 《康藏与中原地区早期交往探索》，载《藏学研究论丛》第一辑，西藏人民出版社，1989 年版。

② 见《隋唐之女国》，载《康藏研究月刊》第 6 期。

③ 见《四川第十六区民族之分布》，载《康藏研究月刊》第 24 期。

④ 见《四川第十六区民族之分布》，载《康藏研究月刊》第 24 期。

⑤ 见《四川第十六区民族之分布》，载《康藏研究月刊》第 24 期。

族地理、宗教地理）、历史地理、经济地理（农业地理、工业地理、交通运输地理、商业地理等）、政治地理、军事地理、聚落地理、旅游地理等分支。在任乃强先生一生的学术生涯中，对人文地理（尤其是四川藏区的人文地理）用功甚勤，着墨甚多，成果丰硕。而在人文地理领域中，尤以四川藏区的历史地理研究成就最为突出。他不仅考察研究了四川藏区历史上的疆域和政区的形成、划分及其变迁；农牧业、矿藏的分布、发展、关隘、渡口、桥梁、古道等古代交通情况；民族的来源、分布地区、迁徙路线；城镇、村落、牧场的产生兴起、分布、聚散特征；宗教、民俗、语言、建筑、聚落形式等的地理因素；并且还考证了该地区古今地名的演变；阐述了文化与环境的关系、文化的传播与扩散，以及作为藏族文化圈中三大文化区之一的康巴文化的地方特色；绘制了四川藏区的区域总图和分区图。

在沿革地理方面，任先生研究了四川藏区疆域政区消长和古今地名的演变。

四川藏区地处边鄙，具有“民族走廊”、缓冲地的特征，因而成为古代民族、部落的会聚之所。部落众多，民族迁徙频繁，绘成了有声有色的历史画面。然而，由于古代交通、文化等条件的限制，更由于人们对缓冲地的忽视，对这一地区记载不多，资料匮乏，就是零星的记载，也有不少是道听途说，与当地实情不符，而后世文人往往又不加分析、考证，盲从沿袭，以至以讹传讹。如汉、藏史载有“康国”、“附国”、“旄牛国”、“东女国”、“林国”、“白利”、“西山八国”等活动于康藏高原的古部落，并载有“朵康六岗”、“朵甘思”、“笮”、“沈黎郡”、“奔不田地里”、“亦思马儿甘”、“奔不儿亦思刚”、“六番”、“嘉良”、“喀木”等古地名。但是，对古部落活动区域与变迁等很少提及，对于古地名的来历、沿革、变化、今址等亦没有交代，或由于“图籍丧佚，难于确定今地部位"[①]，或"由于有许多属于草原上的地名，过去无人考订，或大体指出部位，亦与史实不合……"[②] 作为民族史地学家，任先生深知这一基础研究的重要性。他说："研究史地，重在剖析史地关系的实质。"[③] 研究四川藏区历史沿革地理的目的，在于"把前人留下来的断烂残阙的史事认识清楚"，"使数千年残阙未备的边疆地名、克收古今对堪之益，为研究民族历史者建立航标"。"如地名不能落实到地图上来，则历史事实也成悬空缥缈的故事，不可能收古为今用之效。"[④] 因此，他下了很大工夫考察研究四川藏区古部落、古地名和政区沿革。"一切唯以山川形势与原书全部史事是否相合为断，非曾身游目验，亦不妄考"，"考订名物，非亲历慎察，不足成立定论"，纠正前人记载的谬误，指出古地名的今址。

清代学者曹树翘在《乌斯藏考》中，认为"察木多为古康国"，任先生遍览史籍后指出："一部《二十四史》，西南夷无称'康国'者，仅汉代西域有康居国，《隋书·西域传》与《唐书·西域传》载记'康国'，然皆在葱岭外。去藏甚远，去西康尤远。"喀木即康之异写，至清末叶，始称喀木为"康"。从而得出"西康非古康国"的结论。[⑤]

近代学者黄懋材、傅华封、胡吉庐等在他们的著述中，皆谓打箭炉为古旄牛国地，任先生经过考证辨析后指出："余考元明时，打箭炉仅属小村，宋以前，则荒谷耳，决无建国之理。汉世所云旄牛国，实大渡河谷诸小部夷族之总称，并非国号。"在考证了汉代所置沈黎郡、旄牛县的四至之后曰：谓打箭炉为"汉代旄牛夷部之地，尚无不可。若如近世诸书所云

① 见《〈吐蕃传〉地名考释》，载《西藏研究》1982—1984 年第 2—9 期。
② 见《〈吐蕃传〉地名考释》，载《西藏研究》1982—1984 年第 2—9 期。
③ 见《〈吐蕃传〉地名考释》，载《西藏研究》1982—1984 年第 2—9 期。
④ 见《〈吐蕃传〉地名考释》，载《西藏研究》1982—1984 年第 2—9 期。
⑤ 见《西康图经·地文篇》、《康藏旧说纠谬》。

‘为旄牛国郡’，‘为汉旄牛县治’，则失之远矣。”[1] 黄懋材在《西辖日记》中置疑：“或云丁林为古丁零羌之遗种；或云巴塘即白狼王唐蕞故地。皆无考。”任先生辨证曰：“查汉之丁零羌，在凉州西境，当今青海东部，与巴塘无涉。”[2] 并根据音韵的地理环境，纠正了《四川通志》“左水为昌河，右水为都河，故曰昌都”之谬。

《西域图记》、《唐会要》、《旧唐书》、《新唐书》等史籍都记载了“东女国”，“然只记其有人来中国，未闻华夏人入其境内。故各书所志山川情俗，恍恍不明。史家又辗转抄袭，不著出处。……徒使我研究边荒古史人士，扣盘扪烛，酿为聚讼”[3]。任先生经考证之后认为，“东女国”的辖境在康地，“大抵今昌都、察雅、贡觉、八宿、类乌齐、察哇龙一带，北至隆庆，西至丹达山之地皆其旧境”[4]。关于“附国”，有的学者认为“附国即吐蕃”，任先生从地理位置、河流、物产等方面进行了详细的研究，认为《隋书·附国传》所载的“嘉良”即“甲绒”，“为今丹巴、靖化、懋功等县地”（位置）。《附国传》所记“嘉良有水阔六七十丈，附国有水阔百余丈，并南流”。任先生认为嘉良之水即大渡之水即大渡河，附国之水应为甘孜之雅砻江（河流）。《附国传》所言“土宜小麦，青（青稞）。山出金、银。多白雉。水有嘉鱼，长四尺而鳞细”。任先生说，“今道、炉、甘、丹等县为康区出产小麦青稞最多之地。又为最著名之金银产地。白雉即马鸡，所在成群；嘉鱼即羌活鱼，盖蜥蜴之类，特产于大渡河流域山溪间，藏中未闻有也”（物产）。从而断言“附国非吐番”，其辖区包括“今道孚、炉霍、甘孜、德格、邓柯、康定、白玉、丹巴等县，为

① 见《西康图经·地文篇》、《康藏旧说纠谬》。
② 见《西康图经·地文篇》、《康藏旧说纠谬》。
③ 见《隋唐之女国》，载《康藏研究月刊》第6期。
④ 见《隋唐之女国》，载《康藏研究月刊》第6期。

一狭长农业地带”[①]。任先生还推断了“西山八国”的地理位置及其今址。认为“八国原境位置，皆在金沙江西的澜、怒二水流域”。认为“弱水”在昌都附近，“南水”在今盐井县，“咄霸”在今巴塘，“白狗”在今巴唐与白玉交界地，“哥邻”在邓柯。[②]“林国”，原辖区在“今邓柯县地，故都为今林葱土司官寨。在元宋时，领土遍于多康。明朵甘卫，为康中第一大国”[③]。“明代，德格土司代兴，林国退缩到邓柯的一隅”[④]，入清始渐衰削，近世尚保存为林葱土司。“林葱土司故治在今德格县的俄兹，地当青、康、藏三角区，历来是藏族地区的要冲。吐蕃时期常在此地与多康各部落集会议盟”[⑤]。任先生认为，明代“康地诸王国，白利最大。国都在今甘孜县境内，辖地远达今德格、邓柯、瞻对、道孚诸县”[⑥]。

任先生还结合实地考察与史籍考证，确定了《安多政教史》所载“多康六岗”的大致区域。他认为：“从名称看，‘色莫岗’指的是以邓柯为中心的莫拉山与金沙江之间一块地方；‘勃波岗’是以白玉县河坡区为中心的瞻对以西至金沙江边的地方；‘察洼岗’是以察瓦龙为中心的门工、盐井一带地方；‘玛杂岗’指的是以称多为中心的玛多至杂曲卡（即石渠）地区；‘木雅惹岗’，又作‘热堆察岗’，指的是木雅贡嘎山周围的地区，这一地区名称就叫做‘木雅’。”[⑦] 并指出，多康（朵甘思）有广义与狭义两种概念。广义的“多康”，指青藏高原东部地区；狭义的“多康”，指青海西南、藏东、川西及滇北的部分地区。

---

① 《附国非吐蕃——与岑仲勉先生商榷》，载《康藏研究月刊》第4期。
② 见《羌族源流探索》。
③ 见《德格土司世谱》，载《康藏研究月刊》，第13—16期。
④ 见《羌族源流探索》。
⑤ 见《“朵甘思”考略》，载《中国藏学》1989年第1期。
⑥ 见《德格土司世谱》，载《康藏研究月刊》，第13—16期。
⑦ 见《“朵甘思”考略》，载《中国藏学》1989年第1期。

对阿坝藏区的沿革地理，任先生也有研究。他认为，《华阳国志》和《水经注》所载之汉广柔县（今汶川、茂县一带）在川西北的岷江河谷地方。在上古时代，“这条河谷，乃是西蜀与中原的交通要道”，“是当时农牧社会交易土产的通道”①。“宕昌故地包括今甘肃省甘南藏族自治州与四川省阿坝羌族藏族自治州，主要部分为宕昌、舟曲、迭部、若尔盖、南坪等县，为一大草原”②。当悉诸州，“皆在岷江上游地区。当州……即今黄胜关以北若尔盖县地。悉州……即今毛儿盖地”③。“安戎城”，“在今四川省理县之薛城镇。清末民初为理藩厅（理县）治，当杂谷河（威州入岷江，古称駹水）中下游南岸一山爪之端，扼制西山蕃羌进入岷江河谷的要道。固属一方要塞”④。“茂州”，为“今茂汶羌族自治县地，岷江至此河谷展开，多耕土。汉为冉駹夷国，开置汶山郡。宇文周改汶州，隋改曰会州。唐贞观八年改茂州，置都督府，为松州后继，兼以防备西山诸羌。世以松茂连称，以为西山屏蔽”⑤。有人据《史记·西南夷列传》中“冉駹”连称，遂认为“冉駹”是一个部落名称。“我考冉和駹，不但是两个羌族支民族，而且还是先后不同时进入茂汶盆地，逐去蜀族，据其故地而分有之”。“茂汶盆地为冉地，杂谷脑河谷为駹地”。“冉地北至松潘草原，駹地西至嘉绒盆地，其人皆已经营农业而犹保持羌俗”。古駹地唐时置维州，古冉地唐时置茂州。⑥

对四川藏区的古地名，任先生进行了详细考辨。关于“六番”，陈松龄在《天全州志》、顾炎武在《天下郡国利病书》、杨振业在《灵和杂记》，以及《明史·土司传》中均有

① 《从大禹生地说到边疆人物》，载《边听》月刊第1卷第2期。
② 见《〈吐蕃传〉地名考释》，载《西藏研究》1982—1984年第2—9期。
③ 见《〈吐蕃传〉地名考释》，载《西藏研究》1982—1984年第2—9期。
④ 见《〈吐蕃传〉地名考释》，载《西藏研究》1982—1984年第2—9期。
⑤ 见《〈吐蕃传〉地名考释》，载《西藏研究》1982—1984年第2—9期。
⑥ 《四川上古史新探》，四川人民出版社，1986年版。

阐释，但皆各持己见，莫衷一是。任先生经过考辨后认为："顾炎武所说指的是元代的六番，陈松龄所指为明、清时的设治概念，而杨振业所据，则是五代时六安抚司之设置。""六番"不是指黎、雅、长河西、鱼通、宁远、碉门六安抚司，而是指"雅州以西，碉门以内的宝兴、芦山、名山及雅安四县境。而以紧接天全的宝兴、芦山为中心，附带管辖名山、严道之地"①。元代在四川藏区的设治："哈答"即乾宁，"李唐"即理塘，"剌马儿刚"在今阿坝州小金县境，"奔不儿亦思刚"治所在今白玉县，"朵甘思招讨使"治所在今甘孜县一带。② 新旧《唐书》及《唐会要》所述之"西山"为唐人对于茂州岷江两岸诸山之通称。③《汉书·地理志》所载之"鲜水，即今道孚河。若水，即雅砻江。绳水，即金沙江"。"旄牛徼外"，指今石棉、泸定与康定鱼通、孔玉段大渡河谷所住的白狼部族。"笮都"即今泸定沈村。④《旧唐书·地理志》所记的"龙涸"，为"邓至诸羌之神山，在今松潘县东五十里之三舍驿。泉流三级为三池"。"《旧唐书》所谓'白兰诸羌'，就指《北史·附国传》所说'女国东北连山亘数千里接于党项'的二十一种羌落。其地恰好包括今四川甘孜藏族自治州的全部和阿坝州的大部"。"所谓龙涸雪山，指的是今松潘县东，龙涸南的'雪宝顶'"⑤。并考证了藏文《德格土司传》所载德格土司辖区金沙江东的麦宿、白利、喀尔多山、盖玉、边坝、白玉、汪布顶、银南、柯鹿洞、龚垭、玉隆、纳如班、河坡、上下杂曲卡，噶衣以及金沙江西的谷色、得聂、娘喜、波鹿、新谷色、宗拖、热登、且卓等地名，⑥ 阐释了

---

① 见《"朵甘思"考略》，载《中国藏学》1989年第1期。

② 见《"朵甘思"考略》，载《中国藏学》1989年第1期。

③ 见《隋唐之女国》，载《康藏研究月刊》第6期。

④ 见《羌族源流探索》。

⑤ 见《〈吐蕃传〉地名考释》，载《西藏研究》1982—1984年第2—9期。

⑥ 见《德格土司世谱》，载《康藏研究月刊》，第13—16期。

“西康三十四县”地名。①

关于四川藏区的聚落，任先生亦作了考察和研究。《泸定导游》中，阐述了瓦斯沟、烹坝、咱里、泸定城、冷碛、化林坪、沈村、岩州等大渡河流域城镇、乡村的地理状况及形成发展的历史。任先生在研究藏区聚落时指出：“必城待局势稳定，商旅麇集，汉人住户增多，已成定局，才有城邑，历世不徙，或不易徙动，才会沿革相用。这是考订边区郡县必须有的认识。还有一件：边区郡县治所，即汉官住地，必然是河谷平原，或台阶地面，可以耕种粮食和蔬菜的地面，决不会营邑在草原上。”② 阐明了聚落形成的人文因素和地理条件。他还考察研究了四川藏区的其他城镇和村落。认为，康定城的兴起，是由于元代开打箭炉峡路，置鱼通土司，兴萨迦派喇嘛教。不久，为乌斯藏白教徒占领。清扑灭白教徒政权，建立明正土司，并设置打箭炉厅管理康区诸土司。清末改为康定府（今康定县）。理塘地区，旧为梭罗、曲登、毛丫、稻巴等部落。明中叶，为第三世达赖的化域，建立理塘大寺管理。固始汗设理塘第巴，清为理塘土司，今为理塘等县。其地域在瞻对之南的雅砻江西岸一带。③ 并研究了四川藏区的一种独特的聚落现象——“飞地”，指出：“唐藏行政区之划分，不重在地势形便而重在传统之历史，插花飞地，所在多有。”如“德格境内，多有故白利土司飞地。”其他“如林葱土司与春科、高日两土司，土境即全在德格土境之内。又如昌泰、甑科之间，沿昌泰河有牧地一区曰阿色，亦霍尔孔撒土司飞地，今尚供纳差税于甘孜之孔撒家。其地四周皆德格界，而距甘孜七站，阻以重山深谷交通异常不便。……德格虽强大，亦不得以形便要求

① 《康藏史料中若干名称之正译》，见《西康图经·地文篇》。

② 见《〈吐蕃传〉地名考释》，载《西藏研究》1982—1984 年第 2—9 期。

③ 见《羌族源流探索》。

合并。阿色虽苦远役，亦未要求改属。”① 从而揭示藏区土司头人辖区纷争的历史根源。

交通对于地处高山大川之中的四川藏区具有十分重要的作用。任先生在研究藏区史地时，非常重视对该地区关隘、津梁、渡口、古道的考察和研究。他对地处川藏交通咽喉的大渡河流域中游（康定—泸定段）的交通发展史剖析入微，认为“康定至瓦斯沟之河峡，两岸无通路。故在汉代旄牛夷入蜀之路不由康定瓦斯沟而是从木雅草原逾雅加埂出磨西面，至咱威河坝渡大渡河至沈村与汉人市易。其道乎缓斜下自然成路。可行牛马。沈村，汉沈黎郡治也。大渡河水湍急，惟此处稍平缓可渡皮船亦可施溜索于两山之间，故沈黎郡治又称‘笮都’，并因商业之盛发展成为笮国，为汉开沈黎郡奠基。直至唐代，汉藏交通仍以沈村大渡为要道。……然商贾轻赍奸出物者，为避关税，巧于别寻艰险小道。故已有从马鞍山、五里沟出大渡河谷，绕行冷竹关、大岗山嘴，穿日地、申亢间长峡至打折多（康定）之鸟道以入蕃境。此路最险而捷，在宋元间，已逐渐开凿成为运茶小道。清代修建泸定桥后乃另开运茶新道，自桥至冷竹关劈崖通瓦斯沟，循峡江西岸开路至打箭炉。又至1941年始开拓为汽车公路”。“唐宋所称‘大渡河’指今泸定、汉源两县河段，因有三个渡口皆凶险而名。除此三处皆不可舟渡。这三个渡为泸定——沈村渡，石棉——老鸦漩渡，汉源——大树堡渡”②。“沈村与隔河的咱威河坝相对，有石岗临江，今存植桩系溜索与候渡石室的遗迹。……木雅乡番人常有商队运货由雅加埂（木雅贡嘎山脉最低的山口）、磨西下来，人、货、牲畜俱由溜索渡过沈村。再由龙巴沟上化林坪，过飞越岭至泥头（古飞越县）及汉源，与汉商交易。有时亦到雅安贩茶，仍由此溜索运回。故明、清两代，建置土司于此，管

① 见《德格土司世谱》，载《康藏研究月刊》，第13—16期。

② 见《〈吐蕃传〉地名考释》，载《西藏研究》1982—1984年第2—9期。

理交通，是为沈边土司。由于泸定建桥，打箭炉开市，商道改变，此渡乃衰”[①]。明以前“川康间之交通，分为两道，北自雅州经碉门（天全）、岩州（岚州）瓦斯沟入打箭炉。有时亦自岩州渡烹坝，由大冈入炉，曰雅州路。南自汉源飞越岭经化林坪、沈村、咱威、磨西面、雅加埂，为黎州路。中间唯自瓦角渡紫牛，为自南路斜合北路之小道”。康沪间的瓦斯沟、大冈、冷竹关、烹坝、泸定城、化林坪、飞越岭、岩州以及碉门等皆为川藏交通的要冲，任先生都一一作了考察。他说，清朝嘉庆以前瓦斯沟“尚无市肆，缘当时冷竹关岩崖路尚未凿通，官商孔道，系由冷竹关上黄草坪经大冈村，下合头道水故也”。“考明以前川康交通，系由岚州下山，自瓦斯沟口渡大河至炉，即清嘉、咸以前之天全茶运，尚循此路”。烹坝“有皮船渡，通岚州、察道”[②]。并考证了泸定桥修建的历史及其在汉藏交通史上所起的“通津黄铁锁，扼险壮金汤”的重要作用。“化林近在飞越岭下，东南倚山，西北绝壁，俯盐水溪，傍飞越岭，进有高屋建瓴之势，退有依山结险之利。故明、清两代皆委沈村土司，官军专戍此坪”。飞越岭为川康交通要地。岚州，“东逾大山通天全，有数道，北逾马呷通鱼通，西北经观音崖、青冈嘴、王公梁子，下元州河坝渡瓦斯沟至康定，观音崖筑有石阙为北关；西自北关观音崖盘曲下峻坂，渡河至烹坝，南经乌泥冈经观音崖，下至察道。……南北两关皆縻羁万夫莫开之势，其他马呷等山口则高险难越。故岚州实为军事要地”。“为‘西番’入天全必由之路”，“雅康间最捷之路”。任先生经过考察后指出：“由雅至康，无论由飞越岭，由蒲麦地，由二郎山，由马鞍山，由岩州，皆须逾海拔两千八百公尺左右之山脊，高度相当，初无轩轾。至于水平距

① 《四川上古史新探》，四川人民出版社，1986 年版。

② 见《泸定导游》，载《康导月刊》第 2 卷 2—9 期，1939 年版。

离，则愈南愈迂，愈北愈捷。不过迂则较平，捷则较陡耳。”①他认为，“泸定至康定的峡路，元代始开，唐代由川入番，北道由维州、松州，南道由雅州、黎州与，嶲州，不由康定”②。唐代，吐蕃的东方通道， “东惟松、茂西山，通剑南节度地”③。“岷江发源于羊膊岭，其地在松潘北黄胜关外，海拔四千公尺左右，但因系平缓之草原浅岭地带，纵马可直驰而过。逾岭北行，为包座草原，广袤无垠，直抵白龙江谷，再逾岭即入洮水地区，通联陇右，进接中原”。“若水部至中原，可自木雅东北行，经大金川，入松潘草原而北上。上古人类缺乏交通工具，长途旅行仰赖牛马，故必择水草丰盛之开阔草原或低浅沟谷为交通干道”，“若水地区与黄河上游地区的交通，尚有一条经金沙江与雅砻江之间穿越石渠大草原，进入青海玉树或果洛地区的道路”④。很显然，任先生不仅考察了四川藏区内部的交通，分析了川藏交通，而且还阐述四川藏区与中原的交通地理。

为了便于研究，更加系统、全面地把握四川藏区的地理特点，任先生还以步测手绘之法，历十五年之功，绘制成百万分之一康藏标准全图和西康各县分图，填补了康藏研究的一大空白。

二、认识四川藏区的社会历史发展规律

任乃强先生不仅悉心考察研究了四川藏区的自然地理环境，而且还研讨了该地区的历史文化，剖析了该地区的社会现实。

---

① 见《泸定导游》，载《康导月刊》第2卷2—9期，1939年版。

② 见《〈吐蕃传〉地名考释》，载《西藏研究》1982—1984年第2—9期。

③ 见《〈吐蕃传〉地名考释》，载《西藏研究》1982—1984年第2—9期。

④《康藏与中原地区早期交往探索》，载《藏学研究论丛》第一辑，西藏人民出版社，1989年版。

从他的论著中可以看出，他基本上是把四川藏区的历史分为三大阶段来研究的，即宋以前为上古史，元明清为中古史，民国以来为近代史。而他的研究重点又在后两个阶段，尤其是四川藏区的近代史。在《康藏史地大纲》、《羌族源流探索》、《四川上古史新探》、《德格土司世谱》、《泸定导游》、《川边历史资料汇编》，以及《附国非吐蕃》、《隋唐之女国》、《〈吐蕃传〉地名考释》等论著中，任先生考证了生息于四川藏区的古部族，如秦以前的“西羌”，秦汉时的“笮都夷”、“旄牛王部”、“白马”、“冉”、“駹”，隋唐的“东女国”、“嘉良”，宋代的“林国”，元明的“朵甘思”、“长河西”、“鱼通”、“白利”、“六番”，清代的德格、明正、理塘、瞻对、巴塘等土司部落。研究了唐宋时期在大渡河流域推行的羁縻州制；宋元明清在该地区进行的以打箭炉、岩州、碉门为交易中心的汉藏茶马贸易；元代开始实施、逐渐推广到康区、阿坝大部以及德格、理塘、明正、巴塘、革什咱等地为中心的土司制度；从印度经西藏传入的佛教和从西藏传入的苯教，以及清末在川边进行的“改土归流”等，从纵的方面勾勒出了四川藏区社会历史发展的轮廓。阐述了该地区土司制度、土屯制度、政教合一、政教联盟、藏汉政治体制杂存而不同于政教合一占统治地位的西藏的多元化政治制度。剖析了该地区以农牧业、商业为基础，以寺院经济为补充的原始的自给自足的自然经济。分析了该地区僧俗文化并存，藏汉文化相融合，从西到东藏族传统文化色彩逐渐减弱，文化排异性不如传统文化保存完整的西藏那样强烈，具有鲜明地方特色的文化。论述了该地区苯教（主要分布在德格、瞻对，阿坝）、佛教宁玛派（主要分布在德格土司辖区，以噶拖寺、白玉寺、竹庆寺、协庆寺为代表）、萨迦派（主要分布在德格和康定）、噶举派（主要分布在德格，以八邦寺为代表）、格鲁派（主要分布在理塘、甘孜等地，以长青春科耳寺、大金寺、甘孜寺、寿灵寺、灵雀寺为代表）诸教派各显神通，共同发展，而不同于格鲁派独尊的西藏的宗教局面，横向阐明了四川藏区独特的政治、经济、文化和宗教格局。

任先生在研究四川藏区历史的同时，还对该地区的现实社会进行了描述、评介和剖析。在《西康札记》、《西康诡异录》、《西康图经·民俗篇》、《泸定导游》、《论边疆文化及其人物》、《四川第十六区民族之分布》、《喇嘛教民之转经生活》、《谈西康的婚俗与庄房制度》、《〈艽野尘梦〉校注》等论著中，阐述了当时康区、阿坝的民族分布、宗教、语言、民俗（衣、食、住、行等），这既积累了一批民俗资料，又介绍宣传了鲜为人知的四川藏区的民族文化和民风民情，从而增进了藏汉等民族间的相互了解和经济文化交流。

三、为开发四川藏区献计献策

任先生治学务求经世致用，在他一生的学术生涯中，几乎耗费了半生的心血寻求四川藏区开发的出路，探讨四川藏区开发的方略。早在1930年，他就完成了对西康十一县的社会调查，发表了《西康十一县考察报告》。“这次实地考察，任乃强感触颇多，不仅看到川边经济开发条件优越，证实了他预先的设想——解决盆地内人口膨胀问题大有可为，尤其重要的是藏族的社会历史、宗教、文化、生活习惯等引起他浓厚的兴致，激励了他强烈的研究欲望。定下专搞康藏史地研究与川边经济开发工作的决心”①。从此便开始了他探求开发四川藏区方略的艰苦卓绝的历程，直至20世纪80年代。他相继发表了《康藏问题之关键》（1936年）、《西康蕴藏之富力与建设途径》（1936年）、《办理牧站联营废除乌拉意见》、《川边垦牧公司经营事业计划》（1936年）、《论边腹变迁与西康前途》（1943）、《边疆垦殖与社会工作》（1945年）、《从独一味说到边疆开发》、《康藏社会演进

① 杨鸿儒：《辛勤耕耘一生的任乃强教授》，载《西藏研究》1991年第1期。

所受之政治影响》(1945 年)、《西康之农村畜牧》(1947 年)、《喇嘛教与西康政治》(1947 年)、《西康农业区划意见》(1956 年)、《康青藏高原采金刍议》(1977 年)、《泛谈四川的黄金》(1978 年)等论著。阐述了开发四川藏区的政治制约因素,正确处理宗教与政治的关系,开发四川藏区矿藏资源的必要性、可能性及实施办法,开发和经营交通运输计划,发展农业、垦殖业的规划,处理好四川藏区与内地经济文化关系等开发四川藏区的首要问题。这些建议、意见、计划,大多被有关部门或当政者采纳。不仅对当时的边区创造了经济效益和社会效益,而且还对有计划、有步骤、全面、系统地开发四川藏区起到了积极作用。

在任先生所发表的关于开发四川藏区、发展川边经济文化的论著中,令人称道的是他在 1977 年 84 岁高龄时所写的《康青藏高原采金刍议》一文。早在 1956 年,他在长达 26 万字的《川康藏农业区划意见》中,便首次提出了开发康藏高原黄金和其他矿产资源的初步建议,并受到了有关部门的重视。但由于技术条件的限制和社会的动荡,四川藏区的黄金开采未能开展起来。偌大的甘孜州,年产黄金才几十两。谙熟藏区地理、对藏族人民怀有深厚感情、胸怀报国之志的任乃强先生对藏区丰富的矿藏资源得不到开发而十分焦急。随着国家改革开放新局面的到来,任先生有了报效祖国的机会,他不顾年迈体弱,夙兴以求,夜寐以思,查找资料,翻阅地图,经过 7 个月的辛勤笔耕,撰写成《康青藏高原采金刍议》。该文厚积薄发,是其运用历史地理学方法研究藏区的专篇佳作。文章以文献资料、地理考察和现状调查为依据,博采多索,得出的结论令人折服。任先生指出:据《唐书》等文献记载:吐蕃其地有金、银。松赞干布迎娶文成公主,向唐朝"贡金甲,献黄金五千两"。"多弥(今玉树一带),土多黄金"。"东女国(今昌都一带),出黄金"。"附国"(今甘孜、道孚一带),山出银。近代以来,康藏高原的黄金开采取得了较大的成绩并有详载,如:

我国最大的金块,重 600 两,1909 年发现于雅砻江中游洼里，曾送巴拿马博览会展出。松潘漳腊镇，据1911—1942年的不完全统计，产金共91万余两，平约年产3万余两。色达色尔巴区，1937年开办金厂，十多年间产金达百万两之多。瞻对（今新龙县）麦科山，清代光绪年间西藏地方政府驻瞻藏官勒令人民挖金，年产金约万两。大金（今金川县）二楷河坝，民国二年办金厂，极盛时矿工达3万人，年产多达10万两之巨。木里隆达沟，民国三年四川招商局在此招工开办金厂，半年时间产金一万多两。[①] 从而得出结论："中国不是贫金之国。中国的西部更不是贫金区。从两千多年前'金生丽水（金沙江）'的记载，到今天仍'岁岁淘淘金沙不尽'的现实，都证明康青藏高原蕴藏有丰富的黄金。"[②]同时，任先生还深刻阐述了砂金矿点具有历史延续性的特点：由于沙金为沉积矿，它的成矿与水流搬运和遇阻沉淀相关。因为河道不止一处弯曲，水流亦因各种原因而有变化，故在一个产金区内往往绵延分布许多矿点。常可在旧矿点的附近或上、下游处又发现新矿点。因此，只要熟悉当地产金的历史，了解当地历史上产金的区域、地点，懂得观察沉金的地形地貌，那么，在尚不能进行地质勘探的地方，同样可以快捷地开展采金工作，[③]为在康藏高原采金提供了选点线索。他的这些精辟独到的见解和建议受到了党和政府的重视，当时的王震副总理亲自写信给任先生，赞扬他学以致用和为祖国建设作贡献的可贵精神。国家不仅采纳了任先生的意见，并且还专门组建了一支黄金部队，冶金工业部特聘任先生为黄金顾问。从此，兴起了康藏高原的采金热潮。就在他写《采金刍议》的当年11月，民主改革以后从未采过金的色达县，写信告知任先生：按照他的理论，在旧金矿上找到新矿点，半年产金232两，超过前三年全州产量的总和。不久，壤塘、木里、理塘、白玉、甘孜、康定等县也

---

① 转引自泽旺多吉：《任乃强与藏区黄金》，载《民族》1990年第5期。
② 转引自泽旺多吉：《任乃强与藏区黄金》，载《民族》1990年第5期。
③ 转引自泽旺多吉：《任乃强与藏区黄金》，载《民族》1990年第5期。

相继传来了采金捷报,[①]从而促进了四川藏区采金业的发展。以甘孜州为例,1977 年以前年产金仅几十两,1978 年增至近 200 两,1979 年达 700 多两,1981 年猛增至 3500 两,居全省之冠,1982 年又增加到 5000 余两。此后几年,一度达到年产金近万两之数。[②] 采金业的发展,促进了四川藏区经济的发展和人民生活的改善,这是任先生在晚年向藏区人民献的一份厚礼,是对四川藏区开发所作的又一突出贡献。

任先生不仅通过社会调查、学术研究等方式为四川藏区开发献计献策,而且还身体力行,亲自参与和从事藏区的开发工作。他的一生献给了藏区和藏族人民——不仅学术研究定在藏区,就是一生所从事的组织领导工作也莫不与藏区有关。早在 20 世纪 20 年代,他就"毅然弃安适之生活"投身到川边开发的事业之中。1929 年,他任川康边区视察员、经济建设委员会委员、交通委员会委员、交通委员会总务处长,1936 年任西康建省委员会委员、西康县政人员训练所副所长,1938 年主办牧运公司,1940 年任西康省通志馆筹备委员会主任委员,1943 年受聘为华西边疆研究所教授、研究员,1946 年创办康藏研究社并任理事长。新中国成立后又被推举为西南民委委员(1951 年),受聘为冶金工业部黄金顾问(1978 年),担任《川边历史资料选编》主编(1981 年)。他考察藏区,研究藏区,宣传藏区,为藏区培养建设人才,理论联系实际,把自己关于开发四川藏区的见解和构想付诸实践,不仅为藏区社会经济的发展起到了积极的作用,并且为我们今天开发四川藏区及其他藏区留下了可资借鉴的宝贵经验和启示。

(原载《四川藏学论文集》,中国藏学出版社,1993 年)

---

① 转引自泽旺多吉:《任乃强与藏区黄金》,载《民族》1990 年第 5 期。

② 转引自泽旺多吉:《任乃强与藏区黄金》,载《民族》1990 年第 5 期。

德格土司辖区的政教关系及其特点

德格土司所辖五宗（县），即邓柯、德格、白玉、石渠、同普，位于康区西北部，介于青、康、藏之间，这里居住着藏族大家庭的部分成员。其独特的自然环境，孕育了悠久的历史和灿烂的文化——兴起于7世纪的德格土司家族，到了近代，发展成为康区四大土司之一；7世纪前后相继传入的苯教和佛教，结合本地区特点，经过斗争、融合而形成的藏传佛教，由于德格土司的扶持和兼容并包政策，逐渐发展兴盛，从而在德格地区出现了教派林立、无一派独尊的宗教格局，使德格地区成为著名的藏族文化中心之一。因此，在藏学研究园地中，德格藏区是一块亟待开发的宝地。本文根据文献、档案资料和实地调查材料，只就对德格社会产生过重大影响的政治（土司制度）和宗教（主要是藏传佛教）的相互关系及其特点作初步探讨，以就教于方家。

一、德格土司兼容并包的宗教政策和措施

外来的苯教和佛教要在德格这块陌生的地方立足、生存并得到发展，必须适应本地区的社会环境和民族特点，而更为重要的，则是要找到强有力的政治靠山。德格土司充当了这一角色。为了利用宗教来巩固自身的统治，采取了扶持和兼容并包

的宗教政策，无论哪个教派，属于哪一僧统，土司都从土地、僧源、财物等方面给予大力支持，并赋予上层僧侣一系列特权，使各教派得以在德格立足，并得到较大发展。

（一）经济上的大力支持

德格土司始祖信奉苯教，佛教传入后，佛苯兼信而以苯教信仰为主。元朝以后才主要信奉佛教。德格家族羽毛未丰时，需要利用宗教来壮大自己；土司势力强大之后，仍需要以宗教作为其统治的精神支柱，借助“神”的力量迫使人们盲目地接受土司统治。正如魏源所说：“盖边方好杀，而佛戒杀；且神异能降服其心。此非尧舜周公之教所能驯也。”① 因此，对外来的诸教派采取了宽容、扶持的态度，为他们提供收徒传教之场所——寺庙，土司还帮助建寺，② 上层喇嘛在土司的支持和带动下，也纷纷主建寺庙。于是，大大小小的寺庙便在德格地区建立起来，形成了遍布德格地区的宗教传播网。到新中国成立初期，仅德格全县，平均每村就有两个以上喇嘛寺，最多的扎科村有 7 个。③ 这为佛教在德格的传播奠定了基础。

佛教僧侣取得立足之地、建立起传教基地之后，为求生存、发展，需要经济上的帮助和扶持，德格土司深知经济的重要性，为了达到控制寺僧的目的，慷慨解囊，分出一部分经济利益来资助寺庙。

首先，保障僧源。

土司明确规定了寺庙的收僧办法，即“一男自愿，二男必送一人，三男至少一人，四男以上者又自愿”④。并将土司辖区最大寺庙之一更庆寺的户口总册交由更庆寺掌握，让其按

---

① 魏源：《圣武记》，中华书局。

② 《康区北部社会情况调查》，成都军区司令部 1957 年 6 月。

③ 《德格县社会情况的初步调查》，（德格县档案馆）。

④ 《康区北部社会情况调查》，成都军区司令部 1957 年 6 月。

户征集幼童入寺为僧；划辖区人民为其僧源。还转权于更庆寺领导印经院。从而保证了各教派充足的僧徒来源。[①] 寺庙喇嘛也利用其宗教特权扩大领地和僧源。这样，信教队伍便迅速壮大起来。

其次，捐赠土地和牧场。寺庙为求发展壮大，竭力争取“以寺养寺”。要实现这一目标，获得并占有藏区的重要生产资料土地和牧场便成为关键。而这只有求助于土司的赏赐和各阶层人士的捐赠。德格土司为减轻自己的负担，也竭力支持寺庙在经济上自立，因而不惜从辖区拨出大量土地和牧场捐赠给寺庙。据统计，新中国成立前，德格全县共有大小寺庙 35 座，共占有土地 6800 亩，占全县总耕地面积的 24%；在德格白垭乡，寺庙占有的土地占全乡耕地面积的 43%；仅八邦、更庆、仲莎三寺就有土地 4000 多亩，其中八邦寺就有土地 2000 多亩。到民主改革时，全县寺庙所拥有的土地已增至 10180 亩，白垭乡寺庙的土地已占全乡土地总数的 56%；[②] 邓柯县 13 座寺庙，占有耕地 6644 亩，占全县耕地面积的 22%。[③] 在牧区，土司头人则将所辖草场的一部分划给寺庙，如德格玉隆牧区，大头人夏克刀登就曾将一块草场划归当地的吉绒寺永久使用，并写下文据。[④]

获得了土地和牧场，寺庙的发展和僧侣的生活就有了基本保障。但土地和牧场还得有人经营。活佛、大喇嘛鄙视劳动，不愿从事生产。为此，土司便将自己属下的部分“差巴”赏赐给寺庙成为“科巴”，听凭上层喇嘛驱使，为寺庙服无偿劳役、缴纳实物贡赋。上层喇嘛正是依靠土司所赐予的科巴为其无偿劳动，养活他们，并维持着寺庙的生存和发展，使佛教势

① 见《德格地区的农奴制度》，《四川省甘孜州藏族社会历史调查》。
② 见《德格地区的农奴制度》，《四川省甘孜州藏族社会历史调查》。
③ 《甘孜藏族自治州概况》，1983 年铅印本，第 164 页。
④ 转引自《德格地区的农奴制度》。

力不断壮大，活佛大喇嘛的宗教统治地位得以巩固。

再次，布施财物。寺僧获取财物的重要渠道之一，便是争取寺外僧俗人士的捐赠与布施。喇嘛利用人们的信教心理来吸收财富，宣传凡能捐产寺院者便能赎回罪孽，买得冥界的幸福，使死后灵魂得到快乐。[①] 每到收获季节，寺内喇嘛便纷纷外出“化缘”。由于藏区基本全民信教，土司也不例外，为了笼络人心，土司往往以虔诚的信徒兼施主的身份，到寺庙朝神拜佛，并布施数量可观的财物以资助寺庙，僧徒们因此而获得了大量的粮食和财物。如 1937 年，土司泽旺登登前往八邦寺谒寺存第一代噶玛巴生前所戴的帽子，寺内活佛喇嘛诵经、供灯以示敬意，泽旺登登当即布施藏洋 40 秤（合大洋 1280 元）；1955 年 3 月，司徒小活佛坐床时，泽旺登登之子乌金夏衣着龙袍亲往祝贺，并送小活佛三千元大洋。[②] 新中国成立前，德格土司家每年共收青稞 123200 藏斤（一藏斤约合 7 斤），就要送更庆寺等寺 103200 藏斤；每年收酥油 36000 藏斤，就要送更庆寺等寺 30000 藏斤，更庆寺获利最多。[③] 并且，土司还把其所占有的、完全由差巴无偿耕种的“自营庄园地”上收获物的一部分布施给寺庙。[④] 这种布施不分教派，数量依寺庙人数的多寡、地位的高低而定。土司的布施以及社会各界的捐赠，成为寺庙的重要经济源泉和生存、发展的物质保证。

（二）赋予上层喇嘛政教特权

上司不仅从经济上扶持寺僧，而且，为了使其统治合乎

---

① 何兹全：《中古时代的中国佛教寺院》，见《五十年来汉唐佛教寺院经济研究》。

② 《康区北部社会情况调查》，成都军区司令部 1957 年 6 月。

③ 《1956 年县工委有关社会情况的调查材料》，德格县档案馆。

④ 见《德格地区的农奴制度》，《四川省甘孜州藏族社会历史调查》。

"神意"，更具有神秘的色彩，还让上层喇嘛以其宗教地位和社会影响为土司政治统治服务。为此，他们在各种场合给上层喇嘛提供优惠和方便。如在特殊情况、遇有重大事件才召开的土司最高级会议，其参加者，除四大涅巴和势力较大的头人外，就有八邦、竹庆、噶拖、白玉、协庆等五大寺的活佛。并且，依照惯例，若一时无人承袭土司职位，可由当地威望最高的活佛任摄政。如 1942 年土司泽旺登登病逝，其子乌金夏年仅四岁，八邦寺的司徒活佛即被推选为摄政，代行土司职务。①

德格土司还赋予大活佛最高人事选举权。土司的最高权力机关为"涅巴会议"，由四大涅巴组成，全权处理辖区内外事务。涅巴从大头人中推选，其产生程序是：由大小头人和更庆寺的上层喇嘛提名，经土司五大家庙（即八邦、竹庆、噶拖、白玉、协庆五寺）的活佛卜卦认可后，由土司加委。土司的军事事务也由大喇嘛协助进行。土司对外作战，必须经过五大家庙的五个大活佛的许可；② 若土司之间发生械斗，或出现军情，寺庙负责人还可下令征集邻近百姓及寺内僧徒出征作战。③

为了巩固封建农奴制度，建立牢固的土司与上层喇嘛的联合统治，土司还从各个方面给活佛大喇嘛的宗教统治大开绿灯。土司规定，凡属德格土司的差民，除向土司缴纳贡赋外，还必须给寺庙纳赋上贡。对寺庙的修建，土司也很重视，并授权寺庙征发辖区群众服役建寺。土司和寺庙共同规定：每年龚垭乡的群众要向土司和更庆寺送白色土几百驮；卡松渡群众送蓝色土几百驮；汪布顶和金沙江西部的同普（现为江达县）

① 见《德格地区的农奴制度》，《四川省甘孜州藏族社会历史调查》。
② 《康区北部社会情况调查》，成都军区司令部 1957 年 6 月。
③ 《历代德格土司史略》，甘孜州文化馆据藏文版《德格土司传》编译。

群众各送红色土几百驮，以备土司和寺庙粉刷院墙之用[①]（主要用于维修萨迦派寺庙更庆寺，萨迦派寺院的墙一般由红、白、蓝三色组成）。土司还从法律上对寺庙寺僧予以保护（《历代德格土司史略》一书中的“土司刑罚”部分有详细规定，此略）。有时，土司关押“犯人”时，也由八邦寺活佛代行职权。[②] 土司登坐就职或土司家有红白喜事，例由五个上座活佛参加，以示隆重。[③] 这样也就抬高了活佛的地位，扩大了其社会影响。寺庙则凭借着土司所赋予的政治、经济、宗教等特权，假借神的名义，无偿征用辖区内的百姓为其服各种劳役，喇嘛活佛过着不劳而食的寄生生活。有的寺庙甚至向区内百姓公开征收赋税。如八邦寺规定：无论人畜，凡有耳朵者，均要上缴耳朵税。[④]

上层喇嘛由于得到土司的优待，行使着一系列特权。通过下层僧侣和广大农奴的无偿劳动，“寺院取得了世间的财富，享受着种种特权和豁免权，日益强大”[⑤]。

（三）划出五大家庙，扶持各教派，促进宗教的发展

土司为密切同寺庙的关系，更方便、更直接地利用和控制各教派的寺庙，相继建立了五大家庙，予以重点扶持。家庙（宗寺）下有支寺（属寺），支持了宗寺，其支寺也相应地得到一些好处；控制了宗寺（家庙），也就把土司辖区各大教派的寺庙控制在自己手中。各大寺庙也因土司的格外重视而得到较大的发展，并利用其所取得的特权，把德格地区乃至区外的同派系寺庙聚集在自己周围，成为自己的属寺，建立起从上到

---

① 《历代德格土司史略》，甘孜州文化馆据藏文版《德格土司传》编译。
② 《德格土司制度下的农奴制》，见《民族社会历史调查》（西南师院）。
③ 《康区北部社会情况调查》，成都军区司令部 1957 年 6 月。
④ 见《德格地区的农奴制度》，《四川省甘孜州藏族社会历史调查》。
⑤ 李有义：《今日西藏》，天津知识书店，1951 年。

下，从大到小的寺庙网，从而壮大了藏传佛教的声势，促进了各教派在辖区内的发展。

德格土司的五大家庙指的是受过皇帝册封的五所国师庙（“乌那卡额阿”），即宁玛派的噶拖寺、白玉寺、竹庆寺、协庆寺和噶举派的八邦寺。[①] 萨迦派更庆寺的规模和影响及其所辖寺庙都超过五大家庙，并且又建在土司官寨处，受土司恩惠最多，与土司联系最密切，成为德格地区的宗教代表，因而被称为土司“家庙的家庙”[②]。

格鲁派因兴起较晚（明代兴起），传入德格地区更迟，在其传入时，原先的各教派都已根深蒂固，因而其势力难以坐大，“德格境内黄教势力渺小不足利用”[③]，故未被封为家庙；苯教历史悠久，元代以前盛行于德格地区，但随社会的发展，随着佛教的传入并取得统治地位，原始的苯教日益不能满足人们心灵上的需要，愈加难以适应社会的发展而失去吸引力，并受到当地百姓的歧视（如骂人即以“黑教徒”称之），因此也未被土司封为家庙。但由于土司的宽容和兼容并包，这两大教派在德格地区仍得到了较大的发展。苯教的丁青寺成为康区苯教主寺和最高学府，其地位仅次于后藏的门吉寺。丁青寺每年要考录“格西”十名，无论康、藏、川、青，欲求深造的苯教徒，皆来此寺学经、考“格西”。格鲁派的色须寺（石渠县）成为康区能授“格西”学位的两大格鲁派寺庙之一。格鲁派的更莎寺和苯教的丁青寺和其他大寺一样，成为德格地区的著名寺庙。[④]

被土司封为家庙的五大寺及更庆寺，后来都发展成为康区著名寺院，不仅在德格、康区，甚至在西藏等藏区都有较大影

① 见《德格土司家族的由来发展及其社会制度》，甘孜州《文史资料选辑》第一辑。

② 《康区北部社会情况调查》，成都军区司令部 1957 年 6 月。

③ 李安宅：《德格之历史与人口》，见《西康户政通讯》1 卷 2 期。

④ 《德格县地名录》。

响。如宁玛派的噶拖寺、白玉寺、竹庆寺被称为“康区三大红寺”，竹庆寺的分寺达百余座，遍布康区，而且阿坝、青海的玉树等地也有分布，1955 年在达赖座前领得了康区红教教权。宁玛派协庆寺为竹庆寺分寺，其势力和影响也较大。八邦寺则成为康区噶举派主寺，与后藏的楚菩寺同为藏区噶举派“圣地”。楚菩寺的噶举派教主噶玛巴活佛与八邦寺的司徒活佛互为师弟，相互从学，相传已数百年。去西藏学经之噶举派信徒路经康区时，须在八邦寺内住上三年。[①] 至于土司“家庙的家庙”更庆寺，有土司的直接支持，其势力和影响更大，可领导土司辖区内的所有萨迦派寺庙。因此萨迦派成为德格土司辖区的最大教派，寺庙建得最多，德格有 35 寺，萨迦派寺庙就有 14 寺。[②]

由于土司的大力扶持，各教派在德格地区都得到了很大的发展，使德格土司辖区出现了教派杂存、寺院林立的局面，成为康区宗教文化中心和藏区著名的宗教文化中心之一。德格印经院的规模、其所藏经版的数量以及其中所供奉的各教派始祖的塑像，便是德格地区宗教发达的集中表现。

（四）建立印经院，弘扬宗教文化

闻名中外的德格印经院，始建于清雍正七年（1729 年）。[③] 据藏文《德格土司世系》载，印经院是由土司丹巴泽仁（1689—1750 年）创建的。建院初期，在丹巴泽仁的主持下，边建院边刻经，共雕刻了 103 函《甘珠尔》经和 209 函《丹珠尔》经，于 1733 年刻成，被称为“德格板”大藏经。[④]

---

① 《1957 年县工委有关寺庙材料和上层安置统计表》，德格县档案馆。

② 见《德格地区的农奴制度》，《四川省甘孜州藏族社会历史调查》。

③ 据张怡荪主编《藏汉大辞典》。

④ 王尧：《西藏佛教文化十讲》，见《中国文化研究集刊》第五辑；《中国大百科全书·宗教》。

此外，还刻成了《黑、白、花十万龙经》（苯教经典）、《萨迦全集》（五个萨迦派创始喇嘛全集）、《俄青全集》（萨迦派著名喇嘛俄青全集）等，初步奠定了印经院的规模。“使德格大寺，成为近代康文化之一重心地区，式微之萨迦派，由之复宏于康地”[①]。

丹巴泽仁死后，其子索朗贡布、彭措登巴、洛珠加措，继承乃父未竟之业，继续主持刻经和扩建印经院。彭措登巴继土司位后，不惜耗费巨资从事刻经事业，单是为刻经工人所支付的工资就合青稞274930多斗（每斗为30斤）、茶叶为13740多包。此外，还为造纸、制版等杂工开支工资约合茶叶36000包。[②] 此时，又新刻成经论数十部，还刻了《噶当派全集》（讲佛经中的空门理论）、《嘛呢全集》（讲观音菩萨的作用）共6部；《卓他根部》32部，《足得根都》48部（都讲密宗仪轨）以及《葱青次成仁钦全集》（作者是参与整理经典的萨迦派大喇嘛，本集由他的学生仲波德格土司的秘书收集编纂）。[③]

到土司索朗贡布执政时期，印经院又得到了充实和扩大，更加丰富了印经院的经版。土司泽旺多吉仁真时（1797—1847年），又刻制了《米庞全集》32部。以后，经过历代土司的经营和活佛喇嘛尤其是下层僧人札巴和百姓的辛勤劳动，印经院的规模日益扩大，经版内容和数量日益丰富，到1942年，全印经院已藏有经版30多万块，[④] 所刻各类版本均准确无误，被康藏地区视为最标准的经典版本。德格印经院以收藏印版数量之多、藏版内容之丰富而驰名中外，各教派的经典均

---

① 见任乃强：《德格土司世传译记》；《德格土司世系》（藏文版）。

② 见《德格土司家族的由来发展及其社会制度》，甘孜州《文史资料选辑》第一辑。

③ 见任乃强：《德格土司世传译记》；《德格土司世系》（藏文版）。

④ 见《德格土司家族的由来发展及其社会制度》，甘孜州《文史资料选辑》第一辑。

有收藏。其中又以苯教、噶举派、萨迦派的经典较多。① 这是藏区其他印经院所不及的。藏区三大印经院中的其他两座印经院——拉萨布达拉宫印经院和日喀则印经院，由于在其建立后，在西藏格鲁派取得了统治地位，对其他教派采取排斥或融合的态度，因此很少收藏其他教派的经典和文献，经版内容单一，数量也受限制，并且还遭受战火的毁损。而德格印经院在建立和发展过程中，由于土司家族采取较宽容的信教政策，并且对各教派都一视同仁，因而成为藏传佛教诸教派及苯教的经典宝库。除各教派共同的藏文大藏经《甘珠尔》、《丹珠尔》，以及适合各派研习的《续部全集》和《修法大全》外，既有萨迦派的《道果释义》、宁玛派的《续藏》，也有噶当派的《父法子法》、觉囊派的《百行论》等，甚至也不排斥苯教的《黑、白、花十万龙经》。既不囿于一家之言，又不拘于宗教经论。到目前为止，所保存的经版字数已达两亿五千多万。这座矗立在德格城区，屋脊有宝瓶孔雀、屋顶垂帷华盖、屋壁绘五彩佛像的宏伟壮观的印经院，已成为康区规模最大、藏版最多、组织管理较健全、设备较为完善的印经院，② 被誉为“藏族文化的宝库”。

德格土司之所以不惜代价，如此重视印经院，除了保存宗教文化的作用外，更重要的原因，是印经院是统治辖区人民的精神堡垒，这是政治机构、军事力量等所不能取代的。“慧远云：释迦之教，无所不可。适道固是教源，齐俗亦为要务。窃味此言，有契至理。何则：百家之乡，十家持五戒，则十人谆谨，千室之邑，百人修十善，则百人和睦。”③ 印经院兼有印经和司神的双重职能，院中不仅有经版，还供有佛像、佛画以

① 参见《德格印经院》（藏文版）所列书版目录。

② 见《德格地区的农奴制度》，《四川省甘孜州藏族社会历史调查》；笔者1987年10月实地调查。

③ 《释氏通鉴》卷四。

及土司塑像等，这是别的寺庙所不及的。在当地群众看来，“巴空”（印经院）最“灵验”，各教派的佛像均有供奉；又藏有各教派的经版——实际就是经书，数量之大，内容之丰富超过所有寺庙，“转经”① 绕行一周，就等于诵念了一遍院内的所有经书。所以，辖区的百姓都以转“巴空”为幸事，把到印经院“转经”视为神圣的使命和朝佛赎罪、求得来生好报的极好场所，只要有空就去转上几圈，远处的百姓到了德格，更认为不转印经院等于没到德格。直到现在依然如此。

总之，德格土司的宗教政策对各教派在德格地区的传播、发展起了重要作用。但是，扶持与兼容并包的根本目的，是为了把宗教置于土司政治统治之下，是为了更有效地控制各教派，利用宗教作为封建农奴制的精神支柱。

二、寺僧与土司结盟，共同维护僧俗封建农奴制度

寺庙、僧侣因土司的大力支持而得以生存、发展、壮大，他们知恩报恩，尽其所能来维护土司——寺庙的政治靠山的统治；藏传佛教势力和影响的扩大，渗透到德格地区的每个角落，对德格社会产生了重大而深远的影响。正如熟知康区情况的刘文辉所言：“康属事件都是活佛、大喇嘛操纵造成，如只是土头则造不成多大的事情。”② 而最直接、最重要的则是对政治——土司统治的影响。上层喇嘛与土司在基本利益一致、彼此依赖的基础上建立起政教统治联盟，使僧俗封建农奴制度历久不衰，在德格社会历史舞台上表演了几个世纪。

① “转经”是一种宗教仪式。《大智度论》卷22曰：“手转宝轮，空中无碍；佛转法轮，一切邪见、疑悔、灾害，皆悉消灭。”一般，佛教顺时针方向转，苯教逆时针方向转。

② 转引自《康区北部社会情况调查》。

（一）神化土司制度，劝导百姓顺从

活佛、大喇嘛大都精通佛典，在信徒们看来，他们是“神”的化身，其言行即是佛的旨意，是绝对正确的。上层喇嘛便以释迦牟尼的代言人和忠实信徒的身份来维护其宗教统治。而在宗教处于依附地位的德格地区，欲建立牢固的宗教统治，首先必须维护封建农奴制即土司统治，才有宗教发展壮大的可能。部派佛教时期，上座部的《毗尼母经》就曾提出佛法与王法“二法不可违”，实际上就是要佛法服从王法。上层喇嘛正是从这一前提出发，去为土司统治效力。

一方面，是直接为土司作宣传，祈佛保佑土司吉祥平安、禳灾免祸，这又通过为土司念经、跳神等几种方式进行。

每逢土司生病，各大寺均要为土司念大经，祈求平安；土司有婚丧事宜，家庙的活佛必须亲临官寨，以示隆重，并为其主持宗教仪式。[①] 就是在喇嘛寺所演唱的藏戏，也常把土司宣扬为正直、崇高的人物。

另一方面，上层喇嘛还利用宗教宣传，使土司辖区的百姓盲目地服从土司的统治。由于佛教传入德格的历史较久，影响很大，人民信仰极深。他们视宗教为心灵寄托，把求神拜佛作为追求来世幸福的唯一途径，其思想、行动无不染上宗教色彩。

活佛大喇嘛即利用人们的宗教信仰，大肆进行宗教宣传，灌输宗教思想，用清规戒律来束缚人民。要他们安于现状，忍辱负重，并追求来世的幸福。宣扬所谓“欲知前世因，今生受者是；欲知后世果，今生作者是”，“已作不失，未作不得”[②] 的佛教因果论。社会学家认为，宗教是一种社会控制力，在当时的德格社会，喇嘛的这套说教就自然地掌握了群

① 见《德格地区的农奴制度》，《四川省甘孜州藏族社会历史调查》。

② 《瑜伽师地论》卷38。

众，深入到人们心中，形成一股强大的社会力量，这就极大地方便了德格土司对辖区百姓的奴役和统治。唐朝名僧吉藏说：佛教是“逼引之教”,[①] 一语道破天机。到了民主改革时期（1957 年），当更庆乡的差巴抗拒土司征粮、派差时，更庆寺的大喇嘛雅顿等还走村串户对群众说：“你们给土司上粮、支差，我们念经保佑你们生产丰收。”[②] 由于土司对寺、僧的大力支持，土司和百姓都笃信藏传佛教，所以德格土司统治区的人民历来较为“驯服”，以至到“民改”时，群众的斗争积极性还受到更庆寺的影响，迟迟行动不起来。[③] 可见藏传佛教对德格百姓的麻痹作用，真乃“无声之教，无形之化”[④]。

（二）调和内部矛盾，影响军政民刑

土司辖区的上层喇嘛（尤其是五大家庙的活佛、堪布）还利用其在社会上的宗教声望和土司赋予的特权，直接或间接地干预土司的统治事务，这既扩大了其宗教影响，又助长了土司统治的声势，使僧俗封建农奴制度更加巩固。

除了出席土司的最高级会议，参与四大涅巴的人事选举外，活佛大喇嘛还充当社会的调解人和公诉人，调解土司的内部纠纷；受理民间诉讼案件，以缓和农奴制的内部矛盾。

土司统治并不是铁板一块，其内部争权夺利的斗争常有发生。尤其是到了近代，土司制度对社会的阻碍作用愈加明显，头人（新兴封建贵族）势力的增长，削弱了封建旧贵族土司的势力，因而土司统治的离心倾向日益加剧，其内部的矛盾、斗争更加尖锐地表现出来。活佛喇嘛为挽救日趋没落的农奴制所进行的种种努力，都充分显示出了宗教的缓冲与调和作用。

---

① 《法华游意》。

② 《1957 年县工委有关寺庙材料和上层安置统计表》，德格县档案馆藏。

③ 《康区北部社会情况调查》，成都军区司令部 1957 年 6 月。

④ 嘉庆《理塘志略》。

清末民初，多吉僧格（1865—1918 年）与降白仁青两兄弟在其父土司罗追彭措死后，为争夺土司权位发生了纷争，并且各树一帜，分裂成大土司派（多吉僧格）和二土司派（降白仁青），引起械斗。在这种情况下，八邦寺的司徒活佛公开站到多吉僧格（长子）一边予以支持，为解决纷争起了重要作用。①

在特殊情况下，大活佛甚至直接充任土司，以缓和土司内部的剧烈纷争。1942 年，土司泽旺登登（1913—1942 年）死后，由其妻降央白姆代行土司职务（摄政），② 随后发生了以降央白姆为首的土司派和以夏克刀登为首的头人派之间关于土司继承人问题的激烈纷争（简称“德、夏纷争”）。德格土司辖区的许多寺庙也被卷了进去。八邦寺的司徒活佛先是亲自去西藏为土司派奔走，以寻求支持（此时土司的领地德、邓、白、石暂属西藏）。③ 在其努力无望的情况，继而在公众的拥戴下，毅然出任土司摄政，暂时缓和了德、夏之间的尖锐矛盾。④

在藏传佛教盛行的德格社会，“神明审判”发挥着重要作用。藏区法律的渊源之一，即来自佛教教义。松赞干布即根据佛教的“十善”制定了《法律二十条》。⑤ 活佛、堪布在有的场合参与民事纠纷的审判和裁决。在德格地区，划给寺庙管辖的地区发生民事案件一般由寺庙处理。⑥ 辖区内某些疑难案件和涉及面较广的大案要案，常常需要上层喇嘛参与调处。法律

---

① 《康区北部社会情况调查》，成都军区司令部 1957 年 6 月。

② 德格土司规定，女性不能继承土司位，只能代行摄政。所以降央白姆继位后，不能用土司世代相传的“玉玺”，所有一切行文谕旨等，只能用她的私章（见《德格地区的农奴制度》）。

③ 《康区北部社会情况调查》，成都军区司令部 1957 年 6 月。

④ 见《德格土司家族的由来发展及其社会制度》，甘孜州《文史资料选辑》第一辑。

⑤ 《贤者喜宴》。

⑥ 《康区北部社会情况调查》，成都军区司令部 1957 年 6 月。

是统治阶级意志的体现，上层喇嘛和土司头人是德格社会的主要统治势力，因此，他们在处理民事案件时，一方面要按“神意”仲裁，另一方面也要体现土司的意志，维护土司的权益。

喇嘛不仅从政治上影响土司的统治，还从军事上协助土司。大寺一般都拥有武装（寓兵于僧），遇有战事，活佛堪布即派僧兵出征参战。如红军长征过甘孜县时，更庆寺即派出40名年轻喇嘛参加到土司武装中，八邦寺派出200多僧兵由喇嘛班达甘布、俄日降措、雍布格西率领，共同在绒坝岔狙击红军。[①] 如果土司间的械斗不可避免，即由喇嘛卜卦决定出兵日期，活佛喇嘛率全寺僧众在战时为土司祈求胜利，在其战后为死者超度亡灵。

（三）寺庙成为土司统治的重要据点

藏传佛教各教派的寺庙遍布德格地区，共计有大小寺庙148座，其中格鲁派31寺，噶举派32寺，宁玛派59寺，苯教8寺，[②]“虽穷乡僻壤，皆寺院林立”[③]。这些寺庙大都是土司五大家庙的属寺，大寺往往采取派堪布、“相子”（总管家）等办法控制支寺。五大寺即为“家庙”，就必然要秉承上司的旨意行事，其属寺自然要向主寺看齐，步调一致，在辖区共同为其政治靠山土司服务。这样，大寺与小寺联系起来，大寺支配小寺，大寺又受土司的控制。土司的政令、措施，一方面通过大小头人等这套行政系统推行到各地区；另一方面，寺僧又从心灵上去劝说人们顺从土司的统治，从而使土司的政令得到更有效的贯彻执行。

---

① 见《德格地区的农奴制度》，《四川省甘孜州藏族社会历史调查》。

② 见《德格土司家族的由来发展及其社会制度》，甘孜州《文史资料选辑》第一辑。

③ 法尊：《西藏民族政教史》卷六。

在生产力水平低下，商品经济极不发达的德格地区，“所谓城者，则官舍民居堑山建碉之谓”[①]。城市，无非是大喇嘛寺和土司官寨所在地，它们是政治、文化和宗教中心，也是不大的集市和手工业者较集中的地方。因此，寺庙便起着衙门、集镇和学校等作用。并且，寺庙大都建立在河谷地区和交通要道旁，这里人口密集，宜农宜牧，经济较发达；居住在这里的民众，既是传教的对象，又是僧侣生活来源的提供者。[②] 因而，寺庙在当地有一定的经济基础和群众（信徒）基础，它对一方一区的统治管理职能是土司行政统治不可缺少的重要环节，成为土司统治辖区百姓的重要据点。

（四）影响辖区经济文化，强化土司统治

在全民信教的社会，寺庙的经济和文化职能表现突出。经济方面的作用，从寺庙所拥有的资金、土地，所经营的手工业、商业和高利贷等方面反映出来。

寺庙经商历史悠久，《弘明集》中晋释道恒《释驳论》曰：“今观沙门……或商旋博易，与众人争利。”僧徒们承袭了这一传统，在德格地区的寺庙组织机构中，一般都设有兼管财经的“相子”和专司商业经营的“充本”，小寺的“充本”还要兼管内部的经济。[③] 土司辖区的商业完全操纵在土司、头人和寺庙手中，而寺庙所拥有的资金甚至超过了土司、头人。如德格土司有资金11.9万元，大头人夏克刀登有资金约40万元，而八邦、更庆、竹庆、仲莎四大寺却拥有资金约215万元。[④] 更庆寺有30多个喇嘛专门从事商业经营，并且还在城

① 《藏炉总记》，见《小方壶斋舆地丛钞》第三帙。

② 王辅仁：《关于西藏佛教及其教派形成时期问题》，见《中国佛学论文集》。

③ 见《德格地区的农奴制度》，《四川省甘孜州藏族社会历史调查》。

④ 见《德格地区的农奴制度》，《四川省甘孜州藏族社会历史调查》。

内摆设3个摊点，以销售其商品。寺院和上层喇嘛的土地总的说来略少于土司头人的土地，但前者的商业资本和借贷资本则远多于土司头人所拥有的资本。而且寺院的资财比大小头人集中，所以头人在经济中与寺院、上层喇嘛相比，略逊一筹。而且有的寺庙还以举办庙会等形式，扩大自己的经济利益。如竹庆寺，每年要举行5—7次庙会，类似物资交易会。每届庙会有"会首"（富商）50多人参加，会期寺庙可得到一笔可观的收入。① 寺院财产的富厚，得益于各方的捐赠、布施和服役，而且寺院不同于俗界，无分析承继之事，所以寺院的财富有积无散，日益增多。

德格地区手工业较发达，是康区有名的手工业中心之一，寺庙僧众对该地手工业的发展起了重要作用。土司辖区设在大寺内的几处印经院，素以印刷精美而负盛名，成为藏区印刷中心之一。印经业的繁盛，促进了德格地区造纸业的兴起，如德格的白垭、龚垭两地均产纸，每人每天能生产四五十张纸，主要用于印经院印经。而刻经事业的发达，又对该地区的版画艺术的兴盛产生了重要影响。德格的"唐卡"（佛画）艺术的发达，寺庙僧侣的作用是不能抹杀的。直到现在，八邦寺的唐卡艺术还很有名。雕版印刷业的兴盛，促进了德格地区佛教的繁荣和本地区文化的发展。

放高利贷是寺院的重要经济来源之一。佛教经律允许以三宝物（僧物、法物、佛物）出贷取息。《行事钞》："《十诵》，以物搭物出息，佛言：听之。"② 在德格土司辖区，寺僧的货物主要有粮食（青稞、豌豆）、货币（藏洋、大洋）、布匹、茶叶等，利率一般为50%（即借二还三）和33%（即借三还四）两种。寺庙设有专门的放债机构，许多活佛和上层喇嘛也放债，成为一大批食利者。寺院通过放债活动，造成许多农

① 《1957年县工委有关寺庙材料和上层安置统计表》，德格县档案馆藏。
② 见《大正藏》卷40，页675。

牧民破产。[1] 寺院把破产了的民众的土地、财产并入寺院，从而扩充了自己的势力。应当看到，高利贷在藏区的推行有一定的社会作用。但是，高利贷对社会生产的发展起着萎缩的作用则是主要的。通过这些活动，寺院攫取了社会上很大部分财富，阻碍了社会的发展。

寺庙僧侣通过上述活动，形成了一种特殊的经济——寺院经济。这对德格社会的影响不可小视，它作为自然经济的补充，促进了土司辖区社会经济的发展。寺、僧所从事的转口贸易，成为康区通向外地的门户，通过贸易线路，一定程度上加强了康区与内地的经济、政治和文化联系；寺庙商业的发展，冲破了自然经济的某些束缚，加速了商业与农牧业的分工，客观上对农奴制有侵蚀作用；应当看到，无数财富聚积于庙堂，大量劳动力归附于寺院，对该地区的发展有一定影响。这些财富与劳动力并非简单地从社会上消失掉，而是一种等量的转移。在某种特殊的条件下（如战争、灾害等），寺院起了经济水库的作用。只要拉开闸门，财富和劳力即可流回社会。[2] 但是，由于寺院经济的形成和发展，是与土司统治联系在一起的，这就使土司统治的基础更加牢固，藏传佛教势力更加强大，寺院经济成为土司制度的重要经济基础之一，使德格社会长期停滞在封建农奴制社会。

在文化教育方面，寺庙在培植自己的信徒的同时，也为土司统治培养了继承人。

在佛教盛行的德格藏区，宗教教育占有重要地位，在这里，活佛、大喇嘛是最有知识的人，较大的寺庙都设有识字学经的学校。以德格为例，“民改”时，全县有僧人 4314 人，

---

① 见《德格地区的农奴制度》，《四川省甘孜州藏族社会历史调查》，四川省社会科学院出版社，1985 年。

② 马德邻、吾淳、汪晓鲁：《宗教，一种文化现象》，上海人民出版社，1987 年。

有文化者占其总数的80%左右（3360人），占全县总人口（25419人）的13.22%，[①] 成为本地区的文化骨干。在当时的社会条件下，寺庙是当地仅有的文化教育机构，藏民学习藏文，接受文化知识必须求教于上层喇嘛。正如法尊所说："西藏境内，离开佛法之外，他们并没有其他的教育或文化。"[②]"康人教育，除喇嘛教育外，几无教育可言。"[③]

德格土司统治区，宗教教育较为发达。以更庆寺为典型，有一套较为完备的教学方式，刚入寺的"札巴"，先由寺庙文化水平较高的喇嘛教读藏文。待学到一定程度后，经本人申请，可进入寺办的学校学习经典，由该寺的堪布任教。学习3—5年毕业后，条件具备者可去西藏听喇嘛讲经说法，通过考试可获得"格西"学位。一旦成为"格西"，则无论出身贵贱，均可任寺庙的堪布等要职。教学内容是在识读藏文后，以佛典为主。

活佛大喇嘛利用其文化垄断地位，向百姓灌输佛教思想，以增加信徒、壮大声势、巩固其宗教统治，但是，他们的这些活动，只能在土司允许的范围之内，对土司有利、为土司服务，至少也不得与土司意旨相悖。因此，寺僧们在宣传宗教思想、普及文化知识、造就宗教接班人的同时，也就为土司制度培养了继承人和维护者。在康区，"其受教育者仅为康人中富有者，或大族……"[④] 在德格社会，只有贵族家的子女才有享受文化教育的条件和权力，也只有贵族出身的人才有资格当土司头人和大喇嘛，下层民众衣不蔽体，食不果腹，被剥夺了受教育的机会和权利。土司头人则以有文化而自视高明，视无文

① 《1956年县工委有关社会情况的调查材料》，德格县档案馆。

② 《现代西藏》，第101页，见《法尊法师佛学论文集》，中国佛教文化研究所，1990年。

③ 见《西康社会之鸟瞰》，第68页。

④ 见《西康社会之鸟瞰》，第68页。

化的劳动人民如牦牛一样，[1] 因而能识字读经就成为进入统治阶层的起码条件。寺庙间接地为土司造就了统治人才。

德格土司之所以成为康区四大土司之一，土司统治之所以历久不衰，在康区政治舞台上长期扮演主角，其重要原因之一，便是德格地区文化较发达，有一批文化程度较高的喇嘛、头人为之效命；一人承土司位，其余出家的制度，使土司辖区“其教易兴，其民易集，其地易拓，其国易大。德格以欧达弹丸之地，甫越五世，遽成为康北第一雄国者，其道在此”[2]。辖区百姓的文化素质（主要是宗教文化）相对要高些——这从几大寺附设的“札巴”学校、民间私塾的普及状况可以看出（这种传统现在仍在发扬）。并且，德格有著名的宗教文化中心——印经院，它既扩大了德格地区的宗教影响，又成为土司统治的牢固的思想文化堡垒。“德格之所以成为康区宗教文化中心，论功首在此寺院”[3]，“德格之所以著名，一在土司之历史；二在萨迦派更庆寺及他派名利之地位。寺院与土司互为因果关系，而促成其传统力量”[4]。

三、德格土司辖区政教关系的特点

通过上述对土司辖区政治与宗教关系的剖析，可以看出，德格土司辖区的政教关系，具有浓郁的地方特色和独特的历史特点。

在德格地区，土司欲建立牢固的统治，控制辖区百姓，发展辖区经济文化，需要以宗教作为精神支柱，需要得到僧侣的配合和协助；宗教各派要使其教义得到传播，僧统得到承认和

---

① 《德格土司制度下的农奴制》，见《民族社会历史调查》（西南师院）。

② 见任乃强：《德格土司世传译记》；《德格土司世系》（藏文版）。

③ 《康区北部社会情况调查》，成都军区司令部 1957 年 6 月。

④ 李安宅：《德格之历史与人口》，见《西康户政通讯》1 卷 2 期。

扩大，宗教文化得到发展，需要强有力的政治靠山。因此，土司与僧侣便在相互依赖、根本利益一致的基础上联合起来，土司官寨成为封建农奴制的政治中心，寺庙成为封建农奴制的宗教据点。为了实现共同统治辖区人民，共同维护僧俗封建农奴制的目标，德格地区的两大势力——土司和上层僧侣两厢情愿地结合在一起，结成特殊的政教关系，从而构成德格社会历史发展的重要特点。

上述分析还表明，在德格土司辖区，宗教的势力和影响并未发展到能够支配政治的地步。由于土司享有至高无上的权力，寺庙因得到土司的支持而建立，各教派由于得到土司的扶持而发展壮大；寺庙僧侣的生产生活资料（土地、牧场、经济来源等）要靠土司及辖区百姓的赏赐与布施，寺庙的“科巴”和僧源也要由土司拨给……因此，在德格地区，寺庙不可能干涉和阻挠土司在其辖区内行使统治权，反而还要受土司的控制。① 形成宗教单纯服务于土司的局面。② 这与康区其他地方，如拥有康北第一大格鲁派寺庙（甘孜寺）的甘孜和拥有康南第一大格鲁派寺庙（长青春科耳寺）的理塘有着明显的区别。那里由于宗教势力的强大，达到了支配当地政治势力（主要是土司）的地步，并且由于甘孜寺和长青春科耳寺与西藏格鲁派一脉相承（理塘寺堪布由西藏委派，直到第16任堪布才改由本寺委派）。在理塘和甘孜又都是格鲁派一派独尊，因而其政教关系的特点与西藏大同小异，表现为“政教合一”。在康区东部，如康定、丹巴、九龙等地，宗教的发展没有出现一派独尊（尤其是格鲁派）的局面。并且，由于康东地区地接汉区，较早地受到汉文化的冲击和影响，较早地接受内地的统治方式，因而这里的宗教势力不够强大，人们的宗教

---

① 《1956年县工委有关社会情况的调查材料》，德格县档案馆。

② 《1953年县工委有关上层人物的小传和解放前后德格土司家在政治、经济地位上的变化情况》，德格县档案馆。

观念相对要淡薄些，没有出现像理塘、甘孜等地那样的“政教合一”的统治方式。而在德格地区，宗教与政治的关系既不同于康区其他地方，更不同于西藏等其他藏区，这里的政教关系表现为：土司通过向寺庙提供传教基地、僧源、土地、科巴、布施财物、建立家庙和印经院等途径，把寺庙寺僧的命运掌握在自己手中，把宗教势力置于土司统治之下；寺僧则通过宣扬教义、参与政务、发展寺院经济、传播宗教文化等方式，神化土司制度，为土司统治服务，以报答土司的关怀和支持，同时也在不损害土司根本利益的前提下，争取尽可能多的教区和僧统。因此，笔者认为，德格土司辖区虽然与西藏最为接近，但由于土司制度历史发展的特殊，由于土司辖区的宗教格局独特，没有形成像康区大多数地方及藏区那样，政治与宗教合为一体的“政教合一”的统治制度，也不同于康区东部等地宗教势力微弱、政治占绝对支配地位那样的统治局面，而是土司与上层喇嘛结成联盟，共同统治该地区。在这里，不是把政权与教权合二为一，而是政权支配神权的一种政治与宗教的集合体——“政教联盟”。在这种统治形式中，教权是受政权制约的，僧侣集团是在统治集团的辖区，在统治集团的支配下进行活动的。这与“政教合一”制有着明显的区别。这是德格社会鲜明的地方特点。

一般认为，“政教合一”的根本特征是，该地区的统治者集宗教、政治大权于一身，“他把教会和国家的最高权力集于一身”[①]。既是宗教领袖，又是政治领袖。藏族著名学者东嘎·洛桑赤列和藏学专家王辅仁也持这种观点。[②] 有的学者把政教合一制的特征概括为三点，即：第一，宗教领袖就是政治领袖，政治领袖就是宗教领袖，政权和神权合于一人之身，具有高度的专断性；第二，教权往往被认作法律，一切民间事务

① 恩格斯语，见《马克思恩格斯全集》卷1，第537—538页。

② 见《论西藏政教合一制度》；《中国大百科全书·民族》。

的处理，都以教义为准则；第三，政教合一的国家或地区一般都具有狂热和专一的宗教感情。① 很显然，都是把政权与教权集于一人之手看作是政教合一制统治的根本标志。

而在德格土司辖区，土司规定，土司的长子任萨迦派更庆寺的堪布（寺主），次子继土司位，以使土司信奉的萨迦派势力不致被削弱。虽然是兄弟俩，但土司与更庆寺堪布各负其责。更庆寺是土司的家庙，因而其首要职责便是为土司服务。堪布不是土司，更不能代行土司职务。因此，德格土司和更庆寺堪布不是二位一体的，谁都没有集政教大权于一身。在德格土司历史上有这样的情况：即土司只有独子，这样就既任土司又当堪布，因而《德格土司世系》上有称土司为法王的（如曲吉丹巴泽仁，“曲吉”即法王），但这毕竟是特殊的情况。还有一种情况，就是当土司继承人没有选定，或继承人年幼时，由五大家庙推举德高望重并具有号召力的活佛出任土司摄政（如司徒活佛），辅佐土司进行统治，这不能说摄政就已集政教大权于一身。并且，这种情况也是暂时的，土司亲政之后，这种局面就会结束。因此，上述这两种情况都是比较特殊的，不能反映德格地区政教关系的一般特点。

由于教派林立，无一派独尊局面的出现，因此，在德格土司辖区，也没有一个能领导和操纵辖区各教派的宗教领袖。土司虽信奉萨迦派，但萨迦派家庙更庆寺不能统治其他教派的寺院。这也是德格地区没有形成“政教合一”统治的重要原因。因此，“政教联盟”是德格土司辖区政教关系、统治方式的鲜明特点。由于自然环境的复杂多样和社会历史发展的不平衡，对康区的研究应找出地区差异，抓住地方特点，而不能笼统地称康区是政教合一或是政教联盟。

为什么同一民族，社会制度相同（封建农奴制），地处青、康、藏交叉地带的德格地区的统治形式与青、康、藏其他

---

① 陈麟书：《宗教学原理》。

地区会有这样明显的差别呢？这有其特殊的自然地理背景和社会历史根源。

（一）地理因素

相对封闭的自然环境，铸成了独特的社会政治文化特点。德格地区位于川、藏之间的“死角”地带，西去为青藏高原所阻挡，东来有山高谷深、崎岖险峻的横断山脉的阻碍，其文化（包括政治、经济、宗教等方面）的由内向外辐射力十分微弱；相对说来，由外向内的文化侵蚀要容易些——以西藏为主体的藏族文化位于“世界屋脊”，居高临下，藏文化容易渗透进来；而汉族文化传播力很强，虽然有崇山峻岭的阻挡，仍然波及德格地区，土司制度的建立即是其表现。但相比之下，藏族宗教文化的影响要容易些、直接些——因为德格地区属青藏高原的东缘，德格地区与西藏属同一民族聚居区，自然环境相似，民族风习相同，心理素质相近，文化（包括宗教在内）是互相学习、渗透、有高度传染性的，西藏向印度学，德格人向西藏学，佛教就这样传了进来。因而他们对西来的文化没有陌生感。这样，德格地区在文化地理上就与东、西部的文化形成“落差”，而成为“低洼”地带，外来文化一旦渗透进来，就像高山雪水浸入低洼的湖泊一样，易进不易出，一经浸入就不得不与本地环境相适应，形成独特的文化形态和社会格局。德格社会历史发展的特点正是这种情况的客观反映。

（二）历史原因

德格土司兼容并包的宗教政策及与格鲁派建立了特殊关系，形成独特的政教格局。公元7世纪（唐代），苯教和藏传佛教先后传入德格地区。由于当地社会的需要和德格家族对诸教派都采取宽容和扶持的态度，因此各教派都在德格地区得到了较大的发展，并在德格地区形成教派杂存、寺庙林立、土司与喇嘛和睦相处的局面。这种局面的出现经历了很长的历史过程，但这种局面一旦形成也就很少受到外来因素的影响，地方性特点得以长期保存。当时的德格社会，形成了宁玛派、萨迦派、噶举派占主导地位的宗教格局。新兴的教派格鲁派具有强大的生命力，力图统治整个藏区和蒙区，并很快在大部分藏区取得了独尊的地位。连康北不可一世的白利土司因信奉和支持苯教，反对格鲁派，都未逃脱被征服并改宗格鲁派的厄运。然而，区区德格土司辖地，其势力却难以涉足，自始至终都未能冲破德格地区原有的宗教格局，格鲁派在德格社会中的势力较为弱小。这种局面的出现还有其他因素。明末清初，固始汗在康区建立格鲁派寺院（霍尔十三寺），逼近德格地区。在土司向巴彭措执政时，他与推行格鲁派的蒙古族和硕特部的酋长固始汗相识，在固始汗攻打苯教施主白利旦约土司时，向巴彭措乘人之危，抓获了败逃的白利土司旦约多吉，受到固始汗的器重。[①] 后来，固始汗于1643年受清朝册封为藏王，向巴彭措也被封为僧王，这样，固始汗与向巴彭措更有了师长和施主的关系。由于德格土司巧妙地利用了教派（格鲁派与苯教）纷争，因而固始汗不但没有在德格地区推行格鲁派，排斥、征服异教派，还将白利旦约土司所辖的领地划归向巴彭措管辖。[②] 正如任乃强先生所论：明末，“固实汗残并西康各部落，囊括无遗。独以向巴彭措有名德，能相崇敬，数通聘问，扶持其政权。又赠与地方颇多”[③]。

清初的七世达赖真假之争，使德格土司与格鲁派结缘，得到西藏优待，成为德格各教派和德格土司兴盛的关键。清初，索波拉绒利用代行摄政的权力，企图利用达赖转世篡权。他声

---

① 见《德格土司家族的由来发展及其社会制度》，甘孜州《文史资料选辑》第一辑。

② 见《德格土司家族的由来发展及其社会制度》，甘孜州《文史资料选辑》第一辑。

③ 见任乃强：《德格土司世传译记》；《德格土司世系》（藏文版）。

称其子益西嘉措即是七世达赖，并强令举行坐床仪式。但遭到西藏僧俗上层的反对，并在理塘选定了格桑嘉措为七世达赖。索波拉绒为防止后患，派出蒙古族藏官普格觉弄率藏军潜赴理塘，密谋杀害格桑嘉措。土司索朗彭措侦悉此事后，即派头人康多区兄洛珠带领武装赴理塘营救，将格桑嘉措全家迎至德格仲莎保护起来，后来西藏地方为嘉奖德格土司营救七世达赖的殊勋，允许土司将流散于康、藏、卫的德格百姓全部接收回籍。① 并颁给索朗彭措金印金册，以酬其功。② 因此，格鲁派在德格地区仅是藏传佛教诸教派中的一派。而且其势力远不及宁玛派、萨迦派、噶举派等教派，更说不上像西藏那样格鲁派独尊，取得宗教的统治地位。

由于教派杂存，德格土司辖区就未能形成政教合一的统治制度。就藏区历史来看，凡是形成政教合一制的统治形式的地区，都是由一个教派单独与该地区封建割据势力相互结合，或由国家划拨地方而形成的排他性很强的产物。倘若这些地区内各个教派都有传播，都有教区和僧统，那就不可能结合在一起，并形成联合的政教合一制统治。③ 德格土司所辖五宗（县），寺庙遍布，教派林立，土司（政治）与寺庙（宗教）关系密切，这从五大家庙和印经院的规模即可窥见一斑。但是如上所述，在整个德格地区却没有形成全辖区的政教合一制的组织形式，究其原因，除了前面所述的自然因素和社会历史原因外，还有更为重要的原因，即德格土司兼容并包的宗教政策。历史上各个教派在这里都有传播，都有稳固的社会基础，而土司又对各教派都给予不懈的支持。因此，谁也排挤不了谁，未能出现一派独尊的局面，势力最大的萨迦派对其他教派

---

① 见《德格土司家族的由来发展及其社会制度》，甘孜州《文史资料选辑》第一辑。

② 见任乃强：《德格土司世传译记》；《德格土司世系》（藏文版）。

③ 吴均：《论安木多藏区的政教合一制统治》，见《青海民族学院学报》1982 年第 4 期。

的发展并无多大影响。况且，宁玛派在政治上与地方势力和中央政府的联系很弱，在藏区，萨迦、噶举、格鲁派与政治的关系较为密切，甚至掌握政教大权，而宁玛派却始终是“在野派”①。各教派的势力相差不很大，单个教派的势力较小，因而它们更多的是相互依存、共同发展，在土司统治的环境内争取尽可能多的领地和僧徒。德格土司则在各教派之间搞平衡，任凭各教派自行发展，使其不至于出现哪一派强大到可以吃掉其他教派而坐大并取得独尊地位的局面，从而使各个教派相互牵制，以达到维护土司政治统治的目的。

但是在当时的社会条件下，佛教又不可能脱离政治而独立生存和发展，相反，它对政治具有严重的依赖性。② 因而宗教和政治、土司与僧侣就成了奔驰在德格社会同一大道上的两架马车，它们目标方向一致，在社会中各司其职，各尽其力，而联系这政教双方的纽带便是封建农奴制度。

政教合一制与政教联盟制对社会的影响是不尽相同的，近代以来，西藏等地封建农奴制已失去生机，进入垂暮之年；而德格这一小块地方，社会相对稳定，文化还呈现出某种活力，出现了像米庞大师、司徒活佛、工珠、云丹嘉措、巴珠活佛、降央钦则旺波、慈成仁钦等一批名闻藏区的大学者；德格印经院也日益繁荣，土司制度仍然存在并得到发展，这是值得深入研究的。

当然，这两种统治形式本质上都是维护僧俗封建农奴制的，因而对社会的消极作用也是显见的，最终必然为先进的社会制度所取代。

（原载《中国藏学》1989 年第 3 期）

---

① 任新建：《论清代瞻对问题》，见《四川历史研究文集》。

② 东嘎·洛桑赤列：《论西藏政教合一制度》。

论德格人对藏族文化的贡献

四川藏区德格，人杰地灵。虽然地处横断山脉腹地、山川阻隔，位于川、青、藏三省区交界的边鄙之区，但是由于自古以来这里就是康藏和川藏交通要冲、文化交流的桥梁和民族迁徙的走廊，加上勤劳智慧的德格劳动人民的辛勤开发和较为开明的德格土司家族世代的经营，在这一相对封闭的自然环境中营造了较为开放的社会环境和文化氛围，因而历代名人荟萃、龙象辈出，孕育了一批高僧大德和学术大师，成为德格的文化精英，树立了德格人的光辉形象。本文所论及的“德格人”，是指自古至今生长于德格土司鼎盛时期（清代）的辖区——德格、邓柯、白玉、石渠、同普五宗等地（现属四川德格、白玉、石渠和西藏江达四县）的主人（这里主要是指文化人）。人们在研究德格时所提到的德格地区，一般即是指历史上形成的这一独特的地理单元。该地区总面积不到10万平方公里，总人口不足10万人，然而却发展成为藏族三大文化中心之一，这是德格人民对祖国历史发展和中华民族文化的繁荣所作出的贡献，其中也有德格高僧大德和学者的一份功劳。德格人民和德格文化精英（统称德格人）对德格的开发、康区历史的发展和藏族文化的兴盛作出了历史性的贡献，这是德格人引以为自豪的。在祖国向现代化迈进、人类奔向21世纪的今天，迫切需要发扬民族的优良传统、树立民族自信心、增强民族自豪感，热爱家乡、热爱本民族、热爱祖国，使藏区早日实现现代化。长期以来，学术界对德格的研究侧重于德格文化本身，而对德格文化的创造者和传播者——德格人在德格文化发展中的作用则未予足够的重视。有鉴于此，笔者撰写了此文，旨在从宗教、语言、文学艺术、史学、自然科学等方面阐明德格人对藏族文化发展所作出的贡献，并就教于方家。

一、对藏族宗教文化的贡献
——奠定独特的宗教格局，为宗教文化提供良好的生存与发展机制

德格之所以发展成为藏族文化的中心之一，其重要原因和主要标志是德格宗教（主要是藏传佛教）文化发达。德格人通过建立藏族文化的载体——寺院、保存宗教典籍、整理宗教文献、进行宗教研究、讲经说法、创立活佛转世制度等，促进了藏族宗教文化的发展。

（一）建立宗教文化的弘传基地

在远古时期，德格地区就有部落生息，后经过民族融合而形成单一的民族——藏族。藏族的原始宗教为发源于西藏西部地区的苯教，后传入德格，因而德格地区的先民以及最早的大部落“林国”都信奉苯教。佛教于 7 世纪传入西藏，经过佛苯斗争、融合而形成西藏化的宗教藏传佛教，后东传越过金沙江，在德格立足。到 13 世纪，德格人便放弃苯教，改信佛教。苯教和佛教为了在德格扎根和发展，建立寺庙作为据点。最先建立的是苯教寺庙，随后相继建立了宁玛派、萨迦派、噶举派和格鲁派寺庙。到德格土司鼎盛时期的清代，各教派的势力都达到顶峰。苯教寺庙已发展到 10 余座，其中以丁青寺最为著名。宁玛派建立了 60 座寺庙，主要有噶托寺（12 世纪初建立）、竹庆寺（建于 1684 年）、白玉寺（建立于 17 世纪）、协

庆寺（建于18世纪中叶）；萨迦派寺庙有35座，以仲萨寺和更庆寺为代表；噶举派寺庙有31座，以八邦寺（建于1729年）最著名；格鲁派寺庙14座，以更萨寺和色须寺为代表。[①] 上述寺庙中，噶托、白玉、竹庆、协庆四寺在藏传佛教宁玛派六大主寺中占六分之四，藏历第四饶迥初年，噶托寺举行大型佛教集会时，住寺僧人曾达18万人（藏文原文如此，作者注），[②] 竹庆寺成为宁玛派僧人学经的最高学府；[③] 在更庆寺基础上发展起来的德格印经院将大批珍贵的藏文典籍（本刻版）保存至今，被誉为藏族文化宝库；八邦寺与西藏的楚菩寺并列为噶举派的两大圣地；更萨寺被康区格鲁派寺庙尊为发祥母寺，色须寺是康区能授“格西”学位的两大格鲁派寺庙之一。从而在德格地区形成苯教与佛教四大教派并行发展、任何教派都未能获得独尊地位的独特的宗教格局。[④] 这不仅有利于宗教各教派在德格的发展，而且为宗教文化的繁荣奠定了良好的基础。

（二）保存宗教典籍

德格人对苯教和藏传佛教弘传所作出的贡献，突出地表现在宗教经典的保存和收藏方面。随着苯教和佛教在德格地区的传播，苯教和佛教经典逐渐传入，加上当地寺僧的抄写和刻印，经典增多，但是都被分散保存于各地寺庙、高僧手中和民间，不利于宗教在德格的进一步发展。到18世纪20年代末，在德格土司丹巴泽仁的大力支持和德格高僧司徒·曲吉迥乃等

---

① 来作中、邓俊康：《德格土司家族的由来、发展及其社会制度》，《甘孜州文史资料选辑》第一辑。

② 《噶托寺志》，噶托寺藏文木刻版。

③ 佳翁·尼玛（rgyal-dbang chos-kyi nyl-ma）：《竹庆寺志》（mdo-khams rdzogs-chen-dgon-gyi lo-rgyus），四川民族出版社，1992年版。

④ 杜永彬：《德格土司辖区独特的宗教格局》，《西南民族学院学报》1992年第1期。

人的亲自主持下，建立了德格印经院（更庆寺印经院）和八邦寺印经院等集藏经、刻经、印经于一体的具有宗教图书馆和宗教典籍印刷厂性质的机构，从而使分散的典籍得到较为集中的保存。这些经典历经260多年而未遭毁损，是藏族宗教文化的宝贵遗产。目前，德格印经院保存的苯教、佛教各教派经典及其他非宗教典籍共有580多函、259600多叶，木刻版近30万块，总字数达两亿五千多万字。[①] 八邦寺也藏有丰富的藏文典籍，有著名的“五大宝藏”，保存经书版129845块，各种经书32400部。[②] 并且，德格印经院所藏藏文经典具有印制精良、校勘精审、各教派经典兼收并蓄、未遭战火毁损的特点。不仅内容十分丰富，而且有许多“善本”、孤本，历来受到各藏区的重视。新中国成立以来，所出版的藏文宗教史籍大都以德格木刻版为底本，如《萨迦世系史》、《五部遗教》、《汉区佛教源流记》、《印度佛教史》、《普贤上师言教》、《莲花遗教》、《土观宗教源流》、《布敦佛教史》等。80年代以来，国家投入巨大的人力和财力开展的一项跨世纪的文化工程——藏文《大藏经》对勘出版，即以德格版《大藏经》为蓝本。可见德格人所保存的藏文典籍意义之重大、影响之深远。

（三）对佛教典籍的整理与研究

为了妥善地保存佛教经典并使之更好地为德格僧众和藏区佛教信徒服务，德格高僧对所收藏的藏文典籍进行编目、分类和校勘。为使藏文《大藏经》更加完善，德格土司和高僧决定重新刻印一部《大藏经》，此项在德格宗教发展史上具有重大意义的工程由德格土司丹巴泽仁主持，德格高僧、大校译师慈成仁钦和八世司徒活佛曲吉迥乃具体负责。为使新刻印的

① 《德格印经院》（sde-dge par-khang），四川民族出版社，1981年版；《甘孜州文史资料选辑》第一辑。

② 《德格县宗教调查》，德格县档案馆藏。

《大藏经》体例得当、结构合理、准确无误，慈成仁钦和曲吉迥乃参考松赞干布以来所编撰的《旁塘目录》、《钦普目录》、《丹噶目录》以及那塘版、蔡巴版和丽江—理塘版《大藏经》等典籍，在认真总结前人刻印《大藏经》（《甘珠尔》和《丹珠尔》）经验的基础上，分别撰写了《〈甘珠尔〉总目录》（1733 年成书）和《〈丹珠尔〉总目录》（1743 年成书）。[①] 慈成仁钦和曲吉迥乃通过整理、校勘、刊刻等步骤，经过 38 年的艰苦努力，终于在 1730 年刻印完成德格版《大藏经》，[②] 包括《甘珠尔》103 函（原版为 33748 块），《丹珠尔》213 函（原版 64512 块）。[③] 由于有这两位佛学大师的亲自主持和精心校勘，使德格版《大藏经》在内容的准确性和经版的雕刻水平及经典的印刷质量等方面都超过了此前的数种《大藏经》版本，从而确立了德格版《大藏经》的“善本”地位。正如著名藏族学者木雅贡布所说，德格印经院的木刻版的文字都很准确，没有余缺，拼音完好，书法优美流畅，这要归功于这两位大师的功劳。[④]

（四）从事苯教和佛教研究

大量藏文典籍的收集和保存，为德格高僧从事宗教及其他领域的研究创造了极为有利的条件。他们潜心于宗教经典的修习和研究，在闻、思、修的基础上进行讲、辩、著，撰写了许多造诣高深的宗教论著。

苯教研究以夏尔扎·扎西坚赞大师的成就最为突出。他幼

---

① 《〈甘珠尔〉目录》（sde-dgevi-bkav-vgyur dkar-chag），1989 年四川民族出版社出版的藏文铅印本；《（丹珠尔）目录》（bstan-vgyurdkar-chag），1985 年由西藏人民出版社铅印出版。

② 慈成仁钦（tshul-khrlms rin-chen）：《〈丹珠尔〉目录》，西藏人民出版社，1985 年版。

③ 《德格县图志》。

④ 木雅贡布：《简介康地大校译师慈成仁青》，《康巴文苑》1988 年第 2 期。

年入德格丁青寺当札巴，被苯教高僧丹增旺嘉和登都收为门徒。后又拜德格高僧降央钦则旺波、司徒·曲吉迥乃、工珠·云丹嘉措等24位大学者为师，研习大小五明，成为通晓“十明”的苯教大师。他一生的著述有30多函，其代表作为“五宝藏”，即《正论藏》、《行论藏》、《教理藏》、《界性藏》和《虚空藏》，共14函。① 《正论藏》为苯教史专著，又名《西藏苯教源流》，该书论述了世界的形成、藏族的起源及苯教的起源和发展演变。②《行论藏》阐述了苯教的经、律、论；《教理藏》论述了苯教各教派形成、发展和衰亡的历史；《界性藏》是关于苯教的世界观和认识论的著作；《虚空藏》则阐明了苯教对大圆胜会三部，即心识部、法界部和诀窍部三修行法要的见解。③ 上述论著极大地促进了苯教史研究，并且为后人留下了宝贵的苯教文化遗产，为后人研究苯教奠定了良好的基础。

德格人对佛教的研究也令人瞩目。18世纪中叶，以慈成仁钦、曲吉迥乃为代表的佛学大师对《大藏经》的整理和研究，对藏传佛教的弘传作出了贡献。到19世纪，因德格诞生了几位名扬藏区的佛学家而使该地区的佛教研究结出了硕果。这期间，巴珠·晋美却旺、降央钦则旺波、米旁嘉措等高僧在佛学方面均有著述，代表作有《普贤上师言教》、《降央钦则文集》、《智者入门》等。④ 这些论著充实了藏传佛教文化宝

① 扎敦·格桑丹贝坚赞（dbra-ston bskal-bzang bstan-pavi rgyal-mtshan）：《夏尔扎·扎西坚赞传》（shar-rdza bkra-shis rgyal-mtshan gyi rnam-thar），中国藏学出版社，1990年版。

② 夏尔扎·扎西坚赞（shar-rdza bkra-shis rgyal-mtshan）：《西藏苯教源流》（legs-bshad rin-po-chevi gter-mdzod），民族出版社，1985年版。

③ 《夏尔扎·扎西坚赞全集》（藏文），昌都胶印版。

④ 德格高僧的佛学著作目录详见《藏文典籍目录·文集类子目》上册，四川民族出版社，1984年版；中册，民族出版社，1989年版；《德格印经院目录大全·文集类细目（一）》（sde-dge par-khang gi dpe-mdzod dkar-chag zhib-rgyas su bkod-pa shes-byavi sgo-vbyed-gsung-vbum skor），中国藏学出版社，1995年版。

库，在藏传佛教研究史上占有重要地位。

（五）创立活佛转世制度和司徒活佛转世系统

活佛是藏传佛教发展的产物，他既是藏传佛教的信仰者、传播者，又是藏族文化的主要传承者。在活佛产生以前，上述使命是由高僧大德来承担的。13 世纪，为了适应佛教在藏区发展的需要，噶玛派黑帽系活佛、德格高僧噶玛拔希首创活佛转世制度，并首先实践这一制度，成为一世噶玛巴都松钦巴的转世活佛。活佛转世制度的建立，对藏传佛教及苯教的发展产生了重大而深远的影响。它解决了长期困扰各教派的法统传承，并且使大喇嘛的政治地位、财产和社会影响等得到平稳的交接和承袭，促进了各教派的发展，巩固了教派的地位。后起的格鲁派采用活佛转世制度，使其得到发展和完善。藏传佛教其他教派及苯教都普遍实行活佛转世制度，从而在藏蒙地区形成了许多大小不一的活佛转世系统。信奉佛教并受藏传佛教影响的不丹的历代大法王也采用转世制度。① 活佛转世制度至今仍发挥着重要作用，这是德格人对藏传佛教发展作出的特殊贡献。

德格噶举派高僧不仅创立了为各教派所普遍接受的活佛转世制度，而且还在德格实践了这一制度。康区噶举派的主寺八邦寺，自 1729 年建立起就实行活佛转世制，形成具有教派特色和地方特点的司徒活佛转世系统，从而使噶举派在德格发扬光大，经久不衰。②

---

① 藏传佛教各教派的活佛转世系统，详见蔡志纯、黄颢：《活佛转世》，中国社会科学出版社，1992 年版。

② 通拉泽翁、杨建吾：《八邦寺暨历代司徒活佛》，《西藏民族学院学报》1989 年第 2 期。

二、对藏族文学艺术的贡献
——形成独具特色的德格文学艺术，丰富了藏族文学艺术宝库

德格地区既是宗教文化发展的理想之地，也是藏族文学艺术的一个独特的活动场所。

（一）德格是《格萨尔》史诗的摇篮

早在18世纪，安多藏区著名学者松巴堪布益西班觉（1704—1788年）就提出了格萨尔统治之地在德格的观点。他在《答问》一书中写道：“格萨尔生地是康地上部典河、金沙江和澜沧江三水环绕的地带，在德格左边，是德格的属地，父母帐房叫作吉尼玛滚奇，他出生的部落是德格邓（vdan，即邓柯）岭（gling，即林国）两大部落中的岭部落。”19世纪，藏族学者官却·丹巴绕杰在其巨著《安多政教史》（1865年成书）中说：“黄河上游的一切地方，都是岭格萨尔王所统治的地方。”也认为格萨尔王的统治区域在德格。20世纪以来，这一结论已基本为民族史专家和藏学研究者所接受。任乃强、马长寿等经过考证认为，格萨尔王的统治区域在德格一带，格萨尔王与林国（林葱土司的先民）和德格土司家族有着极为密切的渊源关系。[①] 法国著名藏学家、格萨尔专家石泰安（R. A. Stein）亦持此说。[②] 上官剑壁在《林国与林·格萨尔》一文中指出：“德格土司的发展史，同时也是一部林国的没落

---

① 任乃强：《多康的自然区域》，《康藏研究月刊》第1期；马长寿在《钵教源流》一文中指出：“在4至7世纪时，西康中部猛共地方建立一帝国，名曰‘林’。‘林’之君主有格萨王者，仍信苯教”。

② 石泰安：《西藏史诗与说唱艺人研究》（博士论文），耿昇译，西藏人民出版社，1994年版。

史。”并在《史诗〈格萨尔王传〉及其研究》一文中阐述了“林国”的历史以及林葱土司与格萨尔王的关系。[1] 老一辈格萨尔专家王沂暖也赞同“格萨尔应为今甘孜州古代的一个小国——林国的首领”的说法。[2] 黄颢在《藏文史书中的格萨尔》一文中，以藏文文献为据，阐明格萨尔王的活动区域在德格一带。[3]

这些研究成果足以证明，德格是格萨尔王的故乡。以藏族英雄人物格萨尔王为原型创作的藏族著名史诗《格萨尔王传》，在藏族文学史、中国文学史乃至世界文学史上都占有重要地位，与格萨尔王有着密切关系的德格地区是格萨尔史诗的诞生地之一，《岭·格萨尔》即是以德格的古部落“林国”为素材创作而成的。这是德格人（可以说格萨尔王也是德格人）对藏族文学发展所作出的一大贡献。

（二）创作出一批藏族文学名著

德格人在民族文学研究和创作方面的成果也不逊色。历代德格文人都重视用文学作品来传播本民族的文化，抒发对本民族的热爱之情。18—20 世纪（清代），德格的文学创作和研究达到鼎盛时期，相继产生了一批藏族文学名著，主要有《梵藏〈诗镜〉合璧》（司徒曲吉迥乃著），是根据锡兰等地学者对《诗镜》的注释修改而成。《康白诗镜广释》（康珠·丹增曲吉尼玛著，1770 年成书），这是历代《诗镜》注释著作中篇幅最长的一部，德格木刻版共 353 页。康珠在阐释《诗镜》时指出：韵律失调、缺乏连声、失去停顿和用词不当“这四

---

① 见《民族文学研究》1981 年第 1、2 期合刊；《西藏研究》1982 年第 1 期。

② 王沂暖：《藏族史诗〈格萨尔王传〉》，《中央民族学院学报》1981 年第 3 期。

③ 降边嘉措等编：《〈格萨尔王传〉研究文集》，四川民族出版社，1986 年版。

种过失，大多出现在梵文诗中。别的语言也可能有某方面的类似，应注意消除”，集中反映了藏族学者对待《诗镜》的正确态度。[①]《莲苑歌舞》（巴珠·晋美却旺著），该书以拟人的手法描写金蜂“宽瓣莲”和玉蜂“妙语莲”夫妇俩感到世事无常，到隐士“事遍成”处请求说法。“事遍成”向他俩宣讲众有情寿命无常，死缘多而生缘少，不早早勤修法事，以后必入地狱受苦，应努力求解脱。以生动的文学语言宣扬佛法，是藏族文学名著。此外，巴珠活佛还有《诗论释例》、《各种道歌》等文学著作传世。[②]《与修辞学论著〈诗镜〉文本相符之举例·旦志琵琶》（降央钦则旺波著，四川民族出版社，1987 年出版铅印本）和《〈诗镜〉注释·妙音喜乐湖》（米旁嘉措著，1989 年西藏人民出版社铅印版）两书引述《诗镜》的原文并加以注释，还举了新的诗例，对原作有所补充和发展。米旁嘉措还用诗歌体写成《国王修身论》（成书于 1895 年），全书共 21 章，以四句七音节的格律为主，论述了“为君之道”，包括国王自身的修养、治理国家应注意的事项等，也有“遵奉十善法”、“以佛法治国”、“心念佛法”等宣扬佛教的内容，[③] 在藏族文学史上有较大影响。

（三）产生了八大藏戏剧种之一——德格藏戏

藏戏是由藏戏鼻祖汤东杰布从西藏传入德格的。17 世纪中叶，德格土司拉青·祥巴彭措执政时期，为了宣扬佛法，指令其家庙更庆寺僧徒组织戏剧演出，要求在念“央勒”经的 45 天之内，选出 40 名喇嘛排练藏戏《狮子的故事》和《诺桑王子》。[④] 后来相沿成习，发展成为具有鲜明地方特色的藏戏

---

① 《藏族文学史》，四川民族出版社，1985 年版。

② 《藏族文学史》，四川民族出版社，1985 年版。

③ 《藏族文学史》，四川民族出版社，1985 年版。

④ 四川省民委编：《四川藏戏》，四川民族出版社，1990 年版。

剧种——德格藏戏。德格藏戏使用本地方言土语，戏曲舞步多来自寺庙跳神身段，并融入当地民间歌舞舞步，戏曲音乐主要来自当地民歌俚曲，杂以诵经乐段；以歌舞表演为主，表演时舞则不唱，唱则不舞，以唢呐为主要乐器，配以鼓钵；所着服饰顶戴与康区其他地方的藏戏迥然不同；题材以佛本生故事和历史人物为主，以歌颂国王、劝导百姓、抑恶扬善，宣扬佛法为主要内容。各教派都有自己的藏戏剧团，还有反映藏汉关系的《甲羌》剧目，这与其他藏戏剧种不同。[①] 由于唱腔、舞步、使用乐器、服饰、内容、剧目等均具有浓郁的地方风格，并发展定型，因而德格藏戏独树一帜，被列为八大藏戏之一，对藏戏的传播和发展起了重要作用。

（四）绘画艺术发达

随着佛教在德格的传播，德格的艺术家在吸收和借鉴印度佛教艺术和西藏等地佛教艺术的过程中加以改造和创新，形成了本地区的艺术风格。绘画方面的主要作品为唐卡和壁画，主要创作场所是寺院。德格印经院以及八邦寺、竹庆寺、噶托寺等寺院内都保存有历代德格画家绘制的壁画和唐卡。德格印经院现存木刻画版就达 140 多块（幅）。这些艺术作品在题材、构图、画法、用色等方面都具有地方风格。18 世纪中叶，八邦寺高僧司徒·曲吉迥乃在继承 16 世纪藏族画家南卡扎西所创立的“噶赤画派”的基础上加以创新，创立了“新噶赤画派”。后来逐步发展完善，形成“德格画派”。这一艺术传统影响深远，现代著名画家、八邦寺高僧通拉泽翁（1902—1989 年）即是德格画派的重要传人。他幼年到噶托寺，师从康区著名画家、噶托寺堪布多洛措和喇嘛画家色达彭措学习唐卡绘画 3 年，后又向八邦寺画师瓦拉诺珠学画，奠定了良好的

① 甘孜州文化局集成办编：《甘孜藏族自治州藏戏志》，1988 年内部版。

绘画基础。他一生绘制唐卡作品近万幅，其作品构思新颖、造型生动、笔法流畅而富有立体感，被誉为“神奇画家”。他著有《藏族传统绘画史》一书，总结了历代藏族画家的绘画经验，还培养了100多名绘画人才，其中强巴、达吉、尼玛泽仁、朗加、亚玛泽仁等现已成为康区唐卡画的新一代画家，[①]其作品享誉藏区内外，并常到海外展出，使德格绘画艺术和藏族艺术得到发扬光大。

三、对藏语文的贡献
——形成德格土语，发展成为藏语三大方言之一康方言的标准话

（一）藏语德格次方言（德格话）的形成

藏语德格话是从卫藏传入的藏语经过地方化的改造而形成的一个藏语分支系统，它是随着德格社会历史和文化的发展而产生的，德格地区特殊的自然环境也对德格话的形成产生了重要作用。

德格话是指德格地区的居民所操的藏语，它属于康方言北路土语群，在整个康方言区通行较广，具有一定的代表性。据藏语文专家的研究，康方言可再分为6种次方言（土语），即东部土语、南部土语、西部土语、北部土语、卓尼土语和舟曲土语，德格话属东部土语。藏族总人口为380多万（1986年统计），约有340万人使用藏语，其中西藏有170多万，青、川各有70多万，甘肃约25万，云南约1万人。使用康方言的人口最多，约150万人。[②] 藏语文专家通过对德格话的研究，总结出以下特点：德格话除有由前置鼻音构成的复辅音声母

---

① 《著名藏画家通拉译翁自述》，《甘孜州文史资料》第八辑。

② 瞿霭堂：《藏族的语言和文字》，《中国藏学》1992年第3期。

外，没有其他的复辅音声母；有声调；有浊塞音、浊塞擦音和浊擦音声母；有送气清擦音声母和清化鼻音声母；有舌面中塞音 G. ch；有大量鼻化元音和复元音；辅音韵尾很少，只有喉塞尾和鼻音尾。① 德格话的声调正处在从音段特征独立出来的过程中，与声、韵母的关系十分密切，声调一般记为 4 个。声调的高低主要由声母类型决定，声调的调型主要由韵母类型决定。德格话的元音有正常与气化之分，一般是高调元音正常，低调元音气化。②

藏语三大方言之间在语音、语法和词汇方面都存在一定的差别，而以语音差别为主。土语之间的差别主要是语音，其次是词汇，语法差别较小。③ 德格话介于卫藏方言的标准话拉萨话和安多方言的标准话夏河话之间，而与拉萨话较为接近，它发音准确，与藏文书面语音、义较统一，通用区域较广，因而被公认为康方言的标准话。

藏语德格话的形成并发展成为康方言的标准话，是由德格地区特殊的地理环境和独特的社会历史文化格局所决定的，是德格社会发展的必然产物。

德格地区位于“两川夹一山、两山夹一川”、南北走向的山川纵断东西交通的横断山脉腹地，处于金沙江—雀儿山—雅砻江这样一种山川相间的地形格局中，交通困难，环境封闭。由于这里地处川、青、藏三大行政区域的交叉地带，成为民族迁徙的走廊和文化交流的枢纽，因而自古以来就是川藏、川青交通要冲，金沙江畔的岗托、卡松渡等渡口沟通了德格与西藏的联系，成为苯教、佛教、藏文传入德格乃至康区的桥梁，这是藏语德格话产生的根本前提。德格地区独特的地理环境对该

① 金鹏主编：《藏语简志》，民族出版社，1983 年版。

② 廖晓波：《藏语德格话声调实验研究》（硕士论文），1987 年中央民族学院印稿。

③ 瞿霭堂：《藏族的语言和文字》，《中国藏学》1992 年第 3 期。

地区的语言特点产生了重要影响，在这种相对封闭的地形地势影响下的交通条件，不仅限制了该地区人们的生存空间，而且还制约着他们的语言交往频率和交往方向。德格这样一个相对独立的语言交往区，久而久之就发展成为相对独立的地域文化区和独具特色的藏语次方言区。正如美国语言学家萨皮尔（Edward Sapir）所说："语言不能离开文化而存在。"柏默（L. R. Palmer）也说："语言的历史和文化的历史是相辅而行的。"① 在古代，金沙江、雀儿山、雅砻江等高山大河是阻隔德格与外界交往的障碍物，也是德格话的分界线。德格长期以来一直是相对稳定的行政区划，这就构成了相对独立的地理区域。当地自然农牧经济的生活方式和交往特点，大大加强了本政区五宗内各地土语之间的联系，使德格话产生了一种凝聚力和向心力，同时与其他政区内部的土语保持一种疏远的关系，从而使本地区的土语（德格话）能够以一个内部相对一致、对外相对独立的整体存在和发展。一般说来，在地理环境较封闭的语言交往圈里的语言变化较小。这是德格话形成的自然原因和社会原因。德格话本身所具有的语言共性——能够为区外民众所接受和使用，以及德格高僧、语言学家在德格话形成过程中所起的作用，是德格话产生的文化原因。

德格话发展成为康方言的标准话，有一个地理分布上的渐变和社会历史、文化、语言的逐步发展的过程。方言地理学家认为，方言在地理分布上的特点是：从一个中心地点向周围地区离散；同时周围地区的方言又向中心地点靠拢。离散和向心的交互作用造成了方言区。离散和向心的过程都是渐变的。② 德格话产生后，以德格为中心，向四周辐射，逐步确立了其作为康方言标准话的地位。在古代交通中，河流具有最重要的地位。这是因为河流有舟楫之便；在高山大河交错之地，河谷和

---

① 萨皮尔：《语言》第221页；柏默：《现代语言学导论》第151页。

② 周振鹤、游汝杰：《方言与中国文化》，上海人民出版社，1986年版。

水流平缓处自然成为交通的孔道。民族迁徙一般都是溯河而上或沿河而下的。德格话正是沿着金沙江、雅砻江等河谷南北发展，经岗托、卡松渡等古渡向西离散，越过雀儿山等山脉向东、南辐射，从而发展成为通用于其北部的玉树、南部的迪庆、西部的昌都、东部和南部的甘孜州等操康方言藏族的标准话的。这是德格人对藏族文化发展建立的历史功绩。

（二）产生了一批藏语文名著

德格人对藏语文发展所作出的另一贡献，是写下了藏语文的传世之作，以司徒·曲吉迥乃的《司徒文法广释》为代表。八世司徒活佛撰写此书历时近10年，这是藏语文发展史上继《三十颂》和《音势论》之后的又一部影响深远的名著。自7世纪《三十颂》问世以来的1100多年间，藏文文法著作数以百计，大多是注疏和阐发《三十颂》的专著，但是由于各家对吞弥桑布扎的原著理解不同，众说纷纭，没有达成令一般人信服的共识。而《司徒文法广释》对藏文文法的特点和规律的阐释较为客观和平实，受到藏语文学者的重视。当时青海的色多、洛绒巴登、扎得、仁钦旦珠等学者也撰写了藏文文法专著，但是都没有曲吉迥乃的著作全面和通俗，因而《司徒文法广释》自1744年面世后，逐渐为大多数人所肯定和接受，成为学习、研究藏文文法的必备之书，影响及于现代。著名藏语文专家才旦夏茸、东嘎·洛桑赤列以及格桑居冕等所撰写的藏文文法著作还多处引用该书，可见这部语言学名著的影响之深远。① 德格的高僧都精通藏语文，有的还有藏语文专著传世，钦则旺波著有《文字学基础·慧眼甘露》、《藻饰词类明载·智者耳饰》等，米旁嘉措著有《梵藏语文合璧》、《声明学·妙音语镜》等书。这些语言学著作成为后人研究藏语文

---

① 《司徒文法广释》（si-tuvi sum-rtags vgrel-chen mu-tig phreng-mdzes），有八邦寺木刻版传世，1949年后出版的铅印版已再版多次。

的重要参考书。

四、对藏族史学的贡献——形成优良的史学传统

德格土司较为开明的统治以及良好的宗教、文化环境和极为丰富的藏文文献收藏，为德格的高僧和学者研究本民族、本地区的历史创造了十分有利的条件。他们不仅写下了一批史学著作，而且还建立了一套史学方法，开创了德格学术研究新风，在藏族史学发展史上产生了一定的影响。

（一）重视史料的收集和整理

在藏文文献的收集和保存方面，德格在全藏区都是很有名的，仅德格印经院的藏书目录就可出版数十巨册。[①] 这些文献包括历史、宗教、语言、文学、艺术、哲学、天文历算、地理、工艺、医学等方面，其中有不少典籍为“善本”和“孤本”，如《甘珠尔》、《丹珠尔》以及《般若八千颂》、《汉地宗教源流》、《印度佛教源流》等，[②] 是研究德格发展史、康区历史、藏族史乃至佛教史和印度史的珍贵资料。印经院所藏藏文典籍一直受到国内外佛教界和文化界的重视，国内外藏学研究机构和科研人员受益匪浅，对新中国藏文典籍的出版和藏学事业的兴盛起了重要作用。随着文化的发展、藏学研究的深入和藏文文献整理、研究的加强，这些文献的价值将会大大提高，在弘扬藏族传统文化方面发挥出更加重要的作用，必将推动藏族史学的发展。

---

① 中国藏学出版社于 1994 年出版了《德格印经院目录大全 · 文集类细目（一）》，据估计，全部出齐大约有 30 巨册；德格印经院现存书版共计 580 多函，259600 余叶。各类书版的详细数目见噶玛降村：《浅谈德格印经院及其印版》，《康定民族师专学报》1994 年第 1 期。

② 详见《德格印经院》（藏文），四川民族出版社，1981 年版，该书罗列了印经院的藏版细目。

在收集和保存藏文史籍的同时，德格的高僧和学者也很重视藏文古籍的整理与研究，这与整理宗教典籍有联系也有区别——整理《大藏经》与整理《米旁全集》和《萨迦格言》等的方法基本相同，可是二者的指导思想和范围却不一样，藏文古籍包罗万象，涵盖藏族历史文化的所有方面，而宗教只是其中的一个领域。德格文人经过长期的努力，对保存于德格印经院、八邦寺、竹庆寺、噶托寺、白玉寺等寺院的藏文古籍加以精心整理，进行分类、编目、校勘。20 世纪初德格土司泽旺登登当政时，主持编纂了《德格印经院总目录》（手抄本），系统地整理了印经院所藏的藏文典籍（经版），从而使保存于德格地区的藏文古籍并不完全按照传统的大小五明归类而自成体系，形成以“五宝藏”（夏尔扎·扎西坚赞的苯教著作）、“五大宝库”（工珠·云丹嘉措的著作）、《甘珠尔》和《丹珠尔》、“松布”（高僧全集）、“曲迥”（宗教源流）等为特色的藏文古籍收藏格局，这是对藏文古籍整理和藏文目录学的发展，惠及后世。近年来整理出版的《德格印经院》、《大藏经·丹珠尔》（对勘本）和《德格印经院目录大全》等，即是在前辈专家奠定的德格文献整理的基础上取得的成绩。

（二）重视当地历史研究

德格的文化人在弘传佛教、发展藏族文化的同时，也初步开展了对本地社会历史的研究。在佛学大师慈成仁钦所撰写的《〈丹珠尔〉总目录》中，就以相当长的篇幅阐述了刻印《丹珠尔》的组织者和大施主德格土司家族的历史，包括所属的种姓、所出的高僧、名人的事迹、土司家族世系等，并着重记载了德格土司丹巴泽仁的生平与业绩。书中还写道：“因以前的发愿，使此地（林，gling）成为平安宁静、五谷丰登、四德圆满之妙地，其他诸善好之相亦显现出来，征兆吉祥，故此地被称为德格，德格之名由此产生。"[①] 为后人研究德格家族史、德格土司史和德格历史保存了珍贵的史料。

德格土司泽旺多吉仁增于1828年写成《德格土司世系》一书，论述了德格家族的来源，并以历代土司为经，以自唐代直至清代（19世纪）德格地区发生的重大事件为纬，简要地叙述了德格社会发展演变的历史，重点记述了土司丹巴泽仁组织刻印《大藏经》、兴建德格印经院和八邦寺等的历史功绩，还记载了建立德格印经院的情况，勾勒出德格社会历史的发展脉络。[②] 为德格地方史研究奠定了良好的基础。该书受到国外学者的重视，1968年，捷克藏学家高马士（Josef Kolmas）编译出版《德格土司传》，将此书译成英文。

（三）注重非宗教领域和学科的研究

德格文化的一大突出特点，就是宗教各教派文化并行发展、宗教文化与非宗教文化（世俗文化）异轨同奔，相得益彰，这是与德格高僧和学者以兼容并包的精神治学和德格土司的宗教、文化"开放"政策分不开的，也是由德格社会历史发展的特殊性——各教派并存、各种典籍得到保存、相对开放的学术文化气氛和较为稳定的社会环境所决定的。重视非宗教领域的研究是德格学术的一大特色。非宗教领域研究所取得的成就主要体现在语言、文学、艺术、历史、地理、工艺、天文历算和医学等方面。产生了《司徒文法广释》、《〈诗镜〉妙音语海》、《国王修身论》、《〈诗镜〉注释·妙音喜尔湖》、《古茹体札》（绘画专著）、《恶雍》（乐谱）、《德格土司传》、《卫

① 慈成仁钦：《〈丹珠尔〉目录》，西藏人民出版社，1985年版，第292—295页。

② 泽旺多吉仁增（tshe-dbang-rdo-rje-rig-vdzin）：《德格土司世系》（sde-dge chos-rgyal rim-byon gyi rnam-thar）又译《德格土司传》，四川民族出版社，1989年藏文版。

藏道场圣迹志》、《工艺必需宝箧》、《格言宝珠》、《德格历书》、《四部医典疑难旁注·如意宝鉴》和《晶珠本草》等较少宗教色彩的传世名著，对藏族文化的繁荣产生了重大影响。这种注重非宗教领域研究的学风在德格开创了“百家争鸣”的局面，对康区其他地方的学术影响较大，在藏族文化史和学术史上起了上承古代传统文化和学术，下启近代以多学科、多视野、运用科学方法研究藏族历史和文化的划时代的作用。

五、对藏族自然科学的贡献
——促进了藏族科学技术的发展

德格学者在非宗教领域中的自然科学研究方面所取得的成就尤为突出。在藏族传统文化“十明”之学中，自然科学主要由医方明、工巧明和星象学等学科构成。18—20 世纪德格学者的自然科学研究主要在藏医药学、天文历算、工艺和地理等领域展开。

（一）天文历算研究

八邦寺高僧噶玛俄来丹增于 1732 年撰写成藏族历算专著《格言宝珠》，随后又写下《德格历书》，阐述了藏族关于天文历算的理论和观点，推动了德格的历算学研究。司徒·曲吉迥乃在历算方面有很深的造诣，他将自松赞干布以来问世的有关印度历算的典籍加以系统的翻译和校勘，丰富了藏族的历算学宝库，其历算学著作收入《司徒全集》传世。巴珠·晋美却旺著有《历算日光论子篇实用算法》、《黑白算双运历书讲说》、《节气推算法略说》、《历法项严》等。19 世纪末的竹庆寺高僧米旁嘉措也擅长历算，著有《元音数术》一书，该书用梵文元音字母作为计算历数和占卜吉凶的符号，在历算学方面提出了独到的见解。其历算学著作还有《历算前行宝鉴》、《经典算前行明鉴》、《历算杂说》、《历算类·摩尼鬘》、《太阴步度解疑》等。上述研究成果成为后人研究藏族天文历算的重要参考材料。

（二）藏医药学研究

德格学者在科技领域的研究以藏医药学的研究和临床实践成就最大。

八邦寺高僧司徒·曲吉迥乃是著名的藏医药学家。他19岁赴藏时，适逢拉萨天花病流行，便以自己掌握的医术治愈了不少患者，并总结此次治病经验，写成《天花疗法》一书。1769年，69岁高龄的司徒活佛受德格土司的委托，以德格土司为施主，配制成藏药中规模最大、最珍贵的“佐塔”，这是配制“仁青日布”、“珍珠七十”等名贵药品的主要原料，填补了康区无“佐塔”的空白。[①] 司徒活佛还著有《脉诊新译》和《大黑珍宝丸》等，翻译、校勘了藏医药学古籍《阳金韵经》、《同义藻词·长生藏》等,[②] 在藏医药学的理论和临床实践方面均有建树。18世纪，八邦寺高僧噶玛·丹增赤列绕杰写成《长寿珠鬘·母子合璧》一书，这是医书母卷《实用调方要诀·长寿珠鬘》及别录其奥义所成子卷《诀窍心宝》两书的合称，发展了藏医药学。

德格高僧（格西）、藏医药学家杜玛·丹增彭措为了研究藏医药学，在青海东部、南部，西藏东部和四川西部进行了近20年的广泛实地调查，并参考历代藏医药学古籍100多种，于1835年写成《晶珠本草》（又名《药物学广论》）一书。全书分为上、下两部分，上部为《药物品珠歌诀》，用偈颂体概括介绍各类药物的疗效和所属的药物；下部为《药物品钏广论》，用叙述文体论述各种药物的来源、生长环境、质地和入

---

① 郑勤：《司徒却吉久勒传略》，《康巴文苑》1991年第1期。

② 杨明贵、马吉祥编译：《藏传佛教高僧传略》，青海人民出版社，1992年版。

药部位。全书实际记载药物1220种，分成13大类。所收药物和分类都具有鲜明的藏民族特色：许多药物都是高原雪域特产，矿物药中特别突出珍宝类药物，农作物品种用得很少，记载的是本民族的用药经验。[①] 该书反映了19世纪中叶藏医药学的状况，达到了当时藏医药学研究的最高水平，被誉为"藏药学中的《本草纲目》"。巴珠·晋美却旺著有《足部象皮病治疗法》。工珠·云丹嘉措在医学方面取得了非凡的成就。[②] 降央钦则旺波著有《大宝丸功效及服法精要·甘露月光》、《唐东杰波传规之灵丹妙药红丸白丸及诠释》和《命脉风症疗法》等。

学术大师米旁嘉措在藏医药学方面也有建树，著有《四部医典疑难旁注》、《甘露良药配制方法》、《医方明教授选集与临床直观教导类·利乐宝藏》和《各种秘方集·宝珠》等书，对德格藏医药学研究有所发展。上述论著丰富了藏族医学宝库。

现代，德格藏医院继承前人开创的优良传统，整理和翻译了《藏医基础理论》、《藏医切脉·基础经络》、《藏医秘方五十例和藏医处方一〇五例》等医药学典籍，[③] 使前人开创的医药学事业得到弘扬。

（三）地理研究

德格学者研究藏区地理最显著的成就，是宁玛派高僧降央钦则旺波于1840年周游卫藏、朝拜各地圣迹之后写下的《卫藏道场圣迹志》一书。该书对卫藏地区的山川、寺庙、古迹、地名、桥梁、渡口、关隘、道里、聚落（农牧村落后城镇）、

① 蔡景峰：《西藏传统医学概述》，中国藏学出版社，1992年版。

② 《藏文典籍目录·文集类子目》（上），四川民族出版社，1984年版。

③ 《甘孜藏族自治州概况》，四川民族出版社，1986年版。

湖泊等作了较详的记载。[①] 钦则旺波是最早对卫藏进行地理考察的学者之一，在此之前外国传教士虽到卫藏地区进行过探险与考察，但多为走马观花，又是外族外教之人，其作品多属肤浅的游记。而作为藏族高僧，钦则旺波的考察带有研究性质，其著作的学术价值超过此前所出的有关卫藏地理考察的书籍，因而该书被称为藏族地理名著之一，受到国内外学者的重视，有拉萨和德格两种刻版存世。1985 年出版了刘立千的汉文译注本；国外有意大利藏学家费拉丽的译注本。该书为后人研究卫藏地理和宗教提供了珍贵的第一手材料。

（四）工艺技术的研究与实践

藏族传统的“五明”之学中的“工巧明”（工艺学）在德格地区也得到了弘扬，这表现在工艺研究和实践两个方面。

德格的高僧和学者中不少人精通“工巧明”，并写下了专著。以米旁嘉措大师为代表，他在“工巧明”方面造诣高深，著有《采用金丹术宝箧》和《工艺必需宝鉴》等。后者论述了建筑房屋、制造家具的形式和选材，冶炼金、银的方法，绘制佛像和壁画所依据的量度以及绘画颜料的配制和洗染等。降央钦则旺波在工艺学方面也有《雪域佛教各派的卷轴画以师君三尊为主尊与小画片等的绘画法》和《印塑佛像的自生法》等著作传世。[②]

德格人还将工艺学运用于实践当中，借鉴其他藏区及各民族的科技知识，结合德格本地的特点，发展了适合藏区情况的造纸术和印刷术等工艺，并运用于德格印经院刻印藏文典籍的工程中。书版的工艺流程——工匠们在秋天砍伐刚落叶的红桦，趁湿用斧头顺纹路劈成板块，用劈下的木屑燃烧的烟火将

---

① 钦则旺波：《卫藏道场圣迹志》，载《降央钦则文选》（vjam-dbyangs-mkhyen-brtsevi-dbang-povi gsung-rtsom gces-sgrig），四川民族出版社，1989 年版。

② 《藏文典籍目录·文集类子目》（中），民族出版社，1989 年版。

木板薰干，再把干木板放在羊粪中沤一个冬季，然后取出水煮、烘干、刨平后才进行雕刻。刻好的书版还要放在酥油里浸泡一天，取出晒干，再用一种叫“苏巴”的草根熬水将其洗净，书版才制作完毕。经纸的制造——印书的纸是专门用一种名为“阿交如交”的植物根皮制成的，这种纸韧性强，且虫不蛀、鼠不咬，利于长久保存。印制工序为割纸、调墨、运版、晒书、齐书、洗版、还版等。① 印制佛经还采用了朱砂套印工艺。理论与实践相结合，使“工巧明”在德格地区得到发展和创新，为后人留下了技艺精湛的工艺珍品。德格印经院所藏木刻版画和各种藏文木刻版及印制精良的典籍等，都是德格人工艺实践的结晶。

六、养育了一批藏族文化精英

德格这一方水土与康区其他地方及其他藏区的地理环境和人文环境大致相同，同样是雪山草原、高山深谷、气候寒冷，土地并不肥沃，物产并不丰富，经济也不发达，然而却铸成了发达的文化机制，奇迹般地养育出一批名扬藏区内外的高僧大德和学术大师，成为藏族文化的精英。

自藏文、苯教和佛教由卫藏相继东传到德格后，德格人不断受到藏族文化甘露的滋润，文化素质渐渐提高，一批文化俊杰纷纷脱颖而出。自12世纪以来，相继涌现出止贡巴·仁钦贝（1143—1217年）、噶玛拔希（1204—1283年）、丹巴泽仁（1869—1750年）、慈成仁钦（1697—1774年）、司徒·曲吉迥乃（1700—1774年）、康珠·丹增曲吉尼玛（1730—1779年）、泽旺多吉仁增（1797—1847年）、杜玛·丹增彭措（1725—？年）、九世达赖喇嘛隆朵嘉措（1805—1815年）、巴珠·晋美却旺（1808—1887年）、工珠·云丹嘉措（1813—

① 《德格印经院》（藏文），四川民族出版社，1983年版。

1899 年)、降央钦则旺波(1820—1892 年)、米旁嘉措(1846—1912 年)、四世嘉木样格桑·土登旺秋(1856—1916 年)等高僧大德和学术大师，以及近现代的杰出人物夏克刀登(1898—1960 年)、降央白姆(1913—1988 年)、通拉泽翁(1902—1989 年)和南喀诺布(1938—)等。他们既是藏族文化的传播者、研究者，又是德格与其他藏区、藏族与其他民族间文化交流的使者，并且还培养了一批藏族文化人才。如学术大师工珠·云丹嘉措，其博学弟子遍及卫藏和康区各教派，其中最著名的有噶举派的第十四、十五世噶玛巴、降样·洛德旺波等。[①] 降央钦则旺波的主要亲炙弟子有第十、十一世司徒活佛，宁玛派的米旁嘉措，格鲁派的晋美·堪布益西、霍康杰瓦、理塘大堪布强巴嘉措等。米旁嘉措的著名弟子有多珠多杰和噶托司徒等。

德格高僧大德和学者中，大多数人都是精通“十明”之学的博学大师和通才，许多人在“十明”方面都有著述，并且还有藏族文化百科全书式的著作传世。工珠·云丹嘉措即是这样一位通才。他编纂有《宝库藏》、《教诫藏和经传密咒藏》；撰著有《所知藏》、《不共秘密藏》；发掘有《秘籍藏》，合称“五大宝藏”，有八邦寺木刻版传世。其中的《所知藏》(Shes bya mdzod)又名《知识总汇》，称得上是一部藏族文化小百科。该书不仅简明扼要地阐述了佛教的起源和佛学的基本知识，而且对佛教以外的其他九明之学以及教育学等均有独到的见解和精辟的论述，内容包括内明(佛学)、因明(哲学、逻辑学)、声明(语言学)、工巧明(建筑、美术、工艺等)、医方明(医药学)以及辞藻学、韵律学、诗学、戏剧、天文历算和教育学，囊括了藏族传统文化的各个方面，并对教育学进行了专门探讨，论述了教师应具备的条件、教学态度、教学

① 杨明贵、马吉祥编译:《藏传佛教高僧传》，青海人民出版社，1992 年版。

手段和学生的学习态度与技巧等，具有很高的学术价值。[①] 正如著名藏族学者多吉杰博和土登尼玛所评价的："想学习的人，这部书是知识的大海；爱思考的人，这部书是大海中的航船；要修习的人，这部书是教诲的珍宝；喜思辨的人，这部书是明亮的镜子。学习它可以起到举一反三、触类旁通的作用。"[②]

著名藏学家南喀诺布则是现代德格文化精英的杰出代表。他出生于德格，后入当地寺庙为僧，3 岁时被认定为转世活佛。他从童年到青年时代刻苦学习藏语文、佛法和其他知识，奠定了藏族传统文化的坚实基础。20 岁到不丹等地游历和朝圣，22 岁到意大利从事藏学教学与研究。谙熟意大利文、英文、蒙古文，并学会了汉语，掌握了现代科学研究方法，从而在藏学领域取得了显著成就。出版了《玛瑙链》、《宝石璎珞》、《羊脂瑜伽》、《敦煌秘籍吐蕃文书——大圆满教法撷萃》、《古代象雄与吐蕃史》和《川康牧区行》等专著，发表了一系列论文（大部分已收入《南喀诺布文集》），在藏族族源、藏文起源、苯教研究、大圆满的修习与研究等方面提出了独到的见解。[③] 他长期在那不勒斯东方大学执教和研究，被聘为该校终身教授，并创办了"大圆满协会"和象雄学院。不仅把德格文化传播到国外，弘扬了藏族文化，而且推进了国外（尤其是意大利）的藏学研究，使意大利藏学家图齐、伯戴克等人开创的事业后继有人，形成以艾瑞戈、阿德瑞雅诺、多娜泰拉、佳高麦娜等人为代表的年轻的藏学阵容，[④] 对藏族文化

---

① 工珠·云丹嘉措（kong-sprul yon-tan rgya-mtsho）：《知识总汇》（shes-bya-mdzod），民族出版社，1982 年藏文版（全三册）。

② 《知识总汇》藏文版出版前言。

③ 《南喀诺布文集》（nam-mkhavi-nor-buvi gsung-rtsom phyogs-bsgrigs），中国藏学出版社，1994 年版。

④ 才让太：《意大利的藏学研究机构介绍》，《藏学研究通讯》，1994 年第 10 期。

的传播和藏学的国际交流作出了杰出贡献，为德格人争了光。

德格人在创造和发展本土文化的过程中，促进了藏族文化的发展，对藏族文化的繁荣作出了重要贡献。德格的历史和文化发展演变的进程表明：劳动人民是语言的传播者、宗教扎根的社会基础、文学艺术的源泉、科技的发明创造者和高僧、学者的养育者，德格劳动人民是德格历史和文化的创造者。德格这一偏僻之区之所以能发展成为藏族三大文化中心之一，有地理因素和社会历史原因，但是最根本的原因是勤劳智慧的德格劳动人民开发德格、建设德格、创造物质文明和精神文明的伟大实践。

今天，在祖国向现代化迈进、中华民族即将步入21世纪的关键时期，德格人应沿着前人开辟的道路，继承德格的优良文化传统，艰苦奋斗，开拓进取，深化改革，加快开放的步伐，以良好的文化土壤为基础，以弘扬优秀传统文化为契机，发展社会主义市场经济，建设现代文明，振兴德格，超越前人，塑造德格人的现代风貌，为德格的现代化、四川藏区的昌盛和藏族文化的创新作出新的贡献，为中华民族的共同繁荣谱写新的篇章，以无愧于前人、无愧于德格、无愧于时代。

（原载王尧主编：《藏学论丛——贤者新宴》，第一辑，北京出版社，1999年）

康巴文化在国外的传播和影响

——以国外康巴研究为例

导论——康巴文化与康巴学

康巴文化的内涵和特点及其在藏族文化史上的地位。康巴的概念包括广义和狭义两个方面：广义的康巴，是指康方言通行的藏区，包括四川甘孜州和木里藏族自治县、西藏昌都地区、青海玉树藏族自治州和云南迪庆藏族自治州，康区的主要中心是甘孜州的德格、玉树州的玉树、昌都地区的昌都县、迪庆州的中甸县等地；狭义的康巴，特指康方言的中心区域甘孜州。甘孜州在历史上就发展成为康区的中心，其主要标志和基本共识是：第一，康方言的发源地在德格，德格话是康方言的标准话；第二，甘孜州在藏区具有重要的战略地位，有“治藏必先安康”的古训，这里的“康”指的就是甘孜州；第三，藏文史籍将康巴藏区称为“人区”，一是指康巴人勇猛彪悍，二是指历史上以甘孜州为中心的康巴藏区涌现出了一批名闻藏区的高僧和学术大师，如司徒活佛、工珠·云丹嘉措、巴珠·晋美曲旺、降央钦则旺波、米旁·降央朗杰嘉措、南喀诺布等；大活佛，如七世、九世、十世、十一世达赖喇嘛、五世嘉木样活佛、诺那活佛、贡嘎活佛等；大商人，如邦达仓、三都仓等，康巴文化中心德格更是人杰地灵，龙象辈出；① 第四，甘孜藏区位于四川盆地西部，地处藏汉民族的结合部，自古就是多个民族迁徙的走廊和藏汉文化交流的桥梁与纽带，对周边藏区具有较大影响，北路的德格土司辖区曾领有金沙江西部的同普（江达）等地，与囊谦土司有密切关系，青海果洛、玉树等地的一些寺庙（尤其是宁玛派）属康区的分寺，南路的巴塘、乡城等地与迪庆藏区交往频繁；第五，康的名称在甘孜州，打箭炉取名为康定，西康省的省会曾设在康定（拟设在巴塘）。康巴文化就是通行康方言的藏区的器物（物质）文化、制度文化和观念（精神）文化，它是康巴人的凝聚力和康巴精神的载体，不仅具有鲜明的特点和神奇的魅力，而且在藏族文化史上具有重要的地位和影响，是中华民族文化宝库中的一朵奇葩。

康巴学是中国藏学的有机组成部分。历史上国内外学者对康巴的探险、考察和研究，尤其是民国时期以任乃强、谢国安、李安宅为代表的藏学先驱对康区的研究，奠定了康巴研究的坚实基础，逐渐形成了“康巴学”。中国藏区按方言划分的三大区域，藏学研究的分支理应划分为卫藏研究或卫藏学、西藏学，康巴研究或康巴学，安多研究或安多学。康巴学，就是研究通行康方言的康巴藏区的学科，它是藏学的重要分支，是中国藏学的有机组成部分。康巴学的学科体系应包括：康巴地理、康巴历史、康巴文化、康巴宗教、康巴经济、康巴政治，也包括国外的康巴研究，如国外的康巴人、康巴文化在国外的传播和影响、国外的康巴研究等。限于篇幅，本文所论国外康巴研究，定位于狭义的康巴，主要论述国外对甘孜州的研究。广义的国外康巴研究将另写专文。

在21世纪，中国藏学界在康巴研究领域的使命和责任，

---

① 杜永彬：《论德格人对藏族文化的贡献》，载王尧主编《藏学论丛——贤者新宴》，第一辑，北京出版社，1999年。

首先是“知己”——真正弄清“我是谁”，认识和把握康巴的特点、康区的区情、康巴研究（康巴学）的现状。其次是“知彼”——一是真正弄清“你是谁”，了解和认识卫藏与安多的特点、卫藏与安多研究、中国藏区区情、国外藏人与国外藏学；二是真正弄清“他是谁”，了解和认识兄弟民族的历史和现状、充分认识中国国情世界大势。只有这样，才能深化康巴研究，促进中国藏学的繁荣。中国藏学研究人员不仅要了解康巴、认识康巴、研究康巴，而且要对康巴研究——康巴学进行反思和总结，不仅要了解和掌握国内康巴研究的进展、前沿和动向，还要了解和掌握国外康巴研究的进展、前沿和动向，这样才能对康巴和康巴研究有一个全面而系统的认识，才能把握康巴文化和康巴学的特点、规律和走向，从而形成具有康巴气派、中国特色和国际水准的康巴学。

一、国外康巴研究之路

（一）20世纪上半叶以前国外对康区的考察与研究

1868年，英国政府希望开发巴塘和萨地亚之间的通道，上海英国商会委托柯柏（Cooper）溯长江而上，到四川考察通往印度阿萨密的路线。柯柏从上海出发，经10个月的旅行，到达了巴塘，遭到藏民的抵抗，无法西进，只好转往云南维西，仍未获准通过，被迫返回，取道打箭炉，经汉口回到上海。1869年柯柏发表《中国到印度的旅程》。[①] 1877年2月，吉尔（W. J. Gill）从上海乘船到重庆，再北上成都，赴松潘、康定和巴塘考察，详细调查了川滇交界的地理和民俗。他于1880年出版两卷本的《金沙江：经中国内地赴藏东到缅甸考

① 沈福伟：《西方文化与中国（1793—2000）》，第511页，上海教育出版社，2003年。

察游记》（The River of Golden Sand：The Narrative of A Journey through China and Eastern Tibet to Burmah）一书，记录了这次考察的经历和收获。

1886 年，法国传教士苏里（J. A. Soulie）在康定附近的藏边地区考察植物，历时 10 年，给巴黎自然博物馆送去的标本达 7000 号以上。①

1889 年，美国的汉学家和藏学家柔克义（William Woodwill Rockhill，1854—1914 年）从北京出发，经太康、西安、兰州、西宁，到青海湖考察，后穿越青海南山、都兰寺，到达柴达木盆地。他伪装成朝圣喇嘛，试图前往拉萨，未到达目的地就被藏人拦住，只允许他向东南转往康定。1891 年，他发表了《喇嘛的土地》（The Land of the Lamas，Notes of Journey through China，Mongolia and Tibet）。1891—1892 年，柔克义第二次自青海柴达木向拉萨进发，通过长江源头，到达纳木错后南去纳隆，仍被藏人阻拦，只好东去巴塘。②

1889 年 7 月，奥尔良亲王亨利（Henry d'Oreleans）深入中国内地，在康藏滇边地采集植物。他从新疆到西藏高原，随后又到康定、巴塘、理塘等地收集动植物和地质标本，并在康定与采集杜鹃花、报春花等高山植物的英国人普拉特（A. E. Pratt）相遇，亨利·托普拉特将他采集的 420 种植物运到上海。③

1889—1891 年间，法国人彭法乐（P. Gabriel Bonvalot）和亨利·奥尔良（Henri d' Orleans）亲王从新疆到广东进行纵贯中国的地理考察。彭法乐一行顺怒江上游向那曲北岸东进，取道安多以南到达昌都，再到巴塘、康定。所走路线是前人尚

① 沈福伟：《西方文化与中国（1793—2000）》，第 558 页。

② William Woodwill Rockhill，Diary of a Journey through Mongolia and Tibet in 1891—1892.

③ 沈福伟：《西方文化与中国（1793—2000）》，第 558 页。

未探察的地区，所获资料十分宝贵，1891 年彭法乐在巴黎出版了两卷本的《穿越西藏》（Across Tibet），随即出版了英译本。1892 年，柔克义访问理塘。①

1892—1893 年，俄国人普塔宁一行到川西考察和采集植物，专程考察峨眉山之后，他南去荥经、清溪，然后经泸定到康定采集。考察队部分队员还西去雅砻江和巴塘，在那里采得 900 号植物标本和一些动物。普塔宁本人在康定的 3 个月获得大量标本，他翻越大雪山，取道大小金川到达理县，在采集时发现成批新种植物。这次考察采集的植物有 1000 种，标本 10000 号，都被送到了圣彼得堡的帝国植物园。②

1894 年，柔克义出版《1891—1892 年蒙藏旅行日记》（Diary of a Journey through Mongolia and Tibet in 1891—1892. 396 页，华盛顿“史密森学会”出版），这是他于 1891 年从康定出发，作第二次西藏旅行并到达拉萨之后撰写的，该书在国外藏学界被认为是西藏研究史上划时代的成果。③

1896 年，鲍宁（C. L. Bonin）由北京前往甘肃考察，并由兰州南下临洮，经松潘草地，探测大渡河流域。④ 1897 年，发表《从打箭炉到泽口（湄公河三角洲）》（De Ta-tsien-lou a Tsekou），载《地理学会通报》（Bulletin de la Societe de Geographie）。

1899 年 11 月，英国人戴维斯（H. R. Davies）和雷特尔（C. H. D. Ryder）由云南进入川西进行考察测量时，曾到达康定，从德钦到巴塘、康定、雅安，沿途考察尤为周详。（C. H. D. Ryder，Exploration in Western China，C. J.，21，1903）

---

① 沈福伟：《西方文化与中国（1793—2000）》，第 455—456 页。Geoffrey Samuel，Civilized Shamans：Buddhism in Tibetan Societies，p. 80，Smithsonian Institution Press 1995；Rockhill，William W. 1894. Diary of a Journey through Mongolia and Thibet in 1891-1892，pp. 355-357，Washington，Smithsonian Institution.

② 沈福伟：《西方文化与中国（1793—2000）》，第 561—562 页。

③ 冯蒸：《国外西藏研究概况》第 244 页，中国社会科学出版社，1978 年。

④ 沈福伟：《西方文化与中国（1793—2000）》，第 480 页。

同年，柔克义访问康定。① 1890 年代，日金哈特（Susie Rijnhart）前往康区旅行。②

1900 年 5 月，俄国皇家地理学会组织以科兹洛夫（1863—1935 年）为队长的西藏探险队，探险队成员动物学家喀斯玛科夫和生物学家拉迪金到达德格，考察当地高山农牧业，了解到德格气候温和，冬季少降雪，河水不结冰，到 2 月份气温便迅速上升，溪水猛涨。考察队离开德格后，东进到雅砻江谷地考察，后返回黄河源头鄂陵湖。③

1904 年，法国人发表《巴塘（土司）辖区的地理》（Geographie de la principaute de Bathang），载《地理》（La Geographie），Soulie，J-A. 1904 年第 9 期。

1904—1910 年，法国藏学家巴考（J. Bacot）两次进入西康考察，著有《向唐古拉藏人住地进发》（Dans les marches Tibetaines autour du Dokerla，1909）和《在藏东》（A travers les Tibet Oriental，La Geographie，Tom 23，1911）等书。

1904—1932 年，英国爱丁堡皇家植物园的乔治·福雷斯特（G. Forrest）在近 30 年中先后 7 次往来于中国和英国，长时间的在中国西部采集植物标本，他的采集区遍及滇西、藏东和川西，曾多次出入康定、芒康以南，大渡河以西和澜沧江上游以东的川藏地区，在宁静山、沙鲁里山、大雪山中采集高山植物。1908 年，他以《萨尔温江上游纪行》为题，在《地理学报》上发表文章，报道植物采集经过。④

1906—1907 年，英国人福格森（W. N. Fergusson）两次到康

---

① Civilized Shamans, p. 80; Rockhill, William W. 1891. The Land of Lama: Notes of a Journey through China, Mongolia and Tibet, pp. 274-276, New York, Century.

② Civilized Shamans, p. 70; Rijnhart, Susie C. 1901. With the Tibetans in Tent and Temple, p. 358, Cincinnati, Foreign Christian Missionary Society.

③ 沈福伟：《西方文化与中国》，第 470 页。

④ G. Forrest, Journey on the Upper Salween, G. J. vol. 32, 1, 1908.

区考察，并对灌县和康定进行了平板测量。[①] 1907 年 11 月 30 日，斯文·赫定曾从锡金甘托克前往德格考察。[②]

1910 年，大卫·妮尔出版《林·格萨尔的超人生活》(The Superhuman Life of Gesar of Ling)，1981 年再版。该书是西方最早研究格萨尔的著作之一。

1911 年，英国皇家地理学会会员、英国内地会成都教区的传教士福格森(W. W. Fergusson)在伦敦出版《大草原上的探险、运动和旅行》(Adventure, Sport and Travel on the Steppes)一书。该书根据 1907—1908 年英国皇家地理学会会员、原陆军中尉、著名探险家布鲁克(Brooke)的探险日记，叙述布鲁克为了考察当时地理学界尚不清楚的布拉马普特拉河与雅鲁藏布江的源流关系，从青海寻找进入西藏的路线而终未如愿的经历，及从成都前往阿坝和甘孜藏区，在嘉绒和康区的经历。其中，第 12 章"通往绰斯甲之路"、第 13 章"穿越荒凉的草地"、第 14 章"在牲畜强盗部落的地盘上"详细记载了布鲁克在丹巴嘉绒藏区的探险考察经历，第 15 章"北路交通"和第 16 章"溯鱼通河而上"详细记载了布鲁克在甘孜藏区(康区)的道孚、雅江、甘孜、康定等地的探险考察经历，以及当地的自然景观、社会状况和民风民俗，并附有 77 幅照片(西藏人民出版于 2003 年出版了该书的汉译本，张文武译、张皓校)。

1912—1913 年，英国人拜勒(F. M. Bailey)上尉前往川西和藏东探测，对藏印东部交通和地理进行实地考察，为所谓"麦克马洪线"提供了大量地理资料。当年拜勒沿长江溯流而上，由四川万县上岸到成都，然后前往康定、巴塘等地考察，沿途采得大量动物标本，计鸟类 60 种，昆虫 200 种，蝶类 2000 种。后来

---

① W. N. Fergusson, Tribes of North-west Szechuan. Adventure, Sports and Travel on the Tibetan Steppes, 1911.

② 沈福伟:《西方文化与中国(1793—2000)》，第 492 页。

拜勒多次出入康藏采集动物标本。[1] 此后,瓦德(F. K. Ward)也长期在滇、康地区考察。[2] 埃德格(J. H. Edger)在同一时期也到康区和滇西考察地质和气象。[3]

1915 年,奉派到康定担任领事的英国人柯尔斯(O. R. Coales),1919 年改派腾冲。他在任职期间,多次在康区旅行考察,测绘地图。[4]

1916 年,担任领事的英国人台克满(E. Teichman)前往雅砻江和怒江之间考察,在甘孜、德格、昌都、玉树、巴塘和盐井等地,用罗盘测绘路线图,使用气压计测定海拔高度,对植物、气候的记录尤为详细:这一地区的特点是 17000 英尺高的山路虽在隆冬亦无积雪;相反,夏季在 14000—15000 英尺间的高度却常遭大雪侵袭。[5] 1918 年,台克满(Eric Teichman)到昌都进行了为期 3 周的访问。[6]

1921 年,瑞典人史密斯(K. A. H. Smith)由成都经松潘前往康定,采集了许多种子植物。1934 年,他沿长江到乐山,再次到康定,在大雪山一带采得 4000 号标本,发现了不少新种植物。[7]

1922 年,台克满出版《一位领事官员在东藏的游历》(Travels of a Consular Officer in Eastern Tibet: Together with a History of the Relations Between China, Tibet and India),剑桥大

---

① Journey through a Portion of Southeastern Tibet and Mishmi Hills, G. J. vol. 39, 1912; Note on the Expedition of the Tsang-po, G. J. vol. 43; Through Bhutan and Southern Tibet, G. J. vol. 64; 沈福伟:《西方文化与中国(1793—2000)》,第 496 页。

② F. K. Ward, The Overland Route from China to India, J. of Royal Central Asian Society, vol. xiv, 1927.

③ J. H. Edger, Through the Land of Deep Corrasions from Batang to Mekong, JNCBRAS, vol. 45, 1914.

④ O. R. Coales, Eastern Tibet, C. J. vol. 53, 1919.

⑤ E. Teichman, Travels of a Consular Officer in Eastern Tibet: Together with a History of the Relations Between China, Tibet and India.

⑥ Civilized Shamans, p. 67; Teichman, Eric. 1922. Travels of a Consular Office in Eastern Tibet, pp. 114-115, Cambridge, University Press.

⑦ 沈福伟:《西方文化与中国(1793—2000)》,第 567 页。

学出版社出版。该书汇集了关于康巴藏区的大量第一手材料，是国外康巴研究的重要参考书。

1925 年，发表《木雅贡嘎的赞》(The Glories of Minya Konka)，载《国家地理杂志》(The National Geographic Magazine)，第 58 卷，第 4 期，1925 年 10 月。

1926 年，英国人培莱拉(George Pereira)准将在汤普森(H. G. Thompson)医生的陪同下前往拉萨考察，在北上青海的途中，到巴塘和甘孜考察，后病逝于甘孜。他的旅行笔记后来由荣赫鹏整理出版。①

1926 年，康区学者谢国安(1887—1966 年，又名智慧保罗 Paul Sherap，藏名多吉卓巴)，与英国驻打箭炉领事孔贝(G. A. Combe)合作撰写的《藏人论藏》(A Tibetan on Tibet)英文版在伦敦出版，全书共 15 章，200 页。该书叙述了康藏地区的山川风物、藏传佛教、风俗习惯、商业等，被西方学术界誉为"最翔实可信之作"。虽然孔贝只撰写了首尾两章，即第 1 章"佛教简述"和第 15 章"打箭炉驱瘟神的'查玛舞'"，但是英文版却只署孔贝之名。

1926 年，英国驻打箭炉的副领事路易·金(Louis King，1913—1916 年任打箭炉副领事)出版《我们藏民》，全书共 22 章，228 页，除叙述历史部分为金氏手笔外，其余各章都由其藏族妻子仁钦拉姆用汉语口述，金氏将其译成英文。

1930 年，埃德加(Edgar, J. H.)发表《会聚打箭炉的商路考》(Notes on Trade Routes Converging at Tachienlu)，载《华西边疆研究学会杂志》(Journal of the West China Border Research Society)第 4 期，1930—1931 年。

---

① E. Younghusband, Peking to Lhasa, The Narrative of Journeys in the Chinese Empire Made by the Late Brigadier General George Pereira, 1925; H. G. Thompson, From Yunnan-fu to Peking along the Tibetan and Mongolia borders including the last Journey of Brig. -Gen. G. Pereira, G. J. 67.

1931 年,发表《贡嘎日松贡巴——亡命徒的圣山》(Konka Risumgongba,Holy Mountain of the Outlaws),载《国家地理杂志》第 60 卷第 1 期,1931 年 7 月。

1931 年,瓦德(F. K. Ward)在伊洛瓦底江上游探察,最后一次到迈力开江上游探测通往西藏的道路。1932 年,他出版《东方的织机》一书,指出康藏地区有横断山脉阻隔,地势高峻,气候恶劣,推翻了他先前设想从四川叙府(宜宾)经西康到印度汀江修筑铁路的想法,力主中印交通当以开辟经过胡康河谷的滇西一路最为适宜。①

1930 年代,荀拉特(Goullart)考察康区。② 1936—1937 年,安德烈·桂宝(Andre Guibaut)访问康区。③

1946 年 11 月至 1947 年 8 月,日本特务木村肥佐生(Hisao Kimura)到康区活动。当时,印度人民独立的要求日益高涨,在美国等国要求英国放弃对印度的殖民统治等压力下,英国政府被迫组建印度过渡性政权,开始着手将政权移交给印度国大党的工作,准备让印度在 1947 年实现国家独立。即使在这种形势下英国也未放弃其企图策划"西藏独立"的阴谋,继续挑拨西藏与中央政府之间的关系,唆使噶厦进行"西藏独立"活动。当时正忙于处理交接事宜的英国政府非常担心中国政府利用这一时机派兵进入西藏,一面子虚乌有地进行煽动和渲染,说中央政府正准备从康区派兵进入西藏,一面急于获取这方面的确实情报。于是受英国情报部门豢养的木村肥佐生成为他们完成这项任务的合适人选。1946 年 11 月,受英国情报部门支持的"对藏工作

① F. K. Ward, Exploration on the Burma-Tibet Frontier, G. J. 80, 1932《西方文化与中国》,第 522 页。

② Civilized Shamans, p. 66; Goullart, Peter. 1959. Princes of the Black Bone: Life in the Tibetan Borderland, p. 13, London, John Murray. [U. S. edition is entitled Land of the Lamas.]

③ Civilized Shamans, p. 72; Guibaut, Andre. 1949. Tibetan Venture: In the Country of the Ngolo-Setas, p. 14, London, John Murray.

站”——《明镜报》发行人塔钦对木村肥佐生布置了一项特殊任务,要求他到康区调查是否有中国军队从那里进入西藏方面的迹象。塔钦说:“这不仅可以成为《明镜报》的独家新闻,如果一旦有什么不测发生的话,我想提醒西藏政府。”实际上,这期间国民党正忙于策划新的内战阴谋,无暇西顾,早对蒙藏委员会驻藏办事处下达了“以无事为大事,无功为大功”的密令,出兵西藏的可能性几乎为零,但是英国政府一些别有用心的人对此宁信其有,不信其无。木村当时认为派他去执行间谍调查任务,塔钦无疑是受英国情报部门的指使,艾库·兰巴托则隐藏在他的后面。他还说:“数十年后,我在伦敦的印度局图书馆里发现了一本题为《西藏援助》的超机密文件。该文件原出自殖民地省,认为如果把西藏委于外国统治的话,‘对印度的安全构成直接威胁’,还把中国和苏联作为潜在的敌人,从战略上把那曲和昌都作为重要的调查区域。这大概是派我进入东藏的原因。”木村认为执行这项任务,既可以为“西藏独立”出力,也是一次实践自己的藏语能力的机会,于是当场接受了这项任务。他从塔钦那里领到了高额的活动经费500 卢比。1946 年12 月10 日,木村便跟随一个进藏的“康巴”商队离开噶伦堡,于1947 年元旦抵达拉萨。抵达拉萨后,木村获悉西川一三正潜伏在哲蚌寺“学经”,便迅速与他取得联系,邀他同往昌都,西川答应了木村的邀请。1947 年2 月16 日,两人从拉萨出发,经工布江达、边坝,4 月进入昌都地区。在这里,他们从来自康定、巴塘、理塘、云南中甸等地的商人及巡礼者那里没有了解到中国军队有什么特别动向,于是准备北赴青海玉树藏区,前去那里核实人们传说的中国在那里修建机场和兵舍一事。然而,他们在去玉树的途中,被驻守在这里的西藏军队抓获,怀疑他们是从西藏潜逃出来的色拉寺僧人(当时拉萨发生了震惊西藏内外的“热振事件”,色拉寺僧人举行暴动,计划救出被噶厦逮捕的爱国活佛热振,但未获成功,藏军镇压了色拉寺僧人的暴动,部分僧人逃至安多、西康等地),后被释放,遂进入玉树,逗留了3 天。但他们核实的结果是,蒋介石军队在玉树修建机场和兵舍一事纯属子虚乌有。于是他们从玉树踏上了返回西藏的路程,1947 年 8 月初返抵拉萨。西川一三未再返回哲蚌寺,而是与木村一起从拉萨南下,于 9 月返抵噶伦堡。西川进入《明镜报》从事印刷工作,木村则遵照塔钦的要求,前去阿萨姆的英国情报机构进行汇报,并花了 3 周时间,用英文提交了自己进入东部藏区的调查报告。此后,木村从塔钦那里获得了一份丰厚报酬。木村返回噶伦堡时,印度已经获得独立,他依靠英国人返回日本的计划已不可能,于是他心中暗自打算必须为日后返回日本积蓄旅费。当时,从噶伦堡贩运煤油到拉萨是能获取暴利的生意,木村跃跃欲试,并将自己的想法告诉了塔钦。塔钦没有表示反对,而是委托他如果去拉萨的话,捎一封信给他的朋友,收信者是著名的藏族学者更敦群培。塔钦还嘱咐木村,在拉萨拜访一名叫平措汪杰的藏族青年。木村答应了塔钦的要求。1948 年 3 月,木村第 3 次进入拉萨,卖掉了他托商队运来的煤油后,去见平措汪杰,建立了较密切的关系。不久,木村与平措汪杰一道去探望刚获释出狱的更敦群培。木村说:"见到他时,他穿着一件又脏又薄的俗人服装,与他刚在监狱里结识的一名康巴女子坐在床上。转交塔钦的信时,他没有马上看信,而是让这个女子赶快去买酒。"①

1947 年,安德烈·桂宝(Andre Guibaut)访问康区。② 1947—1949 年,米戈特(Migot)访问康区。③

反思 20 世纪的国外康巴研究,可以看出,在 20 世纪上半叶,法国女藏学家大卫·妮尔对康巴研究作出了重要贡献。

大卫·妮尔(Alexandra David-Neel,1868—1969 年),先后

---

① 《潜伏西藏十年》(Japanese Agent in Tibet by Hisao Kimura, My Ten Years of Travel in Disguise as told to Scott Berry),1990 年;秦永章:《抗战时期日本特务木村肥佐生、西川一三的西藏潜行》,《西藏大学学报》2004 年第 1 期。

② Civilized Shamans, p. 72

③ Civilized Shamans, p. 72; Migot, Andre, 1957. TibetanMarches, p. 89, Harmondsworth, Penguin.

于1918年、1923年、1938年和1944年4次到中国的川、滇、甘、青、藏藏区进行考察，并且还收养了一名藏族喇嘛庸登(Yungden)，陪同她在藏区旅行和考察。1937年底，她获悉十三世达赖喇嘛圆寂后十分悲痛，虽已69岁高龄，仍毅然决定再次入藏，于1938年7月到达打箭炉。当时正值中国抗日战争，时局动荡，她不得不于1938—1944年间滞留在打箭炉达6年之久，以种菜养花消磨时光，第二次世界大战结束后才返回成都。"数年之后，当我正在康地旅行时却突然病了，于是我便决定前往巴塘，那里有一所由英国或美国医生主持的传教区医院。巴塘是藏区的一座重要城镇，由中央政府治理，其形势如同我当时正在其附近的甘孜一样。"[①]她一生写作了26部作品，主要有：《佛陀的宗教与佛教的现代化》(1904年)，《岭·格萨尔超人的一生》(The Superhuman Life of Gesar of Ling，1910年)，《一个巴黎女子的拉萨历险记》(My Journey to Lhasa，1926年)，《西藏的巫术和奥义》(Magic and Mystery in Tibet，1912—1921年的考察成果，1929年)，《五智喇嘛弥伴传奇》(1934年，李安宅汉译)，《佛教及其教理和修持方法》(1936年)，《在喜马拉雅的腹地》(1949年)，《古老的西藏面对新生的中国》(1952年)，《西藏的出家和灌顶》(Initiations and Initiates in Tibet，1959年)，《藏传佛教教派的秘密口传》(The Secret Oral Teaching in Tibetan Buddhist Sects，1967年)，《佛教的教义和方法》(Buddhism Its Doctrines and Its Methods，1978年)，《空无的力量》(The Power of Nothingness，1982年)，《西藏爱情故事与巫术》(Tibetan Tale of Love and Magic，1983年)。[②] 大卫·妮尔多次深入藏区考察，但是在康区逗留的时间最长，并在康定居住达6年之久，其作品多以在康巴藏区实地考察收集的材料为研究素材，其中《岭·格萨尔超人的一生》和《五智喇嘛弥伴传奇》专

---

① 《一个巴黎女子的拉萨历险记》，导言，第6页，西藏人民出版社，1997年。

② 耿昇：《法国当代中国学》，中国社会科学出版社，1998年。

门研究和描写康区。

(二)20世纪下半叶以来的国外康巴研究

1951年,法国藏学家石泰安发表《弥药与西夏:历史地理与祖先传说》(Mi-nyag et Si-hia, Geographie historique et legends ancestrales)。1956年,石泰安在巴黎出版了林葱版《格萨尔王传》的法文译注本《岭地喇嘛教版本的藏族格萨尔史诗》。1961年,石泰安出版《汉藏交界地区的古部族》(Les Tribus Anciennes des Marches Sino-Tibetaines, Legendes, Classifications et histoire, 1961)。

1968年,捷克藏学家高玛士(Josef Kolmas)根据1868年前的一个56页的木刻本转录编译《德格土司世系》(成书于1828年),出版英文版,并加了说明和注释,题为《德格土司世系》(A Genealogy of the Kings of Derge, Tibetan text edited with historical introduction)。

1974年,杰弗瑞·霍普金斯(J. H. Jeffrey)发表《康或东藏》(Kham or Eastern Tibet), Elms Court, Ilfracombe: Arthur H. Stockwell。

1976年,史伯林(E. Sperling)发表《汉人在康区的冒险(1904—1911)与赵尔丰的角色》(The Chinese Venture in Kham),《西藏杂志》(The Tibet Journal),1976年第1卷第2期。

1976年,发表《红军第一次与藏族相遇——长征的经历》(Red Army's First Encounters with Tibet—Experiences on the Long March),《西藏评论》(Tibetan Review),1976年第10期。

1981年,大卫·斯多德(David Stott)的《噶玛噶举派历史与理论背景》汉译文发表,洪岷煌译,《慈云》第8卷第4—5期。同年,石泰安的论文《有关弭药与西夏的藏区新资料》和《弭药与西夏》,由陈宗祥等汉译,分别发表于《宁夏社会科学》试刊和《西夏研究讨论会论文》。

1983年,美国学者奥维·谢尔(Orville Schell)《青康藏高原之旅》的汉译文发表，郁祈仁译，《时报杂志》（台湾）第185期，6月19日。

1985年，法国女藏学家海德·噶尔梅（Heather Garmay）撰写出版《安多的托钵僧》（Le mendiant de l' Amdo）一书，所列“赵尔丰”一节，简要地叙述了20世纪上半叶康区的历史，重点阐述了赵尔丰在康区推行的改土归流。

1988年，法国女藏学家卡蒂娅·比夫特里（Katia Buffetrille）发表《德格印经院》，载《别致》杂志，2月号，第131—136页。

1988年，史伯林发表《15世纪的川藏边境》（The Szechwan-Tibet Frontier in the Fifteenth Century），《明研究》（MING STUDIES）。

1988年，柔克义《打箭炉见闻记》的汉译文发表，杜品光译，《四川民族史志》第4期。

1989年，柔克义《甘孜至道孚见闻记》汉译文发表，杜品光译，《四川民族史志》第2期。

1989年，美国学者马里翁·邓肯（Marrion Duncan）《川藏茶路雅安至康定段纪实》的汉译文发表，满莹译，《四川民族史志》第1期。

1989年，苏联学者兹拉特金《作为政治活动家的乍雅班智达》的汉译文发表，段文明译，《民族译丛》第5期。

1989年，孔贝（G. A. Combe）和谢国安合作出版《藏人论藏》（A Tibetan on Tibet），Snow Lion Graphics，1989年，233页。

1990年，英国学者劳伦斯《南诏与吐蕃历史考略》的汉译文发表，房建昌译，《国外藏学动态》第4期。

1992年，第6届国际藏学研讨会提交了两篇研究康区的论文：一篇是日本藏学家山口瑞凤（Yamaguchi）的《释雅弥（Nyag-mi）》，另一篇是瑞士学者哈斯勒（Hasler）的《论嘉绒语某些动词的形态》。

1993 年，萨缪尔（Geoffrey Samuel）出版《文明的萨满：藏族社会中的宗教》（Civilized Shamans：Buddhism in Tibetan Socities），华盛顿史密斯学会（Smithsonian Institution）出版，全书 640 页，共 28 章。第四章藏族社会：康（东藏），用 20 多页（64—86 页）篇幅论述康区：一般描述（概况）；历史与现状；康区的土邦（土司）：导论；止曲（金沙江）西部，德格、林葱、霍尔土司与瞻对，止曲东部的其他土司（和囊谦）；康区的土司：探讨。[1] 该章对康巴藏区的历史和现状作了简要的论述，对康巴研究具有重要的参考价值。同年，伯戴克《顿楚（Ston-tshul）：萨斯迦主权在康区的出现》的汉译文发表，《西北民族研究》1993 年第 2 期。

1998 年，伊丽莎白·贝纳德（Elisabeth Benard）撰写《唐朝文成公主在康区的佛教遗产》论文，提交第 8 届国际藏学研讨会。

1998 年，劳伦斯·艾普斯坦（Lawrence Epstein）和彭文彬向第 8 届国际藏学研讨会提交《西康的建立》（The Making of Xikang）论文。

1999 年，发表《垂死的巴塘人：在西藏形成的精英初探》（The Babas are Dying：Preliminary Notes on Elite Formation in Tibet），现代中国研讨会论文（Modern China Siminar Paper），哥伦比亚大学，1999 年 1 月。

20 世纪下半叶以来，对康巴研究作出较大贡献的外国学者，主要是法国藏学家石泰安（R. A. Stein）和美国藏学家劳伦斯·艾普斯坦（Lawrence Epstein），他们恰巧都是犹太裔藏学家。

石泰安（R. A. Stein，1911—），法国著名犹太藏学家。他于 20 世纪 40 年代中期来到中国，1946—1947 年，在人类学家闻宥等人的陪同和帮助下，深入四川藏区考察，打箭炉

---

① Geoffrey Samuel，Civilized Shamans：Buddhism in Tibetan Socities.

（康定）游历、德格访书、邓柯拜师、林葱交友、理塘考察、松潘采访，从寺僧、百姓、土司、富豪、说唱艺人手中收集大量有关《格萨尔》的资料，其中3部德格版（后称之为林葱版）格萨尔作品弥足珍贵，为其后来的格萨尔研究奠定了坚实的基础。1956年，他在巴黎出版了林葱版《格萨尔王传》的法文译注本《岭地喇嘛教版本的藏族格萨尔史诗》，1956年在巴黎出版了林葱土司本《格萨尔王传》，1966年发表《关于弥药与西夏的最新材料》（载《戴密微祝寿汉学文集》），主要根据汉藏两种文献材料，阐明古代弥药位于现在的康区打箭炉西北，后来是西夏王国的辖区。当西夏王室后裔与成吉思汗断绝关系时，吐蕃人允许弥药人定居羌塘一带。他把西夏和弥药的最早传说与白哈尔的材料进行比较，发现了它们在题材、人名和地名上的传统关系。① 关于格萨尔和康巴研究的论著主要有：《林土司版本藏文格萨尔史诗》，《西藏史诗与吟游诗人（说唱艺人）研究》（博士论文），《藏族神话札记》（1941年），《西藏的民间史诗》（1946年），《岭地喇嘛教版本的西藏格萨尔史诗》（1956年），《关于格萨尔生平的西藏绘画》（1958年），《藏族格萨尔王传与说唱艺人研究》（1959年），《西藏的戏剧》（1961年），《藏族古诗的古代历史文献》（1962年），《一种有关藏族史诗的古代资料——朗氏家族史·灵犀宝卷》（1962年），《西藏的说唱艺人》（1969年），《论格萨尔》（1976年），《格萨尔王传》引言（1980年），《格萨尔王传导论》（1981年），其藏学著作主要有3部：《西藏的文明》、《格萨尔史诗和说唱艺人》和《藏汉走廊古部族》。

美国当代藏学家劳伦斯·艾普斯坦（Lawrence Epstein），出生于纽约，犹太裔藏学家，现任华盛顿大学人类学系教授（Affiliate Professor）。西雅图华盛顿大学人类学学士（1963

① 耿昇：《法国的藏学研究》，载《法国当代中国学》第466页，中国社会科学出版社，1998年。

年)、藏语和藏族文献硕士（1968 年)，人类学博士（1977 年)。1969 年 3 月—1970 年 7 月和 1981 年 3—7 月，到印度藏族难民安置点作实地考察。1989 年 8—9 月，到四川省阿坝藏族羌族自治州实地考察。1990 年前往西藏的改则、四川和甘肃藏区调查。1990 年 7—9 月，到四川省阿坝藏族羌族自治州和甘肃省甘南藏族自治州实地考察。1991 年 7—9 月，到四川阿坝州、甘肃和青海藏区进行实地调查。1991 年，参加第一届北京藏学讨论会，提交的论文为《朝圣区域的嘛呢堆和石刻》。1997 年，参加第二届北京藏学讨论会，提交《九寨沟民俗旅游、民族认同与社会文化的变迁》论文。主要研究领域为佛教神山和胜迹,并出版了《苯教神山墨尔多》。他发表和出版的藏学论著有:1. 与理查德·谢尔伯勒(Richard Sherburne)合编《西藏文化反思——纪念威利论文集》(Reflections on Tibetan Culture: Essays in Memory of Turrell V. Wylie),并发表《西藏与西方濒临死亡的经验比较》(A .Comparative View of Tibetan and Western Near-Death Experiences),1990 年;2.《Ganja and Murdo：西藏东部两个朝圣地社会空间构建绪论》（Ganja and Murdo: Prolegomena to the Social Construction of Space at Two Eastern Tibetan Pilgrimage Sites)，与彭文彬合著，西藏和喜马拉雅山国际人类学研讨会论文，1990 年，载托尼·胡伯(Toni Huber）编：《藏族文化中的神圣空间和权力场所论文集》（Sacred Spaces and Powerful Places in Tibetan Culture: A Collection of Essays),《西藏杂志》1994 年第 19 卷第 3 期；3.《山顶与社会空间的再释》（Labtse [la rtse] and the Reinscription of Social Space)，第一届北京国际藏学研讨会论文，与彭文彬合著，1991 年，《中国藏学》（特刊)，1992 年；4.《西藏东部寺院的复兴：地方政策中的多变》(The Resurgence of Monasticism in Eastern Tibet: Variation in Local Policy)，1991 年；5.《仪式、民族性与一般冲突》（Ritual, Ethnicity and Generational Conflict)，与彭文彬合著，载戈尔斯坦（Melvyn C. Goldstein）和卡普斯坦（Matthew Kapstein）编，《当代西藏佛教——宗教复兴与文化认同》（Buddhism in Contemporary Tibet：Religious Revival and Cultural Identity），1998 年；6.《旅游与九寨沟境内的政治认同》（Tourism and the Politics of Identity in Jiuzhaigou），与彭文彬合著，哈佛大学第一届国际安多研讨会论文，1997 年，载昆明《西南文化研究》；7.《早年的多吉秀丹崇拜》（The Cult of Rdo rje Shugs ldan：The Early Years），1997 年；8.《西康的创建》（The Making of Xikang），与彭文彬合著，第 8 届国际藏学研讨会论文，1998 年。

艾普斯坦虽然不是国际最著名的藏学家，但是他对康巴研究情有独钟，并通过实地考察、学术研究和学术活动作出了重要贡献：一是在国外藏学界将研究领域集中于西藏的情况下，长期致力于 20 世纪的康巴研究，并取得了一批成果；二是在 2002 年主持将第 10 届国际藏学研讨会论文集编辑成为《康巴历史——民族、地方和权威的见解》（Khams Pa Histories：Visions of People，Place and Authority）出版，集中展示了国外藏学最新的康巴研究成果，为康巴研究提供了重要的参考文献。一位外国学者指出："《康巴历史》（Khams pa Histories）论文集对藏学研究作出了兼收并蓄和丰富多彩的贡献"（an eclectic and rich contribution to Tibetan Studies）。①

二、国外康巴研究的新进展

（一）以第 9—10 届国际藏学研讨会为例

第 9 届国际藏学研讨会于 2000 年在荷兰莱顿召开，其中

① Khams Pa Histories：Visions of People，Place and Authority，PIATS 2000，Leiden，Lawrence Epstein（ed.），2002.

的主题之一是“康巴地方史”（Khams pa Local History），与会学者提交关于康巴研究的论文8篇：①

1.《康南边境的历史：中甸、乡城和木里多种族边地中的政体与领地》（Frontier History Of Southen Kham：Polity And Territory In The Multi-Ethnic Fringe Lands of Gyethang，Chathring，and Mili），作者维姆·范·斯本根（Wim Van Spengen），阿姆斯特丹大学人文地理学博士，其主要研究兴趣是西藏和喜马拉雅山地区的历史地理，现为阿姆斯特丹大学社会地理研究所研究人员。本文考察了康区乡城桑披林寺1906年被围攻的政治背景，以及该寺在汉藏边境所处的难以捉摸的勉强感觉得到的政治地位。他认为，由于中国人担心英国人侵入卫藏，导致他们加紧了对该地区的控制。由于当地喇嘛和汉人当局都争取对因当地藏人当局的崩溃而造成的政治真空产生影响，汉人驻军（四川军阀）和藏人（当地的土司和头人）都在为争取生存而斗争。汉人取代当地人的巧取豪夺是该地区大规模的匪患滋生的原因之一。作者认为，围攻桑批林和当地盛行匪患，是康巴南路深刻的不稳定的政治气候的征兆，也是其文化—生态边疆脆弱的结果。

2.《边疆政治与民国时期的康巴自治运动》（Frontier Politics and Indigenous Movements for Khampa Autonomy during the Republican Period），作者彭文彬，西雅图华盛顿大学人类学博士，其研究领域涵盖中国西南部的民族、区域主义和文化民族主义。探讨了1930年代在创建西康省的过程中康巴人认同的政治（“康人治康”）与中国的民族主义计划之间的错综复杂的关系。

3.《地邦达，天邦达：谋杀、历史与1920年代的社会政治》（Sa sPang mda' gNam sPang mda'：Murder，History，and

① Khams pa Histories：Visions of People，Place and Authority，PIATS 2000，Leiden，Lawrence Epstein（ed.），2002.

Social Politics in 1920s Lhasa)。作者卡洛尔·梅·麦克格拉纳汉（Carole Mei Mcgranahan），科罗拉多大学人类学助教授，其博士论文论述20世纪的康巴。2001年获密歇根大学博士学位，现为科罗拉多大学助教授。她的藏学论著有：（1）《醒目的历史——在帝国与20世纪的西藏流亡之间》（Arrested Histories: Between Empire and Exile in 20th Century Tibet），博士论文，密歇根大学人类学与历史研究项目；（2）《吞下一个活人：西藏、汉地和英国在康区的边界争端（1913—1934）》（On Swallowing a Living Person: Boundary Disputes in Kham between Tibet, China and Great Britain, 1913—1934），2001年，载阿勒克斯（Alex Mckay）编《西藏史》（The History of Tibet）第3卷：《遭遇现代性的西藏》（The Tibetan Encounter with Modernity），寇松出版社出版；（3）《木斯塘之后——关于西藏抵抗运动的当代视角》（After Mustang: Contemporary Perspectives on the Tibetan Resistance），2002年哈佛大学"冷战及其在西藏的遗产——大国政治与地区安全"学术研讨会论文；（4）《西藏、中央情报局与被捕的历史》（Shooting at Trucks: Tibet, the CIA, and Arrested Histories），未刊稿；（5）《地邦达，天邦达：地、天与邦达家族》（Sa Spom Mda Nam Spom Da: Earth, Sky, and the Pondatsang Family）。其两篇研究邦达昌家族的论文都以"地邦达，天邦达"作标题，显然是借用"天德格，地德格"（Sa Dege Nam Dege）的说法。她的文章叙述了康区大商人家族邦达昌在1920年代反叛拉萨噶厦的故事，以及在该家族的族长邦达尼坚在拉萨遭到杀害背后错综复杂的政治特征。该家族通过与其他权势显赫的家族建立联系和确立为拉萨三大寺的施主，渗透到了拉萨贵族的内圈。文章以对当时的社会环境的考察和采访邦达昌家族的后代为据进行分析，提出了关于邦达昌家族研究的新见解。

4.《1930年代的甘孜战争》（The Ganze Wars of the 1930s），作者为西雅图华盛顿大学教授劳伦斯·艾普斯坦

(Lawrence Epstein)，本文论述了民国时期发生在甘孜藏区的康巴藏人与当地汉族军阀之间的战争。

5.《禁伐之后川西藏区境内的可持续发展》(Sustainable Development in the Tibetan Areas of West Sichuan after the Logging Ban)，作者丹尼尔·温克勒(Daniel Winkler)。本文分析了中国政府为了保护西部生态环境，实行森林禁伐之后，四川藏区所面临的困难和问题，并提出了自己的对策。

6.《巴塘起义：康区及其在汉族和藏族历史中的重要性》(The Uprising at Batang: Khams and its Significance in Chinese and Tibetan History)，作者何溯源(William Coleman)，哥伦比亚大学历史系博士，其博士论文论述18—19世纪康区社会史。本文对1905年的巴塘起义所导致的该地区的动荡持不同的立场，他认为，在20世纪前，当地首领、寺院、清朝皇帝的代表和商人所构成的一个网络负责维持该地区一个不稳定的政体的秩序，在巴塘起义发生之后，这个脆弱的联系不可挽回地丧失了，当清朝对该地区的影响压倒寺院权威和地方首领时，便不可阻挡地导致康区加入了汉族的民族主义计划。

7.《六世班禅的中国封号》(The Sixth Panchen Lama's Chinese Titles)，作者法比恩勒·雅古(Fabienne Jagou)，法兰西远东学院学者，历史学博士，她的博士论文题目是：《六世班禅喇嘛(1883—1937)——是叛国者还是空想家?》。本文探讨了孙中山的中华民国政府采取政治策略，通过授予封号和施与恩惠的方式，选择和控制六世班禅喇嘛。她认为，六世班禅喇嘛在西藏边境地区积极宣传孙中山的思想，但是在民国的既定议事日程中几乎没有施展其政治敏锐的空间(例如，援助贫困的康区和安多等省区，或支持内蒙古反对日本的入侵)。

8.《作为口述传统的历史：康区乍雅地区集体认同的建立》(History as Oral Tradition: The Construction of Collective Identity in Brag g. yab [Khams])，作者彼得·斯威格(Peter

Schwieger)，任职于波恩大学，从事藏学、比较宗教学和哲学研究，现为波恩大学教授，曾从事西藏文化区的语言、文学、宗教和历史研究。本文从语言学的句法分析、语义符号学分析、文本类型分析（文献评论）、文本的功能和视角和历史的翻译等方面，阐述了关于乍雅历史的研究方法和对乍雅历史的认识，并主张着重于方法、叙述的结构和语言的使用，勾画出共同特性的轨迹的轮廓，通过尼泊尔的藏人难民所记忆的口述传统，再现对乍雅历史的认识。

第10届国际藏学研讨会于2003年在英国牛津大学召开，与会学者提交关于康巴研究的论文10篇，研究的时代和范围为18世纪以来的康区，其中8篇都是研究康巴人物的。

1.《1930—1959年西藏东部的非雕塑金属工艺》（Non-sculptural metalworking in eastern Tibet c. 1930 - 1959），约翰·克拉克（John Clarke），本文利用在流亡藏人社区中健在的工匠和其他成员中所收集的材料，考察了1930—1959年间康区传统的非雕塑金属工艺行业。

2.《巴塘平措汪杰与“西藏共产党”》（Baba Phuntso Wangye and the Tibet Communist Party），戈尔斯坦（Melvyn Goldstein），文章考察了巴塘人平措汪杰和“西藏共产党”在1940—1949年间所进行的民族主义和革命活动，着重论述了他们在1943—1944年试图与西藏噶厦结成联盟的尝试，阐述了平措汪杰与云南的贡布次仁一道创建和组织“东藏人民自治同盟”，发动一场反抗西康军阀刘文辉的游击战争的尝试。

3.《关于司徒班钦和他于18世纪在康区委托制作的成套唐卡的新发现》（Recent discoveries about Si tu Panchen and the thangka sets he commissioned in 18th-century Khams），大卫·杰克逊（David P. Jackson），对18世纪康区的唐卡艺术进行了探讨。

4.《刘曼卿——1930年代的一位汉藏女冒险家》（Liu Manqing: a Sino-Tibetan adventurer lady in the 1930s），法比恩

勒·雅古（Fabienne Jagou），本文论述了刘曼卿奉民国政府之命，只身前往拉萨传达国民政府关于西藏的立场和政策，了解十三世达赖喇嘛对中央政府的态度的史实。

5.《纪念罗哲情措——现代康区的女性和地方政治》（In memory of Blo gros chos mtsho：feminine and local politics in modern Kham），彭文彬。作者指出，近年来，学术界逐渐增加了对藏族性别话语和他们的社会空间的活动的兴趣。然而，在现代康区研究中，女性与地方政治还没有受到足够的关注，对他们的阐释将会加深我们对汉藏边境的基本的流动性的理解。本文定位于个人层面上的现代康区政治。探讨罗哲情措与汉族地理学和民族学家任乃强的婚姻关系，及其在民国时期康区的政治影响。通过阅读罗哲在1947年“国民大会”上的政治提案、她的个人回忆录，以及任乃强在她于1949年去世之后的回忆录，探讨了罗哲所参与的西康“妇女工作”和作为中华民国的少数民族制宪代表的活动，还探讨了她对任乃强在康区的政治和学术工作中的贡献，她叙述了新龙（Nyagrong）的甲日（Rgya re）家族在地方的、省区的和国家的政治中的悲剧性的参与和卷入。作为一位出生于一个权势显赫的康巴家族的藏族妇女和一位著名的汉族官方学者的妻子，罗哲的个人的和政治的经历澄清了藏族性别问题的复杂性，通过地方—民族政治、种族关系和文化间的利用进行思考。这种混合的探讨，也需要在汉文或藏文历史论著中加入一种批评，应重视历史人物和英雄人物的“纯洁性”。

6.《阿尼果东——嘉绒藏族的英雄》（Amye Sgoldong：the hero of the rGyalrong Tibetans），普瑞斯（Marielle Prins），文章阐述了鲜为人知的嘉绒藏族英雄人物阿尼果东的生平和事迹。

7.《再论赵尔丰》（Zhao Erfeng reconsidered），［美］史伯林（Elliot Sperling），作者提出了关于赵尔丰及其在康区推行的改土归流的新认识。

8.《施主与僧人——当代康区的掘藏师研究》

(Householders and monks: a study of treasure discoverers in contemporary Kham)，特若勒（Antonio Terrone)，作者以施主与僧人的关系为视角，对当代康区发现宝藏的人进行了探讨。

9.《瞻对贡布朗吉，是19世纪康区的农奴起义领袖还是军事扩张者？——历史著作对一位英雄与恶棍的塑造》(Nyag rong Mgon po rnam rgyal, a leader of the serf rebellion or a military expansionist in 19th century Khams? The historiographical construction of a hero and a villain)，Yudru Tsomu 金红梅。19世纪中叶，康区地方首领瞻对贡布朗吉，以纯粹的军事力量兼并相邻领地的大片地区，提升了自己的地方权势，以至能够挑战康区强大的德格土司、西藏和当地汉族实力派。然而，当代对他及其军事扩张的评价却相当消极，将他谴责为一个邪恶的反叛者和冷酷无情的人。作者得出的结论是：由于上述关于贡布朗吉的活动的每一种记载都是从各自的视角来阐述的，本文试图通过多方面的分析，提供一种更为客观的评价。历史人物的历史建构是相当负责和模棱两可的。本研究阐述了史学家的意识偏向的作用，官方文献的偏见，以及当代政治和学社关注的影响。

10.《蘑菇、花朵与牧草——康区农村的收入机会》(Mushrooms, flowers and herbs: income opportunities for rural communities in Kham)，丹尼尔·温克勒（Daniel Winkler)，对康区农村的收入来源和收入情况进行了分析。

（二）以英文新著为例

以康巴研究为题的博士论文，仅美国就有：1. 密歇根大学佛学的亚历山大·噶德勒（Alexander Gardner）的博士论文研究：19世纪康区的宗教地理；2. 普林斯顿大学的柯恩曼(Robin Brooks Kornman）的博士论文研究《〈林·格萨尔〉的佛教观比较研究》（A Comparative Study of Buddhist Version of the 'Epic of Gesar of Ling'）第1—2卷，1995年，435页；3.

宾夕法尼亚大学的斯恰菲尼—维达尼（Patricia Schiaffini-Vedani）的博士论文研究：《扎西达瓦——魔幻现实主义与现代西藏中具有争议的身份》（Tashi Dawa：Magical realism and contested identity in modern Tibet），2002 年，248 页；4. 科罗拉多大学人类学助教授的博士论文研究：20 世纪的康巴，题目是《醒目的历史——在帝国与 20 世纪的西藏流亡之间》（Arrested Histories：Between Empire and Exile in 20th Century Tibet）；5. 哥伦比亚大学历史系的何溯源（William Coleman）的博士论文研究：18—19 世纪康区社会史。

研究当代康巴人物的新著：《一位藏族革命家：巴塘平措汪杰的政治生涯和时代》（A Tibetan Revolutionary：The Political Life and Times of Bapa Phuntso Wangye），2004 年加利福尼亚大学出版社出版，由美国藏学家戈尔斯坦（Melvyn C. Goldstein）、道帏喜饶（Davei Sherap）、威廉·瑟本斯曲（William R. Siebenschuh）合著，全书共 378 页，由前言、导论、简要的历史背景、正文和附录构成，共 25 章，正文分为五部分：第一部分在康区和中国成长；第二部分“西藏共产党”时代；第三部分中华人民共和国；第四部分监禁；第五部分出狱之后。[①] 该书通过平措汪杰的传记，阐述了 20 世纪上半叶康区社会的基本面貌，全面揭示了作为康巴人的平措汪杰在 20 世纪的经历。

（三）流亡藏人对康巴藏区的研究

主要论著有：1. 恩珠仓·公布扎西：《四水六岗——回忆西藏抵抗运动》，1973 年；2. 扎西次仁：《瞻对贡布朗杰：19 世纪的一位康巴武士》（Nyag-ron Mgon-po rnam-rgyal：A 19th Century Khams-pa Warrior），载阿日斯（B. N. Aziz）和卡普斯

① Melvyn C. Goldstein, Davei Sherap, William R. Siebenschuh, A Tibetan Revolutionary: The Political Life and Times of Bapa Phuntso Wangye.

坦（M. Kapstein）编《西藏文明的环境》（Soundings in Tibetan Civilization），1985年；3. 降央诺布：《西藏的武士——为他们的祖国的自由而战的阿丹和康巴人的故事》（Warriors of Tibet：The Story of Aten and the Khampas' Fight for the Freedom of their Country），印度达兰萨拉版，1986年智慧出版社出新版；4. 扎西次仁：《康区林葱土司历史试探》，第5届国际藏学讨论会论文，1989年，汉译见《国外藏学研究译文集》第13辑；5. 降央诺布：《西藏的抵抗运动与中央情报局的角色》（The Tibetan Resistance Movement and the Role of the CIA），载巴勒特和阿基勒（Barnett and Akiner）编《西藏的抵抗与改革》（Resistance and Reform in Tibet），1994年；6. 扎西泽仁：《对康区中部拉色赞波家族世系的两个支系的初步考证》（A preliminary note on two branches of the lha sras btsan po genealogy in Central Khams），2003年第10届国际藏学研讨会论文。

三、国外康巴研究评论

（一）外国人关注康巴藏区的原因

一是地理因素。康巴藏区正是世人所谓的大“香格里拉”，其地形、地貌奇特多元，既有山区、草原，也有农区、半农半牧区和牧区，康巴文化的生态环境——横断山区的地理环境独特，气候呈立体分布，自然景观神奇壮美，昌都、迪庆、玉树、德格等中心城镇个个都充满着神奇的魅力，成为探险旅游的理想目的地。二是历史因素。历史上的“多康”自古就是各民族迁徙交流的民族走廊，茶马古道将中原汉地与康巴藏区和卫藏、安多康巴连接在一起；康巴藏区在藏族历史占有重要地位，但是由于史记载阙如和研究薄弱，成为藏学研究的“处女地”。三是文化因素。康巴地区自古以来藏汉等民族的文化交汇和交流就十分频繁，多种语言通行，民风民俗具有与卫藏和安多不同的鲜明的地域特色，形成多元文化并存的格局，这里不仅是藏语三大方言区之一康巴方言区的流行区域、康巴文化的发祥地、格萨尔故里、康定情歌的故乡，而且其人文景观也十分独特，德格印经院被称为藏区三大文化中心之一。康巴藏区、康巴人和康巴文化在国外人的心目中占有独特的地位，20 世纪 50 年代以来康巴文化在国外产生了较大的影响。四是宗教因素。苯教及藏传佛教四大教派在康区共生共存，宁玛派、噶举派、萨迦派的势力和影响较大，天主教还曾在这里建立康定教区，形成教派林立、兼容并包的独特的宗教格局；康巴"人区"人杰地灵，龙象辈出。五是政治因素。20 世纪以来由于帝国主义的侵略而产生的"西藏问题"，与康巴藏区和康巴人具有密切关系，尤其是 20 世纪下半叶以来，康巴人对"西藏问题"产生了重大影响，如 1950 年代西藏少数反动上层发动叛乱时建立"四水六岗"卫教军，理塘的恩珠昌·公布扎西是叛乱的最重要头目之一，正是剽悍的康巴人护卫达赖逃往国外，后来康巴人又在"流亡政府"中长期担任重要职务；另一方面，康巴人也产生了积极的政治影响，如和平解放及解放后康巴人（尤其是巴塘人）在西藏的政治舞台上长期扮演着重要的角色，藏族文人和学者中，康巴的文人和学者占有重要地位。正是上述原因，使康巴藏区和康巴人成为外国人关注的焦点之一。

（二）中国藏汉学者对国外康巴研究的支持和帮助

法国女藏学大卫·妮尔的康巴研究得到了庸登等藏人的帮助；英国驻打箭炉的副领事路易·金（Louis King）1926 年出版《我们藏民》，全书共 22 章，228 页，除叙述历史部分为金氏手笔外，其余各章都由其藏族妻子仁钦拉姆用汉语口述，金氏将其译成英文；20 世纪 40 年代，石泰安到四川考察和研究，时任《康导月刊》主编的王光璧予以热情接待，并慷慨地将自己收藏的林葱土司家藏的木刻珍本《天神会商》、《英雄诞生》、《赛马称王》3 部木刻本相借，石泰安在谢国安的指导下将其翻译成法文，1956 年在巴黎出版了林葱土司本《格萨尔王传》。1966 年发表《关于弥药与西夏的最新材料》（载《戴密微祝寿汉学文集》），石泰安在谢国安的指导下将其翻译成法文，1956 年在巴黎出版了林葱土司本《格萨尔王传》，石泰安的康巴研究，尤其是《格萨尔》研究成为藏学国际合作的范例。上述藏学论著实际上是中法藏学家合作研究的结晶。美国学者劳伦斯·艾普斯坦的康巴研究是与彭文彬等学者密切合作的结果，多篇论文都是联名发表。中国藏汉学者谢国安、王光璧、任乃强等对法国藏学家石泰安的无私帮助，成为中外藏学家友谊的佳话。这种支持和帮助，一方面体现了藏汉学者的无私奉献精神，另一方面体现了外国学者的合作精神。

应当看到，中国藏汉藏学家如谢国安、任乃强、王光璧等的康巴研究，对国外的康巴研究起了重要作用。流亡藏人学者对康巴的研究，也对国外的康巴研究起了一定的作用。

（三）国外康巴研究对中国康巴研究的借鉴意义

中国学者的康巴研究取得了显著成就，但是与康巴藏区的经济社会发展需要、与中国藏学的发展形势还有较大的差距。和卫藏研究相比，国内外藏学界对安多和康巴的研究相对薄弱。重西藏而轻青、康的现象突出，不利于藏民族内部的团结、不利于整个藏区社会的协调发展，也不利于我国藏学学科体系完整性的保持和发展。康区特殊的地理区位和自然环境，使之有条件成为藏文化与中原文化直接碰撞和交汇的枢纽。可以说，没有对康文化的全面、深入的研究，就不可能深刻理解藏文化自身的多元性质及其博大精深的丰富内涵，也看不清藏文化的全貌。这样的藏学研究无疑是片面的，不完整的。[1] 同时还应当认识到，国外的康巴研究一直很薄弱。近半个世纪以来，几乎没有一本研究康巴的专著，论文也屈指可数。[2] 究其原因：一是材料（包括文献材料和文物考古资料）匮乏；二是实地考察的困难，包括地理因素，横断山脉，交通困难，封闭，许多地方都没有开放等；三是康区不是藏传佛教（尤其是格鲁派）的中心。近年来，伴随着国外藏学的发展和“西藏问题”国际化的演变，国外藏学界对康巴的研究有所加强。因此，在21世纪，国内外的康巴研究都亟待加强。

中国藏学工作者应当继承和发扬中国学者的康巴研究传统，吸收和借鉴国外的康巴研究成果，加强对康巴藏区的研究，促进康巴藏区的发展，提升康巴研究的整体水平，形成康巴学的完整体系，繁荣祖国的藏学事业。对国内外康巴研究的历史和现状进行系统的总结和反思。康巴藏区的本土学者之间、与国内外康巴研究学者之间进行精诚合作，为康巴现实服务，以康区已出版的地方志为基础，深化康巴研究，早日出版《康巴百科全书》、《康巴名人录》；为康巴学术服务，早日出版《康巴学》、《康巴史》和《康巴通史》。

（四）重视国内外康巴研究对康区发展的价值

一是康巴研究的人文价值，对于继承和发展康巴文化的优秀传统、繁荣康巴学术文化、建设康巴新文化和精神文明建设，都具有重要价值；二是康巴研究的政治价值，“经世致用”，对于康巴藏区的稳定和长治久安、对于康巴的政治文明

---

① 罗润苍：《关于东部藏区藏学研究滞后的反思》，《中华文化研究通讯》总第22期；刘夏蓓：《安多藏区族际关系与区域文化研究》，民族出版社，2003年。

② 参见冯蒸：《国外西藏研究概况》，中国社会科学出版社，1978年；本文《国外的康巴研究》。

建设，都具有重要的现实意义；三是康巴研究的经济价值，通过“参与研究”，对于提升康巴藏区的知名度、促进康巴藏区的旅游业和经济发展、加快康巴的开发和开放、早日实现康巴藏区的现代化，都具有积极作用。总之，知识和研究成果在决策和经济社会发展中的地位的重要性已成为人们的共识，重视康巴研究和研究成果的利用，必将对康巴藏区的三个文明建设起到积极作用。

（原载泽波、格勒主编：《横断山民族文化走廊——康巴文化名人论坛文集》，中国藏学出版社，2004 年）

雅鲁藏布大峡谷“水汽通道”对西藏文明的影响

地理环境与西藏古代文明具有十分密切的关系。阐明雅鲁藏布大峡谷对西藏文明的影响，首先应当从两方面入手，即展示西藏古代文明的两大系统——象雄—苯教文明和雅隆—吐蕃文明及其载体——象雄（阿里）和雅隆（山南）的地理环境；在此基础上分析雅隆—吐蕃文明取代象雄—苯教文明的统治地位的原因；最终论证雅鲁藏布大峡谷在西藏文明发展演变历程中的作用。西藏的古代文明是由象雄—苯教文明、雅隆—吐蕃文明和藏传佛教文明构成的。这三大文明系统一脉相承，构成了西藏文明发展的三个阶段。西藏文明的产生和发展，固然是由藏族社会历史和中国社会历史背景，中亚、西亚、南亚和中原文明的交汇融合，以及历代中央王朝的治藏方略等人文环境造成的，同时也与青藏高原的自然地理环境密切相关。而对西藏文明发展进程产生重大影响的地理环境，当属雅鲁藏布江。雅鲁藏布江可谓藏族的母亲河，她似一把利剑，将巍峨的喜马拉雅山拦腰斩断，形成著名的世界第一大峡谷——雅鲁藏布大峡谷，造成独特的“水汽通道”，为高山阻隔、地理环境封闭的西藏高原打开了一扇南大门，沟通了青藏高原和南亚次大陆，将印度洋的暖湿气流引进西藏，不仅滋润了干旱的西藏高原，而且还像一股永不枯竭的乳汁，养育了藏民族，孕育了辉煌灿烂的雅隆—吐蕃文明。

在西藏文明发展的第二阶段，即雅隆—吐蕃文明取代古老的象雄—苯教文明的统治地位的过程中，“雅鲁藏布大峡谷”和“水汽通道”这一两位一体的地理因素是不容忽视的。而在以往出版的有关象雄—苯教文明和雅隆—吐蕃文明的论著中，在论述象雄文明的衰亡和雅隆文明的兴盛的原因时，对地理因素都没有给予应有的重视。

一、文明的渊源——象雄—苯教文明

象雄文明的载体——象雄的地理环境。透过所谓“象雄之谜”，我们可以勾勒出象雄文明的大致轮廓。一般认为，象雄文明的地理范围包括几乎整个青藏高原和西亚、南亚的一部分地区，而以今西藏阿里地区为中心。阿里地区位于西藏自治区西部，北连新疆维吾尔自治区，东接西藏那曲和日喀则地区，南与尼泊尔、印度接壤，西邻克什米尔地区，属西藏高原西部高海拔地区，有“世界屋脊的屋脊”之称。地区所在地狮泉河镇，海拔约4400米。总面积36万平方公里，约占西藏总面积的1/3，总人口约5.8万人，平均0.16人/公里，藏族占总人口的95%以上。阿里地区现下辖日土、噶尔、札达、普兰、革吉、改则、措勤7县。

与人类社会发展演变的进程相比，地理环境的变迁是非常缓慢的。当代阿里的地理环境折射出古代象雄的地理环境的某些特点。阿里地处祖国西南边陲，境内平行展布着喜马拉雅、冈底斯、喀喇昆仑三条北西—南东走向的巨大山脉，形成西藏高原由西北向东南渐次递降的最高一级“台阶”。全区平均海拔高度在4500米以上。冈底斯山脉成为南北两大地理区域的分界线。北部包括日土、噶尔、革吉、改则、措勤等县，主要地貌是一系列巨大的山系、高原面和宽谷湖盆的组合体，是藏北高原的一部分，属高原寒带干旱—半干旱气候，最暖月平均气温在摄氏10度以下，年降水（雪）量75—180毫米，植被极为稀少，为藏西北荒漠及藏北高原草原区。北部由于气候干旱，降水稀少，为纯牧业区，基本无农业分布。南部包括札达、普兰两县，地貌类型属喜马拉雅北坡与冈底斯山系之间的小型河谷平原和盆地，多数河谷和盆地海拔在4000米以下，河流切割较深，地形复杂。南部属高原亚寒带季风半湿润、半干旱气候，最暖月平均气温在摄氏10度以上，年降水量400—500毫米，植被较稀疏。能种植小麦、青稞、豌豆等喜凉作物，部分地区能种植温带果木蔬菜并有小片森林分布，为半农半牧区，也是阿里的主要农业分布区。

阿里是西藏高原河流较多的地区，而且是我国和亚洲一些著名河流的发源地。南部河流主要有狮泉河、噶尔藏布、象泉河、孔雀河等，属外流水系；北部河流为内流水系。境内有湖泊100多个，多属构造湖，60%为盐湖。①

藏汉文古籍对象雄的地理环境都有记载。藏文史籍对象雄的地理环境的记载。藏文史籍《五部遗教》将象雄分为上、下两部分：上象雄，包括：1. 窝角，2. 芒玛，3. 聂玛，4. 杂摩，在吐蕃与突厥边界上；下象雄，包括：1. 古格，2. 角拉，3. 吉藏，4. 亚藏，在吐蕃与苏毗边界上。象雄东部以玛旁雍错湖与藏地为界。② 据藏文史籍《玛法木错湖历史》记载，古代象雄曾分为十八部，与象雄王室同时，在象雄众多的部落还出现过十八个有名的国王。在最后一个象雄王李米夏（Lig mi rkya）被吐蕃赞普松赞干布吞并之前，象雄一直是一个独立的王国，传说其都城是“穹隆银城”。据《王统世系明鉴》记载，上部阿里三围，形如池沼，为野兽之洲；下部朵康六岗，形如田畴，为禽鸟之洲；中部卫藏四茹，形如沟渠，为猛兽

---

① 郑度等：《中国的青藏高原》，第200页，科学出版社，1985年；《阿里地区文物志》，第4页，西藏人民出版社。

② 图齐：《西藏画卷》［Tibetan Painted Scrolls］，第737页，1949年；《五部遗教》第32叶，德格木刻版。

之洲。

汉文史籍对象雄的记载。《册府元龟》载："大羊同国，东接吐蕃，西接小羊同，北直于阗，东西千余里，胜兵八九万。"①《通典》记载："其人辫发毡裘，畜牧为业，地多风雪，冰厚丈余。所出物产颇同番（吐蕃）。俗无文字，但刻木结绳而已。刑法严峻。其酋豪死，抉去其脑，实以珠玉；剖其五脏，易以黄金，假造金鼻银齿，以人为殉，卜以吉辰，藏诸岩穴，他人莫知其所。多杀悖（母）牛羊马以充祭祀，葬毕服除。"象雄国王姓姜葛，由四大臣分掌国事。②《释迦方志》："国北大雪山有苏伐剌拏瞿坦罗国，言金氏也。出上黄金。东西地长，即东女国，非印度摄，又即名大羊同国，东接吐蕃，西接三波河，北接于阗。"③

意大利著名藏学家图齐根据自己的研究认为："在吐蕃帝国建立之前，象雄是一个大国（或宁可称为部落联盟），但当吐蕃帝国开始向外扩张时，它便注定地屈服了。象雄与印度喜马拉雅接界，很可能控制了拉达克，向西伸延到巴尔提斯坦及和阗，并且把势力扩展到羌塘高原。总之，包括了西藏的西部、北部和东部。当他受到吐蕃新兴力量的统治时，他们的南部笼统地被印度称为苏伐尔呼米、萨日热甲，而主要是称为秦那（Cina）。"并说："西藏西部和西南部的上象雄、下象雄，即是其本部，而在西藏以北和东北部，是一个新征服的地区。"④

象雄王国在它最强盛的时期，其实力不仅控制了整个西藏以及青海的大部、四川的一部分，而且还控制着克什米尔、旁遮普、巴尔提斯坦等地的部分地区。象雄国（或部落联盟）

---

① 《册府元龟》卷958《外臣部》。

② 《通典·边防六·大羊同》。

③ （唐）道宣：《释迦方志》遗迹篇第四。

④ 图齐：《尼泊尔两次科学考察报告》，罗马，1956年版。

十八王时期所控制的范围，西起帕米尔高原，东至青海省东部、四川省西部，南接尼泊尔和印度。古代的象雄是“蕃”地的政治和宗教中心。一般认为，象雄分为内、中、外三部：内象雄包括现在的阿里、拉达克等地；中象雄在卫藏一带；外象雄在多康等地。

总之，从上述藏汉文史籍记载可以看出，象雄地理环境的特点为：位于青藏高原西部，处于西亚、南亚和中原的交汇地带；地域辽阔，以狮泉河、象泉河和孔雀河三大河谷地带为聚落的中心，聚落平均海拔为3000—4000米；气候寒冷、干旱，属高原寒带干旱—半干旱气候，以畜牧业为主。

象雄文明的内涵。据考古研究成果，阿里人类活动的历史，至少可追溯到旧石器时代晚期。在阿里高原的日土、革吉等县境内发现了旧石器时代晚期至新石器时代的打制石器，标志着远古人类早在距今1—2万年以前已经在阿里生活和劳动。[①] 这表明，以阿里地区为中心的象雄具有悠久的历史，是西藏文明的发源地之一。

据苯教经籍《强玛》载，吐蕃赞普聂赤在位时，从象雄传入了十二“因派箴言”：1. 神圣的箴言，保护的学问；2. 恰的箴言，兴旺的学问；3. 献祭，驱除魔鬼的学问；4. 视觉世界的辛，召唤死者灵魂的学问；5. 迁居的需要，洁净的学问；6. 态度的箴言，消除的学问；7. 医疗诊断，造福的学问；8. 占星术的计算方法，命运的学问；9. 九种仪式，咒文的学问；10. 获得了高飞学问的鹿；11. 九滴的占卜，预见的学问；12. 神奇的箴言，云游的学问。[②] 上述记载难免带有宗教色彩，但是从中可以看出象雄文明内涵丰富，并且达到了相当的高度。

根据目前的研究成果，象雄文明主要由苯教、象雄语言、

---

① 《阿里地区文物志》，第4页，西藏人民出版社，1993年。

② 噶尔梅著，王尧等译：《苯教史》，载《国外藏学研究译文集》一，第290页，西藏人民出版社，1985年。

象雄医学和历算等方面构成。

象雄是藏族的原始宗教苯教的发源地。苯教起源于公元1世纪，它是在藏族原始信仰的基础上，吸收萨满教和西亚原始宗教的一些成分形成的。8世纪以后，苯教受到佛教的影响，逐渐发展成为具有经典和神祇的系统宗教。苯教的发展分为三个时期：笃苯、伽苯、觉苯。笃苯和伽苯被称为黑苯，是原始苯教；觉苯被称为白苯，是系统化了的苯教，为苯教的主流。苯教主要崇拜天、地、水、火、雪山、湖泊等自然景观。重鬼佑巫是苯教的重要特征。苯教的经典有五宝库：基础宝库、高上宝库、纯洁宝库、总宝库、行宝库。苯教《大藏经》则是苯教经典的集大成者。代表经典为《十万龙经》，分为黑、白、花三部分。因此，雍仲苯教的传播过程，也就是象雄文明的传播过程。据苯教史书记载，象雄苯教传入吐蕃，是在聂赤赞普时期，止贡赞普曾消灭苯教，布德贡甲又复兴苯教。

象雄医学是藏医学的重要组成部分。在敦煌出土的《藏医针灸法残卷》的最后一段写道："以上械治文书连王库中也没有，是集一切疗法之大成，加之吸收了象雄深奥的疗法写成。"① 据苯教文献记载，辛饶米沃的八个儿子中，栖布赤西被认为是医学的始祖。藏医学的产生受到象雄医学的影响。在藏医药中，"橄榄"和"苦参"等药名至今仍然保留着象雄的语汇。并且，藏医针灸的灸法和主治内容，同汉地中医的针灸有所不同，而其中的许多原理和操作手段同象雄的医学却有着直接的关系。②

象雄的占、卦、禳等理论，在米旁朗杰嘉措的《象雄吉头》（Zhang zhung ju thig，见《米旁全集》德格版）中有较为详细的论述。

---

① 《敦煌本吐蕃历史文书》第215页。

② 见《麝香之路上的西藏宗教文化》，第61—62页，浙江人民出版社，1988年。

象雄艺术较为发达，自成一体。岩画在日土、革吉、改则都有发现，岩画点的海拔高度达4300—4800米，均位于现今的荒漠地带。岩画的技法传统，可分为3种形式：雕刻绘制在崖面、崖阴；雕刻在天然石块较平整光洁的一面；用红色矿物质颜料绘涂于崖面、崖阴。①

象雄文明的特点，可以概括为三点：1. 象雄文明是西藏文明的渊源，构成西藏古代文明发展的第一阶段；2. 苯教文明是象雄文明的核心，象雄文明的特色是苯教文明；3. 象雄文明本质上是牧业文明。

象雄文明形成的原因。地处高峻的喜马拉雅山和喀喇昆仑山之间、地理环境干旱、封闭的象雄，为什么会成为西藏文明的渊源？其原因为：

第一，独特的地理位置。象雄处于中亚、南亚、中原的交叉地带，成为这三大地理区域联系的枢纽，受到这三大区域的强烈影响。第二，西亚、南亚和中原文明的交汇点。象雄处于西亚文明、南亚文明和中原文明交流的中心区域，在象雄文明的发展历程中，吸收和借鉴了这三大文明当中的一些成分，尤其是丝绸之路畅通时，象雄成为联系这三大文明的纽带之一，三大文明是象雄文明的源头活水，成为象雄文明兴衰存亡的重要因素。第三，民族迁徙的走廊。在古代，象雄成为中亚和南亚等地区民族迁徙的必经之地，“西戎”或“西羌”受中原王朝开疆拓土活动的影响也向西迁徙，到达象雄，民族迁徙和民族融合，带来了先进的生产方式和技术，为象雄文明的兴盛创造了良好的条件。总之，象雄文明的形成取决于特殊的地理环境和人文环境，它是在具备独特的自然地理环境的前提下，经过藏族先民的实践和创造，在民族迁徙的进程中，在吸收和借鉴西亚、南亚和中原三大文明的基础上发展起来的。

象雄文明对雅隆文明的影响。象雄文明与雅隆文明具有极

① 见《阿里地区文物志》，第9页。

为密切的关系，它对后起的雅隆—吐蕃文明产生了重要影响，辉煌灿烂的吐蕃文明即是在象雄文明与雅隆文明融合的基础上发展起来的。象雄同雅隆很早就有往来，早在聂赤赞普登上王位之前，雍仲苯教就已经为雅隆部落所接受。据说，辅佐聂赤赞普登位的十二贤人就是象雄来的雍仲苯教传教徒。崛起于山南琼结的雅隆部落在其势力扩展到后藏时，已与象雄接壤。由于雅隆文化晚于象雄文化，其发展水平显然低于象雄文化，因而在青藏高原的中部就形成以苯教文化为核心的象雄文明由西向东辐射的态势，象雄语汇、医学、历算等相继传入卫藏。据苯教经典《强玛》记载，聂赤赞普在位时，传入了十二“因派箴言。”而对雅隆文明影响最大的，即是象雄文明的核心——苯教。在公元7世纪佛教从印度传入西藏之前，苯教在近600年中一直是藏族的精神支柱，主宰着藏民族的心灵。在聂赤赞普和止贡赞普时期，苯教文化两次从象雄传入雅隆，对吐蕃文化产生了重要影响。构成吐蕃文明核心的藏传佛教，即是在与苯教融合的基础上形成的。

象雄的灭亡和象雄文明的衰落。据《敦煌本吐蕃历史文书·大事纪年》记载，公元719年，吐蕃灭大、小羊同，将其并入吐蕃版图。汉文史籍对此也有记载：“至贞观末，为吐蕃所灭，分其部众。”[①] 吐蕃王朝崩溃之后，象雄之名亦随之消失，西藏西部代之而起的，是“阿里三围”和古格王国。9世纪，吐蕃王室后裔贝科赞之子吉德尼玛衮在王朝崩溃后逃往阿里，受到布让土王扎西赞的拥戴，以其女卓萨廓琼相嫁，并推举他为王。吉德尼玛衮有三子，晚年将他们分封三处，“长子贝吉衮占据芒域，次子扎西衮占据布让，幼子德尊衮占据象雄”[②]。占据芒域的一支后为拉达克王国，位于现克什米尔南部；布让一支后为古格王国吞并，位于现普兰县境；象雄一支

① 《唐会要》卷99“大羊同国”。

② 萨迦·索南坚赞：《王统世系明鉴》。

即古格王国。随着象雄的灭亡，在西藏西部高原上活跃了近千年的象雄文明也走向衰落，并融入雅隆文明，为雅隆—吐蕃文明所取代。

二、吐蕃文明取代象雄—苯教文明统治地位的原因

雅隆—吐蕃文明取代象雄—苯教文明，是青藏高原地理环境的影响和人文环境发展演变的必然结果。

象雄文明衰落的原因：1. 象雄王国是氏族制时代的部落联盟，并未形成政治上的真正的统一；2. 象雄王国以游牧经济为基础，难以抵御重大的自然灾害，不能维护持久的部落联盟，没有能力建立统一的王权国家；3. 中亚政治和文化的影响，公元前 331 年，亚历山大东征胜利，琐罗亚斯特教受到沉重打击而衰落，苯教的源头波斯文化对象雄的影响减弱；4. 丝绸之路的萧条，使象雄丧失了文明交汇点的优势，象雄文明的源头活水几乎枯竭；5. 苯教的衰落，动摇了象雄王国统治的精神支柱，削弱了象雄王国的实力，为强大的苏毗、吐蕃征服和吞并造成了良机。

雅隆文明的载体——雅隆的地理环境。雅隆文明的兴起，得益于该地区优越的自然地理环境。雅隆地区主要包括现在的山南地区，山南是指冈底斯山和念青唐古拉山以南，总面积为 8 万多平方公里。山南的地形由西南向东北倾斜，雅鲁藏布江自曲水至加查一线支流密布，相间的连绵山地和宽阔河谷构成山南的北部；以南是湖盆地形，相对平缓，喜马拉雅山雄踞于山南的南部。

山南主要是指雅隆河谷地，雅隆河发源于乃东县南部的雅拉香波神山，总长 80 多公里，流域面积 920 平方公里，流经乃东和琼结县境。雅隆河与雅鲁藏布江的交汇处，即是藏族的发祥地泽当。由于地处青藏高原由西北向东南逐渐倾斜的过渡地带，山南为典型的高原河谷平原地区。处于冈底斯山和喜马

拉雅山等山脉之间，位于雅鲁藏布江中游，横贯其中部，江面开阔，支流众多，河谷广布，河谷两侧山地的高处是牧场，山腰是森林，谷底和河口是肥沃的农田，这里日照充足，降水充沛，加上印度洋暖湿气流的润泽，为该地区农、林、牧、渔等提供了得天独厚的地理优势，最适宜于青稞、荞麦、小麦等高原农作物的生长，自古有“西藏粮仓”的美誉。该地区的立体自然环境，造成立体的经济形态，有利于雅隆地区经济的发展。

雅隆河谷所在的雅鲁藏布江中游及其支流拉萨河中、下游地区，地势平坦，气候湿润，灌溉方便。《敦煌本吐蕃历史文书》称该地为“天之中央，大地之核心，世界之心脏，雪山围绕一切河流之源头。”

雅隆文明取代象雄文明的统治地位的原因。随着雅隆部落的逐渐壮大，到了止贡赞普时期，即以灭象雄苯教势力为借口，从拉本和古辛等苯教经师手中夺回了权力。止贡赞普说：“在雅隆这块土地上，我的王权同雍仲苯教不共戴天。”[①] 这说明，象雄的壮大，已对雅隆部落构成了直接威胁。

象雄文明的统治地位被雅隆文明所取代，是这两大文明所处的地理环境和人文环境影响的结果，其中，喜马拉雅山和雅鲁藏布江这两大地理因素，即雅鲁藏布大峡谷的影响不容忽视。雅隆王朝战胜象雄王国，主要有三个因素：人文环境、人的因素、地理环境。

（一）人文因素——农牧结合的文明战胜牧业文明

雅隆文明的摇篮泽当，是传说中的猕猴食不种之谷变人的地方，反映出当时的采集农业生活。而传说中迎请聂赤赞普的

① 扎西坚赞：《苯教史·嘉言库》藏文木刻版，第125页。

十二位苯教徒，是“有贤德的牧民”①。这表明，雅隆文明的特点是半农半牧，农牧结合；而象雄文明则主要是牧业文明。藏族社会经济发展的历程证明，在青藏高原，农牧结合的生产方式是最佳的经济方式，单纯的牧业生产方式，不仅其社会经济基础十分脆弱，而且难以成就基础深厚、影响深远的文明。

雅隆部落的生产方式经历了一个由单纯的牧业发展到农牧业结合的过程。吐蕃最初称“蕃卡六牦牛部”，聂赤赞普从忧虑牦牛之患到约束牧养牦牛，说明雅隆部落先是野畜牦牛，后驯化为家养，开始由牧业向半农半牧转化。在吐蕃第九、十代赞普时，据说“吐蕃七贤臣”中的茹拉杰及其子拉布果噶为大臣时，为雅隆部落驯养了牛，并知道了夏天储草供牲畜冬天食用的道理，还发明了采集草籽和耕作农业，懂得开垦土地辟为农田，引水灌溉，制作犁和牛轭，并且能够烧木为炭，冶炼矿石，提取金、银、铜、铁等金属，以及在河上架桥等。② 这表明，在雅隆河谷，农业已取得了主导地位。

在达日年赛赞普时期，雅隆部落的农牧业生产技术得到进一步提高。商业贸易日趋频繁，出现了度量衡，为城镇的兴起奠定了基础。由于雅隆河谷经济的大发展，雅隆部落的实力大大增强，从而为其走出河谷、向外扩张创造了条件。随后，雅隆部落将“诸小邦中的三分之二均置于其统治之下，本巴王、阿柴王（即吐谷浑王）、昌格王、森巴王（即苏毗王）、象雄王等均被征服，娘、贝、嫩等氏族亦被纳为属民”③。

上述表明，雅隆河谷的发展历程，是农牧业生产不断进步的历程，也是雅隆部落不断向外扩张的历程。雅隆文明取代象雄文明，实际上是农牧结合的生产方式战胜牧业生产方式。从

---

① 释迦仁钦著，汤池安译：《雅隆尊者教法史》，第 28 页，西藏人民出版社，1989 年。

② 达仓宗巴·班觉桑布：《汉藏史集》；巴卧·祖拉陈瓦：《贤者喜宴》。

③ 黄颢译：《贤者喜宴》，载《西藏民族学院学报》1980 年第 4 期。

宗教原因来说，象雄王国以苯教为统治的精神支柱，而吐蕃王国则以西藏化的佛教（即融入了苯教成分的佛教）为其统治的精神支柱，吐蕃王国由以苯教立国，转而放弃苯教，接受佛教，这表明苯教与佛教斗争和融合的结果，是佛教最终战胜苯教。雅隆—吐蕃文明取代象雄—苯教文明的统治地位，标志着西藏古代文明重心的南移，从此，卫藏就成为西藏文明的中心。

（二）人的因素——松赞干布的雄才大略

如果没有外力的影响，单靠雅隆部落自身的力量，要冲破以苯教文明为基础的象雄王国的统治格局是非常困难的。雅隆部落的首领松赞干布先与象雄王朝的公主李图曼联姻，正说明他开始掌政时默认这种现实。这时，来自北方、东北方、西方、西北方的压力，使古老的象雄王国这个庞大的部落联盟穷于应付。松赞干布看准了这个机会，决定实现他的统一意图，安定后方，打破苯教的统治局面，摧毁象雄王国的精神支柱，于是娶尼泊尔的尺尊公主为妃，建立大昭寺以兴佛教，摆脱象雄王国的羁绊。然而，雅隆王朝西部和北部，还存在着阿拉伯人和伊斯兰教，以及突厥人的威胁。因此，松赞干布又与唐朝联姻，与文成公主结婚，利用唐王朝的力量来壮大雅隆王朝的实力，以取代象雄王国的统治。同时，以佛教代替苯教，并将苯教诸神请进佛教寺庙，使之成为佛教的护法神。这就巩固了吐蕃王国的精神支柱。[①] 松赞干布创制藏文，引进佛教，发展经济，与唐朝交好，征服小邦，结束分裂割据局面，不仅建立了杰出的文治武功，而且通过与象雄、尼泊尔、唐朝等地区和国家联姻的方式，娶了5位公主，吸收和借鉴各地区、各民族的文化和技术，为吐蕃的强盛注入了活力，使其整体实力大大

---

① 《麝香之路上的西藏宗教文化》，第218—220页。

地超过了象雄。这样，雅隆—吐蕃文明取代象雄—苯教文明也就成为历史的必然。

（三）自然因素——雅鲁藏布大峡谷水汽通道的影响

据地理学和大气物理学的考察和研究成果证明，由印度板块和欧亚板块碰撞而形成的雅鲁藏布大峡谷，具有“高壮深润幽，长险低奇秀”的特点。大峡谷的形成，为印度洋暖湿气流的北上打开了一条通道。雅鲁藏布江水汽通道，是印度洋暖湿气流溯布拉马普特拉河—雅鲁藏布江而上，北抵青藏高原腹地的必经之路。经此通道向青藏高原输送的水汽量，居高原外围各处向高原输送的水汽量之冠。雅鲁藏布江大峡谷“水汽通道”对地理生态环境产生了重大影响，表现在：1. 大峡谷水汽通道的存在，造就了我国大陆上的降水之最；2. 水汽通道提早了大峡谷地区雨季的到来；3. 水汽通道哺育了季风型温性冰川；4. 水汽通道的存在减小了大峡谷高山区南北坡自然带的差异；5. 水汽通道促进了南北生物的交流；6. 水汽通道庇护了一些古老的生物物种。

水汽通道对西藏的影响。由印度洋来的暖湿气流，经西南季风吹向布拉马普特拉河流域，沿雅鲁藏布江下游河谷向北输送，经过大峡谷拐弯顶端后，大部分水汽再沿易贡藏布溯江而上，直抵念青唐古拉山南麓。水汽通道的影响最北可越过念青唐拉山到达那曲地区的嘉黎附近，当地年降水量近 700 毫米，高于同纬度青藏高原上各地年降水量的近 1 倍。水汽通道使印度洋暖湿气流不断向东北输送大量水汽，当副热带西风槽前的西南气流控制青藏高原东南部及其南侧地区时，不仅给该地区带来大量降水，而且还会在高原东侧地区产生大面积暴雨。暖湿气流通过大峡谷输送到高原内地，滋润着藏东南，带来藏东南特殊的气候环境。

喜马拉雅山系通常可分为东、中、西三段：东喜马拉雅山脉是整个山系最湿润的部分，具有独特而完整的湿润类型的垂直带谱；中喜马拉雅山脉湿润程度不如东部，而且南北翼差异十分明显；西喜马拉雅山脉气候干燥。西藏高原地势的特点是西北高、东南低，由于高原冬半年受高空西风带制约，夏半年受湿润气流的影响，形成东南湿润、西北干旱的明显差异。加上西北毗连着极端干旱的亚洲中部荒漠，带来的可降水汽甚微，这种地域分异就更为突出。阿里以山地荒漠和荒漠草原为主，向西与克什米尔的山地亚热带森林草原及灌丛草原相连。温度、水分条件地域组合呈现从东南暖热湿润向西北寒冷干旱递变的趋势，表现出山地森林—高山草甸—山地/高山草原—山地/高山荒漠的带状更迭，具有明显的水平地带分异特点。①

上述研究成果表明，沿雅鲁藏布江大峡谷北上的水汽通道，其影响最北可达那曲地区的嘉黎，雅鲁藏布江中下游地区所受暖湿气流的影响最为突出，而山南雅隆河谷受益最大，造成了适宜于农牧业的气候；地处西藏西部的象雄，几乎没有受到来自印度洋的暖湿气流的影响，因而气候寒冷、干旱，不利于农业的发展。这种地理条件的差异，导致了象雄文明基础脆弱，雅隆文明基础牢固，从这个意义上说，雅隆—吐蕃文明取代象雄—苯教文明的统治地位，是由地理环境的差异造成的。

总之，雅隆—吐蕃文明取代象雄—苯教文明的统治地位，是由人文环境、人的因素和自然环境三者的合力造成的。从西藏古代文明的这两大系统兴衰的因素的比较可以看出：象雄文明的兴起，外因的作用大于内因，象雄内部的地理、人文、人这三个因素都不优越；雅隆文明的兴起，则是内因的作用大于外因，雅隆内部的地理、人文和人这三个因素都优于象雄。其中，地理因素，尤其是雅鲁藏布大峡谷和“水汽通道”起了

① 《青藏高原环境与发展概论》，第121—122页，第124—125页，中国藏学出版社，1996年。

十分重要的作用。此前有关这一问题的研究只注意到了人文环境和人的因素，而忽略的地理环境这一重要因素，更没有认识到雅鲁藏布大峡谷水汽通道对西藏古代文明的影响。在生产力不发达、人类征服自然能力弱小的古代西藏，地理环境对西藏社会和西藏文明发展的制约作用尤为明显。因此，阐明地理环境的作用，揭示雅鲁藏布大峡谷对西藏古代文明的影响，对解开“象雄文明衰落之谜”、认识吐蕃文明兴盛和吐蕃帝国崛起于西藏中部（卫藏）的原因是大有裨益的。

（原载《世界第一大峡谷——雅鲁藏布大峡谷历史、资源及其与自然环境和人类活动关系》，浙江教育出版社，2001年）

文坛奇人　书苑奇葩

——端智嘉与《端智嘉全集》

一、端智嘉其人——端智嘉生平与学术

端智嘉（Don-grub-rgyal）是当代藏族文坛一颗璀璨的明星，他的人生经历和心路历程充满传奇色彩，他为人处世特立独行，文学作品新颖独特，学术成果特色鲜明，在当代藏族文坛上演出了有声有色的活剧。作为新中国成长起来的藏族学者和作家中的佼佼者，端智嘉在短暂的人生旅程中取得了杰出的成就，他的诗词、小说、散文、论文译作，在1980年代的藏族文坛曾风靡一时，藏族文坛和藏学界有口皆碑，对藏族当代文学和学术文化的发展作出了重要贡献。1990年代中期，几位青年藏族学者和同好共襄善举，西南民族学院副教授万果将端智嘉的学术遗产汇集起来，进行整理、汇编，普日科、达尔基、贡布达吉等将其编辑成《端智嘉全集》（6卷），1997年由民族出版社出版，该全集于1999年荣获中国图书最高奖——第四届“国家图书奖”（提名奖）。端智嘉的文学和学术成就获得了文坛和学术界的认同，九泉之下有知，他一定会含笑的。然而，由于命运的捉弄，端智嘉成了人世间的匆匆过客，好似青藏高原上的一颗“流星”，其人生旅程、创作历程和学术生命十分短暂；加之他一直是以母语藏文进行创作和研

究的，因而人们对他的家世、身世、作品和学术贡献并不十分了解，不识藏文的人，对他的生平和学术几乎一无所知。这种局面是与他对国家和民族所作出的贡献以及所产生的影响极不相称的。笔者对藏族文学没有研究，对端智嘉的生平、文学创作和学术也知之不多，是研究藏族学术大师和启蒙思想家更敦群培的“余兴”，促使笔者去了解和认识这位英年早逝的非凡的藏族作家和学者。通过他的师友和他的作品，对他有了一知半解，现诉诸笔端，意在抛砖引玉。谨以此文纪念端智嘉诞生50周年。

（一）传奇的家世和身世

端智嘉，1953年出生于青海省黄南藏族自治州尖扎县古绒村（Dgu-rong）。他的父亲曾是小学教师，后来成为当地的著名学者，母亲是本地农民。他年幼时父母离异，失去父母之爱的端智嘉，跟着出家为僧的叔叔长大。1961年，年满8岁的端智嘉进入家乡的小学读书。1964年他考入位于同仁县的黄南师范学校学习，经过5年的学习，于1969年以优异成绩毕业，被分配到青海人民广播电台工作。1971年，端智嘉考入中央民族学院，进民族语言文学系藏汉文翻译专业学习，1975年毕业后回青海人民广播电台工作。1978年，端智嘉从青海的工作单位考入中央民族学院，攻读藏族文学专业研究生，师从著名藏族学者东嘎·洛桑赤列等教授攻读藏学，当时的同学有陈庆英、格桑益西等，经过3年的学习，1981年他以《藏族道歌源流》的论文获得硕士学位。因成绩优异，受到东嘎教授等老师的器重，毕业后留校任教。后因家庭不和等原因，于1983年离开北京，回到家乡青海，到海南州民族师范学校任教。是年，与藏族妻子离婚。后来，他又同一个蒙古族女子结婚，但是，由于感情基础十分脆弱，又到了离婚的边缘。端智嘉在青年时代所承受的压力大大重于常人——家庭的双重不幸（缺少父母之爱和夫妻恩爱）；理想和事业的追求与家庭发生尖锐冲突，难以调和；而离经叛道的思想和放荡不羁的个性，写《活佛的故事》等，又承受着传统和社会舆论的双重压力。家世的悲凉、家庭的纠葛、先驱者的孤独寂寞、社会的压力所构成的合力，成为沉重的精神负担，压得他透不过气来。1985 年 11 月 29 日，正处于文学创作和学术研究的黄金时代的端智嘉，在青海省海南州共和县恰卜恰镇海南州民族师范专科学校住所内因煤气中毒不幸去世，年仅 32 岁。他去世的当天，期待已久的法院的离婚判决书发下来，西藏民族学院的商调函也送到，但是这一切都来得太晚了！“如果你勇敢地活着，还会写出许多佳作。”端智嘉在世时，其离经叛道、放荡不羁的言行被人误解，离开了人世之后还受到活人的责问：“你是个脑筋没有开窍的小孩，你的灵魂莫非出现魔障！”（伍金多吉：《我责问你》）一颗蒸蒸日上的明星突然陨落于雪域高原，给藏族文坛留下了深深的遗憾。

（二）非凡的才气和个性

端智嘉是当代少有的有天分的藏族作家和学者，藏族学者公认，至今，用藏文写作的藏族文人仍无出其右者。他思维敏捷，激情洋溢，灵感迭发，出口成章，下笔成文。可以说，端智嘉写作既是“快枪手”（量多），又是“神枪手”（质优）。例如，传唱于整个藏区的《青海湖》的歌词，就是他即兴写成的，从构思到成文不到一个小时。端智嘉 28 岁就在藏族文坛崭露头角，1981 年，其诗歌和小说集《晨曦集》由青海人民出版社出版。1982 年，在《贡嘎山》（藏文，第 1 期）杂志发表《诗的十七生命举例》。1983 年，在《章恰尔》第 2 期与才让东珠合作发表短篇小说《没有良心的儿媳妇》。1984 年，在《章恰尔》第 2 期发表《〈现代藏族修辞学浅谈〉读后感——与桑杰同志商榷》。同年，硕士论文《藏族道歌源流》由民族出版社出版。著名藏族诗人伊丹才让在追念端智嘉的一首诗中写道：“一出门，就懂得了　电那样打闪，雷那样鸣唳；一抬脚，就领悟　海怎样漫步，山怎样突兀！……捷足先登的你，从不肯一分一秒盲目，像一条夺路的飞瀑，急流直下大海时，测度给思想万千的同龄人　一条泻彩流歌的大路！”[①] 端智嘉杰出的文学成就和学术造诣，受到藏族学者的高度评价：著名藏学家、西藏的东嘎·洛桑赤列称其为“本民族的文学艺术家、藏学家”，并从小说、诗歌和藏学三方面评价端智嘉所取得的成就，说他生命短暂，成就伟大。[②] 东嘎教授在为端智嘉的《晨曦集》（1981 年出版）所写的序言中写道：“端智嘉的这十三篇诗文，不是抄袭别人，而是开动脑筋进行创作的结晶，语言优美流畅，具有独特风格。在短短的两年学习之余有这样的成果，实在是不容易的事情。有一些作品，反映了大多数革命青年的愿望，能公开出版，作为老一辈人，我们感到十分高兴。相信这对藏族青年人是一个极大的鼓舞。”甘肃的多识教授回忆了自己与端智嘉的交往，并对他的学术和思想给予了很高的评价。[③] 著名藏学家、康区的年叙·钦饶维色教授认为，端智嘉的作品受到更敦群培的影响，并称赞他为学实事求是，客观真实，反对守旧，大胆创新。[④] 洛珠坚赞（达瓦）称端智嘉为“妙音天女的使者”，是文学家、思想家、诗人，并从艺术成就和思想性方面，对其诗学成就给予高度评价，称赞他是伟大的诗人，所受到的热爱在安多、卫藏和康区从未见过。[⑤] 藏族文学专家耿予方教授在评论端智嘉的文学作品时说：“在同龄人中，他是 80 年代藏文创作的佼佼者。”[⑥] 青年诗人伍金多吉称端智嘉为“雪域的一个宝贝”。（《我责问你》）端智嘉的诗歌代表作《一个奇幻的梦》，荣获第一届全

---

① 伊丹才让：《路的信念，在于超越自身慨叹的警语》。
② 《端智嘉全集》藏文版第二卷前言，民族出版社，1997 年。
③ 《端智嘉全集》藏文版第三卷前言，民族出版社，1997 年。
④ 《端智嘉全集》藏文版第五卷前言，民族出版社，1997 年。
⑤ 《端智嘉全集》藏文版第一卷前言，民族出版社，1997 年。
⑥ 耿予芳：《藏族当代文学》，中国藏学出版社，1994 年。

国少数民族文学创作奖诗歌奖。

端智嘉于1985年去世以后，藏族文坛对他的生平和学术的反映一直较为平淡，迄今为止，只见到两篇关于端智嘉的藏文文章：扎西班丹《论端智嘉的作品及其对新文学所产生的影响》，卓玛嘉《已故藏族青年作家端智嘉的思想及其作品》。[①] 汉文作品只有著名藏族诗人伊丹才让的《路的信念，在于超越自身慨叹的警语》诗，青年藏族诗人的怀念诗《我责问你》，耿予方教授《当代藏族文学》一书中的《端智嘉及其〈晨曦集〉》。相反，端智嘉的学术和思想，受到了国外学者的关注，印度出版有一部评论其文学作品的藏文专著，还有一些研究端智嘉的外文作品发表。1986年11月，在端智嘉去世一周年时，其生前好友多识、陈庆英、桑德、万果、达瓦等，以学术研讨会的形式在青海召开了纪念会，但是与会者的文章几乎都没有发表。至今，中国学术文化界也还没有发表较为全面地介绍端智嘉和《端智嘉全集》的汉文作品。

二、端智嘉其文——《端智嘉全集》评介

《端智嘉全集》共6卷，分为诗歌（20篇）、小说（15篇）、论文（15篇）、译作（12篇）、名著诠释（7篇）和散文、信札等（散文6篇；其他4篇；信札9封）6类。[②] 每一卷分别附有一位藏族学者撰写的前言，其中有东嘎教授、钦饶维色教授和多识教授以及吉美当曲、万果、达瓦等，这些来自安多、卫藏、康巴的学者都一致称赞这位青年藏族学者的学术造诣、文学成就和思想贡献，由此可见端智嘉在当代藏族学术文化界的地位和影响。通读《端智嘉全集》，可以看出，端智嘉的作品有以下几个特点：

---

① 《西藏研究》，1989年第1期；《青海群众艺术》，1990年第2期。

② 详见附录《端智嘉全集》目录。

（一）浓郁的民族性

端智嘉批判地继承藏族传统文化，并以藏族和藏区为主要描写和研究对象，将自己的情感倾诉于青藏高原辽阔的草原、雄壮的雪山和清澈的江河。他的作品处处体现出藏族的民族精神和民族性格，反映本民族的传统文化、风俗习惯和独特的行为方式，揭示藏族的现实生活。端智嘉在短暂的一生中一直用母语进行写作，他在文学上的活动，一是用藏文翻译汉文名著，二是对藏文原著进行注释和评介，三是用藏文进行文学创作。[①] 因而端智嘉的作品既具有鲜明的时代特征，又具有浓郁的民族特征。

（二）鲜明的思想性

端智嘉的作品中贯穿着辩证唯物主义和科学思想，他的文学作品和学术成果带有启蒙与觉醒的色彩，具有一种强烈的民族使命感和忧患意识。他抨击保守思想，呼吁对民族的旧习惯、旧观念和旧思想进行改革。如饥似渴地吸收新知识和新思想，大胆地提出新见解。他说：“守旧、保守、迷信、懒惰……在我们这一代没有依赖的环境；落后、野蛮、黑暗、反动……在我们这个时代没有存在的场所。”（《青春的浪花》）他热情讴歌民族的新文化和祖国社会主义建设的新时代，赞美祖国现代化的新成就，写下了《一个奇幻的梦》，并将《大庆工人的战斗歌声》和玛拉沁夫的《歌声》等翻译成藏文。端智嘉在20世纪80年代在藏族文坛上巍然独步，他说：“我所喜爱的地方是羊肠小道，我不喜欢的地方也是羊肠小道。”诗人伊丹才让在追忆端智嘉时问道：“反思过昨天的 千千万万个你和我，难道，就不该在 超越自身的囹圄中，去甩脱怅惘

① 耿予芳：《当代藏族文学》，中国藏学出版社，1994年。

给民族的重负?”

(三)高超的艺术性

端智嘉的作品不仅具有独特的民族个性和思想个性，还具有高超的艺术风格。他的文风新颖独特，他在当代藏族文学史上开风气之先，运用全新的方法进行创作。他的诗歌、小说和散文都十分讲求写作技巧，作品意义深刻，具有很强的感染力。他的翻译作品通俗流畅。他的小说和诗歌的体裁和写作技巧是藏族新文学的滥觞，对当代藏族文学产生了重大影响。

(四)独到的学术性

端智嘉具有扎实的学术功力，他对藏族文明和印度文明都有较为深入的研究，无论是研究藏族古代历史、文学，还是诠释、翻译藏族和印度的古典名著，都坚持严谨学风和实事求是的治学态度，他对藏族道歌的研究，不乏真知灼见；他对印度和藏族古典名著如《罗摩衍那》、《西藏王臣记》、《米拉日巴传》等的阐释，辨伪发覆，提出了独到的见解；他对新旧唐书《吐蕃传》的翻译，不是一般作家所能承担或愿意从事的，只有对吐蕃史有深入研究的学者才能胜任。

(五)有更敦群培的遗风

笔者在对现代藏族学术大师和启蒙思想家更敦群培进行系统研究的基础上，将端智嘉与更敦群培进行比较，可以看出，端智嘉的为人处世以及文风和学风，都带有更敦群培的遗风，他的言行也表现出对更敦群培的崇拜，因而一些藏族文人称他为“更敦群培的转世”。笔者曾经指出：“更敦群培所开创的‘轨则’或‘范式’，对20世纪的藏族学术产生了重要影响。他所确立的人文史观、科学研究方法和通俗化的文风与学风，为后世藏族学者所遵循和效仿。其弟子、私淑弟子，或与之心灵相通的‘神交’学者，沿着他开辟的学术道路向前迈进，取得了丰硕的成果，产生了‘群体’效应，形成了‘更敦群培学派’。”① 端智嘉与更敦群培虽然不是同时代的人，但是，从端智嘉的为人处世、文风和学风可以看出，他确实是与更敦群培心灵相通的“神交”同道，是“更敦群培学派”的重要传人。

更敦群培生活在20世纪上半叶（1903—1951年），端智嘉生活在20世纪下半叶（1953—1985年），两人的年龄刚好相差50岁。他们所处的社会背景虽然不同，但是彼此之间具有一种特殊的关系：他们是同乡，都是黄南热贡人；他们是同道，端智嘉为学有明显的继承更敦群培的色彩；他们的为人和个性相似，反对因循守旧和迷信，大胆创新，离经叛道，放荡不羁。端智嘉的学术研究和文学创作，都有鲜明的更敦群培的“遗风”：这从其文学作品、学术论著、翻译作品和藏印古典名著注疏等方面表现出来——更敦群培写嵌字诗讽刺和抨击活佛喇嘛“吃佛教”，端智嘉写下了讽刺僧侣虚伪堕落的《活佛的故事》；更敦群培曾将闻名世界的印度古典戏剧作品《沙恭达罗》翻译成藏文，端智嘉也将这部作品翻译成藏文；更敦群培曾将世界著名的史诗《罗摩衍那》翻译成藏文（节译），端智嘉也将这部史诗翻译成藏文。端智嘉和更敦群培的个性基本相同：直率坦诚，讲义气，玩世不恭。玩就玩个痛快尽兴，做学问就要潜心专注。更敦群培喝酒作画，端智嘉喝酒写作。在藏族学术文化和思想启蒙的发展历程中，从米拉日巴—夏嘎巴—更敦群培—端智嘉，可谓一脉相承，他们在为人处世、价值观念和对待传统文化方面都具有共同的特点——离经叛道，放荡不羁。

当然，端智嘉与更敦群培也有鲜明的个性，排除时代背景

① 杜永彬：《二十世纪西藏奇僧——人文主义先驱更敦群培大师评传》（博士论文），1999年，中国藏学出版社出版。

的因素，他们的不同之处在于：端智嘉是诗人、作家、学者、教师、翻译家。更敦群培是僧人、学者、诗人、画家、佛学家、语言学家、历史学家和思想家。端智嘉不是僧人，他的传统文化的根基不牢，因明学和佛学基础薄弱；更敦群培是画家，端智嘉不作画；更敦群培不写小说，端智嘉写小说；更敦群培在印度住了12年，端智嘉没有到过印度；更敦群培精通印藏多种语言，端智嘉只通藏文和汉文；更敦群培是博学的学术大师，在许多领域都有高深的造诣，端智嘉的成就主要在文学方面。更敦群培作出了划时代的两大贡献——冲破支配藏族学术文化数百年的神学史观，确立人文史观；以科学、实证的研究方法和独特的文风和严谨的学风，开创藏族的现代藏学，而端智嘉的主要贡献是开创了藏族的新文学，他在当代藏族学术和思想方面的贡献并不具有划时代的意义。

总之,端智嘉集诗人、作家、学者和翻译家于一身,他的诗歌、小说、散文、论文和译文,具有鲜明的民族性、思想性、艺术性和学术性,并带有更敦群培的遗风。端智嘉是当代的藏族文化精英,《端智嘉全集》是中华民族文化宝库中的一朵奇葩。藏族当代文学史和学术史上,应当记下端智嘉的功绩。

附录:《端智嘉全集》目录

第1卷,诗歌集,年·洛珠坚赞撰写前言。

《罗摩衍那·青春之歌》

《这里也有一颗剧烈跳动的心》

《故事诗》

《青春的浪花》

《文坛盛开之花》

《“偈颂”评论》

《献给智者的赞辞》

《“七政宝”遐想》

《“草原仙女”》

《赞颂》
《校园的早晨》
《草原恋歌》
《懒汉和勤快人》
《一个奇幻的梦》
《导师颂歌》
《卑劣的两兄弟和高尚的两兄弟》
《白云的花瓣》
《陋习,我的忠告》
《汉藏友好》
《嵌子诗格言红花》

第 2 卷,小说集,东嘎·洛桑赤列撰写前言。
《心病》
《情感的浪花》
《倔强的老头》
《没有良心的儿媳妇》
《楚臣嘉措其人》
《活佛的故事》
《骨肉情深》
《虎牛滩》
《被霜摧残的花朵》
《白措姑娘》
《周措姑娘》
《故事大王》
《变幻无常的梦》
《考察赞普之墓的传说》
《蔬菜商店见闻》

第3卷,论文集,多识撰写前言。

《所谓“普杰”(藏区)的含义辨析》

《吉祥草的歌声》

《所谓“蕃”的来源辨析》

《〈米拉日巴传〉作者生平考》

《论藏族古代教育》

《藏族历史散论》

《古代文化艺术宝库——敦煌》

《拉卜楞寺见闻》

《有关藏族古代驿道的古籍介绍》

《〈藏族现代修辞学浅谈(诗学明鉴)〉读后感——与桑杰同志商榷》

《文学艺术形象略论》

《论诗学理论中关于直叙的修饰方法》

《藏族的起源和所谓“蕃”的来源》

《古代西藏行政机构和职官制度略论》

《吐蕃赞普赤德松赞生平略论》

《藏族道歌发展史及其特点》(藏族道歌源流)

第4卷,译作集,吉美当曲撰写前言。

《沙恭达罗》

《大庆的战斗歌声》(大庆工人创作)

《天安门诗钞》(第三章)

《养花》(老舍著)

《诗歌的浪花》(玛拉沁夫著)

《歌声》(玛拉沁夫著)

《罗摩衍那》

《雪山魔笛》(童恩正著)

《追逐海龙的人》(珊瑚岛上的死光,童恩正著)

《新唐书·吐蕃传》
《旧唐书·吐蕃传》
《新旧唐书〈吐蕃传〉跋》

第5卷，名作诠释集，年叙·钦饶维色撰写前言。
《〈西藏王臣记〉诗句注释》
《〈西藏王臣记〉疑难词句注释》
《〈西藏王臣记〉名义新释》
《〈瑜伽大士米拉日巴传〉名义新释》
《〈瑜伽大士米拉日巴传〉疑难词句新释》
《〈罗摩衍那〉新释》
《〈罗摩衍那〉词句释难》

第6卷，散文、书信等，万果撰写前言。
《羊肠小道》
《风的女儿》
《流浪儿与龙的女儿》
《一只鞋》
《我和两只杜鹃》
《学藏文》(相声)
《通俗解释敦煌本〈罗摩衍那〉》
《文学教学手稿》
《藏人的祖母是罗刹女吗?》
《由〈西藏王臣记〉产生的一些历史联想》
《致友人的信札》

端智嘉年谱(1953—1985年)

1953年，出生于青海省黄南藏族自治州尖扎县古绒村(Dgu-rong)。

1961年，年满8岁的端智嘉在家乡上小学。

1962 年,在家乡上小学。

1963 年,在家乡上小学。

1964 年,考入黄南师范学校学习,学习 5 年。

1965 年,在黄南师范学校学习。

1966 年,在黄南师范学校学习。

1967 年,在黄南师范学校学习。

1968 年,在黄南师范学校学习。

1969 年,以优异成绩毕业于黄南师范学校,被分配到青海人民广播电台工作。

1970 年,在青海人民广播电台工作。

1971 年,考入中央民族学院,进民族语言文学系藏汉文翻译专业学习。

1972 年,在中央民族学院学习。

1973 年,在中央民族学院学习。

1974 年,在中央民族学院学习。

1975 年,从中央民族学院毕业后,回青海人民广播电台工作。

1976 年,在青海省西宁市工作。

1977 年,在青海省西宁市工作。

1978 年,从青海考入中央民族学院攻读藏族文学专业研究生,师从著名藏族学者东嘎·洛桑赤列等教授攻读藏学,当时的同学有陈庆英、格桑益西、阿沛晋美等,学习 3 年。

1979 年,在中央民族学院学习。

1980 年,在中央民族学院学习。

1981 年,以《藏族道歌源流》的论文获得硕士学位。因成绩优异,受到东嘎教授等老师的器重,毕业后留校任教。是年,诗歌和小说集《晨曦集》由青海人民出版社出版。

1982 年,在中央民族学院工作。是年,在康定《贡嘎山》(藏文)杂志发表《诗的十七生命举例》。(1982 年第 1 期)

1983 年,在中央民族学院工作。是年,与才让东珠合作发表短篇小说《没有良心的儿媳妇》,载《章恰尔》第2期。

1984年,因家庭不和等原因,离开北京,回青海省,到青海省海南藏族自治州民族师范学校任教。是年,在《章恰尔》第2期发表《〈现代藏族修辞学浅谈〉读后感——与桑杰同志商榷》。同年,硕士论文《藏族道歌源流》由民族出版社出版。因夫妻感情不和离婚。同年,同当地的一个蒙古族女子结婚。

1985年,在海南州民族师范学校任教。

1985年11月29日(一说30日)在共和县恰卜恰镇海南州民族师范专科学校住所因煤气中毒不幸去世,年仅32岁。

1990年,民族出版社出版《端智嘉短篇小说集》。

1997年,《端智嘉全集》(6卷本)由民族出版社出版。

1999年,《端智嘉全集》荣获第四届国家图书奖(提名奖)。

(原载《西藏民族学院学报》,2003年第6期)

吏敦群培研究

更敦群培——西藏的人文主义先驱

更敦群培（Dge-vdun-chos-vphel，1903—1951 年）是现代藏族史上的佛门奇僧、学术大师、启蒙思想家，是西藏人文主义先驱和藏传佛教世俗化的先驱，是朴素的唯物主义者和爱国主义者。他那坎坷而短暂的一生充满传奇色彩，独具性格魅力，其处处闪烁着智慧的思想和离经叛道的言行，至今仍为人们所津津乐道；其精湛的学术成果独步一时，惠及后世，其闪光的学术思想和治学方法开一代新风，上承传统藏学，下启现代藏学，在藏族学术史上具有划时代的意义，堪称藏族现代藏学的一代宗师；其从佛教神学史观转向人文史观、从以神为中心转向以人为中心的启蒙思想和唯物思想，在 20 世纪上半叶的西藏封建农奴社会振聋发聩。更敦群培能在封闭、禁欲、保守、迷信、落后、思想禁锢的政教合一社会里唯我独醒，显示了其非凡的胆识和超人的气魄。他的出现，是 20 世纪藏族史上的一个奇迹。

更敦群培为后人留下了宝贵的学术和思想遗产。史学大师郭沫若在评价王国维的学术成就时说：王国维留给我们的著作，“好像一座崔巍的楼阁，在几千年来的旧学的城垒上，灿然放出了一段异样的光辉”。他“那遗书的外观虽然穿的是一件旧式的花衣补褂，然而所包含的却多是近代的科学内容”[①]。用这段话来评价更敦群培的学术遗产也是恰如其分的。藏族史学家恰白·次旦平措说：“更敦群培像蜜蜂一样，飞遍各个山谷原野，从各地芳香的鲜花那里采取花粉，酿成甜美的蜂蜜储存起来，为我们藏族汲取世界上宗教和世俗的各种新旧文化精华，用藏文的形式集中和储存起来，成为上面提到的那个大铁皮箱子里价值无法估量的珍贵的著作和资料，他的这些崇高的行为，无论从政教新旧的哪一方面来说，都是一个伟人的无比的杰出事迹，这是谁也不能否认的。”[②] 恩格斯在评价傅立叶时说：“在傅立叶的著作中，几乎每一页都放射出对备受称颂的文明造成的灾祸所作的讽刺和批判的火花。”[③] 恰白·次旦平措说：“不要说更敦群培的一部完整的著作，就是他的一两首偈颂，对于我们都有开启智慧的特殊作用。”更敦群培在其论著中“所表达的思想，对于我们研究西藏社会和历史的人来说，犹如在黑暗中亮起一盏明灯，使人心智豁然开朗”。“他的这些学术成就，应当使 20 世纪的藏人感到自豪。”[④] 更敦群培的学术和思想遗产的“亮点”，是学术观念、治学方法和人文思想，这是他对藏族学术文化史和思想史作出的划时代的两大贡献。中国现代学术史和思想史上应当有更敦群培的一席之地。2003 年是更敦群培大师诞生 100 周年，更敦群培的同好理应有所作为。笔者在 1997 年到更敦群培的家乡考察时，就曾萌发于 2003 年召开纪念更敦群培大师 100 周年大型学术研讨会的念头，现在还没有实质性的进展。现在借《西北民族研究》刊发拙作的契机，再次动议，但愿能得到海内外有

① 《中国古代社会研究·自序》，《郭沫若全集·历史编》第 1 卷，第 7 页，人民出版社，1982 年。

② 恰白·次旦平措等著，陈庆英等译：《西藏通史》，第 963 页，西藏古籍出版社，1996 年。

③ 《马克思恩格斯选集》第 3 卷，第 305 页。

④ 恰白·次旦平措等：《西藏通史》，第 970 页。

识之士尤其是中国藏学界的响应。谨以此文纪念更敦群培大师诞生 100 周年。

一、更敦群培对藏族学术文化的贡献

更敦群培在短暂的一生中撰写和翻译了大量作品，这些著译作品钩沉索隐，辨伪发覆，或是加强了藏族和印度研究的薄弱环节，或是填补了藏印研究的空白，处处闪烁着真知灼见，将藏印研究推进了一大步。[①] 更敦群培对藏印社会历史文化进行科学的考察和研究，冲破了佛教神学笼罩的传统藏学格局，开创了具有理性和科学色彩的现代藏学。可以说，现代藏学是更敦群培运用人文史观进行学术实践的必然结果。现代藏学的开创，使藏族学术史出现了一大飞跃。

（一）传统藏学与现代藏学的特点

学术大师梁启超认为，中国传统史学至少有四大问题：1. 知有朝廷不知有国家。《二十四史》实际成了二十四姓的家谱，国家的命运和前途被置之不顾。2. 知有个人不知有群体。历史成了少数英雄活动的大舞台，变成了个别人物的兴衰史，百姓和群体被排除在外。3. 知有陈迹而不知有今务。所有的史书只是为死人作“纪念碑”。不能察古知今，为现实服务。4. 知有事实不知有理想。旧史书只注重于单纯的纪事，不能从史实中总结出规律，上升到理想，然后开民智，益国民。这四大问题又引出两大弊端：即写史“能铺叙而不能别裁”；“能因袭而不能创作”。实际上，这四大问题和两大弊端在传统藏学中也同样存在。藏族传统藏学以大小“五明”为研究

---

① 由于更敦群培的作品几次遭到毁损，这里只能根据幸存的作品进行探讨。关于更敦群培的学术成就和治学方法，见笔者：《西藏人文主义先驱更敦群培评传》，中国藏学出版社，1999 年。

对象；以叙述、阐释、注疏为主要研究方法，缺乏探索规律的方法；以佛学理论为指导思想；文史哲不分家；撰著者为高僧大德。佛教神学史观和阐释注疏的方法是传统藏学的两大特征。传统藏学主要体现的是民族特色和宗教特色。传统藏学形成的一套独特的治学方法，被古代的藏族高僧和学者运用了近1000年，产生了一大批藏文作品，奠定了中国藏学的坚实基础。

自政教合一制度建立以来，传统藏学的内核藏传佛教哲学，已经发展到类似中世纪欧洲和印度的经院哲学的阶段。欧洲中世纪经院哲学的基本特征是主张理性服从信仰，哲学是“神学的婢女”，目的在于论证基督教的教条，维护教会和封建主的统治。印度中世纪的哲学进入了注疏时期，即经院哲学时期。它不同于欧洲经院哲学之处在于，只是以极为烦琐的论证方法，醉心于研究脱离现实生活的抽象概念，各家各派在为古代哲学经书如《梵经》、《正理经》、《数论经》、《薄伽梵歌》进行注疏中乐此不疲。这种情况一直持续到现代印度。[①]经院哲学阻碍了藏族学术和思想的发展，对传统藏学产生了消极影响。

进入20世纪，现代科学已波及世界的各个角落和各种领域，传统藏学的局限性日益显露出来。表现在：第一，佛教神学史观与人文史观和唯物史观的对立，指导传统藏学的世界观和认识论不能揭示藏族社会的发展规律，难以认识藏族历史文化和宗教的本质。第二，方法论陈旧，传统的阐释和注疏等方法难以解释历史事实的特殊性和复杂性，不能把握社会历史发展演变的规律。这种不顾历史事实的特殊性和复杂性，把整个历史安排成一个单一的图式的史学，被英国史学家柯林武德称

① 陈峰君主编：《印度社会述论》，第89页，中国社会科学出版社，1991年版。

之为“鸽子笼”式的史学。[1] 第三，传统的文风也不能适应藏族文化发展的形势，传统藏学作品文史哲不分家，许多历史著作本身是文学名著。17 世纪以来，唯美主义占了上风，当时，“年阿体”（“年阿”意为雅语、美文）盛行，崇尚典雅深奥，讲求辞藻堆砌，鄙视俗词俚语。如《西藏王臣记》，通篇采用偈颂与散文相结合的文体，以散文叙述原委，以偈颂抒发感情，诗句堆砌，文采华丽，文字晦涩，浮词充溢，滥用梵文借词。《颇罗鼐传》、《勋努达美》采用“年阿体”，甚至用梵文的音译，大多数读者不易阅读。这种文风极大地影响了藏族文化的弘扬和文化知识的普及。

进入 20 世纪，西方史学发生了巨大的变化，其标志是新史学的崛起及其对传统史学的批判，这是现代西方史学思潮变迁的中心环节。1911 年，美国著名史学家鲁滨孙出版《新史学》；1929 年，西方新史学公认的权威刊物《经济、社会史年鉴》在法国创刊；同时，英国创办了《经济史评论》。这标志着新史学的兴起。新史学的成就表现在：扩大了史学研究的内容，开阔了史学的空间视野，提高了研究成果的科学性和真实性；扩大了史料的来源和范围；挖掘出一些不为前人注意的“潜在的”历史事件或因素；重视历史中人的主观因素的研究；提高了史学阐释的精确性。[2]

与西方史学遥相呼应，中国的汉藏族学者运用现代人文科学的知识和方法研究藏区和藏族，使传统藏学从其他人文学科中分离出来，形成一门独立的学科。而在藏族的传统学术走向现代学术的过程中，更敦群培起了极其重要的作用，他是藏族现代藏学的开创者，是藏族传统藏学与现代藏学的界标。

---

① 罗凤礼主编：《现代西方史学思潮评析》，第 79 页，中央编译出版社，1996 年。

② 罗凤礼主编：《现代西方史学思潮评析》第 20—25 页，中央编译出版社，1996 年。

中国是藏族的最主要的聚集区，藏族研究源远流长，中国是藏学的故乡。从远古到20世纪末，中国藏学的形成和发展经历了三个时期：古代藏学（远古至18世纪）——藏学的萌芽时期；近代藏学（19世纪至20世纪中叶）——藏学的形成和发展时期；现代藏学（20世纪50年代至今）——藏学的兴盛时期。古代藏学以神学史观为主要特点；近代藏学本质上可以称为人文主义藏学；现代藏学则以马克思主义为特征，以辩证唯物主义和历史唯物主义为方法论。20世纪，中国藏学的发展大致经历了三个阶段：（1）民族史阶段（1900—1949年）；（2）藏族史阶段（1949—1977年）；（3）西藏学—藏学阶段（1978年至今）。前一个阶段属近代藏学，后两个阶段属现代藏学。而在现代藏学阶段，“藏族史阶段”的主要特征是马克思主义藏学的初步建立；“藏学阶段”的主要标志是马克思主义藏学的正式确立，中国特色的现代藏学正式形成。①

藏族现代藏学具有鲜明的特征，它以藏区和藏族为研究对象，而不仅仅是研究佛教和王侯将相；以实证、分析、比较和批判为研究方法；以人文史观为指导思想；学科独立；撰著者为学者而不是高僧；人文史观和科学方法是现代藏学区别于传统藏学的两大标志。总之，藏族现代藏学在内容（研究领域和范围）、方法论和认识论方面与藏族传统藏学都有很大的区别。一般认为，现代科学研究分为三个阶段，即记述阶段、分类阶段和说明阶段。说明阶段即是原理、理论指导和科学预测阶段。可以说，现代藏学已经从记述、分类的科学，走向说明的科学。现代藏学的主要功能是分析说明和反思批判。英国史学家柯林武德强调历史学家的批判性思维，这种批判性思维的精神是其史学中所谓“培根式的革命”的核心内容，他认为

---

① 见笔者：《中国藏学现代化之路》，《社会科学战线》1997年第4期，《新华文摘》1997年第11期转载；《邓小平理论与中国藏学的命运》，《学术探索》，2000年第1期。

这是科学的历史学家区别于传统的历史学家的一个根本标志。[①]

需要指出的是，藏族现代藏学并不等同于马克思主义藏学。与藏族传统藏学相对应的藏族现代藏学以人文史观为指导思想和基本特征；而马克思主义藏学的特点是唯物史观、无神论、政治性与革命性和人民性。

（二）更敦群培对现代藏学的贡献

1. 对传统藏学的变革

更敦群培的学术成就，得益于其藏族传统文化的深厚根基。藏族传统思想文化对更敦群培的为人与为学都具有重要的影响。这种影响既有正面的，也有负面的，但是更敦群培既继承了传统，又超越了传统。他以理性的眼光审视传统，对藏族传统文化的价值作出了具有时代特征的判断。更敦群培的学术思想和治学方法是对传统藏学的批判、继承和发展，主要体现的是民族特色（继承性）和现代特色（科学性）。他批判地继承传统藏学，开创了藏族的现代藏学。

更敦群培对现代藏学的贡献体现在人文史观的确立、科学研究方法的运用和文风的变革方面，这对藏族学术文化产生了划时代的影响。更敦群培运用人文史观研究藏族历史、文化和宗教，动摇了统治藏族学术文化近1000年的佛教神学史观，基本否定了传统藏学的指导思想和认识论，确立人文史观为指导思想，这可称之为传统藏族学术的一场革命。更敦群培运用实证、语言学和田野等现代科学方法研究藏区和藏族，确立了科学的方法论，藏族的藏学研究从此进入了新的时代。更敦群培变革传统的学风和文风，其著译作品突出通俗性和人民性，体现时代感和历史感，使藏族的学术文化面貌焕然一新。

---

① 《现代西方史学思潮评析》，第76页。

2. **更敦群培学术的风格**

笔者认为，更敦群培的学术风格主要有两大特点，即通俗化和人民性；时代感与历史感。

（1）世俗化与人民性

作为人文主义学者和启蒙思想家，更敦群培著书立说的一个鲜明风格是走下神坛，回归大地，贴近社会和民众。

印度和西方皆有学术世俗化的传统。印度古代有“俗语文学”，俗语（Prakrta）是相对梵语而言的中古印度雅利安语群。俗语一词本义为“自然”，指的是在民间自然产生的方言。梵语（Samskrta）一词本义为“修饰”，指的是上层社会和文学作品中使用的雅语。俗语在上古时代就已存在。佛陀和大雄用以宣教的半摩揭陀语，小乘佛教经典使用的巴利语，都是俗语。随着佛教和耆那教的广泛传播，俗语逐渐发展成为文学语言，产生了各种宗教的和世俗的俗语文学作品。[①] 法国哲学家和思想家伏尔泰也是一位文学大师，他以文载道，善于以诗歌、戏剧等文学形式来宣传自己的思想，从而使其启蒙思想真正达到了“启蒙”的功效。与他同时代的著名学者絮阿尔称赞伏尔泰“生而具有诗人的灵魂和哲学家的头脑”。德国哲学家尼采的哲学更少学究气，更加明快地触及了人生和时代的种种根本问题。

藏族历史上，宗教—贵族文化与世俗—民间文化存在分野，文学主要代表世俗—民间文化。藏族文学史上也具有通俗化的传统。《米拉日巴道歌》语言朴素无华，普遍运用了民歌格律，采用了比喻、回环、夸张等民谣的艺术手法。《米拉日巴传》是散文体，插入一些诗歌。语言通俗，接近当时的口语；文笔朴实无华，生动流畅，胜过其他同类作品。《仓央嘉

① 季羡林主编：《印度古代文学史》，第 214 页，北京大学出版社，1991 年版。

措情歌》是谐体民歌风格的短诗，语言通俗易懂，在藏区几乎家喻户晓，喜闻乐见。采用白描手法，语言朴实清新，多是民众的语言。喻言小说《猴鸟故事》大量引用了流行于民间的格言和谚语。更敦群培的同乡、有“米拉日巴第二”之称的夏嘎巴，在其所著《夏嘎巴道歌》和《夏嘎巴自传》中，也使用了大量的民间语言。藏族史诗《格萨尔王传》和著名的“八大藏戏”都是世俗—民间文化的杰作，通俗易懂，以致家喻户晓。

更敦群培继承藏族文学的通俗化风格，重视世俗—民间文化，吸收和借鉴现代学者的学风和文风，形成了独特的学术风格。他说：“出于本性的原因，倘若你用浅显的道理讲清了难题，那些愚昧之人不但不会感到高兴，还会反过来责怪你；若把浅显的道理讲得深奥难懂，他们便会感到畏惧，夸赞你具有学者风度。”[①]“大多数人都对以浅显的道理讲清了难题者，持不信任或藐视的态度；相反，对那些故弄玄虚将简单的道理讲得深奥难懂者，则尊为学者而加以信任。”[②]

由于更敦群培提倡朴实无华的学风和文风，因而其作品具有很强的趣味性和感染力，可谓文情并茂，情智交融，形神兼备。其思辨和洞察力所显示的智慧，对达官显贵和僧人的讥讽和嘲笑，以文入史的文字和语言风格，将辞章、义理、考据熔于一炉，深深地吸引着读者，达到了“传神”的效果。霍康·索朗边巴认为：“更敦群培先生的著作有以下几个特点：其一，寓意深刻，内容广泛，无论哪一方面的论述都有很强的感染力；其二，文笔流畅，通俗易懂，词汇丰富，恰到好处；其三，史学笔法精炼，言简意赅，考据确凿，深入浅出。特别是他的诗体著作喜用直接明快的修饰手法，浅显易读，完全没

---

① 《印度北部雪山及有关问题辨析》，《更敦群培文集精要》，第 77 页，中国藏学出版社，1996 年。

② 《印度诸圣地游记》，《更敦群培文集精要》，第 123 页。

有一般藏文诗歌中常犯的晦涩难懂的弊病。他的散文多采用富有幽默诙谐的风趣词语，生动感人。我认为，更敦群培的众多著作，不仅展现了他多方面的渊博学识和才华，也给丰富多彩的藏族文化宝库增添了晶莹耀眼的瑰宝。”① 法国学者海德（Heather Stoddard）在谈到更敦群培的文风时说：“其语言形象、清晰而生动、简洁，有时洋溢着诗的激情，唤起了他特有的藏文风格。在他的遣词和风格方面，尤其是在诗词当中，可以觉察到19世纪浪漫的英文作家的影响。作者的个性，其观察者、天生的人种学家、诗人和哲学家的才能和素质，赋予他一种讽刺幽默，这在其作品中随处可见。在英文表达中确实有一种多愁善感的风格，然而，在其藏文作品中却缺乏这样的风格。无论如何，他似乎富有英文表达的才能。”② 即使是其学术专著《白史》，也体现了通俗化的文风。“更敦群培利用珍贵的敦煌古藏文史料，以现代藏文撰写《白史》，最后以易于理解的语言向他的同胞表述。这是他在传播知识方面所作的一次自觉的尝试，这种尝试容易唤醒他的家乡的人民的民族感情。”③

可见，更敦群培的作品既注重“求真”，又注重“传神”。正如一位学者所说：“历史研究的功能在传‘迹’，也须传‘神’，文学的‘传神’功能，可以弥补历史的‘传迹’功能。没有科学性，历史会失真，没有文学性，历史会失神。”④ 这就是更敦群培作品的魅力之所在。

通俗化和人民性是20世纪世界学术文化的主潮流，“五四”运动时期的“文学革命”顺应了世界学术文化的形势。

---

① 霍康·索朗边巴：《更敦群培大师传·清净显相》，《西藏研究》1983年第2期。

② Heather Stoddard, Le mendiant de l'Amdo, pp. 325-326, Paris, 1985.

③ Le mendiant de l'Amdo, p. 286.

④ 李红岩：《历史是艺术——评张荫麟的一个历史观》，《北京农业工程大学学报》“社会科学”版，1990年总第7期。

更敦群培的这种学风和文风，则是对世界和中国学术文化发展趋势的回应。“五四”时期的文学革命旨在摒弃文言文，提倡白话文，实现语言文字（包括学风和文风）的通俗化。胡适提出的关于文学改良的八项主张为：须言之有物，不模仿古人，须讲求文法，不作无病之呻吟，务去滥调套语，不用典，不讲对仗，不避俗字俗语。① 陈独秀关于文学革命的三大主张是：推倒雕琢的阿谀的贵族文学，建设平易的抒情的国民文学；推倒陈腐的铺张的古典文学，建设新鲜的立诚的写实文学；推倒迂晦的艰涩的山林文学，建设明了的通俗的社会文学。② 这两篇文章成为文学革命的宣言书，拉开中国学术文化通俗化的序幕。

语言文字及学术文化的通俗化，对中国传统文化的现代化产生了重大影响。

白话文代替文言文，有如欧洲从拉丁文发展到民族语言，其本质是文化的世俗化的过程。语言作为一种文化前结构，可以先定地制约使用者的思维逻辑。文言文和白话文，实际上体现着两种不同的逻辑和思维方法。晚清以来，白话文之所以伴随西学浪潮而逐渐盛行以至于渐成时势，是因为现代理性的逻辑系统难以用文言文来圆满体现，甚至连西学的一些概念都无法在文言文中找到对应物。因而，用白话文替代文言文的“正宗”地位，不仅是一个语体形式的革命，而且是一个创造新的语义系统的过程，其目的在于适应变迁了的现代社会心态以及与外部世界交流的需要。这是进行广泛的思想启蒙的需要，也是反对旧文化旧思想体系的需要。白话文的使用，缩小了文学语言、书面语言和民间语言之间的距离。③ 在藏族历史

① 《文学改良刍议》，《新青年》1917 年 1 月。

② 《文学革命论》，《新青年》二卷六号。

③ 许纪霖、陈达凯主编：《中国现代化史》第一卷，第 311—312 页，上海三联书店，1995 年版。

上，对藏文进行过几次厘定，这实际上是适应学术文化发展对文字进行的几次改革。其结果，是由古藏文（如敦煌藏文文书）发展到现代藏文。随着藏文的逐渐现代化，藏族文化也逐步向通俗化迈进。更敦群培顺应藏族文化的发展形势，推动了藏族学术文化的世俗化。黑格尔说："一个时代的伟大人物是这样一种人，他能用言词把他的时代的意志说出来，能告诉他的时代什么是那时代的意志，而且能去完成它。他所做的是他的时代的核心与精髓；他使他的时代现代化了。"① 更敦群培就是这样一种人，他所进行的文化世俗化的实践，对藏族传统文化的现代化作出了重要贡献。

（2）时代感和历史感

更敦群培的学术研究不仅打上了他个人的烙印，而且反映了时代精神。他既对藏族历史、文化和宗教进行反思，又对现实社会中的弊端进行无情的揭露和批判，这是对藏族优秀文化传统的继承和发展。米拉日巴和仓央嘉措的作品就具有很强的时代感和历史感。《米拉日巴道歌》揭露了佛教僧侣的虚伪和贪婪，达官显贵的无耻与欺诈，同情妇女和老人的悲惨处境。《米拉日巴传》则展示了民众的苦难生活，揭示贫富矛盾，揭露统治者的贪婪本性，暴露喇嘛的荒淫欺世，塑造了各阶层的人物。《仓央嘉措情歌》歌颂和赞美爱情，漠视佛法修习，追求世间生活，反对非理性的禁欲主义。②

更敦群培无论在其学术著作《白史》、《智游佛国漫记》和《龙树中论奥义疏》中，还是在诗词作品中，都体现了一种强烈的时代感和历史感。他说："我摒弃了主观臆断；摒弃了为哗众取宠，随意杜撰一些毫无根据的离奇古怪故事的行为；摒弃了为讨好他人连讲真话的勇气都没有的行为；摒弃了

① 黑格尔：《公理格学》，第295页，转引自《现代西方史学思潮评析》，第190页。

② 本书编写组编著：《藏族文学史》，四川民族出版社，1985年。

为保住自己的糌粑口袋，置一切是非界限于不顾以图个人好名声的行为……使愚人惊愕的浮夸之词，向显贵献媚的奴颜媚骨，让信徒呻吟的神话故事，统统远抛，走我正直的路。”① 伏尔泰把“理性主义”的精神应用于历史研究，尊重科学和理性，主张理智地看待过去。写史应用批判的眼光加以分析，把历史当作一种见证以资借鉴。他认为史学家决不能简单地罗列事实，而必须写出“有哲学意味的历史”。普希金说：伏尔泰“把哲学的明灯带进了幽暗的历史档案库。”② 更敦群培正是带着时代感和历史感，写出了“有哲学意味的历史”。“他的笔锋刺透了西藏社会的阴暗面，他对西藏社会的那一套封建的繁文缛节表示厌恶，他对僧侣上层的贪婪伪善深恶痛绝。”③ 成仿吾在翻译和介绍郭沫若《中国文化之精神传统》一文时说：“在这样混沌的学界，能摆脱一切无谓的信条，本科学的精神，据批评的态度而独创一线光明，照彻一个常新的境界的，以我所知，只有沫若数年以来的研究。”④ 用这段话来评价更敦群培也是适当的。更敦群培具有一种忧患意识，这是对民族的真切感情。他对藏族历史的反思，对现实社会的揭露和批判，根本目的是希望藏族文化昌盛、藏传佛教发展和藏民族强大。

“极为相似的事情，但在不同的历史环境中出现就引起了完全不同的结果。如果把这些发展过程中的每一个都分别加以研究，然后再把它们加以比较，我们就会很容易地找到理解这种现象的钥匙……”⑤ 将更敦群培和与他同时代的藏族学者进

---

① 《自拉萨启程》，《更敦群培文集精要》第 3 页。

② 郭圣铭：《西方史学史概要》，第 121—125 页，上海人民出版社，1983 年版。

③ 李有义：《藏族历史学家根敦琼佩传略》，《青海社会科学》1983 年第 6 期。

④ 《郭沫若全集·历史编》第 3 卷，第 263 页。

⑤ 《马克思恩格斯全集》第 19 卷，第 131 页。

行比较，更能看清他在现代藏学史上的地位。与更敦群培同时代的藏族学者主要有：钦饶诺布（1883—1962 年）、喜饶嘉措（1884—1968 年）、谢国安（多吉卓巴，1887—1966 年）、桑热嘉措（1896—1982 年）、夏格巴·旺秋德丹（1907—1989 年）、才旦夏茸（1910—1985 年）、毛尔盖·桑木旦（1913—1993 年）、多吉杰博（1913—1992 年）等，他们都是通晓“五明”之学的大师。他们的著作主题不同，风格各异，但是，本质上都是相同的，可以说都属于传统藏学的范畴；而更敦群培的作品，无论在风格和研究方法上，还是在学术思想上，都与他们迥然不同。更敦群培之所以在同时代的高僧和学者中卓尔不群，是由其自身所具备的才学识和其非凡的人生经历主客观两种因素造成的。在 20 世纪上半叶，更敦群培出生于具有深厚藏族传统文化积淀的热贡，在亚玛扎西齐寺、底察寺和安多著名大寺拉卜楞寺学经 10 余年，又前往藏传佛教格鲁派的最高学府西藏的哲蚌寺学经 7 年，奠定了深厚的藏族传统文化和藏传佛学基础。随后又赴佛教文明的发源地印度、锡兰游历考察学习研究 12 年，顺流溯源，贯通了藏传佛教与印度佛教的脉络，受到古老的印度文明和佛教文明的强烈熏陶，并通过英国的殖民地印度，接触到西方的现代科学知识和现代文明，掌握了现代科学方法。这在同时代的藏族高僧大德和学者中可谓凤毛麟角。这是同时代的藏族学者所不具备而更敦群培所独有的客观条件。正是上述独特的主客观因素，促使更敦群培成为藏族学术由传统向现代转型的开拓者。

中国古代史学家司马迁自称其写作《史记》的目的，在于“究天人之际，通古今之变，成一家之言”。更敦群培的学术实践达到了一、三两个目的，而“通古今之变”则有所欠缺，他没有着力探讨藏族社会历史的发展规律。唐代史学家刘知几认为，史学家应当具备“才、学、识”，这是史学主体的三要素。这里的“才”，是对历史的表现能力；“学”，指史著的体例和方法；“识”，指史家的价值标准，即应有真实性和相对的是非标准。清代史学家章学诚在才学识之外，又加上了“史德”，即作史者的心术，也就是史家的道德素质和品格，认为只有那些具有严肃使命感和实事求是的求真意识的人，才是史家的代表。用才、学、识、德来衡量更敦群培，可以看出，更敦群培对历史的表现能力是非常出色的；其史著的体例和方法具有十分鲜明的特色；他撰写藏族和印度的历史，是非分明，旨在求真。更敦群培是带着强烈的时代感和历史感研究藏印历史的，竭力做到实事求是。正是由于具备了上述品格和素质，更敦群培才从同时代的学者和高僧中脱颖而出，巍然独步，站在藏族学术的潮头，承担起开创藏族现代藏学的重任。

与藏族学术史观的发展相适应，藏族学术的发展也经历了三个阶段：传统藏学（神学藏学）——现代藏学（人文藏学）——马克思主义藏学（唯物与科学藏学）。更敦群培承前启后——批判地继承传统藏学，开创现代藏学，为唯物与科学的藏学在西藏的传播和发展创造了条件。需要指出的是，在研究更敦群培对藏族现代藏学的贡献时，应将其置于藏族学术文化发展史中去考察，看到传统藏学与现代藏学的承继关系，现代藏学是传统藏学发展的必然结果；认识到更敦群培是在传统学术史观开始动摇，传统藏学的基础遭到削弱的基础上开创现代藏学的；重视前代与同时代的藏族高僧和学者在学术转型中所作的贡献，藏族学术的发展与藏族民众认识能力的进步有密切的关系。

（三）更敦群培的学术影响

更敦群培所处的时代，正是藏族社会由传统社会（政教合一的封建农奴社会）向近代社会转变的过渡时期，也是藏族思想文化在现代科学文化的冲击下发生变化的转型时期。他的学术成就和启蒙思想上承传统，下启近代，产生了划时代的影响。从某种意义上说，藏族传统藏学的终结和现代藏学的开端以及藏族启蒙运动的滥觞，是以更敦群培为标志的。欧洲近代历史学的发达主要表现为观念的更新、研究材料的挖掘和研究方法的扩充。更敦群培所开创的藏族现代藏学即是以这三方面为主要特征的，这也是藏族现代藏学区别于藏族传统藏学的标志。更敦群培是藏族学术文化史上承前启后的一代宗师。

1. “新范式”的确立

更敦群培所确立的人文史观和科学方法以及严谨、朴实的学风与文风，为后世藏学研究者开辟了新的道路、树立了新的榜样。

梁启超把学术思潮分为启蒙、全盛、蜕分、衰落四个时期。认为在衰落期中必有豪杰之士崛起，其推旧与创新，即导入“第二思潮之启蒙期”[①]。进入20世纪，传统藏学已不能适应科学文化的发展形势，走入衰落时期。在传统藏学出现危机的时刻，更敦群培应运而生，他对传统藏学的指导思想和研究方法加以改造，像王国维一样，“做学问实事求是，丝毫不为成见所囿，并且异常大胆，能发前人所未发，言腐儒所不敢言”[②]，拯救了“将坠”的传统藏学，使藏学获得新生。陈寅恪在评价王国维的学术贡献时说：“自昔大师巨子，其关于民族盛衰、学术兴废者，不仅在能承续先哲将坠之业，为其托命之人，尤在能开拓学术之区宇，补前修所未逮，故其著作可以转移一时之风气，而示来者以轨则也。”[③] 更敦群培是当之无愧的藏族现代藏学的鼻祖和宗师。

依照库恩（Thomas S. Kuhn）的思路，科学进步的图景为：典范的建立——常态研究的展开——严重危机的出现——在调整适应中寻求突破，并导致新典范的建立。[④] 更敦群培正

① 梁启超：《清代学术概论》，东方出版社，1996年版。

② 郭沫若：《历史人物》，第214页，人民文学出版社，1979年版。

③ 陈寅恪：《王静安先生遗书序》，《金明馆丛稿二编》，上海古籍出版社，1980年版。

④ 库恩：《科学革命的结构》，上海科学技术出版社，1980年版。

是在传统藏学出现严重危机时，突破传统藏学的典范，建立了藏学的新“典范”。由库恩创立的“典范”或“范式”，是某一科学共同体的成员所共有的价值信念和理论模型，也是使科学家组成科学共同体的东西。库恩认为，范式是科学的必要条件和成熟标志。只有当一门科学形成了共同的范式，它才从前科学时期进入科学时期。余英时说：“所谓‘典范’或‘范式’（paradigm）的建立，有广狭两义，广义涉及全套的信仰、价值和技术的改变；狭义指具体的研究成果发挥示范作用，既开启新的治学门径，又留下许多亟待解决的新问题。”他说：“所谓‘大学者’，除了在专业范围内作出杰出的贡献，足以继往开来外，更因其乃学术史上的中心人物，你可以引申发挥，也可以商榷批评，却无法漠视他的存在。”① 称更敦群培为这样的“大学者”，名副其实。国学大师胡适是20世纪初中国史学转型时期的一个关键人物，他以“科学方法”推动中国学术思想的发展，对中国史学界思想观念的改变和现代学术结构的建立，都具有积极的意义，起到了新“范式”示范的作用。更敦群培建立藏学新的“范式”，与胡适可谓异曲同工。

2. “更敦群培学派”的形成

学派（Scientific School）是科学家在科学创造活动中自然形成的特殊的共同体。一般拥有共同的学术领袖、共同的理论纲领、共同的研究方法和研究风格，在同一种科学思想和科学精神的鼓舞下从事学术活动。学派的形成，须具备以下条件，即大师及其作品；弟子（包括再传和私淑弟子）；指导思想和研究方法；学术风格和影响。学派形成的标志为：与宗师一脉相承，继承宗师的学术指导思想和研究方法，模仿宗师的文风

---

① 余英时：《中国近代思想史上的胡适》，第6页，台北联经出版公司，1984年版。

和学风，并使之发扬光大。

更敦群培所开创的“轨则”或“范式”，对20世纪的藏族学术产生了重要影响。他所确立的人文史观、科学研究方法和通俗化的文风与学风，为后世藏族学者所遵循和效仿。其弟子、私淑弟子，或与之心灵相通的“神交”学者，沿着他开辟的学术道路向前迈进，取得丰硕的成果，产生“群体”效应，形成了“更敦群培学派”。

藏学家霍康·索朗边巴对更敦群培的学术推崇备至。他以赞扬的口吻论述了更敦群培刻苦的求学精神、严谨科学的治学态度、诲人不倦的真诚之心和高水平的学术成就。[①] 并与然扎·土登曲达、贡觉·阿波喇琼等弟子一道，传承更敦群培的学术衣钵。

著名藏学家恰白·次旦平措可谓更敦群培的“私淑”弟子，他继承和发展了更敦群培的学术，这表现在以下几个方面：第一，文风的继承。藏学家拉巴平措在评价恰白的代表作、荣获“国家图书奖”的《西藏通史》时指出：该书的特点之一是“通俗易懂”，并说：“五世达赖喇嘛的《西藏王臣记》等辞藻太多；吐蕃时期的文献文字古奥；《朗氏家族史》等有大量方言、土语等。《西藏通史》则：（1）对于有些非常重要而难懂的史料，在直接引用的同时，译成现代书面语；（2）对于一般史料在用现代语加以叙述的同时，注明了这一史料的来源；（3）对于有些文字过繁的史料，在扼要叙述内容的同时，注明了具体的参阅史料；（4）对于各个时期历史的叙述都注明了史料来源及其出处。”[②] 第二，研究方法的继承。综合利用敦煌古藏文历史文书、汉文史籍和考古资料。恰白在论述西藏古代史尤其是吐蕃史时，除了利用各种藏文古籍外，还大量引用了已出版的《敦煌本吐蕃历史文书》，同时也

---

① 《更敦群培大师传·清净显相》。

② 拉巴平措：《西藏通史》汉文版《代序》，西藏古籍出版社，1996年版。

引用了汉文史籍如新旧《唐书》的《吐蕃传》、《元史》、《中国西藏地方历史资料选辑》和《达赖喇嘛传》（牙含章著）等，并利用文物考古资料，与文献记载相互印证，这都是更敦群培开创的治学方法。第三，引用《白史》。恰白在《西藏通史》的第一至三章论述西藏远古史和吐蕃史时，有 8 处引用了《白史》,① 并且都是以赞同的口吻引用的，在《西藏通史》所附《参考书目》中，将《白史》列为第一，可见恰白对更敦群培的史学代表作《白史》的重视和对更敦群培学术的弘扬。第四，为更敦群培立传。在《西藏通史》第七章《甘丹颇章政权统治时期》，即五世达赖喇嘛至西藏十四世达赖喇嘛时期的 300 多年中，恰白只为两位杰出人物树碑立传，一位是十三世达赖喇嘛的私人医生、近代藏医学的鼻祖钦饶诺布，另一位就是更敦群培，并且花了不少篇幅来论述更敦群培的生平和学术，字里行间充溢着由衷而客观的赞美之词，由此可见其对更敦群培的推崇。第五，在西藏历史研究中，贯穿着人文思想和理性主义精神。恰白“青出于蓝而胜于蓝”，掌握了辩证唯物史观，超过了停留于人文史观的更敦群培。

东嘎·洛桑赤列教授、钦饶维色教授、夏日东活佛（教授）等都是与更敦群培有“神交”的藏学家，他们都认同更敦群培的学术，推崇其学术造诣。夏日东教授还在西北民族学院开设专题讲解更敦群培的论著，并将《龙树中论奥义疏》与喜饶嘉措大师的驳论对照讲解。钦饶维色很崇敬更敦群培，他曾向四川藏学研究所的青年学者讲解更敦群培的主要作品。扎西泽仁也十分推崇更敦群培，他在为《更敦群培文集精要》撰写的《前言》中，称赞更敦群培是“一位学通藏英梵，学识渊博、才华横溢，对藏族历史、佛教哲学、美术、逻辑学、

---

① 见恰白·次旦平措等著，陈庆英等译：《西藏通史》汉文版第 1—2 页；第 41—42 页；第 77 页；第 97 页；第 101—102 页；第 103 页；第 140 页；第 174—175 页。

语言学、地理学均有造诣的学者，其贤声远播”①。热贡的年轻学者端智嘉、夏吾才让和多杰加等，深受更敦群培的学术和思想的影响，他们不仅模仿更敦群培的学风和文风，而且还撰写论著研究更敦群培。安多学者班班多杰在其论著中多次引用更敦群培的《龙树中论奥义疏》。②

更敦群培的学术成果和人文思想产生了国际影响，外国学者对更敦群培的学术和思想极为关注。美国著名藏学家金·史密斯（Gene Smith）早在60年代就着手研究更敦群培。美国著名藏传佛学家杰夫瑞·霍普金斯（Jeffry Hopkins）在与藏族女士宇妥·多吉玉珍将《欲经》翻译成英文的同时，还对该书进行了研究。法国成立了“更敦群培研究会”，法国女藏学家海德在20世纪70—80年代对更敦群培进行了近10年的研究，写出了目前最有分量的更敦群培研究专著《安多的托钵僧》（Le mendiant de l’Amdo）。可见，更敦群培的学术成就得到了国际学术界的认同。

二、更敦群培在藏族思想史上的地位

迄今为止，国内外所出版的有关更敦群培的论著，很少论及其思想，没有把更敦群培作为思想家来看待，笔者首次将更敦群培置于藏族思想发展史的大背景中进行了考察。笔者在考证更敦群培的生平、阐述更敦群培的学术成就和治学方法的过程中，通过勾勒其非凡的人生历程，展示其高深的学术造诣，

① 《更敦群培文集精要》（前言）。

② 《端智嘉全集》（全6卷），民族出版社，1997年，端智嘉的文风和学风与更敦群培极为相似，其主要研究领域也与更敦群培相同；夏吾才让：《学术大师更敦群培及其诗作评述》，《藏学硕士论文选》（三），中国藏学出版社，1992年；多杰加：《更敦群培》，甘肃民族出版社，1997年；班班多杰：《藏传佛教思想史纲》第168页，第170页，第330—331页，上海人民出版社，1992年版；《宗喀巴评传》第214页，京华出版社，1995年版。

感受到了其闪烁着智慧的思想，认识到更敦群培不仅是藏传佛教的奇僧和学术大师，而且是一位杰出的藏族思想家（关于更敦群培的思想的内容和特点，笔者有专文论述）。更敦群培在藏族思想史上作出了划时代的贡献，不愧为西藏的人文主义先驱和藏族的启蒙思想家。

（一）人文史观的确立

从上述研究可以看出，人文史观是贯穿更敦群培的学术和思想的主题——人文史观是其学术实践的指导思想，其闪烁着智慧的丰富思想具有浓郁的人文主义色彩。人文史观的确立，是更敦群培对藏族思想启蒙和思想革命所作出的重大贡献。尼采认为，“通向智慧之路”有三个必经的阶段。第一阶段是“合群时期”，崇敬、顺从、效仿随便哪个比自己强的人。第二阶段是“沙漠时期”，束缚最牢固的时候，崇敬之心破碎了，自由的精神茁壮成长，一无牵挂，重估一切价值。第三阶段是“创造时期”，在否定的基础上重新进行肯定，然而这肯定不是出于我之上的某个权威，而仅仅是出于我自己，我就是命运，我手中抓着人类的阄。①

更敦群培对佛的至上与至尊地位（佛教神学史观）的冲击，有一个发展过程。他出生于宁玛派世家，后又因袭传统，出家入寺为僧，并被认定为转世活佛，自幼就受到佛教的熏陶。当时的热贡，佛法至上，政教合一，思想禁锢，佛教神学史观占统治地位，在年幼的更敦群培心灵打上了深刻的烙印。后来他在亚玛扎西齐寺、西关寺和地察寺修习佛法近 10 年，逐渐形成了佛教认识论和价值观。1920 年以前，更敦群培同家乡的其他僧人一样，崇敬、顺从和效仿高僧和活佛，可称之为“合群时期”。

---

① 《尼采全集》第 13 卷，第 39—40 页，见尼采：《权力意志》，商务印书馆，1991 年。

1920年，更敦群培入拉卜楞寺学经，他对该寺不可动摇的权威“教材”，即历世嘉木样活佛对“五部大论”的注疏发起挑战。并通过结识传教士格雷贝娄和制作机械船，初步接触到现代文明，对神圣的佛法提出疑问。1927年到拉萨人哲蚌寺后，他继续对嘉木样的佛学著作质疑，对当时享誉全藏的佛学大师格西喜饶嘉措的佛法教学方式和内容也不以为然，甚至不去上课，在住所绘画。更敦群培在20—30年代所采取的这种离经叛道之举，表明他在安多时期所形成的佛教神学史观已经动摇，开始向人文史观转变，“崇敬之心开始破碎，自由的精神茁壮成长”，但是一时还找不到佛教神学史观的替代物。这是他通向人文史观之路的“沙漠时期”。

1934年到印度后，更敦群培掌握现代语言工具，通过各种途径接受了现代科学知识和方法，并受到唯物主义学者罗列赫等友人的影响，运用人文史观考察和研究印藏历史、文化、宗教和语言等，通过对印藏历史文化和各种宗教的比较，开阔了视野，世界观、价值观和思维方式都发生了转变，彻底放弃了原来崇拜的偶像。

更敦群培在印度、锡兰期间所翻译的印度古典名著，如《罗摩衍那》、《薄伽梵歌》，以及回到西藏后所翻译的《沙恭达罗》等，都是世俗作品，洋溢着人文主义色彩。即使是佛教上座部经典《法句经》，实际上也是一部宣扬伦理道德的文学作品。更敦群培没有继承古代的藏族高僧或汉族高僧的译经传统，而特意选择世俗作品翻译，由此可见其人文价值取向。他在印度所写的以性为主题的作品《欲经》，吸收了印度《欲经》和藏族学术大师米旁嘉措《欲经》的精华，并加以升华，大胆张扬人性，摧毁了佛教禁欲主义堡垒，鼓吹人性解放和妇女解放，标志着藏族人性的觉醒。在更敦群培之前，藏族的高僧和活佛已对佛教的禁欲主义发起了冲击。米旁嘉措的《欲经》和六世达赖喇嘛仓央嘉措的《情歌》即是反对禁欲主义的代表作。只是更敦群培冲决禁欲主义罗网的胆识和气魄超过了米旁和仓央嘉措。这表明了更敦群培反对佛教禁欲主义的时代特征。从更敦群培在南亚的 12 年的著述和翻译等学术活动中，可以看出，他的人文史观已从感性认识逐步上升到理性认识，最终形成了人文史观。

1945 年回到西藏后，更敦群培撰写了《龙树〈中论〉奥义疏》。在这部作品中，更敦群培系统地阐明了自己的哲学思想和佛教观，认为一切“是”、“非”、“有”、“无”的最终决定根源不是佛，而是自己的心，把对佛的崇拜，变成了对自我的崇拜。他的这种哲学思想和佛学观振聋发聩，从理论上动摇了佛陀与佛法至高无上的地位，这是藏传佛教史和藏族思想史上的一场革命。后来他又写下了充满人文主义色彩的史学著作《白史》。这两部作品是更敦群培运用人文史观指导学术和思想实践的结晶。这是更敦群培的“创造时期”。

在新旧交替、社会转型和价值转换的时代，更敦群培继承和发扬藏族原始朴素的人文主义传统，顺应时代的潮流，把握时机，改变自己的世界观和价值观，确立了现代人文史观，从而使统治藏族思想文化一千多年的佛教神学史观彻底动摇。研究证明，藏族学术史观经历了三个发展阶段，即由佛教神学史观——人文史观——唯物史观。更敦群培动摇了统治藏族学术文化一千多年的佛教神学史观，确立了现代藏族学术的指导思想人文史观，为藏族学术中确立唯物史观奠定了基础。

（二）对藏族思想启蒙和思想解放的贡献

人文史观的确立，标志着藏族近代启蒙运动的开端，对藏族的思想解放产生了重大影响。作为藏族的启蒙思想家，更敦群培对藏族思想启蒙和思想解放的贡献有如法国的启蒙思想家伏尔泰。

伏尔泰（1694—1778 年）是 18 世纪法国启蒙运动的旗手和主帅，当时欧洲各国的启蒙思想家几乎都把伏尔泰视为自己的导师，从他那里找到思想的源泉。雨果说，伏尔泰的名字代表了整整一个时代。他的思想和作品的主旨是反对宗教蒙昧主义，“伏尔泰”成为18世纪反宗教的代名词和启蒙思想的同义语。伏尔泰是自然神论者，他从不否定神的存在。他在宗教观上具有两重性：一方面在其“领地”凡尔那维持宗教信仰，获得“凡尔那教长”的名声，另一方面又是讨伐宗教和愚昧的启蒙运动的领袖。他在57岁（1751年）以前，并没有对基督教或天主教发起过公开的正面抨击。他献身于“打倒卑鄙（Ecrasez L’ infame！）”的事业，他所说的“卑鄙”，是基督教中一切黑暗的东西。写下了《论宽容》（1763年），“专心致志于旧社会及其偏见和弊端的抨击”[①]。他与这样的对手作斗争，具有超人的胆识与高超的智慧和斗争艺术。对基督教进行攻击之后埋伏起来，击中对手，而又不让它知道箭发何处。他通过对基督教的阴暗面的揭露和批判，在社会中唤起了对理性、科学、正义和良知的尊重，使宗教宽容精神深入人心，迫使教会放弃迷信和迫害异端的狂热。伏尔泰哲学的主要特征是：弘扬理性，对现实人的境况进行反思，是社会批判理论和社会政治哲学，以文载道。[②] 他以理性开启民智，以理性批判神学的黑暗。伏尔泰对法国和欧洲乃至世界的思想启蒙运动作出了重大贡献。

更敦群培是藏族人文主义和理性主义的先驱。他相信人的智慧和力量，以人为本，认为人是衡量一切事物的尺度，并希望用以人为本位的文化代替以佛为本位的文化。对待传统和宗教，他主张用理智的分析来代替盲目信仰，善于“怀疑”，通过怀疑，破除陈腐的观念。他以这种精神治学，用批判的眼光研究印藏，敢于否定成说，提出自己的正确看法。他以发展和

---

① 罗曼·罗兰：《卢梭的生平和著作》，第1页，载《卢梭论戏剧：外一种》，三联书店，2007年。

② 刘绍学：《理性之剑——重读伏尔泰》导言，第3—9页，四川人民出版社，1997年版。

批判的眼光审视佛教，并揭露佛教中所存在的弊端，动摇了佛法至上、主宰藏族社会的一切领域的地位，从而确立了人文史观，唤起了人们对理性、科学、正义和良知的尊重，对藏族传统的认识论、伦理观和价值观发出了挑战，成为藏族启蒙运动的先驱，对藏族的思想启蒙作出了重要贡献。但开风气不为师，正如海德所说："更敦群培是一位先驱者，而不是一位缔造者……他出生在一个对其现实抱负充满敌意的社会环境中。他认识到在现代世界中唤醒藏人的紧迫性，但他们却不接受，致使他对国家的前途表现出'先知者'的特征。"① 海德这里所说的"国家"，应当是指民族，即藏族。伏尔泰启蒙思想的影响是世界性的；更敦群培的影响是地区性和民族性的。正如伏尔泰时代的社会一样，更敦群培时代，藏族人民也受着双重压迫，即佛教蒙昧主义和世俗的贵族领主的压迫。更敦群培宣扬理性，冲破思想禁锢，力图使藏族民众摆脱精神压迫和阶级压迫，而政教合一制度却违反理性，政教统治集团对他进行联合夹击。他虽然具有伏尔泰的胆识和智慧，但是缺乏他那样的斗争艺术，因而他在"打倒卑鄙"的同时，自己也被卑鄙者打倒了，他为藏族的思想启蒙献出了生命。

更敦群培的宗教哲学思想、人文启蒙思想、唯物革命思想以及民族主义和爱国主义思想，具有鲜明的个性和时代特征。其思想的合理内核，如宗教宽容思想、政教分离思想、人文史观、唯物思想、社会变革思想、爱国主义，在20世纪藏族思想史上具有重要的地位，并对20世纪下半叶的藏族学术界、知识界和文化界产生了重要影响。

中国是一个统一的多民族国家，这不仅是一个政治概念，也应当是文化概念，藏族是中华民族大家庭的一员，西藏是中国领土不可分割的一部分，这不仅需要从政治上去认识，而且需要从思想文化上去认同。从中国的学术文化和思想发展的历

① Le mendiant de l' Amdo, p. 287.

程中去看待更敦群培，应当肯定他对中国近代思想启蒙和思想解放作出的贡献，中国近代的人文主义者和启蒙思想家群体中理应有更敦群培的一席之地。

三、更敦群培人文思想的渊源

在20世纪上半叶的西藏封建农奴社会，更敦群培之所以能成为人文主义先驱，是由主观和客观两方面的因素造就的。客观因素是：藏族思想文化传统的熏陶，20世纪上半叶独特的社会政治环境的影响，家乡的环境与独特的家世的铸造。主观因素是：更敦群培独特的个性和广阔的人际世界。更敦群培是特殊时代的产物，特殊的主客观因素，把他造就成为西藏的人文主义先驱和藏族的启蒙思想家。

（一）家乡和家世的影响

更敦群培的家乡热贡，地理环境和文化氛围独特。热贡位于隆务河谷，海拔约2600米，半农半牧，很早就形成聚落，积淀了深厚的文化。双朋西村，山川壮丽，风景幽静，充满灵气，易激发人的灵感。山不在高，有仙则名。自古以来，热贡地灵人杰，名人辈出。热贡是黄南重镇，是青海南部通甘南的交通要冲，为兵家必争之地，明朝即在此设置保安城，驻军防守。这里还是民族交汇、融合之地，藏族、土族和汉族等和睦的生活于此，促进了本地区的文化交流。热贡地区农牧兼营，农业严谨，牧业自由放任，二者结合，形成当地独特的民风，富于反抗精神。宁玛派势力强大，戒行不严，18岁以前出家为僧，18岁以后过俗人生活，觉母也可生子，宁玛派与格鲁派和平共处，这是热贡宗教的一大特点。双朋西村阿巴众多，几乎每家都有阿巴（密咒师），民众文化素质较高，文盲很少，形成尊重知识的传统。

1. 自然和社会环境的影响

“人创造环境，同样，环境也创造人”①。地理环境与人有着密切的关系，这种关系（人地关系）是人文地理学研究的核心问题。随着社会环境结构的日益复杂及其功能的日益强化，人地关系正从早期的自然属性为主（类似于生物与自然的关系），向人为化渐强（人对自然的影响日益增大）的趋势转化。人地关系，就是人与地理环境在各自发展中的相互影响和制约关系。在不同社会发展阶段和不同社会环境中，人与自然环境之间的相互联系和影响具有不同的特点。② 历史唯物主义者既否认“地理环境决定论”，又重视地理环境对人类社会发展的影响，在自然环境恶劣、生产力水平低下的地区，地理环境对人的影响尤为明显。在研究更敦群培的学术和思想的成因时，不能忽视其出生和生活的自然环境对他的影响。

更敦群培家乡独特的自然环境和社会环境，对他的性格、学术和思想都产生了影响。他所具有的吃苦耐劳、自尊自信、自强独立、开明、宽容和兼容并包的性格和人生观，是家乡的山水和土地造就的。他不受传统的约束，不迷信盲从，不囿成说，离经叛道；不严守戒律，偏爱宁玛派；像游方僧一样四处游历；成为著名画家，都与家乡的社会环境和文化传统分不开。

2. 夏嘎巴的影响

夏嘎巴 · 措周仁卓与更敦群培是地道的同乡，更敦群培尚未出生，夏嘎巴就已成为名闻藏区的高僧和学术大师。他一生写下了多部作品，而以《夏嘎巴道歌》和《夏嘎巴自传》

---

① 《马克思恩格斯选集》第 1 卷，第 43 页。

② 张文奎主编：《人文地理学概论》，第 89—90 页，东北师范大学出版社，1991 年。

两书闻名于世。实际上，更敦群培与夏嘎巴还有间接的师徒关系——夏嘎巴是宁玛派寺院亚玛扎西齐寺的寺主，夏嘎巴二世与更敦群培的父亲是同时代的人，并且还是更敦群培父亲的好友。更敦群培幼年入该寺学经，直接受到夏嘎巴所开创的僧统和法统的熏陶，可以说是夏嘎巴的再传弟子。因此，夏嘎巴的佛学思想、人生哲学和作品，必然对更敦群培产生重要影响。

夏嘎巴的作品具有鲜明的思想性和艺术性，他揭露黑暗社会，高呼人民的疾苦；破斥和嘲讽违背戒律的僧人的形象；破斥和诘问“巫师和巫婆”；关心社会安宁；揭露假恶丑，弘扬真善美；尊重知识。其作品的艺术特征与社会效果表现为：巧妙地运用比喻，浪漫主义形式与佛教观水乳交融，细致描写情器世间的格局，详细描述生活现象，独特的嵌字诗风格，鲜明的言词特点。[①] 仔细剖析更敦群培的作品，在思想内容和艺术成就方面与夏嘎巴有许多共性，从中可以看到夏嘎巴的一些“影子”。“像疯子一样四处游历”（更敦群培语），自 1927 年（24 岁）离开家乡后，就再没有回来，与被誉为“米拉日巴第二”的夏嘎巴更有许多相似的地方。更敦群培在一首诗中写道：“法王夏嘎巴，无异于大悲之主观世音，他的传记像梵天的大鼓，给无数众生招来福泽。圣地所存的理论经典，在众生心中如明镜，无碍显示稀奇美好的景象，成佛之路太漫长。雪山之中的轮回众生，通俗的言辞与心相合，甚深之义自如来宣讲，你是浊世中唯一的上师。”[②] 这是更敦群培受夏嘎巴影响的明证。

3. 家世的影响

“彼此发生关系的个人的世世代代是相互联系的，后代的

① Mkhsa-dbang-dge-vdun-chos-vphel-dang-khong-gi-snyan-rtsom-bshad-pa-lhag-bsam-vo-mavi-rdzing-bu.

② Mkhas-dbang-dge-vdun-chos-vphel-dang-khong-gi-snyan-rtsom-bshad-[pa-lhag-bsam-vo-mavi-rdzing-bu] ,p. 52.

肉体的存在是由他们的前代决定的，后代继承着前代积累起来的生产力和交往形式，这就决定了他们这一代的相互关系”①。更敦群培的家世对他的性格、学术和思想都产生了直接的影响。弗洛伊德的精神分析学说的最大特点是强调无意识心理的作用。其所谓无意识，就是主体本身意识之外的亦即他本身无所察觉的精神状态和活动。其精神分析学说在研究人格发展时，重视追溯人的生活发展史，追溯童年的经历和家庭状况。他认为，幼时通过父母和其他有权威者（如教师）所接触到的历史文化传统与社会行为规范的影响也往往被吸收内化，形成无意识（超我）的内容。② 弗洛伊德认为，人在降生的头三四年是最为重要的，幼儿在此期间已经打下了某些心灵烙印，他对外部世界的反应方式也形成了，“这些东西的重要性是后来的经历永远无法消除的”③。

更敦群培在他所出生和生活的社会环境中，通过对父母、家庭和社会的接触以及学习活动，继承了前人的心理遗产，并形成和发展为自己的心理行为特征。更敦群培的父亲是宁玛派的“密咒师”，母亲也信仰宁玛派，这种家世给他培养了宁玛派的“遗传基因”。他 4 岁即开始随父学习藏文和宁玛派经典，对宁玛派高僧隆钦饶降和米旁嘉措的重要作品倒背如流。家庭的熏陶，使更敦群培后来的为人与为学两方面都带有宁玛派的色彩。他作为僧人却不严守戒律，生活放荡不羁；对格鲁派的高僧和经典敢于说“不”，实际上是以宁玛派的眼光来看待格鲁派，并写出了在格鲁派看来是对佛法大不敬的《龙树中论奥义疏》。无独有偶，宁玛派高僧米旁嘉措写下了以性为主题的《欲经》，更敦群培步米旁的后尘，也写了一部“有伤

---

① 《马克思恩格斯全集》第 3 卷，第 515 页。

② 罗凤礼主编：《现代西方史学思潮评析》，第 119 页，中央编译出版社，1996 年版。

③ 弗洛伊德：《达·芬奇及其对童年的一个回忆》，第 39 页，转引自《现代西方史学思潮评析》第 127 页。

风化”的《欲经》，而且还在理论与实践相结合方面超过了米旁。这些都证明，宁玛派的家世对更敦群培产生了深刻的影响。更敦群培与其家世的这种关系，与六世达赖喇嘛仓央嘉措有共同特点。仓央嘉措也出生于宁玛派世家，后来的言行都带有浓厚的宁玛派色彩，他不守格鲁派的戒律，冲破禁欲的牢笼，对传统和佛法离经叛道，生活放荡不羁，并写下了与格鲁派高僧格格不入的《仓央嘉措情歌》。

因幼年丧父，更敦群培与母亲和姐姐相依为命，后来，其母亲和姐姐为了让更敦群培接受良好的佛学教育，送他到底察寺和拉卜楞寺学经，其姐还常翻山越岭去看望他。当他感到不满足、希望前往西藏深造时，其母亲和姐姐在家境十分艰难的情况下，又义无反顾地支持他，并为他备上了马匹和驮畜。到印度游历时，还得到母亲的资助。因此，更敦群培对妇女有一种特殊的感情，并在《欲经》等作品中宣扬妇女解放和男女平等思想。

（二）藏族传统文化的影响

藏族原始朴素的人文主义传统。佛教传入藏区以前，藏族社会注重人的地位和作用；佛教传入后，禁欲，禁锢，注重神佛，藐视人类，人性被扼杀；藏族原始朴素的人文主义主要体现在世俗社会和民间文学中，如《米拉日巴道歌》（鲁体）、《格萨尔王传》（11—13世纪）、《萨迦格言》、《仓央嘉措情歌》（谐体）和小说《勋努达美》、《郑宛达瓦》，八大藏戏等，这些作品冲破了宗教清规戒律的思想牢笼，大胆喊出了民众的心声，表现了敢于向传统观念和习惯势力决裂的勇气。并且淡化神佛色彩，突出人性，淡化宗教色彩，强化世俗色彩。但是，在政教合一、全民信教的藏族社会，佛的地位高于一切，佛教主宰着人们的心灵，人文主义弱小，没有活动的舞台，处于被排斥、贬低和压制的地位。

藏族传统文化中有人文主义的因子，米拉日巴、仓央嘉措等高僧的言行，都带有人文色彩。西藏传统文化由宗教文化—世俗文化、贵族文化—民间文化构成，世俗文化、贵族文化和民间文化虽然都受到佛教的强烈影响，但同时也为人文思想的产生提供了土壤。藏族高僧和松赞干布等先贤所开创的正确对待外来文化的传统，对更敦群培对待外来文化的态度产生了积极的影响。他对印度和西方文化，既积极吸收和借鉴，又不盲目崇拜，对汉族等其他民族的文化也是如此。他奉行民族自尊和自强，广交各国和各民族的朋友，反对崇洋（印）媚外。更敦群培能够在学术和思想上取得重大成就，与他以这样的心态对待外来文化有着直接的关系。

（三）外来文化的影响

更敦群培在南亚（印度和锡兰等地）生活了 12 年，通过印度这个英国的殖民地，受到西方文化的影响。这是他在学术和思想两个方面作出划时代的贡献的重要原因，也是他成为西藏的人文主义先驱的主要因素。这里所说的外来文化，主要是指异族文化。更敦群培所受异族文化的影响，主要来自三个方面：

（1）汉文化的影响。更敦群培一生未到过汉地，他对汉文化的接受，主要通过两种途径：一是间接参考汉文献，如唐书《吐蕃传》的藏译文和英译文等，有的学者认为更敦群培精通汉文，这是值得商榷的；二是与汉族朋友的交往，如张澄基、李有义等，这对于他了解汉文化起了重要作用。

（2）印度文化的影响。印度文化是南亚文化的代表，更敦群培在印度、斯里兰卡等国生活了 12 年，受到印度文化的强烈熏陶。他对印度文化的接受，通过三种途径：一是梵文、印地文和英文等文献；二是与印度朋友的交往（如罗睺罗和塔钦等）；三是对南亚进行广泛的实地考察。印度的近代哲学思想和启蒙运动，对更敦群培产生了重大影响。印度哲学中的理性主义、人文主义和进化思想，对更敦群培形成新的认识论和价值观起了重要作用，使更敦群培转变为人文主义者；印度的启蒙运动首先使更敦群培受到了一次思想启蒙；印度的新文化运动也对更敦群培的文风产生了影响。

(3) 西方文化的影响。更敦群培一生没有到过西方国家，他是通过英国的殖民地印度间接了解西方文化的。由于他掌握了英文，并结交了美国人格雷贝娄、英国人黎吉生、法国人巴考、俄国人罗列赫等，因而对西方文化有较深的了解。胸襟开阔、思想开明的更敦群培，对异族文化采取积极吸收和借鉴的态度，从而为自己与生俱来的藏族文化注入了新鲜血液，这对他成为现代藏族学术大师和启蒙思想家起了重要作用。更敦群培在拉卜楞寺学经时，因与基督教神甫格雷贝娄相识而受到西方文化的间接影响。1934 年到印度后，进入了一个相对开放的环境，当时英国文化已在其殖民地印度占据了重要地位，这就使他广泛地接触了印度文化和西方文化。更敦群培开放进取的性格和他在拉卜楞寺时培养的对外来文化的兴趣，使他在接受印度文化和西方文化方面如鱼得水。需要指出的是，更敦群培在吸收印度和西方文化时，并没有忘记对藏族传统文化的再吸收，外族文化使他的视野开阔，为他提供了认识藏族传统文化的新视角，从而写下了《白史》这样的史学名著。

由于在青少年时代奠定了传统文化的深厚根底，后来又接触到汉文化，到南亚后了解了印度文化，熟悉了西方文化科学知识，因而在更敦群培的思想里就没有藏—外文化的冲突。

（四）人际交往的影响

更敦群培的“为学”获得了巨大的成就，成为 20 世纪著名的藏族学术大师，这是多方面的因素铸成的，也与他的“为人”有着十分密切的关系。更敦群培短暂的一生人际世界广阔，其中容纳了藏族高僧、学者和名流，如喜饶嘉措、噶雪巴等；印、俄、法、英、日等国的学者，如印度学者和国大党党员罗睺罗（Rahul Sankrityayan），俄国东方学家和藏学家、布尔什维克罗列赫（George N. Roerich），法国敦煌学家和藏学家巴考（Jacques Bacot），英国在西藏的代理人、藏学家黎吉生（H. E. Richardson），日本特务木村肥佐生（Hisao Kimura），以及弟子达瓦桑布；女性如康区的玉珍，印度的甘嘎和阿萨妮等。这种独特的人际关系，对更敦群培的人生经历和心路历程都产生了重大影响，也是他能够在学术和思想方面卓尔不群、巍然独步的重要原因之一。更敦群培所结交的外国朋友，几乎都是掌握现代科学知识和方法的学者，并且通几门语言，他们在语言工具、研究方法、文献材料的运用和学术论著的撰写发表等方面对更敦群培的学术研究产生了重要影响。

罗睺罗的社会主义、共产主义思想和革命行动，对更敦群培产生了重大影响，更敦群培主张对西藏封建农奴制度进行革命，赞成社会主义，与他在印度受到的民族民主运动的影响有密切关系，而最直接的思想根源，则是罗睺罗的影响。1938年，更敦群培和罗睺罗一道入藏考察时，在日喀则巧遇五世嘉木样活佛，当时嘉木样邀请更敦群培回安多参与创办一所世俗学校，而罗睺罗却希望更敦群培留在西藏，在农牧区开展民众运动。更敦群培原则上接受了这个建议。① 正如海德所说："罗睺罗既是佛学家、作家和冒险家，又是'印度共产党'党员，并且还是印度独立运动的积极支持者。更敦群培多次和他一道赴西藏、尼泊尔和印度等地旅行考察，不论在政治方面，还是在文化方面，都受到罗睺罗的民族主义信念的影响。"②

更敦群培广泛的人际交往，对其学术成就、治学方法、思想乃至人生命运都产生了很大的影响。更敦群培能够卓尔不群，走在时代的前列，成为现代藏族学术和思想的开拓者和先驱者，是与朋友的帮助和影响分不开的；更敦群培盛年离世，与他所结交的恶人有关。更敦群培之所以成为藏传佛教高僧、

① Le mendiant de l' Amdo, p. 193.

② Le mendiant de l' Amdo, p. 125.

学术大师、启蒙思想家、人文主义者和具有革命思想、认同社会主义的爱国者和朴素的唯物主义者，与其独特的家世、特殊的地理环境和藏族思想文化的抚育具有渊源关系，更为重要的是20世纪新旧交替、社会文化转型的特殊时代的造就，同时也与他那广阔的人际世界密切相关。

（五）更敦群培的个性

更敦群培的个性十分鲜明，蔑视权贵是更敦群培的主要的性格特征之一，在这一点上与德国哲学家尼采有相似之处。尼采说："权势是邪恶的。"① "人们在权势欲的眈视下，将匍匐得比蛇和猪还要低。"当更敦群培住在大昭寺附近时，索康曾邀请他去做客，可能是到噶厦的办事处，这位噶伦请他画一样东西，并说"画什么都行"。更敦群培先画了一个圆圈，然后用几条线勾了一幅草图，画成之后一看，原来是一头驴！他说，这些"穿着黄色锦缎的贵族们"是藏政府中没有一点善心的人（shabdre）。他对贵族扎萨阿旺坚赞非常反感。一天，阿旺坚赞带着4瓶威士忌来看望他，到大门口，他开始叩拜，通常都是叩拜3次。而更敦群培却要他叩拜100次。当叩拜了20多次之后，这位上师让他停下来，然后对他说："够了，你进来向我的双脚致敬。你不值得对我的踝骨以上的部位行礼。"最后，这位扎萨按照这种指定的姿势行礼，才达到了让更敦群培接受一瓶威士忌的目的。更敦群培则以难以忍受的辱骂送他们出门："我们要剁掉你的手脚，缝上你的嘴……"② 上述说法有些言过其实，但是从一个侧面反映了更敦群培离经叛道和蔑视权威的个性。

更敦群培对社会的规范和行为准则无所顾忌，生活放荡不羁。日卡·洛桑丹增所了解的更敦群培，完全缺乏对社会规

---

① 尼采：《悲剧的诞生》。

② Le mendiant de l' Amdo, p. 253.

范的遵从："他的性格就是这样——对这个世界所确立的习俗和惯例毫不在乎。当某人去看望他时，无论是贵族、平民，男人、女人，他只是说：'你想提什么问题？坐下来吧。'当他的弟子们建议他穿合乎礼仪的服装时，他回答说：'假如我们拥有长袍和首饰，就必然会随心所欲地穿戴。'他的生活方式可谓'今朝有酒今朝醉，明日有愁明日愁'。据说，他不是那种自称毫无依恋和耽著的人，他在内心深处对自己毫无眷恋。"[①] 在传统的藏族社会中，他的性格具有"超前性"。

更敦群培是"边缘人"。现代人格转型的突出标志是一种不同于以往各代人格特质的"新生代"的崛起。这种"新人类"被文化学者和心理学家称之为"过渡人"，被人类学家称之为"边缘人"，被社会学家称之为"边际人"[②]。边际人格是现代化过程中人格变化发展中的新类型，它是个体在与急剧变化的社会文化体制、人际关系和规范作用时，其内在心理因素发生矛盾、冲突、自我协调后呈现的多元交织的身心结构，它的文化特质在于跨时代、跨民族的生活要素融于一身，使人格具有过渡性、边缘性和易变性。[③] 按照人类学和社会学理论来剖析更敦群培，可以看出其行为和思想具有"边缘人"的特质。

首先，更敦群培生活于印藏两种文化之中，并且徘徊于这两种文化的边缘。著名华裔人类学家许琅光声称："我是一个'边缘人'。我出生并成长于一种文化环境中——在那里，生活停滞，大部分人的生活几乎完全可以预知，后来我从这一文化中被赶了出来，到另一种文化中生活和工作。在后一种文化中，人们渴望变化，因为它本来就追求进步，万物与众生的面

---

① Ri-kha-blo-bzang-bstan-vdzin，Mdo-smad-kyi-mkhas-pa，1972，p. 183.

② 叶南客：《边际人——大过渡时代的转型人格》，第 2 页，上海人民出版社，1996 年。

③ 《边际人——大过渡时代的转型人格》，第 15 页。

貌总是变动不居的，处在对比如此明显的两种文化环境的人，本来就徘徊于每种文化的边缘。”① 更敦群培的社会文化角色类似于许琅光，他出生和成长于落后、保守、迷信、禁欲、封闭的藏族文化环境中，后来到相对开放的英国殖民地印度的文化环境中生活了12年，间接受到现代文明的熏陶。他实际上徘徊于藏族传统文化与现代文化的边缘，既不是纯粹的藏族（传统）学者，又不是纯粹的西方（现代）学者，而是藏—外学术文化之间的桥梁。

其次，更敦群培敢于向藏族传统文化、佛教和社会行为规范挑战，是一位离经叛道者，这正是“边缘人”所具有的性格。西方学者认为，人类认知领域的扩大永远需要勇敢者向与生俱来的潜意识恐惧挑战，用高度的智慧去烛照那未知的黑域，扩张人生活的空间，这样的拓荒者便是“边缘人”。“边缘人”在社会关系中的位置和命运实质上是他们不安于在社会已有的规范、禁忌内活动的结果，他们偏要挣扎着打破禁忌，冲出传统的规范之外，以整个人类的前卫姿态坚持不懈地拓展人类知识和人生的新领域。英国著名作家D. H. 劳伦斯说：“我宁肯逃往天涯海角，也不愿朝这个世界的大都会走去。”②

再次，更敦群培生活于新旧交替和社会文化转型的时代，其行为方式具有“过渡性”特征。“边缘人”是在同一时代背景下两个或两个以上的区域、民族、社会体系、知识体系之间从隔阂到同化过程中人格的裂变和转型特征，这是一种空间性、地位性文化冲突的产物。我们把处于新旧社会形态转折点的人，特别是代表新时代取向的弄潮儿称作“过渡人”，如梁启超以及“中世纪最后一个诗人和新时代的最初一位诗人”

① 许琅光：《美国人与中国人：两种生活方式比较》，第3页，华夏出版社，1988年。

② 《边际人——大过渡时代的转型人格》，第5—6页。

旦丁；把处于两种文化交界处、远离某一文化中心的人称为“边缘人”[①]。从这个意义上说，更敦群培既是“边缘人”，又是“过渡人”。在社会从传统向现代过渡的社会中生活的更敦群培，由于传统人一整套稳定的、内在的和封闭色彩浓郁的行为体系被冲垮，其行为方式具有“过渡性”的特征：从依赖趋向于独立、从被动趋向主动、从退缩趋向于进取、从守旧趋向于创新、从怯懦趋向于敢为、从自馁趋向于自信、从僵化趋向于灵活。[②] 更敦群培实际上是“旧时代（封建农奴社会）的最后一位诗人和新时代（现代社会）的最初一位诗人”。

按照“边缘人”或“边际人”的理论，[③] 更敦群培在角色认知、气质和个性、需求和价值方面具有如下特点：变迁着的藏族社会，不仅要求他转换原有的角色，而且强迫他不断地补充、上演陌生而崭新的角色；由于文化的开放、传统的消退，逐渐改变了他待人接物的方式和认识世界的思维模式，使他变得开朗、开放和开明；他迫切需要得到归属感、参与感和自我尊重的满足；在社会走向现代的过程中，他开始摆脱了传统的束缚，开始独立地寻找自我价值的方位和主体价值实现的途径。

总之，真、善、美，是更敦群培个性的主要特征，性善，是更敦群培个性的本质。在假、恶、丑得势的封建农奴社会，他的这种性格没有生存的土壤，势单力孤，最终遭到邪恶势力的扼杀是必然的。

更敦群培独特的人格特质，是由他所生存的自然环境、社会环境和特定的文化背景铸就的。丰满的个性，对他的人生、学术和思想产生了重大影响。赫拉克利特说：“一个人的性格

---

① 《边际人——大过渡时代的转型人格》，第 7 页。

② 参见陆学艺主编《中国社会发展报告》，第 529—533 页，辽宁人民出版社，1991 年版。

③ 《边际人——大过渡时代的转型人格》，第 18—21 页。

就是他的命运。”雅斯贝尔斯在评价尼采时说：“尼采一生的主要特色是他的脱出常规的生存……这是尼采全部哲学活动的方式。”① “一个人的性格不仅表现在他做什么，而且表现在他怎样做。”② 真正的成熟，应当是独特个性的形成、真实自我的发现、精神上的结果和丰收。天资聪颖，使更敦群培具备了鹤立鸡群的先天优势，直率真诚，使他在学术实践中不但要“求其可爱”，首先是“求其可信”与“求真”；离经叛道和蔑视权威，使他在治学和思维时，不唯传统，不唯佛经，不唯上，不囿成说，敢于提出自己的真知灼见；博爱与利他，使更敦群培不仅善待朋友和同胞，而且热爱自己的民族和祖国；既是僧人又是学者，既是“圣人”又是“乞丐”的双重性格，使更敦群培在研究藏印时，能够把握这两种文明的内核，把佛教文化与世俗文化有机地结合起来；作为“边缘人”，更敦群培不但可以充当印藏文化、传统文化与现代文明的“旁观者”，看清其本来面目，而且能够以现代的眼光审视传统和佛教，取得同时代的僧人和学者难以望其项背的学术和思想成果，成为时代的先驱者。

四、更敦群培的命运

先驱者命途多舛。在人类文化思想史上，先驱者几乎都屡遭厄运。文艺复兴时期，意大利的人文主义者彭波拉齐因对“灵魂不死”产生怀疑，激起了教会僧侣的愤怒，受到政治高压，使他情绪紧张，病魔缠身，不堪忍受，终于绝食自杀。欧洲启蒙运动的导师伏尔泰，一生备受教会和专制制度的迫害，曾两次入巴士底狱，两次被流放，还被迫流亡国外。伏尔泰因写《哲学通信》而招来麻烦，被巴黎高等法院列为禁书，公

---

① 雅斯贝尔斯：《尼采》，第 41 页。

② 《马克思恩格斯选集》第 4 卷，第 344 页。

开焚毁。德国现代思想的先驱者尼采，则被称为“悲剧哲学家”①。他那一颗敏感的心，太早太强烈地感受到了时代潜伏的病痛，发出了痛苦的呼喊。可是，在同时代的人听来，却好似疯子的谵语。“现在再没有人爱我了，我如何还能爱这个生命！”② 尼采对于伟人的最后命运持悲观的看法，认为这样的人的“毁灭是规律”，他们“在地球各个角落里等待，全然不知要等多久，更坏的是空等一场”③。

（一）更敦群培的悲剧

1. 生逢乱世

更敦群培生活在新旧交替、社会文化转型的时代，藏族传统文化受到现代文明的强烈冲击，他的家乡安多，在马氏家族的统治下，战乱频仍，社会动荡不安，僧俗民众生活于艰难困苦之中。而在西藏，正如欧洲中世纪一样，“政治和法律都掌握在僧侣手中，也和其他一切科学一样，成了神学的分支，一切按照神学中通行的原则来处理。教会教条同时就是政治信条，圣经词句在各法庭中都有法律的力”④。封建农奴社会已到穷途末路，其反动性和腐朽性更加暴露。在这样的社会背景下，更敦群培的生活得不到保障。在安多家乡学经时，由穷困的母亲和姐姐帮助。到卫藏后，不得不以绘画为生，不能专心于佛法的修习，因而被称为“安多乞丐”。在这一点上，更敦群培与王国维有相似之处。叶嘉莹说：“静安先生在世的短短50年（1877—1927年），恰好是中国近代史上最多变故的一个时代……静安先生个人的悲剧之演出，其背景便恰好是这半

① 陈鼓应：《悲剧哲学家尼采》，三联书店，1987年版。
② 《尼采全集》第12卷，第324页。
③ 《善恶的彼岸》，《尼采全集》第7卷，第261页。
④ 恩格斯：《德国农民战争》，《马克思恩格斯全集》第7卷，第400页。

个世纪的多灾多变的中国的苦难。”①

2. 孤军奋战

在全民信仰佛教、政教合一的藏区，无论是统治集团，还是僧俗民众，都生活在迷信、禁欲和封闭的社会环境中，更敦群培可谓“众人皆醉我独醒”，他清醒地认识到进入垂暮之年的西藏封建农奴社会，对佛教的生存造成危害，严重禁锢了藏民族的思想文化，阻碍了社会的进步，不利于藏民族的强盛。因此，他敢于离经叛道，在言行上表现出对佛教的“三宝”佛陀、佛法和高僧活佛的不敬，无情地揭露佛教和传统文化中的种种弊端，冲破非理性的禁欲主义的樊篱，向藏传佛教和传统的伦理道德与价值观念发起挑战，毫不顾忌传统的行为准则和道德规范，这必然会遭到信教民众的孤立和代表高僧与贵族利益的噶厦的压制和迫害。但是，更敦群培明知山有虎，偏向虎山行，他并不因此而退缩，相反，却以自己的生命作赌注，进行抗争。就像尼采一样，不肯降格以求，宁愿走到沙漠里与猛兽一起忍受焦渴，不愿与肮脏的赶骆驼人同坐在水槽边。②更敦群培的言行，令人想起了爱国诗人屈原，这位“众人皆醉我独醒”的楚国大夫，在被腐败的朝廷流放，漂泊于潇湘时，在世人的眼中就是个狂人和疯子，受到民众和统治者的孤立，最终投入汨罗江。更敦群培在受到孤立时，也希望得到支持和怜悯，他说：“被贪嗔血液迷醉的顽虎，在密林发出恐怖的啸声，这形只影单正直的孺子，望诸位智者赐予他悲悯！”③可是，他并没有走屈原的老路，而是顽强地进行抗争，像尼采一样，“宁愿绝望，胜于投降”④。不与同时代的人合群。“他

---

① 叶嘉莹：《王国维及其文学批评》，第 18 页。

② 参见《查拉图斯特拉如是说》：《贱氓》，《尼采全集》第 6 卷，第 140 页。

③ 《各地的古今文字》，《更敦群培文集精要》，第 63 页。

④ 《尼采全集》第 6 卷，第 419 页。

研究了非佛教的印度文明，这就使他与自己的同胞具有鲜明的区别，在他的这些同胞看来，举世无双的‘昂贵的珍珠’，是佛陀的教义。更敦群培仓促地接触‘现代’社会，尽其所能吸收所了解的各种知识，并希望采取一套适应20世纪的思想表达方式。他不仅有宏大的愿望，想在自己的同胞中唤醒科学思想，而且还希望找到一种适应时代的语言，用藏语表达逻辑学和佛教中观学说。在撰写《龙树中论奥义疏》时，他就认为，自己用适应时代的术语成功地阐述了中观学说。这部篇幅不长的作品在正统的信仰者中引起了公愤，证明他的这一举动获得了成功。”①

更敦群培愤世嫉俗、离经叛道，对传统文化和佛教进行反思与批判，试图“重估一切价值”，可以称之为“西藏的尼采”，与新文化运动的“主将”鲁迅具有相同个性。但是，鲁迅的处境比更敦群培好得多，因为鲁迅的思想具有社会土壤和民众基础，还有一定的生存空间，他所受到的孤立和压制，主要来自统治集团，而广大民众则成为其反封建、反传统、反迷信、鞭挞黑暗统治政府、揭示国民的劣根性的坚强后盾。更敦群培的处境却与鲁迅不同，由于佛教主宰着西藏社会，因而更敦群培离经叛道的言行实际上是在与整个封建农奴社会和政教合一体制作对，得不到社会和藏族僧俗民众的响应和支持。因而西藏政教统治集团在对他进行迫害时，就可以肆无忌惮，不但将其作品列为禁书，而且还任意罗织罪名将其监禁，对其身心严加摧残。

3. 被封建农奴制度扼杀

更敦群培站在西藏统治集团的对立面，抨击传统文化和佛教中的弊端，揭露封建农奴社会的阴暗面，以人文史观代替佛教神学史观，动摇了政教合一制度的精神支柱。正如海德所

① Le mendiant de l'Amdo, p. 127.

说："在传统主义者当中，分为两个集团（他们对更敦群培的评判存在分歧）：宗教信徒认为，更敦群培是一位觉醒的大师，他不屈从于政治和世俗的看法，正统的格鲁派则反对更敦群培的哲学立场，感到他对传统的批判是对他们的冒犯。格鲁派当然反对把政治制度世俗化，对他所表现出的强烈的个人主义倾向也怀有敌意。进步分子、他（更敦群培）的弟子和朋友们既把他看成是一位觉醒大师和理论家，并且，不管他本人怎么想，又把他视为一位潜在的领袖。民间传说当然着重叙述他'疯子'（smyon-pa）的一面，他的幽默风趣，以及他表现出的一些超自然的能力。"① 更敦群培的言行，严重危害了西藏三大领主的切身利益，对噶厦的统治构成直接威胁，成为政教集团共同的敌人，必欲扼杀而后快。德国哲学家尼采说："当最堕落的人升到了最高品级，他所能做到的唯一的事就是损害了相反的典型，损害了最强健的人，即肯定生命的类型，生命的肯定者。当群羊闪射着最纯粹的道德光辉，时杰出的人就不能不降为恶人一流。当虚伪损毁了一切，窃据了真理之名，这时真实的人就只能求之于坏名声之中。"② 在三大领主主宰一切的封建农奴社会，把更敦群培视为"恶人"，被加上了种种"坏名声"。因此，更敦群培英年早逝，显然不是法国学者海德所谓"自杀"，其悲剧性的命运是由西藏政教势力一手造成的，"历史上一切创造者的命运都坎坷而悲壮，多半是因为习惯势力支持了有权的迫害者"③。在西藏政教势力的联合压制和迫害下，更敦群培最终没有逃脱被封建农奴社会扼杀的命运。

---

① Le mendiant de l' Amdo, p. 125.

② 《看哪这人》，《尼采全集》第 2 卷，第 478 页。

③ 周国平：《尼采——在世纪的转折点上》，第 242 页，上海人民出版社，1997 年。

（二）藏族思想和学术文化的出路

在思想禁锢、藏传佛教主宰一切的西藏封建农奴社会，容不下新思想和异端，思想和学术没有生存的空间。作为现代藏族学术和思想的先驱者，更敦群培在当时社会中的思想显然具有超前性和前瞻性，因而缺乏社会土壤和民众基础，最终像尼采一样，成为“新世纪的早产儿”（尼采语）和“精神早产儿”，必然会夭折。更敦群培的悲剧，折射出西藏封建农奴社会的黑暗、反对和腐朽。

中华人民共和国成立、西藏和平解放后，藏族人民翻身做主人，西藏的学术文化进入了崭新的发展阶段。特别是国家改革开放以来，随着祖国学术文化的发展，藏族学术文化走向繁荣，更敦群培的理想和愿望早已成为现实。以更敦群培的人生轨迹和心路历程为个案，反思藏族社会历史和学术文化的命运，使人们清楚地认识到，只有在社会主义社会，藏民族才能获得真正的解放，藏族学术文化才能走向繁荣，才能出现“百花齐放，百家争鸣”的局面。为藏族的人文主义和思想启蒙献出年轻生命的更敦群培地下有知，定会含笑的。

更敦群培生活在新旧交替、社会历史文化转型的时代，他以卓越的胆识和超人的气魄，跳出寺庙、藏区和藏族的圈子，睁开眼睛看世界，把握机遇，在藏族学术文化史和思想史上作出了划时代的两大贡献，奠定了藏族学术大师、人文主义先驱和启蒙思想家的地位，向20世纪交出了一份合格的答卷。更敦群培无愧于时代，无愧于民族，无愧于祖国。历史是一面镜子，通过对更敦群培的研究，促使我们对20世纪的藏族历史、学术文化和思想进行反思。在人类迈进21世纪之际，全球化的浪潮滚滚而来，又迎来了一个社会文化转型的新时代，藏族传统文化、藏传佛教、藏族学术和思想，以及中国藏学研究和中华文明都面临挑战。怎样对待民族文化、藏传佛教和外来文化？如何处理中国传统文化与现代化的关系？藏族的学术文化和思想怎样发展？中国藏学研究和中华学术如何应对全球化的挑战？怎样在保存民族优秀传统文化的同时融入世界文化的大潮？这是摆在每一位藏族同胞、每一位藏学研究者和关心藏族命运的人以及每一位中华儿女面前的问题。抓住机遇，寻求藏族学术文化的出路，迎接现代文明和市场经济对藏族传统文化和藏传佛教的冲击和挑战，为中华学术的繁荣和中华民族的复兴奉献聪明才智，已成为每一名藏族成员、每一位藏学研究者和所有中华儿女的当务之急。在这样的时代背景下，更敦群培对待传统、佛教与外来文化和现代文明的态度，其治学精神、胆识、学风、文风和研究范式，对我们进行佛教的变革、正确处理传统文化与现代化的关系、正确认识民族文化与外来文化、繁荣祖国的藏学事业、促进中华学术的昌盛，实现西藏经济的跨越式发展和社会的长治久安，实现西藏和平解放的伟大功臣和中国改革开放的总设计师邓小平的遗愿，使西藏走在祖国现代化的前列，使中华民族步入世界强大民族之林，都具有可资借鉴的经验和启示。这正是研究更敦群培、纪念更敦群培的现实意义之所在。

（原载《西北民族研究》，2003 年第 1 期）

更敦群培著译作品考辨

更敦群培（dge-vdun-chos-vphel，1903—1951 年）是近现代藏族史上一位佛门奇僧、学术大师和启蒙思想家。尽管人们对其离经叛道的言行和放荡不羁的个性有不同的看法，但对其高深的学术造诣则达成了共识。更敦群培在短暂的一生中涉猎了许多学术领域，在历史、宗教、语言、文学、艺术、民俗、地理、考古、医学等方面都有著述，并有许多翻译作品，为后人留下了一笔宝贵的文化遗产。然而，在更敦群培去世已近半个世纪的今天，人们对其著译作品尚没有一个基本准确与全面的了解，从而也就不可能对其学术成就和他在藏族学术文化史上的地位和影响作出公正而全面的评价。

本文以藏、汉、外文资料为据，对更敦群培著译作品的篇目、成书或发表出版年代、版本等进行考证辨析，力图勾勒出更敦群培学术遗产的概貌。不当之处，请方家指正。

一、著译作品篇目

到目前为止，对更敦群培的著译作品所开列的目录主要有以下几种：

（一）李有义先生开列的目录

李有义先生于1983年发表了《藏族历史学家根敦群培传略》一文，[①] 较早分类列出了更敦群培的主要作品。即（1）历史类：《白史》；（2）哲学类：《动论》、《智论》、《中论要义》、《唯识派论》、《艰难之明路》、《外道异见明析》；（3）翻译类：《昙钵偈》、《巴纳歌》、《瑜伽真言》、《沙恭达拉》、《释量疏》、《青史》、《军事操典》；（4）游记导游类：《一位学者旅行家看图解的印度史》、《草药及饮食之二十种滋味》、《印度圣地巡游记》、《从拉萨到大吉岭》、《喜马拉雅巡礼》；（5）评论类：《火堆之升起》；（6）杂类：《爱情之艺术》、《藏文字典》。各类作品共22篇（部）。

（二）霍康和恰白先生开列的目录

1983年，霍康·索朗边巴撰写的《更敦群培生平——清净显相》一文发表，[②] 并于1985年发表了该文的汉译文。[③] 文中开列了更敦群培的著译作品共23篇（部），藏汉对照，便于检阅。后来，霍康先生编辑出版的《更敦群培著作》第3册又开列了一份较为全面的更敦群培作品目录。[④] 目录分为译作和著作两大类。译作有《黑天行者的乐空双运论图说》、《法句经》、《罗摩衍那》、《沙恭达罗》、《〈薄伽梵歌〉（第12章）〈虔信瑜伽〉》、《具善黑天之歌》、《有为瑜伽》、《三昧耶度母》、《入行论（广本）》；著作有：《唯识宗广注》、《印度

---

① 《青海社会科学》1983年第6期。

② 《西藏研究》（藏文版）。1983年第2期。dge-vdun chos-vphel gyi rtogs-brjod dag-pavi snang-ba.

③ 《西藏研究》1985年第2期。

④ dge-vdun chos-vphel gyi gsung-rtsom，西藏古籍出版社，1990年版，1994年第2次印刷，第541—544页（第3册）。

语言论》、《外道宗派广论》、《外道内部分歧简论》、《拉萨至大吉岭游记》、《印度地志》、《印度诸圣地游记》、《印度地志补编》、《世界广说》、《世界知识读本》、《印度图说》、《欲经》、《藏语教程》（二、三）、《白话嵌字诗》、《为巴布塔钦而作的嵌字诗》、《加尔各答传唱的道歌》、《给卓玛央宗的教言》、《喜马拉雅论》、《澄水珍珠论》、《瞻波伽花论》、《芭蕉论》、《伏魔树（昙花）论》、《白史》、《吐蕃王统述要》、《拉萨与逻些考辨》、《唐蕃会盟》、《旅居印度的反思》、《中观甚深精要嘉言·龙树密意庄严论》、《智游佛国漫记》、《语言学笔记》、《雪山论》、《尚噶哇洛追答问》、《微尘辨析》、《中观因明释难》、《行蕴辨析》、《“底察瘦子”的呈文》、《经忏佛事——解脱妙音》、《无我问难》、《自性定论》、《七昼夜的故事》、《梵文宝库》、《藏文文法散论》、《诗论释难》、《拉萨大昭寺、雪、桑耶等地碑铭注释》。译作 9 篇（部），著作 45 篇（部），共 54 篇（部）。

恰白先生撰写的《西藏简明通史》下册为更敦群培立传时所开列的更敦群培作品目录，依据的是霍康先生 1983 年发表的文章，① 并且参考了喜饶嘉措大师于 1972 年写成的《更敦群培传略》② 和然扎·土登曲达所著《更敦群培生平述要》，③ 共列作品 50 篇（部），篇名与上述霍康开列的目录大同小异。

后来，朗措女士在一篇关于更敦群培的文章中也开列了目

① bod kyi lo-rguus rags-rim gyu yi pheng-ba，chab-spel tshe-brtan phun-tshogs dang nor-brang ao-rgyan，西藏古籍出版社，1991 年版，第 781—784 页。

② mkoas-dbang dge-vdun chos-vphel gyi rnam-thar mdor bsdus bzhugs-so，mkhas-dbang dge-vdum chos-lphel gyi gsung-rtsom phyogs-sgrig，四川民族出版社，1988 年版。

③ ra-kra bkras-mthong thub-bstan chos-dar，dge-vdun chos-vphel gyi lo-rgyus，达兰萨拉，1980 年版。

录,[①] 所列论著和译著共33篇(部)。但没有超出上述霍康所编的目录。

(三)海德·斯多达夫人开列的目录

1985年,海德·斯多达(Hcather Stoddard)在巴黎出版了法文版的《安多的托钵僧》(Le mendiant de l'Amdo)一书,作者在论述了更敦群培的生平、学术成就、个性特征、政治见解和所处的时代背景之后,附录了一份较为全面的更敦群培作品目录。[②] 该目录分为四大类,共列作品61篇(部)。

1. 发表与出版作品

《旅居印度的反思》、《白话嵌字诗》、《地球是圆的还是扁平的?》、《藏文草书源于楷书体》、《吐蕃王统述要》、《边境地区地名的发展演变》、《致库鲁塔钦的贺信》、《为巴布塔钦所作的嵌字诗》、《拉萨名义辨析》、《唐蕃盟誓与吐蕃攻占唐朝皇帝的都城简述》、《塔尔寺——神秘之城》、《我从青海到拉萨的旅程》、《拉萨——雪域之都》、《一位不幸的达赖喇嘛》、《两位著名的孟加拉学者在西藏》、《喇嘛格西群培》、《印度诸圣地游记》、《欲经》、《薄伽梵歌(第12章)》、《法句经》、《白史》、《喜马拉雅山论》、《中观甚深精要嘉言·龙树密意庄严论》、《罗摩衍那》。

2. 合作著译

《青史》、《格西曲札藏文辞典》。

3. 手稿

《妙音天女赞》、《大圆满》、《降生转世的因缘》、《藏语

---

① 朗措:《更登群培大师生平及其著作简介》,《西藏研究》1995年第1期。

② Heather Stoddard, Le mendiont del'Amdo. Paris, 1985, PP. 327-335.

教程》、《致热胡拉的信》。

4. **分类作品**

（1）译著:《沙恭达罗》、《吠陀故事》、《诗论释难》、《黑天行者所作的乐空双运论图说》、《三昧耶度母》、《〈甘珠尔〉版本增补》、《入行论（广本）》、《军事操典》、《释量论》;

（2）游记和旅游指南:《拉萨至大吉岭旅途纪实》、《智游佛国漫记》、《锡兰圣地指南》、《印度圣地指南》、《智游佛国备忘录》;

（3）哲学:《唯识宗广论》、《艰难崎岖的理性之路》、《离垢友评论》;

（4）医药学资料:《药用植物二十味及其配方》、《芭蕉论》、《瞻波伽花论》、《伏魔树（昙花）论》;

（5）杂集:《给卓玛央宗的教言》、《稀见书目》、《吞弥桑布扎所著藏文文法旨趣》、《持明仓央嘉措文集》、《世界知识读本》、《澄水珍珠论》、《生起的火堆》。

上述3种目录基本反映了藏族、汉族和外国学者对更敦群培的著译作品了解的现状。其中，李有义所列目录由于撰文时间较早，掌握的材料不足，因而比较简单。霍康·索朗边巴和恰白·次旦平措所开列的这两个目录较为全面。霍康的目录再加上他所编辑的《更敦群培著作》（全3册）的目录（共收作品12部，32篇，诗词20首），基本展示了更敦群培著译的概貌。并且，自更敦群培赴西藏学经起，霍康就成为其施主兼弟子。更敦群培去世前，将保存自己文稿的重任托付给了霍康，后来霍康又长期收集和整理更敦群培的遗著，掌握着更敦群培文稿的大部分，因而他应当是最熟悉更敦群培作品的人，他编的目录也就相对具有权威性。不足之处是，译作中漏列了《释量论》、《青史》、《军事操典》等几部广为人知的更敦群培译作，并且限于条件，几乎没有列出更敦群培在印度等地发表的外文（主要是英文）作品。

海德夫人在撰写《安多的托钵僧》一书时，走访了与更敦群培相识的国内外人士（主要是在 1975 年采访的），并且得到了著名藏族学者桑丹·噶尔梅（Samten G. Karmay，其前夫）的大力协助和指导，查阅了收藏于印、英等国的有关档案和文献，还参考了霍康的有关文章，[①] 收录了更敦群培在藏文报纸《明镜》（Me-long）和英文刊物《大觉》（Mahabodhi）上发表的 12 篇文章，弥补了霍康目录在外文作品方面的不足。

总之，就目前掌握的材料来看，从更敦群培于 1936 年在藏文报纸《明镜》（Me-long，由塔钦创办于噶伦堡）上发表第一篇文章起，至 1951 年去世止，在这短暂的 15 年中，更敦群培撰写和翻译了 103 篇（部）作品，其中专著 12 部（包括合著），论文 77 篇，译著（含合译）9 部，译文 5 篇。此外，还有 20 首诗作和 125 幅绘画作品。笔者所作的统计，是在查阅迄今所出版的有关更敦群培的藏、汉、外文资料和作品，并详细对照了各家所列目录的基础上进行的。《更敦群培著作》（藏文版）中所收录的《智游佛国漫记》（见该书第 1—2 册）和《汉文史籍所载吐蕃王统》及《敦煌藏文文书收集整理》（见该书第 3 册）下分许多子目，基本上能独立成篇，故在统计时是按这 3 篇长文的子目统计的（共 22 个子目）。

更敦群培的作品也像他本人一样，历经磨难。在旧西藏，思想禁锢，文化专制，“把一切陈腐颂扬为神灵的旨意，把一切新颖说成是妖魔在作祟，把一切奇迹看成是不祥的凶兆”[②]，容不下离经叛道、放荡不羁的更敦群培本人，更害怕他那充满着智慧、包含着新思想、不因袭传统、不迷信古人、不崇洋媚外而具有独到见解的作品在社会上流传，因而在他写作《白史》时，噶厦

---

① Heather Karmay, dge-vdun chos-vhel: The Two Latest Versions of His Life Story, The Tibet Journal, Vol. X, No. 1, Spring 1985。

② 引自霍康·索朗边巴：《更敦群培生平——洁净光》，《西藏研究》（藏文版），1983 年第 2 期。

就以莫须有的罪名将其监禁,其手稿和资料也被噶厦全部拿去审查,遭受了第一次厄运。“文革”时期,霍康所保存的手稿再遭厄运,部分被焚毁,部分散失。所以,正如恰白先生所说:“肯定还有一些不仅我们没有见到,甚至连篇目都没有听说过的更敦群培的著作”已经佚亡,或者散失在民间。

二、对作品篇名（标题）汉译之商榷

这里指的是作品汉译的篇名与内容是否相符，与译者商榷，主要是指出更敦群培作品的篇名（标题）汉译中的问题。

（一）著作汉译辨正

Rgyal-khams rig-pas bskor-bavi gtam-rgyud gser gyi thang-ma

此文的汉译有：（1）《江湖游览记》①，（2）《智游列国漫记》② 等译法。笔者认为，既忠实原文，而又与该文内容相吻合者，应译为《智游佛国漫记》。第一种译法把 rgyal-kbams 译作“江湖”，与更敦群培巡游的地方不符；第二种译法将 rgyal-khams 译为“列国”，与文中所涉及的内容和更敦群培游历的印度、锡兰等佛教国家也不吻合。

Vdod-pavi bstan-bcos

此书有《爱情之艺术》③、《欲望论》、《爱欲论》④ 等不同

---

① 见《西藏研究》（汉文版）1985 年第 2 期所载《藏族学者根顿群培生平简述》一文，罗桑旦增译，杨贵明、台吉祥编译：《藏传佛教高僧传略》，第 381 页，青海人民出版社，1992 年版。

② 《更敦群培文集精要》，中国藏学出版社，1996 年版。

③ 《青海社会科学》1983 年第 6 期。唐景福编著：《中国藏传佛教名僧录》所列更敦群培著译作品完全沿用李有义所列篇名，未作改动。甘肃民族出版社，1991 年版，第 286—287 页。

④ 恰白·次旦平措、诺章·吴坚、平措次仁著，陈庆英、格桑益西、何宗英、许德存译：《西藏通史》，西藏古籍出版社，1996 年版，第 969 页。

译法。笔者在查阅了更敦群培撰写此书时所参考的藏文 vdod-pavi bstan-bcos（米旁嘉措著）① 和印度古代经典 Kama sastra (Vatsyayana 著)②，并阅读了更敦群培编写的这部作品后，认为译为《欲经》较妥。

Rgya-gar gyi gnas-chen khag la bgrod-pavi lam-yig

有《印度圣地巡游记》③、《印度八大圣地志》④、《佛国漫游》⑤、《印度各圣地游历记》⑥ 和《印度诸圣地旅游纪实》⑦ 等译法。从更敦培群写作此文的动机、写作风格和本文的内容看，译为《印度诸圣地朝圣指南》更恰当，并且，lam-yig 也有护照、通行证、文凭路引和旅游指南之意。

Phyi-rol-pa nang phan-tshun lta-ba mi-mthun-pavi gnad gsal-bar bstan-pa

一译《简论异教的异义》⑧，一译《论佛教与外道的差异》⑨。法国学者海德夫人的法译文为《外道之间的教义差别辨析》（L'elucidation dcs differences doc-trinales entrc les non-bouddhistes)⑩。第二种译法与第一种译法及法译文相去甚远，显然，译成《论佛教与外道的差异》的译者误将 nang（内部）

---

① vju mi-pham vjam-dbyangs rnam-rgyal rgya-mtsho, vdod-pavi bstan-bcos vjig-rten kun-tu dgav-bavi gter-zhes-bya-ba bzhugs-so，德格印经院木刻版，共 33 叶。

② Kama Sutra of Vatsyayana, Diamvond Pocket Books, New Delhi.

③《青海社会科学》1983 年第 6 期。

④ 见《西藏研究》（汉文版）1985 年第 2 期所载《藏族学者根顿群培生平简述》一文，罗桑旦增译，杨贵明、台吉祥编译：《藏传佛教高僧传略》，第 381 页，青海人民出版社，1992 年版。

⑤ 朗措：《更登群培大师生平及其著作简介》，《西藏研究》1995 年第 1 期。

⑥ 恰白·次旦平措、诺章·吴坚、平措次仁著，陈庆英、格桑益西、何宗英、许德存译：《西藏通史》，西藏古籍出版社，1996 年版，第 969 页。

⑦《更敦群培文集精要》，中国藏学出版社，1996 年版。

⑧ 朗措：《更登群培大师生平及其著作简介》，《西藏研究》1995 年第 1 期。

⑨ 恰白·次旦平措、诺章·吴坚、平措次仁著，陈庆英、格桑益西、何宗英、许德存译：《西藏通史》，西藏古籍出版社，1996 年版，第 969 页。

⑩ Heather Stoddard, Le mendiont del'Amdo. Paris, 1985, PP. 333.

理解成了 nang-pa（内道，即佛教）。第一、三种译法贴近原文的意思。若译为《外道各宗教义分歧辨析》，则较为简明。

Rdi-tsha skam-pos phul-bavi zhu-yig

有两篇译文都将其译成《迪擦岗波之呈文》①，其实，rdi-tsha skam-po 并非人名，不能音译，这是安多人给更敦群培取的绰号。人们都知道，更敦群培幼年时期曾到今属青海省化隆县的底察寺去学经，加上他本人又瘦小，后来当地人便以“底察瘦子”来称呼他，他乐于接受，有时还用来自称。② 所以，这篇文章应译为《“底察瘦子”的呈文》。

Chu-Shing kyi Skor

有一种译文根据字面意思将其译成《水树格言论》。③ 实际上，这是更敦群培所写的论述药用植物的一系列文章中的一篇④，如前所列，有《瞻波伽花论》《昙花论》等。因此，这篇文章应译作《芭蕉论》。

（二）译作汉译纠谬

Dpal-nag-po glu dad-pavi rnal-byal-byor ces-bya-ba levu bcu-gnyis pa

此文的汉译有：（1）《巴纳歌》⑤，（2）《摩诃伽罗之瑜伽（第 12 章）》⑥，（3）《吉祥大黑天之歌信仰瑜伽》12 章。⑦ 三种译文差别较大，并且篇名都很陌生，这部由梵文译成藏文的

---

① 见《藏族学者根顿群培生平简述》。

② Le mendiant del'Aredo，第 172—173 页。

③ 恰白·次旦平措、诺章·吴坚、平措次仁著，陈庆英、格桑益西、何宗英、许德存译：《西藏通史》，西藏古籍出版社，1996 年版，第 969 页。

④ Heather Stoddard，Le mendiont del'Amdo. Paris，1985，PP. 327-335.

⑤《青海社会科学》1983 年第 6 期。

⑥ 朗措：《更登群培大师生平及其著作简介》，《西藏研究》1995 年第 1 期。

⑦ 恰白·次旦平措、诺章·吴坚、平措次仁著，陈庆英、格桑益西、何宗英、许德存译：《西藏通史》，西藏古籍出版社，1996 年版，第 969 页。

作品，读者看后不知是从印度的哪部古籍翻译过来的。笔者查阅有关印度的各种文献和论著，经过考证和对照才恍然大悟。原来此文是从印度最著名的两大史诗之一《摩诃婆罗多》（Mahābhārata）的第六篇《毗湿摩篇》（Bhismaparvan）的“插话”（upākhyāna）《薄伽梵歌》（Bhagavadagitā）中节译的。[①] 故本篇名的正确汉译应是《〈薄伽梵歌〉第十二章〈虔信瑜伽〉》。[②]

Vphags-pa gnas brtan-pa rnams kyi mdo-sdevi sde-snod bsdus-pa las-phran tshegs kyi mdo phran gnyiS -pa chos kyi tshigs-su-bcad-pa-zhes-bya-ba bzhugs-so

更敦群培这部由巴利文译成藏文的作品有如下几种汉译：（1）《昙钵偈》[③]，（2）《斯里兰卡上座部之达磨巴达经》[④]，（3）《教诗》[⑤]，（4）《教法偈颂》[⑥] 等。上述4种译文都是从藏文字义上去理解和翻译的。笔者按照考证《薄伽梵歌》的思路和方法，先查阅有关印度、斯里兰卡的各种文献和论著，再仔细阅读汉译佛经，最后感到chos-kyi tshigs-su-bead-pa除了有“法颂、法偈”[⑦] 之外，似乎还有“法句”之意。tshigs（节、界、间隙等）在这里与tshig（句）相通。因而想到这部译作可能是从巴利文“三藏”的《经藏》五部之一《小部》（khuddaka-nikaya）中的《法句》（Dhammapada汉译有《法句

① 季羡林主编：《印度古代文学史》第48—68页，北京大学出版社，1991年版。

② 参见张保胜译：《薄伽梵歌》，中国社会科学出版社，1991年版。

③ 《青海社会科学》1983年第6期。

④ 《藏传佛教高僧传略》，第381页。

⑤ 《藏传佛教高僧传略》，第381页。

⑥ 恰白·次旦平措、诺章·吴坚、平措次仁著，陈庆英、格桑益西、何宗英、许德存译：《西藏通史》，西藏古籍出版社，1996年版，第969页。

⑦ 张怡荪主编：《藏汉大辞典》（中册）。第2274—2275页，民族出版社，1986年版。

经》和《法句譬喻经》两种版本)[1] 翻译过来的。于是找到《法句经》和《法句譬喻经》与更敦群培的这部藏文译作对照，发现汉译《法句经》和《法句譬喻经》皆为三十九品[2]，而更敦群培的藏译是二十六品。前缺九品，后缺四品，以为藏译本不完整，或者是根据别的版本翻译的。后来又重新翻阅吕澂的《中国佛学源流略讲》，才知道《法句经》的各种本子“可分为两个系统：1）巴利文本。二十六品，其特点是《双要品》为首；2）梵文本，这是经过法救改订过的。有三十三品或三十九品，以《无常品》为首，《梵志品》为终，在《双要品》之前加了六品。法救本不仅把原本次序打乱另行编定，并且增加了很多内容。所以梵文本不叫《法句经》，另名为《嗢陀南集》(嗢陀南是不问自说的意思)。这就是说，开头的《法句经》每一颂本是有缘起的，但法救以这些材料为主，吸收了很多无缘起的自说颂的材料，所以不仅品名不同，内容也不同了”[3]。

随后又仔细对照汉译《法句经》和更敦群培的藏译文，弄清楚更敦群培在翻译这部被称为“佛教徒以此为道德行为的指南，佛学者以此为思想理论的基础”（了参法师语）[4] 的巴利文佛经时，依据的是最原始的巴利文版。以《双要品》为首，以《梵志品》为终，刚好二十六品，且卷次（共2卷）和品名都相同。故更敦群培所用的那一长串藏文书名，译成汉文可简单明了地译作《法句经》。

Ra-mva-ya-navj rtogs-brjod

---

① 崔连仲：《从佛陀到阿育王》，第205—206页，辽宁大学出版社，1991年版。

② 见《大正新修大藏经》第2卷和第4卷，日本东京大正一切经刊行会1924—1934年编辑出版。

③ 吕澂：《中国佛学源流略讲》，第21—22页，中华书局，1988年版。

④ 楼宇烈编：《中国佛教思想资料选编》第4卷第1册，第31页，中华书局，1992年版。

此篇名的汉译有：（1）《罗摩衍那传》[①]，（2）《罗摩衍那》[②]，（3）《罗摩衍那的故事》[③]。第一、三种译法忠实于原文。第二种译法未将 rtogs-brjod（传记、故事、本生）之意翻译出来。但笔者倾向于第二种译法。因为印度这部著名史诗 Rāmāyana（《罗摩衍那》）的梵文书名意为“罗摩传”[④]，更敦群培在翻译这部史诗时，在 Rāmāyana 之后加上了 rtogs-brjod 二字，可能是为了便于理解。作为译作，只有两种选择，即全译和节计，全译不能更改原书名，节译也只能像前述《薄伽梵歌》节译一样，译为《罗摩衍那（第几章或第几卷）》。更敦群培的这种译法也是正确的，正如英译黄河为 Huanghe River，泰山为 Taishan Mountain 一样，将英文出版物中的 Huanghe River 和 Taishan Mountain 译成汉文，就得依照汉文名称译，而不能译成“黄河河”、“泰山山”。所以，更敦群培的这部译作应译为《罗摩衍那》，否则，人们会以为这是另一部作品，或者误认为是编译作品。

Bya-len-ma mngon-par shes-pavi zlos-gar

这部译作的汉译篇名有：（1）《沙恭达拉》[⑤]，（2）《莲玛鸟的故事》[⑥]，（3）《行取明知舞蹈》[⑦]。从字面上看，确实很难译准，第二种译法是将藏文 bya 译作“鸟”，len-ma 则音译

---

① 《藏传佛教高僧传略》，第 381 页。

② 朗措：《更登群培大师生平及其著作简介》，《西藏研究》1995 年第 1 期。

③ 恰白・次旦平措、诺章・吴坚、平措次仁著，陈庆英、格桑益西、何宗英、许德存译：《西藏通史》，第 969 页，西藏古籍出版社，1996 年版。

④ 黄宝生：《印度古典诗学》，第 207 页，第 30 页，北京大学出版社，1993 年版。

⑤ 《青海社会科学》1983 年第 6 期。

⑥ 见《西藏研究》（汉文版）1985 年第 2 期所载《藏族学者根顿群培生平简述》一文，罗桑旦增译，杨贵明、台吉祥编译：《藏传佛教高僧传略》，第 381 页，青海人民出版社，1992 年版。

⑦ 恰白・次旦平措、诺章・吴坚、平措次仁著，陈庆英、格桑益西、何宗英、许德存译：《西藏通史》，第 969 页，西藏古籍出版社，1996 年版。

为“莲玛”；第三种译法将 bya 译作“行”，len-ma 译作“取”。照字面理解都有道理，可是，汉文读者难以看懂，不知道是印度的哪一部作品的藏译。海德夫人在《安多的托体僧》一书的附录所列的更敦群培著译作品目录中收录了这部译作，并在篇名后面标注 Abhijnāna Sakuntala，写明是 Kālidasa 的戏剧作品和代表作（Piece de theatre et chef d'ceuvre de Kalidasa）。[①] 笔者查阅《印度古典诗学》，得知 Abhijnāna sakuntala 译为《凭表记认出的沙恭达罗》，是四五世纪印度最著名的梵语诗人和戏剧家迦梨陀娑（Kālidāsa）的戏剧作品。一般简译为《沙恭达罗》。有一首流行的梵语诗歌称颂道：“一切语言艺术中，戏剧最美；一切戏剧中，《沙恭达罗》最美。”[②] 然后将季羡林先生汉译的《沙恭达罗》[③] 与更敦群培的藏译文对照，基本吻合，从而印证了海德夫人所作的判断。因此，上述三种汉译中，第一种译法较准确，不过，一般都通译为《沙恭达罗》。

三、著译作品年代和版本考

弄清更敦群培著译作品的成书、发表或出版的年代和版本，对于我们了解和研究更敦群培的治学道路和学术发展轨迹具有重要意义。由于更敦群培“像疯子一样在大千世界流浪”[④]，因而要把他撰、译作品的年代和版本一一考证清楚非常困难。笔者参考前人的研究成果，经过对比和分析，爬梳出更敦群培主要著译的年代和版本。限于篇幅，论文和译文的年

---

① 黄宝生：《印度古典诗学》，第 207 页，第 30 页，北京大学出版社，1993 年版。

② 迦梨陀娑著《沙恭达罗》，季羡林译，1959 年版，1980 年第 3 次印刷。

③ 更敦群培所写的诗句，转引自恰白·次旦平措等著：bod kyi lo-rgyus rags-rim gyu yi pheng-pa，下册，第 764 页，西藏古籍出版社，1991 年版。

④ 图见 Le mendiant del' Amdo 第 186 页和第 188 页。

代和版本从略。

(一)《印度诸圣地朝圣指南》

这部作品完成于 1937 年，即更敦群培到印度的第三年，1939 年由“摩诃菩提学会”（Mahabodhi Society）于加尔各答出版。共 48 页，附有 3 幅地图，一幅是适用于朝圣的标明站点的印度铁路交通图，一幅是王舍城（Rajgriha，故址在今比哈尔邦巴特那东南百余公里处，现名腊吉季尔）和俄托尔斯（Vautours）山地的地形鸟瞰图；一幅是印度与其他佛教邻国地图。[①] 1950 年，锡金甘托克的“政府通讯社”(Government Press）重印 2000 册出售，所用英译书名为《印度佛教圣地指南》(Guide to Buddhist，Sacred Places in lndia)。该书的其他版本还有：(1）1968 年达尔豪斯（Dalhousie）版，出版人为洛桑饶杰（blo-bzang rab-rgyas)，共 61 页。书后附有一幅地图。(2）1968 年达兰萨拉版，由“西藏出版社”（Tibetan Pub-lishing House）出版，共 62 页，无插图。印行 2500 册。(3）1976 年新德里版，由东妥（T. C. gdong-thog）修订再版，共 48 页。附有插图和地图。(4）拉萨版，哲通（bkras-mthong）在后藏尼木订购了该书（lam-yig）和《法句经》译本的木刻版，后来由于更敦群培被捕入狱，这些木刻版便留在了该地。[②]

(二)《欲经》

成书于藏历土虎年（1938 年）冬（2 月），写于摩揭陀（Magadha）的孔雀城（Mathura，现名巴特那）。[③] 更敦群培将

---

① Le mendiant del' Amdo，第 328 页。

② 霍康先生和海德夫人均持此说，见 dge-vdun chos-vphel gyi gsung-rtsom，下册，第 543 页和 Le mendiant de l'Amdo，第 328 页。

③ Le mendiant del' Amdo，第 328 页。

此书的原稿寄到拉萨，由噶雪·曲吉尼玛收，后来便以手抄本的形式在藏区流传，直到1967年才由东妥（gdong-thog）在德里首次公开出版。史密斯（E. G. Smith）将该书的书名（Vdod-pavi bstan-bcos）英译为《情爱游戏论》（On Amourous Dalliance）。1967年版所依据的手稿是顿觉活佛所有、由德赫维（M. J. Driver）提供的一部原稿。[①] 1992年，纽约"雪狮出版社"（Snow Lion Publishing House）出版了《欲经》的英文版，书名为《西藏爱的艺术》（Tibetan Arts of Love）。该书不仅将藏文《欲经》（更敦群培著）全文译出，还对此书作了较为深入的研究，并比较了更敦群培所著《欲经》与米旁嘉措的《欲经》的异同。[②]

（三）《〈薄伽梵歌〉第12章〈虔信瑜伽〉》

该作品系由梵文译成藏文，1941年在印度由 Sri Rama Krishna Vedanta Ash-ram 出版，共11叶，"西藏文献档案图书馆"（L. T. w. A.）收藏有该作品的一部缩微胶片。据克尔提（Kjrti）活佛所编《更敦群培论说集》，更敦群培还翻译了《薄伽梵歌》的其他篇章，其中有《有为（业）瑜伽》（las kyi rnam-vbyor）一章。[③] 1941年版非常罕见。该书还有其他几种藏文书名：（1）据齐美仁增（Vchi-med rjg-vdzin）喇嘛说，书名为 dbang-phyug nag-povi-rgyud（《自在黑天续》），于瓦拉纳西（Varanasj）出版，全书共800页，附有3篇书评。（2）哲通（bkras-mthong）称，书名为 dpal-legs-ldan-rgyud（《吉祥

① Dge-vdun-chos-vphel, Tibetan Arts of Love, Itheca, Introduced and translated by Jeffry Hopkins With Dorje Yudon Yuthok, N. Y.: Snow Lion Pub., 1992, 282 pages.

② Kirti rin-po-che, dge-vdun chos-vphel gyi rab-byed, Dharamsala, 1983, P. 45，转引自 Le memendiant del'Amdo，第329页。

③ Kirti rin-po-che, dge-vdun chos-vphel gyi rab-byed, Dharamsala, 1983, P. 45，转引自 Le memendiant del'Amdo，第329页。

薄伽梵续》)，认为该书出版于加尔各答。(3) 桑丹诺布(bsam-gtan nor-bu) 认为书名为 dpal-nag-povi-glu (《吉祥黑天之歌》)，声称该书的出版地是大吉岭。据哲通说，司徒·曲吉迥乃曾翻译过《薄伽梵歌》，其所译藏文书名为 chos-kyi bstan-boos (《法论》)，但是更敦群培在翻译此书时，并未参考司徒活佛的译文。[①]

(四)《法句经》

这部由巴利文译成藏文的作品是更敦群培旅居斯里兰卡(当时名为锡兰) 的"摩诃菩提 (大觉) 学会"时着手翻译的，完成于1944 年的库卢 (Kulu)。1944 年所出第一版刊载有俄国藏学家、更敦群培的朋友和合作者罗列赫 (G. Roerich) 撰写的序言。1964 年，"摩诃菩提学会" 于鹿野苑 (Sarnath，故址在比哈尔邦瓦拉纳西城西北约 10 公里处，现名萨尔纳特) 再版《法句经》。《法句经》的藏文木刻版雕刻于西藏尼木。[②]

(五)《沙恭达罗》

藏族学者所熟知的书名系原名的缩写，即 bya-len-ma 或 nag-mo-khol 的 mngon-par shes-pavi zlos-gar。安多荣巴 (A-mdo smyon-pa) 声称曾见到过一部篇幅为 20—30 叶的手稿。喇琼阿波 (bla-chung a-pho) 和达瓦桑布 (zla-ba bzang-po) 说他们在跟更敦群培学习诗学时曾听讲过这部作品，其中还附有一篇书评。该译作的成书年代不详，霍康所编《更敦群培著作》第 2 将其收入。

---

① Kirti rin-po-che, dge-vdun chos-vphel gyi rab-byed, Dharamsala, 1983, P. 45，转引自 Le memendiant del'Amdo，第 329 页。

② Le mendiant del' Amdo，第 164 页，第 330 页，第 330 页，第 332 页，第 330 页，第 330 页，第 351 页。

（六）《青史》

这部译作是更敦群培与罗列赫合作的结晶。更敦群培和罗列赫（G. Roerich）既是朋友又是合作者，1944 年，罗列赫为更敦群培翻译的《法句经》撰写了一篇前言。后来，他便请更敦群培与他合作，将《青史》译成英文。罗列赫于 1946 年在《青史》（The Bluc Annals）英文版的《导言》中写道：It has been a source of much satisfaction to me that l was able to disscuss the entire transla-tion with the Rev. dge-vdun chos-Nphel, the well-known Tibetan scholar, and l gratefully acknowledge here his very helpful guidanee.①（能够同著名的藏族学者、尊敬的更敦群培商讨全部译文，是我最大的满足，在此，我对他的非常有益的指导表示衷心的感谢）。《青史》的英文版于 1949 年在加尔各答出版，1976 年在德里再版。1979 年、1988 年和 1995 年 3 次在德里重印。②

（七）《格西曲札藏文辞典》

这部辞典是更敦群培与他的蒙古族朋友格西曲札（dge-shes chos-kyi-grags-pa）合作完成的，他花了数年时间为该辞典收集和统计西藏本地的藏语文词汇。完稿于 1946 年。③ 1949 年由霍康·索朗边巴资助，依据六世第确林活佛丹增格勒（bstan-vdzin dge-legs）个人收藏的原始手稿出版木刻本。1957 年，民族出版社出版由法尊、张克强等译的藏汉对照版。

---

① George N. Roreich, The Blue Annals, Introduction, Delhi, 1995.

② George N. Roreich, The Blue Annals, Introduction, Delhi, 1995.

③《格西曲札藏文辞典》所附霍康撰写的《原著者小传》，民族出版社，1990 年版。

1980 年，印度达兰萨拉以两卷本的形式再版该辞典，共 1169 页。[①]

（八）《白史》

该书写于 1946 年 2—4 月，是在拉萨罗布林卡霍康（如本）的办公室写成的，更敦群培刚写出 46 叶就被噶厦逮捕，只写了松赞干布至芒松芒赞时期的历史。[②] 20 世纪 50 年代初，由霍康·索朗边巴赞助出版了木刻版。《白史》的其他版本有：(1)藏文版。印度大吉岭“自由出版社”（Freedom Press）油印版，共 92 页，未署出版日期，黎吉生（H. Richardson）认为出版于 1960 年；1964 年大吉岭“自由出版社”版，共 103 页，以霍康出版的木刻版为底本，差错较多；1979 年列城（Leh）版，载 smanrtsis shesrig spendzod serles，XCVIII，1—19，系拉萨版的复制品[③]；1989 年四川民族出版社铅印版[④]；1990 年西藏古籍出版社版铅印版。[⑤]（2）汉文版，法尊译本，1954 年以文言文翻译，1963 年，王沂暖根据法尊译稿的抄本，对照藏文原文作过校对[⑥]；付师仲译本，1964 年中央民族学院少数民族语文系藏语教学组油印（仅供内部参考）[⑦]；王沂暖校订本（系对法尊法师译本的校订），1981 年由西北民族学院

---

① Le mendiant del' Amdo，第 164 页，第 330 页，第 330 页，第 332 页，第 330 页，第 330 页，第 351 页。

② 引自霍康·索朗边巴：《更敦群培生平——洁净光》，《西藏研究》（藏文版），1983 年第 2 期。

③ Le mendiant del' Amdo，第 164 页，第 330 页，第 330 页，第 332 页，第 330 页，第 330 页，第 351 页。

④ mkoas-dbang dge-vdun chos-vphel gyi rnam-thar mdor bsdus bzhugs-so，mkhas-dbang dge-vdum chos-lphel gyi gsung-rtsom phyogs-sgrig，四川民族出版社，1988 年版。

⑤ Dge-vdun chos-vphel gyi gsung-rtsom，第 3 册。

⑥ 《白史》，法尊译，西北民族学院研究所 1981 年内部铅印版。

⑦ 付师仲译：《白史》，油印本，藏中国社会科学院民族研究所图书馆。

铅印，内部出版，汉藏合璧[①]；格桑曲批译本，1996 年中国藏学出版社出版，系将法尊所译文言文改译为白话文。[②]（3）英文版。藏族学者桑丹诺布（bsam-gtan nor-bu）于 1978 年将《白史》译成英文，由达兰萨拉的“西藏文献档案图书馆”出版，书名为 The whitc Annals，共 103 页。（4）法文版。由斯巴尼安（A. Spanien）译，系手稿。[③]

（九）《智游佛国漫记》

藏族学者喇琼阿波、索康·旺钦格勒、哲通、泽培（tshe-dpal）和东科（dung kor）活佛等都曾提及此书。有人认为，这是一部篇幅达 136 章并附有插图和注释的图文并茂的作品。据喇琼阿波为《西藏和西藏佛教传记辞典》撰写的词条（第 5 卷第 639 页）称，这部书稿与其他几部书稿一道被寄到西宁，交到阿拉果让（a-lags-go-rang）手中。[④] 霍康·索朗边巴保存有一份，于 1962 年交给西藏少数民族社会历史调查小组，带到北京，收藏于中国社会科学院民族研究所。[⑤] 1989 年，四川民族出版社出版该书的铅印版。[⑥] 1990 年，西藏古籍出版社再次铅印出版。[⑦] 1996 年，中国藏学出版社出版了此书的汉文节译本。[⑧]

---

① 《白史》，法尊译，西北民族学院研究所 1981 年内部铅印版。

② 见《更敦群培文集精要》。

③ Le mendiant del' Amdo，第 329 页。

④ Le mendiant del' Amdo，第 329 页。

⑤ 霍康·索朗边巴：《略述根敦群佩文集收集情况》，《中国西藏》1990 年秋季号。

⑥ mkoas-dbang dge-vdun chos-vphel gyi rnam-thar mdor bsdus bzhugs-so，mkhas-dbang dge-vdum chos-lphel gyi gsung-rtsom phyogs-sgrig，四川民族出版社，1988 年版。

⑦ Dge-vdun chos-vphel gyi gsung-rtsom，第 1—2 册，第 2 册，第 375—376 页。

⑧ 《更敦群培文集精要》，中国藏学出版社，1996 年版。

（十）《中观甚深精要嘉言·龙树密意庄严论》

据喇琼阿波说，该书的第一部分（见噶伦堡版，第1—37页）最初写在标有“大象牌”（Elephant Brand）的一本印度印制的练习本上。第二部分是由更敦群培于1949—1950年向其弟子达瓦桑布（zlo-ba bzang-po）讲授《中论》（mad-hyamaka）的讲义结集而成的。第一部分已被译成英文，并成为人们深入研究的内容。① 但是，据《更敦群培著作》第2册所收此文的《跋》，这部长达105页的作品全部是由更敦群培向达瓦桑布讲授《中论》和达瓦桑布所作的笔记结集而成的。在印制出版之前，更敦群培亲自审阅。藏历第16饶迥铁兔年（1951年），由宁玛派大活佛顿觉（bdud-vijoms）活佛购买纸张，达瓦桑布负责印制出版。② 噶伦堡的嘛呢印刷厂（Mani Printing Works）于1951年印制了这部作品。③

更敦群培这部对中观学说乃至佛教具有独到见解而不因袭成说的作品，自问世以后，就受到国内外学者的关注，而格鲁派高僧则将其视为离经叛道的异端邪说，并撰文进行批驳。格鲁派的高僧和佛学大师、更敦群培的老师格西喜饶嘉措为了维护格鲁派的正统，清除更敦群培此书在藏族僧众和知识分子中的影响，首先撰写了一部长达247页（还是残本）的专著予以全面、系统而严厉的反驳。④ 1972年，哲美洛桑班丹·丹增亚杰（vdzad-med blo-bzang dpal-ldan bstan-vdzin yar-rgyas）在

---

① Le mendiant del' Amdo，第164页，第330页，第330页，第332页，第330页，第330页，第351页。

② Dge-vdun chos-vphel gyi gsung-rtsom，第1—2册，第2册，第375—376页。

③ Le mendiant del' Amdo，第164页，第330页，第330页，第332页，第330页，第330页，第351页。

④ rje-btsun shes-rab-rgya-mtsho vjam-dpal dgyes-pavi blo-gros kyi gsung rtsom pod gsum-pa，青海民族出版社，1984年版。

印度德里出版《驳〈中论精要·龙树密意庄严论〉所阐述的异端邪说》（vjam-dpal-dgycs-pavi-gtom-gyl-rgol-gnan-phye-mar-vthags-pavi-reg-chod ral-grivi-vkhrul-vkhor）一书，对更敦群培关于中观学说的见解进行批驳。史密斯（E. G. Smith）为该书撰写了序言。1977年，云丹嘉措（yon-tan rgya-mtsho）在巴黎出版《答东妥的问难》（gdong-lan lung-rig thog-mdav），对更敦群培的这部著作进行了驳斥。①

笔者写作此文的目的，是从篇目、篇名和年代与版本三个方面对更敦群培的著译作品进行考证辨析，力图勾勒出更敦群培学术遗产的轮廓，以便人们更加客观全面地认识这位藏族学术大师。盼望有识之士对更敦群培的遗著做更为深入全面的辑佚工作，使其作品更好地流存于世。

（原载《中国藏学》，1997年第3期）

① Le mendiant del' Amdo，第164页，第330页，第330页，第332页，第330页，第330页，第351页。

试论更敦群培与喜饶嘉措的关系

引 言

更敦群培（1903—1951 年）是现代藏族史上集佛门奇僧、学术大师和启蒙思想家于一身的一代俊杰，他的一生充满传奇色彩，独具性格魅力。其传奇而坎坷的经历，饱含真知烁见的论著，文采飞扬的译作，辛辣讽刺的诗文，浪漫精湛的绘画，闪耀着智慧的启蒙思想，离经叛道的言行，乃至放荡不羁的个性，至今仍为人们津津乐道。更敦群培的学术成就和启蒙思想，是藏文化、汉文化和印度等外来文化相结合的结晶。其人格、学术品格和思想家气质的形成，与 20 世纪上半叶中国和藏区的社会环境及文化气氛有着直接关系，也打上了这一时期印度文化的烙印。更敦群培是开藏族学术新风、发藏族人文史观之滥觞、启现代藏学的一代宗师。喜饶嘉措一生经历了三个时代——清朝、民国和新中国，他在民国时期的西藏红极一时，不仅获得了哲蚌寺的拉然巴格西，受到十三世达赖喇嘛的青睐，而且还受到国民政府的尊敬，受聘为国立五大学的西藏文化导师，被推举担任蒙藏委员会副委员长。新中国成立后，他先后担任中国佛教协会会长和中国佛学院院长等职。其藏族传统文化造诣之深，所受到历朝政府的礼遇之高，在 20 世纪的藏传佛教高僧中是屈指可数的。也许是历史的安排，这两位生长在安多的藏族精英结成了特殊的关系，有许多相似之处，其不同的个性也相得益彰。可以说，他们一个是传统的、严守戒律的高僧；一个是现代的、离经叛道的学者。因此，对这两位个性突出而又具有共性的特殊人物进行比较研究是很有价值的。

一、更敦群培与喜饶嘉措的关系

更敦群培在其短暂的一生中结交了不少良师益友，这对其人生经历和心路历程产生了重大影响，这是研究和理解更敦群培其人、解开“更敦群培之谜”不可或缺的重要一环。

更敦群培一生交往密切、在他的人际世界里产生了深刻影响的重要人物，主要有其藏族同胞喜饶嘉措、霍康·索朗边巴、邦达饶嘎；外国学者罗睺罗（Rahul Sankrityayan）、罗列赫（G. Roerich）、库鲁塔钦（印度籍藏族）；弟子达瓦桑波、喇琼阿波；其父母、姐姐、妻女等亲属。而其中关系最为独特的要数格西喜饶嘉措（shes-rab-rgya-mtsho，1884—1968 年）。更敦群培与喜饶嘉措大师是 20 世纪的两位具有代表性的藏族杰出人物，喜饶嘉措传统而正统，更敦群培现代而离经叛道，他们的个性非常鲜明，形成强烈的反差。并且彼此之间还具有同乡、寺友、师徒、畏友、论敌等多重关系。研究他们之间的关系，有助于更加深刻地理解和认识更敦群培。可是，在有关喜饶嘉措的藏汉文论著中，都只字不提更敦群培，似乎更敦群培与喜饶嘉措之间毫无关系。唯一的例外，是在《喜饶嘉措文集》第三卷收入的《龙树中论略论·无畏狮子吼》中多次提到更敦群培，但只是把他作为批驳的对象，而没有揭示喜饶嘉措与更敦群培之间的关系。

（一）同乡关系

喜饶嘉措比更敦群培年长 19 岁，他于 1884 年出生在青海省循化县道帏乡贺庄，幼名多杰·道帏（rdo-sbis），藏语意为石头帐篷，系因该地宁巴村下的河滩里有一形如帐篷的巨石而得名。更敦群培的家乡同仁和喜饶嘉措的家乡循化相毗邻，旧时同属热贡（reb-kong），两地之间的关系有着长久的渊源。据《文都寺志》（bis-mdo-dgon-chen-gi-gdan-rabs）记载，昆氏家族阿丹（文都千户的祖先）由热布贡（同仁）来文都地区，路遇打柴人，见阿丹容貌非凡，举止出众，便折枝条为毡，请长住文都。阿丹应承，遂定居文都，生七子。因阿丹"坚定之良智，如日之照，对人无疏无亲，公正慈祥"，为文都众人奉为一方之主。其兄扎西居中库生五子，故称中库地区为"扎西吾阿"。早在明朝初期，现同仁地区的保安等地即由循化管辖，[①]因而称循化藏族地区为"下热布贡"（即下热贡）。循化文都寺（bis-mdo-dgon-chen）与同仁也存在着宗教上的渊源关系。据《安多政教史》载："该寺（即文都寺）以曲杰札巴坚赞为首的僧俗众人献寺于叶什姜活佛嘉样罗哲。"嘉样罗哲（1651—1733年）系今同仁县夏卜浪人，曾赴西藏修习密宗，获得"俄仁巴"学位，故被称为"俄强"。1696年，他在今同仁兰采乡叶什姜村曲哇仓的修行处建寺，取名"叶什姜桑丹曲培林"，"叶什姜"遂成为这一转世系统的佛号。自曲杰札巴坚赞等献寺后，历辈叶什姜活佛成为文都寺寺主。近两个世纪以来，由于甘肃拉卜楞寺的影响扩展到循化藏族地区，在这里出现了一些拉卜楞寺的"支寺"和"属民神庄"，加上行政区划的变更，循化与同仁的关系才逐渐疏远。黄河从循化境内穿流而过，同仁境内则流淌着黄河的一大支流隆务河，河水将南面的同仁和北面的循化联结在一起。因此，更敦群培与喜饶嘉措同是热贡人，他们是真正的同乡。热贡壮丽的山川，神奇的土地，养育了这两位20世纪的藏族精英。

---

① （清）龚景翰纂修：《循化志》卷四"族寨工屯"，青海人民出版社，1981年版。

（二）寺友关系

在全民信仰佛教的藏区，更敦群培和喜饶嘉措在幼年时期走的是同一条道路，都是在家乡的寺庙出家，拜当地的高僧大德学经，步入佛教和佛学的大门；青年时代又离乡背井，前往异乡的格鲁派大寺深造，面壁修习，最终成为佛学造诣高深的高僧和著述丰硕的学术大师，只是时间先后不同而已。

喜饶嘉措于 7 岁在道帏乡的古雷寺出家。古雷寺藏文全称为 sgo-ris-grav-tshang-dgav-ldan-vphel-rgyas-gling，意为格鲁派兴旺寺。该寺位于道帏沟中部古雷河滩东侧的虎头山麓，建于元朝，属萨迦派。明末热贡隆务寺法台洛桑噶瓦主持古雷寺后，改宗格鲁派，并延请隆务寺的嘉堪钦 · 洛桑尼玛来该寺管理寺务。他 11 岁受戒，取法名喜饶嘉措。[①] 1899 年，15 岁的喜饶嘉措赴甘南拉卜楞寺，入闻思学院学习因明和佛经 5 年。20 岁（1904 年）修完该扎仓十二学级的全部经论课程和戒律，奠定了坚实的佛学基础。1904 年春，跟从入藏商队前往拉萨，入哲蚌寺深造。1915 年，31 岁的喜饶嘉措考取“拉然巴格西”。

更敦群培 1903 年出生于热贡（1929 年才设立同仁县）双朋西村，幼名仁增朗杰。4 岁便开始随其父和夏嘎巴二世的经师学习藏文文法和诗词。后出家入家乡的亚玛扎西齐寺（gyav-ma-bkras-shis-vkhyil）。1917 年到化隆地察寺（lde-tsha）学经，受戒，取法名更敦群培。1920 年，17 岁的更敦群培前往拉卜楞寺修习因明，比喜饶嘉措晚 20 年。1927 年，更敦群培告别家乡的亲友，前往塔尔寺，跟随入藏商队赴哲蚌寺深造，比喜饶嘉措晚 23 年。

喜饶嘉措和更敦群培都在安多的格鲁派最高学府拉卜楞寺

---

① 有曾到支扎寺学经的说法，见《喜饶嘉措大师》第 234 页，青海省政协文史资料委员会，1994 年编印。

和卫藏的格鲁派最高学府哲蚌寺学经，接受了严格的藏传佛教寺院教育，这为他们后来成为藏传佛教高僧奠定了坚实的基础。

（三）师徒关系

1927 年，更敦群培离开拉卜楞寺，前往西藏朝佛，并入哲蚌寺学经。按照以籍贯和地域划分学僧的传统惯例，安多僧人被分配到果莽扎仓鲁本康村。在这里，更敦群培第一次见到哲蚌寺的上师、同乡格西喜饶嘉措，并与他结成了特殊的师徒关系。早在 1917 年，喜饶就受十三世达赖喇嘛之命，校勘《布敦全集》，历时 6 年，完成了 26 函，约 200 种的校勘。当时，喜饶嘉措名满全藏，如日中天，他获得格西学位后，受十三世达赖喇嘛之命，在罗布林卡主持校勘大藏经《甘珠尔》部，经常出入布达拉宫。历史上司徒活佛和慈成仁钦曾校勘过大藏经，由此可见喜饶嘉措高深的佛学造诣。有时喜饶嘉措还到甘丹寺和色拉寺三大寺讲经。而更敦群培只是刚从安多来的一个无名小卒，但是他很快就因自己的独特个性和学识崭露头角，引起了喜饶大师的关注。自从更敦群培于 1927 年入哲蚌寺起，他就参与了喜饶嘉措校勘大藏经的工作，并且协助喜饶厘定佛典语言。①

这是一种特殊的师徒关系，因为喜饶嘉措把更敦群培视为自己的弟子，② 而更敦群培却不承认自己是喜饶嘉措的弟子。③

（四）畏友关系

更敦群培与喜饶嘉措可以说是“平生风宜师友兼”，他既

---

① Le mendiant de l'Amdo, p. 148.

② Le mendiant de l'Amdo, p. 155.

③ Shes-rab-rgya-mtsho, Mkhas-dbang-dge-vdun-chos-vphel-gyi-rnam-thar-mdor-bsdus, 1972.

是喜饶嘉措的弟子，又是喜饶嘉措的畏友和诤友。自更敦群培到哲蚌寺起，他在自己所在的果莽扎仓中，就以无敌的雄辩者著称。他的言谈举止就像一名浪荡僧（rdab-rdob），懒散好斗，装束和行动都不完全遵守戒律。更敦群培声称，他能驳倒喜饶嘉措所讲的一切，而喜饶嘉措也总是把更敦群培看成是个疯子。他们两人在佛法上都有很深的造诣，但彼此的观点却是相悖的。有一段时间，更敦群培不再听喜饶嘉措授课，格西喜饶嘉措非常气愤，派人到更敦群培的住处去问个究竟。当时更敦群培正在作画，他抬起头来说："喜饶嘉措知道的，我都知道；我不知道的，喜饶嘉措也不知道。"说罢继续画他的画。[①]这不禁使人想起国学大师钱钟书青年时代的狂傲，他在清华大学读书时，曾口出狂言："整个清华，没有一个教授有资格充当钱某人的导师！"[②] 更敦群培在印度时，有一次收到喜饶嘉措的来信，告知将经印度乘船前往中国内地，并希望在加尔各答与自己的弟子会面。可是师生一见面，又像从前一样发生了争论，争论的问题是地球的形状，更敦群培依据自己所接受的现代知识和观念，确信地球是圆的，但作为老师，喜饶不愿让步，反驳道："我可以把它压平！"对此，更敦群培给予了严厉的回击。[③]

（五）论敌关系

更敦群培与喜饶嘉措还因《龙树中论奥义疏》（dbu-mvi-zab-gnad-snying-por-dril-bvi-legs-bshad-klu-sgrub-dgongs-rgyan）而成为论敌。这部作品是根据更敦群培于40年代末向其弟子达瓦桑波讲授龙树《中论》时，达瓦桑波所作的笔记整理而成的，1951年印制出木刻版。更敦群培在这部作品中，以批判

① Le mendiant de l'Amdo，p. 155；p. 277.

② 孔庆孟：《钱钟书传》，第53页，江苏文艺出版社，1992年版。

③ Le mendiant de l'Amdo，p. 178.

地继承的态度，阐述了龙树创立的佛教中观学说的精义，即“众因缘生法，我说即是空，亦为是假名，亦是中道义”。（“三是偈”）这既是对“中观”所下的定义，也是对龙树《中论》思想的概括。并且从中观应成派的角度，结合藏传佛教实际，论述了佛护、月称、寂天、阿底峡等佛学大师关于“八不缘起”（不生不灭，不常不断，不一不异，不来不去）、“二谛”（真谛和俗谛）、“无明”（无知）、“实相涅槃”和消灭“戏论”，得出“实相”等重要概念和范畴的理论。同时，还以现代的眼光，发展的观点，观察和研究佛教中观学说，对至高无上的佛祖，“二圣六庄严”以及格鲁派始祖宗喀巴的理论进行挑战，阐明了自己的佛学思想。

更敦群培的《龙树中论奥义疏》问世后，很快就在藏族僧人和知识分子中流传开，这部观点新颖、写作风格与传统作品迥异、对佛教中观学说具有独到见解而不因袭成说的奇特著作，吸引了广大读者，受到国内外学者和佛教信徒的关注。而一些格鲁派高僧却将其视为离经叛道的异端邪说，感到对藏传佛教和传统的价值观构成了威胁。为了维护佛教正统，消除更敦群培的思想在广大藏族僧人和知识分子中的不良影响，德高望重的格西喜饶嘉措大师亲自上阵，于1956—1957年撰写出讨伐《龙树中论奥义疏》的檄文，题为《龙树密意略论·无畏狮子吼》（klu-sgrub-dgongs-rgyan-la-che-long-du-brtags-pa-mi-vjigs-sedgev-nga-ro）。① 喜饶大师在这篇长文中，用辩经的方式，以老师教训弟子的口吻，对更敦群培及其弟子达瓦桑波这种不合正统的中观思想和以怀疑、批判的态度评说佛教的言论进行了驳斥。从喜饶嘉措《致达赖喇嘛的两位经师的信》中可以看出，喜饶大师的这部驳论是奉命之作，即是遵达赖喇嘛的经师赤江和岭仓之嘱而写的。信中写道：sbed min khrom

① 全文共246页，原稿的后部分已佚，系残本。详见《喜饶嘉措文集》第三卷。

bsgrags kyi thugs dogs rmi lam du yang mdzad ma dgos. gnas byang chub kyi snying po la rdo rjevi skyil krung gis vdug pvi bar du gsang bar dam bcvo. ① 随后，其他正统学者和僧人也与喜饶大师相呼应，撰文批驳《龙树中论奥义疏》。正是更敦群培的遗著《龙树中论奥义疏》的问世，使更敦群培与喜饶嘉措由师徒关系演变成论敌关系，这可谓20世纪藏传佛教史上的一段佳话。从这一点来看，更敦群培与喜饶嘉措类似于鲁迅与梁漱溟，“鲁迅是民国以来最伟大的文学家，尖刻地批评传统社会，而梁漱溟则像圣徒一般地护卫传统社会”②。

二、更敦群培与喜饶嘉措比较

如上所述，更敦群培与喜饶嘉措具有十分特殊的关系，这两位藏族学术大师在现代藏族学术文化史上具有突出的代表性和鲜明的个性，对他们的性格进行比较，不仅可以深化对更敦群培的认识，而且能够发现在社会文化转型、新旧交替的时代所产生的两种藏族人格类型。

（一）更敦群培与喜饶嘉措的共性

同为藏族高僧和学者，更敦群培和喜饶嘉措具有如下共性：

1. 身世相同

喜饶嘉措和更敦群培自幼都受到当地高僧的器重。喜饶嘉措10岁丧父，孤儿寡母相依为命；更敦群培7岁丧父，与母亲和姐姐一道艰难度日。

---

① 《喜饶嘉措文集》第三卷，第572页。

② ［美］艾凯著，郑大华译：《梁漱溟传》，湖南出版社，1992年版。

2. **有主见**

喜饶嘉措说："没有个性和主见的人，就像是没有尾巴的狗。"① 更敦群培说："不能简单地去赞成某种解释，不能人云亦云，对任何问题都应当持这种态度……必须根据自己的理解提出见解。重复他人的观点毫无益处。假如你要攀登一道很高的山脉，那么，你希望到达何处呢?"②

3. **不虚荣**

喜饶嘉措虽然获得了拉然巴"格西"学位，但是他并不看重这个虚名。他说："授予学位与否，无关紧要。如名实相副的大学者札巴嘉措、顿珠嘉措、隆柔嘉措以及古雷寺的贡曲等人，都没有获得过学位。"③ 更敦群培一生在寺院学经近20年，但是他就像国学大师陈寅恪一样，重"学问"而不重"学位"，在拉卜楞寺学经时，不为学位，入哲蚌寺学经后，又放弃了考取格西的机会。

4. **都是诗人**

喜饶嘉措15岁时曾赋诗一组，其中一首为："博大妙智贯经文，洞彻经义无遗留，顶礼格勒图丹嘉措尊，请赐无碍之辩才！药树葱茏园林中，稀奇庄严无量宫，画师龙氏之寮舍，福泽眼中甘露融。"④ 喜饶精通藏文修辞学，写起诗来，出口成章，七步成韵，故其作品中往往贯穿着七言或九言诗文。⑤ 据更敦群培的弟子喇琼阿波（bla-chung-a-pho）说，更敦群培9岁时作了《诗四章》，是地道的回文诗（kun-bzang-vkhor-

---

① 《喜饶嘉措大师》，第63页。
② Le mendiant de l'Amdo, p. 217.
③ 《喜饶嘉措大师》，第149页。
④ 《喜饶嘉措大师》，第161页。
⑤ 《喜饶嘉措大师》，第223页。

lo)，他在 13 岁时作了两首令人惊叹的诗。[①] 他们治学既重“可爱”，又重“可信”，将感性的学问（如诗学）和理性的学问（如佛学）有机地结合起来，都是尼采似的“诗人哲学家”。

5. 都是爱国者

喜饶嘉措既热爱藏民族，也热爱祖国，被毛泽东主席称为“爱国老人”；更敦群培既反对崇洋媚外，提倡民族自尊自强，也反对英帝国主义对中国西藏的觊觎，是爱国主义者。

6. 作品命运相同

喜饶嘉措说，早年在拉萨和内地都写过不少著作，现在大部分都没有了，保存下来的原著不多，“太可惜了！”[②] 喜饶一生孜孜不倦地从事讲、辩、著，所有论著若印制成长条书，约有 15 函。遗憾的是，原在西藏的大部分手稿，1936 年底带到南京存放于甘青宁会馆，1937 年日军飞机轰炸时被全部炸毁。1936 年到内地至“文革”前近 30 年间的所有手稿，又在十年动乱中遭到焚毁。[③] 故其传世作品主要是《喜饶嘉措文集》三卷。更敦群培的作品也屡遭厄运，经过噶厦的“审查”和“文革”时期的毁损，保存下来的作品也主要是《更敦群培文集》三卷。

（二）更敦群培与喜饶嘉措的个性

喜饶嘉措和更敦群培这两位安多同乡，不仅具有许多共性，而且两人的个性也十分鲜明。他们在学术、政治、宗教和生命历程等方面存在着很大的差异。

---

① Le mendiant de l'Amdo, p. 136.

② 《喜饶嘉措大师》，第 111 页。

③ 《喜饶嘉措大师》，第 196 页。

1. **学术文化风格不同**

喜饶嘉措和更敦群培是20世纪典型的藏族高僧和学术大师，他们是传统和现代两种类型的代表。作为正统的格鲁派格西，喜饶嘉措的学术具有鲜明的“传统”风格；而离经叛道的更敦群培，其学术处处体现出“现代性”。

喜饶嘉措曾应邀赴汉地讲学，担任国立北京大学、清华大学等五所大学西藏文化讲座讲师，但是几乎没有受到汉学和现代科学的影响；更敦群培则应邀赴印度游学和协作研究，与印度、俄国等外国学者合作翻译印藏古典名著，受到印度学和现代科学的影响。喜饶嘉措说，藏族历史上很重视翻译工作，翻译家与学者齐名，受到人们的尊重。[①] 但是他在翻译方面的成果不及更敦群培。喜饶嘉措和更敦群培都对文化交流作出了重大贡献，但是他们所进行的文化交流的方向和内容有所区别：喜饶嘉措主要从事的是藏汉文化交流，诚如十世班禅大师所说：“至尊喜饶嘉措大师一生为沟通交流汉藏文化著书立说，功垂汉藏。”更敦群培进行的是藏印—印藏文化交流。

同为藏传佛教高僧和学术大师，喜饶嘉措和更敦群培的讲、辩、著都取得了显著的成果，可是由于传道、授业、解惑的方式、内容和对象不同，喜饶嘉措的弟子众多，桃李遍藏区，拉萨三大寺的学者和噶厦的高级官员多出其门下。著名弟子有：更敦群培、赤江益西、索康·旺钦格勒、阿沛·阿旺晋美、果莽扎仓堪布群培杰波、格西强巴次成、江乐金·索朗杰布、察绒·达桑占堆、贡桑孜、贡巴萨·土登吉扎、霍康·索朗边巴、德格色·索朗旺堆、杨质夫（藏名先泽智桑）、彭哲、吴均；而更敦群培却弟子寥寥，主要是霍康·索朗边巴、达瓦桑波、阿波喇琼、格隆、玛雅活佛，以及汉族弟子李有义和穆斯林弟子阿布杜尔· 瓦赫德等。

---

① 《喜饶嘉措大师》，第70页。

2. 政治思想风格不同

虽然都是佛教僧侣，但是喜饶嘉措和更敦群培都没有与政治“绝缘”，他们由出世而入世，但是并不像国学大师梁漱溟，是由研究佛学（出世）转而归宗儒学（入世），以“为德圣继绝学，为万世开太平”为一生使命，而是参与社会变革。然而他们的政治思想和政治态度并不相同。喜饶嘉措与政治的关系密切，“大师是出家人，对做官没有兴趣，但他对当时政府开始请民族人士协理边政的举措，认为是适当而正确的，因而表示愿意赞襄边疆事务，加强民族团结”①。海德说：“喜饶对政治如同对佛教的争论一样具有浓厚兴趣。”② 他在旧中国加入了国民党，并曾担任国民参政会参政员和蒙藏委员会副委员长等职。新中国成立后，他先后担任青海省人民政府副主席和文教委员会主任，西北军政委员会委员，西北民族事务委员会副主任，第一、二届全国人大代表，第二、三届全国政协常委，第四届全国政协委员和中国佛教协会会长等职；更敦群培曾加入了生命短暂的“西藏革命党”，具有唯物思想、革命思想，并且认同社会主义，但是他仍然与政治保持着距离，仅停留在思想和理论上，并没有积极参与政治活动，其社会变革思想也未能付诸实施。

3. 宗教信仰方式不同

喜饶嘉措和更敦群培都是佛门弟子，但是由于家世和人生历程相异，他们的宗教态度、行为和思想都迥然不同。在佛教的弘传方面，喜饶嘉措述（讲经）作（著述）结合，十三世达赖喇嘛在劝说喜饶嘉措校勘《甘珠尔》时说：“有些格西精通经典，但对于著述不甚精妙；有的格西虽具著述才华，但又

---

① 《喜饶嘉措大师》，第 89 页。

② Le mendiant de l'Amdo, p. 148.

不精通经典。”① 言下之意是，喜饶嘉措既精通经典，又精于著述，是难得的人才。可是更敦群培却作而不述，他向弟子传授的主要是诗学和文法等世俗的知识，即使向达瓦桑波讲授龙树的《中论》，也不同于讲经。喜饶嘉措是严守戒律的正统的格鲁派信徒，独身善守，并且独尊格鲁一派，以维护格鲁派的僧统为天职；更敦群培由于出生于宁玛派世家，后来到印度又接触到各种宗教，因此他虽然是格鲁派的弟子，但是在言行两方面都不严格遵守戒律，不注重形式，佛祖心中留，不仅过俗人的生活，而且还写出了以性为主题的《欲经》，被格鲁派僧人认为是“破戒”还俗的“异教徒”。并且，更敦群培没有严格的教派的界限，以宽容的态度对各个教派和各种宗教兼容并包。

4. **生命历程不同**

喜饶嘉措一生主要在安多、卫藏和汉地讲学和生活，只到印度作过短暂的停留；更敦群培一生主要在安多、卫藏和南亚（印度、锡兰等地）游学和生活，没有到过汉地。虽然两人的人生旅途都不顺利，但是更敦群培更为坎坷。喜饶也曾因校勘大藏经，被扣以“校勘《甘珠尔》擅自妄加伪造的词句”和“亲汉分子”的帽子，但是由于他是正统的格鲁派大师，并没有受到噶厦的严重迫害；而离经叛道、猛烈抨击传统和时政、把自己树立成政教合一制度的对立面的更敦群培，则受到噶厦的压制和迫害。藏族格言云：“狮子虽猛，也会被肚里的寄生虫咬死。”更敦群培就是被封建农奴社会扼杀的。喜饶嘉措和更敦群培都经历了清朝、民国和中华人民共和国三个时代，但是由于更敦群培生于清末，对封建王朝的了解并不深刻，加之他去世较早，也没有看清新中国和新西藏的面貌；而喜饶嘉措既了解清朝和民国的腐朽统治，也看到了新中国和新西藏藏族

① 《喜饶嘉措大师》，第 165 页。

人民翻身做主人的新气象，是真正的“三朝元老”。喜饶嘉措的人际世界局限于中国，而更敦群培则与许多外国学者有密切的交往。这正是他们的学术和思想存在差异的重要原因。喜饶嘉措比更敦群培出生早 19 年（1884 年出生），却比更敦群培晚 17 年去世（1968 年），活了 85 岁；更敦群培英年早逝（49 岁），是 20 世纪藏族学术文化史上的一大悲剧。

（原载《青海民族学院学报》，1999 年第 1 期）

更敦群培与“西藏革命党”

引言——近代西藏的变革历程

在20世纪上半叶的西藏，受世界革命形势和亚洲民族民主革命运动的影响，藏族的有识之士曾进行过三次变革的尝试，力图改造西藏的政教合一制度，为噶厦注入活力，推动西藏的现代化，使藏民族跟上时代的步伐。第一次变革发生在20年代中期，是由察绒·达桑占堆为首的藏军集团发动的，其目的是：扩充藏军的数量，改良藏军的装备，壮大西藏的武装力量，以增强抵御外来入侵的实力；学习和借鉴西方（主要是英国）的先进技术，仿效西方的生活方式，赞赏西方的价值观念，以开放的姿态对待外来文化和现代文明。这次变革实际上是十三世达赖喇嘛“新政”的产物。第二次变革发生在1934年，是由孜本龙夏·多吉次杰为首的“求幸福者同盟”发起的。其宗旨，是要改革噶厦机构，变革西藏的行政体制。龙夏希望以4年一届的任期制来取代噶伦的终身制，并希望由“民众大会”来选举噶伦，从而使噶伦向“民众大会”负责。龙夏的政治主张比察绒的变革主张前进了一步，但是，龙夏是把“他的现代化和改革的见解隐藏在传统的价值观念中进行的"①。第三次变革发生在20世纪40年代初期，主角是邦达饶嘎为首的“西藏革命党”。其宗旨是推翻封建农奴制度，建立进步和民主的西藏。显然，“西藏革命党”的政治主张比龙夏为首的“求幸福者同盟”又前进了一大步。虽然西藏的这三次变革都因政教势力的强大、僧侣和贵族等保守力量占上风而失败，但是，其推动西藏走向近代化的功绩是不能抹杀的。在印度、锡兰等南亚国家生活了12年，深受印度民族民主革命运动熏陶的更敦群培，与“西藏革命党”建立了密切的关系，在西藏的早期革命中作出了特殊的贡献。因此，弄清“西藏革命党”的来龙去脉、研究更敦群培与“西藏革命党”的关系，有助于人们更加深刻地认识现代西藏的发展轨迹。

一、“西藏革命党”

（一）“西藏革命党”的“发现”

“西藏革命党”是西藏历史上值得研究的新事物，可是，就笔者所知，在1994年以前，国内出版的藏汉文藏学论著都未见有关“西藏革命党”的记载或论述。究其原因，大概有两个：一是“西藏革命党”是在印度建立的，存在时间较短，并且主要在印度活动，人们（包括旧西藏的贵族和官员）知之甚少；二是由于有关“西藏革命党”的档案主要保存在印度和英国，国内学者难以查阅。1994年，笔者翻译的美国藏学家戈尔斯坦（Melvyn C. Goldstein）的巨著《西藏现代史（1913—1951）——喇嘛王国的覆灭》（A History of Modern Tibet 1913—1951, The Demise of the Lamaist State）出版，其中有

① 《龙夏的改革运动》，见戈尔斯坦著，杜永彬译：《喇嘛王国的覆灭》，第193页，时事出版社，1994年版。

“西藏革命党”一节，并附有“西藏革命党”的党徽、党员登记卡和入党申请表的复印件。从此书中，人们才第一次较为详细地了解了“西藏革命党”。“西藏革命党”的重新“发现”，要归功于国外的藏学家。早在1985年，法国学者海德（Heather Stoddard）出版的法文专著《安多的托钵僧》[①] 一书，就在“西藏进步党”一节中较为详细地论述了该党的情况。只是由于中国藏学界没有见到此书，也没有将其译成中文，因而未能及时了解国外最新的藏学研究成果。笔者的译著面世后，引起了国内外学者的关注，旅美华裔学者刘耀中在美国华文报纸《中华时报》（1997年5月17日等日期）上，以《一位美国教授新书指出：〈喇嘛王国的覆灭〉》为题，几乎全文抄录了笔者有关“西藏革命党”的译文。刘氏显然见到了笔者的译文，还名之曰“刘耀中特稿”，予以连载，让世人看来好像是刘的论文或译文。由此可见，把著作权当儿戏的剽窃行为即使是在声称著作权受到有效保护的美国也不例外。国内藏学界也很关注这个20世纪西藏的特殊政党，有的藏族学者还将笔者有关“西藏革命党”的译文翻译成藏文，向藏族学术文化界介绍。

（二）关于“西藏革命党”的名称

该党的藏文名称为 Nub-legs-bcos-skyid-sdug（“西藏西部改良党”）。“西藏革命党”是该党的汉文名称。该党的英文名称有两种译法：一为 Tibet Improvement Party（“西藏改良党”）；一为 Tibet Progressive Party（“西藏进步党”）。法国学者海德在其专著中将该党的法文名称译为 Le Parti progressiste tibetain. 本文因用汉文叙述，故仍沿用该党党徽的汉文名称——“西藏革命党”。

---

① Le Parti progressiste tibetain，Le mendiant de l'Amdo，Paris，1985.

（三）“西藏革命党”的政治主张

据《噶伦堡西藏革命党简要协定》称，1939 年，西藏的藏族邦达饶嘎、江乐金·索朗杰波和土登贡培于印度北部边境城镇噶伦堡创建“西藏革命党”，当时主要在噶伦堡和大吉岭一带活动。《西藏革命党简要协定》明确阐述了该党的宗旨和行动纲领：

“为了西藏的改良和进步，我们于 1939 年签署了一份详细的行动协定。此后，当饶嘎于 1943 年 5 月 11 日赴重庆后，我们在噶伦堡又通过了四项决议。随后，当国民政府驻藏办事处处长沈宗濂到达噶伦堡后，我们便于 1944 年 7 月 9 日向他提交了一份申请。其后，又于 1945 年 9 月 4 日通过原‘国民政府护送九世班禅回藏专使行署’代理专使马鹤天向他提交了一份申请。1945 年 8 月 9 日，我们收到了由国民政府参赞转来的沈宗濂处长的口信，告知土登贡培和江乐金将从 1945 年 7 月起领取生活津贴。我们还有可能得到用于‘西藏革命党’组织的财政资助。但是我们是否能够得到资助，关键在于我们必须严格遵守下列规定：

1. 没有必要说明我们必须按照 1939 年的每项协定办事。然而我们必须首先把‘三民主义’和蒋介石总统的命令付诸行动。我们必须在一切言论和行动方面同‘三民主义’和‘中央政府’保持一致。我们决不违反这些原则。

2. 最近蒋介石总统已经宣布允许西藏自治。据此，我们必须尽自己的最大努力使西藏从现存的专制政府中解放出来。我们还必须遵循世界上其他进步和民主的民族和国家，特别是民主的中华民国中央政府的方法行事。为此，本党全体党员都必须同舟共济。

3. ‘西藏革命党’党员在没有征求和得到本党领导准许的情况下，不能擅自去别的地方。

4. 我们必须同同情本党的人进行合作并予以帮助，必须结成统一战线，反对本党的敌人。

5. 住在西藏本土和境外的‘西藏革命党’党员，都必须在与共同利益相关的事情上牢牢地拧成一股绳。当本党的党员为了本党的利益而受到伤害或遇到麻烦时，本党的其他党员必须齐心协力地进行帮助。

6. 如果没有通过决议，我们不能与其他任何政府或政党进行接触或建立联系。本党党员在这方面也不能随心所欲。

7. 为了统一控制本党的经费和为本党募集资金，必须通过决议，应当按月向本党的会计和出纳报账。

‘西藏革命党’全体党员都必须严格遵守下列简要的规定或纪律：

1. 遵守本党的各项纪律和规章制度。

2. 允许自由讨论关于本党的任何问题，但是一旦作出决定，就必须绝对遵守。

3. 保守本党机密。

4. 不允许在外人面前攻击本党同仁或本党机关。

5. 不得加入其他任何政党。

6. 不许结党营私或拉帮结派。

本党的任何人违反了上述规定，都将受到如下不同程度的惩罚：

1. 警告。

2. 暂时保留其党员待遇和特权。

3. 暂时保留其党员资格。

4. 开除党籍。

（《协定》的藏文本是由饶嘎、江乐金和土登贡培签署的。）”①

---

① 印度事务部档案，政治与保密卷宗，12/4211，《噶伦堡西藏革命党简要协定》；1946年6月20日“中央情报局”自噶伦堡发来的外交备忘录，转引自《喇嘛王国的覆灭》，第472—473页。

从上述《协定》可以看出，“西藏革命党”的政治主张旨在与中华民国的政治体制接轨，即“我们必须首先把‘三民主义’和蒋介石总统的命令付诸行动。我们必须在一切言论和行动方面同‘三民主义’和‘中央政府’保持一致”；“我们必须尽自己的最大努力使西藏从现存的专制政府中解放出来。我们还必须遵循世界上其他进步和民主的民族和国家，特别是民主的中华民国中央政府的方法行事。”（《噶伦堡西藏革命党简要协定》第一、二条）他们的政治目标不只是对当时的摄政统治进行变革，而且要对西藏的政教合一制度和封建农奴制社会进行革命性的改造和重建。

（四）“西藏革命党”的主要活动与结局

该党的成员都是在政治上受到噶厦迫害的“政治犯”，邦达饶嘎是因卷入邦达家族于1935年在康区发动的一场反叛噶厦的未遂暴动，于1936年逃往印度的；土登贡培和江乐金两人都是在1933年十三世达赖喇嘛圆寂之后被捕，并被流放到藏印边境地区，“当他们俩看见其他被流放和革职的政治犯相继被免刑，并重新进入政府，而他们甚至连返回拉萨的要求都得不到准许时，非常失望和愤懑，1937年12月，他们偷偷逃到了印度”①。

1944—1945年，邦达饶嘎等人开始在西藏组建“西藏革命党”②。1946年2月初，印度警方发现饶嘎订购了4000份“西藏革命党”党员表格副本和2000张党员登记卡及一枚刻有与苏俄党徽标记惊人相似的徽章时，就引起了对饶嘎的警觉。③

---

① 《喇嘛王国的覆灭》，第465页。

② 印度事务部档案，政治与保密卷宗，12/4211，1946年6月17日邦达饶嘎的来信。

③ 《喇嘛王国的覆灭》，第467页。

1946年6月19日，英国人查抄了饶嘎、强巴俄色、波波拉（T. Borbora）、李培珍（Li pei-thing）、索波达喇嘛、江乐金·索朗杰波和沈淑美等6名从事间谍、革命活动和伪造卢比钞票嫌疑者的住所。虽然中华民国驻德里官员已事先警告饶嘎马上将被搜查，所以所有与该党有关的文件，尤其是党员名单都已被销毁，可是饶嘎却忽略了装在一个钱夹中的几封信，因而被警察发现了。最为重要的是，发现了一份已经签署的《西藏革命党协定》的复印件和饶嘎致国民党当局的几封信。这些文件透露，饶嘎、江乐金和土登贡培都从南京国民政府那里领取俸禄，他们企图推翻西藏现政府，在西藏建立一个隶属于中华民国的共和政府。[1] 这样，"西藏革命党"的政治目标和行动纲领就完全暴露了。尽管当时"西藏革命党"羽毛尚未丰满，"据了解，西藏的不少官员都确信，在康巴商人中至多有100多名同情者。这样一小批同情者或支持者看上去可能无关紧要，可是热振势力与饶嘎为首，并得到国民党支持的'西藏革命党'之间有可能结成联盟，这就会对噶厦构成威胁"[2]。于是，英印当局和噶厦立即联合扑灭了邦达饶嘎等人在印度和西藏播下的革命火种。因此，"西藏革命党"在邦达饶嘎等人惨淡经营了5年之后，于1946年6月便退出了历史舞台。

"西藏革命党"首领邦达饶嘎讲述了该党的结局："自1945年始，我们就没有时间出版发行图书了。我们只拥有该党的登记卡、申请表格、宣言和一份党员名单。所有这些都在刚要被搜查前，连同文件和信函等一起烧掉了。人们搜查了噶伦堡的许多人家，此外，印度警察厅（C. I. D.）最重要的官员拉贝特（E. Lambert）还对达克·邦噶诺（Dak Bungalow）进行了审讯。在噶伦堡的西藏和印度官员的帮助下，他收集到

① 《喇嘛王国的覆灭》，第471—475页。

② 《喇嘛王国的覆灭》，第477页。

一个装有许多毫无用处的证据的大型卷宗，因为当事人都没有说真话。江乐金、土登贡培和我本人都受到了审讯。在整整一周当中，唯独我回答了拉贝特的讯问。

由于我持的是中国官方的护照，因而被驱逐，于是我便前往南京。禁止贡培住在孟加拉。瓦拉纳西（Varanasi）大学向他提供了一个藏文讲席，但是被他拒绝，后来他和我在汉地重逢。江乐金·索朗杰布得到锡金的拉那多吉（Rana Dorje）的帮助，可以继续留在噶伦堡。

我将孙逸仙的《三民主义》翻译成藏文，并用汉文原文与一种英文版对比了书名。塔钦把他的英文复制本借给了我。本党并不依附于国民党。我们创立该党，旨在将改革引进西藏，因为，如果西藏不改变其政体，就不可能抵抗来自外部的（如来自汉人共产党的）任何一次入侵。我一直拥有一本马克思的《宣言》（即《共产党宣言》——译注）的复制本，但是我并没有将它译成藏文。我们甚至没有来得及按照其要求去组织这个党。”①

“西藏革命党”是西藏历史上的第一个革命性政党，尽管其存在时间短暂，党员人数很少，组织不健全，并且主要在印度和印藏边境活动，但是，它实际上拉开了西藏革命的序幕，推动了西藏的社会变革。因此，西藏革命史上应有“西藏革命党”的一席之地。

二、更敦群培与“西藏革命党”的关系

（一）建立联系

更敦群培于1934年离藏赴印，先于饶嘎、江乐金和土登

① Le mendiant de l'Amdo, p. 103.

贡培到达印度。噶伦堡是旅印藏人的大本营，更敦群培在印度期间常在此居住。饶嘎等人到印度后，也以这里为居住和活动据点，更敦群培就是在噶伦堡与饶嘎等具有革命思想的藏人相识的。"邦达饶嘎在噶伦堡的住所成为讨论西藏的前途和命运的一个中心。更敦群培经常到那里去，有时由他的朋友安多尊追（brtson-vgros）陪同前往。据说饶嘎和更敦群培是同一位喇嘛的弟子，他们就西藏改革的必要性进行了多次长谈。常在这里聚会的有土登贡培、江乐金·索朗杰波、阿布杜尔·瓦赫德（Abdul Wahid）、平措汪杰和他的朋友格桑泽仁以及达拉·多吉尼玛（stag-la rdo-rje-nyi-ma）。"[①]

离经叛道、接受现代文明而又主张对西藏进行改革的更敦群培，虽然这时还不是噶厦的政治犯或"持不同政见者"，但是其政治理想和抱负与饶嘎等人相同。正是对西藏的政教合一体制进行革命的共同目标把他们联系在一起。

（二）设计党徽

以饶嘎为首的"西藏革命党"成员不仅印制了《党员申请表格》、《党员登记卡》和具有党章性质的《西藏革命党简要协定》，而且还设计制作了与苏联共产党党徽非常相似的"西藏革命党"党徽。[②] 据说，"西藏进步党"（亦即"西藏革命党"）的党徽就是由更敦群培构思设计的。[③]

（三）绘制地图

1945 年，更敦群培离开印度经山南错那返藏，途经错那时，在此住了一个多月，专门考察了位于中印边境的错那的历史和地理环境，并绘制了一幅地图。据邦达饶嘎称，这幅地图

---

① Le mendiant de l'Amdo, p. 215.

② 详见附图，《喇嘛王国的覆灭》，第 468—470 页。

③ Le mendiant de l'Amdo, pp. 94-95.

是“西藏革命党”委托更敦群培绘制的：“当我与更敦群培建立联系时，他正在与塔钦合作，将一部关于十三世达赖喇嘛的藏文作品翻译成英文。他是一位地图绘制者，所绘制的地图是如此的精巧，以至看上去就像是印制的。因此，我们便请求他绘制一幅西藏与印度交界的边境地区的地图。”① 由此可知，更敦群培1945年离开印度，经错那返回西藏时，确实在此考察了中印边界，并绘制了有关错那和中印边界的地图（包括所谓“麦克马洪线”）。

据土登贡培的妻子拉宗卓嘎叙述：“1945年，饶嘎让更敦群培经由不丹和达旺到西藏去朝圣，他化装成一名朝圣的托钵僧，但实际上是去绘制西藏尤其是藏人居住的北部边境的地图。”② 他完成此项任务之后，于1946年1月4日之前到达拉萨。③

三、更敦群培是否加入“西藏革命党”

（一）更敦群培没有加入“西藏革命党”

关于更敦群培与“西藏革命党”的问题，有两种说法。更敦群培的弟子和朋友断定他不是“西藏革命党”党员。据海德说，她在采访几位见证人时，他们认为更敦群培天真幼稚，是邦达饶嘎逼迫他成为“西藏进步党”的党员的，他返回拉萨实际上是有人策划的一个阴谋所致。④ 海德声称：“几乎可以肯定，更敦群培并不知道‘西藏进步党’的确切职能

---

① Le mendiant de l'Amdo, p. 103.

② 拉宗卓嘎：《土登贡培生平述略》，《西藏文史资料选辑》第三辑。

③ 印度事务部档案，政治与保密卷宗，12/4202，1946年2月10日周末英国驻拉萨公使的来信，转引自海德《安多的托钵僧》。

④ Le mendiant de l'Amdo, p. 227.

和作用，对邦达饶嘎与国民党之间所保持的密切关系也茫然无知。无论如何，当邦达饶嘎第一次前往加尔各答住在达克尔（Thacher）和斯平克（Spink）家里时，更敦群培已在拉萨定居。饶嘎断定，他的朋友与他们一道工作，他们帮助他绘制了这幅地图，但是，他既没有在宣言上签字，也不是该党的党员。在拉萨，当更敦群培受到审讯时，他签署了一份声明，否认他曾参加过‘西藏进步党’，据一些见证人说，当噶厦最终确认他的声明是真实可靠的时，他才获得了自由。这两个人（邦达饶嘎和更敦群培——引者）的目标是要改变西藏政体，使西藏重新统一，然而，正如饶嘎在致更敦群培的信中所指出的，他们的政治见解迥然不同。”①

（二）更敦群培加入了“西藏革命党”

据海德叙述：1974 年冬，在噶伦堡进行一次访谈时，邦达饶嘎放弃了以前关于更敦群培没有加入“西藏革命党”的旧说，向她提供了更敦群培加入该党的证据：“1945 年，我在噶伦堡第一次见到更敦群培。当时，我力图最大限度地把知识分子联合起来，我与他建立了联系，并邀请他帮助我们在拉萨组织这个政党。当时这涉及一个秘密的行动，这个行动要在噶伦堡和拉萨召集三四百人。我担任主席，江乐金和贡培任秘书。在印度，我并没有真正尽力去捍卫这个秘密的行动，因为斗争的结果，将在印度的报纸上就建立一个政党的自由的问题展开一场大辩论。我并没有表示同意，但是，同样做了一切工作。这就是我向塔克尔和斯平克发去订货单的原因。英国人企图使这个民族保持一种下等地位，他们没有丝毫加以改善的愿望。这正是塔克尔和斯平克印刷所通知警方的原因。该党被解散后，更敦群培虽然不是该党的党员，仍然遭到监禁。”②

① Le mendiant de l’Amdo, p. 227.

② Le mendiant de l’Amdo, p. 102.

据海德访问，住在噶伦堡的另一些见证人承认，更敦群培与国民党和邦达饶嘎的“西藏革命党”建立了不牢固的联系。①

戈尔斯坦认为，更敦群培加入了“西藏革命党”。他写道：“该组织的主要成员包括江乐金·索朗杰波、土登贡培以及不太活跃、才华横溢而放荡的喇嘛、学者和反叛者更敦群培。”“更敦群培是该党的第四位著名成员……”“更敦群培加入了‘西藏革命党’”②。有几位与更敦群培相识的人都证实，他从饶嘎那里领取薪金。据扎西贝拉叙述，更敦群培曾告诉他，饶嘎每月给他送来400—500卢比。③ 据桑颇说，更敦群培对他讲，在印度时，他从饶嘎那里领取薪金，其中一部分钱是通过他的家转寄来的。④

根据上述分析，从更敦群培与“西藏革命党”建立密切联系，为该党设计党徽、绘制地图等行动，以及更敦群培的变革思想来看，笔者赞同更敦群培加入了“西藏革命党”的观点。

四、“西藏革命党”对更敦群培的影响

更敦群培于1934年赴印度，旅居南亚达12年之久。1945年，更敦群培离开印度返藏。从西藏南部错那入境时，在这里进行了考察，并绘制了边境地图。据邦达饶嘎说，这是为“西藏革命党”绘制的。此举当时就受到了英国人和噶厦的监视。海德写道：“在致更敦群培的一封信中，邦达饶嘎认为，传播共产主义的时机尚未成熟，目前，（西藏革命）党的活动

① 海德1974年访问，Le mendiant de l'Amdo，p. 103.

② 《喇嘛王国的覆灭》第463页，第465页，第466页。

③ Kirti rin-po-che，Dge-vdun-chos-vphel-gyi-rab-byed，p. 163.

④ 《喇嘛王国的覆灭》，第475页。

应当继续开展下去……从此，更敦群培就被牵连到在西藏传播共产主义的计划这件事上。邦达饶嘎的信很可能被解释成为是对他的朋友所提出的询问的一种答复，暗示他（指更敦群培）已不耐烦了，或者是对邦达饶嘎为首的（西藏革命）党产生了怀疑，希望发动一场共产主义运动，在这一点上没有能够与邦达饶嘎协调一致。”① 后来，更敦群培被噶厦逮捕，噶伦索康·旺钦格勒等人在对其定罪时，就对更敦群培与“西藏革命党”的关系问题进行了审讯。由于加入了“西藏革命党”，使更敦群培成为西藏的第一批革命者；也正是因为加入了“西藏革命党”，才遭到了噶厦的政治迫害。可见，更敦群培的政治生命是与“西藏革命党”联系在一起的。

（原载《西藏研究》，1999 年第 2 期）

① Le mendiant de l' Amdo, p. 223.

论人际交往对更敦群培的影响

“一个人的发展取决于和他直接或间接进行交往的其他一切人的发展……单个人的历史决不能脱离他以前的或同时代的个人的历史，而是由这种历史决定的。”① “人的本质并不是单个人所固有的抽象物。在其现实属性上，它是一切社会关系的总和。”②更敦群培的“为学”获得了巨大的成就，成为20世纪著名的藏族学术大师，这是多方面的因素铸成的，也与他的“为人”有着十分密切的关系。一般说来，“为人”有两层含义：一是做人，这一点更敦群培是合格的，他是一个正直、真诚、善良的人；二是处理好人际关系，更敦群培短暂的一生人际世界广阔，其中容纳了藏族高僧、学者和名流，印、俄、法、英、日等国的学者，以及弟子和亲人。这种独特的人际关系，对更敦群培的人生经历和心路历程都产生了重大影响，也是他能够在学术和思想方面卓尔不群、巍然独步的重要原因之一。剖析更敦群培的人际世界，阐明其对更敦群培的影响，是研究和理解更敦群培其人、解开“更敦群培之谜”不可或缺的重要一环。

---

① 《马克思恩格斯全集》第3卷，第515页。
② 《马克思恩格斯选集》第1卷，第18页。

一、学术文化影响

（一）藏族传统学术的影响

更敦群培与喜饶嘉措的关系非常独特。同为现代藏族学术大师，但是由于更敦群培是弟子和晚辈，青年时代的人生轨迹又与喜饶嘉措十分相似，① 因而更敦群培在传统学术方面受到喜饶嘉措的较大影响。更敦群培到拉萨时，经过近 15 年的家庭教育和寺院教育，已具有深厚的传统藏学的功底，但是还不能与当时已经名扬全藏、德高望重的格西喜饶嘉措大师相比。并且，作为格鲁派最高学府的哲蚌寺，高僧大师云集，可谓藏龙卧虎之地，这也是更敦群培远离安多家乡，赴藏入哲蚌寺深造的主要原因。更敦群培在哲蚌寺学经 7 年（1927—1934 年），尽管他并没有专心致志地修习佛法，但是，由喜饶嘉措等佛学大师主持的主要教学活动和辩经法会他几乎都参加了，并且成为哲蚌寺学经和辩经学僧中的佼佼者，更敦群培显然从这些活动中受到了喜饶嘉措的间接影响。直接影响，则是作为老师的喜饶嘉措的言传身教。更敦群培和喜饶嘉措都是安多人，在哲蚌寺都住在鲁本康村，老师住楼上，弟子住楼下，共同生活和修习近 7 年，耳濡目染，所受的影响自然是很大的。从更敦群培在哲蚌寺的言行看，虽然他对这位老师并不那么尊敬，但毕竟还是去听了喜饶嘉措的不少课。正是这 7 年的修习，使更敦群培的传统藏学基础更加扎实，成为通晓“五明”的大学者。

蒙古族学者格西曲吉札巴对更敦群培也有一定的影响。格西曲吉札巴（1898—1972 年）于 25 岁（1923 年）到达拉萨，

① 详见《试论更敦群培与喜饶嘉措的关系》，《青海民族学院学报》1999 年第 1 期。

进入色拉寺学经。1933年，印度学者罗睺罗到拉萨，特邀更敦群培和格西曲札到印度学习梵文，曲吉札巴当时没有同意。1934年，他到印度朝佛，曾到噶伦堡塔钦主编的《明镜》（Me-long）报任编辑。后因患病回藏，再入色拉寺学经。1936年，曾协助美国人帕拉尔编辑藏文《甘珠尔》和《丹珠尔》目录。后经塔钦介绍，任霍康·索朗边巴的家庭教师。他“相信新生事物”，在1949年噶厦发动的“驱汉事件”中，因他与平措汪杰和国民政府驻拉萨办事处的官员甲绒·洛桑曲扎有联系，被定为“赤色分子”，列为驱逐对象。更敦群培与格西曲札既是是同行，又是合作者，著名的《格西曲札藏文辞典》实际上是更敦群培与曲吉札巴合作编纂的，“更敦群培为这部辞典的编纂出了不少力，尤其帮助曲札收集了口语词汇”。这是“第一部现代藏文辞典”①。只是因为该辞典正式出版时，只署上了格西曲札的名字，所以很少有人知道这是更敦群培的作品。国内藏族学者霍康·索朗边巴和法国学者海德（Heather Stoddard）等在其论著中，都将该辞典视为更敦群培的作品，这是符合事实的。因与格西曲札合作编撰藏文辞典，更敦群培掌握了拉萨方言词汇，从而使其对西藏传统文化有了更加深入的了解。

（二）现代学术影响

更敦群培所结交的外国朋友，几乎都是掌握现代科学知识和方法的学者，并且通几门语言，他们在语言工具、研究方法、文献材料的运用和学术论著的撰写发表等方面对更敦群培的学术研究产生了重要影响。更敦群培的汉族学者朋友，则为他利用汉文文献研究西藏历史提供了方便。

---

① Heather Stoddard, Le mendiant de l' Amdo, p. 219, Paris, 1985；霍康·索朗边巴：《格西曲札生平述略》，《西藏文史资料选辑》第五辑，1985年。

1. 传授语言工具

在更敦群培的外国朋友中，关系最为密切者是印度学者罗睺罗。罗睺罗·桑克日迭雅那（Rahula Sankrityayana，1893—1963 年），出生于印度北方邦的一个卑微的农民家庭，属正统的婆罗门种姓。他 9 岁时从家乡出走，青少年时代游历印度各地，后来在戈尔克（Gorki）大学接受教育。此后的六七年中，他穿着“善行”（Sadhu）长袍，开始学习梵文，并被推举为帕拉萨·玛斯（Parasa Math）寺院的继承人。这种墨守宗教仪式的生活和井井有条的作息，使他感到非常压抑，于是便离开这令人窒息的环境，前往印度南方旅行。“慈善协会”对他严厉地批判正统观念和盲目的宗教信仰的言行加以指责。1915—1922 年，是罗睺罗“新的曙光”期，在此期间，他继续学习梵文，并加入了“圣社”（Arya Samaj），从事复兴印度传统价值的运动。

1920 年，罗睺罗前往印度各大圣地朝圣，由于“摩诃菩提学会”（Mahabodhi Society）的资助，他对 20 世纪以来的佛教圣地进行了识别和复原。1922—1924 年，他以达斯（Baba Ramodar Das）的名义，积极参加了由“摩诃菩提学会”组织的、在菩提伽耶举行的各种集会，呼吁修复释迦牟尼证悟成道之地菩提伽耶。后赴尼泊尔考察，不久，再次被英国人监禁，两年后才获释。他到拉达克和凯拉西山旅行，与该地区的高僧建立了联系。返回印度之后，罗睺罗受锡兰“摩诃菩提学会”的派遣，重新投入到政治活动中，并在锡兰进行了为时一年半的佛教文献研究。1930 年，他决定到西藏考察。为了避开英国人的监视，他先到尼泊尔，然后装扮成朝圣香客，步行穿越喜马拉雅山前往拉萨。在哲蚌寺住了 18 个月，收集了大量藏文文献，后途经桑耶、那塘、夏鲁和扎什伦布等寺返回印度。在以后的 4 年中，罗睺罗两次前往锡兰考察，并在“摩诃菩提学会”的支持和保护下，主办了以英、法、德三国的佛教为主题的学术会议。在此期间，他继续参加甘地的“坚持真理运动”。

他熟悉三四种语言，出版了62部作品，长达5万页，其中大部分用印地文写成。罗睺罗希望印度的大多数人都讲印地语，以取代英语作为南亚次大陆北部官方语言的地位。为此，他致力于推广印地语。[①]他于1934年由印度前往西藏收寻在印度本土已经消失的佛教原始文献贝叶经时，与更敦群培相遇，初次见面，就被更敦群培强烈的个性所吸引。

印度学者罗睺罗，既精通佛学和印度学，又是梵文和印地文专家，是一位学识渊博、造诣高深的学术大师。他一生曾四次赴西藏考察，对西藏的地理环境和历史、宗教都非常熟悉，称得上是一位印度藏学家。只是由于其作品多以印地文发表，读者面较窄，加之国内外学者对他的生平和作品缺乏研究，因而没有达斯的名声大。更敦群培于1934年与他相识后，长期同他合作考察和研究印度和西藏，不仅从他那里学到了梵文和印度学知识，而且还借鉴罗睺罗考察和研究印藏的方法，撰写和翻译了许多作品。更敦群培与罗睺罗之间相互帮助：罗睺罗一生曾四次入藏考察，其中两次都是与更敦群培合作进行的，更敦群培帮助罗睺罗到西藏考察、收集和解读梵文与藏文古籍；罗睺罗则在语言工具和研究方法方面帮助更敦群培，这对更敦群培从传统藏学转变到现代藏学、从佛教神学史观转变为人文史观产生了一定的影响。应当看到，外国学者在寻找合作者时，带有很强的功利性和目的性（至今依然如此），往往不能实现真正的合作。罗睺罗也是这样，他到西藏邀请更敦群培到印度后，很少与更敦群培进行科研合作。这有两方面的原因，一是同其他外国学者一样，罗睺罗不愿让更敦群培与他处于同等的学术地位，共同分享研究成果；二是由于罗睺罗是一位热衷于政治的社会活动家，没有把主要精力放在学术上，因

① Le mendiant de l' Amdo, p. 159.

而也就很少有机会与更敦群培进行科研合作。因此，罗睺罗只是让更敦群培到巴特拉图书馆整理他们在西藏所收集的梵藏文古籍，编写目录。对此，满怀希望前往印度的更敦群培感到非常苦恼和失望，认为白白耗费了5年光阴，受到朋友的欺骗。倘若罗睺罗真心实意与更敦群培合作，更敦群培在南亚的12年一定会取得更加丰硕的成果。

俄国藏学家罗列赫对更敦群培的学术活动也产生了一定的影响。乔治·罗列赫（G. N. Roerich，1902—1961年）是著名画家尼古拉·罗列赫（Nicola Roerich，1874—1947年）之子。他在幼年时代就迷恋上了历史、语文学和考古学，并掌握了拉丁文、希腊文和其他主要的欧洲语言。17岁入伦敦牛津大学东方和非洲学院学习波斯文和梵文。后前往美国哈佛大学，获硕士学位。随后又回到欧洲，入巴黎的国家东方文明和语言科学院及法兰西学院，在伯希和（P. Pelliot）和巴考（J. Bacot）的指导下学习汉文和藏文，并继续其历史学、考古学和人类学的学习和研究。“和图齐（G. Tucci）一样，乔治·罗列赫是有勇气和才能将渊博的学识与在西藏的长期考察和直接经验相结合的屈指可数的学者之一。”①作为藏学和东方学的许多领域的开拓者，罗列赫撰写了有关艺术、考古学、宗教、语言学、文学、民俗的大量论著。并编写了《拉萨方言》和《安多方言》两本教材，出版了长达11卷的《藏英俄对照辞典》。1957年赫鲁晓夫访问印度时，邀请罗列赫到加尔各答进行了一次谈话，希望他回到自己的祖国。随后，他接受了莫斯科东方学研究院授予的东方语言和哲学教授席位，并携带大量藏书和手稿回到了苏联。此后一直占据着这个席位，直到1961年去世。②

罗列赫曾受业于法国汉学大师伯希和和藏学家巴考，是著

---

① Le mendiant de l' Amdo，p. 164.

② Le mendiant de l' Amdo，p. 165.

名的东方学家和藏学家，在历史学、考古学、语言学和人类学方面都有精深的造诣，并且精通梵文和波斯文。更敦群培在印度时，罗列赫鼓励更敦群培学习梵文，并帮助他学习英语，还专门向他传授波斯文学。1944 年 8 月，罗列赫为更敦群培翻译的《法句经》（Dhmmapada，由巴利文译成藏文）撰写了一篇前言。更敦群培“还与其俄国朋友、东方学家罗列赫合作研究了多年。他住在罗列赫家里，在这里，他学习和积累了大量有关西方思想制度的材料，其中还包括几大宗教的材料。罗列赫在更敦群培的帮助下通读了藏文典籍《青史》”①。更敦群培和罗列赫合作，将藏文史学名著《青史》译成英文。在合作的过程中，更敦群培向罗列赫学习英文和波斯文，多了一种语言工具。罗列赫为更敦群培翻译的《法句经》撰写《前言》，予以推荐。更敦群培在藏文和藏学方面给罗列赫提供了很大的帮助，罗列赫则在藏英翻译、语言工具和研究方法上对更敦群培产生了一定的影响。

2. 提供学术园地

研究更敦群培在南亚的学术活动，不能不谈到印度籍藏人塔钦。库鲁塔钦（Khu-nu mthar-phyin，1890—1976 年），出生于喜玛偕尔邦的库鲁瓦尔（Khunuwar），其祖先是博提亚人（bhotia），从种族、语言和文化来划分，属西藏文化圈。他信仰基督教，是一位传教士，人们亲切地称他为塔钦巴布（Mthar-phyin bha-bu）。西藏文化圈中改宗基督教的情况是罕见的，一般说来，这仅限于边境地区的一些贫苦人家。噶伦堡和大吉岭的藏人用“耶稣玛苏（Ye-shu ma-shu）”这个带有蔑视和嘲讽色彩的术语来称呼这类基督教徒。塔钦是一位有教养而精力充沛的学者，他的藏语、印地语和英语都讲得很流利，还熟悉两三种印度方言。他把自己的一生献给了西藏人，在噶

① Le mendiant de l' Amdo, p. 125.

伦堡的舞台上活跃了半个世纪。他每个星期天都到教堂去布道，其余时间到教会学校去讲课。此外，他还和自己的俄国妻子兼助手一道管理着一座专门收养西藏儿童的孤儿院，精心照料着这些孩子。

各地的朝圣者、商人和达观显贵们来到噶伦堡，都要拜访塔钦。他积极参与该地区的政治活动，因善于玩弄政治权术和与官方的密切接触而广为人知。作为基督教徒，他能讲一口流利的英语，无疑同英国人保持着密切的联系。他对藏人社会和印度社会都很了解，在这两种社会中悠游自在。

1926 年，塔钦用油印机印制出版了他所创办的第一份藏文报纸《明镜》（Me-long），这是他对藏族文化的一大贡献。该报受英国出版界的影响，反映了英国报纸的某些风格。《明镜》所刊载的文章以发生在印度、西藏和噶伦堡的世界性事件为主题，还定期登载一系列文化方面的作品。更敦群培在该报工作过一段时间，并于 1936—1938 年间在《明镜》上发表了他的第一批评论性文章，在这些文章中，就藏族传统学者针对他的某些观点展开了争论。塔钦定期给十三世达赖喇嘛寄送一份《明镜》，达赖喇嘛因此而对该报产生了兴趣，并拨出一笔经费予以资助和鼓励。后来，九世班禅喇嘛也对《明镜》表示关注，并写了一封信给予支持。尽管该报的施主主要是西藏的高僧大德，但是，在拉萨还是只有少数人知道《明镜》。此外，塔钦还出版了大量教材和有关教学方法的小册子，用于教会学校的教学，也为学习藏语文的人提供了方便。这些教材后来被“流亡政府”采用，发给居住在印度的藏族儿童作为课本。①

塔钦对更敦群培的学术起到了提携和扶持的作用。更敦群培的第一篇文章，就是在塔钦主办的《明镜》报上发表的，后来，更敦群培又在《明镜》上发表了一系列文章，《明镜》

① Le mendiant de l'Amdo, pp. 161-162.

也因此成为更敦群培在印度发表学术研究成果的主要园地。更敦群培在南亚期间，经常住在噶伦堡或大吉岭，与塔钦结下了深厚的友谊，还曾在《明镜》工作过一段时间。显然，既精通藏语、印地语和英语，又熟悉印藏历史、文化、宗教和民俗的塔钦，对更敦群培的藏学和印度学研究提供了很大的帮助，使更敦群培的著述和翻译受益匪浅。

霍康·索朗边巴与更敦群培的关系非常特殊，既是师徒关系，又是贡施关系。霍康·索朗边巴（Hor-khang Bsod-nams-dpal-vbar，1918—1995 年），出身于西藏拉萨的一个贵族世家。霍康家族最早的庄园在甘丹寺东部的甲玛（Rgya-ma）地区。1936 年，索朗边巴拜格西曲吉札巴为师，学习藏文文法和佛经。1937 年步入仕途，被噶厦任命为“糌楞”（rtsam-len，七品），负责征收作为赋税的糌粑。1941 年奉命管理浪卡子（Snang-dkav-rtse）附近的林谿卡。后被任命为达宗宗本，被派往江孜接受军事训练。1945 年，更敦群培从印度返回西藏后，霍康·索朗边巴拜更敦群培为师，学习藏文文法、佛法和诗学，成为更敦群培的亲炙弟子。1950 年担任昌都地区的军需官“颇本”（phogs-dpon，四品），离开拉萨赴昌都，负责藏军的军需品供给，并被授予“札萨”衔。昌都解放后，任昌都地区人民解放委员会委员。西藏和平解放后，任西藏军区干部学校教务处处长、西藏自治区筹备委员会参事室参事。后任西藏自治区社会科学院顾问，当选为西藏自治区第四至五届政治协商会议副主席。1995 年，霍康·索朗边巴在拉萨去世，享年 77 岁。

霍康·索朗边巴对更敦群培的学术帮助包括以下几个方面：（1）《白史》的写作。在更敦群培为写作《白史》收集资料时，霍康曾随更敦群培到乌香多等地考察，收集吐蕃时期的文物资料；后来又在罗布林卡为更敦群培提供写作《白史》的场所。对这部史学名著的成书和问世起了重要作用。（2）保存手稿。更敦群培临终前，将保存手稿的重任托付给了霍康，后来经过“文革”的浩劫，毁损了一部分，但是，由于霍康等人的竭力保护，重要部分得以幸存，为后人留下了宝贵的文化财富。（3）出版文集。1990 年，霍康将幸存的更敦群培文稿整理出版，即《更敦群培著作》（三册）。收录更敦群培的著译作品为：著作 6 部、论文和手稿 8 篇、译著 3 部、诗 20 组。这是目前研究更敦群培最主要的文献。（4）研究更敦群培。1983 年，霍康发表《藏族学术大师更敦群培生平简述》（藏文），后被译成汉文发表。这是更敦群培去世以来发表的关于其生平的最详尽的论文，为后来的国内外学者广泛引用。后来霍康还发表了一些关于更敦群培的作品，为世人了解更敦群培作出了贡献。

3. 利用文献材料

更敦群培在印度期间，法国著名敦煌学家巴考（Jacques Bacot）曾到印度考察和研究，由于研究领域有相似之处，敦煌藏文文书成为更敦群培与巴考相识的媒介。“在噶伦堡，一天，巴考给塔钦带来了一些敦煌出土的藏文卷子的复本，这是敦煌藏文文书中最为重要的部分。在后来的几个月中，塔钦帮助巴考复校他的译本。这些文献是用中古藏文（应为古藏文——引者）书写的，始于 9—10 世纪，其中有不少地方模糊不清、晦涩难懂，即使是一名精通古藏文的学识渊博的学者，在解读时也常常遇到困难。于是塔钦便鼓动巴考与当时住在大吉岭的更敦群培合作……更敦群培还通过塔钦向巴考传送了了大量关于古藏文文书和碑铭的解释和说明，巴考对他的才能非常满意。后来，当巴考离开噶伦堡时，便将自己的古藏文写本的复本留给了更敦群培。更敦群培花了几年时间仔细地解读这些古藏文写本，并以此为基本史料，撰写其西藏政治史《白史》，他还将古藏文写本带到了库卢（Kulu），后来寄给了住在甘托克的黎吉生。"[①] 因此，更敦群培就成为了解和关注对西藏历史具有非常重要的价值的敦煌古藏文文献的第一位藏人。[②] 1940 年，时任巴黎大学藏文教授的巴考，与图散（Ch. Toussant）和托马斯（F. W. Thomas）在巴黎出版了《敦煌本吐蕃历史文书》(Documents de Touen-houang Relatifs a l' histoire du Tibet，Paris，1940)。该书由伯希和敦煌藏文写卷第 P. T. 1288. P. T. 1286 和 P. T. 1287 号构成，其内容包括三部分：吐蕃大事纪年、吐蕃赞普传记、小邦邦伯家臣及赞普世系。此书的出版，极大地推动了西方藏学界的藏族古代史尤其是吐蕃史的研究。1980 年，国内出版了该书的汉藏文合璧译注本[③]，对藏学研究起了促进作用。该书的史料和学术价值是：纠正汉文史籍的谬误，弥补汉文史籍的缺漏，引证汉文史籍的记载。[④] 海德指出："也许正是由于巴考的影响，更敦群培才知道还有保存在唐朝的汉文编年史中详细记载古代西藏的汉文文献。巴考对唐代有关吐蕃的汉文史籍进行了多项研究，并已就此问题发表了研究成果，其中一项是将《旧唐书》和《新唐书》的两章（即《吐蕃传》——引者）完整地译成英文。有人将布谢尔（S. W. Bushell）保存的这份译文借给更敦群培，他从中发现了记载吐蕃时代的社会生活的某些细节。"[⑤] 由此可见，更敦群培对巴考的藏学和敦煌学研究起了重要作用。

法国敦煌学家和藏学家巴考对更敦群培的影响，主要是在敦煌古藏文文书和汉文史籍这两类文献材料的运用上。巴考是通过敦煌古藏文文书结识更敦群培的。由于更敦群培帮助巴考释读敦煌古藏文文书中难解的卷子，为巴考解决了难题，作为回报，巴考把自己拥有的古藏文文书的复本送给了更敦群培；

---

① Ra-kra，Dge-vdun-chos-vphel-gyi-lo-rgyus，1981，p. 167.

② Le mendiant de l' Amdo，p. 206.

③ 王尧、陈践译注：《敦煌本吐蕃历史文书》，民族出版社，1992 年版。

④ 王尧、陈践译注：《敦煌本吐蕃历史文书》导言。

⑤ Le mendiant de l' Amdo，p. 207.

巴考还精通汉文，曾将《新唐书》和《旧唐书》的《吐蕃传》译成英文，更敦群培见到了这份译文。由于巴考为更敦群培提供了利用敦煌文献的良机和间接利用汉文史料的方便，这就使他在研究吐蕃史时，能够利用敦煌古藏文文书和汉文史料，撰写出藏族史学名著《白史》，并成为利用敦煌文献研究西藏历史的第一位学者。

更敦群培的汉族学者朋友，目前有案可稽者只有张澄基和李有义两人。海德说："更敦群培在噶伦堡时，与汉族学者张澄基建立了联系，和他一道重新阅读了这份汉文文献（指《唐书·吐蕃传》的英译本——引者），最后使布谢尔的译文得以澄清和确认。他在《白史》中引用了一些段落，从而产生了大众读物的效果。"[①]更敦群培的汉族弟子李有义写道："作者曾随更敦群培学藏语，在拉萨相处约一年，深知他的造诣与性格，他被捕的前前后后，作者也是熟知的。在他入狱后作者仍继续和他有书信往来，并给他提供费用和药品，直到1947 年冬离开拉萨。" 更敦群培 "离开噶伦堡时，邦达饶噶给他一封介绍信，把他介绍给国民党政府驻藏办事处，当时是由我和他接洽的，他说他计划在拉萨编写藏族史，然后返回他的家乡去……在这段时间里他正在编写《白史》，经常问我汉文中有关藏族的史料。当时我手头只有《新唐书·吐蕃传》和一些零星的资料，我介绍给他时，他已经掌握了。他说他从印度带回一批书籍，其中有敦煌发现的藏文卷子的英译本。"[②]

与这两位汉族学者的交往，对更敦群培间接利用《旧唐书》和《新唐书》的《吐蕃传》等汉文古籍研究吐蕃历史提供了方便。

---

① Le mendiant de l' Amdo，p. 207.

② 李有义：《藏族历史学家根敦琼佩传略》，《青海社会科学》1983 年第 6 期。

二、政治思想影响

（一）罗睺罗的影响

罗睺罗不仅是一位学者，而且还是政治活动家，他具有强烈的革命思想，信仰社会主义和共产主义。罗睺罗“既是印度佛学家，又是富于战斗性的共产主义者，还是作家和不知疲倦的旅行家。”他获得了“自由思想家”的地位，憎恨所谓“寻根”的教条主义，并把政治活动引向深入。1918年，他对刚爆发不久的俄国革命非常关注，在以后的许多年中，他梦想建立一个共产主义国家，一个用梵文诗词描绘的乌托邦。1919年，他积极投身于甘地领导的“坚持真理运动（satyagraha）”，仍旧穿着“善行”长袍进行活动。他公开发表反对英国政体的演讲，于1922年被捕。在狱中，他阅读了托洛茨基的《布尔什维主义与世界革命》一书，并用梵文写作政治诗歌，将《古兰经》译成梵文，而且还向狱中的伙伴讲解《奥义书》和吠檀多哲学。出狱后6个月，当选为“地方国大党”的书记。他还加入了印度共产党，并发起成立了“全印农民联盟”。从此，他的政治活动便与其漫长的学术生涯交织在一起。[1] 1948年，罗睺罗脱离印度共产党。作为“全印农民联盟”的发起人，罗睺罗代表着印度广大受压迫的农民（大约有10万人），该“联盟”比甘地所鼓吹的非暴力和“国大党”运动更富有战斗性和政治性。然而，他毕竟只代表印度的最低阶层的利益。罗睺罗是社会主义者，他反对一切被奴役的形式和印度教教徒复兴民族主义的团体——“圣社”。在他看来，非暴力的力量远远不能胜过阶级斗争的残酷无情。[2]

---

① Le mendiant de l'Amdo, p. 158.

② Le mendiant de l' Amdo, p. 160.

罗睺罗的社会主义、共产主义思想和革命行动，对更敦群培产生了重大影响。更敦群培主张对西藏封建农奴制度进行革命，赞成社会主义，与他在印度受到的民族民主运动的影响有密切关系，而最直接的思想根源，则是罗睺罗的影响。1938年，更敦群培和罗睺罗一道入藏考察时，在日喀则巧遇五世嘉木样活佛，当时嘉木样邀请更敦群培回安多参与创办一所世俗学校，而罗睺罗却希望更敦群培留在西藏，在农牧区开展民众运动。更敦群培原则上接受了这个建议。[①] 正如海德所说："罗睺罗既是佛学家、作家和冒险家，又是'印度共产党'党员，并且还是印度独立运动的积极支持者。更敦群培多次和他一道赴西藏、尼泊尔和印度等地旅行考察，不论在政治方面，还是在文化方面，都受到罗睺罗的民族主义信念的影响。"[②]

（二）罗列赫的影响

俄国学者罗列赫既潜心于学术，又热衷于政治。"罗列赫对政治的热衷，使更敦群培受到感染。据说罗列赫家族梦想在'亚洲高地'建立一个民族联邦国家，这个国家将牵制苏联、中国和大英帝国三大强邻。罗列赫一直关注着他的祖国所发生的事件的动态，他每月都收到从苏联寄来的3种刊物。在第二次世界大战期间德国进攻苏联时，他立即向住伦敦的苏联大使发去电报，主动提出自愿参加'红军'。"[③]这便是后来噶厦怀疑更敦群培是布尔什维克的主要依据之一。

（三）泰戈尔的影响

泰戈尔（Rabindranath Tagore，1861—1941年）是印度近代伟大的诗人和社会活动家。1901年在伯尔布尔创办了一所

---

① Le mendiant de l' Amdo，p. 193.

② Le mendiant de l' Amdo，p. 125.

③ Le mendiant de l' Amdo，p. 165.

小学校，1924 年扩建为著名的国际大学，1934 年该大学设立中国学院。1919 年为抗议“阿姆利则惨案”，愤然辞去英政府授予的“爵士”头衔。1913 年 10 月因其诗集《吉檀迦利》（Gitan jali，孟加拉语“献歌”之意）而获诺贝尔和平奖。“泰戈尔是印度的托尔斯泰”，其作品《戈拉》是现代印度文化中批判现实主义最重要的作品之一，被誉为现代印度的《摩诃婆罗多》。该书还批判了崇洋媚外的洋奴和不愿脚踏实地为民族服务的知识分子，批判了种族主义、复古主义和歧视妇女的思想。1938 年 5 月 4 日，更敦群培与罗睺罗等人在离开印度入藏考察之前，专程去拜访了在此疗养的泰戈尔，这是更敦群培第一次见到泰戈尔。后来，经罗睺罗推荐，泰戈尔聘请更敦群培到他创办的国际大学任藏文教授，报酬丰厚，并向他作了绝对安全的担保，但是更敦群培却谢绝了这番好意，理由是，他来印度是“为了游历、观光和学习，而不是为了建立一个舒适的安乐窝”①。

泰戈尔是印度的民族主义者，他揭露印度社会的阴暗面，批判崇洋媚外、种族主义和复古思想，主张妇女解放，积极支持和参与印度的民族民主运动。这些思想和行为以及泰戈尔的作品，都对更敦群培产生了影响。

（四）邦达饶嘎的影响

邦达昌（Spom-mdav-tshang），是邦达家族及其在西藏内外商号的总称。“昌（tshang）”是藏语家族之意。邦达家族的家乡在昌都芒康，三代以前是萨迦寺在芒康的差户。1910 年，十三世达赖喇嘛逃亡印度落难时，得到了当时在印度经商的邦达列江的资助。1912 年达赖喇嘛返藏后，为了给予回报，授权邦达家族独家经营全藏的羊毛和贵重药品，巨大的商业垄断

① Le mendiant de l'Amdo，p. 208.

权使邦达家族很快成为豪门望族。邦达列江有三子，长子邦达养壁，次子邦达饶嘎，三子邦达多吉。邦达养壁曾被达赖喇嘛任命为亚东总管（四品官）。养壁和多吉一生的活动以经商为主，饶嘎则因卷入邦达家族反叛噶厦的事件而与噶厦作对，后与土登贡培一道逃亡印度，组建“西藏革命党”，企图对噶厦进行改革，成为政治活动家和噶厦的“持不同政见者”①。

更敦群培是在印度认识邦达饶嘎的。饶嘎是近代藏族一位杰出的政治活动家，他和更敦群培都主张对不适应时代发展的西藏封建农奴制度进行变革，正是共同的政治理想把他们联系在一起。后来，饶嘎在噶伦堡组建“西藏革命党”，更敦群培为该党做了设计党徽和绘制地图等几件大事，并且加入了“西藏革命党”。更敦群培的社会变革思想受到饶嘎的影响；更敦群培后来被捕入狱的“罪证”之一，便是与邦达饶嘎有密切的联系和加入了“西藏革命党”。

三、人生历程影响

（一）霍康·索朗边巴的帮助

霍康家族有着尊重知识、尊重人才的传统。20 世纪 30—40 年代，在西藏考察、学习、研究的国内外、各民族的文化人，许多都受到过该家族的慷慨帮助。其中受益最多的是蒙古族格西曲吉札巴和藏族学术大师更敦群培。1945 年，更敦群培从印度回到西藏后，拉萨的贵族和高僧纷纷上门求教，更敦群培对来访者一视同仁，收了不少门徒，霍康·索朗边巴即是其最得意的弟子。更敦群培还曾在霍康家住过一段时间。

霍康·索朗边巴与更敦群培可谓“平生风仪师友兼”，更

① 龙齐亚等：《一代藏族巨商邦达昌》，《雪域文化》，1993 年春季号。

敦群培向霍康授业解惑，将其引入藏学的堂奥；霍康充当更敦群培的施主，为其研究和著述提供必要的物质保障。在彼此互相帮助和依赖中结下了深厚的情谊，使更敦群培在拉萨的最后几年，在身处逆境的情况下，生活有所保障，学术有所收获。更敦群培临终前受到了霍康的照料。1951 年 8 月更敦群培去世之后，霍康又和更敦群培的其他几个朋友一道，帮助其妻次旦玉珍料理后事，将更敦群培送至帕邦喀天葬。使更敦群培有一个圆满的归宿。

（二）噶雪·曲吉尼玛的影响

噶雪·曲吉尼玛（简称噶雪巴）出身于贵族世家，他与更敦群培自 20 世纪 30 年代就建立了联系，因为在更敦群培的贵族施主中，噶雪巴也是其中之一。更敦群培知恩图报，曾为噶雪巴的住宅作过虎纹图案装饰。到印度后，又将《欲经》的一部手抄本寄给噶雪巴，同时还送给他“瓦拉纳西的一位美女手上戴过的一串宝珠”，并且还寄给他一部《印度诸圣地朝圣指南》的复本。更敦群培从印度回到拉萨后，曾任噶雪巴儿子的英文教师，他还将《白史》第一版的唯一一部手抄本借给噶雪巴，后来更敦群培费了很大的劲才将其收回。这可能就是这位安多人在他的庭院前辱骂在家里的这位噶伦之后遭到灾祸的原因。更敦群培后来还回到噶雪巴家，把他翻译的《法句经》的藏文版的第一版的样书送了一部给他，这部译作是由然扎活佛之兄哲通（Bkras-mthong）出版的。然扎写道：“这位权势显赫的噶伦拿着这部经典翻阅了很长一段时间，最后，他说：‘这才是真正的语言，是密宗师所讲的实话。’更敦群培忍不住放声大笑，他力图使人相信，他发笑是因为此时一盒火柴掉在了地上，然而他的这种机灵并没有起作用。噶雪巴在他自己的安乐窝里暴露了他的无知，他满脸通红，会面变得鸦雀无声，更敦群培没有别的办法圆场，只希望赶快离开。‘这种该死的笑声把我置于很难堪的境地，以至堵住了我进入天堂的大门。’”① 然扎的描述有传说的色彩，不可尽信。但是，上述记载表明，更敦群培与噶雪巴的关系本来是十分密切的，只是因为更敦群培收回借出的手稿和噶雪巴在更敦群培的面前出了丑，噶雪巴便反目成仇。

海德指出：“然扎活佛认为，噶雪巴对自己受到更敦群培的侮辱一事怀恨在心，想伺机报一箭之仇。噶雪巴的报复不是更敦群培被处以肉体刑罚的主要原因，但是加重了对他的用刑。‘这位自称为朋友的狡猾与奸诈和更敦群培所遭受的肉体刑罚，更加深了其精神上的痛苦和悲伤，这从他获释后的精神状态可以看出。’”② 从西藏近代历史中可以看出，噶雪巴是一个不重信义的人，他在 1934 年的“龙夏事件”和 1947 年的“热振事件”中都扮演了重要的角色。更敦群培被捕之后，他身为噶伦，不仅干预审讯，把往日的友谊抛到脑后，而且伺机进行报复，乘人之危，落井下石，从而使更敦群培的身心俱受摧残。

（三）亲族和女性的影响

更敦群培成长为藏传佛教高僧、学术大师和思想家，是与父母的养育、姐姐的帮助和亲人的支持分不开的。青少年时代，家乡的亲人，尤其是母亲和姐姐给予他很大的关怀，使更敦群培步入了佛教的殿堂。到了西藏后，更敦群培的生活和学术先后受到几位女性的影响。可以说，女性在更敦群培的一生当中起了特殊的作用。其中，对更敦群培影响较大的女性是巴桑卓玛和次旦玉珍，她们俩都是康巴女子。

更敦群培于 1938 年随罗睺罗由印度赴藏考察时，结识了康巴女子巴桑卓玛（Pa-sangs-sgrol-ma），他当时写了一首诗赞

① Ra-kra，Dge-vdun-chos-vphel-gyi-lo-rgyus，1980，pp. 96-97.

② Le mendiant de l’ Amdo，p. 235.

美她，并为她画了许多速写图。[①] 同年，他返回印度后，完成了《欲经》（Kama Sastra）的撰写。[②]更敦群培在《欲经》的结语中，吐露了这样一种心曲，即他的那些女伴都非常值得赞赏，是她们使他产生了灵感。[③] 显然，巴桑卓玛对更敦群培撰写《欲经》起了重要作用。

关于玉珍，有关论著是这样记载的：据喇琼阿波叙述，更敦群培被关押在“雪”监狱时，“狱中有一个羌塘牧民的女子，她为了积德行善，前往西藏朝佛，刚到拉萨就被捕入狱，她没有犯任何罪，完全是无辜的。更敦群培在狱中和她相识，后来他们一道出狱。她非常年轻，相貌很丑，愚昧无知。两个月后，他对我说：‘现在，我打算把她送回她的老家。她救了我的命，我想送些东西给她。你去给她买东西，她想要什么就买什么。’然后他给了我1750两藏银，这就是他所有的全部财产。于是，我就带着这个女子上街，按照她的愿望为她购买了她想要的东西。”[④]据喇琼阿波说，玉珍并不是更敦群培在拉萨的最后一个女伴，但是她在他临终之前一直守候在身边，直到他去世。[⑤]安多尊珠坚赞说：“即使把她看成妓女，她也不是坏女人。当她带着自己的礼品回到囊谦自己的牧民家中时，向家人宣布，她在拉萨结交了一位‘仁波且’。‘你们结婚了吗’家人问道，‘没有，我只知道他是一个乞丐。我们都被关押在监狱里，是他带着我一道出狱的。’她回答道。她亲手制作了许多酥油和干奶酪，然后将这些食品寄给拉萨的她的‘仁波

---

① Le mendiant de l'Amdo, p. 196.

② Le mendiant de l'Amdo, p. 196.

③ A-pho-bla-chung, Dge-vdun-chos-vphel-rnam-thar-mdor-bsdus, 1973, p. 656.

④ A-pho-bla-chung, Dge-vdun-chos-vphel-rnam-thar-mdor-bsdus, 1973, p. 652.

⑤ A-pho-bla-chng, Dge-vdun-chos-vphel-rnam-thar-mdor-bsdus, 1973, p. 656.

且’。她有一颗善良的心。”①

海德写道：“当更敦群培搬到大昭寺附近去住时，他带着玉珍（Gyu-sgron），她是昌都的一名卓尼（Mgron-gnyer）顿杰（Don-rgyal）的女儿。按照最虔诚的藏人的说法，‘他接纳了昌都的一户权势显赫之家的女儿作为自己的伴侣。’② 据更敦群培的一名弟子说，他（这样做虽然）还受到尊重，但是其声望已开始下降。他因这个康巴女子（Khams-mo）而受到周围的贵族们的指责。”③ 更敦群培是以善意对待和他生活的女性的，这在他的言论中有所反映，他说：“怎么能说是一个‘好女人’？什么是‘好’？什么是‘坏’？请给我解释一下这两者的区别。你了解一个女人的品质吗？”④

根据上述喇琼阿波、日卡·洛桑丹增和海德的叙述，可知有两个玉珍，一个是囊谦（玉树）人，一个是昌都人，这两个玉珍都是更敦群培于 1945 年从印度回到拉萨后和他生活在一起的。按照这样的说法，即是更敦群培几乎在同一个时期与两个玉珍生活在一起，那么，她们俩不可能不认识，但是在上述论著中都未论及这两个玉珍的关系。虽然难以自圆其说，但是却是更敦群培的亲炙弟子说的。现健在的更敦群培的朋友、著名画家安多强巴也断定有两个玉珍和更敦群培生活过。⑤ 这就给人们留下了一个难解之谜。1997 年 9 月，笔者赴藏考察时，找到了更敦群培的妻子次旦玉珍，并首次对她及其女儿格吉央宗进行了深入的采访。次旦玉珍详细地讲述了她与更敦群培从相识到相爱的经过，以及更敦群培从出狱到去世的细节。

---

① Le mendiant de l'Amdo, p. 243.

② Ri-kha-blo-bzang-bstan-vdzin, Mdo-smad-kyi-mkhas-pa, 1972, p. 181; A-pho-bla-chung, Dge-vdun-chos-vphel-rnam-thar-mdor-bsdus, 1973, p. 654.

③ A-pho-bla-chung, Dge-vdun-chos-vphel-rnam-thar-mdor-bsdus, 1973, p. 655.

④ Le mendiant de l'Amdo, p. 253.

⑤ 安多强巴口述，1997 年 8 月于拉萨。

次旦玉珍说她从来没有听说过还有一个玉珍，她说："是不是搞错了，把一个玉珍当成了两个人!"① 可是，次旦玉珍的口述仍然不能排除有两个玉珍的可能，因为如玉珍的口述，更敦群培从印度回到西藏后，虽然得知玉珍母女俩在拉萨，但是为了保护女儿格吉央宗，他们一家并没有会面；更敦群培被捕入狱和狱中生活的情况，玉珍也没有述及，实际上也不知道。因此，上述三位历史见证人和海德所提到的两个玉珍也许确有其人，这可能是偶然的巧合。对此尚待进一步考证。

在更敦群培40年代末期的生活中，次旦玉珍起了重要作用。当时，由于噶厦的迫害，更敦群培非常苦闷，借烟酒消愁，已酒精中毒，生活很难自理。在更敦群培的几个弟子和次旦玉珍的照料下，更敦群培在逆境中感受到了温暖，并且还能向登门求教者释疑解惑。次旦玉珍伴随更敦群培走完了其人生的最后历程，更敦群培去世后，又参与料理后事，使更敦群培有一个圆满的归宿。更为重要的是，次旦玉珍为更敦群培生下了女儿格吉央宗，使更敦群培的血脉得以传承。

四、声名传承影响

更敦群培在世时，就是闻名印藏的学术大师。但是，在格鲁派一统天下的藏区，更敦群培名不见经传，在拉卜楞寺和哲蚌寺的寺志等藏文文献中，连更敦群培的名字都不曾提及。自从厄运降临到更敦群培身上后，随着噶厦的人为压制和朋友们的离去，他的声名渐渐被埋没了。20世纪50年代中期，喜饶嘉措大师出于对格鲁派正统的维护，写下了批判更敦群培的《龙树中论奥义疏》的长文《龙树中论奥义·狮子吼》，从此，格鲁派僧人对更敦群培更是敬而远之。后来，更敦群培的国内外朋友陆续写过一些介绍他生平的文章，使其声名有所恢复。

---

① 次旦玉珍口述，1997年9月于拉萨。

但是，对传播更敦群培的声誉起了重要作用的，主要还是他的弟子们。虽然更敦群培是高僧和学术大师，但是由于他一生四处漂泊，加之他离经叛道、放荡不羁，正统的格鲁派僧人不敢亲近，因而所收的弟子非常有限，主要有霍康·索朗边巴、达瓦桑波、喇琼阿波、格隆、阿旺顿珠、玛雅活佛和穆斯林弟子阿布杜尔·瓦赫德（Abdul Wahid）以及汉族弟子李有义等。这为数不多的弟子不仅传承更敦群培的学术，而且为其树碑立传，不遗余力地传播和维护更敦群培的声誉。

（一）授业解惑

更敦群培并没有在寺院招收弟子，而是在授业解惑的过程中结下师徒之谊的。他在向弟子讲授诗学时，要求弟子模仿《譬喻经》作诗，他向弟子讲解了名词术语的含义、各种不同的解释和翻译时遇到的困难：字面意思，有时一个单词具有多种譬喻意思以及原始文献的节律和音调的旋律等。他还为弟子们讲授藏文文法和英文，他那浓重的安多口音给亲近他的弟子们带来了极大的乐趣。有个弟子向他请教怎样才能学好英文，他回答说："首先，你必须学好藏文文法，如果不精通自己的母语，就不可能把握其他任何一种语言的功能和要领。"①

喇琼阿波（1902—1975年）是康巴商人（贡觉人）、学者和宁玛派上师，他是在更敦群培从印度回藏时与他相识的，"后来我渐渐地感到我们情投意合，相见恨晚，更敦群培也有同感，这样，我们便成为非常亲密的朋友"。更敦群培在让喇琼阿波看他从印度带回来的那只装满书稿的黑色旅行箱时说："'看吧，假如你有什么问题就提出来，这些东西或许对你有用。'我向他请教的问题涉及佛教经典、密宗、科学、基本文献或评注等内容，他听了我的问题后，先背诵了自己带回的书

① Ra-kra，Dge-vdun-chos-gyi-lo-rgyus，1980，p. 136.

中的首末五六句，然后说：‘不能简单地去赞同某种解释，不能人云亦云，对任何问题都应当持这种态度……必须根据自己的理解提出见解。重复他人的观点对你毫无益处。假如你要攀登一道很高的山脉，那么你希望到达何处呢？’对于我所提出的问题，他的回答都切中要害。”① 喇琼阿波后来成为更敦群培的弟子，拜他为师，学习诗学。更敦群培在向喇琼阿波等弟子讲解《沙恭达罗》时说：“我希望你们坚持写一点东西，不必要在写作时滥用同义词，所表达的见解和思想应当准确、清晰、易于理解。人们都说，一部好的作品是第一位读者就能看懂的作品。但是，它还应当具有恰译师（Cha-lo-tsa-ba）的《胜乐誓愿》（Bde-smon）的优点。”②

更敦群培向霍康、李有义等弟子主要讲授藏文文法和诗学，并专门向弟子达瓦桑布讲授了龙树的《中论》。

然扎活佛·土登曲达和格德活佛虽然不是更敦群培的亲炙弟子，但是可称为“私淑”弟子，他们为更敦群培树碑立传，对弘扬更敦群培的学术和声名作出了重要贡献。然扎活佛在霍康家第一次见到更敦群培。宁玛派活佛达瓦桑波前往库拉贝特（Kuraberte）的喇琼阿波家拜见了更敦群培。③ 然扎活佛还是更敦群培的译作《罗摩衍那》（第4卷）的出版者。

（二）树碑立传

迄今为止，有关更敦群培生平的论著主要有：喜饶嘉措的《更敦群培传略》（1972年，论文）、喇琼阿波的《更敦群培生平》（1973年，词条）、土登曲达的《更敦群培传略》（1980年，专著）、格德活佛主编的《更敦群培论说集》（1983年，采访专集）、霍康的《藏族学者更敦群培生平简述》（1983年，

---

① A-pho-bla-chung, Dge-vdun-chos-vphel-rnam-thar-mdor-bsdus, 1973, p. 644.

② Dge-vdun-chos-vphel-rnam-thar-mdor-bsdus, 1973, p. 647.

③ Le mendiant de l' Amdo, p. 220.

论文)、李有义的《藏族历史学家根敦琼培传略》(1983 年,论文)和海德的《安多的托钵僧》(1985 年,专著)。可以看出,海内外弟子遥相呼应,在 20 世纪 80 年代初掀起了一股"更敦群培研究热"。80 年代以后又陆续有一些有关更敦群培的论著问世,但是都没有超出上述著作的水平。除了海德之外,上述作者几乎都是更敦群培的弟子和朋友,他们都是历史见证人,保留了大量第一手资料,这些作品是目前研究更敦群培的重要参考文献。

由于这些弟子从各自的角度来看待和评价更敦群培,因而他们的论著对更敦群培的影响是多方面的。喜饶嘉措是最早较为客观地叙述更敦群培传奇而坎坷的人生历程的藏族学者,他所写的《更敦群培传略》一文具有重要的参考价值,被国内外学者广泛引用,对更敦群培声名的传播起了重要作用;霍康·索朗边巴和李有义的作品较为客观地论述了更敦群培的学术成就和政治立场;而喇琼阿波和然扎活佛则分别站在宁玛派和格鲁派的立场上评价更敦群培。正如海德所说:"喇琼阿波将更敦群培置于佛教传统背景,尤其是将其置于他所奉行的密宗仪轨中论述,他先把更敦群培当作一位大学者崇拜,随后又把他说成是'疯圣人(Smyon-pa)',旗帜鲜明地赞成宁玛派的戒律;然扎活佛把更敦群培看成是墨守成规的传统主义者,他从自己的教派(格鲁派)的角度来评价自己的老师,声称'这才是一位真正的格鲁派僧人'。……喇琼阿波和然扎活佛在为更敦群培作传时,对他们的老师的个性中的暧昧和令人难堪的消极面采取了回避和否认的态度。"① 然扎认为,更敦群培在反对噶厦的整个政治阴谋中是清白无辜的,他是迫不得已才加入邦达饶嘎为首的"西藏革命党"的,是因为被人诬告才被判刑坐牢的;邦达饶嘎和噶雪巴才是更敦群培遭到不幸的真正祸根,归根到底,更敦群培不过是一位非常伟大的宗

① Le mendiant de l' Amdo, pp. 217-218.

教大师。然扎或许是在设法洗刷更敦群培的政治声誉。①

喇琼阿波和然扎·土登曲达等人以佛教徒的观点来分析和评价更敦群培的言行，把离经叛道、放荡不羁的更敦群培说成是“墨守成规的传统主义者”，把他的进步和革命思想与行动看成是被动和不情愿的，是他“遭到不幸的祸根”，“设法洗刷更敦群培的政治声誉”，并且竭力掩盖更敦群培个性中的消极面，力图将他描述成为一位“合格的”佛教徒，这是可以理解的。但是，这就抹杀了更敦群培鲜明的个性，掩盖了作为学术大师、人文主义先驱和启蒙思想家的更敦群培的真实面目，忽略了更敦群培的唯物思想、爱国思想和革命思想，同时也回避了更敦群培的局限性，从而也就不可能全面而客观地评价更敦群培，给更敦群培蒙上了一层神秘的面纱。因此，对这类作品需要加以分析和研究。

五、更敦群培人际世界的插曲

在更敦群培的人际世界中，有一些人只有一面之交，但是这种较为疏远的人际关系对更敦群培的人生轨迹也产生了一定程度的影响。因此，在揭示更敦群培的人际世界时，不应当忽略五世嘉木样活佛以及英国人黎吉生（Hugh Edward Richardson，1905—　年）和日本人久生木村（Hisao Kimura，1922—1989 年）。

（一）五世嘉木样活佛的影响

更敦群培是与五世嘉木样活佛同一年（1920 年）到拉卜楞寺的。当时嘉木样年幼（4 岁），更敦群培也许去拜见过他，

① Le mendianrt de l'Amdo，p. 239.

但是不可能有交往。后来，嘉木样活佛到西藏朝佛，并入哲蚌寺学经。当五世嘉木样活佛在拉萨时，更敦群培从印度给他寄去了一本药用植物和花卉图集，图集中分别用梵文、藏文和英文标明这些药草和花卉的名称，附有文字说明，并指出这些药草和花卉的产地。五世嘉木样的总管安多吉美（A-mdo-vjigs-med）曾仔细地看过这本图集，他认为，图集中所收集的药草和花卉是藏人不认识的印度植物，但是这些名称在藏文文献中都有所记载。[①] 1938 年，更敦群培随同罗睺罗等人从印度到西藏考察，在日喀则停留时，见到了在此朝佛的五世嘉木样，两人进行了长谈。更敦群培在拉卜楞寺学经时，曾向该寺的“教材”挑战，但是五世嘉木样不计前嫌，邀请更敦群培回安多家乡帮助建立一所世俗学校，当时更敦群培还得回印度，没有接受，但是彼此结下了友谊。五世嘉木样返回拉卜楞寺后，派自己的仆从更敦洛珠（Dge-vdun-blo-gros）给更敦群培带去了一本唐卡画集，其中绘有十八罗汉，托他转赠给佛陀成道之地菩提伽耶（Bodhgaya）的一座寺庙。在更敦群培即将离开印度返回西藏时，他给五世嘉木样寄去了一个装满书稿和图画作品的旅行箱。[②]

五世嘉木样是一位开明的活佛。在拉卜楞时，他同基督教宣召会的美籍牧师季维善（Griebenow，音译格雷贝娄，藏名喜饶丹培）交往密切，向这位牧师了解国外的情况和基督教教义，并向他学习英语和摄影技术。而格雷贝娄也是更敦群培的朋友，五世嘉木样可能从他那里了解了一些有关更敦群培的情况。“这些外籍牧师都是三年回家一次，走时就把炊具、用品卖掉。五世嘉木样就从他们手中买得洋铁炉、照相机、手表等物品。手表照相机到他手中，他都一一拆卸开来，研究其构造，然后再装好使用。他不仅会拍照，还会冲洗照片。他还研

---

① Le mendiant de l’ Amdo, p. 195

② Le mendiant de l’ Amdo, p. 195.

究地球仪，在一个地球仪上，将世界各国和一些大城市的名称译成藏文标出，放置在他房间的桌子上。他看到汉文月份牌，就仿照编写藏文月份牌，印刷出版后，流行于藏区。他喜欢看国内外的画报，欣赏其中的风景、建筑和动物等图片。他所居住的菩提法苑，虽然外形是藏式的，但室内建筑和家具却是西式的。这都是他参照画报上的外国建筑而设计，然后令人制作的。他还非常爱好音乐，吹打拉弹都会，他指挥家人唱歌，组织小型音乐会。”①

“五世嘉木样很关心国际国内形势，经常向人发问研讨。他还认为，政教合一的情况不会长期存在，将来一定会变，拉卜楞地方将来非变不可。如同树木的发芽、开花、结果、落叶一样，人也有个出生、成长、衰老、死亡的过程，这是顺乎自然的，树长青、人长生不老是不可能的。”②

五世嘉木样活佛的上述思想和行为，与更敦群培有许多相同之处，更敦群培对拉卜楞寺有感情，一直关注着该寺，并与五世嘉木样保持着长期的联系。因此，五世嘉木样的言行对更敦群培是有间接影响的。

（二）黎吉生的影响

黎吉生是英国插手中国西藏事务、策划西藏分裂活动的代理人。他于1930年进入英印政府，1934年转外交及政治部任职。1936年奉派来华，任英印政府驻我国西藏江孜的商务专员，兼驻拉萨使团的负责人。1940—1942年回英印政府任职。1942—1943年任重庆印度驻华专员公署一等秘书。1944—1945年回英印政府任职。1946—1947年复任英印驻江孜商务专员，兼驻拉萨使团负责人。1947—1950年转任印度驻江孜

---

① 《黄正清与五世嘉木样》，黄正清口述，师纶记录整理，《甘肃省文史资料选辑》第30辑。

② 《黄正清与五世嘉木样》。

商务专员兼驻拉萨使团负责人。1950年退休。20世纪60年代初曾在美国华盛顿大学远东与俄国学院执教。著有《拉萨现存的古代历史敕令布告集》（Ancient Historical at Lhasa，1952年)、《西藏简史》(A Short History of Tibet，1962年)、《西藏文化史》（A Cultural History of Tibet，1968年，合著）等。

黎吉生与更敦群培是在拉萨相识的。“当更敦群培在研究拉萨的碑铭时，黎吉生曾邀请他到他家里，更敦群培找借口，声称自己患了重病。实际上，他完全回避与这个英国人接触。他相信只有一次例外，那是1949年8月，在一户贵族家里的宴会上见到了黎吉生。当时，黎吉生已把他看成是一个‘可怜虫，已经沉溺于烟酒之中而不能自拔了’”①。黎吉生曾向更敦群培请教有关吐蕃帝国时代的石刻铭文的问题，他在自己的一篇文章中也证实了更敦群培所给予的帮助。② 因此，黎吉生是在请教学问时结识更敦群培的，在学术方面，更敦群培并没有受到黎吉生的影响。

而在政治上，黎吉生却向更敦群培施加了很大的影响。1946年7月11日，黎吉生在一封信中，向上司汇报了回到拉萨后的更敦群培的“新动向”。信中嘲笑更敦群培，并且诬蔑他“吹嘘纳粹主义的功绩”，“处世方式古怪偏激”，把他视为一名脱离社会的“边缘人”。对这封栽赃陷害的信，海德给予了逐句驳斥：“黎吉生根据第二手材料所描述的这样一种行为，给人造成了一种混淆是非的印象和笨拙的感觉：某种偶像不可能被社会上层人士、名人雅士匆忙放弃。”③ 从这一年年初起，黎吉生就一点点地向噶厦的官员透露，在拉萨工作的一名知识分子与当时建立于西藏的一个颠覆性组织正在进行合

---

① Hugh Richardson，A Short History of Tibet，1952，p. 14.

② Le mendiant de l' Amdo，p. 215

③ Le mendiant de l' Amdo，p. 225.

作。[①] 由于更敦群培与印度共产党人罗睺罗、具有布尔什维克思想的罗列赫和“西藏革命党”首领邦达饶嘎等有密切关系，具有反英倾向和革命思想，因而被英国在西藏的代理人黎吉生视为眼中钉，必欲除之而后快。他不但向噶厦提供假情报，对更敦群培进行陷害，而且还和噶厦联合起来，以莫须有的罪名将更敦群培逮捕下狱。更敦群培盛年含恨离开人世，显然与黎吉生的政治迫害有直接关系。

（三）久生木村的影响

更敦群培的外国朋友，还有日本人久生木村。久生木村是一名间谍，20 世纪 40 年代末，他由印度进藏时，《明镜》的发行人塔钦托他给自己的好友更敦群培带一封信。他到拉萨时，更敦群培已获释出狱，经由平措汪杰安排，他去看望了更敦群培。久生木村在《隐秘旅藏十年》一书中写道：“平措汪杰带着我去看望更敦群培。他剪去了头发，样子很可怜。人们都说他是疯子，可是当我见到他时，他反应灵活，头脑清醒，用准确而优雅的英语同我交谈。我给他带来了一封塔钦所写的表示同情的信。这位喇嘛以其聪明才智著称，当时他和在狱中结识的一个女子一道生活。他骨瘦如柴，身体虚弱，精神失常。当我把塔钦写给他的信交到他手里时，他低声抱怨说：‘我不希望他来信，不需要，不需要（mi-dgos，mi-dgos）。’接着，他说了些表示感谢的话，然后才开始看信，并向身边的女伴嘀咕了几句，让她出去买酒。”后来，久生木村又和索朗多杰卡孜（Sonam Thopgay Kazi）一道去看望更敦群培，更敦群培“用优美的英语和索朗多杰交谈”[②]。久生木村也许是更敦群培所结识的唯一一位日本朋友，他们彼此只有一面之交，

---

① Le mendiant de l' Amdo, p. 223.

② Japanese Agent in Tibet, My Ten Years of Travel in Disguise, Published by Serindia Publications, 1990, p. 194.

谈不上有多少了解。可是，作为曾经见过更敦群培的历史见证人，久生木村记录下了更敦群培狱中生活的真实情境，因而在揭示更敦群培的人际世界时，不能不提到久生木村。

（原载《中国藏学》，1999 年第 4 期）

藏族性学初探

——更敦群培《欲经》研究

性与人类生存和繁衍的关系极为密切，性是人类生命的源泉，是人生不可或缺的部分。性绝不是单纯的生理现象，而是以生理为基础的社会文化现象，性文化在人类社会发展史上具有十分独特而重要的作用。古往今来，世界各民族都非常重视性问题。研究性的学问——性学具有悠久的历史。早在两千多年前的古罗马，就产生了《爱的技巧》（见奥维德著《爱经》），在文明古国印度和中国，则有各种“房中书”传世（详见筏磋衍那著《欲经》和荷兰著名汉学家高罗佩所著《秘戏图考》和《中国古代房内考》）。在藏族历史上，也很重视性问题，藏族学者在借鉴印度性学的基础上，对本民族的性文化进行了探索和研究。现代藏族学术大师更敦群培（Dge-dun-chos-vphel，1903—1951年）撰写的《欲经》，即是藏族性学的代表作。

更敦群培在短暂的一生中涉猎了许多学术领域，在历史、宗教、语言、文学、艺术、民俗、地理、考古、医学等方面都有著述，并有多部翻译作品，为后人留下了一笔宝贵的文化遗产。然而，由于更敦群培离经叛道，其作品屡遭人为的毁损，加上国内外更敦群培研究的薄弱，人们对其学术成就缺乏全面的了解，对其冲击禁欲主义藩篱、研究藏印伦理道德尤其是性道德的奇特作品《欲经》，更知之甚少。把更敦群培视为放荡不羁的人，则将其作品《欲经》当作“铁证”。由于此书以“性”为论述的中心，因而自 1938 年成书以来，一直被视为“黄色作品”，被列为禁书，打入冷宫，只能以藏文手抄本的形式在民间流传。直到 1967 年才在印度德里公开出版。国内至今仍以非出版物的形式（主要是油印本和手抄本）在民间流传，能读到此书的人为数不多，对《欲经》的研究还是一个空白。1992 年，美国纽约“雪狮出版社”出版了《欲经》的英文版，书名为《西藏的情爱艺术》，将藏文《欲经》全文翻译。

随着社会的发展和文明的进步，人类愈加清楚地认识到性文化的重要作用和研究价值；中国的开放，也使人们对从前讳莫如深的性问题有了正确的认识，性学研究成果如《性医学》、《性伦理学》、《神秘的圣火》、《中国古代性文化》、《世界古代性文化》和《中国性科学百科全书》等相继面世，国外的性学作品如《情爱论》、《中国古代房内考》、《爱经》、《爱的艺术》、《野蛮人的性生活》、《性心理学》、《性社会学》、《性学三论》、《金西性学报告》等陆续翻译出版，调查和研究当代中国的性问题的论著（如李银河的性文化研究系列和刘达临的《当代中国性文化》等）受到关注，从而使中国的性学研究出现了一种崭新的局面。然而，由于藏族历史文化的独特，藏学领域尚有许多亟待开发的处女地，藏族性文化的研究几乎还是一片空白。英国性学家霭理士说：“性是任何事物也无法熄灭的长明之火。我们应该像摩西那样，扔掉鞋子，赤着双脚，去探索这不可思议的火焰。”有鉴于此，笔者参考藏文和外文文献，以更敦群培的《欲经》为个案，对藏族性学进行探讨，试图揭开藏族性文化神秘的面纱。抛砖引玉，就正通人。

一、《欲经》的版本

更敦群培于藏历土虎年（1938 年）冬（2 月）在印度摩揭陀（Magadha）的孔雀城（Mathura，现名巴特那）的甘嘎德瓦（Gangadeva）家中写成《欲经》，后将此书的原稿寄给拉萨的噶雪·曲吉尼玛（Ka-shod-chos-rgyal-nyi-ma），后来便以手抄本的形式在藏区流传。1967 年，东妥·丹白坚赞（Gdong-thog bstan-pavi-rgyal-mtshan）在德里首次公开出版《欲经》，并撰写了简短的前言，所依据的手稿是宁玛派上师顿觉（Bdud-vjoms）活佛所有、由德赫维（M. J. Driver）提供的一部原稿。[①] 1967 年版错误较多，可能是由于所依据的是原稿的一部抄本而不是原稿本身所致。1969 年，东妥在德里出版《欲经》的第二版，篇幅为 100 页，并附有米旁嘉措的《欲经·世界喜悦宝藏》（vdod-pavi-bstan-bcos vjig-rten-kun-tu-dgav-bavi-gter），重新写了一篇简要的前言。此版也是依据原稿的一部抄本，但是解决了 1967 年版的许多错漏等问题。1983 年，印度达兰萨拉的西藏文化出版社（Tibetan Culture Printing House）重印 1969 年版时省去了的那篇前言。[②] 1992 年，纽约雪狮出版社（Snow Lion Publishing House）出版了《欲经》的英文版，书名为《西藏的情爱艺术——性、兴奋和精神疗法》（Tibetan Arts of Love：Sex，Orgasm & Spiritual Healing），282 页。译者为霍普金斯（Jeffrey Hopkins）和宇妥·多吉玉珍，霍普金斯还撰写了长篇导论。

《欲经》的英文书名有三种译法：1. Treaties on Passion；2. Tibetan Arts of Love；3. On Amourous Dalliance. 格桑顿珠（K. Dhondrup）将其译为《情欲论》（Treaties on Passion），史

---

① Jeffry Hopkins，Tibetan Arts of Love，New York：Snow Lion Pub. 1992.

② Heather Stoddard，Le mendiant de l' Amdo，p. 328，Paris，1985.

密斯（E. G. Smith）译作《爱情游戏论》，霍普金斯（Jeffry Hopkins）译成《西藏的情爱艺术》（Tibetan Arts of Love）。

二、《欲经》的主要内容

（一）《欲经》的依据

严格说来，《欲经》并不是更敦群培的专著，而是编著。他在撰写《欲经》时，参考了印度和藏区的有关文献，以及口碑材料和经验。

1. 印度文献

更敦群培在此书中提到了30多种印度关于性爱的文献，并重点列举了8种：(1)筏蹉衍那(Mallanaga Vatsyayana，又译犊子氏)的《欲经》(Sutra on Passion ，kamasutra，vdod-pavi-mdo)，成书于3世纪。(2)鸠科迦(Kukkoka)所著《性快乐的秘密》(Secrets of Sexual Pleasure，ratirahasya，dgavi-bavi-gsang-ba)，成书于9—10世纪，此书在印度是仅次于筏著《欲经》的关于性爱的名著。此书近八百颂，分十章，名为“般支吠陀”(Pachivedas)。书中有一些筏著《欲经》所缺载的内容，如把女人分为莲花女(Padmini)、艺术女(Chitrini)、螺女(Shankini)和象女(Hastini)四类，并举出不同类型的女人春情萌动的日子和时辰。其主题被称为“科迦论”(koka Shastra)，其意义和“欲论”(Kama Shastra)相同。古代印度学者将学问分为三大类，即“法”(宗教)、“利”(政治和经济)、“欲”(肉体欲望)，这三方面的著作分别被称为“法论”(Dharma Shastra)、“利论”(或译“政事论”，Artha Shastra)、“欲论”(或译“情论”，Kama Shastra)，筏磋衍那和鸠科迦的作品就属于“欲论”一类。更敦群培声称，在西藏日喀则附近的俄尔寺(ngor)发现了《性快乐的秘密》的一部分。(3)卡什曼陀罗(Kshemendra)的《情欲艺术》(Arts of

Passion，kamakala，vdod-pavi-sgyu-rtsal)，约成书于11世纪。(4) 马赫什瓦拉(Maheshvara)的《欲望论》(chags-pavi-bstan-bcos,Treatise on Desire,ragasastra),约成书于14世纪上半叶。更敦群培认为,此书与筏著《欲经》是关于情爱的经典中最好的两部。(5)朱蒂梨娑(Jyotirisha)著《五箭集》(mdav-lnga-pa,Collection of Five Arrows,pancasayaka),写于14世纪上半叶。印度神话中的爱神坐于象上,手开弓玄,弓上搭着五支箭,此书以此得名。全书近六百颂,共分五章,一章即一“箭”。(6)德瓦拉加(Devaraja)著《性快乐宝莲灯》(dgavi-bavi-rin-chen-rnam-gsal,Jeweled Lamp of Sexual Pleasure,ratiratnapradipika),成书于15世纪。(7)卡雅拉玛纳王(King Kalyanamalla)的《无体者之形》(lus-med-yan-lag,Form of the Bodiless One,anangaranga),“无体者”是欲望之神(Kama)。该书取材于Kama Sutra和Ratirahasya,成书于16世纪初,是为取悦洛底王朝的阿玛达王(Ahmada)之子而写的,在印度是仅次于Kama Sutra和Ratirahasya的第三部关于情爱的经典。(8)《情欲之神的宝饰》(vdod-lhavi-gtsug-nor, Crest Jewel of the God of Passion, kandarpacudamani),据说作者是维拉巴德纳王(King Virabhadra),但也许是一位宫廷诗人写的,成书于1577年,系将Kama Sutra转写为韵文。更敦群培还提及另两种文献,一部文献的作者是龙树(Nagarjuna),更敦群培指出,他只是听说有这样一部文献;另一部是苏如巴(Surupa)撰写的《情欲略论》(gzugs-bzang-zhabs,Brief Treatise on Passion)。更敦群培没有提及印度古代还有一部重要的性爱典籍《爱经》(The Ananga Ranga),该书成书的时间难以考证,据说是古代印度著名贤哲K. 玛拉所著。《爱经》在印度民间影响很大,是迄今保存较完好的性学典籍。作者在书中论述了性爱活动的各个方面和各种特征,向世人传授吸引所爱之人的方法,赢得所爱之人的手段,指导人们怎样运用各种爱抚技巧和性交技能使对方快乐,享受性爱生活的乐趣。并指出,要正确地实施爱的行为,就要了解人的性器官的特点、性感带的分布和性心理反应的特征。该书向读者表明，要做一个好恋人，就得了解所爱之人在性活动中的表现。书中详细地描述了男女性心理反应的征象和性活动中男女的行为及表情特征，并列举了 32 种不同的性交体位，附有对每种体位的详细介绍。本书由 RF 伯顿和 FF 阿布斯纳特译成英文，1964 年在美国纽约出版。

更敦群培在列举了上述文献之后，总结说："（印度关于性的文献）详略长短加起来共有 30 多种，其中最好的是马赫什瓦拉的《欲望论》和筏蹉衍那的《欲经》。在此，我将凭借那些典籍来阐述情欲艺术。"①

2. 藏文文献

主要有 5 种：（1）米旁嘉措（Vju-mi-pham-rgya-mtsho，1846—1912 年）的《欲经·世界喜悦宝藏》（vdod-pavi-bstan-bcos-vjig-rten-kun-tu-dgav-bavi-gter）。其篇幅只有更著《欲经》的三分之一。（2）六世达赖喇嘛的《仓央嘉措情歌》，他有一首著名的密宗－性情歌："没有一个女人我从来没有睡过，我从不浪费一滴精液。""the Sixth Dalai Lama ，was a poet whose unhappy struggle between monkhood vows and the more primary call of passion and flesh brought to Tibetan literature some of the most touching erotic poetry."②（3）阿古敦巴（A-khu-ston-ba）和朱巴贡勒（Vbrug-pa-kun-legs）的故事。"也许阿古敦巴和朱巴贡勒是通过他们各自的方式触及大众的想象，导致某种性革命的唯一著名的西藏佛教人物。阿古敦巴使大多数尼姑成为他的牺牲品，朱巴贡勒则把西藏和不丹的处女作为他的猎物，他们企图通过其臭名昭著的性和社会行为，达到种种哲学的、社会的和道德

---

① 《中国性科学百科全书》，第 51—52 页，中国大百科全书出版社，1998 年；Jeffry Hopkins，Tibetan Arts of Love.

② K. Dhondup，Sex in Tibetan Literature，Tibetan Review，January 1995.

的目的。”①(4)《丹珠尔》(bstan-vgyur)中的有关论述。(5)第司·桑杰嘉措(Sde-srid-sangs-rgyas-rgya-mtsho)的《医学概论·吠琉璃镜·宴仙喜筵》(khog-vbubs-legs-me-long-drang-srong-dgyes-pavi-dgav-ston),作为更敦群培《欲经》的先导。书中还征引了布敦、龙树、世亲、法称、Gunaprabhak、萨迦班智达等佛教学者和辛饶米沃、Shiva、Parvati 等非佛教人物以及印度的许多情论大师的有关论述,并且参考了《时轮经》(Kalachakra Tantra)和《增一阿含经》(Anguttara Sutra)等经典。

3. 一位印度内行的知识

更敦群培指出:“疑难章节的阐释者是一位年长的婆罗门(Brahmin)。”这位婆罗门一定是一名熟知印度情爱文献的梵文学者。

4. 作者的经验

即更敦群培本人与藏区和印度等地女人相处得到的经验。他说:“鱼只有入水中才熟悉水的深浅,一个人的经验越多知识就越丰富。”并且,他还宣称:“由于我只熟悉康、藏的女人,因而对康、藏以外的女人并不十分了解。康巴女子温柔而多情,藏地女子则擅长技艺。”他还提到一名“克什米尔女子”为他提供了“裸体经验(dmar-khrid)指导”。并且列举了与他有过性关系的三个女人的名字,即西藏女子玉珍、印度女子甘嘎(Ganga)和阿萨丽(Asali)。他在一首诗中写道:“愿与我有肉体联系的女子,玉珍、甘嘎和阿萨丽等,沿着快乐之路行进,达到大乐‘法体’的境界。”②

---

① K. Dhondup, Sex in Tibetan Literature, Tibetan Review, January 1995.

② Jeffry Hopkins, Tibetan Arts of Love.

(二)《欲经》的内容

更敦群培所著《欲经》分为18个部分:(1)男人和女人的类型(8种);(2)情欲关系,其中阐述了男女平等与妇女解放;(3)时间;(4)精液;(5)各地的妇女(主要是南亚各国);(6)拥抱(vkhyud-pa, upaguhana),8种方式;(7)接吻(vo-byed, cumbana),8种方式;(8)捏与抓(sen-mo-vdebs-pa, nakhacchedya),8种方式;(9)咬(so-vdebs-pa, dantacchedya),8种方式;(10)快乐的方法;(11)玩弄器官;(12)来回移动与压迫(bskyod-cing-bsnun-pa),8种方式;(13)情爱声音(sid-sgra-sgrogs-pa, sitkara),8种方式;(14)女人履行男人的行为(skyes-pavi-bya-ba),8种方式;(15)交媾的方式(vkhrig-stangs vkhrig-thabs),8种方式;(16)不确定的行为;(17)有用的技巧;(18)总结。

总之,更著《欲经》简明扼要地论述了性爱的64种艺术,并将其分为8个部分,即拥抱、接吻、捏与抓、咬、来回移动与压迫、情爱声音、角色替换和做爱的姿势。更敦群培提供了避开各种压抑的令人高兴的忠告,详细地描述了性行为,揭示了怎样利用性快乐来增强精神的洞察力,并且阐述了怎样增进女性的性快乐。他着重揭示了妇女的不平等及她们作为社会和法律的牺牲品的现实。正如《密宗杂志》(Tantra Magazine)所载:“这本优秀而非常便捷的指南,对所有寻求充分实现性快乐的精神价值的人都是有用的。”①《欲经》是秘密的和公开的智慧的一种巧妙的结合。

---

① Jeffry Hopkins, Tibetan Arts of Love.

三、《欲经》的特点

（一）更著《欲经》与筏蹉衍那《欲经》比较

古代印度对性的问题十分关注，早在3世纪就产生了性学专著《欲经》，该书参考了印度古代关于治国方略的名著《政事论》的构思和风格。后来，印度学者对筏蹉衍那的这部名著进行诠释，产生了多部关于性爱的专著。“关于欲或爱情（Kama）之学的最古著作是马南耶伽·犊子氏（Mallanaga-Vatsyayana）所著的《爱情经》（Kama Sutra），其文显然脱胎于考底利亚的《政事论》，①因此其著作与此原型有平行的相似，所以可称他为‘爱情上的马基雅佛利’。在我们看来，此书的内容多不典雅，但是我们要牢记印度人谈性的问题比我们要坦白些。此经如其他梵文著作一般，有许多琐屑的区分、分类及定义。此书不能与奥维德的《爱情艺术》（Arts anatoria of Ovid）相比拟。其中大部分仅有人种学家对之有兴趣；但是仅就其时代而言，其对于学术及文化史更有相当的重要。其第三部分是关于家范经及律经中的婚礼的有用补充作品，其第六节则说明妓女的地位，此于文化史上颇有价值。

本书虽为此论中保存的最古著作，但是犊子氏自己却提及许多研究此论的前人。情论与宫廷诗的作者们有亲切的关系，因为诗人嗜于此学的研究，而且诗学的著述尚有许多关于情论题材的文章。苏般度与有吉二人都精通情论，后者于其文字中曾引征其语文。由此可知犊子氏的书著成于公元600年。但在另一方面此书无疑迟于考底利亚的《政事论》。所以我们可以

① 《政事论》（Kautiliya Arthasastra），亦译作《利论》，传为孔雀王朝大臣考底利亚（Kautiliya，前300年左右）所著。内容主要是治国方略，成为印度古代统治者的从政指南。该书于20世纪初才被发现。

推测此书的时代是公元450年左右。

13世纪中雅沙达罗因陀罗巴代(Yasodhara Indrapada)为《爱情经》著了一种名叫《塔雅曼加纳》(Tayamangala)的很详细的诠释。此后便有更丰富的爱情文学发展着,其值得提及的是1200年科克卡(Kukkoka)氏所著的《爱情的秘密》(Ratirahasya)。他自称他不但利用犊子的教训,并且参照此学的其他反对者的材料。《恋爱的阶段》(Anunga-runga)是另一名著,此书约为生于16世纪中的皇家作者伽列摩那(Kalyanamalla)所著。"①

总之,在古代印度,关于性学的论著除了筏著《欲经》外,还有鸠科迦的《性快乐的秘密》(Ratirahasya),朱蒂梨娑的《五箭集》(Panchasakya),贡纳迦罗(Gunakara)的《爱欲明灯》(Pradipa),胜天(Jayadeva)的《爱欲花环》(Ratimanjari),婆奴达塔(Bhanudatta)的《爱欲萌芽》(Rasmanajari)和枯里安穆尔(Kullianmull)的《爱欲舞台》(Anunga Runga,又译《恋爱的阶段》),也称《欲海之舟》(Kamaledhiplava)。

印度学者塔帕尔在论及印度古老的《欲经》时写道:"一位舒适的富裕公民的日常生活,在《爱欲经》中描述为一种文雅的生存,这是专门使那些既有闲暇又有钱财供此生活的人们生活得精致:环境舒适而不奢侈,配备以协调于导向诗歌与绘画的情绪,期在这两方面使城里年轻的业余爱好者脱颖而出。在频频举行的集会上,诗的朗诵与诗的创作不绝于耳。绘画和雕塑经常在制作者的家中展出。音乐是另一必要的才艺,尤其是诗琴的弹奏。青年男子在爱的艺术上也得到了培养,为此撰写了《爱欲经》和有关这一类的其他著作。《爱欲经》是一部值得注意的文献,用一种精确清晰的文体分析和讨论了爱的艺术的整个问题,令人惊奇的是,此书几乎与现代关于这一

① [英]A. A. 麦克唐纳:《印度文化史》,pp. 141-142. 龙章译,上海文化出版社,1984年影印本。

主题的各种著作完全相同。高等妓女是都市生活的通常特色，既不使之浪漫化，也不嗤之以鼻。据《爱欲经》中描写的给予高等妓女的培训来判断，这种培训是颇为需要的职业之一，因为她常常作为一名有文化的伴侣而被召唤，就像日本的艺妓或希腊的‘名妓’（hetaera）一样。”①

筏蹉衍那（Vatsyayana）所撰写的《欲经》（Kama Sutra）共七部分：（1）概论，5 节；（2）关于性和谐，10 节；（3）关于一个妻子的获得，5 节；（4）关于一个妻子及其地位，2 节；（5）论与其他男人的妻子的关系，6 节；（6）关于高等妓女，6 节；（7）论使自己吸引他人的方法，2 节。共 36 节。内容涉及性爱生活的各个方面，包括女人取悦丈夫必备的各种知识、歌舞、音乐、魔法、巫术、赌博，以及性爱心理、性的幻想作用、性器官的种类、拥抱亲吻的类型、性交方式、做爱体位和增加性快感的各种手段等。书中告诉读者，性爱伴侣间的心灵和谐和性爱技巧具有同样的重要性。要掌握性爱的技巧，首先要了解爱情的类型、幽会的种类、性器官的比例、拥抱亲吻的方式、性交的体位和感受。作者将爱情分为单纯的床第之爱、特定形式之爱、相互占有之爱和单相思之爱 4 种类型，把男女的幽会分为 7 种类型，指出男女性器官配合默契是最佳结合。并将拥抱和亲吻分为 8 种类型。作者还列出了 30 多种不同的性交体位，并阐述了各种体位的实践方式和心理感受，讲述性交过程中视觉、声觉、嗅觉、触觉刺激的重要性和牙齿的特殊作用，告诉人们使阴茎增大和阴道缩小的各种方法。还对用于增强性欲快感的性器具和春药作了较为详细的介绍。

将更敦群培的《欲经》（Vdod-pavi - bstan - bcos）与筏蹉衍那的《欲经》（Kama Sutra）进行比较，可以看出，筏著

① ［印］R. 塔帕尔著，林太译，张荫桐校：《印度古代文明》第 152 页，浙江人民出版社，1990 年版。

略，更著详，更敦群培对性的研究，参考了筏蹉衍那的作品，并且有所创见，比筏著更加详细和深入。筏著《欲经》古老，体现的是印度特色，更著《欲经》写于20世纪40年代，体现了现代特色和印藏结合的风格。

（二）更著《欲经》与米旁著《欲经》比较

米旁嘉措（Ju-mi-pham rnam-rgyal-rgya-mtsho，1846—1912年）生于康区德格，是名闻藏区的学术大师，精通大小“五明”，在藏族传统文化的各个领域都有精深的造诣，作为宁玛派的佛学大师，其佛学著作带有浓厚的宁玛派色彩。他一生写下了32部作品（详见《藏文典籍目录·文集类子目》）。大多数人只知道米旁在宗教、语言、文学、医学等方面的成就，以及著名的《国王修身论》，而在有关米旁的论著中，对他所撰写的一部奇特作品《欲经·世间喜悦宝藏》几乎无人提及，更谈不上研究。就笔者所知，这是由藏族学者所写的第一部性学专著。它对性进行了初步的探索，对性伦理和性知识在藏区的传播起了积极的作用。在藏族历史上有两部《欲经》，一部是米旁所写的《欲经》，另一部即是更敦群培所写的《欲经》。值得注意的是，米旁是宁玛派高僧，更敦群培出生于宁玛派世家，这也许是他们能够撰写以“性”为题的《欲经》的一个重要条件。

美国学者霍普金斯（Jeffry Hopkins）在与宇妥·多吉玉珍合作将更著《欲经》翻译成英文的同时，对米旁著《欲经》和更著《欲经》进行了比较，笔者的论述参考了霍普金斯的研究成果。同为以性为主题的作品，更著《欲经》与米旁《欲经》具有不同的特点。

第一，米旁《欲经》偏重理论，更著《欲经》理论与实践相结合。米旁所著《欲经》主要是依据文献材料和密宗的冥想撰写的；而更敦群培的《欲经》则可称之为文献（理论）

与实践相结合的结晶。① 正如他本人所说："至尊米旁依靠阅读他人的作品写作，我放荡好色的更敦群培通过自己的体验写作。这两部《欲经》在情趣和影响方面的区别，可通过发情男女的实践而感知。"② 据喇琼阿波说：当问到米旁和宗喀巴哪个更智慧博学时，更敦群培回答说：假如他们两人展开辩论，宗喀巴会赢，因为他更精通辩论，可是就基本知识和阐释方面的能力看，米旁更强。③

第二，米旁《欲经》略，更著《欲经》详。米旁《欲经》的篇幅只有更敦群培的三分之一。霍普金斯认为，显然，更敦群培觉得，在性问题上，他比米旁知道的多得多。虽然两人的《欲经》都是以描写男人和女人的类型开始的，但是，米旁在对准备事项提出了简明的忠告之后，马上就着手描述情爱的 64 种艺术。而更敦群培不但加上有关面部特征及其含义以及生命的各个阶段的材料，而且还以 4 章的篇幅布景：(1) 性的重要性和在男人占统治地位的世界中女人的苦境；(2) 怎样作好性生活前的准备，第一次经期的意义以及开始性生活的适当年龄；(3) 对男女精液的解释，男性和女性体质的共性以及女性的缓慢深奥的欲望；(4) 对印度各地妇女的性习惯的揭示。

关于 64 种情爱艺术，更敦群培的描述更为扩展详尽，包含着令人兴奋的细节，甚至每一种艺术的名称常常都与米旁有区别。例如，关于 8 种拥抱方式，更敦群培阐述的篇幅就是米旁的两倍；关于 8 种接吻方式，米旁只写了 5 行，更敦群培按照印度的在太阴月（29 日 12 时 44 分）期间身体内部精液运动的理论，用两页半的篇幅对何时何地接吻进行了指导。关于捏和抓，米旁只写了一页，而更敦群培则用两页半来论述这种

---

① Jeffry Hopkins, Tibetan Arts of Love.

② Jeffry Hopkins, Tibetan Arts of Love.

③ A-pho-bla-chung, Dge-vdun-chos-vphel-rnam-thar-mdor-bsdus, P. 649.

行为。在阐述交媾方式之前，更敦群培插入了两章，用以指导如何增强常常成为他们的合意之美的抒情诗的强烈的快感，米旁的叙述与之相比，显得枯燥无味。更敦群培关于“玩弄器官”的那一章，从女性的角度来写，对女性玩弄男性器官的描写，同样是处处合情合意。他所写的阐述交媾姿势的那一章，先以较长的篇幅论述了性欲和在交媾之前需要激发女性的问题，然后才浓重地描述了交媾的细节，并不是刚好 8 种姿势，而是还有另外 12 种姿势。相反，米旁只列举了 8 种姿势，并且其描述的篇幅还不足 1 页。关于角色互换的 8 种姿势，这两种《欲经》的列举也截然不同。更敦群培提供了 8 种以上的交媾姿势，用以充实和完善 64 种的总数，而米旁的《欲经》声称似乎有 64 种，但是仅论述了 56 种就终止了。

第三，米旁《欲经》带有浓郁的密宗色彩和传统色彩，更著《欲经》突出艺术性和通俗性。在米旁《欲经》的其余 20 页（超过全书的一半篇幅）中，他论述了密宗性瑜伽问题，更敦群培的《欲经》中则没有涉及这方面的内容。这包括曼陀罗、摹想和改善性功能与性快感的魔药；凝视；包括人与神、半人半神、人及动物（nagas）相联系的多种姿势；当摹想和禅定没有成功时不放射的魔药。他还提到，存在深奥的曼陀罗、摹想和在完成从一名有能力资格的喇嘛那里获得的“无上瑜伽密宗”阶段使用的魔药。米旁在其《欲经》的末尾指出，他所引用的文献包括苏如巴（Surupa）对龙树的著作的摘要，而这一摘要又是萨拉阿尼（Sva-ra-a-ni）所作的《欲论》（Kamashastra）的摘要。更敦群培在其《欲经》中并没有选择包括诸如密宗和有关魔药等的神秘资料，旨在增强人们的无上瑜伽能力。他的意图是提供一部论述性艺术的作品，在嵌入密宗的看法的同时，并不违反神秘的格言正统见解。按照亲密、活泼以及他在性艺术方面提供的教唆细节，他所声称的超过米旁的说法确实是站得住脚的。

藏族学者顿珠认为：“米旁降央朗杰与更敦群培所写的

《欲经》彼此在态度、方式和动机方面迥然不同。更敦群培亲自涉足了其女人和情欲的证据，米旁则与此无缘；更敦群培对印度的各种《欲经》进行了评论、颠倒和反对，米旁却没有背离或抵触各种密宗文献；藏文韵诗（偈颂）在更敦群培的书中更为直率和质朴，在米旁的书中却显得更为僵硬和正统（严谨和典雅）。并且可以想象，或许正是受到米旁《欲经》的启发和鼓舞，才促使更敦群培（在撰写《欲经》时）表现出作者的个性。”①

四、国内外学者对更著《欲经》的评价

（一）藏汉学者和高僧的评价

霍康·索朗边巴认为，“更敦群培先生从来不歧视妇道人家，他在《欲望论》一书中谈到妇女的作用时说：‘私事、村事、朝政大事，乃至乞丐的生计等等，诸凡大小事情岂能没有妇女呢？’”② 李有义写道：更敦群培“曾根据西藏喇嘛们有关性爱的知识，写成一部叫作《爱情之艺术》的书，这部书并不是黄色的、庸俗的著作，而是包括了丰富的历史资料，科学地加以叙述。一些马克思主义者对这部书作了很高的评价，但是正统的佛教徒却说这是一本坏书，给他带来了坏名声。许多人惋惜他的天才，说这样一位哲人怎么会写出这样一部书来。但是我们用进步的眼光来看，这正是他的高明之处。他敢于向一切带着神光的事物冲击，最反感那些道貌岸然、内心肮脏的

---

① K. Dhondup , Sex in Tibetan Literature, Tibetan Review, January 1995, p. 13.

② 霍康·索朗边巴：《更敦群培大师传·清净显相》，《西藏研究》1983 年第 2 期。

僧侣上层。”①

顿珠认为，更敦群培的《欲经》揭露了传统伦理道德对妇女的压迫和奴役，宣扬了妇女解放和男女平等思想。“更敦群培强烈地抨击了男性的虚伪和双重标准，无情地揭露了他所描述的‘毫无怜悯之心的婆罗门的制度’，这种制度强行规定，婆罗门不应当吃一名寡妇的手接触过的食物，强迫寡妇为死去的丈夫自焚……更敦群培同时还对尼泊尔、波斯等国所存在的对女性的长期压制及男性支配的标准进行了鞭挞。他力图使男性从视女性为性对象、以男性和自我为中心的狭隘态度中解放出来，更敦群培颂扬了女性的内在力量、同情心、生理需要和美感。”②

著名画家、更敦群培的同乡和朋友安多强巴说：“《欲经》写得不错，是一本好书。”③ 原噶厦官员、现西藏自治区政协常委、76岁的夏扎·甘丹班觉曾全文看过《欲经》，针对有人认为《欲经》是黄色书籍，他说：“《欲经》绝对不是黄色书，而是性知识的教科书，黄色的说法是很荒谬的。”④

（二）外国学者对《欲经》的评价

西方也有以性为题材的类似《欲经》的作品。在用英语写作的著作中，有一部类似印度人的这类著作，书名为《女性美的法则》（Kalogynomia：or the Laws of Female Beauty），系医学博士贝尔（T. Bell）所著，1821年在伦敦印制，有24张整页插图，内容涉及美、爱情、性交、性交的法则、一夫一妻和一夫多妻、卖淫、通奸，最后是女性美的缺陷的一份分类目

---

① 李有义：《藏族历史学家根敦琼佩传略》，《青海社会科学》1983年第6期。

② K. Dhondup, Sex in Tibetan Literature, Tibetan Review, January 1995.

③ 安多强巴口述，1997年9月。

④ 夏扎·甘丹班觉口述，1997年9月。

录。1880 年在伦敦出版的《社会科学基础——肉体、性和自然宗教》（The Elements of Social Science，or Physical，Sexual and Natural Religion），以及沃特斯博士著、1826 年出版的《女性手册》（Every Woman's Book），都详细地描写了人的私生活和家庭生活。[①] 这表明西方学者对性的研究是十分重视的。

更敦群培的《欲经》问世后，也引起西方学者的关注。法国学者海德（Heater Stoddard）在谈到《欲经》时说："作者对于印度人的风俗习惯的观察之仔细，显示出他在人类学和民族学方面的才智，同时也表明了他对伊斯兰教社会中妇女的处境和在印度的某些习惯势力的影响下妇女的境况的同情。更敦群培的妇女观是应当完全平等。"针对美国学者金·史密斯（E. G. Smith）认为更著《欲经》是"筏磋衍那的《欲经》的藏文文献的一种改编"，海德说："更敦群培的《欲经》不是一部简单的译著，而是一部编著作品，他是依据各种材料，并采用西藏人所熟知的章节结构编著而成的。"[②]

《欲经》的英译者霍普金斯(B. J. Hopkins)和宇妥·多吉玉珍曾于 1990 年合作出版玉珍的英文版自传《绿松石屋顶之家》(House of the Turquoise Roof)，霍普金斯是美国著名的佛学专家，他出版了 20 多部关于藏传佛教的著译，如《空的冥想》(Meditation on Emptiness)，《密宗佛教：退化还是增强——一种西藏传统观点》(Tantric Buddhism，Degeneration or Enhancement：the View of a Tibetan Tradition)等。他在《欲经》英文版《导论》中，首先以法国藏学专家海德的《安多的托钵僧(更敦群培)》(Le mendiant de L'Amdo)为主要依据，叙述了更敦群培充满魅力的一生，然后从《欲经》所依据的文献、妇女平等、64 种艺术、

---

① 理查德·伯顿等著：《筏磋衍那〈欲经〉英译本〈前言〉》，谈瀛洲译，《中西学术》第 2 辑，第 475 页，复旦大学出版社，1996 年版。

② Heather Stoddard，Le mendiant de l' Amdo，pp. 202-203.

性快乐和精神顿悟、情爱的伦理、增强女性的快乐和分类方法等7个方面对更著《欲经》进行了评论和剖析。霍普金斯还详细描述了密宗"无上瑜伽"的心理学,认为其中存在着一种用于实现最终的现实本质的大乐思想。"导论和翻译相结合,使该书成为一部通俗易懂、有趣生动且令人兴奋的情爱艺术的佳作",对研究更敦群培的《欲经》以及人类的性伦理和性知识都具有重要的参考价值。[①]

《欲经》英文版也存在局限,旅印藏族学者顿珠对英文版进行了研究之后,在肯定其优点的同时,也指出了其不足,即:1. 导论的误导——以佛教的观点和密宗的思想来解读《欲经》;2. 译文增强了学术性,削弱了趣味性、通俗性和实用性;3. 译者对原作的误解导致误译;4. 书名的误译和误用。[②]

五、更著《欲经》的学术价值

在藏文文献中,记载和描述性爱和性观念的主要作品除《丹珠尔》中的有关内容外,还有《仓央嘉措情歌》,第司·桑杰嘉措的《医学概论》,阿古敦巴和朱巴贡勒的故事等。在19世纪下半叶和20世纪上半叶,就产生了米旁嘉措的《欲经·世间喜悦藏》和更敦群培的《欲经》。这些作品对藏族的性伦理、性道德、性观念和性知识的传播起了重要作用。顿珠认为,阿古敦巴和朱巴贡勒以离经叛道的举动,触及民众的幻想,导致了一场性革命,他们或许是唯一受到称颂的西藏佛教徒。

笔者通过对藏印几种《欲经》的比较研究,认为更敦群培于20世纪40年代写成的《欲经》,在继承前人的性学知识和观念的基础上加以发展,其知识性、思想性和学术性都超过了前人。更著《欲经》的价值体现在以下几个方面:

---

① Jeffry Hopkins, Tibetan Arts of Love.

② K. Dhondup, Sex in Tibetan Literature, Tibetan Review, January 1995.

（一）对印藏等地性风俗的考察与研究

更敦群培在《欲经》中，对藏族妇女和南亚妇女性风俗进行了描述和比较，保存了第一手资料，更敦群培说："康巴女子温柔而多情，卫藏女子则好耍手腕，且富有进攻性。"他承认，自己对安多的女子并不十分了解，希望他的同乡将这部分内容补写进去。《欲经》这方面的内容，对于研究20世纪上半叶的藏印性风俗具有一定的参考价值。

（二）宣扬妇女解放和男女平等思想

古代的印度同藏区一样，妇女的地位低下。《高达摩法经》要妇女"克制自己的舌头、眼睛和活动（器官）。"还说即使丈夫弃家离俗，其妻也必须克制与其他男人交往。到《摩奴法典》时代，妇女的地位又明显下降。法典第五章写道："无论在幼年、成年或者老年，女子即使在家里也绝不可自作主张。""女子必须幼年从父，成年从夫，夫死从子；女子不得享有自主地位。""她不得想要脱离父亲、夫主或者儿子，因为，脱离他们，女子就使两家声名狼藉。"类似中国封建礼教对妇女所宣扬的"三从四德"。关于夫妇关系，法典规定，妻子对丈夫只有义务，而丈夫对妻子则只有特权。"她应该总是高高兴兴，善于料理家务，收拾好日常用具，在花费上不松手。""贤妇应该永远敬夫若神，即使他沾染恶习、行为淫乱或者毫无优点。""饮酒的、为人不善的、叛逆的、有病的、凶残的或者浪费钱财的妻子，在任何时候都应该更换。"（第九章）"夫主死后，她宁可用清净的花、根和果让身体清瘦，而甚至不可提到别的男子的名字。"① （第五章）印度的

---

① 崔连仲：《从佛陀到阿育王》，第301—302页，辽宁大学出版社，1991年版。

《欲经》受传统观念的影响，对妇女受男性压迫和奴役的处境并没有给予足够的同情，没有对传统的性陋习加以批判，也就不可能提出妇女解放和男女平等的思想。

在封建农奴社会，藏族妇女的地位也十分低下，男子中心主义主宰着妇女的命运，佛教禁欲主义对女性的制约比对男性更加严厉。更敦群培清醒地认识到了妇女的处境，他在《欲经》中，强烈地抨击了藏印的传统性陋习，对于社会习俗和法律使妇女受害、将其置于牺牲品的苦境非常敏感。他在谈到通奸时说："至于通奸，男人和女人之间并没有区别。假如人们仔细考察，男人更坏。一位拥有一千名王妃的国王还被奉为上等人，可是，如果一位妇女有一百个男人，她就会受到诋毁，似乎不存在可比之处。"① 他抱怨，男人以财产和地位进行收买，不仅使他们的行为免受指责，而且还加以赞扬，这实际上是一种过错。虽然妇女被嘲笑为水性杨花，但是，她们所具有的这种不稳定的性格，是由于她们在一个男人的世界里所受到的待遇所致："倘若（一位国王）与一千名妇女轮流做爱，哪里存在什么通奸！既然和一个妻子做爱不是通奸，那怎么能说富人曾经有过通奸！一个头发雪白的富翁挑选并买了一个少女，作为一件出售的物品，给她开了一个价码。唉，女人没有保护者！当一个男人挑选一个女人并强行将她带走时，这个女人却不愿跟他走；因此，就像企图以石头修补木头一样，女人的本性怎么能够稳定！"他嘲笑建立在一个双重标准上的习俗："在尼泊尔，即使一个男人强行带走一个女人，然后发泄他的情欲，当他完事之后，她站起来，用她的头触他的脚，然后才离去。最初，她会抗争，说'不'，到后来，就毕恭毕敬地说：'谢谢您'。想想这种习俗，人们禁不住会哈哈大笑；据说，甚至这样做的那些人还具有良好的品行。"②

① Jeffry Hopkins, Tibetan Arts of Love.

② Jeffry Hopkins, Tibetan Arts of Love.

更敦群培对憎恨妇女的制度及缺乏政治行为所导致的奉承顺从加以嘲讽，他说："在波斯国（ta-zig），每个年迈的男人占有大约10个年轻的妻子，可是，假如其中一个妻子与别的男人通奸，她立刻就会被活活烧死。尽管一个男人有5个年轻的女人就可以满足，但是，一个年迈的老头怎么能够满足5个年轻的女人呢？……在世界的许多地区，富人都有合乎自己心愿的法律和习俗。这获得了好名声，既然它满足了该国国王的愿望，有技巧者也就微笑着表示赞成。如果人们想想这种陋习，就不会从悲哀中得到解脱。所以，不要光听纯粹是男性以一种声音在那里大声喧嚷，因为一旦真实的性格得到证实，就只能说没有偏见的诚实的话！"①

（三）传播性知识和性伦理

著名藏书家罗森巴赫（A. S. W. Rosenbach）说：这世上最伟大的游戏是爱的艺术。② 霍普金斯认为，更敦群培的《欲经》主要是阐述64种情爱艺术，此外，至少还重申了这样几个问题：即妇女平等，性快乐和精神顿悟，一种情爱伦理，增强女性性快感的技巧，对怀孕的忠告，分类方法。更著《欲经》主要研究男女性关系，并对性知识和性伦理进行了大胆的探索。性关系是反映人类文明进程的重要尺度，正如马克思所说："男女之间的关系是人与人之间的直接的、自然的、必然的关系。……因而，根据这种关系就可以判断出人的整个文明程度。"③ 更敦群培对性关系的研究，对于人们认识自我，消除性陋习，推动社会走向文明，具有积极意义。性伦理学的原则包括：禁规原则、生育原则、婚姻原则、性爱原则、私事

① Jeffry Hopkins, Tibetan Arts of Love.

② 转引自王强《书之爱》，《二十一世纪》，1995年12月号。

③ 王伟、高玉兰著：《性伦理学》，第261页，人民出版社，1996年版。

原则、审美原则。[1] 更著《欲经》反映了他所认识的生育、性爱和审美等性伦理学的原则。

“所谓性教育，是指关于两性关系以及性生活方式的教育。”[2] 论证科学的性生活知识，特别是和谐、愉快的性生活，对于婚姻关系具有的积极的伦理价值，是性伦理学应承担的使命。[3] 在性交过程中，男女双方的姿势和动作是非常重要的。其重要性在于：1. 增加性快感；2. 防止发生生理方面的危险和损伤；3. 控制、促成或者防止受孕。因此，必须掌握一种超越了一切现有婚姻方式的性关系技巧。[4] 更著《欲经》着重传播了性知识和性艺术，论述了怀孕的时间与方式方法、月经期的注意事项、性协调和性和谐的要领、生男和生女的技巧、接生方法，以及性卫生和性医学知识，实际上是一本性学教科书。正如筏著《欲经》的英译者、英国学者理查德·伯顿（Richard Burton）和阿布斯诺特（F. F. Arbuthnot）所说：“在细读了这本印度著作和上述英语书籍之后，读者一定会从唯物、现实和实际的观点来看待爱欲。既然所有科学都或多或少是建立在事实的基础之上的，那么让人类普遍了解某些和他们的私生活、家庭生活和社会生活密切相关的事情是不会有什么坏处的。不幸的是，对这些事情全然无知，毁了多少男人和女人啊！许多人只要对这个被大众忽视的领域有一丁点的知识，就能懂得他们以前认为不可了解或不值得考虑的许多事情。”[5]

（原载“中国藏学网”；《二十世纪西藏奇僧》，中国藏学出版社，1999 年）

---

① 《性伦理学》，第 292 页。

② 《性伦理学》，第 292 页。

③ 《性伦理学》，第 292 页。

④ 《性伦理学》，第 294—295 页。

⑤ 理查德·伯顿等著：《筏磋衍那〈欲经〉英译本〈前言〉》，谈瀛洲译，《中西学术》第 2 辑，第 476 页。

论更敦群培对中印文化交流的贡献

更敦群培（Dge-dun-chos-vphel，1903—1951 年）是现代藏族史上的佛门奇僧、学术大师和启蒙思想家；是藏传佛教世俗化的先驱和人文主义者；是爱国主义者和朴素的唯物主义者。

更敦群培在短暂的一生中涉猎了许多学术领域，在历史、宗教、语言、文学、艺术、民俗、地理、考古、医学等方面都有著述，并有多部翻译作品，为后人留下了一笔宝贵的文化遗产。这从他由印度带回的那只“黑色旅行箱”中的内容可以看出：“（箱子里）装满了著译作品，其中既有大部头的书籍，也有成卷的手稿。其作品涉及印度哲学、风俗习惯、饮食和服饰；植物学方面包括：树木、果实、药用植物和花卉的品种；动物的各种品种；名山大川（图）；宫殿和古迹（图）；石碑和石柱的铭文，还有大小绘画作品 100 余幅，都编了号，还有两大部作了批注的重要书籍，一部是文献索引，另一部是药用植物的外国名称汇编。”① 然而，更敦群培去世已半个世纪，人们对其著译作品尚没有一个基本准确而全面的了解，也就不可能对其学术成就和他在藏族学术文化史上的地位和影响作出

① A-pho-bla-chung, Dge-vdun-chos-vphel-rnam-thar-mdor-bsdus, 1973, pp. 643-644.

客观公正的评价。同时，更敦群培作为翻译家和中印文化交流的使者的地位长期被忽视。本文通过对更敦群培译作的考辨和对其将藏文古典名著翻译成梵文和英文，将梵文、巴利文古典名著翻译成藏文的史实的阐述，首次揭示更敦群培对中印（藏印）文化交流所作出的重要贡献。

一、更敦群培译作考辨

更敦群培在对印藏社会历史文化进行考察研究的同时，也非常重视印藏两种文化的交流与沟通。他谙熟印藏文化，既精通史学和佛学，也是语言学专家。他学会了汉文、英文、梵文、僧伽罗文、印地文和巴利文等 13 种语言。[①] 并且精通藏文、梵文、英文、巴利文。正是由于更敦群培精通多种语言，使其学术研究如鱼得水，取得了同时代的学者难以企及的学术成就。掌握了研究印藏的语言工具，使更敦群培具备进行印藏文化交流的良好素质，不仅进行讲、辩、著，而且从事藏梵典籍的翻译，成为中国现代史上杰出的翻译家，在 20 世纪上半叶的印藏文化交流史上起到了重要的桥梁作用，为向国外传播藏族文化，向藏区传播印度文化作出了重要贡献。

（一）Dpal-nag-po glu dad-pavi rnal-byal-byor ces-bya-ba levu-bcu-gnyis pa

此文的汉译有三种译法：（1）《巴纳歌》[②]，（2）《摩诃伽

① Hisao Kimura, Japanese Agent in Tibet, My Ten Years of Travel in Disguise, p. 194, London, 1990.

② 李有义：《藏族历史学家根敦琼佩传略》，《青海社会科学》，1983 年第 6 期。

罗之瑜伽（第12章）》,[①]（3）《吉祥大黑天之歌信仰瑜伽》12章[②]。三种译文差别较大，并且篇名都很陌生，因此，这部由梵文译成藏文的作品，读者看后不知是从印度的哪部古籍翻译过来的。笔者查阅有关印度的各种文献和论著，经过考证和对照才恍然大悟，原来此文是从印度最著名的两大史诗之一《摩诃婆罗多》(Mahabharata)的第六篇《毗湿摩篇》(Bhismaparvan)的“插话”(upakhyana)《薄伽梵歌》(Bhagavadagita)中节译的。[③] 故本篇名的正确汉译应是《〈薄伽梵歌〉第十二章〈虔信瑜伽〉》。[④]

（二）Vphags-pa gnas brtan-pa rnams kyi mdo-sdevi sde-snod bsdus-pa las-phran tshegs kyi mdo phran gnyis-pa chos kyi tshigs-su-bcad-pa-zhes-bya-ba bzhugs-so

更敦群培这部由巴利文译成藏文的作品有如下几种译法：（1）《昙钵偈》[⑤]（2）《斯里兰卡上座部之达磨巴达经》[⑥]，(3)《教诗》[⑦]，(4)《教法偈颂》[⑧] 等。上述4种译文都是从藏文字义上去理解和翻译的。笔者按照考证《薄伽梵歌》的思路和方法，先查阅有关印度、斯里兰卡的各种文献和论著，再仔细阅读汉译佛经，最后感到chos-kyi tshigs-su-bcad-pa除了

---

① 朗措：《更敦群培大师生平及其著作简介》，《西藏研究》，1995年第1期。

② 恰白·次旦平措等著，陈庆英等译：《西藏通史》汉文版，第969页，西藏古籍出版社，1996年。

③ 季羡林主编：《印度古代文学史》第48—68页，北京大学出版社，1991年版。

④ 参见张宝胜译：《薄伽梵歌》，中国社会科学出版社，1991年版。

⑤ 李有义：《藏族历史学家根敦琼佩传略》。

⑥ 《藏传佛教高僧传略》，第381页，青海人民出版社，1992年。

⑦ 《藏传佛教高僧传略》，第381页。

⑧ 恰白·次旦平措等著：《西藏通史》汉文版，第970页。

有“法颂、法偈”[①] 之外，似乎还有“法句”之意，tshigs（节、界、间隙等）在这里与 tshig（句）相通，因而想到这部译作可能是从巴利文“三藏”的《经藏》五部之一《小部》（khuddaka-nikaya）中的《法句》（Dhammapada，汉译有《法句经》和《法句譬喻经》两种版本）[②] 翻译过来的。于是找到《法句经》和《法句譬喻经》与更敦群培的这部藏文译作对照，发现汉译《法句经》和《法句譬喻经》皆为三十九品，[③] 而更敦群培的藏译是二十六品，前缺九品，后缺四品，以为藏译本不完整，或者是根据别的版本翻译的。后来又重新翻阅吕徵的《中国佛教源流略讲》，才知道《法句经》的各种本子“可分为两个系统：1）巴利文本，二十六品，其特点是《双要品》为首；2）梵文本，这是经过法救改订过的，有三十二品或三十九品，以《无常品》为首，《梵志品》为终，在《双要品》之前加了六品。法救本不仅把原本次序打乱另行编定，并且增加了很多内容，所以梵文本不叫《法句经》，另名为《温陀南集》（温陀南是不问自说的意思）。这就是说，开头的《法句经》每一颂本是有缘起的但法救以这些材料为主，吸收了很多无缘起的自说颂的材料，所以不仅品名不同，内容也不同了”[④]。

随后又仔细对照汉译《法句经》和更敦群培的藏译文，弄清楚更敦群培在翻译这部被称为“佛教徒以此为道德行为的指南，佛学者以此为思想理论的基础”（了参法师语）[⑤] 的

① 张怡荪主编：《藏汉大辞典》（中册），第 2274—2275 页，民族出版社，1986 年版。

② 崔连仲：《从佛陀到阿育王》，第 205—206 页，辽宁大学出版社，1991 年版。

③ 见《大正新修大藏经》第 2 卷和第 4 卷，日本东京大正一切经刊行会，1924—1934 年编辑出版。

④ 吕徵：《中国佛学源流略讲》，第 21—22 页，中华书局，1992 年版。

⑤ 楼宇烈编：《中国佛教思想资料选编》，第 4 卷第 1 册，第 31 页，中华书局，1992 年版。

巴利文佛经时，依据的是最原始的巴利文版，以《双要品》为首，以《梵志品》为终，刚好二十六品，且卷次（共2卷）和品名都相同。故更敦群培所用的那一长串藏文书名，译成汉文可简单明了地译作《法句经》。

（三）Ra-mva-ya-navi rtogs-brjod

此篇名的汉译有：（1）《罗摩衍那传》[①]，（2）《罗摩衍那》[②]（3）《罗摩衍那的故事》[③]。第一、三种译法忠实于原文，第二种译法未将 rtogs-brjod（传记、故事、本生）之意翻译出来。但笔者倾向于第二种译法，因为，印度这部著名史诗 Ramayana（《罗摩衍那》）的梵文书名意为“罗摩传”[④]，更敦群培在翻译这部史诗时，在 Ramayana 之后加上了 rtogs-brjod 二字，可能是为了便于理解。一般说来，作为译作，只有两种选择，即全译和节译，全译不能更改原书名，节译也只能像前述《薄伽梵歌》节译一样，译为《罗摩衍那（第几章或第几卷）》。更敦群培的这种译法也是正确的，正如英译黄河为 Huanghe River，泰山为 Taishan Mountain 一样，将英文出版物中的 Huanghe River 和 Taishan Mountain 译成汉文，就得依照汉文名称翻译，而不能译成“黄河河”、“泰山山”。所以，更敦群培的这部译作应译为《罗摩衍那》，否则，人们会以为这是翻译的另一部作品，或者误认为是编译作品。

（四）Bya-1en-ma mngon-par shes-pavi zlos-gar

这部译作的汉译篇名有：（1）《沙恭达拉》[⑤]，（2）《莲玛

① 《藏传佛教高僧传略》，第381页。

② 朗措：《更敦群培大师生平及其著作简介》。

③ 恰白·次旦平措等著：《西藏通史》汉文版，第970页。

④ 黄宝生：《印度古典诗学》，第207页，北京大学出版社，1993年版。

⑤ 李有义：《藏族历史学家根敦琼佩传略》。

鸟的故事》[①]，（3）《行取明知舞蹈》[②]。从字面上看，确实很难译准，第二种译法是将藏文 bya 译作“鸟”，len-ma 则音译为“莲玛”；第三种译法将 bya 译作“行”，len-ma 译作“取”。照字面理解都有道理，可是，汉文读者难以看懂，不知道是印度的哪一部作品的藏译。海德在《安多的托钵僧》一书的附录所列的更敦群培著译作品目录中收录了这部译作，并在篇名后面标注 Abhijnana Sakuntala，写明是 Kalidasa 的戏剧作品和代表作（Piece de theatre et chef d’ceuvre de Kalidasa）。[③] 笔者查阅《印度古典诗学》，得知 Abhijnana Sakuntala 译为《凭表记认出的沙恭达罗》，是四、五世纪印度最著名的梵语诗人和戏剧家迦梨陀娑（Kalidasa）的戏剧作品，一般简译为《沙恭达罗》。有一首流行的梵语诗歌称颂道：“一切语言艺术中，戏剧最美；一切戏剧中，《沙恭达罗》最美。”然后将季羡林翻译的《沙恭达罗》[④] 与更敦群培的藏译文对照，基本吻合，从而印证了海德所作的判断。因此，上述三种汉译中，第一种译法较准确，不过，一般都通译为《沙恭达罗》。

笔者通过上述考辨，首次纠正了更敦群培译作汉译中长期存在的谬误，第一次揭示了更敦群培的翻译成就，还作为翻译家的更敦群培的本来面目，使准确评价更敦群培的学术成就成为可能。

---

① 罗桑丹增译：《藏族学者根顿群培生平简述》，《西藏研究》，1985 年第 2 期。

② 恰白·次旦平措等著：《西藏通史》汉文版，第 970 页。

③ 《印度古典诗学》，第 30 页。

④ 迦梨陀娑著，季羡林译：《沙恭达罗》，1959 年版，中国工人出版社，1995 年再版。

二、向印度传播藏族文化

文化交流是互动的，而不是单纯由一方向对方输入。而在古代，由于历史的原因，印藏文化交流主要是佛教的交流，并且主要表现为印度佛教向西藏单向输入。精通印藏文化、十分重视藏印古代典籍翻译的更敦群培，在从事文化交流中兼顾彼此双方的沟通，既引进印度文化，也向印度等外国传播藏族文化。更敦群培向国外（印度）传播藏族文化，主要体现在翻译藏文古典名著上。由于更敦群培的著译作品几次遭到毁损，难见全貌，就目前所知，他曾与国外学者合作，将《青史》、《入菩萨行论》和《释量论》翻译成英文。

（一）《青史》的翻译

史学名著《青史》是藏族史学家、译师迅鲁贝（Vgos-gzhon-nu-dpal，1392—1481 年）的代表作。写于 1476—1478 年，1481 年刻版成书。全书共分十五章，论述了佛教的起源、西藏历代王朝、西藏前后弘期的佛教、新旧密乘、教派传承、法门来源等，因作者是噶举派僧人，故对噶举派的记述尤为详尽。作者博采众家之长，以编年史为体例，纲目分明，取材丰富，被推崇为信史，具有很高的史学价值。后世的藏文名著如多罗那他的《印度佛教史》、土观·罗桑却吉尼玛的《宗派源流晶镜史》、贡波交的《教法史》等，都参考或引用了《青史》。五世达赖喇嘛在《西藏王臣记》中，称赞迅鲁贝是被史学家奉为项上庄严大宝般的人物。当代藏族史学家恰白·次旦平措总结了《青史》的四大特点，并充分肯定了其史料和学术价值。[1]

① 恰白·次旦平措：《西藏通史》，第 552—553 页。

苏联藏学家罗列赫（G. N. Roerich）充分认识到《青史》的史料和学术价值，但因其藏文水平的局限，无法加以利用。20 世纪 40 年代罗列赫到印度时，当时在印度的更敦群培已是精通梵、藏、英文的著名学者，于是，罗列赫便邀请更敦群培同他合作，将藏族史学名著《青史》译成英文。在两位造诣高深的学者的共同努力下，终于把这部“行文古奥，词义艰深”（郭和卿：《青史》译者后记）的史学巨著翻译成英文。《青史》（The Blue Annals）① 的英译本分两部分出版，第一部分于 1949 年问世，载《孟加拉亚洲学会会刊》专号第 7 卷；第二部分于 1953 年由加尔各答亚洲学会出版。

如果没有更敦群培的合作，罗列赫不可能将《青史》翻译成英文，这完全是两人合作的结晶。然而，当《青史》的英文版出版时，由于更敦群培身处逆境，所以译者署名只有罗列赫一人的名字，使人们难以看出这是更敦群培的译作。罗列赫不敢完全否认与更敦群培合作的事实，才在 1946 年撰写的《青史》英文版前言中写道：“能够和著名的藏族学者、尊敬的更敦群培商讨全部译文，这是我最大的满足，在此，我对他所给予的非常有益的指导表示衷心的感谢。”② 罗列赫这种“贪天之功为己功”的行为，在当时就引起了更敦群培的弟子的不满。1949 年，《青史》的第一部分在加尔各答出版时，更敦群培在拉萨获释出狱后过着被监视的生活。当时他的一名弟子发现该书封面上没有署上自己老师的名字，感到不公平，他问更敦群培对此是否感到气愤，“他一笑置之，什么也没有说。这便是他对任何事情都不在乎的一个例证。”③

---

① 藏文本 1274 页；汉译本 716 页（含译注）；英译本 1275 页（含注释）。

② The Blue Annals, Delhi, 1949 年加尔各答版，1976 年德里版，1979，1989，1995 年德里重印。

③ Le mendiant de l' Amdo, p. 209, Paris, 1985.

（二）《入菩萨行论（广本）》的翻译

佛学名著《入菩萨行论（广本）》（Spyod-vjug-chen-mo-cha-tshang，Bodhisattva caryavatara），是印度佛学大师寂天（Santideva，zhi-ba-lha，约650—750）的作品。本论以颂文写成，故又名千颂。但现在通行的藏文本只有913颂零3句。颂文简要易于诵记。主要是论述修大乘菩提心的要诀，共十章。赤松德赞时期，由印度译师萨尔帕耶第瓦（sarba dzanya）和藏族译师噶瓦贝则（ska-ba-dpal-brtsegs）译成藏文，先后修改过两次，收录在那塘版《丹珠尔》显宗部Ma函。

第一颂皈敬三宝，第二至三颂说明造论的因由，其余各颂共分十品，分别阐明发菩提心（四品）和修菩萨行的方法（六品）。第一品《赞菩提功德品》（33颂）；第二品《忏罪品》（65颂）；第三品《总持菩提心品》（33颂零3句）；第四品《不放逸品》（48颂）；第五品《守护正知品》（109颂）；第六品《安忍品》（134颂）；第七品《精进品》（76颂零3句）；第八品《静虑品》（187颂）；第九品《般若品》（167颂零1句）；第十品《回向品》（57颂零1句）。本论宣讲"六度"，注重修持，由博而约，既不偏于"见"（理论和观点），也不偏于"行"（实践）。《入行论》的梵文注释很多，仅藏文大藏经中由梵文译成藏文的注释就有10种。《入行论》于11世纪由阿底峡传入西藏后，被噶当派奉为六论之一。后来各个教派皆有注释，其中以宗喀巴的上首弟子甲曹杰的《入菩萨行论佛子津梁论》最著名。在宗喀巴的《菩提道次第广论》和《略论》未问世以前，《入行论》是修菩萨行的代表作。宗喀巴非常重视此论，其《菩提道次第广论》中引用了《入行论》三分之一以上的文句。藏族僧人以《入行论》作为课诵本，每日分段念诵，并将《回向品》列为课诵的

"五大愿文"之一。[①]

随着佛教在印度的衰亡，佛教典籍等梵文文献在其产生地佚失，传入藏区的梵文典籍得以幸存，古代印藏译师由梵文译成藏文的印度古籍也被保存在藏族文化宝库（主要是寺庙和印经院）之中，形成了印度的学术文化界要研究印度的历史、文化、宗教和语言等，还得到中国来查找资料的局面。因此，将保存在藏文古籍中的印度经典译成英文或梵文，既弥补了印度文明古国的文化损失，对藏印和中外文化交流也起到了促进作用。这也就是更敦群培之所以将藏文古籍《入菩萨行论》和《释量论》译成英文的价值所在。

格德活佛在其所编《回忆更敦群培》一书中提及《入菩萨行论（广本）》英文版。[②] 据顿珠说，更敦群培的这部译作是关于 Spyod-zhugs-shes-rab-gyi-levu 的论述，即《入菩萨行论》中的《般若品》（Prajna）。[③] 至今尚未见到《入菩萨行论（广本）》的英文版。

（三）《释量论》的翻译

因明学名著《释量论》(Tshad-ma-rnam-vgrel, Pramanavarttika)，是古印度因明学家法称（Dharmakirti，约6—7世纪）发扬陈那（Dignaga，约5—6世纪）所著《集量论》的七部注释（因明七论）之一。一名《释量品》。全书包括自利、量成立、现前和利他四品，是阐释因明的本体的著作之一。主要内容：强调现量"无错乱"，是真实的、纯粹的感觉，不是错觉；现量的认识对象自相，"为胜义有"，是真实的实在，具有"起

① 胡继欧：《〈入菩萨行论〉解读》，载《中国佛教》第三辑，东方出版中心，1996 年版；Spyod-vjug-gi-vgrel-bshad-rgyal-sras-yon-tan-bum-bzang，Thub-bstan-chos-kyi-grags-pa，中国藏学出版社，1991 年版。

② Kirti，Dge-vdun-chos-vphel-gyi-rab-byed，1983，p. 44.

③ K. Don-grub，Sex in Tibetan Literature，Tibetan Review，Oct. 1978，p. 18.

识”的功能；认为现量必须是“亲政”的；改革三支作法，主张合因、喻为一体，颠倒其顺序，将喻体提前，并把同喻、异喻分开单独列式，宗支常常省略；将因区分为自性因、果因、不可得因三大类，进一步明确了因明比量的格式；废除因过中的“不共不定”的规定。

《释量论》是印度古代因明学名著，以梵文写成。后由印藏高僧合作，将其译成藏文，融入藏族文化之中，在藏传佛教哲学和因明学的发展史上具有重要地位，成为格鲁派僧人必修的“五部大论”之一。如同《入菩萨行论》一样，《释量论》的“母本”梵文本在印度已失传，其“子本”藏文译本则保存完好。因此，将藏文版《释量论》翻译成英文，既是印度哲学、因明学和逻辑学的需要，也将对弥补印度文化宝库的损失起到重要作用。

据藏族学者顿珠说，《释量论》这部藏译英作品“是更敦群培与他在大吉岭结识的一位基督教修女合作翻译的”①。至今尚未见到《释量论》的英文版。

罗睺罗1934年到西藏后，在决定聘请更敦群培到印度担任译师时对他说：“在过去较长一段时间里，西藏和印度的译师间中断了文化交流。如果您愿意学习梵文，继承前辈译师的未竟事业，就请您随我一同到印度去吧。”② 更敦群培继承古代印藏译师的传统，将上述三部藏文古籍译成英文，对促进藏印文化和中外文化交流作出了重要贡献。

三、向藏区传播印度文化

更敦群培称得上是一位印度学专家，他在南亚的12年，

---

① Sex in Tibetan Literature, Tibetan Review, Oct. 1978, p. 18.

② 霍康·索朗边巴：《更敦群培大师传·清净显相》，《西藏研究》（藏文版），1983年第2期。

不仅撰写了对印度、锡兰研究的论著，而且还翻译了一批印度古典名著。与古代的藏族译师不同的是，更敦群培所翻译的印度古籍侧重于人文（世俗）作品，而不是以佛教经典为主。他所翻译的印度和锡兰的典籍主要有《罗摩衍那》、《薄伽梵歌》（节译）、《沙恭达罗》、《法句经》和《军事操典》。

（一）《罗摩衍那》的翻译

《罗摩衍那》(Ramayana)，书名意为“罗摩的游行”或“罗摩传”。是古印度两大史诗之一。全诗共分七篇，有18745颂。传说作者为蚁垤（Valmiki）。以罗摩（Rama）和悉多（Sita）的悲欢离合为主线，描写印度古代宫廷内部和列国之间的斗争。中心故事是描述恒河中游地区日种王朝的侨萨罗和维堆哈这两个部落国家的情况。这部史诗在汉地、傣族地区、西藏、蒙古、新疆等地都有传播和影响。有梵文、巴利文、汉文、傣文、藏文、蒙古文、古和田文和吐火罗文A（焉耆文）等8种文本。敦煌古藏文文书中已有藏译本。《罗摩衍那》大致在7世纪传入西藏。已发现的藏文译本，有根据梵文或其他印度语言的本子翻译加创作的，如在敦煌石窟中就发现了5个编号的《罗摩衍那》故事，即I. O. 737A，I. O. 737B，I. O. 737C，I. O. 737D（原件藏于伦敦印度事务部图书馆）和P. T. 983（原件藏于巴黎图书馆）。[①] 还有藏族文人自己创作的，如1980年四川民族出版社出版的宗喀巴的弟子象雄巴·曲旺札巴（1404—1469年）所著《罗摩衍那颂赞》，就是在印度传统基础上创作的。藏文与梵文两种文本比较：骨干故事和一些细节基本相同，主题思想都是正义战胜邪恶；不同之处：1. 藏文本在有些地方加入了一些新的情节；2. 梵文本中，十头王的故事在第七篇，藏文本则把十头王的故事挪在了最后，藏

① 藏文原件见1978年巴黎出版的《敦煌古藏文文书选编》，汉文译文见1983年四川民族出版社出版的《敦煌吐蕃文献选》，王尧、陈践译注。

文本的结构完整；3. 藏文本把一些名字改编成本地的；4. 藏文本的结局是大团圆，而梵文本的结局则是悲剧。[①]“在敦煌发现的古藏文文书中，有两种《罗摩衍那》的译本。”[②] 该史诗是在赤松德赞至热巴巾时代（8—9 世纪）传入藏区的。《罗摩衍那》的藏文本被当作佛教经典加以崇奉，一千多年来，始终在上层社会和僧人中流传，人民群众尤其是农牧民没有机会阅读。[③] 20 世纪 60 年代，出版了汉文节译本《罗摩衍那的故事》。

作为印度两大著名史诗之一的《罗摩衍那》，在世界文学史上占有重要地位，对藏族文学的发展也产生了重要影响。虽然这部文学名著早在 9 世纪就传入藏区，在敦煌古藏文文书中已有藏文译本，但是，在敦煌文书被发现之前，《罗摩衍那》对藏区的影响是非常有限的。15 世纪产生的《罗摩衍那颂赞》，实际上是创作，因而不可能反映该史诗的原貌。因此，20 世纪 40 年代，更敦群培将《罗摩衍那》由梵文原著翻译成藏文，是藏族文学发展的要求。

在霍康·索朗边巴等了解更敦群培的朋友和弟子的论著中，都提到更敦群培将《罗摩衍那》翻译成藏文；在海德、夏吾才让、多杰加等国内外学者的论著中也列出了更敦群培的这部译作；《更敦群培文选》和《更敦群培文集》的附录都开列了更敦群培的这部译作，说明更敦群培确实翻译了《罗摩衍那》。但是，至今尚未见到更敦群培的这部藏文译作。

---

① 季羡林：《〈罗摩衍那〉在中国》，载《印度文学研究集刊》第二辑，上海译文出版社，1986 年。

② 毛尔盖·桑木旦：《罗摩衍那》前言，第 4 页，四川民族出版社，1982 年。

③ 降边嘉措：《〈罗摩衍那〉与〈格萨尔〉》，《印度文学研究集刊》第二辑。

(二)《薄伽梵歌》的翻译

《薄伽梵歌》(Bhagavadagita),是印度古代著名的两大史诗之一《摩诃婆罗多》(Mahabharata)的第六篇《毗湿摩篇》(Bhismaparvan)的“插话”(upakhyana)。

“摩诃婆罗多”意为“伟大的婆罗多族的故事”。《摩诃婆罗多》共有 18 篇,约有 10 万颂。传说作者为毗耶娑(Vyasa)。成书于公元前 4 世纪至公元 4 世纪之间。故事中心内容是描写婆罗多族的两支后裔,恒河上游象城的俱卢族和因陀罗普罗斯泰的般度族兄弟之间争夺王国统治权的斗争。它既是英雄史诗,又是百科全书,囊括了人生“四大目的”,即“正法和利益,爱欲和解脱”的全部内容。《摩诃婆罗多》并不是纯粹的史诗,实际上包括三种内容:史诗故事;插话;关于法制、风俗和道德规范的诗体论述。插话可以独立成篇,而且文学性较强。[①] 中国四大古典文学名著之一《西游记》曾吸收了《摩诃婆罗多》中的一些成分,不仅借鉴内容,也移植形式,彼此间有间接的渊源关系。[②]

《薄伽梵歌》是印度古代宗教和文学名著,是《摩诃婆罗多》中最精彩的哲理插话和印度教最负盛名的经典。书名意译为《世尊歌》或《神歌》。共有 18 章,700 颂,是宗教哲学诗。薄伽梵,意为可尊敬的大神,这里是对克里希纳(黑天)的尊称。一说是对毗湿奴大神的尊称。大神毗湿奴(黑天)在两大史诗中都有显著的地位。在《摩诃婆罗多》中,他是《薄伽梵歌》的主角;在《罗摩衍那》中,罗摩四兄弟是他的化身。《薄伽梵歌》就是克里西纳在班度族的阿周那

① 金克木:《〈摩诃婆罗多插话选〉译本序》,载《摩诃婆罗多插话选》上,人民文学出版社版,1987 年。

② 赵国华:《〈西游记〉与〈摩诃婆罗多〉》,载《印度文学研究集刊》第二辑。

（Arjuna）与俱卢族的迦尔纳（Karna）两族大战即将开始的战场上给阿周那讲的一番哲理。其中心内容是黑天向阿周那阐明达到人生最高境界解脱的三条道路：业（行动）瑜伽、智（知识）瑜伽和信（虔信）瑜伽。由于阿周那处于是否投身大战的心理危急时刻，所以黑天着重向他解释业瑜伽。业瑜伽是指以超然的态度履行个人的社会义务和职责，不抱个人的欲望和利益，不计较行动的成败得失。这种超然的态度易导致行动中的消极态度，因而必须与智瑜伽和信瑜伽相结合。智瑜伽是指透过一切现象，认识宇宙的最高存在——梵（Brahman，绝对精神），达到个人灵魂与梵统一。信瑜伽是指虔信黑天，崇拜黑天。“解脱”是《薄伽梵歌》的中心思想和最终目的。其内容几乎囊括了印度古代的全部哲学流派。其代表的是数论和瑜伽的哲学思想。《摩诃婆罗多》在4世纪基本形成现在的形式和规模，据5—6世纪的印度铭文，它在当时已被奉为圣典。它长期被视为政治和伦理教科书，并且成为后世文学创作的重要源泉。该史诗中的插话自18世纪以来被译成多种欧洲语言，在西方有很大影响。《薄伽梵歌》被印度教奉为圣典，受到印度思想界的高度重视，几乎每年都有新注本或新译本出现。现代印度民族独立运动中主张暴力和主张非暴力的两派领导人提拉克（B. G. Tilaka）和圣雄甘地（Mahatma Gandhi）都曾从《薄伽梵歌》中寻找理论根据。[①] 印度学者瓦·盖罗拉认为：“虽然《薄伽梵歌》是《摩诃婆罗多》故事的一部分，但是在古代的大师和现代的学者看来，《薄伽梵歌》要比《摩诃婆罗多》更重要。古代出现的所有宗教派别，作为其倡导者的所有大师，为了证实各自的教派，都利用《薄伽梵歌》的伦理教导，来支持自己的教义。《奥义书》、《薄伽梵歌》、《吠檀多经书》一直是古代印度各宗教教派的基础。如果不打上这些

① 黄宝生：《〈摩诃婆罗多〉简论》，载《印度文学研究集刊》第二辑。

著作的印记，那么这些教派在社会上就存在不下去。”[①] 德国学者威廉·洪堡称赞《薄伽梵歌》是“世界上最美的哲学诗”。印度学者普列姆·纳特·巴扎兹认为，从史前到当代全部的印度文献中，没有哪一部著作像《薄伽梵歌》那样享有如此巨大的声誉。“每一个印度教徒，不管他是否读过这部圣诗，他的思想和行为无不受到它的熏陶和影响，因为在印度流传的文化是以它为基础的。印度教的道德生活也是从它那里汲取营养的。”或许可以说它养育了印度文化，形成了印度教信仰者，铸造了印度民族的心态和性格，是印度文化的精神，对印度民族意识和民族凝聚力的形成起了巨大作用。也阻碍了印度历史的发展和现代文明的进步。[②] “如果说印度教有和基督教新约全书相等的经典，那就是这组诗篇（《薄伽梵歌》）了。”[③] 在近代印度的民族革命运动中，“每个爱国者只要手持一册《薄伽梵歌》，就能坚定地走上绞刑架”。18—19 世纪，《薄伽梵歌》相继被翻译成英、俄、拉丁、德、法、日、意等文本。1957 年徐梵澄在印度出版了离骚体的汉译本。

在藏文古籍中，尚未见到印度典籍《摩诃婆罗多》。据哲通说，司徒·曲吉迥乃（Si-tu chos-kyi-vbyung-gnas，1699—1774 年）曾翻译过《薄伽梵歌》，其藏译书名为 Chos-kyi-bstan-bcos（《法论》），但是更敦群培在翻译此书时，并未参考司徒活佛的译文。[④] 更敦群培对《薄伽梵歌》的翻译可能是节译，《薄伽梵歌》共十八章，就目前所见，有其中第十二章的藏译文，即《薄伽梵歌（第十二章）·虔信瑜伽》。[⑤] 系由

---

① 引自《印度两大史诗评论汇编》，中国社会科学出版社，1984 年，第 103 页。

② 张宝胜：《薄伽梵歌》译者序，中国社会科学出版社，1993 年。

③ 《国家文库·印度》，第 37 页，纽约时代出版公司，1987 年版。

④ Le mendiant de l'Amdo，p. 329.

⑤ 《更敦群培文集》第二册，第 415—421 页，西藏古籍出版社，1994 年版。

梵文译成藏文，于 1941 年在印度出版。据格德活佛所编《回忆更敦群培》，更敦群培还翻译了《薄伽梵歌》的其他篇章，其中有《有为（业）瑜伽》。[①] 霍康·索朗边巴在开列更敦群培的翻译作品时，列出了《虔信瑜伽》（第十二章），《有为瑜伽》（第三章），还列出了《具善黑天之歌》（Legs-ldan-nag-povi-glu），后者的汉译应是《薄伽梵歌》。但是，由于更敦群培的作品屡遭厄运，已无法见到这些作品。

（三）《法句经》的翻译

《法句经》（Dhammapada），是巴利文“三藏”的《经藏》五部之一《小部》（Khuddakanikaya）中的经典，汉译有《法句经》和《法句譬喻经》两种版本。此经系集录佛说偈颂而成。相传为达摩多罗（Dharmatrata，法救）所集。在现存各种不同语言的佛教经典中，巴利文经典最古老、最完整，对于研究原始佛教和上座部佛教最有参考价值。《法句经》是佛教文学中最著名的格言诗集，主要是宣传伦理道德观念，其中的大部分格言诗散见于其他佛经，也有一些散见于耆那教或婆罗门教的典籍。有巴利文本、犍陀罗俗语本、梵文本和混合梵文本。汉译本有吴竺将炎共支谦译《法句经》，宋天息灾译《法集要颂经》，西晋法炬共法立译《法句譬喻经》和失译《四十二章经》。《法句经》的主要内容是佛教的一些最基本的教义和道德格言，偈颂体，便于颂记，为佛教信徒入门必读之书。三国吴汉译《法句经》序曰：“其在天竺，始进业者不学《法句》谓之越叙。”叶均（了参法师）在其所译《法句》的再版前言中说，在南传佛教国家，“佛教徒以此为道德行为的指南，佛学者以此为思想理论的基础”。“对上座部的比丘僧来说，则更为重要，都为座右铭。”斯里兰卡的僧人在受比丘戒

① Le mendiant de l' Amdo，p. 329.

前，必须考试，即背诵全部《法句》偈，如不能背诵，则要延期受比丘戒，直至能背诵为止。《法句经》有多种汉译本，对中国佛教思想的发展有较大影响。①

藏文 tshigs-bcad，梵音译作伽陀、偈陀，略作偈（gavth）。为各句字数相等的诗歌辞章，每四句称为一颂。② 释迦牟尼宣扬其说，前后达45年，传播地区又相当广，他还允许弟子们用方言进行传习，宣扬时应有一定的表述形式。按照当时的习惯是口传，凭着记忆互相授受，采用偈颂形式是最合适的了。因为这种形式简朴有韵，便于口诵，易于记牢。《法句经》就全是偈颂形式。据说《法句经》是迦叶佛传下来的。③

《法句经》的素材主要取自《增一阿含》。巴利语佛经中的《小阿含经》是佛教经典中最有文学价值的部分，由《法句经》、《自说经》、《佛本生经》等15部集子组成。《法句经》是佛教文学中流传最广的格言诗集，主要讲述佛教伦理道德的教义。它在印度常与《薄伽梵歌》相提并论，作为修身养性和自我反省的准绳。④ 如《法句经》的《无常品》，以优美的偈句对佛教徒进行“一切无常”的佛教世界观教育，这种教育形式比婆罗门教枯燥无味的法典条文有趣得多，不仅易于接受，而且可当作文学作品来读。

正因为《法句经》在佛教经典（尤其是南传佛经）中占有重要地位，自然受到曾在南传佛教传播中心锡兰生活过的更敦群培的重视，他将这部巴利文佛经译成了藏文。对于更敦群培的这部译作，由于汉译的失误，长期以来未得到确认。笔者经过反复考证和对照，终于发现更敦群培的这部译作未遭毁

① 楼宇烈编：《中国佛教思想资料选编》第4卷第1册，第31—32页，中华书局1992年。

② 《藏汉大辞典》中册，第2275页，民族出版社，1986年版。

③ 吕徵：《印度佛教源流略讲》第15—19页，上海人民出版社，1979年。

④ 培伦主编：《印度通史》第128—129页，黑龙江人民出版社，1990年。

损，得以幸存。[①] 这有霍康·索朗边巴的一份功劳，正是由于他不遗余力地保存更敦群培的遗作，才使这些珍贵的作品得以传世。更敦群培是在锡兰的吉祥宝剑山寺（Dpal-ral-grivi-ri-bovi-dgon-pa）完成《法句经》的翻译的。他在文末写了一首偈颂："认识遥远而熟悉的家乡，并得到了前世的缘分，劫尽也要使佛经圆满，完成新译的喜悦怎能表达？后世缓行的译师，亲自披览过梵文经典，八百年间未到过印度，现在终于到了摩揭陀。"并在最后一页写道："尽管我从事译师的工作是不合时宜的，但是我还是怀着一种纯洁的意愿翻译了《法句经》。基于这种原因，我请求人们带着一种反思的精神去阅读和领会这部经典。"更敦群培的这部译作达到了信、达、雅的标准，"据精通梵文，并在桑迪尼克坦（Santiniketan）担任藏文教授多年的齐美仁增（Vchi-med-rig-vdzin）评价，《法句经》的藏文版既忠实于原著，文字又很优雅"[②]。由此可见更敦群培高深的巴利文水平。

（四）《沙恭达罗》的翻译

《沙恭达罗》（Abhijnana Sakuntala），全译为《凭表记认出沙恭达罗》，是印度古代伟大诗人迦利陀娑（Kalidasa）最杰出的作品。一般认为，作者是笈多王朝时期的宫廷诗人（4—5 世纪）。这部戏剧作品本质上是诗剧，诗歌和戏剧达到了完美的统一，代表古典梵语戏剧的最高成就。它以宫廷生活为背景，以爱情为主题，以国王为男主角，描写国王豆扇陀和净修林女郎沙恭达罗的爱情故事。全剧共七幕。约在 13 世纪时，迦利陀娑的著名诗作《云使》（Meghaduta）就被译成藏文，收入大藏经《丹珠尔》中。《沙恭达罗》的英译者英国梵

---

① 详见笔者《更敦群培著译作品考辨》，《中国藏学》，1997 年第 3 期。藏译文见《更敦群培文集》第二册，第 191—270 页。

② Le mendiant de l' Amdo，pp. 311-312，p. 185.

文学者威廉·琼斯将迦利陀娑誉为“印度的莎士比亚”。《摩诃婆罗多》的插话有此（《摩诃婆罗多》《初篇》第69章Sakuntalo pakyana），但它不像后来迦利陀娑的戏剧那样突出豆扇陀和沙恭达罗之间的爱情，而是强调传宗接代的重要性。① 18世纪末，《沙恭达罗》被译成英、德等文，在欧洲文学界引起了巨大的反响。歌德在诗中写道：“倘若要用一言说尽——春华秋实，大地天国，心醉神迷，情意满足，那我就说：沙恭达罗！”歌德的名著《浮士德》开篇的“舞台序曲”就模仿了《沙恭达罗》的序幕。席勒也说：“在古代希腊，竟没有一部书能够在美妙的女性温柔方面，或者在美妙的爱情方面与《沙恭达罗》相比于万一。”② 在中国近代，第一个注意到该剧的人是苏曼殊，他曾打算翻译，最终未实现。自20世纪20年代以来，有6种根据英译本和法译本转译的汉译本。1956年首次出版了季羡林根据梵文原著翻译的汉译本。有一首流行的梵语诗歌称颂道：“一切语言艺术中，戏剧最美；一切戏剧中，《沙恭达罗》最美。”③

更敦群培认识到《沙恭达罗》的价值，必定也很赞赏沙恭达罗的反抗精神。沙恭达罗敢于痛骂国王，她说：“你引诱我这天真无邪的人。”“卑鄙无耻的人！你以小人之心，度君子之腹。谁还能像你这样披上一件道德的外衣，实在是一口盖着草的井。”（第五幕）因而非常希望将这部蜚声世界的梵文剧作译成藏文，并且还向弟子讲授这部作品。据更敦群培的两名诗人弟子说，更敦群培在1950年前后曾向他们讲解过《沙恭达罗》，并且还对这部作品作了适当的评论。④ 更敦群培在向喇琼阿波和达瓦桑波两名弟子讲解《沙恭达罗》时说：

---

① 《摩诃婆罗多插话选》上，第296—362页，共五章。

② 季羡林：《〈沙恭达罗〉——本序》，1956年版。

③ 黄宝生：《印度古典诗学》，第30页，北京大学出版社，1993年版。

④ Le mendiant de l' Amdo, p. 185.

"《沙恭达罗》的作者迦梨陀娑并不是一位佛教信徒，这是一位比檀丁（《诗镜》的作者——引者）更伟大的学者。在这部译作中，我表达了这种见解。假如你们逐字逐句地与梵文原本对照，就会发现原作者的所有见解都被译成了藏文。这一次我轻而易举地达到了目的。"① 这证明更敦群培将梵文名著《沙恭达罗》译成了藏文，霍康也断定更敦群培将这部作品译成了藏文，② 但成书年代不详。据笔者考证，更敦群培的这部译作已被保存下来。③ 在更敦群培之前，还未见到《沙恭达罗》的藏文译本，这是更敦群培对印藏文化交流作出了又一贡献。

（五）《军事操典》的翻译

印度自18世纪中叶起，逐步沦为英国的殖民地。以往不同历史时期进入南亚次大陆的各民族，其社会经济发展水平或文明程度大多低于印度，"野蛮的征服者总是被那些他们所征服的民族的较高的文明所征服，这是一条永恒的规律"。但是英国人却不同，他们是"第一批发展程度高于印度的征服者，因此印度的文明就影响不了他们"，反被他们"消灭了"，④ 英国人不仅不受当地文明的影响，而且还竭力向印度输入所谓的"西方文明"。因此，古老的印度文明受到现代文明的强烈冲击，印度的政治、经济、文化、军事等，都打上了英国的烙印。以军事为例，印度军队的前身是英国在印度建立的殖民地军队（简称英印殖民军），其特点是：印度的兵源，欧洲的体制。早在东印度公司时期，英国人就从法国人那里学会了招募土著士兵，以欧洲模式加以编组和训练，由欧洲军官指挥，用

---

① A-pho-bla-chung, Dge-vdun-chos-vphel-rnam-thar-mdor-bsdus, 1973, p. 646.

② 《更敦群培文集》第三册，《著译作品目录》，西藏古籍出版社，1994年版。

③ 《更敦群培文集》第二册，第423—448页。

④ 《马克思恩格斯选集》第2卷，第181页，人民出版社，1966年版。

以对付印度土邦武装的经验。英国人发现，印度土著士兵世代以行伍为荣，单兵素质好，勇敢而忠诚，只是缺乏纪律和训练。经由英国军官训练和指挥的印度军队，其战斗力大大提高。① 因此，便采用英国军制训练印度军队，在这种背景下制定的《军事操典》，当然具有浓厚的英军色彩。

在十三世达赖喇嘛当政时期，以察绒·达桑占堆为首的藏军首领曾力主仿效英国军制组建藏军，后来还在江孜开设了军事训练基地，聘请英国军官充任教官，可见英国军制对藏军的影响。据记载，更敦群培对军事很感兴趣，他常去参加军事训练，看士兵打靶训练使他无比兴奋。更敦群培把印军使用的《军事操典》翻译成藏文，是当时藏军发展的需要。据更敦群培的弟子喇琼阿波说，他在更敦群培住所，看见一名官员带来了一部《军事操典》（可能是英文版），并向他转达了将其译成藏文，以便用作军事教材的指令。更敦群培当时正在生病，据他的朋友说，他所采取的方式几乎没有热情。② 这表明，噶厦确曾指派更敦群培翻译《军事操典》。按照喇琼阿波的说法，更敦群培似乎没有接受这项翻译任务。但是，李有义、海德等国内外学者都断定更敦群培翻译了《军事操典》。对比各种材料，可知更敦群培翻译了《军事操典》。这是更敦群培对藏族军事发展作出的贡献。

据说，更敦群培还曾将《吠陀》（Veda）译成藏文。即使他翻译了《吠陀》，可能也只是节译，因为印度被称为“吠陀文献”的典籍很多，其中有《吠陀本集》（Samhita）、《梵书》（Brahmana）、《森林书》（Aranyaka）和《奥义书》等。即使是狭义的“吠陀”，即《吠陀本集》，也包括《梨俱吠陀》、

① 陈平生主编：《印度军事思想研究》，第 175—176 页，军事科学出版社，1992 年版。

② A-pho-bla-chung, Dge-vdun-chos-vphel-rnam-thar-mdor-bsdus, 1973, pp. 654-655.

《娑摩吠陀》、《耶柔吠陀》和《阿达婆吠陀》四部分。如此皇皇巨著，由一人全部翻译成藏文是不可能的，况且更敦群培还不是终身以翻译为业。还有学者提到，“更敦群培在锡兰逗留期间，曾将一部僧伽罗的《戒律》（Vinaya）翻译成藏文，并将这部译作寄给西藏的一位朋友，向他解释了（印度和锡兰）两种（佛教）制度之间的差异”[①]。据邦达饶嘎说，40年代，更敦群培与塔钦合作，将十三世达赖喇嘛的作品翻译成英文。[②]

上述更敦群培对印度古典名著的翻译，与汉族翻译家可谓殊途同归，从各自的民族和不同的角度丰富了印度、藏族和中国文化宝库，对中印文化交流作出了重大贡献。对上述印度古典名著的汉、藏翻译进行比较，更能看清更敦群培在中印文化交流史上的地位。汉译有：《法句经》，吴竺将炎共支谦译本（《法句经》），西晋法炬共法立译本（《法句譬喻经》）；《罗摩衍那》，季羡林译本（1980年）；《薄伽梵歌》，徐梵澄离骚体译本（1957年），张保胜译本（1989年）；《沙恭达罗》，20世纪20年代以来，有根据英、法文版翻译的6种版本，季羡林译本（1956年）。藏译为：《法句经》，更敦群培译本（1944年成书于印度库卢）；《罗摩衍那》有7世纪的藏译本，更敦群培译本（约40年代初）；《薄伽梵歌》，更敦群培译本（节译，1941年于印度出版）；《沙恭达罗》，更敦群培译本（年代不详，约40年代末）。

对比上述汉藏翻译家对印度古典名著的翻译可以看出，以季羡林为代表的汉族学者和以更敦群培为代表的藏族学者，继承鸠摩罗什、玄奘和噶、觉、尚三大译师（ska-cog-zhang-gsum）等古代翻译家开创的引进印度文明的优良传统，在20世纪，异轨同奔，通过对印度古典名著的翻译，丰富了中华文化，对促进中印文化交流作出了重要贡献。更敦群培和季羡林

① Le mendiant de l' Amdo, p. 182.

② Le mendiant de l'Amdo, p. 103.

慧眼如炬，都深刻认识到印度古典名著的价值，他们对印度文化的见识真可谓“英雄所见略同”，在20世纪的中印文化交流史上留下了一段佳话。藏族高僧更敦群培不仅是现代历史学家、佛学家、诗人、画家，而且还是藏印文化交流使者和翻译家。

（原载杨岭多吉主编：《四川藏学研究》第五辑，四川人民出版社，2002年）

更敦群培学术和思想的当代价值

——纪念藏族学术大师和启蒙思想家更敦群培诞生100周年

近年来，随着更敦群培作品的出版和更敦群培研究走向深入，国内外藏学界、更敦群培的同好和藏族文化界对更敦群培给予了热情的关注。2003年是更敦群培诞生100周年，笔者在1997年到更敦群培的家乡考察时，就曾萌发于2003年召开纪念更敦群培诞生100周年学术研讨会的念头，并曾撰文呼吁。① 今年10月和11月，中外藏学界共襄盛举，分别在北京和纽约举办了纪念更敦群培诞生100周年学术研讨会，烘托了更敦群培研究的气氛。人们不禁要问：中外藏学界为什么如此关注更敦群培？为什么要隆重纪念更敦群培？更敦群培究竟是一个什么样的人？他在现代藏族史上究竟扮演了什么角色？笔者曾以自己的研究给出了答案，② 这是一家之言。尽管每个人心目中都有自己的更敦群培，但是还是有基本的共识。现以更敦群培诞生100周年为契机，结合近年国内外的最新研究成果和笔者的新思考，进一步阐述更敦群培在藏族学术和思想史上

---

① 杜永彬：《更敦群培——西藏的人文主义先驱》，《西北民族研究》，2003年第1期

② 杜永彬：《二十世纪西藏奇僧——人文主义先驱更敦群培大师评传》（博士论文），中国藏学出版社，1999年。

的地位，勾勒国内外对更敦群培学术和思想研究的新进展，评述纪念更敦群培诞生100周年的国际学术研讨会，以揭示更敦群培学术和思想的当代价值。① 其目的，既是为上述问题提供新的答案，也是对藏族学术大师、人文主义先驱和启蒙思想家更敦群培的纪念。

一、更敦群培对藏族学术和思想的重要贡献

更敦群培是现代藏族史上的佛门奇僧、学术大师、启蒙思想家，是西藏人文主义先驱和藏传佛教世俗化的先驱，是朴素的唯物主义者和爱国主义者。他那坎坷而短暂的一生充满传奇色彩，独具性格魅力，其处处闪烁着智慧的思想和离经叛道的言行，至今仍为人们所津津乐道；其精湛的学术成果独步一时，惠及后世，其闪光的学术思想和治学方法开一代新风，上承传统藏学，下启现代藏学，在藏族学术史上具有划时代的意义，堪称藏族现代藏学的一代宗师；其从佛教神学史观转向人文史观、从以神为中心转向以人为中心的启蒙思想和唯物思想，在20世纪上半叶的西藏封建农奴社会振聋发聩。更敦群培能在封闭、禁欲、保守、迷信、落后、思想禁锢的政教合一社会里唯我独醒，显示了其非凡的胆识和超人的气魄。他的出现，是20世纪藏族史上的一个奇迹。②

（一）更敦群培对藏族学术的重要贡献

1. 藏族传统藏学之变革，现代藏学之滥觞

从远古到20世纪末，中国藏学的形成和发展经历了三个

① 《更敦群培学术和思想的当代价值》，《更敦群培在现代西藏的地位和作用》（Gedun Choephel's Role and Place in Modern Tibetan Times）。

② 杜永彬：《二十世纪西藏奇僧——人文主义先驱更敦群培大师评传》，第12页。

时期：古代藏学（远古至18世纪）——藏学的萌芽时期；近代藏学（19世纪至20世纪中叶）——藏学的形成和发展时期；现代藏学（20世纪50年代至今）——藏学的兴盛时期。古代的藏族藏学以神学史观为主要特点；近代藏学本质上可以称为人文主义藏学；现代藏学则以马克思主义为特征，以辩证唯物主义和历史唯物主义为方法论。① 传统藏学的局限性表现在：第一，佛教神学史观，指导传统藏学的世界观和认识论，不能揭示藏族社会的发展规律，难以认识藏族历史文化和宗教的本质。第二，方法论陈旧，传统的阐释和注疏等方法难以解释藏族历史事实的特殊性和复杂性，不能把握藏族社会历史发展演变的特点。第三，传统的文风难以适应藏族学术文化发展的形势。藏族学术大师更敦群培在短暂的一生中撰写和翻译了大量作品，这些著译作品处处闪烁着真知灼见，或是加强了藏族和印度研究的薄弱环节，或是填补了藏印研究的空白，将藏印研究推进了一大步。他运用实证、语言学和田野等现代科学方法研究藏区和藏族，确立了科学的方法论，藏族的藏学研究从此进入了新的时代；他变革传统的学风和文风，其著译作品突出通俗性和人民性，体现时代感和历史感，使藏族的学术文化面貌焕然一新；他对藏印社会历史文化进行科学的考察和研究，冲破了佛教神学笼罩的传统藏学格局，基本否定了传统藏学的指导思想和认识论，开创了具有理性和科学色彩的藏族现代藏学。更敦群培对现代藏学的贡献体现在人文史观的确立、科学研究方法的运用和文风的变革，他是藏族现代藏学的开创者，是藏族传统藏学与现代藏学的界标。从某种意义上说，藏族传统藏学的终结和现代藏学的开端，是以更敦群培为标志的。欧洲近代历史学的发达主要表现为观念的更新、研究材料的挖掘和研究方法的扩充。更敦群培所开创的藏族现代藏学即

① 杜永彬：《邓小平理论与中国藏学的命运》，《学术探索》2000年，第1期。

是以这三方面为主要特征的，这也是藏族现代藏学区别于藏族传统藏学的标志。一般认为，现代科学研究分为三个阶段，即记述阶段、分类阶段和说明阶段。可以说，现代藏学已经从记述、分类的学科，走向说明的学科，这实际上是传统藏族学术的一场革命。

将更敦群培和与他同时代的藏族学者进行比较，更能看清他在现代藏学史上的地位。与更敦群培同时代的藏族学者主要有：钦饶诺布（1883—1962 年）、喜饶嘉措（1884—1968 年）、谢国安（多吉卓巴，1887—1966 年）、桑热嘉措（1896—1982 年）、才旦夏茸（1910—1985 年）、毛尔盖·桑木旦（1913—1993 年）、多吉杰博（1913—1992 年）等，他们都是通晓“五明”之学的大师，他们的著作基本上都属于传统藏学的范畴。而更敦群培的作品，无论在风格和研究方法上，还是在学术思想上，都与他们迥然不同。更敦群培之所以能在同时代的高僧和学者中卓尔不群，是由其自身所具备的才学识和其非凡的人生经历等主客观因素造成的。在 20 世纪上半叶，更敦群培出生于具有深厚藏族传统文化积淀的安多热贡地区，在亚玛扎西齐寺、底察寺和安多著名大寺拉卜楞寺学经 10 余年，又前往藏传佛教格鲁派的最高学府西藏的哲蚌寺学经 7 年，奠定了深厚的藏族传统文化和藏传佛学基础。随后，他又赴佛教文明的发源地印度、锡兰游历考察学习研究 12 年，贯通了藏传佛教与印度佛教的脉络，受到古老的印度文明和佛教文明的强烈熏陶，并通过英国的殖民地印度，接触到西方的现代科学知识和现代文明，掌握了现代科学方法。这在同时代的藏族高僧大德和学者中可谓凤毛麟角。

2. 建立新的“范式”，形成“更敦群培学派”

更敦群培所处的时代，正是藏族社会由传统社会向近代社会转变的过渡时期，也是藏族思想文化在现代科学文化的冲击下发生变化的转型时期。他的学术成就和启蒙思想上承传统，下启近代，产生了划时代的影响。更敦群培所确立的人文史观和科学方法以及严谨、朴实的学风与文风，为后世藏学研究者开辟了新的道路、树立了新的榜样。进入20世纪，传统藏学已不能适应科学文化的发展形势，走向衰落。在传统藏学出现危机的时刻，更敦群培应运而生，他对传统藏学的指导思想和研究方法加以改造，像王国维一样，“做学问实事求是，丝毫不为成见所囿，并且异常大胆，能发前人所未发，言腐儒所不敢言”①，拯救了“将坠”的藏族传统藏学。陈寅恪在评价王国维的学术贡献时说：“自昔大师巨子，其关于民族盛衰、学术兴废者，不仅在能承续先哲将坠之业，为其托命之人，尤在能开拓学术之区宇，补前修所未逮，故其著作可以转移一时之风气，而示来者以轨则也。”② 更敦群培是当之无愧的藏族现代藏学的鼻祖和宗师。国学大师胡适是20世纪初中国史学转型时期的一个关键人物，他以“科学方法”推动中国学术思想的发展，对中国史学界思想观念的改变和现代学术结构的建立，都具有积极的意义，起到了新“范式”示范的作用。更敦群培建立藏学新的“范式”，与胡适可谓异曲同工。

更敦群培所开创的“轨则”或“范式”，对20世纪的藏族学术产生了重要影响。他所确立的人文史观、科学研究方法和通俗化的文风与学风及其精湛的学术造诣，为后世藏族学者所认同、推崇、遵循和效仿。更敦群培的施主霍康·索朗边巴与然扎·土登曲达和贡觉·喇琼阿波等弟子一道，传承更敦群培的学术衣钵；东噶·洛桑赤列教授、钦饶维色教授、夏日东教授等都是与更敦群培有“神交”的藏学家；著名藏学家恰白·次旦平措继承和发展了更敦群培的学术，可谓更敦群培的“私淑”弟子；热贡的年轻学者端智嘉、夏吾才让和多杰加

① 郭沫若：《历史人物》，第214页，人民文学出版社，1979年版。

② 陈寅恪：《王静安先生遗书序》，《金明馆丛稿二编》，上海古籍出版社，1980年版。

等，深受更敦群培的学术和思想的影响，他们甚至模仿更敦群培的学风和文风。更敦群培的弟子、私淑弟子，或与之心灵相通的“神交”学者，沿着他开辟的学术道路向前迈进，取得了丰硕的成果，产生了“群体”效应，形成了“更敦群培学派”。“青出于蓝而胜于蓝”，恰白·次旦平措是弘扬更敦群培学术的旗手，他不但继承了更敦群培的学术思想、治学方法、学风和文风，在西藏历史研究中，综合利用敦煌古藏文历史文书、汉文史籍和考古资料，贯穿着人文思想和理性主义精神；而且运用马克思主义的辩证唯物主义和历史唯物主义研究西藏历史，取得了卓著的学术成果，其代表作《西藏通史》荣获“国家图书奖”。藏学家拉巴平措在评价《西藏通史》时指出：“（1）对于有些非常重要而难懂的史料，在直接引用的同时，译成现代书面语；（2）对于一般史料在用现代语加以叙述的同时，注明了这一史料的来源；（3）对于有些文字过繁的史料，在扼要叙述内容的同时，注明了具体的参阅史料；（4）对于各个时期历史的叙述都注明了史料来源及其出处。”拉巴平措说：“如果说更敦群培的《白史》把藏族史的研究从神学的枷锁下解放出来，带入了人文科学的轨道，那么，《西藏通史》则把藏族史的研究在广阔的领域内从人文科学进一步引向了历史唯物主义。这是藏族史研究的重大进步。”①

3. 留下珍贵遗产，充实藏族学术文化宝库

更敦群培为后人留下了宝贵的学术和思想遗产。藏族史学家恰白·次旦平措说：“更敦群培像蜜蜂一样，飞遍各个山谷原野，从各地芳香的鲜花那里采取花粉，酿成甜美的蜂蜜储存起来，为我们藏族汲取世界上宗教和世俗的各种新旧文化精华，用藏文的形式集中和储存起来，成为上面提到的那个大铁皮箱子里价值无法估量的珍贵的著作和资料，他的这些崇高的

① 《西藏通史》代序，西藏古籍出版社，1996 年。

行为，无论从政教新旧的哪一方面来说，都是一个伟人的无比的杰出事迹，这是谁也不能否认的。”他说：“不要说更敦群培的一部完整的著作，就是他的一两首偈颂，对于我们都有开启智慧的特殊作用。”更敦群培在其论著中“所表达的思想，对于我们研究西藏社会和历史的人来说，犹如在黑暗中亮起一盏明灯，使人心智豁然开朗”。“他的这些学术成就，应当使20 世纪的藏人感到自豪。”① 更敦群培的学术和思想遗产的“亮点”，是学术观念、治学方法和人文思想，这是他对藏族学术文化史和思想史作出的划时代的贡献。中国现代学术史和思想史上应当有更敦群培的一席之地。②

（二）更敦群培对藏族思想的重要贡献

1. 动摇神学史观，确立人文史观

国内外所出版的有关更敦群培的论著，很少论及其思想，没有把更敦群培作为思想家来看待。笔者通过阅读和研究更敦群培的作品，勾勒其非凡的人生历程，展示其高深的学术造诣，感受到了其智慧的思想，认识到更敦群培不仅是藏传佛教的奇僧和学术大师，而且是一位杰出的人文主义先驱和启蒙思想家。人文史观是贯穿更敦群培的学术和思想的主题。人文史观的确立，是更敦群培对藏族思想启蒙和思想革命所作出的重大贡献。尼采认为，“通向智慧之路”有三个必经的阶段，即“合群时期”、“沙漠时期”和“创造时期”。1920 年以前，更敦群培同家乡的其他僧人一样，崇敬、顺从和效仿高僧和活佛，可称之为“合群时期”。1920 年，更敦群培入拉卜楞寺学经，他对该寺不可动摇的权威“教材”，即历世嘉木样活佛对

---

① 恰白·次旦平措：《西藏通史》，第 963 页，第 970 页。

② 杜永彬：《人文主义先驱更敦群培大师评传》；Gedun Choephel's Role and Place in Modern Tibetan Times，纽约“纪念更敦群培诞生 100 周年国际学术研讨会”演讲。

"五部大论"的注疏发起挑战。并通过结识传教士格雷贝娄和制作机械船，初步接触到现代文明，对神圣的佛法提出疑问。1927年到拉萨入哲蚌寺后，他继续对嘉木样的佛学著作质疑，对佛学大师格西喜饶嘉措的佛法教学方式和内容也不以为然。更敦群培在1920—1930年代所采取的这种离经叛道之举，表明他在安多时期所形成的佛教神学史观已经动摇，开始向人文史观转变，"崇敬之心开始破碎，自由的精神茁壮成长"，但是一时还找不到佛教神学史观的替代物。这是他通向人文史观之路的"沙漠时期"。1934年到印度后，更敦群培掌握了现代语言工具，通过各种途径接受了现代科学知识和方法，并受到唯物主义学者罗睺罗和罗列赫等友人的影响，运用人文史观考察和研究藏印历史、文化、宗教和语言等，通过对藏印历史文化和各种宗教的比较，开阔了视野，世界观、价值观和思维方式都发生了转变，彻底放弃了原来崇拜的偶像。1945年回到西藏后，更敦群培撰写了《中观甚深精要嘉言·龙树意趣庄严论》（简称《龙树〈中论〉奥义疏》，下同）。在这部作品中，更敦群培系统地阐明了自己的哲学思想和佛教观，认为一切"是"、"非"、"有"、"无"的最终决定根源不是佛，而是自己的心，把对佛的崇拜，变成了对自我的崇拜，从理论上动摇了佛陀与佛法至高无上的地位。后来又写下了充满人文主义色彩的史学著作《白史》。这两部作品是更敦群培运用人文史观指导学术和思想实践的结晶。这是更敦群培的"创造时期"。从更敦群培在南亚的12年的著述和翻译等学术活动中可以看出，他的人文史观已从感性认识逐步上升到理性认识，最终形成了人文史观。藏族学术史观经历了三个发展阶段，即佛教神学史观——人文史观——唯物史观。更敦群培运用人文史观研究藏族历史、文化和宗教，以人文主义的态度看待藏传佛教，动摇了统治藏族学术文化近一千年的佛教神学史观，确立了人文史观，成为朴素的唯物主义者。

2. 思想启蒙，振聋发聩

更敦群培的宗教哲学思想、人文启蒙思想、唯物革命思想以及民族主义和爱国主义思想，具有鲜明的个性和时代特征；其思想的合理内核，如宗教宽容思想、政教分离思想、人文史观、唯物思想、社会变革思想、爱国主义，在20世纪藏族思想史上具有重要的地位，并对20世纪下半叶的藏族学术界、知识界和文化界产生了重要影响。[①] 人文史观的确立，开藏族近代启蒙运动之先河，冲击了旧西藏全民信教的社会格局，惊醒了被封建农奴制和政教合一制压抑的部分藏族民众，对藏族的思想启蒙和思想解放产生了重大影响。作为藏族的启蒙思想家，更敦群培在藏族思想史上的地位和对藏族思想启蒙的贡献有如德国哲学家尼采、法国启蒙思想家伏尔泰和汉族思想家鲁迅。

3. 更敦群培人文思想的渊源

在20世纪上半叶的西藏封建农奴社会，更敦群培之所以能成为人文主义先驱，是由主观和客观两方面的因素造就的。客观因素是：藏族的思想文化传统的熏陶；20世纪上半叶西藏独特的社会政治环境的影响，如十三世达赖喇嘛推行的“新政”和西藏的近代化，南亚的民族解放运动等；家乡的环境与独特的家世的铸造。主观因素是：更敦群培独特的个性和广阔的人际世界。更敦群培短暂的一生人际世界广阔，其中容纳了藏族高僧、学者和名流，如喜饶嘉措，噶雪巴等；外国学者，如印度学者和国大党党员罗睺罗，俄国东方学家和藏学家、布尔什维克罗列赫，法国敦煌学家和藏学家巴考，英国在西藏的代理人、藏学家黎吉生，日本特务木村肥佐生，以及弟

① 作为思想家的更敦群培，参见《人文主义先驱更敦群培大师评传》，第327—366页。

子达瓦桑布；女性，如康区的玉珍，印度的甘嘎和阿萨妮等。这种独特的人际关系，对更敦群培的人生经历和心路历程都产生了重大影响，也是他能够在学术和思想方面卓尔不群、巍然独步的重要原因之一。更敦群培所结交的外国朋友，几乎都是掌握现代科学知识和方法的藏学家，并且通几门语言，他们在语言工具、研究方法、文献材料的运用和学术论著的撰写发表等方面对更敦群培的学术研究产生了重要影响。特殊的社会环境和主客观因素，把更敦群培造就成为西藏的人文主义先驱和藏族的启蒙思想家。

（三）更敦群培的局限和命运

金无足赤，人无完人。更敦群培自然也有自己的弱点和局限：一是对传统文化的价值判断偏激；二是对藏传佛教认识的偏差；三是民族主义思想较浓；四是学术和思想的局限；五是放荡不羁。受时代的局限，更敦群培学术研究的指导思想是人文主义和朴素的唯物主义，而不是辩证唯物主义和历史唯物主义。综观更敦群培的一生，他既热爱藏民族，也热爱祖国，在他的思想中，民族主义是支流，爱国主义才是主流。① 早在1983年著名藏学家李有义就指出："更敦群培是我国藏族中的一位爱国主义者、民主主义者和朴素的唯物主义者。他处在帝国主义分子妄图分裂我国的活动中，他在封建领主的残酷统治下，在宗教气氛弥漫的环境里，不同流合污，茕茕孑立，难能可贵。"他说，外国学者把他描绘成一位民族主义者是错误的。②

可悲的是，更敦群培生不逢时。他生逢乱世，在封建农奴社会中孤军奋战。他愤世嫉俗、离经叛道，对传统文化和佛教

---

① 《人文主义先驱更敦群培大师评传》，第486—493页。

② 李有义：《藏族历史学家根敦琼佩传略》，《青海社会科学》，1983年第6期。

进行反思与批判，试图“重估一切价值”，可谓“西藏的尼采”，与新文化运动的“主将”鲁迅具有相同个性。但是，鲁迅的思想具有社会土壤和民众基础，他所受到的孤立和压制，主要来自统治集团，而广大民众则成为其反封建、反传统、反迷信、鞭挞黑暗统治政府、揭示国民劣根性的坚强后盾。更敦群培的处境却与鲁迅不同，由于佛教主宰着西藏社会，全民信仰藏传佛教，因而更敦群培离经叛道的言行实际上是在与整个封建农奴社会和政教合一体制作对，不仅得不到社会和藏族僧俗民众的响应和支持，而且西藏政教统治集团在对他进行迫害时，可以肆无忌惮。作为现代藏族学术和思想的先驱者，更敦群培在当时西藏社会中的思想显然具有超前性和前瞻性，因而缺乏社会土壤和民众基础，最终像尼采一样，成为“新世纪的早产儿”（尼采语）和“精神早产儿”。更敦群培宣扬理性，冲破思想禁锢，力图使藏族民众摆脱精神压迫和阶级压迫，而政教合一制度却违反理性，政教统治集团联合起来对他进行夹击。更敦群培虽然具有法国启蒙思想家伏尔泰的胆识和智慧，却缺乏他那样的斗争艺术，因而他在“打倒卑鄙”的同时，自己也被卑鄙者打倒，最终被封建农奴制度扼杀，年仅 48 岁就夭折了。更敦群培为藏族的思想启蒙献出了生命，后人尤其是藏族同胞不应当忘记这一历史悲剧。

二、国内外学术界对更敦群培学术和思想的研究

（一）国内外更敦群培学术和思想研究

1. 国内更敦群培研究

1972 年，喜饶嘉措撰写《更敦群培传略》一文，较为全面地论述了更敦群培的生平、学术成就和影响，这是研究更敦

群培生平的文章中较为重要的一篇；① 1983 年，曾为更敦群培的弟子兼施主的霍康·索朗边巴发表《藏族学者更敦群培生平简述》，回忆了更敦群培传奇、坎坷的一生，并对其学术成就给予高度的评价。同年，民国时期曾在西藏工作并曾随更敦群培学习藏文、在拉萨相处近一年的李有义发表《藏族历史学家根敦琼佩传略》一文，简述了更敦群培的生平和学术成就，并着重揭示了其离经叛道的言行和进步思想及无神论主张。作者认为，更敦群培“对藏族历史、佛教哲学、美术、逻辑学、语言学、地理学，均有造诣，堪称一位学识渊博的学者。他的许多重要著作，在国内外享有盛名。”对更敦群培一生给予了全面的肯定，文末附有更敦群培的著译作品目录。②

1985 年，霍康·索朗边巴所撰《藏族学者根顿群培生平简述》一文被译成汉文发表。该文从生平、治学态度、《白史》的写作经过、著译作品和爱国、进步五个方面研究更敦群培，提出了独到的见解，并总结出更敦群培论著的三个特点：“其一，寓意深刻，内容广泛，无论哪一方面的论述都有很强的感染力；其二，文笔流畅，通俗易懂，词汇丰富，恰到好处；其三，史学笔法精炼，言简意赅，考据确凿，深入浅出。”③ 作者还认为更敦群培具有反帝、爱国、进步的思想，与李有义先生的观点不谋而合。

1988 年，四川民族出版社首次铅印出版更敦群培的藏文作品，名为《更敦群培文选》。该书前面收录了喜饶嘉措于 1972 年撰写的《更敦群培大师传略》（藏文共 29 页）。1990

---

① Mkhas-dbang-dge-vdun-chos-vphel-gyi-rnam-thar-mdor-bsdus， Shes-rab-rgya-mtsho，1972，Mkhas-dbang-dge-vdun-chos-vphel-gyi-gsumg-rtsom-phyogs-sgrig，四川民族出版社，1989 年版。

② 李有义：《藏族历史学家根敦琼佩传略》，《青海社会科学》，1983 年第 6 期。

③ 霍康·索朗边巴：《藏族学者根敦群培生平简述》，《西藏研究》1985 年第 2 期。

年，西藏古籍出版社出版霍康·索朗边巴等编《更敦群培著作》（全三册），霍康撰写的《出版前言》和《作者简介》，简要地叙述了更敦群培的生平，并着重阐明他本人收集、整理、编辑、出版更敦群培作品的始末，同时还对更敦群培一生的学术成就作了评介。

1991 年，恰白·次旦平措撰写的《西藏简明通史》出版，该书的第 3 册第 7 章列有《近代著名学术大师更登群培传略》，作者以霍康·索朗边巴和喜饶嘉措所写的关于更敦群培生平和著述的两篇文章为主要依据，论述了更敦群培传奇、坎坷而辉煌的一生，文末开列了更敦群培的著译作品详目。① 同年，甘肃民族出版社出版的《中国藏传佛教名僧录》（唐景福编著），列有更敦群培专条，主要依据李有义《藏族历史学家根敦琼培传略》辑录。

1992 年，青海人民出版社出版《藏传佛教高僧传》（杨明贵、马吉祥编译），以《格敦群佩——近代史学家》为题，简述了更敦群培的生平和著述。是年，青海民族出版社出版的《安多藏族史略》（黎宗华、李延恺著），简略地介绍了安多大学者更敦群培。同年，除金钟在《西藏研究》上发表《缅怀根敦群培先生》，该文以更敦群培发表的《藏文草书源于楷书体》和《藏文的由来与演变》为主要材料，阐述了更敦群培对藏文研究的贡献。文末附有《根敦群培年谱》。②

1995 年朗措发表文章，较为详细地记述了更敦群培从出生、出家入寺、学习佛法、辩经、考察、游历、著述到去世的一生。文中所述人名、地名、书名等都附有藏文，避免了产生歧义。作者认为，“更登群培是 20 世纪初期藏族学者中最伟大的文学艺术家、史学评论家、哲学家。他的诗、书、画都有

---

① Bod-kyi-lo-rgyus-rags-rim-gyu-gyi-phreng-pa，下册，西藏古籍出版社，1991 年版。

② 《西藏研究》，1992 年第 4 期。

很高的造诣，并具有独特的风格。他的优秀之作大都讲究布局，富于变化，气势宏伟奔放，语言丰富而富有创造性。同时，他又是著名译师，精通藏、梵、英、巴利文、汉文等，译有大量的作品，在藏族近代史上堪称楷模。他的部分作品言简意赅，虽渲染有浓郁的宗教色彩，但整体逻辑严密，思想深刻，含意深远……他的许多进步思想被当时的封建势力视作异端邪说而使他身心屡遭严重的摧残打击，以致晚年忧郁成疾，但他始终没有忘记为唤醒被宗教禁锢了头脑的民族，为继承和发展藏族优秀的文化遗产，始终担负起历史的使命，不顾个人的得失，付出了毕生的精力。他的思想整整影响了一代甚至几代人，他的大部分作品也已译成英、日、俄等语文，成为世界人民的共同财富"①。对更敦群培的评价较为客观，但是，认为更敦群培精通汉文一说值得商榷。文末附有更敦群培的著译作品汉藏对照目录。1996 年中国藏学出版社出版《更敦群培文集精要》（藏译汉）一书，扎西泽仁撰写的《前言》中，对更敦群培的学术成就及其在藏族文化史上的地位也进行了阐述。

1997 年甘肃民族出版社出版的热贡学者多杰加所著《更敦群培》，是国内藏族学者所撰写的第一部较为详尽地论述其生平的藏文专著。该书主要以藏文材料和实地调查的口碑资料为依据，勾画了更敦群培非凡而传奇的一生，展示了更敦群培的学术成就。材料翔实，观点平实，具有学术参考价值。局限是，作者用近一半的篇幅（153—296 页）注释《白史》，不是纯粹的更敦群培传；未能全面地阐明作为学术大师的更敦群培的学术造诣和治学方法，没有研究作为思想家的更敦群培的思想；未能参考格德活佛的调查访问集《回忆更敦群培》以

① 朗措：《更敦群培大师生平及其著作简介》，《西藏研究》，1992 年第 4 期。

及有关更敦群培的外文论著。[①]

1997年7—10月，为了撰写博士论文，笔者赴更敦群培生活过的甘、青、藏区进行实地考察。这次考察最重要的收获，是找到了沉寂于西藏近半个世纪的更敦群培的妻子和女儿，首次对她们进行了采访，并及时将考察成果予以发表。[②]是年，朗措在《安多研究》第1—2期发表《拉卜楞寺近代著名学者根敦群培与五世嘉木样嘉央益希丹贝坚参生平简述》，对更敦群培和五世嘉木样进行了比较，阐述了两人革新目标和遭遇方面的相同特点，揭示了他们在社会地位和功绩方面的不同点。同年，西藏人民出版社和浙江人民出版社联合出版的《西藏历史文化辞典》，刊载了笔者撰写的《更敦群培》，对更敦群培的非凡生平和精湛的学术造诣进行了简要的评介，这是第一次在辞典中为这位藏族学术大师列传。

2. 著译作品的收集、整理和出版

1988年，四川民族出版社出版《更敦群培文选》，这是更敦群培的藏文作品首次在国内公开出版。《文选》正文共辑录更敦群培的论著5篇，即《白史》、《龙树〈中论〉奥义疏》、《法句经》、《喜马拉雅山论》和《智游佛国漫记》。还收录了更敦群培的诗词作品共22组。书后附有更敦群培的著译作品目录。该《文选》的出版，对国内外更敦群培研究起到了推动作用。

1990年，西藏古籍出版社出版由霍康·索朗边巴等编辑的《更敦群培著作》共3册。第1—2册收录《故事集萃》，共17篇，还收录了《法句经》、《龙树〈中论〉奥义疏》和

---

① Dge-vdun-chos-vphel，Rdo-rje-rgyal，多杰加：《更敦群培》，甘肃民族出版社，1997年版。

② 《一代藏族学术大师研究中的新发现》，《中国西藏》1998年第1期；《访更敦群培的家乡》，《西藏民俗》1998年第1期；《更敦群培寻踪》，《安多研究》1998年第1—2期。

《喜马拉雅山论》3 篇著译，并辑录诗词 20 组以及《薄伽梵歌（第 12 章）》和戏剧作品《沙恭达罗》；第 3 册包括《汉文史籍中的吐蕃王统史料》（3 篇）、《敦煌吐蕃历史文书解读》（3 篇）、《白史》、《〈白史〉所收与未收的诗词及相关问题辨析》、《智游佛国漫记》和《梵文宝库》。书后附有更敦群培著译目录。这三卷本文集是迄今为止出版的更敦群培作品中最完整的一部。由于早年噶厦查抄更敦群培的物品时毁损了他的部分手稿和资料，霍康·索朗边巴保存的手稿在“文革”中又被销毁了一部分，加上一生不懈地收集和保存、整理更敦群培作品的霍康·索朗边巴于 1995 年不幸病逝，因而收集和出版散失于各地、流落在民间的零散的更敦群培的作品更加困难。故《更敦群培著作》便成为目前研究更敦群培最主要的原始文献。民间尚有《欲经》的木刻本和油印本流传。该书是更敦群培根据印度的古籍《欲经》（Kama Sutra of Vatsyayana），并参考康区大学者米旁·朗杰嘉措撰写的《欲经》编撰而成的。

3. 著译作品的翻译与研究

著名高僧和翻译家法尊法师曾用文言文将《白史》译成汉文。1981 年，西北民族学院的王沂暖对法尊的汉译本进行校注后出版了内部铅印本，为汉藏文合璧，便于参考。1989 年，陈金钟将《藏文的由来与演变》译成汉文，发表于《西北民族研究》。1996 年，其所译《印度圣地游记》发表于《西藏民俗》。1996 年，中国藏学出版社出版由四川藏学研究所组织翻译、格桑曲培等译的《更敦群培文集精要》，基本反映了更敦群培的论著概貌。该书内容包括《智游列国漫记》、《自拉萨启程》（节译）、《印度北部的雪山及相关问题》、《关于男女饮食及器物》（节译）、《各地的古今文字》、《关于藏文的结构》和《笈多王朝世系》（节译）6 章，还选译了《喜马拉雅山论》和《印度诸圣地旅游纪实》，并将法尊所译《白史》的文言文改译为白话文。这是迄今为止对更敦群培论著最大规模的翻译，为不懂藏文者了解和研究更敦群培提供了方便。

4. 对更敦群培作品的研究

值得一提的是喜饶嘉措大师在20世纪50年代撰写的《龙树中论奥义·狮子吼》，作者在这篇长文（藏文共246页）中阐述了佛教中观学说，并驳斥了更敦群培在《龙树〈中论〉奥义疏》中所阐述的佛教观及其哲学思想。① 这是目前为止论述更敦群培的宗教思想和哲学思想的论著中最有参考价值的作品。

1992年热贡学者夏吾才让所著《更敦群培的诗学研究》出版，该文论述了更敦群培的生平，并从更敦群培诗词的思想性和艺术性两个方面，较为全面地研究了更敦群培的诗词作品，阐明了更敦群培的诗学成就和造诣，是研究更敦群培的上乘之作，对研究作为诗人的更敦群培具有重要的参考价值。② 1995年，普希·桑巴顿珠发表《更敦群培与西藏历史研究简论》，从"人的价值观"和"研究方法和理论"两个方面探讨了更敦群培的史学思想和治学方法，对人们了解这位现代藏族史学家具有参考价值。1997年，甘肃民族出版社出版了曲杰桑丹编的《肃清邪说流毒的教理·金刚火焰》，该书分别由荣增喇嘛·更敦丹增、曲杰·更敦桑丹、琼珠·洛桑达杰、瓜什则·丹增所写的四篇论文和多识所写的一篇序言构成。在这部火药味很浓的论战性文集中，作者以"维护格鲁派的正统、清除更敦群培中观学说的流毒"为目的，对更敦群培的《龙

① Rje-btsun-shes-rab-rgya-mtsho-vjam-dpal-dgyes-pavi-lo-gros-kyi-gsung-rtsom-pod-gsum-pa，第1—246页，青海民族出版社，1984年版。

② Mkhas-dbang-dge-vdun-chos-vphel-dang-khong-gi-snyan-rtsom-bshad-pa-lhag-bsam-vo-mavi-rdzing-bu，Sha-bo-tshe-ring，《藏学硕士论文选》第3辑，中国藏学出版社，1992年。

树〈中论〉奥义疏》进行了猛烈的抨击，阐述了自己对中观学说的见解。①

国外更敦群培研究。更敦群培曾到印度、锡兰等南亚国家考察、游学近12年，精通梵文、巴利文和英文等外文，并与俄国学者罗列赫（G. Roerich）合作，将藏文典籍《青史》和《入菩萨行论》等译成英文出版，加之其学术成就和思想在国外有一定的影响，因而外国学者也开展了对更敦群培的研究，并取得了一些成果。国外的更敦群培研究主要集中在印度和法国。印度是佛教圣地，更敦群培曾在这里度过他一生的黄金时代（29—40岁，即1934—1945年），可以说是更敦群培的第二故乡；1959年流亡印度的藏族高僧、学者中有更敦群培的亲属、朋友和门徒，他们具有研究更敦群培的独特条件；加上更敦群培游学印度时，曾在当地的报刊（如《明镜》，《摩诃菩提》等）和出版机构发表过一些著译，流亡藏人和印度文化部门保存有部分更敦群培的著译作品。上述因素使印度及达兰萨拉成为国外更敦群培研究的中心。法国有伯希和、石泰安、巴考和拉露等学者开创的良好的藏学基础，主要是藏族学者噶尔梅的前夫人、法国藏学家海德·斯多达（Heather Stoddard）的推动，也成为国外较为活跃的更敦群培研究之地，并成立了"更敦群培研究会"（Dgedun Chospel Association）。

1957年，更敦群培的合作者和至交、印度学者罗睺罗（Rahul Sankrityayan）写下了《我该感谢的人》，其中第XLIII章有Geshe Dharmavardhana，即格西更敦群培一节，简要地追忆了他的这位交往十余年的藏族学者和朋友。1958年，木村肥佐生（别名达瓦桑布）在东京出版《西藏的日本间谍——隐秘旅藏十年》（1990年伦敦再版）。作者于1948年曾与在监狱中的更敦群培会面，更敦群培获释出狱后，他们再度面谈。

① Log-smravi-tshang-tshing-sreg-pavi-lung-rigs-rdo-rje-me-lce, rtsod-sgrub-rigs-pavi-rlabs-vphreng，曲杰桑丹等著，甘肃民族出版社，1997年。

作者与当时拉萨的进步人士关系密切，并成为平措汪杰的亲密朋友。书中叙述了更敦群培在狱中及获释后的情况。[①] 1967年，印度德里出版了《罗睺罗自传》，书中记载了罗睺罗与更敦群培两位中印学者交往十余年的往事，为研究更敦群培提供了珍贵的史料。1969年，达拉（T. N. Takla）发表《论西藏的早期共产主义者》，文中论及更敦群培参与组建“西藏革命党”等进步活动。[②] 1970年，法国学者麦克唐纳（Ariane Macdonld）在《法兰西学院远东研究通报》发表《曼龙上师的驮那羯磔迦城》，作者以土登嘉措的信函为据，叙述了更敦群培的生平。麦克唐纳的这篇文章参考了更敦群培的《印度诸圣地朝圣指南》（lam-yig），这是以西方语言发表的文章中第一次引用更敦群培的作品。后来，麦克唐纳还曾将《白史》翻译成法文。1972年，日卡·洛桑丹增在《政教常识汇编》一书中发表《安多学者更敦群培》，对更敦群培的作品给予高度评价。1973年，贡觉·喇琼阿波为《西藏和西藏佛教传记辞典》（德里出版，第5卷）所写的有关格鲁派高僧的词条，简述了更敦群培的生平。喇琼阿波还编著有《更敦群培生平述略》（Dge-vdun-chos-vphel-rnam-thar-mdor-bsdus）一书。1977年，桑丹诺布在《西藏评论》发表《更敦群培的生平与著作》（Life and Works of Gedun chopel）。同年，云丹嘉措在巴黎发表《答东妥的问难》一文，文中揭示了更敦群培与他的老师格西喜饶嘉措对龙树《中论》的研究及师徒二人在中观学说上的分歧和争论。1978年，桑丹诺布将《白史》翻译成英文在达兰萨拉“西藏文献和档案图书馆”出版。是年，顿珠在《西藏评论》发表《更敦群培——传说后面的人》，文中还附录了更敦群培著译作品的目录。顿珠还将更敦群培的《藏文从楷

① Hisao Kimura, Japanese Agent in Tibet, My Ten Years of Travel in Disguise as told to Scott Berry, 1990.

② Tibetan Review, 1969年2月号，7—9，17。

书到行书的演变》一文英译（The Evolution of U' med from U' chen Script by Amdo Gendun Choephel)，发表于《西藏杂志》第8卷第1期。是年，英国干涉中国西藏事务的代理人、藏学家黎吉生发表《更敦群培"未完成的"〈白史〉》。德钦桑姆（即海德）发表《再谈更敦群培》。同年，黎吉生发表《英国没有插手逮捕更敦群培》，为自己开脱罪责。[①] 同年，法国女藏学家海德·噶尔梅（Heather Karmay）为戴晋·桑莫所写的藏文《更敦群培上师》作校订。1979年，然扎活佛土登曲达在达兰萨拉出版《更敦群培的生平和著述》，依据西藏文献图书馆的材料，论述了更敦群培对藏族文化的贡献。同年，海德向第二届国际藏学研究会暨纪念黎吉生藏学讨论会提交《作为艺术家的更敦群培》（Dge vdun Chos vphel, the Artist）一文，收入《第二届国际藏学研究会文集》出版。1970年代末，达兰萨拉的西藏文献图书馆出版了《白史》的英文版，译者为桑丹诺布。[②] 1980年，然扎活佛哲通·土登曲达（Rakra Rinpoche Tethong Tubten chos dar）在达兰萨拉出版《更敦群培传略》(Dge-vdun-chos-vphel-gyi-lo-rgyus)，内容涉及更敦群培一生的活动，并阐述了更敦群培在佛教、政治、历史、语言、诗词、妇女和西藏人的性格特征等方面的见解。1980年，海德发表《作为艺术家的更敦群培》(载《纪念黎吉生藏学研究文集》)。1983年，格德活佛（Kirti Rinpoche）在达兰萨拉编辑出版《回忆更敦群培》（Mdo-smad-pa-dge-vdun-chos-vphel-gyi-skor-ngag-rgyun-lo-rgyus-phyogs-bsdom, dge-vdun-chos-vphel-gyi-rab-byed)，内容包括9篇与更敦群培同时代的人的访谈录；其与他人争论的来龙去脉；更敦群培年谱及其著译作品目录。是研究更敦群培的重要口碑资料。1985年，海德发表

① Tibetan Review，1978年10月号，1；12月号，2。

② 这是最早的《白史》英译，冯蒸：《国外西藏研究概况》，中国社会科学出版社，1979年版。

《更敦群培——由格德活佛和霍康·索朗边巴所写的两种最新传记版本》（Dge-vdun-chos-vphel：The Two Latest Version of His Life Story by Kirti Rinpoche and Horkhang Bsod-nams dpel vbar），《西藏学报》，第 10 卷第 1 期。是年，克瓦尔内（Per Kvaerne）在《西藏杂志》上发表《来自安多的乞丐》一文，评介海德的《安多的托钵僧》一书。[①]

1985 年，法国学者海德·斯多达（Heather Stoddard）在巴黎出版其博士学位论文《安多的托钵僧（更敦群培）》（Le mendiant de l'Amdo）一书。全书共 10 章，前 3 章论述了 20 世纪上半叶即十三世达赖喇嘛当政以来的西藏社合政治背景和重大历史事件，第 4—9 章阐述了更敦群培在青海、甘南、西藏和南亚的学习、考察、游历、辩经、著述等活动，较为详细地叙述了更敦群培短暂的一生。第 10 章探讨了更敦群培的思想个性和命运。书后附有更敦群培的著译目录，并开列了参考文献目录。海德在撰写该书时，参考了有关更敦群培和西藏近代史的大量藏文、外文文献和论著，并查阅了伦敦印度事务部图书馆等地保存的有关档案，尤其难能可贵的是，她采访了流亡藏人和西藏各界人士中的历史见证人，因此材料较翔实，论述较客观，是迄今出版的研究更敦群培的论著中最有分量的一部。书中附更敦群培的两张照片和一幅图像（1938 年绘），弥足珍贵。[②] 1987 年，多波活佛（Doboom Tulku）将更敦群培的《藏文的起源若干分析》一文英译（Some Analytic Observations on the Origin of the Tibetan Script），发表于《西藏之家通报》（Tibet House Bulletin）第 2 卷。1989 年，海德发表《法师、艺术家和上师疯子——西藏的“无我”人物》（载纪念达姆皮埃文集《趣闻》，译注本，巴黎，普伦书店版，第 263—273 页）。

---

① Per Kvaerne, The Beggar from Amdo, The Tibet Journal, 1985.

② Heather Stoddard, Le mendiant de l'Amdo, Paris, 1985 年。当时噶尔梅·海德已改名海德·斯多达。

1989 年，美国人类学家、藏学家梅·戈尔斯坦（M. C. Goldstein）出版其藏学代表作《西藏现代史（1913—1951）——喇嘛王国的覆灭》（A History of Modern Tibet, 1913—1951: The Demise of the Lamaist State），该书第 13 章中“西藏革命党”（The Tibet Improvement Party）一节，在论述“西藏革命党”的组建、活动情况及该组织的成员时，揭示了更敦群培与邦达饶嘎、江乐金·索朗杰布、土登贡培等人的关系和更敦群培参与旨在“使西藏从现存的专制政府中解放出来”，并对西藏的政治制度和社会进行革命性的改造和重建的“西藏革命党”的活动。作者称更敦群培是“才华横溢而放荡不羁的喇嘛、学者和反叛者”；并转引格德活佛所编的著作称，更敦群培在印度等地考察、游学时，“醉心于马列主义的政治哲学和反对殖民主义者的思想，从而逐渐认识到有必要在西藏进行重大改革乃至发动一场革命。他赞成给喇嘛僧侣发放薪俸而不赐予庄园份地，要求喇嘛专心修习佛法而不要去经商。据说他还赞成进行土地和法律改革，主张实行民主政治”。① 书中还记载了噶厦派官员逮捕更敦群培、搜查其住所、查抄其物品和关押更敦群培的情况。其中附更敦群培在印度的照片一张，并附载“西藏革命党”的党徽图案、入党申请表、党员登记卡和《噶伦堡西藏革命党简要协定》的详细内容。为研究更敦群培与“西藏革命党”的关系提供了珍贵史料。是年，鲁埃格（D. Seyfort Ruegg）在《英国皇家亚洲学会杂志》（Journal of the Royal Asiatic Society of Great Britain & Ireland）第 2 卷上发表《西藏的〈奥德赛〉》（A Tibetan's Odyssey）。

1992 年，著名藏传佛学专家、弗吉尼亚大学教授霍普金斯（Jeffry Hopkins）与宇妥·多吉玉珍（Dorje Yudon Yuthok）

① 梅·戈尔斯坦著：《西藏现代史（1913—1951）——喇嘛王国的覆灭》，杜永彬译，时事出版社，1994 年版，第 462—477 页。

合作，将《欲经》翻译成英文在纽约雪狮出版社出版，英文书名为 Tibetan Arts of Love, Introduced and Translated by Jeffry Hopkins with Dorje Yuthok（《西藏的情爱艺术》）。该书的《导论》，对《欲经》进行了较为深入的研究，这是迄今为止对《欲经》这部“奇书”进行研究的上乘之作。① 是年，美国藏学家、密歇根大学教授唐纳德·洛佩兹（Donald S. Lopez, Jr.）向第6届国际藏学研讨会提交了《更敦群培的〈龙树中论奥义疏〉——初步研究》（Dge-vdun-chos-vphel's Klu-sgrub-dgongs-rgyan, A Preliminary Study）的论文，对该作品的前三分之一部分进行了探讨，初步断定《龙树〈中论〉奥义疏》是更敦群培的作品。是年，《风马》（Lungta）发表了贝苏且尔（C. Besucher）采访然扎德通的访谈文章《更敦群培或一部英雄传奇的佚亡》（Gendun Choephel or the Loss of a Saga）。

1995年1月，旅印藏族学者顿珠（K. Dhondup）发表了《藏文献中的性》一文，论述了藏族古代的性观念和性伦理，指出，关于性的藏文作品多数都是由佛教学者和高僧撰写的，对此大多数世俗读者都不了解；评论了更敦群培所著《欲经》的英文版，在肯定其优点的同时，也指出了其不足：（1）导论的误导——以佛教的观点和密宗的思想来解读《欲经》；（2）译文增强了学术性，削弱了趣味性、通俗性和实用性；（3）译者对原作的误解导致误译；（4）书名的误译和误用。认为译者霍普金斯在该书的《导论》中，没有正确地阐明《欲经》的主题思想，译文也较晦涩，一般读者不易理解。作者还阐述了更敦群培对藏族性伦理和性科学的贡献，赞扬了书中洋溢的男女平等和妇女解放思想。②

1995年，唐纳德·洛佩兹在《三乘：佛教评论》

① Tibetan Arts of Love, Introduced by Jeffry Hopkins, New York Snow Lion Pub. 1992.

② K. Dhondup, Sex in Tibetan Literature, Tibetan Review, January 1995.

(Tricycle: The Buddhist Review)春季号发表《中观遭遇现代性：更敦群培的生平与著述》(Madhyamika Meets Modernity: The Life and Works of Gendun Chopel)。1998年，唐纳德·洛佩兹向第8届国际藏学研讨会提交了《更敦群培的〈龙树中论奥义疏〉——最终研究》，对《龙树〈中论〉奥义疏》的其余三分之二部分进行了研究，得出结论：“《龙树〈中论〉奥义疏》的内证暗示，该文献的后一部分也是更敦群培的作品，但是可能源于他向达瓦桑波的口授。”①

（二）国内外更敦群培研究的新进展

1. 国内更敦群培研究新进展

1999年出版的笔者的《西藏人文主义先驱更敦群培大师评传》导论，评述了国内外的更敦群培研究。1999年以来，国内外更敦群培研究又有了新的进展。（1）论著：2001年，多杰加向北京藏学讨论会提交《更敦群培及其人生价值》论文；2002年，作家马丽华发表《被称作“二十世纪西藏奇僧”的更敦群培》；② 2003年，杜永彬发表《更敦群培——西藏的人文主义先驱》。③（2）译著：台湾学者翻译出版了《欲经》；《安多的托钵僧》法文版，杜永彬2000年译竣；《龙树〈中论〉奥义疏》，国内有中央民族大学藏学研究院院长班班多杰的译注本和西南民族大学藏学院院长万果的汉译本。（3）编著：2003年，杨仲嘉和多杰加编辑《更敦群培文选续集》藏文版，由香港天马图书出版有限公司出版。（4）学术活动：

---

① Donald Lopez, Jr. Dge-vdun-chos-vphel's Klu-sgrub-dgongs-rgyan, A Final Study.

② 马丽华：《苦难旅程——藏传佛教人生风景》，中国社会科学出版社，2002年。

③ 《西北民族研究》2003年第1期。

2003年10月24日，中国藏学研究中心主办“纪念藏族学术大师更敦群培诞生100周年学术座谈会”；2003年12月20日，在台湾召开“当代藏学——21世纪的西藏”研讨会，会议的议题之一是“更敦群培与21世纪之西藏宗教”。

2. 国外更敦群培研究的新进展

（1）论著：1999年，印度出版了霍藏晋美撰写的《正直真诚受人欺骗的乞丐：安多更敦群培生平考辨》，该书共25个论题：1）最初听说“底察瘦子”及对他的印象；2）更敦群培的出生地辨析；3）更敦群培的父母考辨；4）更敦群培名称的由来辨析；5）依止上师与接受教育辨析；6）更敦群培旅居印度的年代考辨；7）更敦群培的生卒年考辨；8）更敦群培被监禁的原因辨析；9）更敦群培被监禁的结局；10）在狱中撰写的道歌（诗词）；11）身材面貌和服饰辨析；12）著作成就分析；13）更敦群培的作品在安多地区流传情况考辨；14）处女作辨析；15）《龙树〈中论〉奥义疏》的质疑；16）《西藏政治史》作者质疑；17）关于（格西曲札）《藏文辞典》编纂者质疑；18）更敦群培与罗列赫（Rjo rji rol rig）；19）更敦群培的情人考辨；20）更敦群培的政治经历；21）寄给拉卜楞寺的信函（噶松）考辨；22）更敦群培的佛学思想分析；23）更敦群培与哲麦活佛（Mzhe smad）；24）更敦群培个性中的弱点（Levu skyur mo）；25）有关更敦群培的文献资料介绍；书后附有写给更敦群培的诗。[①] 2003年9月，唐纳德·洛佩兹向牛津第10届国际藏学讨论会提交《更敦群培的〈殖民主义史〉》（Dge vdun chos vphel's History of Colonialism）论文，阐述了更敦群培在《智游列国漫记》等作品中反对英国和印度殖民主义的思想。海德·斯多达向第10届国际藏学

① Hor gtsang vjigs med, Drang bden gyis bslus pavi slong mo ba, Mdo smad pa Dge vdun chos vphel gyi mi tshe dphyad brjod, Dharamsala: Youtse Publication, 1999.

讨论会提交的论文题目为：《“吃掉它或是扔给狗吃”，更敦群佩、帕丹巴桑杰和玛吉拉仲：西藏近900年来对遗体舍利的处置》。① (2) 译著：2003年10月，民族出版社出版了旅居美国旧金山的藏族学者白玛旺杰汉译的《龙树〈中论〉奥义疏》。洛佩兹告知笔者，他已将该书翻译成英文并进行了比较研究，将于2004年由哥伦比亚大学出版社出版。海德告知笔者，《安多的托钵僧》英文版将于2004年由美国哥伦比亚大学出版社出版。(3) 学术活动：2003年，瑞士导演斯且德勒 (Luc Schaedler) 拍摄了一部关于更敦群培的文献纪录片 (documentary)。2003年11月7—9日，美国纽约“拉孜当代西藏文化图书馆”主办纪念更敦群培诞生100周年国际学术研讨会 (Gedun Choephel Centennial Conference)，在会上展出了更敦群培的手稿、文献、绘画作品、文物和国际更敦群培研究论著，全方位、多媒体展示更敦群培，并对其生平、学术和思想进行了深入探讨。

(三) 纪念更敦群培诞生100周年国际学术研讨会述要

1. 与会人员

正式代表。中国：西藏，更敦群培的女儿格吉央宗，施主霍康·索朗边巴之子霍康·强巴丹达；青海，黄南民族师专教师多杰加；甘肃，更敦群培朋友之妻白玛嘉；北京：中国藏学研究中心杜永彬，中央统战部二局徐志涛。美国：凯斯西部保留地大学教授戈尔斯坦 (Melvyn C. Goldstein)，弗吉尼亚大学

---

① Heather Stoddard, “Eat it up or Throw it to the Dogs”. Dge vdun chos vphel (1903-1951), Pha dam pa sangs rgyas (d. 1117) and Ma gcig lab sgron (1055-1153): on the disposal of the mortal remains of holy beings in Tibet-the last nine hundred years.

教授霍普金斯（Jeffry Hopkins），密歇根大学教授洛佩兹（Donald S. Lopez，Jr.），拉孜当代西藏文化图书馆馆长白玛本（Pema Bhum），流亡藏人学者降央诺布（Jamyang Norbu），洛杉矶西来大学教师白玛旺杰（Pema Wangyal）；印度（达兰萨拉）：格德活佛（Kirti Rinpoche）、洛桑·丹增晋美、流亡藏人学者台康·土登泽培（Thupten Tsepel Taikang）、流亡藏人学者纳吉·阿旺顿珠（Narkyid Ngawangthondup）、霍藏晋美、“阿尼玛卿研究所”所长扎西次仁，“西藏文献档案图书馆”馆员洛桑夏孜（Lobsang Shastri）；欧洲：法国国家东方语言文化学院教授海德·斯多达（Heather Stoddard），伦敦大学教授次仁夏嘉（Tsering Shakya），牛津大学人类学讲师克莱尔·哈利斯（Clare Harris），德国汉堡大学女博士候选人蒙格勒（Irmgard Mengele），瑞士制片人斯且德勒（Luc Schaedler）。

缺席。然扎活佛哲通·土登曲达（Rakra Rinpoche Tethong Tubten chos dar），旅居瑞士，1979 年，在达兰萨拉出版《更敦群培的生平和著述》，依据西藏文献图书馆的材料，论述了更敦群培对藏族文化的贡献；1980 年，在达兰萨拉出版《更敦群培传略》（Dge-vdun-chos-vphel-gyi-lo-rgyus），内容涉及更敦群培一生的活动，并阐述了更敦群培在佛教、政治、历史、语言、诗词、妇女和西藏人的性格特征等方面的见解。然扎活佛没有出席，发来了书面贺信。杨仲嘉（G. yung drung rgyal），更敦群培的侄子，在同仁县更敦群培中学工作，由“更敦群培教育基金会”发来贺信。胡伯（Toni Huber），德国汉堡大学教师。

列席人员。涉藏传媒：“美国之音”藏语部万玛多杰等，“自由亚洲电台”藏语部高级编辑班丹嘉、播音员卓噶等。藏人官员：“国际声援西藏运动”主任布琼次仁，汉文分析员仁钦扎西，“西藏基金会”财务主管丹增曲扎，“西藏办事处”拉美联络官员次旺平措；纽约“西藏办事处”主任阿旺饶杰、“美国西藏委员会”前主任和现任主席索朗旺堆参加了晚餐会。学者：印第安纳大学教授史伯林（Elliot Sperling），哥伦比亚大学教授罗伯特·巴勒特（Robert Barnett）、图书管理员觉巴太，哈佛大学博士、伍斯特理工专科学院（Worcester Polytechnic Institute）人文系助教授滕华瑞（Gray Tuttle），法国人德蒙德勒（Raphaele Demandre），哈佛大学博士生金红梅，哥伦比亚大学学生格桑德吉等。

主办人员。拉孜当代西藏文化图书馆：馆长白玛本，学术秘书克利斯丁娜博士（Kristina）等；“利众基金会”：董事长安德利·索罗斯·科伦贝尔（Andrea Soros Colombel）女士（出席开幕式和闭幕式），丹增格列（项目官员，担任翻译），格桑嘉（翻译），艾建（Janet Upton）女博士（驻四川地区代表兼国际奖学金项目高级主管）；丹增诺布（哥伦比亚大学学生，摄像）；次仁曲珍（原在西藏旅游局工作）。

更敦群培的亲友及僧人、学者、记者、官员、同好、会务人员会聚纽约曼哈顿，进行了为期三天的学术研讨。

2. 会议内容和特点

开幕式：1）3 名来自纽约州伊萨卡朗杰寺的喇嘛念诵更敦群培所熟知的两部经；2）更敦群培的女儿格吉央宗点燃供灯并献哈达。格吉央宗在拉萨工作，已退休。关于更敦群培妻子和女儿的发现及其简历，见《中国西藏》1998 年第 1 期。3）拉孜图书馆馆长白玛本致开幕词。白玛本，同仁县人，毕业于西北民族学院，获藏族古典语言和文学学士和硕士学位（1985 级，导师健白平措，硕士论文题目《藏族文学体裁研究》）。1983—1988 年，任西北民族学院副教授。1988 年到达兰萨拉，1990 年合作创办藏文报纸《民主》（Mangtso），并任编辑。1990 年，与扎西次仁、降央诺布、拉桑次仁一道合作创办“阿尼玛卿研究所”（Amnye Machen Institute），被称为“西藏高级研究中心”（Tibetan Centre for Advanced Studies）。1994—1997 年，任印第安纳大学藏文访问学者。后任纽约

“喜马拉雅和内亚文献”（Himalaya and Inner Asia Resources, HIAR）研究员。他在藏族文学方面有较高的造诣，发表近20篇学术论文，出版1部专著：《新生代的心跳声——藏族现代诗词探讨》（Heart Beat of New Generation: A Discussion on Tibetan Modern Peotry）。2003年任“拉孜当代西藏文化图书馆”（Latse Contemporary Tibetan Cultural Library）馆长。

参观展览：由拉孜图书馆的职员克里斯丁娜讲解，她先后毕业于印第安纳大学和威斯康星大学，研究领域为藏族文化与纳西族文化之间的关系。展品为：1）新发现的27幅更敦群培绘制的绘画和油画作品，由甘南合作县的白玛嘉收藏，这是首次向公众展出；2）有关更敦群培的个人藏品和手稿，借自更敦群培的侄儿、同仁县双棚西的杨仲嘉；3）达兰萨拉“西藏文献和档案图书馆”收藏的更敦群培手稿等。

研讨会分为五个论坛：

1）更敦群培撰写的作品。格德活佛召集，讲述人为多杰加、纳吉·阿旺顿珠、扎西次仁和霍藏晋美。格德活佛，流亡藏人高僧和知名学者，现旅居印度。1983年，在达兰萨拉出版《更敦群培论说文集》，内容包括9篇与更敦群培同时代的人的访谈录；其与他人争论的来龙去脉；更敦群培年谱及其著译作品目录。是研究更敦群培的重要口碑资料。多杰加，更敦群培家乡人，黄南州民族师范专科学校教师。著有《更敦群培传略》一书（1997年藏文版），与杨仲嘉合作编辑《更敦群培文选续集》藏文版。讲述更敦群培的家谱和家史、《龙树〈中论〉奥义疏》的传承、更敦群培与女性的关系等。纳吉·阿旺顿珠，流亡藏人知名学者，1950年代曾在中央民族学院学习，自称是于道泉的学生。教授，健在的更敦群培的弟子，撰写有关藏族语言和文化的论文多篇，包括更敦群培关于藏文起源的理论。他曾在印度和美国任教，在“罗布林卡研究所”（Norbulingka Institute）工作。现旅居印度达兰萨拉，是达赖喇嘛官方传记的撰稿人。简单讲述了其师从更敦群培学习的情况。扎西次仁，流亡藏人知名学者，西藏历史专家，在达兰萨拉工作多年，是阿尼玛卿研究所的创始人之一和现任所长。他研究更敦群培的作品多年，目前正在编辑他收藏的作品，4卷本。讲述了更敦群培早年的经历及其人际关系，阐述了更敦群培的佛教思想，并指出，研究更敦群培具有重要的意义，还需进一步深化。霍藏晋美，曾在中国藏语系高级佛学院学习，现在达兰萨拉。1999年，印度出版了他撰写的《耿直真诚受人欺骗的乞丐：安多更敦群培生平考辨》。他说，第一次召开纪念更敦群培的学术会议，很有意义。他认为，更敦群培上承传统，下启现代，连接旧时代和新时代，是藏族的一位领袖人物。他说，端智嘉与更敦群培在文学方面有区别，但是在领袖角色方面是相同的，他们都是现代文学的象征和领袖。关于更敦群培的故事真伪交织，许多人并不了解和理解更敦群培，更敦群培究竟是格鲁派还是宁玛派也存在分歧，有些人将更敦群培与拉卜楞寺的关系及与嘉木样的关系复杂化，还需要对更敦群培进行深入研究，才能作出公正的评价。

该论坛讲述结束后，观看更敦群培出生地和更敦群培中学的录像，由法国人德蒙德勒拍摄。她曾分别在印度、西藏和尼泊尔居住近20年，现管理着多个项目，包括6所学校、14个诊所、9座桥梁，主要分布在康区和安多。她负责双棚西更敦群培中学项目实施，拍摄了该学校的纪录片，并在更敦群培的家乡拍摄影片制作成光盘。

2）翻译更敦群培的作品。召集人，唐纳德·小洛佩兹，成员为杰夫瑞·霍普金斯、蒙格勒和白玛旺杰。

洛佩兹，美国藏学家，密西根大学亚洲语言和文化系系主任，佛学教授。其藏学代表作为《香格里拉的囚徒——藏传佛教与西方》，合作英译宗喀巴《菩提道次第广论》。① 编辑的作品有："普林斯顿宗教读物"（Princeton Readings in Religions）：《中国宗教实践》（Religions of China in Practice，1996年），《佛教实践》（Buddhism in Practice，1995年），《印度宗教实践》（Religions of India in Practice，1995年），《西藏宗教实践》（Religions of Tibet in Practice，1997年），《日本宗教实践》（Religions of Japan in Practice，1999年，该书由 G. J. Tanabe，Jr. 编），《亚洲宗教实践·导论》（Asian Religions in Practice：An Introduction，1999年）。"普林斯顿宗教读物"是关于世界宗教的一套新的丛书选集，它代表了近30年宗教研究所取得的重要进展。还编辑出版《佛陀的监护人——殖民主义下的佛教研究》（Curators of the Buddha，The Study of Buddhism under Colonialism，1995年），《（中观）自续派研究》（A Study of Svatantrika），《心经阐释——印度和西藏的评论》（The Heart Sutra Explained：Indian and Tibetan Commentaries）。两次国际藏学研讨会他提交的论文都是对《龙树〈中论〉奥义疏》的研究：1992年向第6届国际藏学研讨会提交了《更敦群培的〈龙树中论奥义疏〉——初步研究》的论文，1998年向第8届国际藏学研讨会提交了《更敦群培的〈龙树中论奥义疏〉——最终研究》，得出结论："《龙树〈中论〉奥义疏》的内证暗示，该文献的后一部分也是更敦群培的作品，但是可能源于他向达瓦桑波的口授。"洛佩兹已将《龙树〈中论〉奥义疏》英译，并与格西喜饶嘉措的驳论等作了比较研究，将于2004年由芝加哥大学出版社出版。

霍普金斯，国际知名的藏传佛学家。1963年以优异成绩毕业于哈佛大学并获学士学位，1973年获威斯康星大学佛学

---

① Prisoners of Shangri-La：Tibetan Buddhism and the West，该书已汉译；The Great Treatise on the Stages of the Path to Enlightenment，Snow Lion Publications，2000.

博士学位。1973 年起在威斯康星大学教授藏学和藏语文。后慕名前往新泽西州的美国喇嘛教佛教寺（the Lamaist Buddhist Monastery of America，现名藏传佛教学习中心 the Tibetan Buddhist Learning Center），依止美国藏传佛教的先驱格西旺杰学习藏文和佛教经典 5 年。1979—1989 年，充任达赖喇嘛的首席翻译达 10 年，随同出访美国、加拿大、东南亚、英国和瑞士等国。自 1973 年至今，他一直在夏洛特斯维尔（Charlottesville）弗吉尼亚大学执教，现任该校藏学和佛学系教授。有关佛教哲学和藏传佛教论著，发表论文 17 篇，出版了 23 部作品，如博士论文《空的冥想》（Meditation on Emptiness）、《空瑜伽》（Emptiness Yoga）和《密宗的特征》（The Tantric Distinction）等。1992 年，霍普金斯与宇妥·多吉玉珍（Dorje Yudon Yuthok）合作，将更敦群培的《欲经》英译出版，英文书名为 Tibetan Arts of Love：Sex，Orgasm & Spiritual Healing（《西藏的情爱艺术——性、性兴奋和精神治疗》）。该书的《导论》，对《欲经》进行了较为深入的研究，这是迄今为止对《欲经》这部“奇书”进行研究的上乘之作。[①] 霍普金斯讲述了他翻译《欲经》的缘起及其与宇妥玉珍合作翻译的过程。

蒙格勒，德国汉堡大学的博士候选人，她在攻读硕士学位时，就译注喜饶嘉措撰写的《更敦群培传》，后来攻读博士学位时，继续研究喜饶嘉措撰写的更敦群培传，1999 年由达兰萨拉“西藏文献和档案图书馆”出版，书名为《更敦群培——20 世纪藏族学者传》（Dge-vdun-chos-vphel：A Biography of the 20th-Century Tibetan Scholar）。

白玛旺杰，曾在中央民族学院任教，现旅居美国旧金山，

---

① 霍普金斯以更敦群培的《欲经》为蓝本，撰写了《性、性兴奋与洁光明之心——男同性恋的 64 种性爱行为》（Sex，Orgasm，and the Mind of Clear Light：The Sixty-Four Acts of Gay Male Love）。

在洛杉矶西来大学宗教系任教，汉译更敦群培的《龙树〈中论〉奥义疏》，由民族出版社出版。他讲述了翻译《龙树〈中论〉奥义疏》的缘起和经过。

3）个人回忆与传记陈述（上）。阿旺顿珠召集，讲述人为次旦玉珍（播放录像带）、格吉央宗、多吉加、洛珠拉旺和降央诺布。首先，播放次仁曲珍采访更敦群培的妻子次旦玉珍的录像，她讲述了与更敦群培相识的情节；随后，由格吉央宗讲述她所知道的其父更敦群培的情况；然后，多杰加讲述了更敦群培的家世和荣增活佛与更敦群培的关系。多杰加在黄南民族师范专科学校任教，1997 年出版藏文著作《更敦群培》。最后，由洛珠拉旺和降央诺布讲述更敦群培。

降央诺布，流亡藏人知名学者，现旅居美国。曾在印度大吉岭的圣约瑟夫学院（St. Joseph's College）学习，后曾在尼泊尔—西藏边境的木斯塘加入藏人游击队（“卫教军”）一段时间，直到该抵抗组织被缴械。自 1967 年以来，他在“流亡政府”中担任各种职务。1970 年，他与拉桑次仁（Lhasang Tsering）等几名藏人发起召开了第一届“西藏青年大会”（Tibetan Youth Congress），并担任中央执行委员达 10 年之久。1972 年，他在法国学习中国现代史，随后在“西藏研究和分析办公室”（Tibetan Office of Research and Analysis）中国组任职。1979—1984 年，任“西藏表演艺术学院”（Tibetan Institute of Performing Arts）院长。曾率“西藏歌舞剧团”到美国、欧洲、加拿大等国演出，1976 年再次率团到澳大利亚、新加坡和马来西亚演出，1981 年任“西藏表演艺术学院”院长，“成绩显著”，1980 年再次当选“西藏青年大会”第四届中央执行委员，并担任副主席，1982 年 3 月辞职。曾任达兰萨拉的“阿尼玛卿研究所”所长。著有《西藏的骑士》（Warriors of Tibet，1986 年）、《幻想与现实——1978—1989 年西藏和中国政治风景论文集》（Illusion and Reality：Essays on the Tibetan and Chinese Political Scene from 1978 to 1989）、《藏戏——表演西藏的传统》（Zlos-gar：Performing Traditions of Tibet，1986 年），146p.[①] 他和他的母亲一道聆听了其舅舅（其母之兄）讲述与更敦群培的交往。洛珠拉旺（Lodi Lhawang）是降央诺布的母亲，在拉萨长大，她的哥哥索朗顿珠与更敦群培是至交密友，她是在更敦群培到她家走访时认识更敦群培的，现旅居加拿大。降央诺布讲述了其母之兄索朗顿珠与更敦群培交往的情节，由他主讲，其母在一旁补充。

个人回忆与传记陈述（下）。讲述人：霍康·强巴旦达、台康·土登泽培和纳吉·阿旺顿珠。首先，播放采访已故著名藏族画家安多强巴的录像带。然后，由霍康·强巴旦达讲述，其家族是西藏的大贵族，其父霍康·索朗边巴是更敦群培的施主，他讲述了更敦群培与他家的密切交往。台康·土登泽培是夏格巴的弟弟，年轻时住在拉萨，他充当西藏摄政大札的助手时曾见过更敦群培。1960 年代应格西旺杰之邀，前往美国新泽西州的“美国喇嘛教佛教寺”，协助格西旺杰讲经传法，曾协助夏格巴撰写《西藏政治史》。他讲述了关于更敦群培的见闻，并说夏格巴在撰写《西藏政治史》时引用了更敦群培的《白史》等作品中的名词术语。他最近出版了《西藏古代寺院简史》(A Brief History of Ancient Monasteries and Temples in Tibet)，现旅居美国。纳吉·阿旺顿珠讲述了他师从更敦群培学习的往事。

随后播放了瑞士人斯且德勒拍摄的文献纪录片《更敦群培》的片断。

4）手稿、绘画与素描和个人藏品。扎西次仁召集，成员为白玛嘉、洛桑夏孜、斯且德勒和克莱尔·哈利斯。扎西次仁

① 降央诺布的第一部小说《夏洛克·福尔摩斯的曼陀罗》（The Mandala of Sherlock Holmes，287 页）1999 年在印度出版，并于 2000 年获印度“纵横填字谜小说奖”（Crossword Prize for Fiction），该书还在伦敦和纽约出版，更名为《夏洛克·福尔摩斯——失踪的岁月》（Sherlock Holmes：The Missing Years）。

是阿尼玛卿研究所的主要创办人之一，现任该所所长，只有他一人，是光杆司令，现旅居印度。白玛嘉，居住在甘南合作县，其丈夫桑丹嘉措曾在拉卜楞寺堆桑林（Thoesamlin g）与更敦群培一道学经，并收集了更敦群培的绘画、素描和水彩画作品，他去世后其妻白玛嘉一直珍藏着这些作品。其收藏品数十年来一直不为人知，白玛嘉此次带着其藏品专程前往纽约，在“拉萨图书馆”展出。她讲述了她丈夫与更敦群培的交往和更敦群培绘画作品的收藏经历。多杰加讲述了更敦群培的侄子杨仲嘉所收藏的更敦群培的手稿、文物等，由于杨仲嘉没能到会，由多杰加代为讲述，并散发了相关的照片。洛桑夏孜，达兰萨拉“西藏文献档案图书馆”（Library of Tibetan Works and Archives）的资深馆员，曾发表论文数篇，并编撰了该图书馆所藏藏文手稿目录 3 卷，他将该馆手稿部所藏的几部更敦群培的重要手稿和其他作品带到会上展示，并讲述了该馆收藏的更敦群培信函和手稿以及发表在《明镜》报上的文章。斯且德勒，是来自瑞士的文献纪录片制片人，曾拍摄过几部有关西藏节日的影片。2001 年，他在苏黎世大学视觉人类学系组织了一次题为“西藏的神话与电影”（The Myth of Tibet and Film）的研讨会。因学习人类学和电影而到西藏，并在西藏产生了通过文献纪录片向西方介绍更敦群培的想法。2003 年开始拍摄关于更敦群培的文献纪录片（director of documentary Gendun Choephel），该片将于 2004 年完成。他结合拍摄的有关更敦群培的老照片，讲述了更敦群培的作品及与格雷贝娄、罗睺罗、穆克吉、邦达饶噶等人的交往。克莱尔·哈利斯博士是牛津大学人类学讲师，英国皮特利维斯博物馆（Pitt Rivers Museum）保管员，她与次仁夏嘉合作编撰了《观看拉萨——1936—1947 年英国人对西藏首府的描述》，其中包括更敦群培的朋友堪瓦尔·克里希那（Kanwal Krishna）的水彩画。[①] 还

① Seeing Lhasa: British Depictions of the Tibetan Capital 1936-1947, 2003.

著有《在西藏的印象中——1959年之后的西藏绘画》（In the Image of Tibet：Tibetan Painting after 1959，1999年出版）一书。她的演讲题目是：《作为艺术家的更敦群培：是第一位西藏的现代主义者吗?》，阐述了更敦群培的艺术造诣和艺术思想。

5）更敦群培在现代西藏。召集人海德，成员为杜永彬、戈尔斯坦、降央诺布和次仁夏嘉。

海德·斯多达，法国女藏学家，原名海德·噶尔梅（Heather Karmay），其前夫桑丹·噶尔梅（Samten G. Karmay）是其伦敦大学同学、法兰西科学院博士、巴黎第十大学教授、著名藏族藏学家、国际藏学学会主席。海德曾在伦敦大学亚非学院学习东方学和藏学，并获得汉语文硕士学位，后就读于巴黎东方文明与语言国家研究院，获博士学位。现为法国国家东方语言文化学院教授和藏语教学的负责人。1979年，海德向第二届国际藏学研究会暨纪念黎吉生藏学讨论会提交《作为艺术家的更敦群培》一文，收入《第二届国际藏学研讨会文集》出版。1985年，海德在巴黎出版《安多的托钵僧（更敦群培）》一书。海德·斯多达向第10届国际藏学讨论会提交的论文题目为：《“吃掉它或是扔给狗吃”，更敦群培、帕丹巴桑杰和玛吉拉仲：西藏近900年来对遗体舍利的处置》。

杜永彬，中国藏学研究中心博士，有关更敦群培研究的主要作品：①译著：专著《西藏人文主义先驱更敦群培评传》；论文10余篇；[①] 并首次为更敦群培立传（《西藏历史文化辞典》）。②译著：“西藏革命党”，载《西藏现代史——喇嘛王国的覆灭》；《安多的托钵僧（更敦群培）》（法译汉）。③编辑：《更敦群培文集精要》。④学术活动：筹办北京纪念更敦群培诞生100周年学术研讨会（2003年10月24日），并发表

---

① 发表于《中国藏学》、《西藏研究》、《西北民族研究》、《青海民族学院学报》、《中国西藏》等刊物和“西藏网”、“中国藏学网”、“中国西藏信息中心网”等网站。

《更敦群培学术和思想的当代价值》演讲；应邀出席纽约“纪念更敦群培诞生100周年国际学术研讨会”，并发表《更敦群培在现代西藏的地位和作用》(Gedun Choephel's Role and Place in Modern Tibetan Times）演讲。

戈尔斯坦，美国人类学家、国际知名藏学家，凯斯西部保留地大学（Case Western Reserve University）教授。1989年，戈尔斯坦出版其藏学代表作《西藏现代史（1913—1951）——喇嘛王国的覆灭》，该书第13章中“西藏革命党”一节，在论述“西藏革命党”的组建、活动情况及该组织的成员时，揭示了更敦群培与邦达饶嘎、江乐金·索朗杰布、土登贡培等人的关系和更敦群培参与旨在“使西藏从现存的专制政府中解放出来”，并对西藏的政治制度和社会进行革命性的改造和重建的“西藏革命党”的活动。为研究更敦群培与“西藏革命党”的关系提供了珍贵史料。演讲结合十三世达赖的“新政”近代化尝试，讲述了更敦群培对西藏近代化的贡献。① 降央诺布讲述了其对更敦群培作品的收藏和研究情况。

次仁夏嘉，全名夏嘉·次仁旺堆（Shakya Tsering Wangdu)，流亡藏人知名藏学家，现为英国伦敦大学东方和非洲学院教授。1959年出生于西藏，1967年，由于受到“文革”的冲击，全家逃亡印度，后前往英国上中学，毕业后入伦敦大学东方和非洲学院学习，于1982年获历史和社会人类学学士学位。次仁夏嘉常在英国外交部和欧洲议会充当“西藏问题”的政治辩护人。他撰写了大量文章，参与电视和电台的讨论，并且经常接受英国广播公司、《泰晤士报》、《观察家》和《卫报》关于西藏问题的咨询。除了作为记者、播音员、研究人员和顾问的工作之外，他还撰写了《白雪笼罩下的炮火——一位西藏囚犯的证词》（1997年）一书。1997年，

① 戈尔斯坦著、杜永彬译：《西藏现代史——喇嘛王国的覆灭》，第462—477页，时事出版社，1993年。

次仁夏嘉的工作得到了英国人的承认和重视，获得东方和非洲学院颁赠的为期4年的西藏研究学术基金。2000年9月曾到中国藏区考察。2001年2月，应费正清东亚研究中心的邀请，赴哈佛大学出席小型藏学研讨会。现任伦敦大学东方和非洲学院南亚系教授，讲授西方文学和藏学。代表作为《龙蟠雪域——1947年以来的西藏现代史》,[①] 曾为罗伯特·巴勒特的《西藏领袖名录》（Leader in Tibet：A Directory）作序。编辑《雪狮之歌——来自西藏的新作》（Song of the Snow Lion：New Writing from Tibet），2000年。新作为《观看拉萨——1936—1947年英国对西藏首府的描述》。他在演讲中，以更敦群培所写的印度朝圣指南为例，指出更敦群培的后人没有尽到职责，没有做增补工作。阿旺顿珠予以否认，他讲述了自己铭记更敦群培的教诲，到北京学汉语和到印度学英语的经历。

参加这次会议感受较深。一是国际藏学界十分关注更敦群培研究。这是拉孜图书馆于2003年3月开馆以来召开的第一次国际学术研讨会，国际上与更敦群培有关的学者都应邀出席，会议隆重而热烈，与会学者都全神贯注，提问不断，辩论热烈，高潮迭起，研讨气氛浓厚，深入探讨与更敦群培有关的细节。二是美国“藏独”机构和藏人的关注与参与。华盛顿“国际声援西藏运动”、纽约“西藏办事处”、“美国西藏委员会”、“自由西藏学生会”、“西藏基金会”等机构的官员有的全程参与，有的临时参与；涉藏传媒如“美国之音”藏语部，“自由亚洲电台”藏语部等全程参与，进行采访报道。纽约是美国藏人的主要聚居区，关注会议的藏人很多，由于会场空间有限，主办方只好公告限制在90人以内，凭票入场，一些人只好站着旁听。三是会议准备充分。拉孜图书馆只有3名员工，筹备细致，安排周到；首次全方位展示更敦群培的绘画作

① The Dragon in the Land of Snows：A History of Modern Tibet since 1947，London：Landom House，1999. 该书已汉译。

品、手稿、文献、文物、书籍展览；使用多媒体和可视设备，效果良好；双语交流，藏族学者用藏语，翻译成英语，其他学者用英语，翻译成藏语，事先安排了翻译人员。

参加会议的主要收获。一是直观、全面地了解更敦群培。与会学者多视角观察更敦群培，微观描述与宏观审视，感性认识与理性分析，立体感受更敦群培。二是进一步增强了对美国藏学和涉藏机构的感性认识。这对本人承担的《美国人的"西藏观"研究》、《布什时代美国的西藏政策跟踪研究》和《藏传佛教在国外的传播和影响》等课题的研究具有一定的价值。三是中国藏学家"走出去"的必要性和积极作用。积极参与国际学术交流是实施"开放战略"的重要步骤，中国藏学家参加国际藏学研讨会，显示中国藏学的研究成果和水平，展示中国藏学家的形象和风采，发出中国藏学界的声音，对于发挥学者的作用，以学术研究和民间外交为国家利益服务，具有独特的作用。笔者愿在此倡议，第一，收藏与研究相结合，将目前所收集到的有关更敦群培的手稿、文献、文物、书籍等，与此次会议的研讨内容结合起来进行系统的分析和研究，这将推动更敦群培研究的深入；第二，尽力收集更敦群培的手稿和文献，尽早出版图文并茂的《更敦群培全集》和《更敦群培论丛》，以保存藏族文化的这笔珍贵遗产。

三、更敦群培学术和思想的当代价值

（一）更敦群培学术的当代价值

更敦群培为学的本质特点是"求真"。他撰写藏族和印度的历史，是非分明，旨在求真。从更敦群培的论著和学术历程可以看出，他在学术实践中不但要"求其可爱"，首先是"求其可信"与"求真"；离经叛道和蔑视权威，使他在治学和思维时，不唯传统，不唯佛经，不唯权威，不囿成说，敢于提出自己的真知灼见；博爱与利他，使更敦群培不仅淡泊名利，率真地对待朋友和同胞，而且热爱自己的民族和祖国；既是僧人又是学者，既是“圣人”又是“乞丐”的双重性格，使更敦群培在研究藏区和印度时，能够把佛教文化与世俗文化有机地结合起来；作为“边缘人”，更敦群培不但可以充当印藏文化、传统文化与现代文明的“旁观者”，看清其本来面目，而且能够以现代的眼光审视传统和佛教，对藏族文化和印度文化进行比较研究，打通古今和内外，取得同时代的僧人和学者难以望其项背的学术和思想成果，成为时代的先驱者。

更敦群培为学的另一特点是时代感和历史感。阅读更敦群培的作品，可以感受到，他是带着强烈的时代感和历史感研究藏印历史的，他的学术研究不仅打上了个人的烙印，而且反映了时代精神。他既对藏族历史、文化和宗教进行反思，又对现实社会中的弊端进行无情的揭露和鞭挞，这是对历史上的藏族高僧米拉日巴和仓央嘉措等人的学术和思想的继承和发扬。更敦群培无论在《白史》、《智游佛国漫记》和《龙树〈中论〉奥义疏》等论著中，还是在诗词作品中，都体现了一种强烈的时代感和历史感。他说：“我摒弃了主观臆断；摒弃了为哗众取宠，随意杜撰一些毫无根据的离奇古怪故事的行为；摒弃了为讨好他人连讲真话的勇气都没有的行为；摒弃了为保住自己的糌粑口袋，置一切是非界限于不顾以图个人好名声的行为……使愚人惊愕的浮夸之词，向显贵献媚的奴颜媚骨，让信徒呻吟的神话故事，统统远抛，走我正直的路。”① 更敦群培具有一种强烈的忧患意识，这是对藏民族的真切感情。他对藏族历史的反思，对现实社会的揭露和批判，是“怒其不争”，根本目的是希望藏族文化昌盛、藏传佛教发展和藏民族强大。正是由于具备了上述品格和素质，更敦群培才能从同时代的学

---

① 《印度北部雪山及相关问题辨析》，《更敦群培文集精要》，第77页，中国藏学出版社，1996年。《印度诸圣地游记》，《更敦群培文集精要》，第123页。

者和高僧中脱颖而出，站在藏族学术的潮头，承担起开创藏族现代藏学的重任。

更敦群培学风对于藏学研究人员仍具有现实意义和当代价值。第一，发扬“求真”的精神，从藏区和藏族的实际出发，实事求是，充分了解藏区的实情和藏族的真情；潜心学术研究，将创新视为学术的生命，坚决抵制学术腐败，捍卫祖国藏学的尊严。第二，发扬中国藏学的优良传统，以严谨的学风从事藏学研究，消除浮躁心理，摒弃急功近利和学术关系学，以出精品和成大家为学术抱负，早日实现中国藏学界的“精品战略”、“名家战略”、“国家队战略”的目标，提升中国藏学的整体实力和水平，成为举世公认的国际藏学研究中心。第三，学术研究要体现时代感和历史感，鉴古知今，“经世致用”，更好地承担起为中央和西藏及其他藏区服务的神圣使命，为藏族人民的福利和藏区的现代化贡献才智。

更敦群培文风的根本特点是“传神”。中国自古就有文史不分家的传统，论著不仅讲求专精，还要讲究文采；译著不仅要信和达，还应做到雅。汉文史籍如司马迁的《史记》、司马光的《资治通鉴》等，藏文史籍如《西藏王臣记》、《西藏王统记》等，既是史学名著，又被视为文学名著；西方的学术著作也强调文采；港台学者的论著也重视学术作品的文风和文采。更敦群培的学术著作可谓文采飞扬，翻译作品信达雅，不仅把握了藏印历史文化的本质，而且抓住了其灵魂。

更敦群培文风的另一特点是通俗化与人民性。藏族文学史上有通俗化的传统，《米拉日巴道歌》、《米拉日巴传》、《仓央嘉措情歌》、《猴鸟故事》、《夏嘎巴道歌》、《夏嘎巴自传》，以及史诗《格萨尔王传》和著名的“八大藏戏”等，都是世俗—民间文化的杰作。更敦群培继承藏族文学的通俗化风格，重视世俗—民间文化，吸收和借鉴现代学者的学风和文风，形成了独特的学术风格。作为人文主义学者和启蒙思想家，喇嘛更敦群培著书立说的一个鲜明风格是走下神坛，回归大地，贴近社会和民众。他说："出于本性的原因，倘若你用浅显的道理讲清了难题，那些愚昧之人不但不会感到高兴，还会反过来责怪你；若把浅显的道理讲得深奥难懂，他们便会感到畏惧，夸赞你具有学者风度。""大多数人都对以浅显的道理讲清了难题者，持不信任或藐视的态度；相反，对那些故弄玄虚将简单的道理讲得深奥难懂者，则尊为学者而加以信任。"朴实无华的学风和文风，使更敦群培的作品具有很强的趣味性和感染力，可谓文情并茂，情智交融，形神兼备。其思辨和洞察力所显示的智慧，对达官显贵和僧人的讥讽和嘲笑，以文入史的文字和语言风格，将辞章、义理、考据熔于一炉，深深地吸引着读者，达到了"传神"的效果。对此，霍康·索朗边巴和法国学者海德都有论述。① 既注重"求真"，又注重"传神"，这就是更敦群培作品的魅力之所在。

更敦群培文风具有现实意义。第一，学术论著"传神"，要求藏学研究者在从事学术实践时，关键是要认清研究对象的本质，把握藏族历史发展的规律，认识藏族社会演变的真谛，揭示藏族文化的精髓，深入藏学研究的奥堂，撰写出体现藏民族精神的学术文化精品；第二，著译作品"通俗化"，要求藏学研究人员在追求论著的学术性的同时，应当重视藏学作品的通俗化和大众化，向广大民众普及藏族历史文化知识，撰写出融知识性、趣味性、可读性、实用性于一体的作品，为提高藏族民众的文化素质和生活质量服务，使藏学研究更好地为国家的内宣和外宣服务；第三，论著作品的"人民性"，要求藏学研究者以为藏族人民服务为学术宗旨，进入藏区，深入基层，贴近人民，贴近生活，"参与研究"，为藏区的社会发展、经济繁荣、人民生活水平的提高和全面建设小康社会、实现现代化提供智力支持。

① 霍康·索朗边巴：《藏族学者根敦群培生平简述》，《西藏研究》1985 年第 2 期；海德·斯多达：《安多的托钵僧》。

更敦群培的治学方法在今天仍需要继承和发扬。第一，更敦群培在从事学术实践时，运用实证方法、语言历史学方法、比较研究方法、田野方法、反思与批判的方法，这是藏学研究必须遵循的基本方法，灵活运用这些治学方法，就一定能取得高水平的学术成果；第二，藏学研究的两大基本技能，一是掌握语言工具，二是熟悉乃至精通藏传佛教，更敦群培不仅精通藏传佛教，而且掌握并能熟练地运用藏文、英文、梵文、印地文、汉文等语言工具，这也是他能以开阔的视野治学并取得杰出成就的优势。21 世纪的治学条件和环境与更敦群培时代已不能同日而语，藏学研究者没有任何理由不具备这两大基本技能；第三，更敦群培既是博学的大师，又是专精的专家，他谙熟大小“五明”，了解藏族文化与印度文化的渊源关系，并从个案研究入手，因而取得了同时代的学者难以企及的学术和思想成果。今天的藏学研究者应以更敦群培为榜样，通古博今，将博与专有机结合起来，只有这样，才能成为专家和通才，才有可能成为名家和大师。

（二）更敦群培思想的当代价值

作为藏族的学术大师和启蒙思想家，更敦群培的学术和思想既具有重要的学术价值和文化影响，也具有重要的现实意义和当代价值。他对待藏族传统文化、藏传佛教、封建特权和外来文化的态度，至今对我们仍有借鉴意义和启发。

对藏族传统文化的态度——自知。其借鉴意义：首先，无论是个人、民族和国家，都要清醒地认识自我，真正做到“知己”，敢于正视自己的短处，勇于揭短，能够看到民族的劣根性和国家的危机点；其次，要“知彼”，重视了解他人、其他民族和国家，善于借鉴和吸收其他民族的长处，为我所用；第三，要有开放的胸襟，不仅要跳出藏区和藏族的圈子，而且要睁开眼睛看世界，迎接时代的挑战，勇敢地走向世界。

对藏传佛教的态度——自觉。更敦群培相信人的智慧和力量，以人为本，认为人是衡量一切事物的尺度，并希望用以人为本位的文化代替以佛为本位的文化。对待传统和宗教，他主张用理智的分析来代替盲目信仰，善于“怀疑”，通过怀疑，破除陈腐的观念。并以这种精神治学，用批判的眼光研究印藏，敢于否定成说，提出自己的正确看法。他以发展和批判的眼光审视佛教，并揭露佛教中所存在的弊端，动摇了佛法至上、主宰藏族社会的一切领域的地位，从而确立了人文史观，唤起了人们对理性、科学、正义和良知的尊重，对藏族传统的认识论、伦理观和价值观发出了挑战，成为藏族启蒙运动的先驱，对藏族的思想启蒙作出了重要贡献。其重要启示是：第一，理性地信仰和研究藏传佛教，不要盲从和迷信，真心虔诚信佛，佛祖心中留；第二，兼容不同的教派，宽容不同的宗教，求同存异，和睦相处，共同发展；第三，弘扬藏传佛教历史上的人文主义传统，正视藏传佛教的世俗化，实践“人间佛教”，走向“道德宗教”。

对封建权贵的态度——自傲。一是有志气，更敦群培从安多来到封建农奴社会的中心拉萨，被卫藏三大领主称为乞丐、托钵僧、疯子，穷困潦倒，但是他具有“贫贱不能移”的气节和“穷且益坚不坠青云之志”的精神，“不为五斗米折腰”，显示了知识分子的清高和傲骨。二是有骨气，更敦群培蔑视封建权贵，像李白那样，“安能摧眉折腰侍权贵，使我不能开心颜”。更敦群培和中华民族的其他优秀人物，就是鲁迅先生所称赞的“中国的脊梁”。

对外来文化的态度——自尊。更敦群培的学术和思想的一个显著特点，就是强调民族自尊、自信和自强，不崇洋媚外，不言必称印度。印度是佛祖的诞生地，是佛教徒向往的圣地，藏传佛教直接来源于印度佛教，因而，就像研究西方古代者“言必称希腊”一样，在藏族历史上形成了“言必称印度”的传统，唯印度马首是瞻者，只看到佛教文明的共性，忽视了藏传佛教和藏族文明的个性，实际上是一种崇印媚外的思想。对此，更敦群培给予了无情的鞭挞和讽刺，他说："我们的许多学者，无论从思维方式、创作方法、装束打扮、礼节仪轨等，凡身语意三门所从事的一切活动，宛若芝麻含有芝麻油一般都深受印度的影响，甚至在偈颂诗词里，皆以引用印度的山脉、河流、地域、花卉等名称为荣。如'身若巍峨宾陀山，语似洁净恒河水'，这样的修饰形式被誉为好诗；而'身若巍峨的玛积雪山，语似滔滔的玛曲河流水'，这样的修饰方式，虽然用了句首叠音修辞格，并无任何不当之处，却会被当作嘲笑的话柄。"① 今天，强调民族的自尊、自信、自强，对于促进民族地区社会经济的发展、实现邓小平提出的西藏要走进中国现代化的前列，具有重要的现实意义。

更敦群培生活在新旧交替、社会历史文化转型的时代，他以卓越的胆识和超人的气魄，跳出寺庙、藏区和藏族的圈子，睁开眼睛看世界，在藏族学术文化史和思想史上作出了划时代的贡献，奠定了藏族学术大师、人文主义先驱和启蒙思想家的地位，向20世纪交出了一份合格的答卷。更敦群培无愧于时代，无愧于民族，无愧于祖国。进入21世纪，藏族传统文化、藏传佛教以及藏族的学术和思想都面临全球化、信息化和外来文化的挑战，在这样的时代背景下，怎样对待民族文化、藏传佛教和外来文化？如何继承和发展藏族的学术文化和思想？中国藏学研究和中华学术怎样迎接新的挑战？如何处理中国传统文化与现代化的关系？这是摆在每一位藏族同胞、每一位藏学研究者和关心藏族命运的人以及每一位中华儿女面前的问题。抓住机遇，寻求藏族传统文化和藏传佛教的出路，为中华学术的繁荣和中华民族的复兴奉献聪明才智，已成为每一名藏族成员、每一位藏学研究者和所有中华儿女的神圣职责和崇高使

① 更敦群培：《自拉萨启程》；2003年10月24日，笔者在北京纪念更敦群培诞生100周年学术座谈会上的演讲《更敦群培思想和学术的当代价值》。

命。在这样的形势下，更敦群培对待传统文化、藏传佛教、外来文化和现代文明的态度，其学术和思想，对我们进行藏传佛教变革、正确处理藏族传统文化与现代化的关系、正确认识民族文化与外来文化、繁荣祖国的藏学事业、促进中华学术的昌盛、实现中华民族的复兴，都具有现实意义和启示。这就是更敦群培学术和思想的当代价值。

（原载《中国藏学》，2004 年第 1 期）

后　记

在《藏学研究的“三维视野”》即将出版之际，有必要对我的求学经历和藏学研究之路做简要的回顾。

我于1960年10月出生在四川省泸定县，父亲杜肇明，母亲张体秀。在泸定县念完小学和中学。1979年考入四川大学历史系，1983年毕业后，国家统一分配到安徽财贸学院（现为安徽财经大学）任教。1985年考入四川省社会科学院跟随著名藏学家任乃强先生攻读康藏史方向研究生（1985—1988年），1988年获得四川大学硕士学位（硕士学位论文为《德格土司研究》），后分配到中国藏学研究中心工作至今。期间，于1995年考入中国社会科学院研究生院攻读西藏历史（1995—1998年），于1998年获得博士学位（博士学位论文为《西藏人文主义先驱更敦群培评传》）；2003年4—7月，在澳大利亚悉尼理工大学学习；2005年3—9月，在美国伯克利加州大学做访问学者（研究项目为《美国人的西藏观研究》）；2007年3月至2008年1月，在中共中央党校学习1年；2008年3—9月，在加拿大渥太华等地学习和考察。

我曾12次进入四川、西藏、青海、甘肃、云南藏区进行实地考察；12次应邀赴欧美亚澳四大洲进行学术交流和考察，其中7次赴美国进行学术交流和实地考察。1988—2009年，发表藏学论文80余篇，出版藏学专著9部（含合著）、藏学译著8部（含合译和内部印制），科研成果多次获得省部级以上奖励。研究方向和领域为20世纪以来的西藏和其他藏区以及国外“西藏问题”，重点是西方人的“西藏观”、藏传佛教在国外的传播和影响、美国的西藏政策、当代藏传佛教。自2005年起，为西南民族大学民族学博士点的博士生讲授：《西方人的西藏观与西方的西藏政策研究》课程。现独立承担的重点课题为：《布什时代美国的西藏政策及其对中美关系的影响跟踪研究》（2001—2008年）、《藏传佛教在国外的传播和影响》、《当代藏传佛教发展趋势研究》、《西方人的“西藏观”研究》，独立设计并合作承担《西藏构建社会主义和谐社会调查与研究》重点课题。现在中国藏学研究中心当代研究所工作，中国藏学研究中心研究员、学术委员。受聘为四川大学、西南民族大学、西藏大学客座教授，四川省社会科学院特约研究员。

我的求学经历和学术历程正是伴随着国家的改革开放进行的。2008年是国家改革开放30周年（1978—2008），30年来，在党中央三代集体和胡锦涛为总书记的党中央的领导下，通过全国各族人民的辛勤劳动，祖国在物质文明、政治文明、精神文明、和谐社会和生态文明建设各个方面都取得了举世公认的巨大进步，社会主义中国日益繁荣昌盛，巍然屹立在世界的东方。作为伴随着祖国改革开放成长起来的藏学工作者，我的人生经历和心路历程见证了国家由贫穷落后封闭走向繁荣富强开放，祖国藏学事业由复兴、发展，走向繁荣，自己也从一个高中生和藏学研究的“门外汉”成长为藏学研究的专家。

我非常认同国学大师王国维总结的“治学三境界”。他说：“古今之成大事业、大学问者，必经过三种之境界：‘昨夜西风凋碧树，独上高楼，望尽天涯路’，此第一境也；‘衣带渐宽终不悔，为伊消得人憔悴’，此第二境也；‘众里寻她千百度，蓦然回首，那人却在灯火阑珊处’，此第三境也。”做学问是需要经过长期艰苦的磨炼才能取得成果的，所谓

“面壁十年图破壁”。这三种境界与《前言》所论及的“三维视野”是相辅相成的。1978 年来 30 年的问学历程，使我深切地感受了求学和治学的苦辣酸甜，可以用这三个境界来概括。

“昨夜西风凋碧树，独上高楼，望尽天涯路”。第一个十年（1978—1988 年），祖国的藏学事业开始复兴。1978 年，在以邓小平为核心的中央第二代领导集体的带领下，拉开了改革开放的序幕，开辟了中国历史的新时代。这期间，中央召开了第一次西藏工作会议（1980 年 3 月）和第二次西藏工作座谈会（1984 年 3 月）并形成《西藏工作座谈会纪要》，坚持实事求是的思想路线，一切从西藏的实际出发，从指导思想上拨乱反正，制定了一系列符合西藏实际的经济政策和改革开放政策。西藏迈开了改革开放的新步伐。中央决定，为庆祝西藏自治区成立 20 周年，组织 9 省、市帮助西藏建设 43 项工程。西藏经历了和平解放 30 周年和自治区成立 20 周年。这一时期，以西藏社会科学院在拉萨创办（1978 年）和中国藏学研究中心在北京建立（1986 年）为代表，一批藏学研究机构相继在北京、西藏、四川、青海、甘肃、云南、咸阳等地建立起来，祖国藏学事业迎来了新的春天，走上了复兴之路。

这十年，我开始步入藏学研究的大门——“入门”。这时我是藏学研究的“少年”。我的求学历程经历了高中—大学—工作—硕士 4 个阶段，跳过两道“龙门”。1978 年我还是一名高中生。1979 年，我考上四川大学历史系，中央十一届三中全会召开。1983 年毕业后由国家统一分配，到商业部所属的安徽财贸学院工作，从事中共党史教学工作。1985 年，我考入四川省社会科学院，师从著名藏学家任乃强先生攻读康藏史研究方向硕士研究生，从此与藏学结下了不解之缘。当时我对藏学一无所知，初学藏文，如读天书。1985 年参加在成都召开的全国性的“藏族历史学术讨论会”，才有一些粗浅的认识。但是当时还没有“藏学”这个名称和这门学科，1986 年中国藏学研究中心在北京成立后，“藏学”的名称和藏学作为一门学科才正式确立。1987 年我第一次只身进入四川甘孜藏区（康区）进行实地调查，对藏区和藏族有了感性认识。通过 3 年的潜心苦读，并撰写德格土司研究硕士学位论文，逐步迈进了藏学的大门。但是，我只是对康区有所了解和研究，对其他藏区知之甚少，对藏学这门学科依然如隔雾看花，难以窥见全貌。

“衣带渐宽终不悔，为伊消得人憔悴”。第二个十年(1988—1998 年)，祖国的藏学事业蓬勃发展。这期间，中央召开了第三次西藏工作会议（1994 年 7 月），并确定为西藏安排 62 个建设项目。西藏经历了和平解放 40 周年和自治区成立 30 周年。一方面，由于中央的关心、全国的支援和藏区各族人民的奋斗，藏区社会经济发展取得了巨大成就，推动了藏学事业的发展；另一方面，由于西藏的对外开放和藏学的国际学术交流的展开，以及“西藏问题”国际化的加剧，使藏学这门年轻的学科发展成为国际“显学”。

这十年，我的藏学研究进入艰苦的“修炼”阶段。这时我是藏学研究的“青年”。从藏学编辑到藏学研究的博士，跳过最后一道“龙门”。1988 年研究生毕业并获得四川大学硕士学位后，从成都分配到北京中国藏学研究中心《中国藏学》杂志社做藏学编辑，后来又到中国藏学出版社和历史研究所工作。期间，考入中国社会科学院研究生院攻读西藏历史，并获得博士学位。这十年的编辑和科研工作，不仅使我受到了藏学研究的熏陶，而且了解了中国藏学研究的进展和前沿，加深了对藏学这门新兴学科的理性认识。以 1993 年《喇嘛王国的覆灭》译著的出版和 1998 年获得博士学位为标志，我逐渐进入藏学研究的堂奥，藏学研究渐入佳境。

“众里寻她千百度，蓦然回首，那人却在灯火阑珊处”。第三个十年（1998—2008），祖国的藏学事业走向繁荣。这期间，党中央和国务院召开了第四次西藏工作座谈会（2001 年 6 月），会议指出今后 5—10 年，是我国发展的重要时期，也是西藏加快发展、维护稳定的重要时期。中央对加强西藏工作的指导思想是：以邓小平理论和党的基本路线为指导，继续坚持以经济建设为中心，紧紧抓住发展经济和稳定局势两件大事，确保西藏经济加快发展和社会全面进步，确保国家安全和西藏长治久安，确保各族人民生活水平不断提高。紧紧抓住实施西部大开发战略和西藏社会局势基本稳定的良好机遇，着眼于西藏的繁荣进步和长治久安，集中力量解决事关西藏发展稳定全局的重大问题，促进西藏经济从加快发展到跨越式发展，促进西藏社会局势从基本稳定到长治久安。这就是在新世纪全面推进西藏工作的主要任务。会议还确定了各省市对口支援建设项目70个。2005年9月，中央发布了12号文件，即《中共中央、国务院关于进一步做好西藏发展稳定工作的意见》，文件要求“要继续贯彻落实中央第四次西藏工作座谈会精神，坚持用科学发展观统领经济社会发展的全局，坚持中央关心西藏、全国支援和西藏艰苦奋斗相结合，在保持经济社会较快发展的同时，不断优化经济结构，提高经济发展的质量和效益，注重发展社会事业，走出一条符合西藏实际、具有区域特色的生产发展、生活改善、生态良好、资源节约、全面协调可持续的发展道路”。并确定：到2020年实现全面建设小康社会的目标，为在本世纪中叶同全国一道基本实现现代化打下坚实基础；到2010年力争农牧民人均纯收入进入全国中等行列的目标。西藏自治区经历了和平解放50周年和自治区成立40周年。在这样的大好形势下，藏学研究机构逐渐完善，藏学研究人员逐渐成熟，藏学研究取得丰硕成果，祖国的藏学事业开始走向繁荣。

这十年，我的藏学研究逐渐“得道”。这时我已步入藏学研究的“成年”。我的藏学研究生涯有了新的飞跃，迈过了副研究员——研究员两级阶梯，成为藏学研究的学术带头人和知名专家。这十年中，我多次前往藏区进行实地考察，足迹遍及西藏、四川、青海、甘肃、云南藏区。同时，走出国门，进行学术交流和实地考察。2001年以来，12次前往欧、美、澳等多个国家和地区进行学术交流，其中7次前往美国进行学术交流和实地考察。2005年到美国加州大学做访问学者；2003年到澳大利亚学习考察3个月；2007年到美国6所大学讲学；2008年到加拿大学习考察6个月。这些学术活动，不仅宣传了中国共产党的西藏政策和西藏改革开放的建设成就，展示了中国藏学研究成果，而且开阔了自己的学术研究视野，提高了自己的英语水平和国际交往能力。这十年，在中国藏学研究中心各级领导和同事同行们的关心、支持和帮助下，我的政治素养得到很大提高，圆满完成了中央有关部门和中心布置的各项政治任务和应急课题，2006年加入了中国共产党，2007年受单位派遣，到中央党校学习了1年。乘祖国藏学事业走向繁荣的强劲"东风"，我的藏学研究取得了显著成果：（一）独立设计和承担了中国藏学研究中心几项重点课题，如《"后达赖时期"研究》（设计并参与），《中国共产党西藏政策研究》（1989—2002年，设计），《美国人的"西藏观"研究》（设计，独立承担），《布什时代美国的西藏政策及其对中美关系的影响跟踪研究》（2001—2008年，设计，课题负责人，独立承担），《西藏构建社会主义和谐社会调查与研究》（设计并参与），同时还参与了《中国国情调查·拉萨卷》和《当代西藏研究》等重点课题；（二）发表了80多篇学术论文，出版了9部学术专著（含合著）和8部译著（含合译），提交了多篇研究报告，主编了多部藏学专著和译著。为祖国藏学事业的发展、藏区社会经济发展、民族团结、祖国统一和国家安全尽了微薄之力。

回顾30年的求学和治学经历，反思20年从事藏学研究的历程，我"把书当饭吃，视学问为宗教"，全身心投入，痴心不改，学术研究取得了一些原创性成果，并且形成了自己的学术风格。

学术造诣。我的学术探索，如研究德格土司（硕士论文）

引起了德格研究热；翻译出版译著《喇嘛王国的覆灭》导致“喇嘛王国现象”的出现，并吸引了人们对西藏和藏学的关注；关于藏学学科理论的研究，推动了该领域的探讨；出版《更敦群培大师评传》(博士论文)，掀起了更敦群培热；发表关于“藏传佛教世俗化”的文章，引起了藏学界对该领域的兴趣；研究西方人的“西藏情结”、美国人的西藏观、国外的藏传佛教、“西藏问题”，开辟了新的研究领域；发表论文提出“康巴学”，将“康巴学”视为中国藏学的分支学科，被认为是“康巴学”的始作俑者；在国际藏学研讨会发表《藏民族及其对现代化的适应：以北京为例》论文，关注了生活在都市中的藏族人。并提出了“文化西藏”、“西藏问题”的美国化和西化、“西方佛教”、“藏传佛教的西化”、西方对西藏的误读、区分西藏工作和藏学研究、藏学研究和处理西藏事务的“问题意识”和“对策意识”、“学者不能打官腔”、“藏学研究的中国气派”等原创性的论点。构思和设计的研究课题，如《当代西藏专题研究》、《美国人的西藏观研究》、《“后达赖时期”研究》、《布什时代美国的西藏政策及其对中美关系的影响跟踪研究》、《中国共产党西藏政策研究》、《西藏构建社会主义和谐社会调查与研究》，都相继被中国藏学研究中心立项为重点课题。

学术风格。我从主观上十分重视做学问的学风和文风。我非常认同国学大师钱钟书的“通感”论，做学问应打通古今中外，我在从事藏学研究时尤其重视沟通中外，提出并努力遵循藏学研究的基本范式：通藏、汉、英语文；具备藏区视野、中国视野和国际视野。德国兰克开创的“语言历史学派”，法国“年鉴学派”大师布罗代尔倡导的“问题史学”、“长时段”和“总体史”，法国社会学大师涂尔干和马克斯·韦伯关于宗教世俗化的论述，美国的“中国通”费正清倡导的“区域研究”法，尼采、鲁迅和更敦群培离经叛道的思想、学风和文风，都是我学术实践的源泉。受恩师任乃强先生的影响，我的藏学研究以“经世致用”、“参与研究”为治学宗旨，寓政治于学术之中，进行跨学科研究，力求以严谨的学风、良好的文风和高水平的学术成果，为祖国藏学事业的繁荣贡献力量；以战略性、前瞻性、对策性的研究报告为国家利益服务，为国家的现实政治和藏区的社会经济发展、文化建设及软硬实力的增强服务。

总之，祖国藏学事业30年的历程和我自己藏学研究20多年的经历充分证明，国家的改革开放是藏学发展和繁荣的根本前提和强大动力；藏区的经济发展、文化进步、社会和谐是藏学发展和繁荣的源头活水；藏学研究工作不仅要服务于国家——为国家统一、民族团结、边疆安全提供理论成果和智力支持，而且要服务于藏区——为藏区的物质文明、政治文明、精神文明、和谐社会、生态文明建设和人民物质文化生活水平的提高提供科学发展的咨询和对策；个人的学术研究与国家的命运紧密相连，藏学研究只有为国家利益服务，为藏区的发展和稳定服务，并从中国国情出发，具备国际视野，紧跟时代步伐，勇于开拓创新，潜心学术研究，取得原创性的学术研究成果，才具有学术价值、社会价值和生命力，才会得到国家和社会的认可。

饮水思源，我的成长历程是与中国藏学研究中心各级领导的关怀和同事的帮助分不开的，也是与国内外藏学同仁的支持和帮助分不开的。我自1988年到中国藏学研究中心工作以来，受到了中心历届领导的热情关怀和帮助，在此，要特别感谢我的硕士生导师、中国现代藏学的先驱者、著名藏学家任乃强先生和著名中西交通史专家张毅先生，感谢我的博士生导师、藏学家和中国藏学研究的杰出领导者多杰才旦先生，感谢著名藏学家王尧先生，是他们引领和指导我迈进藏学的门槛，并逐渐进入藏学研究的堂奥。中心领导朱晓明书记和拉巴平措总干事以及格勒博士、胡坦先生、毕华老师、大丹增老师、陈庆英老师等，都对我的学术研究给予了极大的支持和帮助。中心领导和科研办公室独具慧眼，于2005年在中国藏学出版社设立“西藏问题研究丛书”选题，从涉外课题研究经费中拨出专款资助出版，已出版了《日本涉藏史》和《中英西藏交涉与川藏边情》两部专著，在学术界和社会上产生了积极的影响。《藏学研究的“三维视野”》得以出版，首先应当感谢中国藏学研究中心领导的关心以及科研办和当代研究所的大力支持；同时要感谢中国藏学出版社的支持；最后，还要感谢我的妻子李秀和岳父岳母，是他们不辞辛劳，为我解除了为学和工作的后顾之忧，使我能够心无旁骛，“咬定青山不放松，任尔东南西北风”。“把书当饭吃，视学问为宗教”，一心扑在工作上。领导、师友、同事和亲人的关怀、支持和帮助，是我潜心藏学研究，为繁荣祖国的藏学事业出力，以藏学研究为国家利益服务的不竭动力。

2009年是新中国建立60周年，随着祖国的藏学事业的发展，我的藏学研究历程又翻开了新的一页。我愿将这本文集作为献给亲爱的祖国六十华诞的一个微小的贺礼。

杜永彬

2009年11月6日

图书在版编目（CIP）数据

藏学研究的“三维视野”/杜永彬著. —北京：
中国藏学出版社，2009. 12
ISBN 978 – 7 – 80253 – 220 – 5

Ⅰ. ①藏…　Ⅱ. ①杜…　Ⅲ. 藏学 – 文集　Ⅳ. ①K281. 4 – 53

中国版本图书馆 CIP 数据核字（2009）第 231212 号

藏学研究的“三维视野”　　杜永彬 著

出版：中国藏学出版社
发行：中国藏学出版社
印刷：北京牛山世兴印刷厂
开本：880 × 1230　1/32
印张：25. 875
印次：2009 年 12 月第 1 版第 1 次　**字数**：670 千
书号：ISBN 978 – 7 – 80253 – 220 – 5/K · 227　**印数**：1000 册

定价：42. 00 元